本辭典編撰經費承
嘉新水泥公司捐助壹佰萬元
嘉新文化基金會捐助貳拾伍萬元

雲五社會科學大辭典

第四冊

國際關係

名譽總編輯　王　雲　五

編輯委員會召集人　楊亮功　陳雪屏　羅志淵

本冊主編　程天放　張彝鼎

本冊編輯委員　朱建民　杜光塤　吳俊才
李其泰　李鍾桂　洪應灶
陳紹賢　雷崧生　鄧公玄

出版委員會主任委員　劉　季　洪

出版者　臺灣商務印書館

本冊撰稿人

（以姓名筆畫為序）

王人傑　丘宏達　朱建民　杜光塤

吳俊才　李其泰　李鍾桂　李偉成

邵子平　洪應灶　俞寬賜　陳治世

陳紹賢　張彝鼎　張宏遠　許秀賢

程天放　程建人　雷崧生　楊逢泰

寧育豐　鄧公玄　劉甲一

雲五社會科學大辭典

第四冊 國際關係

再版序言

雲五社會科學大辭典于中華民國五十九年至六十年間初版，一時紙貴洛陽，訂售一空，暢銷海內外，誠屬盛事。

彝鼎忝列編輯之一，承商務印書館之囑，于再版時補充資料。蓋最近兩年來國際關係變化甚多，擧其要者如中華民國退出聯合國、中日斷交、德國東向、越戰越南化以及印巴戰爭等，均屬重大事故，其間經過曲折，均應有詳細記載，以存其眞。

國際公法方面，如海床及太空等問題之發展，人類環境宣言之發表等均屬新問題，亦應有詳細說明。

至于初版之各編輯人員，因時間短促，未能盡約。惟非洲部分，由楊逢泰先生補充，頗爲完備。張宏遠先生協助編輯，亦頗辛勞，其他如劉甲一先生、丘宏達先生、寧育豐先生等初版時均未參加，再版時提供意見甚多，合併致謝。

至如取材欠週，編輯疏漏之處，自應由編者負其責任，合併聲明。敬祈各界不吝指導。

張彝鼎 六十年十二月二十日

臺北國立政治大學

序言

雲五社會科學大辭典之國際關係部分，原由程天放先生主編，天放先生不幸中途病逝。其在病中時，曾囑彜鼎代爲集稿，並函告各編輯同仁。本編就國際公法，國際私法，國際組織，國際政治及外交各部分，分別約請專家編撰，歷時二年餘，始行編竣。內容精約，可供一般參考。

昔嚴又陵先生翻譯名著時，曾有「一名之立旬日踟躕」之言。本編內容，亦多譯自外文，其間斟酌之處甚多，各專家于撰述之際，處理極爲愼重，故需時較久。經編成後，詳細較閱，幸無差誤。茲值付梓之際，略書數語，以說明編輯經過。

張彜鼎 五九、四、四、
臺北國立政治大學

雲五社會科學大辭典（第四册）

國際關係

一七五六年規則（**Rule of 1756**）

意卽中立國船舶不得在戰時受交戰國一方之特許而經營其平時不能經營之商業活動；否則，由交戰國他方看來，該中立船舶及其所載之貨物均具有敵性。此規則因係確立於一七五六年，故稱「一七五六年規則」。當時英法交戰，英國海軍之優勢，使法國商船無法繼續維持其本國與殖民地間的貿易；法國乃將此種平時由法國商船獨佔的貿易開放給中立的荷蘭商船經營。英國認為荷蘭商船幫助法國維持其與殖民地之貿易，實無異於替法國服務，從而取得敵性，故命令英國軍艦將此等商船及其所載貨物均予拿捕。其實，早在一七四四年，英國捕獲法庭卽已承認此項國際法規則之存在。（Lauterpacht's Oppenheim, Vol. II, pp. 628-629），參閱「敵性」及「繼續航海主義」（俞寬賜）

一九五七年莫斯科會議（**Moscow Conference 1957**）

一九五七年十一月十四日至十六日，十二個共產國家之共產黨與工人黨在莫斯科所召開的代表會議。會中通過「社會主義國家共產黨和工人黨代表會議宣言」，簡稱「莫斯科宣言」。

宣言分四部分。第一部分係根據當前國際形勢之分析，確定共產國家對外政策。宣稱，「世界的發展取決於兩個對立社會制度競賽的進程和結果。四十年來，社會主義證明了它是比資本主義遠為優越的社會制度。」確定美國為其主要打擊對象。聲明，「兩種制度和平共處的列寧原則，是社會主義國家對外政策的不可動搖的基礎，是各國人民之間和平友好的基礎」。第二部分，確定共產國家與國際共黨關係的共同準則。說明，馬列主義與無產階級國際主義原則乃是「世界社會主義體系各國之間以及世界各國共產黨和工人黨之間相互關係的基礎」。「社會主義各國把相互關係建立在完全平等、尊重領土完整、尊重國家獨立和主權、互不干涉內政的原則上」。第三部分，確定共產國家與國際共黨之共同行動規律。並强調，「在目前條件下，主要的危險是修正主義，或者說右傾機會主義」。第四部分，確定當前國際共產主義運動之策略路線。在結論中，與會代表認為「在現代條件下，除了舉行領導人員的雙邊會談和相互交換情況以外，在必要的時候應該舉行更廣泛的共產黨和工人黨的會議，以便討論迫切的問題……了解彼此的觀點和立場，協議為和平、民主和社會主義的共同目的而進行的共同鬥爭」。

此次莫斯科共黨會議，乃在俄共二十次代表大會，清算史達林，波蘭及匈牙利相繼發生抗暴運動後召開的。中共匪黨由毛匪澤東親率代表團參加，當時毛匪以調人自居，故在宣言中多容納毛匪觀點。（吳俊才）

一九六〇年莫斯科世界共黨會議（**Moscow Conference 1960**）

係指一九六〇年十一月，八十一國共產黨及工人黨於參加慶祝蘇俄「十月革命」四十三週年紀念之際，在莫斯科所舉行的代表會議。會議通過「各國共產黨和工人黨代表會議聲明」與「告世界人民書」。「聲明」於十二月五日發表，全文將近三萬字，包括六大項。該宣言實為當時國際共產主義運動之新綱領，甚為重要。茲將要點簡摘於後。

㈠重申一九五七年「莫斯科宣言」與「和平宣言」。

㈡社會主義國家相互關係之準則，為嚴格遵守馬列主義原則與社會主義國際原則。社會主義各國根據平等、互利與同志式相互援助原則合作。其共同規律為：有計劃按比例發展，實行國民經濟計劃之配合，及生產專業化與協作，以經常改進國際分工制度；研究集體經驗；加强互助合作。共產黨不應忽視民族特點，不許機械抄襲他國共產黨之政策與策略；也不應誇大民族特點，違反共同規律。

㈢戰爭與和平是現在最迫切之問題。戰爭乃資本主義之伴侶。侵略與戰爭之主要力量是「美帝國主義」。然而，戰爭並非不可避免。社會主義各國對外政策之基礎，爲和平共存與經濟競賽。和平共存並不放棄階級鬥爭；不同社會制度國家之和平共存，乃社會主義與資本主義間鬥爭之一種形式。

㈣新獨立國家只有將一切力量結成以工農聯盟爲基礎之反帝反封建民族民主統一戰綫，方能解決民族復興之任務。社會主義國家、國際工人運動及共產主義運動以道義與物資大力支援民族解放運動。

㈤在民主國家內，其打擊之主要對象爲「壟斷資本集團」及其政府；其基本力量爲工人，後備力量爲農民、知識份子及城市中小資產階級；組織「民主民族統一戰綫」。在落後地區，其打擊之主要對象爲「帝國主義」及所謂「反動集團」；其基本力量爲工人與農民，後備力量爲一切愛國份子；組織「反帝反封建民主民族統一戰綫」。

㈥繼續進行反對仍是主要危險之修正主義及反對教條主義與宗派主義之鬥爭。思想問題具有特殊意義，各國共黨應在思想戰綫上展開堅決進攻。

參加此次會議之八十一個代表團，絕大多數由總書記或第一書記率領（當時，據俄共稱，共有八十七個共黨，黨員三千六百萬）。細研「聲明」全文，顯示國際共黨仍採用一九五七年「莫斯科會議」所決定之戰略與策略。各國共黨於十二月五日同時公佈。對共產陣營與民主世界，此一「聲明」均有其重要意義。（吳俊才）

一九七二年美、英、法、蘇四國柏林協定（Berlin Agreement 1972)

一九七二年六月三日十二時，法、英、美、蘇四國外長齊集柏林前盟軍總部大廈，簽署四國柏林協定，此一歷經十七個月之久並經四國大使集會卅四次之多，始於一九七一年九月三日簽訂之柏林協定草案，終於宣佈生効。此次出席外長爲：美國羅吉斯，法國徐曼，英國休姆，蘇聯葛羅米柯，四外長各簽署十二份協議書，三種文字每種四份，完成後首由法國外長徐曼致詞略謂：基於合作精神才簽訂了自一九四五年以來所未能有過的一項協定，此一協定一方面減輕柏林人民的痛苦，另一方面促進了歐洲及世界的安寧。次由蘇聯外長葛羅米柯致詞，略謂，四國柏林協定的簽訂，解除國際緊張的作用不可估計，使這個摩擦火辣的焦點得到平息。再次由英外長休姆致詞，略謂：如果我們是從諒解寬容的立場出發，簽訂是項協定，則未來之安定和平可期。最後由美外長羅吉斯致詞，略謂：柏林居民希望藉此協議能改善及安定其日常生活，歐洲人民認爲藉此一協定給予分裂的歐洲一個新的希望，勇敢的柏林人民要遵守此一協定，美國政府繼續保證柏林的安全。

四國協定的正本爲英，法，俄三種文字，另譯成德文，東西德譯本有數點不同，幾經洽商未達協議，迄今仍各以己本爲準，協定書分三章，第一章分四節，第二章分三節，另有副件五份補充正文，玆將正文要點錄下（按西德本）

法、蘇、美、英四國大使，在柏林美區前盟軍總部集會商討，在不影響四强戰時及戰後的協議之下，在顧及到當事地區的情勢之下，在能求實際改善的善意之下，並且不影響其法律地位，作成下列各項協議：

第一章

第一節：四國政府盡力解除當事地區的緊張情勢糾紛。

第二節：爲符合聯合國憲章精神，四國政府同意在此地區不使用武力，對一切爭執皆以和平方式加以解決。

第三節：四國政府互相尊重對方的公私權利及義務，不得擅予變更。

第四節：四國政府同意，所有在此協定及其有關的協定內的既定解釋，可能有不同的法律觀點，但不得片面予以改變。

第二章

第一節：蘇聯政府聲明：關於西柏林通往西德的平民及貨物的交通，通過東德境內的公路、鐵路、水路將不受阻碍，並享有簡單迅速通行之便利。此一平民交通的具體規定，列入副件一，並由德人雙方協議之。

第二節：法、英、美三國政府聲明：西柏林與西德間之聯繫應繼續維持並發展之，但應顧及到西柏林至今並非組成西德聯邦之一部份，並繼續不受其統治。西德與西柏林關係之具體規定如副件二。

第三節：蘇聯政府聲明：西柏林與其鄰區之交通將予以改善，西柏林居民基於人道、家庭、宗教、文化、商務等關係，或是觀光理由可以前往上述各地區訪問，但可比照其他可以前往各該地之人民辦理。西柏林零星轄區在東德境內之小塊土地，包括史坦斯徒克可以用交換辦法解決之。旅行訪問及土地交換具體規定見副件三，由德人雙方協議之。

第四節：關於西柏林在外國權益之代表問題及東德在西柏林之領事事務問題見副件五之規定。

第三章：略（批准程序）

按蘇聯對四國柏林協定簽署條件如下：一、與德蘇、德波條約同時換文，二、是東德與西德及東德與西柏林的交通談判獲得協議。因此四國外長在柏林簽署協訂前一小時，蘇俄駐西德大使范林與西德外次佛朗克在波昂交換了雙方批准的德蘇條約正本，下午佛朗克又與波蘭外次齊雷克在波昂交換了德波條約正本，同時兩國正式宣布建交。此外東德與西德政府之交通協議，及東德與西柏林市府的人民訪問及土地交換協議亦同時生効。（張宏遠）

一國數法

就是指一個國家各地方法律有不同者而言，也就是說一個國家具有多數的法域。有時依據國際私法而適用當事人的本國法，如其本國各地方法律的規定有不同，就發生應該適用何地的法律，爲其本國法的問題。各國對這個問題所採的立法例，也有不同，可分爲三種：㈠當事人本國有統一的法規，指示應該適用何地的法律，爲其本國法；如波蘭一九二六年所制定的「內部關係法」第一條及第三條規定：有住所在外國之波蘭國民，對於其身分能力事項，波蘭法院應依其人在波蘭之最後住所地法；如其人在波蘭從無住所者，則依波蘭首都所在地法。㈡當事人本國沒有統一的法規，指示應該適用何地的法律，而當事人在其本國內有住所時，就應該適用其在本國的住所地法，爲其本國法，如美英等國，都沒有上述的統一法規，通常就適用當事人在本國的住所地法，爲其本國法。㈢當事人本國沒有統一的法規，指示應該適用何地的法律，爲其本國法，如當事人在其本國以前曾設有住所，而現在的住所雖然設在外國，則適用其在本國的最後住所地法，爲其本國法；如當事人從來沒有在其本國設有住所，就適用其本國首都所在地法，爲其本國法。我國涉外民事法律適用法第二十八條規定：「依本法適用當事人本國法時，如其國內各地方法律不同者，依其國內住所地法。國內住所不明者，依其首都所在地法。」也是規定解決當事人本國數法的適用問題。（參閱「複數法域」條）。（洪力生）

一等反致（Renvoi in First Degree or Remission）

又稱直接反致或單純反致，即對於某涉外的法律關係，依法庭地的國際私法規定，應適用某一外國法律，而依該外國法律中的國際私法規定，又須依法庭地法解決之的意思。例如：一八八二年法國最高法院所判決的霍哥(Forgo's Case)一案，就是採用一等反致。該案的重要事實：霍哥是生在德國巴伐利亞邦（Bavaria）的非婚生子，未立遺囑，遺有動產而死亡；依法國親屬法，凡非婚生子，未被認領，即與其生母，也不發生法律上的親屬關係，所以霍哥雖然與其生母有血親關係，但是依法國法，仍然不認霍哥的生母，爲其繼承人。惟依法國的國際私法，霍哥死後的繼承應依其本國法，就是依德國巴邦的法律，但是巴邦國際私法關於繼承是採住所地法主義，並且認爲霍哥最後的住所是在法國；因此法國最高法院就根據德國巴邦國際私法的規定，而將該案反致於法國法，最後就適用法國的親屬法，而認霍哥爲無繼承人，其遺產應該歸屬法國國庫，以解決這個涉外的繼承爭訟。（洪力生）

二十四小時停泊規則（Rule of Twenty-four hours' Stay）

即交戰國軍艦在中立國領水內停泊之時間不得超過二十四小時之規則。其適用範圍包括開戰前已在中立國領水，及開戰後經中立國同意而進入其領水之軍艦。

在一九〇七年以前，各國對此一停泊時限所持之態度相當紛歧，有的主張由中立國自由決定，有的主張不得逾二十四小時，還有的主張在一定原因下可以延長。一九〇七年海牙第十三公約（即海戰時中立國及其人民權利義務公約）乃折衷其間，規定：

㈠中立國於獲知開戰事實後，應即通知在其港口、碇泊所、或領海內之交戰國軍艦於二十四小時內、或當地法律所定其他時限內駛離（第十三條）；

㈡中立國法律若無相反之規定，則除該公約所列特殊情形外，交戰國軍艦不得在中立港口、碇泊所、或領海內停泊逾二十四小時（第十二條）；

㈢有該公約所列特殊情形之一時，得准交戰國軍艦延長停泊時間。所謂特殊情形包括①天氣險惡、②經核准修理軍艦而工程未竣、③當地法律規定船舶到達二十四小時後始可裝煤、及④須依指定順序離境等。

㈣時限屆滿、或延長停泊之合法原因消滅後，軍艦仍不駛離者。中立國即須將該艦及艦上官兵予以拘禁（第二十四條）（參閱「中立庇護」）。

此等規則之宗旨，在防止交戰國軍艦爲軍事之目的而利用中立港口——例如企圖避免敵艦之拿捕、準備作新的戰鬥行爲、或等候同隊艦艇集合等。日俄戰爭期間，蘇俄波羅的海艦隊開往遠東途中，羅斯傑號(Admiral Rost-Jestvensky)曾在法屬馬達迦斯加（Madacascar ）水域停駐七十七天（一九〇四年十二月廿六日至翌年三月十六日），以待他艦抵達。公約成立後，中立國大多遵守二十四小時規則，然亦有少數中立國基於利害關係而對交戰國雙方軍艦給予差別待遇者。如第二次大戰期間，西班牙優待義大利潛水艇，南美各國優待美國軍艦是也。

關於開戰時在中立國境內的交戰國軍用航空器之地位，一九〇七年海戰及空戰公約均無規定。哈佛國際法研究會草擬之「海空戰中立法公約」曾建議：中立國必須限令此種航空器於十二小時內離境，逾時即應使用在其權力下的方法將其拘捕（第九十四條）。一九三八年義大利頒佈之中立法亦作類似規定。

（兪寬賜）

二十四小時隔離規則（Rule of Twenty-four hours' Interval）

意即在同一中立港停泊之交戰國雙方軍艦駛離時，須至少相隔二十四小時。其宗旨在防止交戰國一方之軍艦爲達成攻擊與拿捕之目的而自中立港口尾隨他方較弱軍艦與商船。

此一規則發展很早，不過最初，中立國僅要求交戰國軍艦承諾避免這種行爲後即可隨時駛離；對私掠船則限制於他方商船駛離二十四小時後始得開航。換言之，此項規則最初只適用於私掠船；後來才漸漸擴大適用於交戰國軍艦，以致許多國家之中立法及一八八八年關於蘇彝士運河的君士坦丁堡公約(The Convention of Constantinople)和一九〇一年美英巴拿馬運河條約（The Panama Canal Treaty）等均採納此項規則。一九〇七年「關於海戰時中立國及其人民權利義務公約」更作下列規定：

㈠同在中立國某一港口或碇泊所或領水內之交戰國雙方軍艦，其駛離至少須相隔二十四小時；若同一中立水域內之一方爲軍艦，他方爲商船，則該軍艦須待商船駛離二十四小時後開航；

㈡除先到之船艦因故奉准延長停泊外，駛離之次序應依到達中立水域之先後定之（第十六條）。

有些國內中立法還特別考慮船舶之性質而將駛離之間隔加以適當變通。例如巴西規定先駛離者若爲帆船，後駛離者爲汽船，則二者須相隔七十二小時。

（兪寬賜）

二等反致（Renvoi in Second Degree or Transmission）

又稱轉據反致或再反致，即對於某涉外的法律關係，依法庭地的國際私法規定，應適用某一外國法律，而依該外國法律中的國際私法規定，又應適用第三國的法律判決之的意思。例如：有德國人在法國設有住所，在美國明利蘇達州死亡，因動產繼承的問題在美國明州的法院提起訴訟，依明州法律（國際私法），應適用被繼承人死亡時的住所地法，即應適用法國法律，而依法國法律（國際私法），又應適用被繼承人的本國法，是又應適用德國法律（民法）判決之，以解決這個涉外的繼承爭訟。（洪力生）

人民陣線（People's Front）

所謂人民陣線是共產黨徒基本術語之一，意指，在「資本主義國家」內，勞動人民和一切所謂愛好和平民主的人們結合而成的統一戰線。而「統一戰線」也者，乃是共產黨所謂的無產階級，當其勢孤力弱之時，在其最低綱領之下，聯合其他階層（如：農民階級、小資產階級、民族資產階級等）共同反對其當前敵人所結成的陣線。實際上，人民陣線或統一陣線，皆是共黨藉行民主之名，聯合各地爲共黨宣傳所惑而不滿現實政權的勢力所糾合而成的組織，以作爲共黨謀篡政權的前衞力量。毛匪即曾運用此一方法竊據中國大陸。毛匪在「目前形勢和我們的任務」中說：「中國新民主主義要勝利，沒有一個包括全民族絕大多數人口的最廣泛的統一戰線，是不可能。」

目前，在不少國家內，共黨正以「人民陣線」的手法從事所謂叛亂活動。

（吳俊才）

人類環境宣言（Stockholm Declaration on Human Environment）

聯合國在一九七二年六月在瑞典京城召開人類環境會議，經決議發表宣言如次：

㈠前文

爲了啓發世界上之人們，提高對環境之保護，一九七二年六月五日至十六日，在斯德哥爾摩此間召開之聯合國人類環境會議，因考慮到共同看法及原則之必要性，乃作成如下之宣言。

一、人類在環境的賜予下，維持了自己之生命，也獲得了知識、道德、社會、精神各方面成長之機會，而在這些被環境創造的過程裏，人類也同時成了環境的形成者。地球上的吾人，在波折屢屢的長期進化中，由於科學的急速進步，任意變更環境的能力，其規模已經達到史無前例的程度。自然狀態的人類環境以及由人力形成的人類環境，在人類福祉、基本人權，尤其是生存權之享受上，均屬同樣重要。

二、保護與改善人類環境，乃是影響人類福祉及全世界經濟發展的重要問題，也是全世界人們及各國政府所迫切期望者。

三、人類不斷的利用經驗、非繼續地發現、發明、創造及進步不可。目前，人類若能妥善運用其所具有的改變其生存環境底能力，自能帶給所有人們以發展之恩惠，及提高生活實質的機會。相反的，若濫用此一能力，則人類環境將會受到不可估計的禍害。吾人目前已發現，地球上的許多地區，人力所造成的禍害，正在逐漸地增加擴大。

此種禍害使水、空氣、地球及生物受到危險程度的污染，嚴重擾亂生物界的生態學均衡，破壞並枯竭了寶貴的資源，並且使人工環境，尤其是居住環境、勞動環境，對人類的肉體、精神、社會等方面之健康，產生了甚爲嚴重的侵害。

四、開發中國家的環境問題，大部分的原因，即係由於未開發之故，高達數百萬人欠缺良好食物、衣服、住所、教育、健康、衞生，而生活在一般人維生的最低水準下，即常係其寫照。因之，開發中國家力圖發展之時，必須同時注意保護環境、改善環境的必要性與重要性。

相同的，以成長爲目的的先進工業國家，亦須努力使其與開發中國家之差別減少。目前之工業國家，其環境問題，可說大致與工業技術之進步有關。

五、人口地不斷增加，固然增加環境保護的問題，並非不能依適當政策及方法解決的問題。無論物品如何增多，人類仍爲世界最尊重之存在。推動社會進步，發達科學技術，因盡力工作而不斷改造人類環境，都是由於人們的力量。

社會的發展、生產及科學技術的進步，也一天天地增加人類改善環境的能力。

六、目前則面臨了歷史的轉捩點。亦即吾人今後對環境問題不但要加以深切注意，且須繼之以行動始可。若仍然無知或不加關心，則吾人生命及福祉所寄之地球環境，必會受到重大且甚難恢復之損害。相反的，相當知識及高明行動之集合將會爲吾人自身及子孫們提供合乎人類所需要及希望之良好環境，實現更美滿的生活。提高環境品質、創造美滿生活，此一展望正廣泛地展開着。目前固然須熱烈討論，但更重要的則是冷靜的心理及頗具秩序的行動。

由於在自然世界獲得自由行動，因此人們必須運用知識與自然協調，創造更爲美好的環境。爲現在及將來之子孫，保護人類環境，提高其品質，乃是人類至上之目標。亦即將和平與世界經濟社會發展確立之基本目標，相提並論，並使其互相調和，作爲吾人所應追求之目標。

七、爲了達成環境上之此一目標，居民及社會、企業及團體、均負有責任，具有共努力分擔責任之必要。各種身分之個人，及各種領域之組織體，雖其行爲之質量各有不同，但均參與了將來世界環境之形成，該地方政府及該國之中央政府，就其轄區範圍內之大規模環境政府及實施，實負有最大責任。

爲了助成開發中國家負起其在此方面之責任，由國際協力支助其資金之籌措，即有必要。儘管環境問題之程度甚爲複雜，但其廣泛範圍實超越一國領域，區域性甚而是全球性的，其影響亦往往及於共同的國際領域，因此，經由國家與國家間廣泛範圍之協力及國際共同利益機構，進行各種行動，實有必要。

爲了使各國政府及人們維持並改善人類環境，爲了一切人之利益及其子孫之故，聯合國人類環境會議，要求大家共同努力。

㈡原則

一、人們享有在足以保護生活尊嚴及福祉之環境上，經營自由、平等及適當水準生活之基本權利，同時並負有爲將來子孫保護環境提高環境之義。基於此一觀點，舉凡種族隔離政策、種族分離、差別、殖民、或其他壓迫形態，以及繼續支配他國之政策，均應受非難，更必須廢除。

二、爲了現世界人們及將來之子孫，就空氣、水、土壤動植物及其他包含自然生態系統在內之地球上天然資源，非加以適當之注意、愼密之計劃管理，以妥爲保護不可。

三、必須維持地球產生重要而能更新之資源之本來能力，並盡可能恢復並提高此一能力。

四、保護因種種不利因素面臨危機狀態之野生動物，爲盡力維持其品種之續存，人類實負有特別責任。在經濟發展計劃中，施行包含野生動物在內之自然保護，具有相當之重要性。

五、地球上不可能更新之資源，應有避免其將來陷於枯竭之使用法。而此一使用法之利益，應爲全體人類所共享。

六、有關有害物質、熱量或超過環境涵容能力之數量或濃度之排出行爲，及嚴重損害生態系統之行爲，均應使之立即停止。並應支援在各國所進行的正當性反污染運動。

七、各國政府爲使海洋污染得以防止，對於有害人體健康、損害生物資源及海洋生物、破壞海洋優勢環境、毀壞海洋正當使用等物質之排放行爲，應盡其可能謀求各種對策。

八、就吾人而言，經濟及社會之發展，乃維持良好生活及勞動環境所不可或缺，同時亦爲提高生活水準，維持地球表面之必要情形所不可缺少者。

九、因低度開發及天然災害所產生之環境上重大缺陷，其最好之改善方法，乃是除各該開發中國家自我努力外，並能透過（國際的）大量財政或技術援助的採用，以促其開發或進步。

十、爲使開發中國家具有維護環境的財力，維持原料及初級產品的價格及適當利潤，實有絕對必要。基於此一原因，自須考慮及生態循環及經濟因素。

十一、所有國家之環境政策，不但不能使開發中國家，其目前或將來之發展可能性，受到不良影響，且須使之提高，尤其不能妨害任何人追求更美滿生活條件之達成。再者，爲使國家或國際間，在環境措施之經濟上支出之調配達成合意，國家或國際機關應進而採取各種適當措施。

十二、爲提高環境之保護，資源之利用應考慮到開發中國家之狀態及特殊需要，而在其需要產生之時，並應將來自國際間之技術及財政援助考慮在內。

十三、爲改善環境，貫徹資源之更合理維護，各國政府之發展計劃，應採用總體方式，其發展並應確保人類環境之保護改善，與地區利益之開發並行不悖。

十四、合理的計劃，已是調和發展必要性與提高環境保護必要性間之矛盾，所不可缺乏之手段。

十五、有關吾人住居及都市化之計劃，必須講求環境破壞之避免，並使任何人同時得到社會經濟及環境上之最大利益。基於此一觀點，殖民地主義、種族差別主義者，自應揚棄其統治支配性之計劃。

十六、因人口急增或人口過度集中，致其環境或發展遭受不良影響之地區，或者因人口過稀致妨害發展及環境維護之地區，各該關係政府，均有詳切考慮，推行不致殘害基本人權之妥當人口對策之必要。

十七、爲了達到提高環境品質之目的，各該國家有關環境資源計劃、維護及管制之課題，均有委之適當的國家機關司掌之必要。

十八、爲了謀求人類之共同利益，以科學技術作爲對經濟社會發展貢獻之一部份時，勢須使其適於分散、避免及控制環境危險，並解決環境問題。

十九、以啓發各個人、企業及地域社區之所有人群，養成提高維護環境之看法，及使其採取負責之行動爲基礎，並從而推廣之，乃屬推行環境教育，特別是對年青一代之教育所不可或缺。

二十、所有國家，尤其是開發中國家，與其環境問題有關之科學研究及科學發展，應藉國家性或國際間之規模以促進之。而爲了促進此等關連性環境問題，亦須使最新之科學知識及經驗自由流通。對開發中國家，自應提供不增加經濟負擔之環境技術，使之得以廣泛普及。

二十一、依據聯合國憲章及聯合國法則，各國政府固有基於其環境政策開發本國資源，且在本國支配權、統治權之內自由行動，但均負有不損害他國環境及不損及本國支配權範圍外地區之環境。

二十二、各國政府應同心協力，使本國支配權或統治權之行動，致本國支配權範圍外之地區或其他環境遭受污染或損害時，應負責任及補償之國際法，更爲推進與展開。

二十三、對國際社會承認之基本原則，不持偏見，對各國各自決定之最低（環境）水準，亦不抱偏見，而因應一切情況，考慮各當事國之價值體系，乃屬必要。在高度先進國家適於推行之公害防治基準，常有於開發中國家不一定卽爲適當，其社會耗損亦不相同之情形。

二十四、有關國際間改善、保護環境之問題，應不問國家之大小，基於平等協調精神，採取相同之步驟，在極力注重本國主權及利益之同時，考慮推進多數國家或兩個彼此間之協定或其他適當之協助方法，乃是各國家在預防、除去及減少因人爲活動致破壞環境之管制上，所絕對必要者。

二十五、各國政府均應協助國際機關，加强環境之保護及其品質之提高。

（張彝鼎）

註：一九七二年六月斯德赫爾摩人類環境會議成果經提報一九七二年聯合國大會接受通過，並決議在非洲東部肯亞國設置聯合國人類環境組織 U. N. ENVIRONMENT AGENCY。

人權宣言（Declaration of Human Rights）

「人權普遍宣言」(The Universal Declaration of Human Rights) 是聯合國的人權委員會於一九四七至四八年起草完成，提經聯合國大會於一九四八年十二月十日通過發表的。全文共三十條。第一、二、廿八、卅各條屬於一般性質，其餘各條可分爲兩大類：一、關於個人的公民和政治權利（第三至二十一條）；二、關於經濟、社會和文化的權利（第二十二至二十七條）。

本宣言內容要點：人人有生存、自由和安全的權利，在法律之前，一律平等；人人有權離開其國家及歸回其國家；人人有享受教育、娛樂和參加社團文化活動的自由權利；有工作的權利和擇業的自由；有思想、良心、宗教信仰、意見發表及和平集會的自由；家庭爲社會的自然與基本的組合單位，應受社會和國家的保護；人人享有本宣言列舉的權利和自由，不受任何種族、膚色、性別、語文、宗教、政治、民族或社會出身、財產、家族或其他地位的限制。（關於本宣言全文及其釋義，可參看聯合國印行的The Universal Declaration of Human Rights -A Standard of Achievement）

本宣言的主旨，如見於它的前文所表達的是：人權普遍宣言是爲世界各國及全人類建樹功績的一種共同標準。對此目的，每一個人和每一社團都應恒久地謹記此項宣言，並用教導方式，致力於提高對這些權利和自由的尊重，同時用國家的或國際的前進行動，使這些權利和自由獲得全人類普遍與有效的承認與遵守。（陳紹賢）

入港搜索（Search in Port）

卽交戰國軍艦將其在公海遇見之中立船舶導入該交戰國港口內，然後自行或由岸上檢查當局派員登船搜索；如發現有載運戰時禁制品或從事非中立役務之情事，卽予拿捕幷交付審判；如無此等情事，則發給檢訖證後使其駛離。此制始創於美國南北戰爭期間；在日俄之戰及第二次巴爾幹戰爭時亦曾被採用。兩次世界大戰期，均由英國首先實行，法、德、義等國旋卽仿效，以致入港搜索成了當時對待中立船舶的普遍方法。

依傳統國際法規則，交戰國軍艦在公海遇見中立船舶時，只能就地臨檢與搜索；待發現確有被拿捕之理由後方可拿捕（參閱「搜索」）。今之入港搜索則猶乎先拿捕，後搜索，既有背於上述傳統規則，復使中立國船舶在時間及經濟上蒙受嚴重損害；而交戰國捕獲法庭又不判令賠償。因此這種制度頗招非議。

不過英國等採行此制之國家却有很多辯護的理由：其中包括：

(一)現代貨船體積龐大，載貨太多，欲行澈底搜索，極爲困難和費時；

(二)藏匿戰時禁制品的方法和技術日新月異，普通海軍軍官不易發現僞裝。因此必須由經濟作戰部（Ministry of Economic Warfare）等文職機關及專家加以檢查；

(三)海上風浪險惡，交戰國軍艦常難派遣軍官乘小艇登船檢查；

(四)就地搜索，易遭敵國潛水艇及航空器之攻擊，對交戰國軍艦及中立國船舶均極危險。（俞寬賜）

參考文獻：

J. G. Starke, An Introduction to International Law, 1963, P.458 ; Lauterpacht's Oppenheim, Vol. II, pp.854-855.

大西洋合夥關係（Atlantic Partnership）

大西洋合夥關係（Atlantic Partnership）這個名詞，是美國故總統甘迺迪在任時宣告的一種對外新政策。這種宣告先後見於一九六一年十二月六日他對美國製造商聯合會的演說詞，一九六二年元月他向國會提出的國情咨文和貿易擴展法案咨文。特別是在一九六二年美國國慶日—七月四日，他在費城的獨立紀念堂對美國各州州長發表演說，更明白地表達這個新政策的意義和目標。

他的國慶日演說闡明了大西洋合夥關係的意義是：美國相信一個聯合的歐洲，對於共同防禦更大任務的負擔，對於貧乏國家更加慷慨的應援，對於聯同美國及其他國家去從事降低貿易屏障，解決貨幣與貨物問題，發展所有經濟、外交和政治領域內各種協調政策，都將有所作爲。美國視這樣一個歐洲，如同一位夥伴，在爲建立與防禦自由世界的一切艱鉅工作中，能在完全平等的基礎上，與之共同進行。

他所說的「一個聯合的歐洲」，顯然不是指一個「歐洲合衆國」，而是指一個「更完善的聯合組織」。這含有願望六國共同市場擴大容納其他歐洲國家的意思。他既認爲「聯合的歐洲」才是美國與之商談建立合夥關係的對象，同時又聲稱：「這種建立的工作，不是一年內所能完成，但現在須讓全世界明白合夥關係的目標。」

他指出這種目標說：一、「只就美國本身的力量，不能使正義遍及於世界——不能確保世界內部的安寧，或提供它以共同的防禦，或增進它的一般利益，或爲美國自己得到自由與繁榮的幸福。美國與其他自由國家合作，便能完成這一切，且能有更多的成就。」二、「我們將能合成一種足夠的嚇阻力，以防止一切的侵略。最後我們將能建立一個法治與自由選擇的世界，使戰爭與迫脅永絕於世界。」三、「大西洋合夥關係並非只顧各國自身的利益與進步，而將與一切國家合作，協助它們達成共同關切的目標。它將成爲全體自由人最後大聯合的核心。」（陳紹賢）

大陸礁層（Continental Shelf）

亦稱大陸灘或大陸棚；應與大陸灘區別的是「海面表面」，海床表面是否可被佔有，「公海自由」論者否定之，但現代學者多肯定之（歷史上亦有事例支持此說：例如錫蘭自古以來即在公海海床表面掠珠）。所謂大陸灘，一九五八年日內瓦「關於大陸灘的公約」規定爲：「㈠鄰接海岸，但在領海以外之海底區域之海床及底土、其上面海水深度不逾二百公尺、或雖逾此限度而其上海水深度仍使該區域天然資源有開發可能性者；㈡鄰接島嶼、海岸之類似海底區域之海床及底土」。條約又稱沿海國對大陸灘「行使主權的權利」，這點在理論上的根據不外乎：大陸灘是陸地的延長部份；沿海國開採最爲便捷；大陸灘資源與大陸上部份往往爲不可分之一體等等。

沿海國對大陸灘資源的探測與開採，除了必要設置外，均以不妨害公海及水上空中的自由（航行、漁捕、海中生物的養護等）爲原則，對在海底的電纜也不得加以阻碍；在水面上設置安全區（周圍五百公尺）亦不得建立於航道必經之地。

自美國一九四五年九月聲明主張對大陸灘自然資源的管轄與控制權後，許多國家繼起效尤：南美阿、秘、智三國甚至主張對大陸灘上水面的權利，遭到各國的抗議。（邵子平）

中華民國行政院于五十八年（一九六九年）七月七日發表聲明

「中華民國係一九五八年聯合國海洋法會議通過之大陸礁層公約之簽字國，茲爲探測及開發天然資源之目的，特照該公約所規定之原則，聲明中華民國政府對于鄰接中華民國海岸，在領海以外之海床及底土所有之天然資源，得行使主權上之權利」（張彝鼎）

大陸礁層公約（Geneva Convention on Continental Shelf）

一九五八年聯合國在日內瓦議定之大陸礁層公約，其全文如次：

本公約當事各國，議定條款如下：

第一條：本條款稱「大陸礁層」者謂：

㈠鄰接海岸但在領海以外之海底區域之海床及底土，其上海水深度不逾二百公尺，或雖逾此限度而其上海水深度仍使該區域天然資源有開發之可能性者；

㈡鄰接島嶼海岸之類似海底區域之海床及底土。

第二條：一、沿海國爲探測大陸礁層及開發其天然資源之目的，對大陸礁層行使主權上權利。

二、本條第一項所稱權利爲專屬權利，沿海國如不探測大陸礁層或開發其天然資源，非經其明示同意，任何人不得從事此項工作或對大陸礁層有所主張。

三、沿海國對大陸礁層之權利不以實際或觀念上之占領或明文公告爲條件。

四、本條款所稱天然資源包括在海床及底土之礦物及其他無生資源以及定着類之有生機體，亦即於可予採捕時期，在海床上下固定不動或非與海床或底土在形體上經常接觸即不能移動之有機體。

第三條：沿海國對於大陸礁層之權利不影響其上海水爲公海之法律地位，亦不影響海水上空之法律地位。

第四條：沿海國除爲探測大陸礁層及開發其天然資源有權取合理措施外，對於在大陸礁層上敷設或維持海底電纜或管線不得加以阻礙。

第五條：一、探測大陸礁層及開發其天然資源不得使航行、捕魚或海中生物資源之養護受任何不當之妨害，亦不得對於以公開發表爲目的而進行之基本海洋學研究或其他科學研究有任何妨害。

二、以不違反本條第一項及第六項之規定爲限，沿海國有權在大陸礁層上建立、維持或使用爲探測大陸礁層及開發其天然資源所必要之設置及其他裝置，並有權在此項設置與裝置之周圍設定安全區以及在安全區內採取保護設置及裝置之必要措施。

三、本條第二項所稱之安全區得以已建各項設置及其他裝置周圍五百公尺之距離爲範圍，自設置與裝置之外緣各點起算之。各國船舶必須尊重此種安全區。

四、此種設置與裝置雖受沿海國管轄，但不具有島嶼之地位。此種設置與裝置本身並無領海，其存在不影響沿海國領海界限之劃定。

五、關於此項設置之建立必須妥爲通告，並須常設警告其存在之裝置。凡經廢棄或不再使用之設置必須全部拆除。

六、此項設置或位於其周圍之安全區不得建於對國際航行所必經之公認海道可能妨害其使用之地點。

七、沿海國負有在安全區內採取一切適當辦法以保護海洋生物資源免遭有害物劑損害之義務。

八、對大陸礁層從事實地研究必須徵得沿海國之同意。倘有適當機構提出請求而目的係在對大陸礁層之物理或生物特徵作純粹科學性之研究者，沿海國通常不得拒予同意，但沿海國有意時，有權加入或參與研究，研究之結果不論在何情形下均應發表。

第六條：一、同一大陸礁層鄰接兩個以上海岸相向國家之領土時，其分屬各該國部份之界線由有關各國以協議定之。倘無協議，除因情形特殊應另定界線外，以每一點均與測算每一國領海寬度之基線上最近各點距離相等之中央線爲界線。

二、同一大陸礁層鄰接兩國毗鄰國家之領土時，其界線由有關兩國以協議定之。倘無協議，除因情形特殊應另定界線外，其界線應適用與測算每一國領海寬度之基線上最近各點距離相等之原則定之。

三、劃定大陸礁層之界限時，凡依本條第一項及第二項所載原則劃成之界線，應根據特定期日所有之海圖及地理特徵訂明之，並應指明陸上固定、永久而可資辨認之處。

第七條：沿海國以穿鑿隧道方法開發底土之權利無論其上海水深如何，均不受本條款規定之影響。

第八條：本公約在一九五八年十月三十一日以前聽由聯合國或任何專門機關之全體會員國及經由聯合國大會邀請參加爲本公約當事一方之任何其他國家簽署。

第九條：本公約應予批准，批准文件應送交聯合國秘書長存放。

第十條：本公約應聽由屬於第八條所稱任何一類之國家加入。加入文件應送交聯合國秘書長存放。

第十一條：一、本約應於第二十二件批准或加入文件送交聯合國秘書長存放之日後第卅日起發生效力。

二、對於在第二十二件批准或加入文件存放後批准或加入本公約之國家，本公約應於各該國存放批准或加入文件後第三十日起發生效力。

第十二條：一、任何國家得於簽署、批准或加入時對本公約第一條至第三條以外各條提出保留。

二、依前項規定提出保留之任何締約國隨時通知聯合國秘書長撤回保留。

第十三條：一、締約任何一方得於本公約生效之日起滿五年後隨時書面通知聯合國秘書長請求修改本公約。

二、對於此項請求應採何種步驟，由聯合國大會決定之。

第十四條：聯合國秘書長應將下列事項通知聯合國會員國及第八條所稱之其他國家：

(甲)依第八條、第九條及第十條對本公約所爲之簽署及送存之批准或加入文件。

(乙)依第十一條本公約發生效力之日期；

(丙)依第十三條所提關於修改本公約之請求；

(丁)依第十二條對本公約提出之保留。

第十五條：本公約之原本應交聯合國秘書長存放，其中文、英文、法文、俄文及西班牙文各本同一作準；秘書長應將各文正式副本分送第八條所稱各國。

爲此，下列全權代表各秉本國政府正式授予簽字之權，謹簽字於本公約，以昭信守。

公曆一千九百五十八年四月二十九日訂於日內瓦。

附：中國對第六條的保留條款

中華民國政府對於本公約第六條第一項及第二項有關劃定大陸礁層界線之規定，主張：

(一)海岸毗鄰及（或）相向之兩個以上國家，其大陸礁層界線之劃定，應符合其國家領土自然延伸之原則。

(二)就劃定中華民國之大陸礁層界線而言，應不計及任何突出海面之礁嶼。

（張彝鼎）

註：一九七三年聯合國召開第二次海洋法會議預備會，並預定一九七四年在智利召開大會，對海洋法各公約提出檢討。

一九五八年的「大陸礁層公約」第一條中，承認島嶼可以主張大陸礁層，但是，認爲每個島嶼，不分大小，都可以作爲劃分大陸礁層的基礎，必將引起非常不合理的結果，因此在一九五八年日內瓦海洋會議時，義大利與伊朗都建議，如果島嶼位於一個自大陸開始的連續大陸礁層上，雙方以中線劃分大陸礁層時，應自大陸海岸線起算，而不計及島嶼。另外，英國代表也表示，爲測算大陸礁層的界限，島嶼應依其大小決定其是否可作爲測算基礎，極小之島或沙礁雖在該國大陸礁層上，而位於領海線外者應不得計算大陸礁層的基礎，美國代表則認爲由於島嶼大小不同，所以難以採行一個一般標準來決定島嶼是否可以作爲劃定大陸礁層之基礎，而每一個島嶼應依其性質另作決定，雖然一九五八年的日內瓦海洋法會議未採納義大利及伊朗的建議，但由上述討論時的意見可知，並非所有位於大陸礁層的基礎。

日本國際法學者小田教授認爲在絕大多數的情形下，一個島嶼如僅是大陸礁層上的突出部份，並無理由來考慮以其爲劃定大陸礁層之基礎。當然，島嶼的大小、位置、開發程度、人工等可能構成公約中的「情形特殊」而得根據衡平原則作爲劃分大陸礁層的基礎，因此小田教授建議一九五八年的公約應該修改，規定島嶼僅在「特殊情形」下才能作爲劃分礁層的基礎。

此外，小田教授並認爲在一圍大陸礁層範圍外的島嶼能否主張大陸礁層應依具體情況決定，換句話說，這種島嶼並非當然就可據其主張大陸礁層。（張彝鼎、丘宏達）

(Shigeru Oda. "International Law of the Resources of the Sea" In Academie de Droit International, Recueil des Cours Vol. 127 (1969-II) Leyden: A. W. Sijthoff. 1970 pp. 450-452)

附　蘇聯大陸礁層的法律制度

大陸礁層的法制問題是國際法上的一項進步性的發展，其涉及的內容相當廣泛，非僅是理論的爭執，並包括了若干科技的事實，本文乃就蘇聯法令有關此項問題而作的精簡述評。

一、蘇聯對大陸礁層的定義

在一九六八年法令當中，大陸礁層的定義如下：

「鄰接海岸或蘇聯的島嶼，但在領海以外之海底區域之海床及底土，其深度爲二百公尺，或雖逾此限度而其上層水域深度仍使該區天然資源有開發之可能者」

「與蘇聯大陸礁層連續的海床及底土的凹陷地，不論其深度如何，均爲蘇聯大陸礁層的一部份」。

上引第一段，其定義與一九五八年日內瓦大陸礁層公約的規定，並無二致。但第二段則顯然地塡補了大陸礁層公約的漏洞，無疑地，蘇聯把其礁層外部的界線拓展而包括其外的巨大凹陷地或漕溝 (huge depressions or trenches），甚且擴張至在凹陷地以外的礁塊（shelfmass）也都包括在內，這可能是爲其海岸以外兩極海交接部份幾個大小凹漕所作的伏筆。

二、蘇聯的大陸礁層

根據前引的定義，可見蘇聯的大陸礁層，在北極海岸（Arctic Coast）的是在巴倫支海（Barents Sea）白海（White Sea）卡拉海（Kara Sea）拉普提夫海（Laptev Sea）東西伯利亞（East Siberian）海，和楚科玆克海（Chukotsk Sea）的外界與北極洋（Arctic Ocean）之間，故此上述六海的全部海床都應爲蘇聯大陸礁層的一部份。

黑海方面，除其西北部的喀拉克尼提斯克灣（Karakinitsk Bay）外，幾乎全部的海岸都是二百公尺的同深線，其遠東方面的海洋，則以礁小海深爲特色。

在鄂霍次克海（Okhotsk Sea）的礁層極爲狹窄，日本海更甚，但白令海（Bering Sea）北部與東北却爲廣大的淺灘所據，幾爲二百公尺的同深面平分爲二。

裏海（Caspian Sea）平均深度爲一八〇公尺，北部平均六·二公尺，南部則三二五公尺，最深約一千公尺左右，亞速海（Azov Sea）最深也不逾十三又二分之一公尺。鹹海（Aral Sea）和裏海，就地質言，不過是大陸地塊（Continental Land Mass）的凹陷處而已。

三、蘇聯對大陸礁層劃界的問題

蘇聯完全以其國家利益爲主要的酌量標準，在聯合國國際法委員會（International Law Commission of the United Nations）討論有關大陸礁層時，蘇聯法學家考汝海尼可夫（F. I. Kozhevnikov）認爲「在毗連國之間，以中線（Median Line）來劃分特殊形狀的礁層，是不切實際。」可是當一九六七年五月五日蘇聯與芬蘭的劃分礁界協定，對波羅的海東北部（the northeasten part of the Baltic Sea）礁層，却採取中線來劃分，然而對芬蘭灣（Gulf of Finland）的大陸礁層，則以彼此領水爲界線。

一九六九年八月廿八日蘇聯與波蘭的協定，是採取等距離法（equidistance method）來劃定格丹斯奇灣（Gulf of Gdansk）的礁界。

從上述的實例以觀，蘇聯對大陸礁層的定界，完全以政治爲着眼點的考慮，已至明顯，無庸深論。

四、蘇聯大陸礁層的天然資源

蘇聯一九六八年法令（edict）對大陸礁層的天然資源底定義爲：

「海床及底土的礦物和其他無生命資源，以及屬於定棲類之有機生物……。」

上項所頒佈的法令，認定了這些資源是屬於國民財富，其探測與開發須按蘇聯法律而行之。

一九六八年十月二十九日蘇聯漁業部（the Ministry of Fisheries of the USSR）頒佈了「有機生物一覽表」（a list of living organisms）將五二種海洋生物劃定爲其大陸礁層的天然資源。

五、蘇聯對其大陸礁層的研究、探測與開發

一九六八年法令第五條規定：「任何外國個人或公司不得在蘇聯大陸礁層上從事探測與開發天然資源或其他工作，但經蘇聯所締結之國際協定所明示允准或經蘇聯主管當局特別許可者，不在此限。」

一九六八年十月廿三日蘇聯、波蘭與東德簽訂的一項波羅的海大陸礁層聯合宣言（A Joint Declaration on the Continental Shelf of the Baltic Sea）中聲稱：

「當事國同意不給予非波羅的海國家、公民或公司在其礁層上從事探測、開發或作其他用途。」

依據一九六九年七月十八日蘇聯部長會議（Council of Ministers of the USSR）公佈的法令在蘇聯大陸礁層從事工作的進行與天然資源的保護，以及研究、探測與開發，得按法定程序註册許可。

因特許而在礁層上所爲之設置，以及圍繞該設置之安全區（Safety Zone）不得妨碍國際航行所必經之公認海道，外國船舶非經蘇聯有關當局之特別許可者，不得駛入該安全區。

該法令第六條與第七條更規定了違法的制裁辦法。

六、蘇聯對大陸礁層產生的污染問題

由於大陸礁層的採油而導致的油漏，污染海洋，嚴重地危害到生態平衡與生物資源，尤其是波震的探測，亦使魚類大量消滅，爲此一九六八年十月蘇聯部長會議（USSR Council of Ministers）曾下令給蘇聯煉油實業部（USSR Ministry of the Oil Refining Industry）應採取有效的措施以防止污染，一九六九年八月十三日最高蘇維埃主席團（USSR Supreme Soviet, the Presidium）除規定：「……由於有害廢物而致對海洋生物資源未能爲有效保護時」，行爲者應負一定之刑事責任之外，並且規定對於蘇聯大陸礁層的研究、探測與開發和保護礁層上的天然資源爲之違反行爲應適用各該鄰近礁層共和國之法律以及全蘇聯（all-union）性有關之立法規定。（張宏遠）

附　墨西哥原則（Principle of Mexico）

一九五六年美洲國家法學家會議在墨西哥城舉行，由於巴西想把甲殼類包括在大陸礁層的資源當中，而認爲是自明之理，無庸贅述，加以其他拉丁美洲國家都想限制外國人在其境域中發展漁業，爲此對大陸礁層的天然資源，作寬大的解釋。因而形成了所謂墨西哥原則，該項原則之內容指：「沿海國家之權利……伸延於其海洋所有的動物和植物類，該等動植物只要是其生活不斷在形體上和生物關係上與礁層接觸。故海底動植物類應包括在內。」

是項原則對沿海國家權利作寬大的解釋，把所有甲殼類都包括在大陸礁層的資源當中。雖然爲拉丁美洲國家所通過，但迄今尚未爲其他大多數國家所接受。

註㈠　中央線分界法

大陸礁層公約第六條第一項規定：同一大陸礁層鄰接兩個以上海岸相向國家之領土時，其分屬各該國部份之界線由有關各國以協議定之。倘無協議，除因特殊情況應另定界線外，以每一點均與測算每一國家領海寬度之基線上最近各點距離相等之中央線爲界線」。

準此，則海岸相向國家對同一大陸礁層各該國部份之界線，其劃定首先應以協議定之，如果無法達成協議，就以每一點都與測量每一國領海寬度之基線上最近各點距離相等的中央線爲界。

註㈡　海底區域（Submarine Areas）

海底區域一詞，乃指領海外的海床（Seabed）和底土（Subsail），它的範圍遠比「大陸礁層」爲廣而更能適合使用於國際法上的「大陸礁層」，蓋它不包括領海內大陸礁層的陸內部份，故與地理學上的大陸礁層迥異，而與國際法上實指的大陸礁層意義相合。它包括一些不是大陸礁層的地方，諸如礁嶼、海床、淺海的底土及一些沒有礁層存在的海灣。海底區域所包括之「海床」係指海洋之底床，乃海底之上面部份，「底土」就是下層土壤，乃海底的下面部分。在理論上「海床」和「底土」是可以劃分的，因爲海床的天然資源，諸如定著漁產，和植物，其利用可以不妨礙到底土。同樣，底土的資源可自陸地敷設管道加以開採而不妨礙海床，但事實上，海床和底土的開採是交互影響的，一方的利用難免妨礙到他方，在此種情形下，爲了國際目的，兩者應款屬於單一的制度之下。（張宏遠）

大斯拉夫主義（Pan-Slavism）

斯拉夫民族在十九世紀末葉以前，除帝俄爲獨立國外，其餘都受外族的統治。一八四八年斯拉夫民族爲反抗奧、匈統治而發生的革命，及汎斯拉夫大會（Pan-Slav Congress）在布拉格（Prague）的舉行，雖都歸於失敗，但大斯拉夫主義（Pan-Slavism）因而生根。當時俄國的斯拉夫民族及親斯拉夫民族者（Slavophils）企圖領導這個運動，可是他們向來虐待波蘭人的事實，恰與大斯拉夫主義的精神相背馳，使得東歐的斯拉夫民族對帝俄不敢信賴。直至一八七八年俄、土戰爭結果，塞爾維亞（Serbia）和門的內哥羅（Montenegro）獲得獨立及保加利亞（Bulgaria）取得自治權之後，俄國在若干地區的斯拉夫民族中之影響力增強。

塞爾維亞獨立後成爲巴爾幹上大斯拉夫主義運動的領導中心。一九〇八年奧地利併吞波士尼亞（Bosnia）和赫斯哥維那（Hercegovina），對於塞爾維亞團結斯拉夫民族的企圖，實爲一大打擊。因之，巴爾幹的斯拉夫民族更視奧匈帝國爲他們獨立生存的最大威脅。一九一四年塞爾維亞的民族過激份子刺殺奧國王子斐迪南（Archduke Francis Ferdinand），構成了第一次世界大戰的一種近因。

一次大戰爆發後，斯拉夫民族在俄國領導下對同盟國（Central Powers）作戰的，以塞爾維亞和捷克爲最力；波蘭人認俄國是他們的壓迫者，不願支持俄國作戰；保加利亞因巴爾幹戰爭（一九一二年至一三年）失敗，反而參加敵方，對俄作戰。大戰結果，出現了幾個新獨立的斯拉夫國家。俄國因正當戰後革命之初，內部紛亂，特宣告對斯拉夫國家幷無控制的意圖。

二次戰後的情況不同，蘇俄勢力在東歐的發展，不但囊括了各斯拉夫民族國家，而且非斯拉夫民族的羅馬尼亞、匈牙利和阿爾巴尼亞都被捲入它的鐵幕。

戰後二十多年來，東歐鐵幕內國家的變化，在斯拉夫民族的，有南斯拉夫擺脫了蘇俄的控制；有捷克因自由民主化運動，被俄軍侵入，仍在其武裝監視之下。在非斯拉夫民族的，有阿爾巴尼亞的背叛蘇俄，投靠毛共；有羅馬尼亞因與西方國家交往，仍在蘇俄的武力威脅之中。（陳紹賢）

大德意志主義（Pan-Germanism）

大德意志主義的要旨是：世界上凡說德語的人們，都應同歸爲德國的人民。大德意志主義者曾作此種提倡，且曾要求奧國說德語的各省歸入德國的版圖。

希特勒生於奧國，在奧國的大德意志主義氣氛中長大。此一背景，對於一九三八年納粹德國吞併奧國及捷克的蘇台區（Sudetenland），都有關係。

大德意志主義者也認爲德國向外發展，凡法國的亞爾沙斯和洛林（Alsace and Lorraine），瑞士說德語的各邦，以及盧森堡都應歸屬德國。但二次戰後已不復有此種呼聲了。

迄今德國人大都否認奧德—奈塞線（Order-Neisse Line）爲德國與波蘭的永久國界，而要求收回該線以東的德國領土。其理由之一，就是認爲該領土上的居民大多是說德語的德國人民，儘管一九四五至四六年間，波蘭驅逐大批德人離開該地。（陳紹賢）

大衛營會談（David-Camp Conference）

一九五九年九月間，美國總統艾森豪與赫魯雪夫在美國賓夕法尼州之大衛營舉行會談，前後歷時三日（由二十五日至二十七日），並發表下列聯合公報：

「蘇俄部長會議主席赫魯雪夫與艾森豪總統已在大衛營舉行一次坦白交換意見。美國務卿赫特及蘇俄外長葛羅米柯與兩國其他官員曾參加部份會談。

「蘇俄部長會議主席與美國總統一致認爲這些討論對於澄清彼此對若干問題之立場，係屬有益。這些會談之舉行非爲談判問題，但却期望他們之交換意見能有助於對雙方之動機與立場有較佳之瞭解，並從而達成公正持久之和平。

「雙方一致認爲，今日世界所面臨之最重要問題，乃爲全面裁軍問題，兩國政府將盡力使此問題獲得建設性解決。

「在會談過程中，雙方曾就德國問題交換意見，包括一項列明雙方地位的對德和約問題。

「關於此項特殊問題之討論，雙方已達成一項諒解—此項諒解尙須經其他直接有關方面之同意—擬定重開談判，以期獲得一項符合一切有關方面利益及有利於維持和平的解決辦法。

「除這些問題外，雙方並曾就有關美、蘇關係的若干問題舉行過有益會談。這些問題包括兩國間貿易問題；至於增加人員與思想之交流，兩國官員間之討論已有具體進展，預料在最近將來將達成若干協議。

「雙方一致認爲一切重大國際問題應透過談判以和平方法解決，而不應以使用武力來解決。

「最後，雙方同意美國總統明春答訪蘇俄，確定日期將由外交途徑安排之。」

綜合此一聯合公報及當時所透露之報導，會談之主要內容如次：

(一)和平競存：一切未決國際問題應以和平談判方式解決。

(二)高層會議：赫魯雪夫撤銷對西柏林威脅時限，艾森豪同意參加高層會議。

(三)柏林地位：蘇主張中立化，美表示須由有關地區之人民自行決定。

(四)對德和約：蘇主張與東德單獨簽訂和約，素表示蘇必須尊重西方盟國在東德之條約權利與地位。

(五)美蘇貿易：蘇允就償還租借法案貸款（共二十五億美元，已還八億），恢復談判；美則允就放寬對蘇貿易限制，進行會商。

(六)文化交流：美蘇文化交流協定應於一九五九年年底滿期，雙方同意延長，並擴大該項交換。

(七)美、匪關係：美表示不放棄對中華民國之支持，亦無意攻擊共匪，但盼匪釋放美俘，並放棄對臺灣使用武力。蘇促美承認匪僞政權之存在，允其入聯合國及其他國際會議，對釋放美俘一節，允爲轉達。

(八)裁軍問題：蘇俄叫囂全面裁軍，主張北大西洋公約組織與華沙公約組織國家締結互不侵犯條約，並撤除外國駐軍與海外基地。美堅持裁軍必須配合有效視察與管制，駐軍及基地乃爲防衛性質，應先消弭侵略威脅。

(九)艾克訪蘇：日期由外交途徑訂定。（吳俊才）

大衛營精神（Spirit of David Camp）

大衛營精神者，蓋因美總統艾森豪與蘇俄獨裁者赫魯雪夫在大衛營（David Camp）會談後，雙方共同決定採取之和平共存精神也。

自一九五七年十月間，蘇俄突然發射史普匿第一第二兩枚地球衞星後，蘇俄赫魯雪夫即利用所謂洲際飛彈爲恐嚇武器，不斷向西方國家進行敲詐。至一九五九年春間，美國務卿杜勒斯病逝，艾森豪雖任命赫特接任國務卿，但事實上則係艾氏自掌外交舵把。是時美國在飛彈方面尙未能趕上蘇俄，於是爲避免核子戰爭起見，不得不遷就蘇俄。適副總統尼克森奉命赴莫斯科訪問，艾森豪乃以親筆函件託尼克森面交赫魯雪夫，意欲邀請赫氏訪問美國，作面對面之交談，以期解決雙方歧見。赫魯雪夫自知單憑飛彈優勢，難以取勝，亦卽順風轉舵，欣然表示接受。

是年九月，赫魯雪夫飛往紐約，除大放厥詞，高談東西和平共存外，並在聯合國大會發表演說，主張「全面裁軍計劃」之空洞論調。赫氏演說雖純屬謊言，但亦頗引人注目，而美國姑息主義者更爲之傾倒不置。迄九月二十五日至二十七日，艾森豪與赫魯雪夫在大衞營舉行懇談，雙方同意以和平方式解決一切歧見，於是世人乃稱之爲大衞營精神。所謂大衞營精神究竟包含何項內容呢？根據艾、赫發表之聯合公報觀之，其要點如次：

㈠和平競存——雙方同意一切未決之國際問題不應藉武力方式，而應循談判方式以求解決；而談判應以高峯會議方式行之。

㈡高峯會議——赫魯雪夫同意撤除對西柏林威脅時限，艾森豪同意參加高峯會議。（按赫魯雪夫前曾限期解決柏林問題，至是始自動取消期限，以表示其和平誠意）。

㈢柏林地位——蘇俄主張柏林中立化，美國表示必須取得有關地區人民之同意。

㈣對德和約——蘇俄主張與東德單獨簽定和平條約，美表示必須蘇俄尊重西方盟國在東德之條約權利與地位。

（以上三、四兩項，雙方同意西方與蘇俄恢復會談）

㈤美、蘇貿易——蘇俄允就償還租借法案貸款，恢復談判（共爲二十五億美元，已償還八億元）；美允放寬對俄貿易限制進行會商。

㈥文化交流——美、蘇文化交流協定，至是年底屆滿，雙方同意予以延長，並擴大交換。

㈦美、匪關係——美表示不放棄對自由中國之支持，亦無意攻擊共匪，但盼匪釋放美俘，並放棄對臺灣使用武力。俄促美承認共匪僞政權之存在，允其進入聯合國及其他國際會議，對釋放美俘一節，允代爲轉達。

㈧裁軍問題——赫魯雪夫叫囂全面裁軍，主張北約組織與華沙公約組織締互不侵犯條約，並撤除外國駐軍及海外基地。美堅持裁軍必須配合有效觀察與管制，至於駐軍及基地係防衞性質，必須至侵略消除後，始能撤離。

㈨艾克訪蘇——赫魯雪夫建議艾克展期至次年春訪俄，艾克同意，確期經由外交途徑訂定。

由於上述各點之公佈，於是美國與西方人士皆相信東西間之冷戰至少可以解凍矣，遂稱之爲大衞營精神。然由吾人觀之，則雙方意見固相距甚遠，其惟一可爲世人引爲樂觀者，卽雙方無意於進行核子大戰之冒險而已。（鄧公玄）

參考文獻：

Facts on File Year Book, 1959

三B政策（Three B Policy）

三B政策者，蓋第一次世界大戰前，德國爲貫澈其帝國主義野心而擬定者。德國擬自柏林（Berlin）爲起點，中經拜占庭（Byzantium）而達巴格達（Bagdad），建築一條鐵路，使其勢力遠達歐亞兩洲。因三地名之第一字母均爲B字，故號稱三B政策。實則所謂三B政策者，其目的在由德國海港漢堡起，經歐洲而遠達亞洲波斯灣海岸之科威特（Koweit），建築一條鐵路，全長八千九百公里，約合華里一萬六千餘里。中經歐洲巴爾幹半島許多名城大都，橫過波斯婆魯斯海峽而邁往近東中東地區以入於波斯灣。德國取得此項建築權後，卽努力進行，初擬於一九一七年竣工，旋以第一次大戰爆發，乃告中止。倘此項鐵路計劃如竟成功，則蘇彝士運河之價值，勢將立形減少，英既不能再爲歐亞海上交通之盟主，俄亦不復能爲歐亞陸上交通之要樞，德國勢力殆將成爲英、俄之重大威脅。故第一次世界大戰之發生，此亦爲促成之一項重要因素也。

（鄧公玄）

參考文獻：

Morris :"The War and The Bagdad Railway"
Heslop, D. G. :"The Bagdad Railway" 1920

三C政策（Three C Policy）

三C政策係大英帝國在第一次大戰前後所夢想之野心，此與德國當時所夢想之三B政策同爲世人所注目。所謂三C政策，乃自南非之開普頓（Cape Town）起，經北非埃及首都開羅（Cairo）而達印度之加爾各答（Calcutta）之計劃，因此三地名之第一字母均爲C字，故稱之爲三C政策。自一八三〇年英人卽佔領非洲南端各地，並取得荷蘭人之開普頓，又進而侵入渥蘭積河流域

(Orange River)，迄一八八二年，佔領埃及，一八八五年佔領韋圖（Witu），一八九〇年取得法蘇達（Fasshuda）等地。於是英人希圖使其非洲殖民與印度互相聯接，遂擬自南非起建築一條縱貫非洲大陸而達北非開羅之鐵道，再由開羅而經近東、中東以迄於加爾各答，以期利於統治非印兩地。英人之三C政策恰與德國之三B政策相衝突，故當時德人在東非一帶盡力加以阻碍。其後互相激盪之結果，而卒造成一九一四年之第一次世界大戰。（鄧公玄）

參考文獻：

外交大辭典第四二頁

三S政策（Three S Policy）

三S政策係大英帝國主義向遠東擴張之計劃，其計劃擬自蘇彝士運河(Suez Canal）起，經星加坡（Singapore）而達上海（Shanghai）之企圖。因三地名之第一字母均為S，故稱之為三S政策。蓋英人與遠東之海上交通，係以蘇彝士運河為樞紐，昔在紅海岸有亞丁軍港可以防護歐亞交通之門戶，在印度洋則有星加坡軍港為基地，以控制印度洋及大洋洲，而在上海則有租界為據點，並以香港輔之，足以控制太平洋地區。英人此種政策在第一次戰後至第二次戰前，可謂業已完全見諸實施，然自第二次大戰結束後，因國際形勢大變，同時英國國力亦銳減，英人在亞洲之殖民地先後紛紛獨立，最近英國政府宣佈自一九七〇年以後，將完全放棄其在蘇彝士運河以東之軍事基地，昔日顯赫一世之大英帝國固已完全崩潰，而所謂三S政策者亦已成為古典名詞矣。（鄧公玄）

參考文獻：

外交大辭典　第四二—四三頁

三頭馬車制（Troika）

「三頭馬車制」者，蓋由蘇俄三頭馬車（Troika）之意義引伸而應用於政治制度者也。邇年來，在聯合國中東西鬥爭史上，三頭馬車制一詞曾引起軒然大波，於是此一名詞遂成為國際政治上之一通用新辭語；茲將其經過情形略敍於次：

一九六〇年九、十月間，俄酋赫魯雪夫自動前往美國出席聯合國大會，惟此次與上次情形大不相同，上次係應美國邀請而來，故盡量以笑臉欺騙世人，此次係不請自來，且在美、蘇關係陷於低潮之中，故盡量表現其本來的猙獰面貌，而在聯大議場中竟不惜脫鞋拍桌，極盡其下流作風。而尤其引起世人困擾者，厥為蘇俄因剛果問題，一面主張撤換哈馬紹之秘書長職務，一面又提議將秘書長改為三頭馬車制，亦即由東、西及中立三方各推一人為行政委員會的行政委員，以執行秘書處的重要工作。凡秘書處有關政策性事項，必須經三人一致同意，始能施行。因此，三個行政委員各具有一個否決權，一如安理會五常任理事國所具有之否決權一般無兩。

蘇俄之所以如此主張，蓋因其認為秘書長哈馬紹偏重西方，故欲削弱其權力，並使整個聯合國變成癱瘓狀態而一事無成。西方國家知其用意惡毒，一致堅決反對，但若干中立國家則多少表示贊同，因其有利於中立國家也。惟雙方爭執不決，迄未獲得結果。

迄至一九六一年，忽因哈馬紹墜機死亡，於是當聯大第十六屆開會時，蘇俄便乘機舊話重提，再度掀起聯大之喧囂吵鬧。幸美國對蘇俄陰謀堅決反對，而中立國家亦知蘇俄用意不過在閹割秘書長之工作效能，逐漸失去同情。蘇俄見中立國家亦不表支持，故亦不能不望風轉舵，旋聲明可放棄其「三頭馬車制」的初衷，同意由一中立國人士出任臨時性的代理秘書長，惟在秘書長之下，應設立三個副秘書長，由東、西及中立三方推荐人選，秘書長對重要事項之執行，應徵詢三個副秘書長之同意。美國對此仍表拒絕，因其不啻為變相的三頭馬車制也。其後蘇俄又提議增設副秘書為六人或七人，就地區而予以提名，此議更為西方國家所反對。至於秘書長產生之方式，東西雙方亦有歧見，蘇俄主張由安理會推荐，然後由聯大投票選舉之。美國則主張由聯大直接投票選舉，不必經安理會之推荐，以免蘇俄濫用否決之權。關於代理秘書長之人選，最初西方屬意於愛爾蘭之鮑蘭，其次又擬議以史陵充之；但蘇俄與中立國家則屬意於緬甸之宇譚。美國對宇譚初不贊同，但大勢所趨，亦不得不予以接納，惟關於副秘書長之人選，則堅持應由代理秘書長自行物色，不應有事先之約束。最後蘇俄亦放棄原來之主張，同意由宇譚自行決定其主要顧問人員，於是此一僵局乃得打開。

是年十一月三日，由安理會推荐宇譚為代理秘書長，同時並由聯大投票一致贊同，遂正式成為代理秘書長。其任期以補足哈馬紹未了任期為限，即至一九六三年四月十日止。宇譚於宣誓就職後，即宣佈任命美國的彭區，及蘇俄的阿卡德夫為副秘書長，至十一月六日，又宣佈任命印度的查瑞瓦迪為第三個副秘書長。由此可知蘇俄的陰謀雖未完全如願以償，然其「三頭馬車制」固不啻以變相的方式實現矣。美國在表面上固達到了保持秘書長完整性的目的，而不知其實已成爲告朔之餼羊而已。（鄧公玄）

參考文獻：

Facts on File Year Book, 1961

A·B·C國家（A.B.C. Powers）

「ABC國家」這名詞指阿根廷(Argentina)巴西（Brazil）和智利(Chile)三國。

一九一〇年以後，這三國間友好關係的發展，達成草簽一種聯盟協定。它們企圖結盟的主要目的，在建立對拉丁美洲的領導權，幷維持該區域的和平。

ABC國家曾對美國佔據墨西哥東部海港委拉克魯斯（Veracruz）；引起的美、墨爭端之惡化，聯同出面調解。美、墨兩政府應三國的聯合邀請，派代表至加拿大的尼加拉瀑布市（Niagara Falls）舉行會議，和緩了當時兩國關係的緊張。

由於三國間的歧見頗多，該草簽的聯盟涵定不獲批准。加以它們相互間利害的矛盾不能協調，致締盟的態勢歸於消逝。（陳紹賢）

山尼克利會議（Sanniquellie Conference）

一九五九年七月十九日，賴比瑞亞總統杜伯曼（William V. S. Tubman），幾內亞總統杜瑞（Sekou Toure），和迦納總統恩克魯瑪（Kwame Nkrumah）在賴國的山尼克利開會，他們保證共同合作，以建立一個非洲獨立國家社會（Community of Independent African States）爲達成此一目的，他們並決定於一九六〇年在奈及利亞，多哥蘭和喀麥隆獲得獨立後，再舉行一次特別會議。

在山尼克利會議中，三國元首同意下述原則：

一、非洲人正如所有其他民族一樣，具有與生俱來的獨立和自決的權利。

二、建議中的組織名稱應爲「非洲獨立國家社會」。

三、參加此一社會的非洲國家或聯邦仍應保留其原來的國家憲法體制。

四、每一會員國應接受不干涉其他會員國內政的原則。

五、會員國的行爲應符合非洲性格的自由、獨立和統一的特別目標。

六、此一社會的政策應建立一個繁榮的非洲統一體，俾有利於非洲和世界各民族，以及國際和平與安全的旨趣。

七、其主要目標應爲協助加速非洲各地的獨立。

八、非洲獨立國家社會下將設一個經濟理事會，一個文化理會會以及一個科學和研究理事會。

九、會員國應包括所有非洲的獨立國家。

十、此一社會應採用一種旗幟和會歌。

十一、此一社會的箴言爲「獨立和統一」。

三國元首並要求由聯合國監督法屬喀麥隆在獨立前的自由選舉，聯合國下屆大會將阿爾及利亞問題列入議程中。他們譴責種族隔離和其他種族歧視的形式，並抗議法國在撒哈拉大沙漠舉行原子試爆。（楊逢泰）

兀鷹派與鴿子派（Hawks and Doves）

國際上出現所謂「兀鷹派」（Hawks）與「鴿子派」之兩個名詞，實起源於一九六二年古巴事件發生之時。茲將其由來略叙於次：

一九六一年三月間，美國支持古巴流亡人士在猪灣登陸失敗之後，美、蘇間重新恢復熱烈之軍備競賽，尤其雙方皆不惜從事於空中核子試爆，造成空前緊張狀態。而是時美國在太空與飛彈方面亦已趕上蘇俄，而在核子武器方面，則美國仍居上風。此種事實，赫魯雪夫知之最深，其爲不利於蘇俄，固極顯然。

赫魯雪夫爲扭轉此種不利形勢起見，乃在古巴進行建立飛彈基地之冒險，由一九六二年年夏間起，即以極秘密之方式着手實施。由於蘇俄船隻往來輸運各種物資與器械之故，遂使美國情報機關提高警覺，預料蘇俄在古巴必有某種重大陰謀，不能不加强防範，惟尚無眞憑實據，故未便採取任何行動。迄是年十月中旬，美國以U2飛機巡視古巴上空，攝得蘇俄建立飛彈基地之照片以後，以往之傳說乃完全證實。當時美國總統甘迺迪始如晴天霹靂，震驚不已。

甘迺迪既知此事之嚴重，遂立刻召開國家安全會議，與會者包括軍政各方的重要幕僚在內，卒決定實行封鎖古巴的對策。依照「星期六晚郵報」(Saturday Evening Post）所載巴勒特（Bartlett）與阿爾索甫（Alsop）合撰之一篇報導，則知此次會議時，各人意見紛歧，大別之可分爲「兀鷹派」與「鴿子派」。

「兀鷹派」主張不管如何，應先行轟炸古巴的飛彈基地，然後論其他；而「鴿子派」則主張千萬慎重將事，務祈勿釀成美、蘇間之核子戰爭。爭論結果，卒由甘迺迪採取比較中庸的決策，即下令封鎖古巴，同時要求蘇俄立刻撤退其建立飛彈基地之計劃以及各種具有攻擊性之武器。所有與會人士均一致同意，其中惟有史帝文生一人獨持異議。在「兀鷹派」中包括中央情報局長麥康、財政部長狄倫、聯合參謀長泰勒、前國務卿艾契遜、及總統特別助理班代等。至於「鴿子派」中則有司法部長羅伯甘迺迪，國防部長麥納瑪拉、前國防部長羅維特、及蘇俄專家湯普森等。

自是以後，世人不但漸知封鎖古巴事件之內幕，而「兀鷹」、與「鴿子」亦成爲極流傳之新名詞矣。（鄧公玄）

參考文獻：

Facts on File Year Book, 1962

中日和平條約（Sino-Japanese Peace Treaty）

第二次世界大戰後，中華民國與日本簽訂和約，其有關文件如下：

中華民國與日本國

鑒於兩國由於其歷史文化關係及領土鄰近而產生之相互睦鄰願望；了解兩國之密切合作對於增進其共同福利及維持世界和平與安全，均屬重要；均認由於兩國間戰爭狀態之存在而引起之各項問題，亟待解決；

爰經決定締結和平條約，並爲此各派全權代表如左，

中華民國總統閣下：

葉公超　先生

日本國政府：

河田烈　先生

各該全權代表經將其所奉全權證書提出互相校閱，認爲均屬妥善，爰議定條款如下：

第一條　中華民國與日本國間之戰爭狀態，自本約發生效力之日起，即告終止。

第二條　兹承認依照公曆一千九百五十一年九月八日在美利堅合衆國金山市簽訂之對日和平條約（以下簡稱金山和約）第二條，日本國業已放棄對於臺灣及澎湖群島以及南沙群島及西沙群島之一切權利，權利名義與要求。

第三條　關於日本國及其國民在臺灣及澎湖之財產及其對於在臺灣及澎湖之中華民國當局及居民所作要求（包括債權在內）之處置，及該中華民國當局及居民在日本國之財產及其對於日本國及日本國國民所作要求（包括債權在內）之處置，應由中華民國政府與日本國政府間另商特別處理辦法。本約任何條款所用「國民」及「居民」等民詞，均包括法人在內。

第四條　兹承認中國與日本國間在中華民國三十年公曆一千九百四十一年十二月九日以前所締結之一切條約、專約及協定均因戰爭結果而歸無效。

第五條　兹承認依照金山和約第十條之規定，日本國業已放棄在中國之一切特殊權利及利益。包括由於中華民國紀元前十一年即公曆一千九百零一年九月七日在北京簽訂之最後議定書與一切附件及補充之各換文暨文件所產生之一切利益與特權；並已同意就關於日本國方面廢除該議定書、附件、換文及文件。

第六條　(甲)中華民國與日本國在其相互之關係上，願各遵聯合國憲章第二條之各項原則。

(乙)中華民國與日本國願依聯合國憲章之原則彼此合作，並特願經由經濟方面之友好合作，促進兩國之共同福利。

第七條　中華民國與日本國願儘速商訂一項條約或協定，藉以將兩國貿易、航業及其他商務關係，置於穩定與友好之基礎上。

第八條　中華民國與日本國願儘速商訂一項關於民用航空運輸之協定。

第九條　中華民國與日本國願儘速締結一項爲規範或限制捕魚、及保存暨開發公海漁業之協定。

第十條　就本約而言，中華民國國民應認爲包括依照中華民國在臺灣及澎湖所已施行或將來可能施行之法律規章而具有中國國籍之一切臺灣及澎湖居民及前屬臺灣及澎湖之居民及其後裔；中華民國法人應認爲包括依照中華民國在臺灣及澎湖所已施行或將來可能施行之法律規章所登記之一切法人。

第十一條　除本約及其補充文件另有規定外，凡在中華民國與日本國間因戰爭狀態存在之結果而引起之任何問題，均應依照金山和約之有關規定

予以解決。

第十二條　凡因本約之解釋或適用可能發生之任何爭執，應以磋商或其他和平方式解決之。

第十三條　本約應予批准，批准文件應速在臺北互換。本約應自批准文件互換之日起發生效力。

第十四條　本約應分繕中文、日文及英文。遇有解釋不同，應以英文本為準。

為此，雙方全權代表各以本約簽字蓋印，以昭信守。

本約共繕二份，於中華民國四十一年四月二十八日即日本國昭和二十七年四月廿八日即公曆一千九百五十二年四月二十八日訂於臺北。

中華民國代表：葉公超

日本國代表　：河田烈

議定書

署名於後之雙方全權代表，於本日簽署中華民國與日本國間和平條約（以下簡稱本約）時，議定下列各條款，各該條款應構成本約內容之一部份，計開：

㈠本約第十一條之實施，應以下列各項了解為準：

(甲)凡在金山和約內有對日本國所負義務或承擔而規定時期者，該項時期，對於中華民國領土之任一地區而言，應於本條約一經適用於該領土之該地區之時開始計算。

(乙)為對日本人民表示寬大與友好之意起見，中華民國自動放棄根據金山和約第十四條甲項第一款日本國所應供應之服務之利益。

(丙)金山和約第十一條及第十八條不在本約第十一條實施範圍之內。

㈡中華民國與日本國間之商務及航業應以下列辦法為準繩：

(甲)雙方將相互以下列待遇給予對方之國民、產品及船舶。

(子)關於關稅、規費、限制及其他施行於貨物之進口及出口或與其有關之規章，給予最惠國待遇，及

(丑)關於船運、航行及進口貨物、及關於自然人與法人及其利益，給予最惠國待遇；該項待遇包括關於徵收稅捐、起訴及應訴、訂立及執行契約、財產權（包括無形財產權但礦業權除外）、參加法人團體，及通常關於除金融（包括保險）業及任何一方專為其國民所保留之各種職業活動以外之各種商業及職業活動行為之一切事項

(乙)關於本項(甲)款(丑)節所載之財產權、參加法人團體及商業及職業活動之行為，凡遇任何一方所給予彼方之最惠國待遇，在事實上臻於國民待遇之程度時，則該方對於彼方並無給與較諸彼方依照最惠國待遇所給待遇更高待遇之義務。

(丙)國營貿易企業之對外購買及出售，應僅以商務考慮為基礎。

(丁)在適用本辦法時，雙方了解：

(子)中華民國之船舶應認為包括依照中華民國在臺灣及澎湖已施行或將來可能施行之法律規章所登記之一切船舶；中華民國之產品應認為包括發源於臺灣及澎湖之一切產品；及

(丑)如某項差別待遇辦法係基於適用該項辦法一方之商約中所通常規定之一項例外，或基於保障該方之對外財政地位或收支平衡之需要（除涉及船運及航行者外），或基於其保持其主要安全利益，又如該項辦法係隨情勢推移，且不以獨斷或不合理之方式適用者，則該項差別待遇辦法不得視為對於以上規定所應給予之各待遇有所減損。

本項所規定之辦法應自本約生效之日起一年之期限內繼續有效。

本議定書共繕二份，於中華民國四十一年四月二十八日即日本國昭和二十七年四月廿八日即公曆一千九百五十二年四月廿八日訂於臺北。

照會第一號

一、日本全權代表致中華民國代表照會

關於本日簽訂之日本國與中華民國間和平條約，本代表權謹代表本國政府提及貴我雙方所成立之了解，即：本約條款關於中華民國之一方，應適用於現在中華民國政府控制下或將來在其控制下之全部領土。上述了解，如荷貴代表惠予證實，本代表當深感紉。本代表順向貴代表表示崇高之敬意。

昭和二十七年四月二十八日於臺北。

二、中華民國全權代表復日本全權代表照會

關於本日簽訂之中華民國與日本國間和平條約，頃准貴代表本日照會內開：

「內容與日本照會同」本代表表示崇高之敬意。

中華民國四十一年四月二十八日於臺北

中華民國四十一年八月五日簽字

中華民國四十一年八月五日互換批准書
中華民國四十一年八月五日生效
（取自外交部編「中外條約輯編」臺北：臺灣商務印書館經銷民國四十七年出版，頁二四八～二五五）（張彝鼎）

中日斷交（Severance of Diplomatic Relations with Japan）

中華民國與日本斷交聲明全文

日本總理田中角榮與中共匪僞政權頭目發表「聯合聲明」，宣稱雙方自一九七二年九月廿九日起建立外交關係，日本外務大臣大平正芳並聲言中日和平條約及中日外交關係業已因此而告終止。

中華民國政府鑒於日本政府此種罔顧條約義務之背信忘義行爲，玆宣佈與日本政府斷絕外交關係，並指出此應由日本政府負其完全責任。

蔣總統所領導之中華民國政府，係接受日本於戰敗後投降之政府，並係於一九五二年根據金山和約與日本締訂和平條約，終止戰爭狀態，恢復兩國外交關係之政府，且中華民國政府一貫係在本國領土上依照憲法行使主權，自締結中日和平條約迄今，兩國間情勢並無任何改變，於是，所有自田中政府片面背棄中日和平條約，勾結中共匪僞政權，所產生之一切行爲，凡屬損及中華民國政府合法地位，領土主權及一切合法權益者，均屬非法無效，其由此所引起之嚴重後果，亦均應由日本政府負完全責任。

日本軍閥爲遂行其征服中國之野心，歷次製造事變，終於在一九三七年掀起全面侵華戰爭，並擴大爲第二次世界大戰，使中華民國及亞太地區均遭受空前浩刼。中共匪幫乘我政府動員軍民全力對日抗戰之時，擴充武力，擴大叛亂，遂至竊據大陸，使中國大陸七億人民迄今陷於水深火熱之中，此實爲日本軍閥侵華罪行所造成的嚴重歷史錯誤，日本更負有不容諉卸的責任。

蔣總統爲謀中日兩國與整個亞洲之安定和平大計，在開羅會議力主保存日本天皇制度，並於接受日本投降之後採取以德報怨的政策，妥善遣返日俘二百餘萬人，我政府並放棄戰爭損害賠償的要求及派遣軍隊佔領日本的權利，使日本免於被分割，並得以迅速重建其國家。

今田中政府竟片面背棄中日和約，承認中共匪僞政權而與中華民國政府斷交，不僅忘恩負義，爲日本民族之恥，實亦違反日本最大多數國民之意願，且更嚴重損害中日兩國與整個亞洲之遠大利益。

中共匪幫赤化日本與赤化亞洲乃至赤化世界之目標，從未改變，且正在亞太地區積極滲透擴張，多方製造戰亂，田中角榮竟引狼入室，認敵爲友，助長中共匪幫之滲透顛覆活動，必將爲日本及亞太地區帶來無窮之禍患。

光復大陸，拯救同胞爲中華民國政府之基本國策，在任何情形之下絕不改變，中共匪僞政權，乃亞洲禍亂之根源。唯有在此一殘暴集團被推翻後，日本及亞洲之安全，自由與繁榮，始能獲得可靠之保證。

中華民國政府深信，田中政府的錯誤政策，並不影響日本政府的錯誤政策，並不影響日本國民對　蔣總統深厚德意的感謝與懷念，我政府對所有日本反共民主人士，仍將繼續保持友誼。

中日斷交後，由兩國民間團體，中國的亞東關係協會及日本的交流協會，成立協議，維持兩國民間關係。玆附錄該協議書全文于後。

一、亞東關係協會設置東京辦事處及大阪辦事處，大阪辦事處得在福岡設分處，以長期出差方式派員駐福岡辦事。

交流協會設置臺北辦事處及高雄辦事處。

二、亞東關係協會及交流協會派在駐外辦事處員額以三十人爲度，並得視業務之需要，互相酌予增加。上述員額不包括在當地聘顧之佐理人員在內。雙方應謀求互設在各本國之辦事處及辦事處人員，在各本國國內法令許可範圍內，獲得必要之支持、協助及便利。

三、雙方駐外辦事處之業務，以有關下列各項之活動爲限。

1.爲使在對方國家居留之各本國人民身體、生命與財產及在對方國家之本國法人以及各本國人民在對方國家組成之法人財產與權益，不受侵害並獲得充分保護，與有關當局折衝並謀求其他一切必要便利。

2.爲在對方國家居留之各本國人民從事子女教育（包括有關僑校）之一切必要業務。

3.爲對方國家之人民及他國人民前來各本國之入境、居留、再入境等事項，謀予必要之便利。

4.爲居留對方國家之各本國人民與對方國內之居民間涉外事件，進行調查、斡旋等事而予必要之協助。

5.爲順利發展雙方間之貿易，與有關當局聯絡斡旋，並謀求必要之便利。

6.為求均衡發展雙方間之貿易，從事調查對方國家之經濟、貿易、觀光等事項並向其介紹各本國之上述各事項。

7.為雙方間貿易、投資、技術合作等事項，締訂或協助締訂各種民間協定，並為保障其實施從事一切必要之活動。

8.關於前此簽訂貸款合約所涉貸款之支付及償囘等業務。從事必要之調查與聯繫。

9.辦理雙方間各種技術合作有關業務，包括基於以往國際承諾之技術合作未完成部份之實施事項。

10.為保障對方國家之漁船得在本國近海之安全作業，謀予一切必要之便利。

11.為保障各本國船舶駛出入對方國家港口（包括緊急入港）以及在對方國家港口作業之安全，或為船員因疾病、解雇或由於其他原因而登岸時，謀予一切必要之便利。

前項關於船舶及有關事項之規定，對航空器亦同樣準用。

12.為順利維持雙方間海空客貨運輸及有關通信，與有關當局聯繫折衝並謀求其他必要之便利。

13.為雙方間各種學術、文化、體育等交流活動、謀求一切必要之便利。

14.為達成雙方之目的，從事其他必要之調查及有關業務，並謀求一切必要之便利。

本協議書以中、日兩國文字分繕，雙方代表於公曆一九七二年十二月二十六日在臺北簽署，以昭信守。

附　日匪聯合聲明內容

日本首相田中角榮於九月廿五日赴匪區訪問，並於廿九日在北平與周匪恩來，簽署了所謂「聯合聲明」。日本外相大平正芳同日也在北平宣稱：日本與共匪即日起正式建立「外交關係」，中(中華民國)日和約與中日外交關係因而終止。

我國外交部鑒於日本之背信棄義，即在廿九日下午發表了對日斷交的聲明：「中華民國政府鑒於日本政府此種罔顧條約義務之背信忘義行為，玆宣佈與日本政府斷絕外交關係，並指出此應由日本政府負其完全責任。」

早在田中赴匪區與周匪會談之前，我外交部便曾表示過我國的嚴正立場，明白指出日本政府與共匪從事談判，顯係違背戰後與我國所簽訂之中日和約及損害中日兩國間所建立之合作關係。中華民國政府是中國唯一合法政府，受全國人民之付託，對整個中國行使主權，而中共匪幫乃一奴役人民之殘暴集團，絕對不能代表中國。將來日本政府與中共匪幫由談判所達成之任何協議，均屬非法無效。

田周的「聯合聲明」共有九點，前四點要義如下：一、日匪雙方同意即日起結束「不正常狀態」；二、日本承認共匪為所謂「中國的唯一合法政府」；三、日本政府完全諒解與尊重共匪的立場，即臺灣是中國不可分割的一部份領土，其立場依據波茨坦宣言第八條；四、日匪雙方決定自九月廿九日起建立「外交關係」，並「儘速互換大使」。

這四點內容與大平正芳在北平的聲明，可說完全根據周匪「建交三原則」而擬定的。所謂「建交三原則」為：一、共匪是「唯一代表中國人民的合法政府」；二、臺灣是中國領土不可分割的一部份；三、廢棄中日和約。

「聯合聲明」中第三點所提「波茨坦宣言」，係一九四五年七月我國蔣委員長、美國杜魯門總統與英國邱吉爾首相，由波茨坦所發出，促日本無條件投降，全文共十三條，其中第八條是：「開羅宣言之條件，必將實施；而日本之主權必將限於本州、北海道、九州、四國，及吾人所決定之其他小島之內。」條文中所指「開羅宣言」，係我國　蔣委員長、美國羅斯福總統、英國邱吉爾首相，於一九四三年十一月廿二日至廿五日，在開羅舉行會議後，於十二月一日所發表，其中有關臺灣的規定為：「所有日本竊奪之中國一切土地，如滿州、臺灣、澎湖，均應由中華民國收復之。」這兩項宣言皆與共匪無關，皆由我　蔣總統代表中華民國所簽署。日本早已歸還臺灣給我中華民國，臺灣為中華民國之領土，自屬毫無疑義之事。

依據「聯合聲明」第五點，共匪為了「中（共）日友好關係，放棄對日本的戰爭賠償要求。」對於這一點，田中與大平頗為沾沾自喜，其實這是周匪的誘魚上鈎及先予後取的詭計。囘憶抗戰勝利之際，　蔣總統採取寬大為懷的政策，放棄要求日本賠償，其時周匪狂妄叫囂，要日本賠償五百億美元。其實那時的日本眞是民窮財盡，不堪負擔。如今日本已成亞洲經濟大國，而共匪竟不要日本賠償。無疑是有意討好日本國民，因而使田中內閣暫時穩定，於是愈益靠攏共匪。對日本「資本家」而言，其因「賠償」而發橫財的迷夢被粉碎，當是一大打擊。日本國民經過這次討好之後，也許略為改變對匪態度，此後就大大便利共匪的滲透與顛覆工作，田中政府感「恩」之餘，自必疏於防範，那時共匪就可予取予求。這就是毛共「拉攏上層，打擊中層，奪取下層」的一貫技倆。

周匪的「和平共處」五原則，亦在「聯合聲明」中第六點出現。所謂「和平五原則」，係周匪於一九五〇年在萬隆會議（即所謂不結盟國家會議）中所提出，五原則爲：一、雙方互相尊重領土與主權的完整，二、互不侵犯，三、互不干涉內政，四、平等互惠，五、和平共存。這是周匪瓦解自由國家戒心的「統戰」把戲，共匪自己就從未遵守過。當時周匪拉攏最密的是印度的尼赫魯與印尼的蘇卡諾，結果不出數年，尼赫魯因匪印邊界衝突而悒鬱致死；而蘇卡諾則因共黨的流產政變，宣告垮台。所以信守周匪五原則的，必將中其所設的陷阱。

聲明第七點說：「中（共）日關係的正常化，不是直接對付第三國，雙方均不應在亞太區求取霸權，雙方一致反對任何國家或國家集團，建立霸權。」這一點，目標針對美俄兩國而發，想要把美俄排斥於亞洲之外，首先中立日本，次一步控制日本。共匪今後可以根據這一點，促使日本排除在日的美軍基地，廢除日美安全條約，如此日本國防門戶洞開。加之第八點規定，「雙方同意舉行談判，達成和平友好條約」，而在談判中，共匪將使用慣有的手法，拖拖談談，討價還價，同時策動日本境內的左派份子滋事響應，舉行反美示威，甚至要求脫離與美國的關係，於是日本由中立陷於孤立，最後勢將淪爲共匪的附庸。

「聲明」第九點曾規定，日匪雙方將增廣訪問的範圍。一般瞭解，日本派往匪區訪問的人，只能在共匪指定的地方參觀。（張彝鼎）

中立（Neutrality）

中立係指第三國對交戰國雙方所採取之不偏不倚的態度；此種態度經交戰國承認後，即在它們之間發生一定的關係。這種關係因係以第三國「不偏不倚之態度」爲基礎，故該國對交戰國負有三種義務：

一是「不作爲的義務」（duties of abstention），即不得直接或間接爲交戰國任何一方提供援助—如提供軍隊、軍器、貸款、或庇佑一方之武裝部隊等；甚至平等給予雙方，亦非所許。惟若中立國基於人道理由而爲交戰國一方或雙方供給醫藥、醫護人員、或以衣物及金錢贈給戰俘等的救濟行爲，則屬合法。又中立國政府或其輿論對交戰國之一方表示同情，亦不與此項義務相抵觸。

二是「防止的義務」（duties of prevention），即在其領土或法權管轄範圍內採取一切可能之措施，防止其國民援助交戰國之部隊、及防止任一交戰國在其領土與領水內、或利用其資源以從事敵對行動之準備或類似戰爭之行爲。遇有侵害其中立之情事發生時，它可用實力加以抵抗及要求補救。不過它在國際法上幷無義務禁止其國民私自將軍器與軍火等售予交戰國、或處罰其國民破壞封鎖、載運戰時禁制品、或從事非中立役務等之行爲。

三是「容忍的義務」（duties of acquiescence），即須容忍交戰國依戰爭法而對中立國國民所作之正當行爲，例如對中立船舶之臨檢和搜索，及對此種船舶載運戰時禁制品、破壞封鎖、或從事非中立役務等行爲之拿捕、審判、與處罰等（J. G. Starke, An Intioduction to International Law, London, 1963, pp. 440-441）。

同時，中立的法律關係亦須以交戰國之承認爲基礎；在雙方交戰國明示或默示地承認此種不偏不倚態度之前，在事實與法律上，中立幷不存在（Lauterpacht's Oppenheim, vol. II, P.661）。交戰國既承認中立國的不偏不倚態度，則它亦應對中立國負起三種相對義務：

一是不作爲的義務，即交戰國不得在中立國領土、領水、及其領空從事任何戰爭的或其他敵對行爲；不得利用中立國領土或領水作爲戰爭活動之基地或遠征之起點；也不得干涉中立國與敵國間之合法交往（包括正當的通商貿易）。

二是防止的義務，即須採取一切必要而可能的措施，防止虐待留在其領土或其所佔領的敵國領土上之中立國外交代表和人民，或傷害中立國之財產、及防止其軍隊與國民侵犯中立國權利。

三是容忍的義務，如中立國將避難於該國之交戰國軍隊或其成員解除武裝幷扣留；或中立國港口以臨時庇護給予敵國軍艦，以便從事必要的修理；及中立國與敵國和平關係（包括外交及合法商務關係）之維持等，交戰國均須予以容忍（Starke, P.441）。

一般言之，中立國的義務，就是交戰國的權利；反之亦然。因此雙方均須確切遵守。

當戰爭發生時，一國是否採取中立，不是國際法，而是國際政治問題。由國際法觀之，除有既存條約明白規定外，一國幷無維持中立之義務。中立是一國自願採取的政策，具有暫時的性質，可以自該國獲悉戰爭狀態存在之時至戰爭終止之時一直維持；亦可因自覺中立地位不符合本國利益、或交戰國違反戰時國際法或侵犯中立，而隨時向交戰之一方開戰，以結束其中立。

在國際法體系裡，中立制度雖是發展最晚的一部門，然而它的歷史背景却相當複雜。古代及中世紀初期，幷無中立觀念；當兩國交戰時，第三國必須選擇其一而協助之。到中世紀後半期，情形雖稍有改變，但仍無中立權利與義務的存在，只是偶而有些國家締結雙邊條約，規定當締約國一方從事戰爭時，他方不得援助其敵國。中立觀念就是受這種條約的影響而開始逐漸發展的。

十七世紀雖然有「中立」一辭（Starke, P.434），但仍限於格羅秀斯（H. Grotius）的兩項原則：即㈠不得協助從事不義之戰的國家，亦不得阻碍從事義戰者的行動；㈡當交戰雙方孰義孰不義，難以辨別時，「中立國」在允許軍隊過境、提供軍隊給養、及拯救被圍部隊等方面，應平等對待雙方。這與現代中立的意義迥異。

十八世紀，由於賓克雪克（Bynkershock）與瓦德魯（Vattel）從學理上加以討論，幷提出他們的主張，以與國際實例相配合，才使有體系的中立學說得以出現：原則上認為中立國應在交戰雙方之間保持公正（inpartial）態度，而交戰國亦須尊重中立國之領土。不過這種義務觀念，無論在學說或實例方面均不嚴格。例如根據條約而允許交戰國軍隊過境，交戰國乘勝進入中立領域內追逐敗敵，中立國允許本國商船接受交戰國之捕掠執照，以從事私掠行為，及嚴重妨害中立國的商業等，都被視為合法。

在十九世紀，由於許多重要因素的影響——其中包括㈠拿破崙戰爭期間，美國採取一連串的中立措施（如國外應募法之制訂等）；㈡南北戰爭期間，美國對英國所作之中立主張，例如在阿拉巴馬案（ Alabama Case, 1872）中，指控英國未行使適當留意，以防止在英國裝配船舶幷送交南軍使用；㈢瑞士及比利時的永久中立，及㈣一八五六年巴黎宣言之發佈等，使中立制度得到極廣泛的進展和成長；現代意義的中立觀念也因此大致確定。

二十世紀初期，由於南非戰爭及日俄戰爭之影響，一九〇七年海牙和會通過的十三個公約中，有五個中立方面的；其中以第五及第十三公約對陸戰、海戰時中立國與其人民之權利義務分別予以規定者，尤為重要。一九〇九年的倫敦宣言又無異於海戰法典之編纂，對封鎖、非中立役務、戰時禁例品、中立船舶的拿捕與破壞、中立船舶國籍之變更、船舶的敵性、抵抗搜索、及損害賠償等均有詳細規定（Lauterpacht's Oppenheim, II, pp.633-4），該宣言雖不曾獲得批准生效，但對傳統中立制度之確立，貢獻很大。惟在數年後的第一次世界大戰期間，中立制度曾受到嚴重打擊；連瑞士、比利時等永久中立國亦不能維持其中立地位。

戰後國際聯盟盟約（Covenant of the League of Nations）的集體安全制度，雖未使中立制度趨於廢止，但它對傳統中立觀念中「不偏不倚」的特性，却有重大改變。因為其第十六條規定：任一會員國若違反和平解決國際爭端之義務而從事戰爭，即被視為對抗其他會員國作戰；全體會員國均有義務斷絕它們與該侵略國間之一切貿易與財政關係；幷禁止它們國民與該國國民間之一切交往。當理事會決議對違約國採取軍事制裁行動時，會員國更應派海陸空軍供理事會使用；幷允許其他會員國以合作保障盟約為目的而派遣之軍隊過境。這使任何會員國無法行使其維持中立的傳統權利。

不過在國聯時代，中立制度幷未因此而廢止，因為第一、盟約幷未完全禁止戰爭，如果會員國間發生與約中「冷却條款」（cooling-off clause）相符之戰爭，其他國家仍可維持中立。第二、上述第十六條之規定，經一九二一年修改後已被解釋為：對侵略國發動制裁與否，得由各會員國自行決定。而各會員國之間又相互締結中立條約（如一九二六年德蘇，一九二八年義希），大有恢復傳統個別中立之趨勢。因此，待一九三五至三六年，國聯對義大利發動制裁時，它們都拒絕參加。至於永久中立的瑞士更自始就獲允免除參加軍事制裁的義務；一九三八年又宣佈無意參加經濟制裁，亦獲國聯理事會之認可。第三、未加入國際聯盟的國家，當然不受盟約的影響；其中美國更自一九三五年以後，以傳統中立原則為基礎，制訂各種中立法。當會員國間發生戰爭時，這些非會員國固可維持傳統中立；即當非會員相互之間、或它們與某會員國之間發生戰爭時，其他國家亦皆可採不偏不倚的態度。

一九二八年巴黎廢戰公約（Pact for Renunciaton of War）由於幷未規定制裁條款，從而對中立之性質幷無基本改變。惟各締約國既同意「廢止以戰爭為實現國家政策的工具」，則當然有意維持它們在該公約下的權利和義務。因此當一國違反公約而發動戰爭時，各締約國自可拒絕在該違約國與被迫作戰國家之間履行國際法上的中立義務；易言之，如果它們為被害國提供財政、物質、軍火、甚至以武裝部隊相助，自亦為可期待之事（International Law Association, "Budapest Articles of Interpretation（1934）", 33 A. J. I. L.（1939）, P.825; G. von Glahn, Law Among Nations, London,

1965, P.627）

第二次世界大戰爆發後——尤其在丹、挪、比、荷、盧等中立國家被德國閃電式攻佔以後，美國即以廢戰公約爲基礎而創立新的中立觀念，認爲從事侵略的國家先行違反了國際法體系中「不得以戰爭爲實現國策的工具」的原則，其他國家自無繼續遵守國際法上傳統中立規則的義務。因此，它當時雖是中立國家，却於一九四〇年九月二日以五十艘驅逐艦換取英國之紐芬蘭、百慕達（Bermuda）等八個海、空軍根據地；幷於同月六日通知全體二十個拉丁美洲共和國，允許它們自由使用這些基地，這是美國放棄傳統中立的首次行爲。接着，該國總統又於翌年三月十一日簽署「防衛法」（The Defense Act，亦以租借法案 Lend-Lease Bill 見稱），使美國總統有權以各種形式的援助「給予他認爲其防衛對美國防衛具有重大利益的任何國家」。這等於說美國要直接爲該等國家提供爲對抗軸心國侵略所必需之一切援助（Glahn, P.623）。

戰後聯合國憲章對中立觀念的影響，較國際聯盟盟約尤其深刻，因爲憲章所設計之集體安全制度及其所加予會員國之義務均較盟約更爲具體和嚴密。它規定㈠安全理事會對和平是否受到威脅或被破壞，及侵略行爲是否已經發生，均有決定權（第三十九條）；㈡進而可以決議使用非軍事的及軍事的集體措施，以制裁破壞和平或有侵略行爲之國家（第四十一、四十二條）；㈢各會員國負有依憲章之規定接受並履行安全理事會決議的義務（第廿五條）；㈣會員國對聯合國依憲章規定而採取之行動，須盡力予協助，及當聯合國對任何國家採取防止或執行行動時，各會員國對該國不得予以協助（第二條第五款）。同時，憲章還例外地規定聯合國在維持國際和平與安全所必需之範圍內應保證非會員國亦遵行會員國所須遵行之原則（第二條第六款）——包括㈠「盡力協助」聯合國之防止或執行行動而不得協助被聯合國制裁之國家，㈡和平解決其國際爭端，及㈢在其國際關係上不得使用武力威脅，或與聯合國宗旨不符之任何其他方法，侵害任何國家之領土完整或政治獨立（第二條第三、四、五款）。因此，就這些條文而言，當任何國家（會員或非會員國）有威脅或破壞和平或從事侵略行爲而被安理會認定屬實，幷決議採取第四十一或四十二條之軍事或非軍事的制裁行動時，原則上任何其他國家（會員或會員國）皆不能嚴守傳統的中立地位。

不過這幷不是說在今日聯合國制度下，任何國家全無中立之機會，或中立法規應予廢止；而是說傳統的中立觀念已有了修正。例如：

㈠當會員國遇有侵略而依聯合國憲章五十一條行使個別或集體自衛權從事戰爭時，在安理會決議採取必要之執行行動前，其他會員國自可維持中立。不過它們如果本乎憲章譴責侵略之意旨而對被侵略者自動給予某種援助，但不直接參與戰爭，則非不可。

㈡當安理會判定某國破壞和平或有侵略行爲而決議採取第四十一條之非軍事制裁，會員國執行此項決議時，仍可維持中立，不過這種中立當然是不完全的。

㈢如果安理會在上項情形下決議採取第四十二條之軍事制裁行動，而會員國執行其決議時，當然無法維持中立；不過非會員國依舊可以，——至少可維持不完全的中立。因爲憲章所謂「保證」（ensure）非會員國遵行會員國的義務，絕不能解釋爲「强迫」（coerce）非會員國放棄中立。因此聯合國至多只能要求它們在經濟制裁方面給予協助、或不得積極協助被制裁的國家。有的學者甚至認爲「保證」一詞僅能解釋爲「影響」（influence）（Glahn, P.629）。

㈣依憲章第四十八條之規定，安理會可以要求全體或部份會員國擔任其所決議之制裁行動。如果它僅要求某些會員國執行制裁，則其他會員國（及非會員國）當然可守中立。不過此時它們仍有協助聯合國行動（如允許軍隊過境及負擔費用）之義務；所以仍只是有限的中立。

㈤在東、西對立的國際現勢下，安理會的否決權制度可能使該理事會一時，甚至永遠不能確認某國破壞和平或有侵略行爲及決議採取集體安全措施。從而會員國及非會員國皆可維持中立。聯合國大會如依「聯合維持和平辦法（Uniting for Peace）代安理會確認侵略或進一步決議採取執行行動，則不直接參與制裁之國家至少仍可維持不完全中立。

㈥由於第四十三至四十七條所規定「特別協定」與「軍事參謀委員會」計劃之無法實現，聯合國以往所採取的集體軍事行動，都是讓會員國自由決定參加與否；僅有軍費須由全體會員國分擔。因此，不參加行動的國家當然也處於有限的中立地位。

㈦會員國的義務只限於聯合國所採取的行動。過去許多國際衝突，都被聯合國視爲「不危及世界和平」而不採取集體安全行動。例如中南半島之戰、蘇聯一九五六年侵入匈牙利、華沙公約軍隊於一九六八年入侵捷克等。以致會員國亦得自由保持中立。

正因各國維持中立的機會仍多，所以聯合國成立後的許多立法條約，仍常以中立爲一種「法律狀態」。例如保護戰時受害人的一九四九年日內瓦四公約中，關於戰俘及保護平民等公約，對中立國地位之規定頗多。（俞寬賜）

中立主義（Neutralism）

在國際公法中，所謂中立，有兩種不同之意義，其一爲戰時中立，其二爲平時中立。通常所謂之中立，蓋指戰時不參加任何敵對者一方而言。凡參加戰爭之國家，在國際法上稱爲交戰國（Belligerents），不參加任何一方者爲中立國（Neutrals）。

交戰國爲求戰爭勝利，擊敗敵國，自然要求中立國斷絕與其敵國間之貿易，而中立國則希望交戰國尊重其領土之中立，海上通航之自由以及貿易之權利。爲滿意上述之要求，國際法已逐漸規定交戰國與中立國之權利義務。

一九〇七年，在第二次海牙會議（Second Hague Conference）中，若干與會國家業已規定傳統的陸地與海洋中立之規則。此項規則以兩種條約行之，其一爲「關于陸地上中立國與中立人員之戰時權利義務協定」（A Convention Respecting the Rights and Duties of Neutral Powers and Persons in Case of War on Land）計有二十八國簽字。其二爲「關于海洋上戰時中立國之權利義務協定」（A Convention Concerning the Rights and Duties of Neutral Powers in Naval War），計有簽字者二十五國。

其在平時而亦維持中立立場者，稱爲永久中立國，因地理環境關係，若干國家寧願採永久中立立場，以免牽連於國際糾紛之中。例如瑞士、比利時等，自一八一四年起即實行永久中立，直至一九一四年因德國破壞其中立爲止。

在二次世界大戰以後，國際間之所謂中立主義又以另一種形式出現。所以然者由於戰後美、蘇之間，並即西方與東方兩大集團之間，發生所謂冷戰，雙方皆欲爭取與國之支持，世界各國大多皆集中於美、蘇領導之下，形成對立陣綫。然而在東西兩大集團之間，亦有許多國家採取所謂中立主義之立場，彼等不願參加美、蘇間之任何一方，而以各種不同之名義出之。例如印度自稱爲「不結盟」（Non-aligment），埃及自稱爲「積極中立主義」（Positive Neutralism），南斯拉夫自稱爲「主動的共存」（Active Co-existence）而法國則自稱爲「武裝的第三勢力」（Armed Third Force）。

此等自稱爲中立主義，或不結盟主義之國家，事實上並非嚴格遵守不偏不倚之公正立場，或完全站在超然地位，而只是希圖在兩大之間，投機取巧，一面藉以提高自身影響，一面藉以向雙方獲致利益。其動機與往日瑞士、比利時之純粹爲自保安全，而採取中立主義者，實不可同日而語。

尤其自一九五五年萬隆會議以來，此等所謂中立主義國家，事實上業已形成爲亞非集團（Asian-Afro Bloc），隱然變爲一個龐大的勢力，對東西兩大集團之勢力均衡，實具有舉足輕重之影響。在聯合國大會方面，所謂亞非集團之票數幾可成爲左右一切重要議案之決定力量。所幸在亞非集團之中，許多中立或不結盟國家，其本身利害關係亦極爲複雜，不能眞正結爲一個嚴密的團體，故在聯合國投票時，殊未能採取一致的行動。然而年來聯合國之所以日形癱瘓，不能發揮其憲章上應有之精神者，則未嘗非因中立主義不顧正義，惟利是圖之所致也。（鄧公玄）

參考文獻：

The World Book Encyclopedia No.13

中立保護國（Protecting Power）

意即受交戰國一方之委託而保障其在交戰國他方領土上或他方佔領區內的國民利益之中立國家。一九四九年日內瓦四公約均賦予中立保護國以較大的職權，使其能積極對病者、傷者、溺者、戰俘等行使保護和援救的職務。這是此等公約的重大特色。不過對傷、病、溺者而言，由於中立保護國之代表不易接近海戰和陸戰的現場，故其可以行使的保障與援救職務，受到相當限制；然而對戰俘則沒有這種限制。

「日內瓦戰俘待遇公約」規定「保障衝突當事國之利益，是中立保護國之職責」，爲了履行此項職責，它除利用其外交與領事官員外，還可任命其國民或其他中立國國民充任代表，前往某交戰國執行職務；惟此項代表須得後者之同意（第八條）。不過這些規定并不影響國際紅十字會或則他公正的慈善組織爲保障與救助戰俘而採取人道活動；而且，相關締約國得隨時依協議將本公約賦予中立保護國之職責委託於某一公正和有效的組織（第十條）——非指紅十字會等已有的人道機構，而指簽約後專爲履行上述職務而創設的特別組織。一九四九年的日內瓦會議中，曾有人因鑒於在全球性戰鬥中可能無中立國，即或有，亦可能被交戰國所佔領，故提議創設一定機構以執行中立保護國之職務。

大會雖未通過此項議案，但在最後議定書中，以決議方式（第二號）建議各國儘早考慮設立此項特別組織，以便在沒有中立保護國時，執行保護職責（Lauterpacht's Oppenheim, vol. II., P.375；同時大會亦在公約中規定，倘因任何緣故而使戰俘無法得到中立保護國之保障時，收容國必須請求某中立國負起此項保障職責；若仍不能作成安排，收容國應要求或接受國際紅十字會等人道組織之服務（第十條）；惟蘇聯及東歐諸國認爲此項中立國或人道組織尙須得到戰俘本國政府之同意。

中立保護國或其代理機構除履行公約各條所列之詳細職責外，尙得隨時爲被保護人之利益及當交戰雙方對該公約之適用與解釋發生歧見時進行斡旋，包括建議雙方派代表在中立國集會，以求解決；交戰國對此建議有接受之義務。（俞寬賜）

中立國的庇護（Neutral Asylum）

其意係指以中立國領域爲交戰國軍員、財產、或人民等之安全避免所而言。因爲依照國際法規則，中立國享有「領土至高權」（territorial supremacy），其領域（包括領海、領土、及領空）具有不可侵犯之特性。所以交戰國一方之軍隊或財產一旦置於其地，即可豁免他方之攻擊或拿捕。不過交戰國並無要求中立國給予此種庇護、或要求中立國拒絕庇護其敵方軍隊或財產之權利。庇護之給予或拒絕、完全由中立國自由裁量。假定它決定給予，則須對交戰國雙方作同等庇護，且須採取一切必要措施，以防止其領土被交戰國用作敵意活動之基地。否則，它便違反了不偏不倚的中立態度。

中立庇護可以給予交戰國之海、陸、空軍，平民、私產、公產——尤其戰爭物資、現金、糧食等。茲分別略述其主要規則：

㈠陸軍的庇護：中立國對交戰國陸軍之庇護，視其被庇護對象之不同而有五種情形：

甲、戰俘：任一交戰國之戰俘若自收容國逃亡入中立國，或當拿捕他們的敵軍逃難時被帶入中立國，即當然重獲自由。此時，交戰國無權要求中立國如何處理他們。而由中立國自由裁定應否許可戰俘留住及是否指定其居處，以防止他們重返其本國軍隊（一九〇七年海牙第五公約第十三條）；惟中立國不得偏袒任一交戰國。某交戰國若經中立國同意而運送傷、病士兵過境，其中屬於該交戰國敵方之士兵亦即獲得自由，惟此時中立國必須加以看守，以保證使他們不致再參印軍事活動（同公約第十四條）。

乙、散兵：中立國對進入其領土避難的交戰國散兵（Single Fugitive Soldiers）可立即遣返，不必給予庇護；但也可以給予庇護；惟須解除其武裝，幷採取必要措施以防止他們重返其部隊。不過在實踐上，中立國無法注意偷入其領土的每一散兵，所以如果此種散兵偷入後又重返其部隊，則中立國幷不負責。只有在中立國能以扣留散兵而却任其重返部隊的情況下，中立國始有責任。

丙、逃兵：交戰國一方之士兵脫逃而穿越中立國境，準備投效交戰國他方，則其情形與經過中立國前往交戰國應募者相同。因此，如果他們是個別進入中立國，而且未着制服和不帶武器，則中立國必須予以扣留。但若逃兵幷無投效交戰國之目的，則無論個別或團體逃入中立國，後者皆不必予以扣留。

丁、敗軍（Fugitive Troops）：交戰國一方之軍隊戰敗而被敵軍追擊時，也許不得不越入中立國邊境，逃避擄捕。此時，中立國可以拒絕幷當場逐退但也得給予庇護。惟此種軍隊之停駐中立國，對另一交戰國自然構成危險，故中立國須立即解除他們的武裝，幷予以看守，保證使其不再對其敵方採取軍事行動。第五海牙公約幷規定中立國應儘可能將此種軍隊拘留在距戰場較遠之地、在營房、要塞、或特別指定之處。中立國亦可自由決定是否讓此種軍隊之軍官於宣誓不離開中立國後享有行動自由（第十一條）。若其與交戰國間無特別協定，中立國應本乎人道而供給此種敗軍食、衣和救濟品。此項拘留費用應於締和之後予以償還（第十二條）。例如一八七一年德法戰爭時，法軍八萬二千人及戰馬一萬匹退入瑞士，戰後由法國償付瑞士一千一百萬法郎（Lauterpacht's Oppenheim, vol. II, P.723）。

敗軍雖非中立國之戰俘，但須服從中立國之紀律，正如戰俘服從收容國之紀律一樣。若交戰國軍隊有餘裕時間，亦可由其司令官與中立國代表商訂入境協議；其內容不得與國際法衝突。否則須經兩國政府批准。

交戰國部隊中之非戰鬥員——除醫療、收集和運送傷亡士兵之人員外，如進入中立國境內，應與士兵同樣受拘留。至於交戰國之普通平民在中立國庇護下，即令被敵國指作戰犯，亦可安全無慮。

㈡空軍的庇護：依照國際慣例，交戰國軍用航空器不得進入中立國領域，中立國亦有防止其進入之義務。倘其爲避免與敵機交鋒、或於交鋒後機件損壞、或因燃料缺乏等緣故而飛入中立領空，中立國應命令或強迫其着陸，然後將機上乘客及駕駛人員拘留（可參閱未獲批准的 Hague Air Warfare Rules of 1923, Arts. 40 and 42）。

交戰國軍用航空器倘在公海上空被擊毀，而機上飛行人員獲救進入中立領域時，其待遇視遇救之情況而定；如經中立商船自海上救起而被載入中立港口，中立國常以海上遇難的士兵相符，不予拘留；第一次大戰時之實例即係如此，若經中立國軍用飛機自海上救起後被載入中立國着陸，則依一九二三年空軍法規第四十三條之規定，中立國應予拘禁。

㈢海軍的庇護：依一九〇七年海牙第十三公約之規定，中立國如願庇護交戰國軍艦，則須平等對待雙方（第九條）；幷應盡一切可能防止任一交戰國軍艦利用其港口從事戰爭活動；亦不得允許同一交戰國之無數軍艦同時留駐同一中立港口。

海軍庇護規則與陸軍庇護不同，茲分五點說明之：

甲、交戰國軍艦獲准進入中立港口後，享有治外法權。因此既不被解除武裝，更不受拘禁；同時還可作適航所必需之修理及採購有限的糧食與燃料；在某種情形下，甚至可以雇用有限的水手（Lauterpacht's Oppenheim, vol. II, P.371）。

乙、艦上所載之戰俘不因其在中立港口而重獲自由；中立國亦無使其自由之權利或義務。惟若戰俘自艦上跳海後泅水或以其他方法抵達中立海岸，則中立國必須恢復其自由；如許其居留，尙須指定住處。

交戰國軍艦如在公海被敵方擊沉，艦上戰俘因而成爲溺者或傷者，然後自力或經中立商船救抵中立海岸，亦均重獲自由，且不受拘留。

丙、中立國給予交戰國軍艦之庇護是短暫的，通常爲二十四小時，或爲中立國自定之其他時限，逾期若不駛離，則喪失其治外法權，從而中立國可拘禁其艦及艦上官兵；亦可使艦上戰俘恢復自由，幷予收容。一九〇七年「海戰時中立國及其人民權利義務公約」（即第十三公約）第二十四條對此更詳加規定：

交戰國軍艦若罔顧中立國之通知，不駛離其無權停留之港口，則該中立國有權採取它認爲必需之措施，使其在戰爭持續期間不能再出海；艦長應對此等措施給予協助。軍艦被扣留時，艦上官兵及水手亦同。

中立國使得被扣留之軍官及水手留居原艦，或移居他船或陸地；必要時幷對他們採取限制措施，惟通常須留置足夠人員照料原艦。被扣留之軍官得於立誓絕不擅離中立國後，享有自由；若有食言，中立國有意務迫使其返回中立領土，幷給予紀律處分。

丁、交戰國軍艦不得有下列濫用中立庇護之行爲：㈠探明同港內之敵艦，然後尾隨駛離，再於公海中加以攻擊；㈡滯留港內等候同隊其他艦艇；㈢從事超過適航所需範圍之修理；㈣作不當延期停留，以逃避敵艦之攻擊與拿捕，中立國爲防止其以中立港口爲戰爭根據地，應採取各種必需措施，包括隨時令其駛離及規定其與敵艦駛之時間至少相距二十四小時；幷強迫其服從此等命令。

戊、海上溺、病、傷兵與中立庇護之關係亦甚複雜。茲分五點說明：

第一、交戰國一方之軍艦在海上捕獲其敵方之溺、病、傷兵或水手後，若送往中立國港口，中立國得自由決定是否庇護；如果給予庇護，則除與交戰國雙方有相反安排外，必須對此等人員予以看守，防止其再參加戰爭，一切醫住費用，應由其本國負擔（海牙第十公約第十五條）。

第二、中立國軍艦或其他公船在海上救起之交戰國傷、病、溺兵和水手，亦應盡可能防止他們再參與戰爭（同公約第十條及 Lauterpacht's Oppenheim, II, P.733, note 1）。

第三、中立國商船在海上自動救護或經交戰國軍艦請求而收容之傷、病、溺兵和水手，交戰國軍艦得隨時要求商船交出；若無此種要求，而由該商船帶至中立港口，則中立國無拘禁他們之義務（第十二條）。

第四、交戰國海軍人員在海上因軍艦被擊沉而以泅水、救生船、或木筏等工具自力抵達中立海岸後，中立國應如何處理？上述第十及十三海牙公約均無規定；一般認爲此種人員應與被商船救往中立港口者同一待遇，即不受拘禁。惟國際實例幷不一致（Oppenheim, II, P.735, note 1）。

第五、交戰國軍艦若在中立領水內被敵方非法攻擊而沉沒，艦上士兵和水手自力或經中立國軍艦救抵中立海岸時，雖上引二公約未予規定，但可依第三、四規則類推適用，即無須拘留。在同一情形下的溺者和傷者尙未抵達中立海岸前，敵方軍艦亦不得擄捕他們。

㈣戰爭物資的庇護：交戰國一方之戰爭物資（war material）——包括軍器、軍火、糧秣、馬匹、軍用運輸工具、及部隊其他裝備物品——可能由其敗軍攜入、或由指揮官命人送入中立國，以免落入敵手。中立國無收容之義務；惟若許其入境，則須予以扣留，待戰爭結束後發還。該國此種物資如係自其敵方捕獲而後進入中立國，後者能否適用戰俘恢復自由的原則，將物資發還原主？學者多持否定態度，因為此種物資一經俘獲，即已成為俘獲國的財產。原主只能在物資進入中立國前實行奪回。

至於在海上遇難的交戰國戰爭物資（包括軍艦），若由該國海軍帶入，由中立國軍艦在海上撈救，或自行冲至中立國海岸，中立國均須予以扣押，至戰後發還原交戰國。若係由中立商船撈救後帶入中立國港口，其處理方法如何？國際法上尚無公認之規則，第一次世界大戰期間，荷蘭商船在北海撈救英國之戰爭物資及海軍官兵而帶至中立的荷蘭港口，荷蘭只釋放海軍人員，而不釋放戰爭物資。英國認為荷蘭處理不當，因為物資與人員既在同一情形下進入中立港口，既應享受同一待遇；同時，中立國也沒有扣押此種物資之國際法義務。（參閱 Oppenheim, Vol. II, pp. 718-738）。（俞寬賜）

中立船舶之拿捕（Capture）

意指戰時交戰國軍艦或軍用航空器為一定理由而對公海或交戰國領水內中立國私船、依一定程序加以捕獲之謂也。這是交戰國的一種權利。茲分五點說明之：

一、拿捕之原因與程序：交戰國對中立國私船行使此項拿捕權之原因，主要有五：一是由於該中立國私船破壞或企圖破壞封鎖、載運戰時禁制品、或從事非中立役務而致其船、貨、或二者均應被沒收；二是中立私船經交戰國軍艦於臨檢和搜索後，發現其有上述行為之重大嫌疑而須帶至本國港口，進一步審訊和調查始能判明；三是強力抵抗交戰國軍艦之臨檢與搜索；四是在接受臨檢時不能出示應備的文件或文件不齊或被發現有湮沒、塗改、偽造、隱匿文書等情事，以致嫌疑重大；五是文書載明前往中立港口、實際則正向敵國港口行駛．而又無正當理由（如不可抗力或缺乏燃料）。至於拿捕之程序和方式則與拿捕敵國船舶時相同（參閱「敵國船舶之拿捕」）。

二、拿捕之效果：拿捕中立國船舶與拿捕敵國船舶完全不同：後者之目的在於行使交戰權，以沒收在公海及交戰國雙方領海中之一切敵國財產；而前者（中立船舶之拿捕）之宗旨則在沒收其船舶、或船舶上之貨物、或二者均予沒收，作為其破壞中立義務之處罰；因此，無論執行拿捕者為交戰國軍艦或軍用航空器，均須將被捕之中立船舶送往屬於拿捕國的最近港口，交捕獲法庭審判。中立船舶及船上人員與貨物，於被捕後雖即置於拿捕者的權力之下，但船長及船員絕不能成為戰俘；除必須留作審判時之證人者外，均可予以釋放；船上如有乘客，除可扣押為戰俘之敵人外，均須立即釋放。

三、被捕中立船舶之破壞：拿捕者不得擊沉、焚燬、或以其他方法破壞被捕之中立船舶。這是一項普遍承認的規則。惟在解交捕獲法院以前，軍艦可否依例外原因而將被捕中立私船加以破壞，一直是爭論頗多的問題。英國所持的規則是：拿捕者如因任何原因而不能將被捕中立船解送捕獲法院時，即須予以釋放；不得以任何理由或動機而加以破壞；否則，即令確有被判沒收之充分事實，破壞者亦須給予物主完全的賠償。但其他國家並不接受此項規則。一九〇五年日俄戰爭期間，蘇俄戰艦曾擊沉若干英、德、丹船舶；事後凡經俄國捕獲法院判定拿捕合法者，均不予以補償；反之，凡被判定拿捕不合法者，則均給予補償（Lauterpacht's Oppenheim, vol. II, pp.863-4）。

一九〇九年倫敦海軍會議宣言，對此問題曾作折衷規定：即㈠重申前述必須帶回本國港口以判定拿捕是否合法之原則，而不得逕由拿捕者加以破壞（第四十八條）；㈡對於具有一定原因及送交捕獲法庭時必然被判沒收處分之中立船舶，軍艦予以拿捕後，若依平常程序將其帶至本國港口，即足以危害該拿捕軍艦之本身安全，或危及該艦當時軍事活動之成功者，則可予以破壞（第四十九條）；㈢破壞時，必須將中立船上的人員及文件移置於安全地方（第五十條）。此一特許條款對拿捕者逕行破壞中立船舶之重大限制有二：一是該船舶若依正常原則帶至本國港口，捕獲法院必然判定應受沒收處分。那就是說：該中立船舶被拿捕之原因是⑴載運戰時禁制品，且此種物品之價值超過全船貨物價值的一半（第四十條）；⑵破壞封鎖（第廿一條），⑶從事第四十五條所列舉之非中立役務（第四十六條）；或⑷武力抵抗臨檢、搜索、或拿捕（第六十三條）。二是如果執行拿捕的軍艦，依平常程序將中立船舶解送本國港口，則該艦本身之安全或軍事行動，必然受到危害。此之所謂「危害」，究應達到何種程度，第四十九條亦無暗示。不過第五十一條已明白規定拿捕者須證明其破壞行動，確係出於第四十九條所稱之「特殊需要」（exceptional necessity）；倘不能作此證明，則無論其拿捕行為合法與否，均須就其所破壞之船舶與貨物負完全賠償責任。

此外，該宣言還規定：㈠破壞行爲雖符合上述條件，但拿捕行爲經捕獲法庭判定不合法者，亦須給予補償（第五十二條）；㈡不應沒收的中立貨物如隨同船舶一併被破壞，則無論在何種情形下，均須給予賠償（第五十三條）；㈢被捕船舶雖有被拿捕之原因，但無必然被捕獲法院判定沒收處分之理由；而執行拿捕之軍艦如果依正常途徑，將其帶回本國港口，又危及該艦之本身安全或其當時軍事行動之成功者，拿捕者應即予以釋放，不得破壞。但對此船上應受沒收處分之貨物，軍艦得令其交出或由拿捕者自行加以破壞（第五十四條）。

倫敦宣言雖未獲批准生效，但其原則多爲各國所接受，第一、二次世界大戰期間的同盟及協約國，均曾本照此等原則而避免任意破壞中立船舶。但德、義等國却常對中立船舶以載運戰時禁制品及危害拿捕者安全或無法派遣捕獲隊等理由，而不經臨檢與搜索，即由軍艦或潛艇加以擊沉。

四、贖回與奪回：被捕中立船舶之贖回，其規則與被捕敵國船舶之贖回相同。至於中立船舶未被判定沒收前即被奪回的情形，國際法亦無一定規則，各國慣例亦不一致。以英國而言，凡被奪回之中立船舶，如其不曾被奪回而拿捕國的捕獲法院必然判定沒收處分者，或被拿捕者破壞而捕獲法院必然判定此項破壞爲合法者，則從事奪回的有功人員有權獲得償金。

五、釋放：被捕中立船舶未經審判前，如果拿捕者既不能將之解交本國捕獲法院，又不能加以破壞；或中立船舶被捕時之嫌疑業已消除，執行拿捕的軍艦均可予以釋放。此時，被釋者得要求損害賠償。（俞寬賜）

中非洲共和國聯盟（Union of Central Republics）

法屬赤道非洲四個共和國，即中非共和國、加彭、查德、和剛果（布拉薩市）爲了協調彼此利益和克服獨立後的政治、經濟等問題，四國總理於一九五九年一月十七日在巴黎簽訂協定，成立關稅、郵電同盟。同年六月廿二日又訂立四國元首會議章程，每年由四國元首集會，整訂共同經濟政策，並制定有關交通、運輸與關稅規程等。四國並同意設立聯合基金，共同地質鑛產研究所等以求共同的經費發展，成立秘書處從事協調工作。

一九六〇年五月，他們又在查德首都拉米堡（Port Lamy）開會。他們受到區域合作運動的鼓勵，準備建立某種方式的聯盟，並進一步向法國要求，在法蘭西社會體系內獲得獨立。在四國之中，加彭較爲富裕，不願和較爲貧窮的鄰國聯盟。因此，其他三國遂建立了「中非洲共和國聯盟」。由三國總理組織委員會，共同負責處理聯盟的外交和國防等事務。但在當三國於一九六〇年八月間與法國簽訂獨立條約之前，又放棄了原訂的計劃，與加彭一樣，各自獨立了。（楊逢泰）

中非洲關稅和經濟聯盟（Central African Customs and Economic Union）

法屬前赤道非洲四個共和國，中非、加彭、查德和剛果（布市）於一九六〇年八月在法蘭西社會內獲得獨立國的地位。四國在地理和歷史方面都有共同的背景，曾一度醞釀建立「中非洲共和國聯盟」（Union of Central African Republics）因加彭之不願參加，聯盟終告流產，但查德、剛果和中非三國在法國的合作下，建立了一個共同防禦體系。

聯盟之議雖告失敗，但四國元首仍經常舉行高峯會議，討論如何進行在防禦和經濟方面的繼續合作，四國建立了一個關稅聯盟。一九六一年六月十九至二十日，四國元首在中非共和國首都班基（Bangui）開會，同意加彭參加共同的防禦體系，組織了一個赤道非洲防禦理事會，同年八月二十五日至二十六日，四國在剛果首都布拉薩布（Brazzaville）開會，又簽訂了一項防禦公約。

法國在赤道非洲的託管地喀麥隆於一九六〇年元旦獨立，與上述四國在地理上接壤，因此有共同的利害關係。一九六一年六月二十日四國班基會議結束後，喀麥隆旋即加入，舉行了五國班基會議，於二十二日結束，喀麥隆參加了四國的關稅聯盟，在聯合公報中，五國表示將進一步建立一個共同市場和進行財經方面的合作。

一九六四年十二月八日，五國代表在布拉薩市開會，簽訂了一項條約，進一步建立「中非洲關稅和經濟聯盟」，此項條約於一九六六年一月一日起生效，規定：㈠協調會員國的工業，㈡建立一個共同的關稅稅率，㈢協調國內的財稅制度，㈣建立一項投資規則，聯盟的機構有㈠國家元首會議，㈡部長級的指導委員會，㈢秘書處（設在班基），㈣銀行（其總部設在自由市Libreville)。

五個會員國之中，加彭較爲富裕，喀麥隆比較最爲工業化，而查德和中非共和國最爲貧困，聯盟所設立的共同關稅稅率蒙受利益的大約有一百家公司，可是大多數的公司在喀麥隆和加彭境內。聯盟遂設立了一個團結基金，來貼補較爲貧困的會員國，可是中非和查德兩國仍然是得不償失，新的聯盟並沒有爲兩國帶來發展的希望。

一九六八年一月底二月初，查德總統董巴貝（Francois Tombalbaye）中非總統包卡薩（Jean-Bedel Bokassa）和剛果（金市）總統莫布杜（Mobutu Sese Seko）會議後，決定組織一個聯盟，由三國外長會商具體步驟，是年四月二日，三國總統在查德首都拉米堡（Fort-Lamy）簽訂一項協定，成立了「中非國家聯盟」（Union of Central African Union）此一新聯盟導致「中非關稅和經濟聯盟」的危機。加彭、喀麥隆和剛果（布市）三國堅決支持聯盟，而查德總統董巴貝宣布：「中非國家聯盟」的成立就是「中非洲關稅和經濟聯盟」的結束，中非總統包卡薩於一九六八年四月二十一日正式宣佈退出「中非洲關稅和經濟聯盟」，可是其後中非共和國與剛果（金市）的關係轉惡，一九六八年十二月八日，包卡薩總統宣佈退出「中非國家聯盟」，而再度加入「中非洲關稅和經濟聯盟」。查德則於一九六八年十二月三十一日正式退出「中非洲關稅和經濟聯盟」，第二天，即一九六九年一月一日，凡是「中非洲關稅和經濟聯盟」會員國的貨物輸往查德者即根據查德所規定的徵收關稅，同日，中非共和國關閉與查德的邊境，至二月中旬，經非馬共同組織的調查，邊境始重新開放。

「中非洲關稅和經濟聯盟」的法文名稱為 Union douaniére et economique de l'afrique centrale 簡稱 UDEAC 。（楊逢泰）

中非國家聯盟（Union of Central African States）

中非共和國和查德原為法屬赤道非洲的國家。與其他兩國加彭和剛果（布拉薩市）關係密切，而且有聯盟的計劃而未果。一九六〇年八月間，四國分別獨立。

剛果（布市）總統于魯（Fulbert Youlou）的外交政策持反共立場。可是一九六三年八月十五日政變被迫辭職，由親共的前議長馬桑巴德巴（Alphonse Massambadebat）組織臨時政府。一九六三年十二月馬氏當選為總統，形勢大變，成為共匪在赤道非洲的滲透據點。

中非共和國於一九六〇年八月三日獨立。一九六二年四月十三日與我國建交，但因受共匪銀彈攻勢於一九六四年承認共匪。而成為共匪陰謀滲透的對象。一九六六年元旦，中非發生不流血政變，推翻親共的政權。包卡薩（Jean-Bedel Bokassa）上校就任總統後，採取反共政策。

中非共和國、查德和金夏沙市剛果位處非洲心臟地帶，周圍大部分為親共國家，為共黨覬覦的目標，同時有發展經濟的共同目標，因而有聯盟的構想。

一九六八年一月底二月初，剛果（金夏沙）總統莫布杜（Joseph Mobutu）、查德總統董巴貝（Francois Tombalbaye）與中非總統包卡薩會談後，決定聯盟。由三國外長會商具體步驟。是年四月二日三國總統在查德首都拉米堡（Port Lamy）簽訂協定，使他們的國家聯合起，成為中非合衆國（United States of Central Africa）而引起法國的不滿，認為這不啻是美利堅合衆國的翻版。三國總統為避免糾紛，而宣佈更名為中非國家聯盟。此一區域性的組織僅是經濟上的聯盟，而非政治上的合併，總部設在中非共和國首都班基（Bangui），秘書處設在拉米堡。剛果（金夏沙）擁有九十萬四千七百五十七方哩的土地，而且資源豐富，勢將影響這個新的集團。

中非國家聯盟的首屆主席為剛果（金市）總統莫布杜，秘書長則由查德駐聯合國代表阿布杜（M. Boucar Abdou）擔任聯盟的憲章宣佈構成國決定建立一個共同市場，協調三國的工業化政策，發展計劃以及交通、運輸和電訊方面的政策，而且「為了保證領土安全和保護主權，會員國宣佈團結一致，如果有外國侵略，允許互相的給予軍事援助」。

四月九日，發表聯合公報，宣佈建立中非航空公司，並計劃將三國的海陸空運輸聯合起來，五月七日，三國進一步簽訂了共同防禦和安全協定。

「中非國家聯盟」是向中非洲國家開放的，根據金夏沙官方的資料，可能成為會員國的國家是剛果（布市）、盧安達和蒲隆地三國，可是聯盟成立後，加彭首先感到不滿，對於此一消息表示「驚訝」，因為加彭政府在事前未經措商，事後又未獲通知，加彭總統彭高（Albert-Bernard Bongo）表示無意參加。

此一聯盟的成立，使「中非洲關稅和經濟聯盟」（Central African Customs and Economic Union）發生分裂。原來赤道非洲四國—加彭、剛果、中非和查德—與喀麥隆於一九六六年成立「中非關稅和經濟聯盟」，五國之中，查德和中非兩國比較貧困，在聯盟中得不償失，因此「中非國家聯盟」憲章簽訂後不久，查德總督董巴貝即宣佈：此一聯盟的成立就是「中非洲關稅和經濟聯盟的結束，而中非總統包卡薩於一九六八年四月二十二日正式宣佈退出「中非洲關稅和經濟聯盟」。可是，其後中非共和國與剛果（金市）的關係交惡，一九六八年十二月八日，包卡薩總統宣佈退出「中非國家聯盟」，而再度加入「中非洲關稅和經濟聯盟」，查德則於一九六八年十二月三十一日正式退出「中非洲關稅和經濟聯盟」，第二天即一九六九年一月一日，凡是「中非洲關稅和經濟聯盟」會員國的貨物輸往查德者就要徵收關稅，同日，中非共和國關閉與查德的邊境，至二月中旬，經非馬共同組織的調停，邊境始重新開放。

在地理上，中非共和國適在查德和剛果（金市）之間，如果中非共和國不參加，「中非國家聯盟」勢難維繫，此外，因為剛果（布市）庇護剛果（金市）的叛亂份子，兩國關係惡劣，亦不可能參加聯盟，因此剛果（金市）向中非洲施展其影響力的希望受到挫折。

「中非洲國家聯盟」其法文名稱為：（Union des Etats de l'Afrique Centrale）簡稱為（UEAC）。（楊逢泰）

中美共同防禦條約（Sino-American Defense Treaty）

本條約締約國

茲重申其對聯合國憲章之宗旨與原則之信心，及其與所有人民及政府和平相處之願望，並欲增強西太平洋區域之和平結構；

以光榮之同感，追溯上次大戰期間，兩國人民為對抗帝國主義侵略，而在相互同情與共同理想之結合下，團結一致併肩作戰之關係；

願公開正式宣告其團結之精誠，及為其自衛而抵禦外來武裝攻擊之共同決心，俾使任何潛在之侵略者不存有任一締約國在西太平洋區域立於孤立地位之妄想；並

願加強兩國為維護和平與安全而建立集體防禦之現有努力，以待西太平洋區域更廣泛之區域安全制度之發展；茲議定下列各條款：

第一條　本條約締約國承允依照聯合國憲章之規定，以不危及國際和平、安全與正義之和平，解決可能牽涉兩國之任何國際爭議，並在其國際關係中，不以任何與聯合國宗旨相悖之方式，作武力之威脅或使用武力。

第二條　為期更有效達成本條約之目的起見，締約國將個別並聯合以自助及互助之方式，維持並發展其個別及集體之能力，以抵抗武裝攻擊，及由國外指揮之危害其領土完整與政治安定之共產顛覆活動。

第三條　締約國承允加強其自由制度，彼此合作，以發展其經濟進步與社會福利，並為達到此等目的，而增加其個別與集體之努力。

第四條　締約國將經由其外交部或其代表，就本條約之實施隨時會商。

第五條　每一締約國承認對在西太平洋區域內任一締約國領土之武裝攻擊，即將危及其本身之和平與安全。茲並宣告將依其憲法程序採取行動，以對付此共同危險。

任何此項武裝攻擊及因而採取之一切措施，應立即報告聯合國安全理事會。此等措施應於安全理事會採取恢復並維持國際和平與安全之必要措施時予以終止。

第六條　為適用於第二條及第五條之目的，所有「領土」等辭就中華民國而言，應指臺灣與澎湖；就美利堅合眾國而言，應指西太平洋區域內在其管轄下之各島嶼領土。第二條及第五條之規定，並將適用於經共同協議所決定之其他領土。

第七條　中華民國政府給予美利堅合眾國政府接受，依共同協議之決定，在臺灣澎湖及其附近，為其防禦所須要部署美國陸海空軍之權利。

第八條　本條約並不影響，且不應被解釋為影響，締約國在聯合國憲章下之權利及義務，或聯合國為維持國際和平與安全所負之責任。

第九條　本條約應由中華民國與美利堅合眾國各依其憲法程序予以批准，並將於在臺北互換批准書之日起發生效力。

第十條　本條約應無限期有效。任一締約國得以廢約之通知送達另一締約國一年後予以終止。為此，下開各全權代表爰於本條約簽字，以昭信守。

本條約用中文及英文各繕二份。

中華民國四十三年十二月二日

公曆一千九百五十四年十二月二日　訂於華盛頓

中華民國四十三年十二月二日在華盛頓簽字

中華民國四十四年三月三日在台北互換批准書

中華民國四十四年三月三日生效（取自外交部編「中外條約輯編」台北臺灣商務印書館經銷，民國四十七年出版頁八二四～八二七）

換文

（說明：條約簽訂後，中美雙方又對條約適用問題，於十二月十日以換文規定，其中實質部份如下：）

中華民國對於民國四十三年十二月二日在華盛頓所簽訂之中華民國與美利堅合衆國共同防禦條約第六條所述之領土及其他領土均具有效之控制，並對其現在與將來所控制之一切領土，具有固有之自衞權利。鑒於兩締約國在該條約下所負之義務，及任一締約國自任一區域使用武力影響另一締約國，玆同意此項使用武力將爲共同協議之事項但顯屬行使自衞權利之緊急性行動不在此限。凡由兩締約雙方共同努力與貢獻所產生之軍事單位，未經共同協議，不將其調離第六條所述各領土，致足以實際減低此等領土可能保衞之程度。

（取自「國家建設叢刊」第三冊「外交與僑務」臺北：正中書局經銷，民國六十年出版，頁一五七）。

附　臺海決議案

（說明：一九五五年一月廿八日，美國國會通過「授權美國總統協防臺灣及澎湖之決議案」，次日由艾森豪總統簽署生效，通常簡稱「臺海決議案」，其全文譯文如下：）

鑒於美國與其他各國之關係，係以彼此發展並維持一公正與持久之和平爲主要目的：

又鑒於中華民國統治下之若干西太平洋領土，現正遭受武裝攻襲與威脅，且中共前曾宣稱，並現仍宣稱，該項武裝攻擊，旨在支助及準備以武力攻襲臺灣及澎湖；

又鑒於該項武裝攻擊，倘予持續，勢將嚴重危害西太平洋地區尤其是臺灣與澎湖地區之和平與安全；

又鑒於中華民國在西太平洋上包括臺灣在內之各島嶼，其由一友邦政府切實掌握，對於美國暨太平洋上以及其沿岸各友好國家之重大利益，確屬至要；

又鑒於美國總統於一九五五年一月六日咨請參議院審議批准之中美共同防禦條約，曾承認在西太平洋地區對該約所規定臺灣澎湖區域內各領土之武裝攻襲，即將危及締約雙方之和平與安全。

因此，美利堅合衆國參議院與衆議院玆經決議：

授權美國總統，在其認爲必要時，爲確保及防衞臺灣與澎湖以抵抗武裝攻襲之特定目的，得使用美國武裝部隊。此項授權包括該地區內現正握於友好手中之有關據點與領土之確保與防衞，以及依總統判斷，爲保證臺灣與澎湖之防衞所應採取之其他必要或適當之措施。

本決議案，在總統確認該地區之和平與安全，已因聯合國所採取行動或其他關係所造成之國際形勢，而獲得合理之保證，並將上述情勢向國會提出報告，即行失效。

（譯文取自「外交部檔案」載「國家建設叢刊」第三冊外交與僑務，臺北正中書局經銷，民國六十年出版，頁一五九）（張彝鼎）

中部公約組織（The Central Treaty Organization, CENTO）

一、緣起：

第二次世界大戰甫告結束，蘇聯共產帝國全力對外擴張。中東及近東地區因地跨歐、亞、非三洲，戰略地位異常重要，且盛產石油，自土耳其帝國式微後，缺乏穩定重心，英國戰後亦感力不從心。原支持阿拉伯國家組成阿拉伯聯盟組織，欲其在中近東形成一個新的穩定力量。無奈阿拉伯國家因殖民時期對西方之反感記憶猶新，心懷猜忌，認爲威脅中近東國家之安全與發展者，西方帝國主義尤甚於蘇聯；加以英美支持以色列復國，舊恨新仇，自不能與西方國家和衷共濟。西方國家爲建立中近東地域的防禦體系，後又鼓勵土耳其、伊朗、伊拉克於一九五五年十月簽訂巴格達公約，成立巴格達公約理事會，以共同防禦爲主要目的，惟因此引起埃及納塞政權之忌恨，認爲該公約對阿拉伯國家構成危脅，影響阿拉伯團結，乃全力促成一九五八年伊拉克政變，政變後的伊拉克新政府退出巴格達公約，該組織處此情況勢必解體。但中近東地區所受共產集團之壓力確與日俱增，爲建立該地區之集體防禦乃有中部公約組織之誕生。故中部公約組織之構成經過與巴格達公約有密切關係。中部公約組織之成立首先由伊拉克與土耳其於一九五五年二月二十四日簽訂互助條約，爲彼此安全及防禦相約合作。伊土條約聽由阿拉伯聯盟任何會員國或對中東地區的和平及安全積極關切的任何其他國家加入（第五條），一九五五年四月五日英國加入，同年九月二十三日巴基斯坦加入，十一月三日伊朗加入，由是而在中東地區形成一條北疆防線，西以土耳其與北大西洋公約組織相連，東以巴基斯坦而與東南亞公約組織相接。在此一條防線中伊拉克實居中心地位，政變後伊拉克於一九五九年三月二十四日退出，改稱爲中東條約組織（Middle East Treaty Organization）。伊拉克正式退出之前，一九五九年三月五日美國分別與土耳其、巴基斯坦及伊朗簽訂雙邊合作協定。一九五九年八月十九日復經修正爲中部公約組織，一九六〇年一月一日總部由巴格達遷至安哥拉。

二、組織：

1.理事會：每年輪流在各會員國境內召集一次，由各國派遣部長級代表出席，各國並派常任大使級代表一人於理事會召開前赴安哥拉出席大使級代表會議。

2.委員會：該組織設有軍事、經濟、監督、連絡委員會由各會員國派代表組成。

3.科學理事會：促進會員國科學合作事宜。

4.秘書長一人。

5.軍事參謀長一人。

6.聯合軍事計劃參謀一人。

三、目的：

該組織成立之目的乃基於聯合國憲章第五十一條之規定，為確保中東地區之安全與穩定，建立一有效之軍事防禦體系，並促進參加國家經濟、社會、文化方面之合作。

四、會員國：

該組織現有會員國為：伊朗、巴基斯坦、土耳其、英國等四國。美國雖非會員國，但充分給與合作，且參加其軍事委員會，惟僅以觀察員列席其理事會。

五、一般活動狀況：

該組織以建立中東地區之軍事防禦為主要目的，因此其活動亦以軍事方面較為重要，在此方面已建立良好之合作關係，且有頗巨之軍事援助實績，並設有永久性之軍事代表團，聯合軍事計劃參謀，以及軍事參謀長。在經濟方面，在會員國彼此支助下對公路、鐵路、港口、電信、民航事業在該區之發展貢獻甚大，此外對該區農業發展，貿易擴張，衛生條件之改進，科學合作，技術援助，該組織亦頗多貢獻，並成立有核子及應用科學訓練機構，及農業機械及土壤保持訓練中心。（張宏遠）

反帝國主義（Anti-Imperialism）

是殖民地、屬地或被剝削、被壓迫國家的人民從事反抗帝國主義國家的一種運動。

十八、九世紀各國帝國主義的發展，形成帝國主義國家間的矛盾、衝突，乃至戰爭。一次大戰後，世界上反帝國主義的怒潮激盪，但國際聯盟的委任統治制（Mandatory System），改戰敗國的殖民地和屬地為英、法、比、意、日等國的委任統治地，無異助長戰勝國的帝國主義意圖。此種制度不能消除戰爭的主因，且與世界反帝國主義潮流抵觸。

當德、意、日在加緊追求它們的帝國主義目的時，美國已放棄其對拉丁美洲的「金元外交」和「礮艦政策」，同時在增進輔導菲律賓的自治設施，期能早日予以獨立。（菲已於一九四六年七月四日獨立）英國也漸放寬其對各殖民地的控制。二次戰後，亞、非各新獨立國繼續出現，有由於反帝國主義運動的成功。（陳紹賢）

反致（Theory of Renvoi）

反致一語，是譯自法文Renvoi，含有「送還」的意思。現在這個詞語已為各國國際私法學者所共識，我國學者也有譯為「送還」或「反據」者，但是多本原意譯為「反致」。反致說，即於某一涉外法律關係，依內國國際私法的規定，應該適用某外國的法律，而依該外國國際私法的規定，又應該適用內國法或他國法時，即以內國法或他國法而為適用的學說。雖然法國諸國在十七世紀中葉，已經有採用反致的判例，但是，反致問題的引起學者注意，而成為學理上的討論問題，乃始自一八八二年法國最高法院所判決的霍哥（Forgo's Case）一案。現今各國對於反致說的實際適用，視其單純與複雜的情形，可別為一等反致（或稱直接反致）、二等反致（或稱轉據反致）、及間接反致等種。我國涉外民事法律適用法第二十九條規定：「依本法適用當事人本國法時，如依其本國法，就該法律關係，須依其他法律而定者，應適用該其他法律，依該其他法律，更應適用其他法律者，亦同，但依該其他法律應適用中華民國法律者，適用中華民國法律。」係兼採上述三種反致，並且加以擴充，是世界各國國際私法的新創舉；但是該條的實際適用，頗為廣泛與複雜，應該加以注意。（參閱一等反致、二等反致、及間接反致各條。）（洪力生）

反致—一部反致說（Partial Renvoi Theory）

英國學者戴西（Dicey）及傑西爾（Cheshire）諸氏，認為反致可分為一部反致說與全部反致說（Total renvoi theory）兩種。例如：英國人某甲，在義大利設有住所，未立遺囑而死亡，並在英國遺有動產；在這個案件，英國法院如僅依義大利國際私法的規定，而適用被繼承人的本國法，即適用英國的內國法（一九二五年財產處分法Administration of Estate Act,1925），而無需顧及意大利法律有關反致的證明；這種解決方法可以解爲「一部反致說」。現在各國法院多採用「一部反致說」。（參閱「反致—全部反致說」條）（洪力生）

反致—全部反致說（Total Renvoi Theory）

英國學者戴西（Dicey）及傑西爾（Cheshire）諸氏，認爲反致可分爲「全部反致說」與「一部反致說」兩種。例如：英國人某甲，在義大利設有住所，未立遺囑而死亡，並在英國遺有動產。在這個案件，英國法院判決該案，一如義大利法院所判決者。倘如義大利法院適用英國「法律」，並解釋這種適用爲英國內國法，則英國法院可以適用英國內國法。倘如義大利法院適用英國「法律」，但解釋這種適用爲英國國際私法，並自英國法接受反致，而適用義大利內國法時，則受理該案的英國法院，可以適用義大利內國法。這種解決方法稱爲「全部反致說」。一部反致說與全部反致說的不同，在於一部反致說僅需外國國際私法的證明，而無需外國法律有關反致的證明。全部反致說則不但需要外國國際私法的證明，並且需要外國法律有關反致的證明。戴西與傑西爾所稱的全部反致說，馬丁渥夫(Martin Wolff)認爲，現在除英國外，不論在歐洲、美洲、亞洲、或非洲，尙無其他國家採用。（並參閱「反致——一部反致說」條）。（洪力生）

反致—直接反致（Remission）

又稱一等反致（Renvoi in First Degree），即對於某涉外的法律關係，依法庭地的國際私法規定，應適用某一外國法律，而依該外國法律中的國際私法規定，又須依法庭地法解決之。我國以前法律適用條例第四條規定：「依本條例適用當事人本國法時，如依其本國法應適用中國法者，依中國法。」即採用直接反致；現行涉外民事法律適用法第二十九條的規定，也包括採用這種反致。（參閱「一等反致」條）。（洪力生）

反致—轉據反致（Transmission）

又稱二等反致（Renvoi in Second Degree），即對於某涉外的法律關係，依法庭地的國際私法規定，應適用某一外國法律，而依該外國法律中的國際私法規定，又應適用第三國的法律判決之。我國涉外民事法律適用法第二十九條的規定，不僅採用轉據反致及直接反致，並且採用更複雜的反致。（參閱「二等反致」條）。（洪力生）

反猶太主義（Anti - Semitism）

反猶太主義(Anti-Semitism)原爲宗教上的反猶太主義。至十九世紀中葉，又有種族的反猶太主義（Racial Anti-Semitism）。廿世紀三十年代，德國納粹政權基於種族的反猶太主義，實施排猶和滅猶的政策。

種族的反猶太主義之成因，主要有二：一是經濟的；一是心理的。前者由於猶太人在貿易、經濟和各種自由職業上有顯著的成就，引起其他民族的妒忌；後者由於在同行或同業競爭中每較猶太人落後的民族，爲了自卑感的作祟，而圖借重政治勢力，予以排斥。

希特勒爲貫徹納粹德國的排猶、滅猶政策，特頒行一種法律，區別印歐語族人（Aryans）與非印歐語族人（Non-Aryans）。指猶太人屬於後者，乃「異邦的劣等民族」，「具有一種毒的血統」，其「本質是犯罪的」。所以禁止德國人與之結婚或戀愛。

在納粹暴政下的排猶、滅猶措施，德國境內的猶太人都被剝奪民權，禁止若干從業，且一批一批地送入集中營做苦工。猶太籍的大科學家，如物理學家愛因斯坦（Albert Einstein, 1879-1955）及心理分析學家佛洛伊德（ Sigmund Freud, 1856-1939）都被驅逐出境。連門德爾遜（Moses Mendelssohn,1729-1786）和奧芬巴哈（ Jacques Offenbach, 1819-1880）的音樂也被禁絕演奏。

二次戰後，東歐共產國家繼納粹德國，成爲反猶太主義的中心，波蘭和羅馬尼亞尤甚。它們的憲法雖都有保證「種族容忍」的條文，但共產政權的排猶措施，如縱使言論機關攻擊猶太人和以色列政府，迫使政府中的猶太官員離職，都是反猶太主義的實踐。不過它們的手段較納粹政權溫和而漸進。（陳紹賢）

不干涉主義（Non - Interventionism）

不干涉主義者，謂一國對他國內政事務不予過問也。晚近帝國主義者對其他弱小國家內政問題，往往藉故干涉，實施其侵略行爲，於是引起重大糾紛，甚至造成國際戰爭。故爲防止或減少國際間之禍亂，自以不干涉他國內政實爲國際間最好之原則。

吾人追溯此種觀念之發生，不能不遠及於美國之門羅主義。美國獨立以後，由於環境之特殊，深感其有與歐洲各先進國家隔離之必要，當其首任總統華盛頓臨別贈言時，即曾昭告美國人民勿與他國政治相牽連。其後一八二三年十二月三日，門羅總統（President James Monroe）復正式發表宣言，更強調「美洲爲美洲人之美洲」的觀念，其主旨在聲明此後歐洲國家不得再干涉美洲各國之事務，同時美洲人亦不願過問歐洲各國問題。這種「各人自掃門前雪，不管他人瓦上霜」的國際觀念，對新大陸新興共和國之獨立與發展，實具有極大的幫助，同時亦逐漸成爲國際法上之一種新原則。

但時代邁進，迄至十九世紀末葉二十世紀初葉以來，美國對門羅主義亦漸有自動放棄之趨勢，尤其在二次世界大戰結束以後，美國爲防堵共產侵略起見，不能不以民主國家的保鑣者姿態出現，于是昔日之所倡之不干涉主義自不復適用矣。可見國際上之所謂原理與原則，常因時間與空間之變化而有轉移，固不能膠柱鼓瑟，刻舟求劍也。（鄧公玄）

參考文獻：

Thomas, D. Y. "One Hundred Years of the Monroe Doctrine", 1923

不干涉原則（Principle of Non - Intervention）

根據獨立原則，國際間互相關係自以「不干涉」爲準則；所謂「干涉」一方面與「建議」、「勸告」不同（但界線難定），另一方面又與斡旋、調停不同。根據此原則又演繹出特殊發展，如門羅主義、德拉哥主義(均請參見各該條)。

值得討論的是不干涉原則之例外，即干涉的合法問題：

有所謂「人道干涉」，（如英法俄于一八二七年根據人道主義干涉土希戰爭之殘酷），以缺乏國際法根據而且爲強權國家濫用；至於說者以爲根據聯合國保護人權而可行使合法干涉（雷崧生說，比較勞特帕特說），但聯合國法規中並無具體條文、具體辦法可足支持此論點。

干涉的合法可有下列諸種情形：

一、保護國可對被保護國的外交事務行使干涉權利；又根據特殊條約關係一國某項外事應由另一國家代管或須經其商權同意而沒有徵得該他國同意時，亦可能受其合法干涉；按照國際多邊條約（聯合國憲章亦屬此類），訂有會員國集體干涉的條款。

二、根據國際法規則，一國爲保護在外僑民，有時可作相當干涉；某國在平時或作戰時違反國際普遍承認的國際規則，亦可受到其他國家的合法干涉。（邵子平）

不完全中立（Imperfect or Qualified Neutrality）

即相對於完全中立而言，一國在原則上雖對交戰國雙方保持中立，但因其曾於戰前已對交戰國一方負有條約義務，從而在戰爭期間直接、間接、積極或消極給該方某種援助。例如一七九三年，英、法戰爭期間，美國依一七七八年「美法友好與商務條約」（Treaty of Amity and Commerce）而特許法國私掠船及其捕獲物進入美國港口；但不給英國同樣權利。一七八八年蘇俄與瑞典之戰，丹麥依一七八一年條約而爲蘇俄提供軍艦及軍隊，但同時又宣佈中立。一九一七年四月起，哥斯達黎加、瓜地馬拉等拉丁美洲國家所持偏袒美國的中立，亦爲不完全中立。

不過自十九世紀後半期開始，學者間對中立國依戰前條約義務而給交戰國一方某種協助之行爲是否合法，頗多爭議。多數學者持否定態度，認爲負有此種條約義務的國家在戰時必須在參戰與中立之間抉擇其一；如果選擇後者，則須完全中立。

二十世紀以來，由於國際聯盟約、廢戰公約、及聯合國憲章等之成立，不完全中立觀念又恢復了。其意義可參閱「中立」一詞。（俞寬賜）

不承認（Non-Recognition）

一九三一年秋，美國國務卿史汀生就日本進佔東三省和所謂「滿洲國」事件發表聲明稱：美國「不能承認任何實際上情勢之合法性，亦無意承認這些政府（尤指日本與「滿洲國」政府）或其代理人所訂，損及美國條約權益之任何條約或協定……（美國政府）無意承認任何違反一九二八年八月二十七日巴黎條約所造成之情勢、條約或協定」；是爲不承認主義的源起，但美國政府當時並非保證將來一定不改變其不承認政策。國際間亦可以由條約、或宣言訂定不承認之國際義務，例如一九三二年三月十一日國際聯盟大會的宣言、一九三三年美洲國家反戰條約、一九四六年波哥大憲章（美洲國家組織），均訂有類似條款，故對某些國家，似乎「不承認」可為一國際義務（有不同意見者如 J. F. Williams, G. Dahm, Starke）。

按照宣告說（請參見「國家承認」條），不承認制度並不能適用於國家、政府、交戰團體之承認，因以上諸種情形之成立與否不以他國承認為先決條件；一般以為不承認之適用多在領土方面（Dahm, Lauterpacht）；條約之牴觸較早之條約義務者，亦有不承認原則。（邵子平）

不受歡迎人員（Persona Non Grata）

外交人員，無論階級職務為何，都必須經常注意其言論行為，與接受國政府及人民保持良好關係，遵守法則禮節，以維持受歡迎者（Persona grata）的地位。如果因為言行不當，為接受國政府所不滿或不容，就會變成不受歡迎人員，招致不良後果。不當行為包括肆言侮辱接受國政府或官員，干涉內政，參與顛覆活動，從事間諜陰謀，販運禁品，以及接受國政府憎恨的一切行為。而不良後果則是：由接受國政府請派遣國召回，驅逐出境，或予以拘禁。一五八四年英國因西班牙大使 Mendoza 企圖廢黜伊利沙白而令其離境；一六五四年英國因法國大使 De Bass 謀殺克倫威爾而限其於二十四小時內離境；一七一七年英國因瑞典大使 Gyllenberg 參加廢黜喬治一世的活動而將其拘禁；一七一八年法國因西班牙大使 Cellamare 欲推翻法政府而將其扣留；一八五二年美國因尼加拉瓜公使 Marcoleta 攻擊美政府而請求將其召回，都是處置不受歡迎人員的歷史名例。（陳治世）

不能接受人員

按照國際慣例，派遣外交代表或領事人員，通常均先徵求接受國的同意，如果對方拒絕給予 Agrément，則該外交代表或領事人員即為不受歡迎的人員（persona non grata），因此也就是不能接受人員，對於領事人員拒絕發給領事證書，便是表示受拒絕者為不能接受人員。此種例子很多，例如一八五五年美國政府任命普利斯特（Priest）為駐聖胡安 (San Juan del Sur) 領事，為尼加拉瓜政府所拒絕，蓋渠曾將一私函公開發表，引起尼加拉瓜政府的不滿；一八六九年美國欲任命哈格泰少校（Major Haggerty）為駐格拉斯哥領事，惟因彼曾涉嫌參加愛爾蘭叛亂，為英國政府所拒絕；一八九五年美國曾任命一原籍捷克的歸化公民為駐布拉格領事，奧匈帝國政府拒發領事證書，蓋彼曾在芝加哥世界博覽會波希米亞日發表批評奧匈帝國內政的演講；美國政府曾任命一傳教士為駐貝魯特領事，遭土耳其政府拒絕，土耳其方面深恐渠與其基督教會發生太密切的關係；一八三二年俄皇拒絕接受坎寧 (Sir Stralford Canning) 為英國大使，實際的理由係因俄皇為大公爵時，坎寧對其禮貌不甚週到，此外，坎寧對於俄土關係太熟悉，亦為俄皇所不喜；一八八五年凱萊（A. M. Keiley)被任命為駐義大利公使，不為義大利政府所接受，蓋彼曾公開反對義王伊曼紐爾（Victor Emmanuel）併吞教皇國，後凱萊被任命為駐奧公使又為所拒，因其妻係猶太女子，在維也納社交方面諸多困難。（王人傑）

不結盟（Non - Alignment）

二次大戰後，世界上初有民主集團與共產集團的對峙。迨一九五五年廿七個國家和北平偽政權在印尼的萬隆（Bandung）舉行所謂亞非會議之後，其中標榜中立主義（Neutralism）的國家漸形成一個「中立集團」，以實行「不結盟」政策（Non-alignment Policy）。於是表面看來，這個世界是個三分的世界了。

一九六一年九月一日在南斯拉夫首都的貝爾格萊德（Belgrade）開幕的「不結盟國家會議」，就是這種第三集團的正式露面。參加此會議的有阿富汗、阿爾及利亞、緬甸、柬埔寨、錫蘭、布市剛果、古巴、賽普勒斯、依索比亞、伊拉克、迦納、幾內亞、印度、印尼、黎巴嫩、馬利、摩洛哥、尼泊爾、索馬利蘭、蘇丹、沙烏地阿拉伯、突尼西亞、阿聯、南斯拉夫和也門等廿五國。巴西、厄瓜多和玻利維亞都派觀察員列席。

儘管這二十五國中有共產的和親共的國家，但其會議宣布的宗旨，為團結中立國家，造成第三勢力，以制衡東、西集團，而維持世界和平。南斯拉夫總統狄托在致開幕詞時說：「本會議的目的，在使世界各強國明確地認識，世界的命運不完全操在它們的手裏。……大多數國家反對以武力解決問題。」閉會時發表公報，強調中立主義的不結盟政策；希望東、西集團以協商方式解決爭端，停止武器競賽，廢除殖民主義。

不結盟集團因內部複雜，且有些國家以中立為名，行東敲西詐之術—周旋於美、俄之間，接受經援，唯利是圖。到了一九六三年他們在埃及首都開羅（

Cairo)舉行第二次會議時，各國間猜忌互生，「集團」的精神似已消失。原定於一九六五年在阿爾及利亞首都阿爾及耳（Algiers）舉行的會議，因阿國政變而流產。（陳紹賢）

日內瓦外長會議（一九五五）（Foreign Ministers Conference, Geneva, 1955）

一九五五年日內瓦高階層會議決定，召開一次四國—美、英、法、俄—外長會議。會議於一九五五年十月十七日至十一月十六日在日內瓦舉行，討論歐洲安全、德國統一、裁軍及發展東西方接觸等問題。

會議當中，由於俄共供應埃及武器，而引起中東情勢緊張，會議對此情勢作了三項協議：㈠拒絕以武器供給以色列。㈡允許以色列重申一九五〇年三國宣言。㈢拒絕以色列所提議的安全新保障。

西方三國確認德國必須統一，德國不統一，歐洲無和平安全，因而其對德問題之努力，是意圖說服蘇俄，使東西德國完成統一。而蘇俄則藉口德國軍國主義將復活，並指北大西洋公約，為侵略的組織而要求予以解散。因此在四外長會議中，西方三國提出防止德國侵略的九點保證公約，向蘇俄提供安全保證。未為蘇俄接受。

蘇俄對德國之企圖，簡言之，有兩點：㈠繼續維持現狀，控制東德。㈡若統一之德國可以受蘇俄之控制時，蘇俄才允許德國統一。它提出十五點對案，即「歐洲安全公約」。十五點多屬空話，其基本企圖不外：㈠先締結安全公約，然後使德國統一；㈡取消北大西洋公約，使美軍撤離歐洲，拉匪介入歐洲事務。

雙方立場既如此懸殊，彼此所提建議均為對方所拒絕，四外長會議並未達成其預期的任務。（吳俊才）

日內瓦外長會議（一九五九）（Foreign Ministers Conference, Geneva, 1959）

日內瓦四國外長會議係一九五九年五月十一日首於日內瓦揭幕。參加者為，英國外相洛依得（Lloyd），法國外長莫維里（Couve de Murville），美國國務卿赫特（Herter）及蘇俄外長葛羅米柯（Gromyko）。東、西德皆派有代表參加，蘇俄更想挾帶波蘭與捷克代表出席共同討論德國問題，因西方國家拒絕而未果。

會議主旨係討論柏林、德國統一，及歐洲安全諸問題，以覓求解決之道。會議在俄國拒絕西方國家所提為解決柏林爭執之建議後，於六月二日休會。同年，七月十三日復會。復會之後，對解決德國及柏林危機均未提出實質解決辦法，僅就程序問題，進行研討。而蘇俄態度，較前一階段尤為強硬。對德國統一問題所爭執之點，乃為全德委員會之地位問題。俄主張，由東、西德代表以同等地位組織全德委員會，自行協商解決；西方則認為，德國統一乃四國之責任，不能由東西德自行解決。

西方國家雖然在某些問題上看法不一致，但對柏林問題與德國問題所採之立場尚能一致，且甚強硬，蘇俄亦不願改變其立場，故無論對德國問題或柏林問題皆未能獲得具體協議。

至同年八月五日，不得不無限期休會。休會前發表一聯合公報，內稱：在會議期間「雙方在某些問題上的立場已變得較接近」，同時，會議所舉行之討論「對為達成協議所需的進一步協商…是有益的」。這些也許就是這個前後為期十週的會議的唯一收穫。（吳俊才）

日內瓦國際私法公約

先後訂立的日內瓦國際私法公約主要者有國際仲裁公約及國際票據公約兩種。㈠國際仲裁公約：關於仲裁的日內瓦國際私法公約，主要者又有兩種：一種是一九二三年九月二十四日的仲裁程序公約；另一種公約是一九二七年九月二十六日關於仲裁裁決之執行公約。參加前者的國家有比利時、巴西、英國、丹麥、芬蘭、法國、希臘、義大利、日本、盧森堡、摩洛哥、荷蘭、挪威、奧大利、波蘭、葡萄牙、羅馬尼亞、西班牙、瑞典、瑞士、捷克、泰國等二十多個國家。上列的國家，除巴西、日本、挪威、波蘭、摩洛哥等國外，其餘的國家都參加後者。㈡國際票據公約：關於匯票及本票，係於一九三〇年六月七日訂立公約，嗣後於一九三一年三月十九日，又訂立關於支票的公約。其中包括關於匯票、本票、及支票的衝突法規。（洪力生）

日內瓦最高階層會議（Geneva Summit Conference）

美、英、法三國首長艾森豪、艾登、傅爾邀俄布加寧在瑞士日內瓦，舉行四國巨頭會議，時間在一九五五年七月十八日至二十三日。

在六天會議中，提出了㈠德國統一問題，㈡歐洲安全問題，㈢裁軍問題，

(四)民主國家與共產國家接觸等四個問題，但未獲致任何結論。事實上，日內瓦最高階層會議，只是一種程序的開始，僅能決定在將來的談判中，應討論那些問題，應採取何種談判方式。在表面上，是三國對抗蘇俄的會議，實際上，三國之間，仍存有歧見。

會議當中，美總統艾森豪，首先發表演說，提出停止冷戰的八點計劃：(一)全德舉行自由選舉以謀統一；(二)統一後的德國，有權選擇自己的盟國；(三)蘇俄附庸國，有權選擇其政府形式；(四)消除蘇俄集團與西方間的「交通及人性」障礙；(五)終止國際共產主義的顚覆活動；(六)限制軍備；(七)開發落後國家，提高其生活水平；(八)發展原子能和平用途。法總理及英國首相艾登之演說，無任何突出之處。俄布加寧在演說中，拒絕討論國際共產和附庸國地位問題，且提出台灣地位問題與共匪入聯合國問題。均無結果。

會議中，最突出的是艾森豪的「開放領空」(Open skies) 建議。建議的目的不是以其代替裁軍，而是對大國能夠偵察任何部隊的集結，使其不能發動突襲。此一建議，亦未爲蘇俄所接受，遂使日內瓦會議毫無成就。（吳俊才）

公司的敵性(Enemy Character of Corporations)

戰時，公司等法人敵性之決定，較自然人尤爲複雜；國際法對此尚無普遍適用之規則，而各國的實例更是紛歧。一般言之，可分三種制度：

(一)設立登記地制（Test of Incorporation or Registration）此制所持之標準是：凡在敵國設立幷登記之公司，皆具有敵性。——但若這種公司之實際營業地不在敵國，或其經理人與股東非即敵國國民，那麽此項標準自然不正確了。

(二)營業地制 (Test of Carrying on Business)：即凡在敵國境內或其占領區內營業之公司、或其營業雖分佈在數國，但主要營業地在敵國或其占領區者，不論在何國登記，均具有敵性。

(三)經理人制（Test of Control）：即若一公司之經理人或代理人住在敵國、依附敵國、或接受敵國指示或控制，則雖該公司之登記地與營業地均不在敵國，但亦有敵性。

英國兼採以上三制。它最初確定以登記地制爲標準(Janson v. Driefontein Consolidated Mines, 1902)；一九一四年第一次世界大戰爆發後的「與敵貿易法」（Trading With Enemy Act）兼採營業地制；一九一六年上議院又規定：一公司若其代理人或實際控制其業務之人，居住在敵國，或無論住何處，但他（們）依附敵國或接受敵國指示或控制，則該公司具有敵性（參閱Daimler Co., Ltd. v. Continental Tyre and Rubber (Great Britain Co., Ltd. 1916)：一九四三年，上議院重申此等原則（Sovfracht (V. 10) vs. Van Vdens, 1943），認爲在荷蘭登記及受居住在荷蘭的董事們所控制之公司，由於荷蘭當時正在德國占領下，故取得敵性。第二次世界大戰期間所適用的「與敵貿易法」(British Trading With Enemy Act, 1939）更明白兼採登記地及經理人制 (Lauterpacht's Oppenheim, Vol. Ⅱ, P.277）。法國亦同採二制（見French Decree of Sept. 1, 1939)。

美國在第一次世界大戰期間亦兼採登記地及營業地制 (American Trading with the Enemy Act, 1917, and Fritz-Schultz Co. vs. Raimes Co. 1917），認爲既不在敵國登記，復不在敵國營業之公司，不應被視爲具有敵性。到第二次世界大戰期間，它放棄此一傳統態度，改傚法國實例，兼採登記地制與經理人制，認爲受敵人控制——即令某形式的間接控制——之公司，亦具有敵性（The Interhandel Case：Switzerland-U S A；G. von Glahn, Law Among Nations, London, 1965, P.559)。（俞寬賜）

公海（Highseas）

公海是指領海以外的海洋，它不得成爲任何國家設定主權的對象。依照一九五八年二月至四月在日內瓦舉行的聯合國海洋會議所通過的「公海公約」第一條規定：「稱公海者謂不屬領海或一國內國水域之海洋所有各部分」。所以公海就是世界各國領海，領海灣、及領海峽以外的海洋。完全爲一國領土所包圍的海，如有對世界各國公開的航路與其他海洋相通，也算是公海。例如：瑪摩拉海 (Sea of Marmara) 兩邊的海岸，雖然都是土耳其的領土，但因一端有達達尼爾海峽（Dardanelles）與愛琴海 (Aegean Sea) 相通，另一端有博斯普魯士海峽 (Bosporas) 與黑海（Black Sea）相通，所以應視爲公海。（請參閱崔書琴著：國際法、上册、臺灣商務印書館，民國四十六年臺二版，第一三九頁一一四〇頁。）

至於公海的法律性質，請參閱「公海自由原則」條。（李鍾桂）

公海自由原則（The Principle of the Freedom of the Open Sea）

公海自由又稱海上自由（Freedom of the Seas），是現行國際法的一個原則。所謂公海自由，即公海的任何部分都不得作為一國的領土而置於其主權之下。根據一九五八年日內瓦公海公約第二條規定：「公海對各國一律開放，任何國家不得有效主張公海任何部分屬其主權範圍。公海自由依本條款及國際法其他規則所規定的條件行使之。公海自由對沿海國及非沿海國而言，均包括下列等項：

㈠航行自由。㈡捕魚自由。㈢敷設海底電纜與管線之自由。㈣公海上空飛行之自由。」又第三條規定：「一、無海岸國家應可自由通達海洋，俾與沿海國家以平等地位享有海洋自由。為此目的，凡位於海洋與無海岸國間之國家應與無海岸國相互協議，依照現行國際公約：㈠、准許無海岸國根據交互原則自由過境。㈡、對於懸掛該國國旗之船舶，在出入及使用海港事宜上，准其與本國船舶或任何他國船舶享受平等待遇。二、凡位於海洋與無海岸國間之國家，對於一切有關過境自由及海港內平等待遇之事項，如其本國及無海岸國均尚非現行國際公約之當事國，應與後者相互協議，參酌沿海國或被通過國之權利及無海岸國之特殊情況解決之。」

公海自由原則已有很久的歷史，在古代與中世紀上半期，學者與羅馬法均承認海洋是「公有物」（Res Communes），故任何人都可以在海洋上自由航行與使用。但至中世紀下半期，有些國家竟提出管轄某一部分公海的要求。例如：熱諾亞（Genoa）共和國自認是萊古利（Ligurian）海的主權國，威尼斯（Venise）共和國自認是亞得利亞（Adriatic）海的主權國。英國要求管轄北海與北大西洋，根據一四九三年教皇的教令，葡萄牙要求管轄印度洋與南大西洋，西班牙要求管轄太平洋與墨西哥灣。這些主張雖然有效的維持了幾百年之久，但至十七世紀逐漸為各國所反對，而有近代海洋自由思想的萌芽，主張公海不屬於任何國家所有，它是無主物（Res nullius），因為無任何國際機構對於公海行使管轄權，任何國家可利用公海作科學實驗，以及國際法承認交戰國在公海作戰，完全是合法的。所以在國際法發展的現階段上，公海認為不屬於任何國家。（李鍾桂）

參考文獻：

Charles Rousseau : Droit International Public approfondi 1961, Dalloz. Paris, P.210-211

公海採礦（Deep Sea Mining）

一九七〇年聯合國第二十五屆大會，于同年十二月七日通過（一〇八票贊成，十四票棄權），二七四九號決議宣佈關于各國管轄範圍以外海洋底床與下層土壤之原則宣言，（Declaration of Principles Governing the Sea-bed and the Ocean Floor and the Subsoil There of, beyond etre Limits of National Jurisdiction）。

其重要原則如下：

⑴此等區域及其資源為人類所繼承之共同財產。（The Common Heritage of Mankind）

⑵此等區域不得被任何國家、自然人或法人據為己有。

⑶任何國家不得對此等區域主張主權上之權利或主張或行使任何與將來建立國際管制制度不符或與本宣言宣示之原則不符之權利。

⑷任何有關探測、開發或利用此等區域之資源之活動或與相關之活動，均應遵守國際管制制度。

⑸此等區域應開放給所有國家，不論沿海國或內陸國，根據國際管制制度，和平使用。

⑹國家在此等區域內，應依國際管制制度及可以適用之國際法原則從事活動。

⑺對此等區域之探測、開採及利用，應謀人類全體之利益。

上列原則，不妨礙海床上方水域及空間之法律地位。（張彝鼎）

公海海床（Ocean Floor）

公海依據國際法原則是不得為任何國家據為己有，各國船舶都可在公海航行，從事漁捕，並得在上空飛行等，這就是所謂「公海自由原則」（freedom of the high seas）至於公海的法律地位，現在的通說認為它是「人類公有物」（res communis omnium）任何國家不能在公海設定主權，至於公海之下的各國管轄範圍外的海床（以下簡稱「公海海床」時即指各國管轄範圍外的海床，不包括各國管轄範圍內的大陸礁層在內）的法律性質，在以前科學技術不能探測海底時，原也不發生問題，沒有國家對公海海床主張權利，當時僅有國家在海底敷設電線或建築隧道，這些權利是包括在「公海自由的原則」內，但是最近由於科學技術發展，使探測或開發公海之下的海床，已有可能，所以許多國家認爲關於公海海床的法律性質必須研討，以防公海海床在可預見的將來，成爲各技術先進國家的殖民地。

關於這點，自一九六七年廿二屆聯大以來，在聯合國中曾經歷次提出討論，到今日尚未獲得定論。現將聯大處理這個問題及公海海床的其他相關問題，一併略加說明於下：

一九六七年秋第廿二屆聯大開會時，由於馬爾他國（Malta）的提議聯大將「審查各國現有管轄範圍以外公海之海洋底床與下層土壤專供和平用途及其資源用謀人類福利之問題」列入議程，並通過二三四〇號決議設立專設委員會，研究有關問題，提出報告給次屆聯大。

一九六八年底，第廿二屆聯大，討論上述專設委員會的報告後，通過二四六七號決議設立一常設委員會，定名爲「各國管轄範圍以外海洋底床和平使用委員會」(Committee on the Peaceful Uses of the Seabed and the Ocean Floor beyond the Limits of National Jurisdiction）簡稱爲「海床委員會」(Seabed Committee）專司這方面的工作，會議中並認爲海床的探測及開發，應謀人類全體的福利，尤須特別顧及發展中國家之利益與需要。」常設委員會向一九六九年秋召開的第廿四屆聯大，提出了一個報告，內容着重在有關背景及資料敍述，並未提出具體建議。大會將報告提交其第一委員會討論時，各國代表均着重下列三個討論：(1)使用海床的各項原則；(2)應否設國際機構專司其事；及(3)各國管轄範圍以內及以外海洋底床的區分界限問題，這些問題當然非該屆大會能夠討論完畢得出結論。因此，該屆聯大在一九六九年底通過決議二五七四號，要求秘書長及常設委員會，繼續研究這些問題，並規定在海床開發使用之國際管制制度未成立前，禁止所有國家或個人，對各國管轄範圍以外海床，作任何開發活動；並規定「對此種地區之任何部份或其資源之要求，概不承認。」換句話說，聯合國這個決議將各國管轄外的海床法律地位，暫時凍結，以免有關國家，在聯合國制定有關海床的開發原則前，先造成既成事實。

此外，值得注意的是在聯大第一委員會討論時，有些國家對海床的法律地位提出看法，頗爲接近「人類公有物」的理論，例如在一九六九年秋季召開的廿四屆聯大中，巴西代表在第一委員會曾說：「各國管轄範圍以外之海洋底床爲人類所繼承之共同財產，此一觀念包含二種意義，一爲各國不得私自主張主權或占有之權利，一爲各國均得參加共同管理並共享其實益。」我國代表在一九六八年秋季召開的廿三屆聯大中，曾於第一委員會十月三十日的會議中說：「本代表團，贊成下一觀點：即各國現有管轄範圍以外海洋底床區域不能夠由各國劃分，而應該視爲具有一種全人類共同財產的特別法律地位。」

一九七〇年九月召開的第廿五屆聯大，繼續討論海床問題，並在同年十二月十七日以一〇八票贊成，十四票棄權（無反對票），通過二七四九號決議，宣佈一個「關於各國管轄範圍以外海洋底床與下層土壤原則宣言」（Declaration of Principles Governing the Sea-Bed and the Ocean Floor, and the Subsoil There of, Beyond the Limits of National Jurisdiction）其中宣佈下列重要原則：(1)此等區域及其資源爲人類所繼承的共同財產（the common heritage of mankind）；(2)此等區域不得被任何國家、自然人或法人據爲己有（appropriation）；(3)任何國家不得對此等區域主張主權上的權利，或主張或行使任何與將來建立的國際管制制度不符或與本宣言宣示的原則不符之權利；(4)任何有關探勘或利用此等區域的資源之活動或與相關之活動，均應遵守將要建立的國際管制制度；(5)此等區域應開放給所有國家，不論是沿海國或內陸國（land - locked countries 即無海岸線的國家）根據將要建立的國際管制制度和平使用；(6)國家在此等區域內應依將來的管制制度及可以適用的國際法原則從事活動；(7)對此等區域之探勘及利用應謀人類全體利益。

決議中並指出其所宣示的原則，並不妨礙海床上方水域及空間的法律地位。除了通過上述決議中，聯大並通過二七五〇號決議，決定在一九七三年召開海洋法會議，討論足夠的國際管制制度，包括有關海床的國際制度在內。

（張彝鼎）

公海海床

壹

目前，許多國家的代表與法學家，正以官式的委員會與非官式的學術會議，在擬議着建立一個「國際海床組織」。在若干要點上，他們已經獲致極相近

地球海床略圖

THE COMMON HERITAGE OCEANS

Modified from: Heezen, B.C. and Hollister, C.D., *Face of the Deep*, © Oxford University Press, 1971

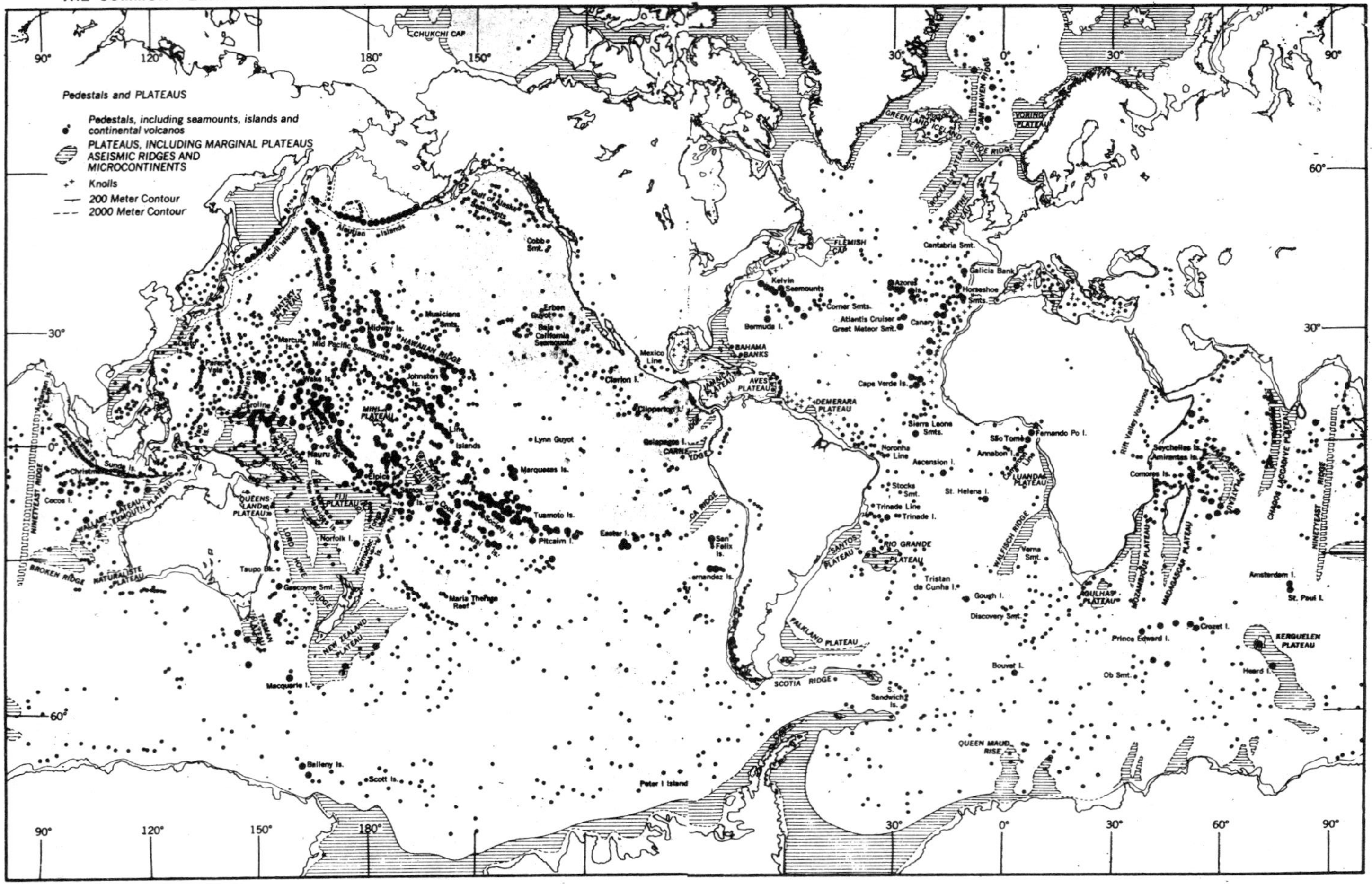

● 海底島嶼　　海底高原　　$^{+}_{+\,+}$ 海底島嶼圓頂

似的結論。他們預期着：在聯合國的主持之下，召開一次海洋法會議，簽訂一個「海床條約」，以規定「國際海床組織」的機構與職權。

聯合國的第二十五屆大會，於一九七〇年十二月十七日，通過一項宣言，指示了一些原則，以管理「國家管轄以外的海床、洋底，與其下地層」（決議第二七四九號）。這個宣言的宗旨，是在給海牀與其資源的未來國際制度，提供一個基礎。其主要的原則如下：

一、海床與其資源，爲人類的共同遺產。

二、海床不得爲任何國家或個人（自然人與法人）所據有；任何國家不得對於海床的任何部份，要求主權上的權利，或反乎即將建立的國際制度與本宣言的原則，而要求或行使權利。

三、一切探測與開採海床資源活動，與其他有關的活動，均應遵照即將建立的國際制度，予以進行。

四、海床應依照即將建立的國際制度，無差別地開放與全體沿海國與內陸國，作和平的用途。海床的探測與其資源的開採，應爲着整個人類的福利，而予以進行。

五、國際對於專供和平目的的科學研究，應促其國際合作其方法是：參加國際研究計劃，發表研究成果，並對於開發中的國家，加强其研究能力。

六、國家應合作採取適當的措施，以國際規則、標準、與程度等等，預防海洋環境的污染、毒化、與其他危險，以及海洋動植物的損傷。

七、本宣言的原則，並不影響海床上、海水與大氣空間的法律地位。

聯合國的第廿五屆大會，復於同日通過一項決議（第二七五〇號內），擬在一九七三年召開海洋法會議，以討論國際海床的正確定義，公海制度、大陸礁層、領海（包括其寬度與國際海峽）、鄰近區、公海生物資源的漁捕與保全（包括沿海國的優先權利）、海洋環境的保全（包括污染的預防）、與科學研究等等。

貳

在海洋法裏，「國際海牀」還是一個晚出的名詞。其定義尚有待於海洋法會議的確定。但是，我們不妨倣照公海公約第一條，從消極方面界說「公海」的前例，作一初步的界說如下：

海床（包括其下地層）之不在一個管轄範圍以內者，爲國際海床（包括其下地層）。

海床之在一國管轄範圍以內者，計有三種如下：

一、內水下的海床

這裏所謂內水，主要地是指領海基線以內的領水而言。在國際法上，內水的法律地位，等於領土，自包括海水海床、海下地層，與海上的大氣空間等而言。它們都在內水國的管轄範圍以內。

二、領海下的海床

沿海的國家，無論其領土爲大陸或島嶼，均取得沿岸的一帶海洋，包括海水、海床、海下地層，與海上的大氣空間等，爲其領域裏的一部份領水稱爲領海。根據一九五八年領海與鄰近區公約第一條的規定，國家的主權，延伸及於領海。構成領海的各部分，自都在領海國的管轄範圍以內。

三、構成大陸礁層的海床

大陸礁層原是沿海國在領海外的海床與其下地層。根據一九五八年大陸礁層公約第二條的規定，沿海國對於其大陸礁層，行使其主權上的權利。所謂主權上的權利，與「管轄與控制」，初無實質上的差別。這種權利總是具有主權的特質。第一，它爲沿海國所當然地享有。它並不繫諸沿海國對於其大陸礁層，作實際的或象徵的佔有，或作明示的宣告。第二，它爲沿海國所排他地享有。它並不繫諸沿海國對於其大陸礁層，作實際的探測或開發。但是，任何人在取得沿海國的明示同意以前，不得從事探測或開發其大陸礁層。因此，構成大陸礁層的海床，也在沿海國的管轄範圍以內。

上列初步的界說，與一九七〇年聯合國大會宣言所稱「國家管轄以外」云云，若合符節。申言之，海床（包括其下地層）之不在一國內水與領海裏，而又不構成其大陸礁層者，爲國際海床（包括其下地層）。

屬於內水的海床，距離海岸最近，屬於領海者次之，而構成大陸礁層者最遠。根據上列定義，大陸礁層的終點，應當即是國際海床的起點，換句話說，大陸礁層的外線，應當即是國際海床的周界。

但是，大陸礁層有無外線，實是一個極難確定的問題。依照一九五八年大陸礁層公約第一條的規定，所謂大陸礁層，兼指在大陸旁者與在島嶼四周者而言。決定大陸礁層的標準如下：

一、深度的標準

根據這個標準，一國領海之外，鄰近其海岸的海床與海下地層，其深度不逾兩百公尺者，爲該國的大陸礁層。這個大陸礁層，無論沿海國從事開發與否，均屬於該沿海國。這是一般的固定的標準，足以保障工業技術落後的國家。

二、可能開發的標準

根據這個標準，一國領海以外，鄰近其海岸的海床與海下地層，其深度雖然已經超過兩百公尺，而沿海國仍能夠予以開發者，亦爲該國的大陸礁層。這種大陸礁層，應由沿海國提出能夠予以開發的證據，始屬於該沿海國。這是特殊的待證明的標準。其目的在便利工業技術進步的國家，亦在保障大陸礁層狹小的國家。

基於深度兩百公尺的標準，沿海國大陸礁層平均寬度爲五十浬；其最寬者，由海岸起算，可達六百七十浬之遠。若干國家，如太平洋東岸的拉丁美洲國家，僅有極狹小的大陸礁層；換言之，其大陸礁層於距岸頗近之處，即已深達兩百公尺。這些國家或則擴大其領海的寬度爲兩百哩，或則要求在海岸兩百哩之內，對於海水、海床，與其下地層的天然資源，享有排他的權利。它們將領海與大陸礁層，混爲一談，形成海洋法裏晚近最棘手的問題。

基於可能開發的標準，大陸礁層的外線，時有向海洋中心推移的不變趨勢。目前的工業技術，即將可以在深度超過兩百公尺的大陸礁層之上，開採石油。工業技術進步不已，大陸礁層的外線，將不斷地隨之向外擴延。這一點，最爲許多開發中的國家與開明的國際法學者所詬病。批評者謂可能開發的標準，被推衍到極致的結果，將使大海的海床與深洋的洋底，均被視爲是大陸礁層，而入於工業技術進步國家的管轄範圍。一九七〇年聯合國大會所强調的「人類的共同遺產」與「整個人類的福利」等等，即針對着這一點而提出。

一九五八年大陸礁層公約第一條的規定，將在未來的海床條約裏，忍受很重大的修改，可能開發的標準，將爲海岸距離的標準所代替。擬議中的條款，也許會作下列的措辭：沿海國對於其領海以外，鄰近其海岸的海床與海下地層，其深度不逾兩百公尺者，或距離領海基線不逾五十浬者，得行使主權上的權利；沿海國得在兩者之中，選擇其較大者，後一標準，即所謂海岸距離的標準，可以補償大陸礁層太小的國家，也提供了「大陸礁層」的新觀念，沿海國對於其幾個不同的海岸，可以分別地選擇於深度標準與海岸距離標準之間，以管轄較大的海床與海下地層爲其主要的考慮。

叁

國際海床的範圍，即已借助於大陸礁層的新觀念，而大致地決定如上，玆進而研究國際海床的法律地位。

大陸礁層以外的海床與其下地層，稱爲國際海床者，不得以任何方式，爲任何國家或個人（自然人與法人）所據有。任何國家不得在國際海床的任何一部分上，要求或行使主權或主權上的權利。任何國家或個人(自然人與法人)，不得反乎國際制度，而要求、行使、或取得對於國際海床或其資源的權利。國際海床的礦物資源，異乎生物資源者，應爲着整個人類的福利，而予以開採。

國家得由未來的國際海床組織，分配某一部分的國際海床，爲該國的「特別權利的海域」。「特別權利」固非主權，亦異於一九五八年大陸礁層公約的「主權上的權利」。其主要的異點如下：

一、國家之享有「特別權利」，繫於一種國際制度的認可。國家須繳納租金與採掘稅。

二、國家之享有「特別權利」，並非當然取得，須向未來的國際海床組織登記。

三、國家享有「特別權利」的時期，爲有限的，預期約爲四十年。

四、享有「特別權利」的國家，不必限於沿岸的國家，甚至可以是一個內陸國。

但是，國家依照國際制度，視某一部分的國際海床爲其「特別權利 的海域」時，其特別權利並不影響該海床上，海水與大氣空間的法律地位。前者仍爲公海，後者仍然公空。該一部分國際海床的探測，與其礦物資源的開採，不得對於航行、漁捕，或生物資源的保全，或對於旨在公開發表的科學研究，導致不正當的干擾；亦不得阻撓海底電纜與筒管的敷設與維持。

肆

擬議中的國際海床組織，包括着三個直屬機構與若干平行機構。三個直屬機構，稱爲大會、理事會、與秘書處。其與聯合國的關係，略似國際原子能總署，關係綦切，而不是聯合國的專門機構之一。大會由全體會員國組成。理事會設理事國二十一席，代表着世界各種不同的經濟體系與政治體系。理事會之下，復設採礦監督委員會、經濟財政委員會，科學研究與訓練計劃委員會三者。

國際海床組織之主要職權如下：

一、登記各國的要求。

二、依照海床條約與國際礦章所規定的條款，監督探測與開採的活動。

三、執行海床條約與國際採礦章程。

四、提供意見，使會員國的採礦立法，合乎海床條約與國際採礦章程所規定的國際標準，或協助會員國草擬採礦立法。

五、兩個或兩個以上鄰近的「特別權利的海域」，在經濟觀點上，須聯合生產時，調協其礦物資源的生產。

六、征收上述海域的租金與採掘稅，而轉交其一部分與國際海床基金。

七、考慮國際海床礦物資源的生產，對於世界市場的影響或可能的影響。

八、與「政府間海洋學委員會」，及其他有關的國際組織，密切合作，調協海床的科學研究，傳播科學知識。

九、推行訓練計劃，特別地爲着開發中的國家。

在平行機構方面，海床條約之後，將附有一項規約，設立一個海床法庭，以決定企業者、會員國、國際海床組織、與污染基金等等的責任問題，企業者的責任問題，得交由其本國法院或其領照國法院審理。國家與國際機構的責任問題，則由國際海床法庭審理。會員國對於國際海床法庭的强制管轄，不得提出保留。

國際海床基金，來自於租金與採掘稅，已見上述；未來的理想是：利用這項基金，以爲開發世界落後地區之用，視爲國際社會的公庫。至於污染基金，則來自於所謂污染稅，由企業者與會員繳納。海洋環境的污染，原則上由從事採礦的企業者與會員國，負擔有限額的絕對責任。但是，當下列情形之一發生時，污染基金代負其責：

一、海洋環境被污染的原因，無法查明。

二、損害發生的原因，是一個例外的不可抗拒的自然現象。

三、損害的嚴重程度，已超過企業者與會員國的有限額的賠償。

四、海洋環境忍受了異乎影響特定國或特定企業者的一般損害。

但是，污染基金的責任，也是有限額的，將由海床條約規定爲若干金佛郎。（張宏遠、張彝鼎）

公開外交（Open Diplomacy）

「公開外交」的存在由來已久。早在古希臘時代，可以說即已採取「公開的條約；公開地締結」的制度了。不過公開外交的要求，一再的被强調，則是在第一次世界大戰以後的事。人們以爲舊式的秘密外交，釀成了兩次殘酷無比的世界大戰，所以要求由人民監督國際關係的處理，以確保和平，避免戰爭。美國總統威爾遜便是此一感情潮流的代表者。在一九一八年一月八日向美國國會提出的「十四點」計劃裏，其中第一點便主張「公開的和平條約，公開地締結，今後不應有任何國際諒解，外交應該以坦白的方式和在衆目昭彰之下辦理」，事實上，理論是理論，事實是事實，理論家倡導公開外交愈力時，正是秘密外交活躍最盛之時，威爾遜本人在凡爾賽和會中，與英國首相勞易喬治及法國總理克里孟梭舉行會議時，便是以秘密方式進行的。

學者們對於所謂的「公開外交」都不表贊同，認爲不僅於事無益反而貴事，巴爾忒米（Barthélmy）曾謂：「外交事務交由人民監督，實爲最不妥，尤以對於條約及外交政策之監督爲然，蓋人民對於外交問題之內容，既不明瞭又多疏忽」，話雖如此，一般而論，公開外交的原則已爲國際間所承認，國聯盟約及聯合國憲章便是規定會員國應將其所簽訂的條約送秘書處登記公佈。不過公開外交的涵義則以應作如下的解說：「對於複雜的問題，並非不能以不公開的方式討論，但秘密協定却不應締結，一切國際關係既經確定，便應公開和明朗化」。（王人傑）

引渡（Extradition）

所謂引渡是一個國家將在其領域外犯罪或受科刑，而現在居留於其領域內的自然人，經其他關係國的請求，交於該請求國，而由該國追訴或處罰者。

對於引渡有二種不同的主張：

㈠、各國有引渡逃犯的義務：處罰罪犯是人類共同的利益，爲使犯罪者不得消遙法外，爲維持世界的法律秩序，任何國家均有引渡逃犯的義務，此說以格羅秀斯（Hugo Grotius）與瓦泰爾（E. Vattel）爲代表。

㈡、引渡條約締約國有引渡逃犯的義務：此乃根據引渡的歷史發展而作的主張，十八世紀之前雖然有基於國際睦誼，而將逃犯引渡給他國，但通常是根據條約。十八世紀後半期，由於國際交通發達，罪犯逃往他國情形增加，而有許多引渡條約的簽訂。至廿世紀非但普遍訂立引渡條約，且制定引渡法，規定可引渡的犯罪行爲與引渡程序。所以大多數學者主張引渡要完全根據請求國與受請求國之間的條約。此說以浦芬多夫（S. Pufendorf）與馬爾頓斯（de Martens）爲代表。

至於引渡的授與及其程序，國際法並無明確的規定，而由各國國內法詳細予以規定。（李鍾桂）

引渡效果有限原則（**Principle of Speciality**）

根據引渡條約及國際上實例，此原則爲引渡條件之一：請求引渡國在請求引渡時一般需用書面列擧所請求引渡之罪犯的罪狀，所列擧的罪狀需經受請求引渡國加以確認或需與引渡條約所列擧者相符合；引渡後，請求國對該犯人只能就受請求國所承認的罪狀起訴，然多可依據其他在引渡條約上所訂明的罪狀起訴，否則，受請求國可以提起抗議，是爲引渡效果有限原則，又稱「引渡與追訴一致原則」。

United States v. Milligan 一案判決認爲「引渡效果有限原則」的設立，並非爲了犯人的利益，其理論基礎乃在維持引渡國的權益，所以引渡國亦可以放棄自己權利。義大利高院在 In re Arriette 案中認爲若果犯人同意而引渡條約亦承認這種同意方式，則請求國可以對犯人以他項罪名起訴。（邵子平）

引渡與追訴一致原則（**Principle of Identify of Extradition and Prosecution**）

按「引渡與追訴一致原則」即「引渡效果有限原則」，請參考該條。（邵子平）

巴庫東方民族代表大會（**Congress of Peoples of the East**）

一九二〇年九月一日於巴庫召開，故又稱巴庫會議（Baku Conference）。會議由共產國際代表季諾維耶夫（G. Ye. Zinoviev）主持，係共產國際最大集會之一。與會代表一八九一人，其中二三五名爲土耳其人，一九二名波斯人與祆教徒，八名中國人，三名阿拉伯人。該會公開地、不妥協地贊助所謂『世界革命的教條』，企圖爭取回教民族的支持。蘇俄當時的目標爲：破壞英法在中東的勢力，使蘇俄贊助這些落後地區之願望、透入乃至統治民族解放運動。

大會發表兩個宣言：一是「對東方民族」的宣言，另一是「對歐洲、美國和日本工人」的宣言。

在這些文件中，首先促請東方被壓迫農民在其革命鬥爭中依靠西方革命工人、共產國際和蘇聯的支援，在東方建立蘇維埃政權。其次，建議農民奪取土地，驅逐外國資本主義征服者和國內地主、資本家和其他壓迫者。最後，大會決定設立一「宣傳與行動會議」以執行大會所通過之決策。該會由二十多個民族的四十七個成員組成，每三個月在巴庫開會一次。宣傳與行動會議一九二〇年十一月正式成立，十二月出版首期「東方民族」（The Peoples of the East）。

巴庫會議其正式名稱雖爲第一次東方民族代表大會，但後來並未有類似會議，而且其「宣傳與行動會議」及其刊物也迅速消失。究其原因乃是，一九二一年三月英俄間訂定了貿易協定。

巴庫會議並未如共產國際之期望而有所成就。但是，它闡明了兩點：㈠蘇俄深知在與西方鬥爭中東方具有重大的政治意義；㈡蘇俄仍堅持沙皇俄國傳統的、東西交替的對外政策方針。（吳俊才）

參考文獻：

Edward Hallett Carr, "The Bolshevik Revolution 1917-1923" (New York 1961) Vol. Ⅲ, P-260-267

Alvin Z. Rufenstein, "The Foreign Policy of the Soviet Union" (New York 1960) P-347

"Kommunisticheskii Internatsional", No.14 (November 6, 1920) Cols. 2941-2944.

Robert C. North, "Soviet Russia and the East 1920-1927", (Standford, California, 1964), P-165-172

巴勒斯坦問題（**Palestine Issue**）

巴勒斯坦問題（Palestine Issue）爲一次戰後猶太人與阿拉伯人的一種

爭端。位於地中海東面積一萬零四百三十平方英里的巴勒斯坦，原係奧托曼帝國（Ottorman Empire）的一部分，即土耳其的屬地。一次戰後，國際聯盟把它作爲英國的委任統治地（Mandatory Territory）。依委任統治條款（Terms of the Mandate）的規定，英國負有義務使猶太人將在該地建立國家。一九二〇年盟國對土和約中也載明允諾猶太人在該地建國。阿拉伯人對猶太人移入該地，繼續反對。一九二一年和二九年先後發生阿人反猶的暴動，都經英國軍警鎭壓。

希特勒專政時期，德國排猶劇烈，猶太人大量逃入巴勒斯坦。一九三九年五月英政府宣告將於十年內建立一個獨立的巴勒斯坦國家，并安排阿、以兩民族分擔政府的事權，使兩民族各得其重要利益的安全保證。但雙方都聲明不接受英國的此項計劃。

二次戰後，在巴勒斯坦的猶太人迭起暴動，反對英國的統治。一九四七年英政府將此事件提請聯合國解決。聯合國大會通過巴勒斯坦問題特別委員會的以、阿分治建議。一九四八年五月十四日，英國的統治結束。次日，猶太人於台拉維夫（Tel-Aviv）宣告成立以色列共和國。美、俄兩國即予承認—美國先予事實的承認（de facto recognition），而其法律的承認（de jure recognition）則在蘇俄之後。

以色列國宣告成立後，埃及、伊拉克、約旦、黎巴嫩和敍利亞聯合出兵進攻，被以軍挫阻。至次年一月間雙方武裝衝突停止，以軍佔過分界線的阿拉伯地區，增加其領土面積十分之四。當時約旦仍據有約旦河西巴勒斯坦的一部分，埃及則控制加薩（Gaza）。

一九六七年六月五日，以、阿戰爭爆發，以色列於六天之內打垮約旦、埃及和敍利亞的主力，佔據了這些阿拉伯國家的廣大或重要領土，使該地區原有的勢力均衡起了變化，目前以、阿雙方都不顧聯合國安理會的停火決議，武裝衝突不斷發生。（陳紹賢）

巴爾福宣言（Balfour Declaration）

「巴爾福宣言」（Balfour Declaration）是一九一七年十一月二日英國外相 Arthur James Balfour 給羅斯柴德爵士（Lord Rothschild）的一封公開信。羅氏是當時英國猶太復國促進會的主席。該信件聲明：英國政府對於在巴勒斯坦（Palestine）建立一個猶太民族國家的運動，表示贊同，并將盡最大的努力，促進此目的之達成；對於居留巴勒斯坦的非猶太人民，在公民權和宗教權上，與居留在任何他國的猶太人享受的此等權利，一律平等，不使發生歧視。

此項宣言曾引起爭論，有認爲它與一九一五至一六年英國駐埃及行政長官（High Commissioner）麥馬洪（Henry McMahon）與麥加執政官（Macca Sheriff）胡生（Emir Hussein）的通信有所抵觸，因爲該項通信表明了英國政府承諾巴勒斯坦的一部分須歸入一個阿拉伯國家的版圖。（陳紹賢）

內國法

內國法是對外國法而言，但與本國法並不完全相同。內國法以地的關係來說，就是國內法的意思；本國法以人的關係來說，當事人是內國人，其本國法便是內國法，當事人是外國人，其本國法即是其人所屬的國家的法律，便是外國法。（洪力生）

內國法的詐欺

內國法的詐欺是一種避法行爲或脫法行爲，以避免內國法律的適用，而移往外國，藉圖從外國法方面取得內國法所不准的利益。例如英國判例：勃魯克控告勃魯克（Brook V. Brook, 9 H. L, 193, 1861）一案中，有一個英國的男子爲避免其本國法禁止與其亡妻的妹妹結婚的法條，移往丹麥與其妻妹結婚，雖然，根據丹麥的法律，並沒有禁止與其妻妹結婚的規定，而認爲合法的結婚；但是，英國法院却以詐欺內國法爲理由，而判決該婚姻無效。內國法的詐欺，除發生在涉外婚姻關係以外，有時也發生在法律行爲的方式，如發生在法律行爲的方式，及監護身分行爲的方式等場合；有時也發生在涉外公司的場合，如公司經營地或管理中心所在地的法律，對於公司的設立、組織、管制至爲嚴格，課稅又重，因此，要設立公司的人，就期求在管制較寬、課稅較輕的國家，設立「流浪公司」（tramp corporation），以規避其經營地法或管理中心所在地法的管制及課稅，當今國際投資日益盛行，這種避法行爲，較常發生。內國法詐欺的成立要件有三：㈠須有詐欺內國法的故意；㈡須管轄法院即爲被詐欺國的法院；㈢須管轄國法律否認詐欺行爲的效力。（洪力生）

分而治之（Divide and Rule）

近世世界各國因彼此權力衝突之故，爲求勢力平衡起見，往往採取所謂「分而治之」之術，其主要用意即在使可能之敵對勢力互相矛盾，彼此衝突，因而乘機展施拉攏或控制之工作。而西方帝國主義者對其殖民地亦常採取「分而治之」之方法，使當地人民彼此分裂，然後分別與之勾搭，使其墜入彀中，以達統而治之目的。

試舉例言之。法國對德國與蘇俄對西歐，皆嘗用此種分而治之政策。自十七世紀至第二次世界大戰止，法國外交政策皆着重於使德國分爲許多獨立自主的小邦，而反對其統一成爲一個大國，例如法國首相李其流主教（Richelieu）之支持日耳曼新敎各小邦君主，拿破崙一世（Napoleon I）之支持萊因同盟(Rhine bund)，拿破崙三世（Napoleon Ⅲ）之支持南日耳曼各邦君主，以及第一次世界大戰後，法國之支持流產的分化運動，與第二次大戰後之反對德國之統一，皆屬極顯明之史實。所以然者，因如有一強大之德國存在，則不啻對法國生存上之威脅也。

同樣，蘇俄對於西歐各國之統一運動，亦堅決予以反對。二次大戰後，西歐各國感於蘇俄威脅之嚴重，如英國邱吉爾等即嘗致力於組合「西歐集團」（Western Bloc）之企圖，蘇俄認爲此係對其安全之威脅，多方破壞之。今日德國之所以分爲東西兩部，迄無復行統一之望者，實因蘇俄畏懼德國統一後，勢將形成強大而無法控馭之強國，故亦利用「分而治之」之術，以達永遠削弱德國之目的。

又如昔日英國以極少數人統治印度達數百年之久，其秘訣亦在利用「分而治之」之原則，蓋印度地大人衆，土王與酋長往往互有恩仇，而印度敎與回敎之信仰，尤其積不相能，英國人乃從中利用，聯甲制乙，賂丙仇甲，使其自行分化，無法團結，于是英國人坐收漁人之利，以達統而治之之妙用。（鄧公玄）

參考文獻：

Hans J. Morgenthau: "Politics Among Nations" Chap. 12

五強（Five Great Powers）

何謂五強？五強者謂中、美、英、蘇之外而加上法蘭西是已。二次大戰時，法國本部全部淪陷，惟戴高樂將軍在北非建立自由法國軍隊，站在同盟國方面，對軸心國家作戰。當一九四三年十一月在美國頓巴敦橡樹園擧行中、美、英、蘇四國會議時，法國尙無資格參加。

迄至一九四五年四月，在舊金山召開國際會議時，仍由中、美、英、蘇四國代表輪流擔任大會主席。唯是時盟軍已登陸諾曼地，法國已在解放之中，於是在制定聯合國憲章時，遂規定法國亦爲安全理事會五個常任理事國之一。

聯合國憲章第二十三條第一項規定：「安全理事會以聯合國十一會員國組織之。中華民國、法蘭西、蘇維埃社會主義共和國聯邦、大不列顚及北愛爾蘭聯合國、美利堅合衆國應爲安全理事會常任理事國。大會應選擧聯合國其他六國爲安全理事會非常任理事國，選擧時首宜充分斟酌聯合國各會員國於維持國際和平與安全及本組織其餘各宗旨上之貢獻，並宜充分斟酌地域上之公允分配。」

又第二十七條關於安全理事投票之規定如左：

「一、安全理事會每一理事國應有一個投票權。

二、安全理事會關於程序事項之決議，應以七理事國之可決票表決之。

三、安全理事會對於其他一切事項之決議，應以七理事國之可決票，包括全體常任理事國之同意票表決之。但對於第六章第三十二條第三項內各事項之決議，爭端當事國不得投票。

……………………」

由於第二十七條第三款之規定，每一常任理事國皆具有否決之權，因任何非程序上之問題，均須以七理事國之可決票，包括全體常任理事國之同意在內，故任何常任理事國如不同意某一決議案，均得以其不同意而否決之也。

因爲聯合國安全理事會之常任理事國只有中、美、英、蘇及法國，故此五國皆各有一否決之特權，於是世界各國皆認中、美、英、蘇及法國爲世界五大強國。（按否決權之規定實與聯合國憲章所謂各國一律平等之基本原則相違背，當時各國多不贊成，但因蘇俄史太林堅持以此項規定之有無爲其加入聯合國之先決條件，于是美國遂亦遷就蘇俄竟接受其要求，而結果卒造成爾後無窮之遺患。）（鄧公玄）

參考文獻：

聯合國憲章第五章
S. N. Dhar: International Relations and World Politics since 1919, pp. 303-314

比荷盧三國關稅同盟（Benelux）

「Benelux」係比利時、荷蘭和盧森堡三國關稅同盟（A Customs Union between Belgium, the Netherland, and Luxemburg）的簡稱。這三國於一九四四年九月五日在倫敦簽訂關稅同盟協定，一九四七年十月廿九日生效，次年一月一日開始實行三國關稅的共同稅則。之後，它們企圖對統一三國的國產稅和間接稅能達成協議，但終於了解此種談判的成功，有賴於它們的經濟能成爲一個整體，尤其是荷蘭的統制經濟與比利時的自由經濟須先能調和。

三國關稅同盟曾遭遇的困難，就是貨物的自由流通有時不能與資金及勞工的自由流通相配合。換言之，資金與勞工的流通往往受了限制。這種情況，加以三國的農產品不在自由貿易之內，益使此關稅同盟的發展常受障礙。同時荷蘭與比利時屢因競爭市場，發生矛盾。荷蘭責難比利時的工業成本過高；比利時埋怨荷蘭的工資太低。

三國爲改進它們的關稅同盟，於一九五四年協議，建立三國對外貿易與支付的共同政策—三國與其他國家關於貿易、商務、財務協定的談判，經由關稅同盟代表三國爲之。它們同時協議放鬆對資金流通的限制，使三國間的資金得自由週轉。

一九五七年三月，西歐六國在羅馬簽訂條約，建立歐洲經濟會社（The European Economic Community），即通稱「歐洲共同市場」（European Common Market）。比、荷、盧三國都參加締結此項條約。次年該市場正式成立，三國成爲它的成員，其原有的關稅同盟已失作用。是年—一九五八年二月三日，三國在海牙簽訂一項經濟同盟條約，規定三國資金、貨物和勞務等的自由流通；三國人民的自由往返；對外共同商務政策的確定；投資、農業和社會政策的協調。（陳紹賢）

互惠原則（Principle of Reciprocity）

國際法上互惠原則乃從下列二前提中所引導出來的：其一是國際間有交往（Intercourse）的事實與交往的必要，否則國際之間不可能發生（法律）關係；其二是平等原則，即不論國之大小，在國際法上的地位平等，享受同等的尊重。由此二前提而得到廣義的互惠原則，即交往國家雙方互相給予相同的或相類似的權利、代價或者互相要求以相當的義務：例如國際法院規約第三十六條第二項之「任擇强制管轄條款」雖經一國接受後，亦只能在該國與另一同樣接受此一義務的國家中間發生效力；又使節互派，亦有同等同級的原則，均是互惠（或相互）原則的適用。

狹義的互惠原則，在國際法上，多指國際間通商航海方面的互惠，且在此方面的實際運用亦最頻繁。尤其在利害關係特別密切的國家之間。有所謂互惠關稅，乃相互間對特定的輸入品徵收以較低稅率；通商條約中，又有適用差別的、排他的互惠原則，以互相保障特定通商國之間的商品輸入量或金額或某種金融上之措施，而不許第三國均霑此種互惠利益，例如美小麥、巴西咖啡之交換協定（一九三一）。另一方面，雖然「最惠國條款」的最後意義旨在使第三國一體均霑締約國間之新訂權益，但是「最惠國條款」的本身，則原則上亦依「相互主義」而適用——但例外的片面享受亦有：依一八九六年條約中國片面給予日本以「最惠國待遇」。（邵子平）

外交

外交一詞原係來自希臘文動詞 diploun，意謂「折叠」，後被用爲名詞係指「證書」（diploma）而言，乃一國君主所頒發之折叠的文件，內載各項賦與之特權。一六九三年 Leibniz 刊行 Codex Juris Gentium diplomaticus，一七二六年 Dumont 刊行 Corps universel diplomatique du droit des gens 這個名詞仍然用以指國家文書檔案，舉凡一切外交文件，談判，甚至條約、外交團均屬之，意義甚廣。降至一七九六年 Burke 始用 diplomacy 一詞以指處理國際交往與談判之術。

外交一詞常被任意用來指各種不同的意義，有時被用來做爲「外交政策」的同義語。事實上，政策是指導的原則，外交不過是執行政策的工具，兩者不能混爲一談；有時外交被用來指「談判」而言，譬如說某某問題得以外交來解決是，如果參加談判國家有兩個，稱爲「雙邊外交」，國家在兩個以上者則稱爲「多邊外交」；此外，「外交」亦被用來指談判的過程或外交機構而言。事實上，學者對於外交所下的定義亦各不相同，有以爲「外交」係權謀智略運用之「術」以處理一國對外之交涉者，沙多（E. Satow）即認爲外交爲運用智略，以處理獨立國家政府間之官方關係，簡言之，外交係以和平方法處理國家間之事務；有以爲「外交」乃是有關處理對外關係之學，如卡佛（Ch. Calvo）稱「外交係不同國家間關係之學」；又有以外交爲學與術者，希偉耶（A. Riuier）即認爲外交爲國家代表談判之學與術，以處理對外之關係；吾人以爲此說最爲合理，蓋外交之運用，無學則不得言術，但憑巧術，外交之運用有時而窮。（王人傑）

外交信差（Diplomatic Courier）

外交信差是爲外交機關遞送文件和用品的人員，分專業的和受託的兩種。專業的由其政府正式任命，按期領受政府俸給，持用外交護照，往來於駐外使館和本國外交部之間，或使館與使館之間，負責傳送外交文件、電報密碼、收報機、辦公用品等。受託的外交信差往往是運輸公司人員（例如航空公司駕駛員、輪船公司船長、鐵路公司車長、汽車公司司機），依照契約明定的事項，偶然或經常爲外交部和使館轉遞文件和用品。由於使館享有自由秘密通訊權，專業外交信差獲得特別保護，可以免除其所屬使館地國的民事刑事管轄，其所帶文件及用品，經使館或外交部以封條密封並加蓋關防後，當地檢查人員不得扣留、侵犯、拆封或檢查；外交信差途經友好的第三國時，也可享受同樣待遇。但在戰時，交戰國爲了防止洩漏重要機密，得暫時中止使館通訊的不可侵犯權，並且阻止外交信差離境，例如一九四四年四月十七日至六月二十日，英國政府爲了預防洩漏準備開闢歐陸戰場的消息，曾阻止外國外交信差的正常活動。至於受託的外交信差，因爲不是外交機關的人員，不准持用外交護照，所以不得享受任何國家的民事刑事管轄的豁免，但他依約受託所帶的外交文件和用品，如經外交機關妥愼密封後蓋上關防，仍是不可侵犯，檢查人員不得扣留、拆封或檢查。（陳治世）

外交保護（Diplomatic Protection）

凡是引起國家的國際責任時，被損害國有權向損害國要求在精神上與物質上作補救與賠償，此乃係外交保護權的行使。

一個國家在行使外交保護權時，必須具備三個要件：

㈠、被害者與索償國之間，必須有一政治的和法律的紐帶，此一紐帶通常所表現的即爲「國籍」。換言之，被害者向某一國請求外交保護時，在原則上必須具有該國國籍。但是宗主國、保護國、受任統治國或托管國得爲其屬國、被保護國、委任統治地或托管地人民行使外交保護權。

㈡、被害者在請求其本國政府作外交保護之前，必須已經盡量利用了損害國當地的補救方法，仍然無法得到救濟時，始可行使外交保護權。

㈢、被害者本身未曾違法。

被害者本國接受該被害者的請求而行使外交保護權時，該項案件即脫離了該被害者個人，而變成索償國與損害國之間的國際案件，所以：

㈠、國家得隨時停止保護權的行使而放棄索償。

㈡、國家得自由決定索償的方式和時期。

㈢、國家得就該案作適當的妥協。

㈣、國家得到賠償時，得自由處分此項賠償。（李鍾桂）

參考文獻：

Charles Rousseau, Droit International Public, Librairie du Recueil Sirey, Paris, 1953

外交特權與豁免（Diplomatic Privileges and Immunities）

外交特權是指外國使館及外交人員可以享受的特殊權利。使館方面包括館舍不得侵犯、可以懸掛其本國國旗國徽、檔案不得侵犯、免負稅捐義務等權利；外交人員方面包括其個人人身不得侵犯、其住宅不得侵犯、行動自由、通訊自由、免納初次入境時所帶物品的關稅、免納當地政府征收的所得稅、信教崇拜自由、不受當地社會安全法律的拘束、免除個人勞務、兵役、陪審、捐獻、子女不因出生而有當地國籍等權利。外交豁免是指外交人員免受接受國的管轄，包括民事、刑事與行政命令的管轄，以及作證義務的免除。外交代表之所以應該享受特權和豁免，不是因爲有國家代表的身份，或具有治外法權，而是由於執行職務的需要。一九六一年外交關係公約指出：「…此等特權及豁免之目的不在於給與個人以利益，而在於確保代表國家之使館能有效執行職務。」所以外交代表非經其本國政府同意，不得任意拋棄其特權與豁免。自從國際組織發達以來，可以享受外交特權及豁免者，除外交團團員（請參閱外交團條）外，還有執行職務時的常設仲裁法院仲裁員、聯合國組織（包括房舍、檔案、財產、所得等）、聯合國國際法院法官、聯合國職員及其家屬、出席會議的聯合國會員國代表、聯合國各專門機構暨職員與職員家屬、以及其會員國代表；這些國際組織及其人員享受特權與豁免的主要法律基礎，是公約、條約和有關國家的國內法。此外，基於國際睦誼，友邦的高級軍政官員，也常享受外交特權與豁免。（陳治世）

外交部（Ministry of Foreign Affairs）

一國對外關係的處理，通常是由政府的一個專門機構負責其事，俾保護並促進本國的利益，這一機構便是外交部。在美國可譯為國務院（Department of State），在英國可譯為「外務局」（Foreign Office），其組織雖因各國情況與需要而有不同，但其掌管制定或協助制定本國的外交政策；注意國際問題的發展；按照國家的最大利益，配合本國政府的行動與國外事件的發展，督導並控制其駐外代表等職權則是大同小異。

外交部人員掌管的經常業務甚多，但主要者為：(1)收集外國的情報，予以分析及解釋，以供本國政府參考(2)配合內政方面的措施，將其原則及程序作為處理對外關係之根據(3)為本國旅外僑民作各種服務，例如發給護照，保護其財產，及予以各種照顧。因此，外交部乃構成了國家元首或行政首長與駐外代表間的聯繫機構，同時亦是外交政策的制定機關，與執行機關。至於駐外代表則與外國直接接觸。

根據我國外交部組織法，外交部管理國際交涉及關於在外僑民居留人的一切商務問題，並對於各地最高級行政長官（館長）執行本部主管事務員有指示監督之責，綜理本部事務監督所屬職員及各機關。外交部設部長一人，政務次長一人，常務次長二人，輔助部長處理部務，並設有亞東、亞西、非洲、歐洲、美洲、條約、情報、禮賓與總務等司，掌理各有關事項。（王人傑）

外交郵袋（Diplomatic Pouch）

外交郵袋為外交機關用以傳遞文件的密封袋。駐外使館和其本國政府聯繫時，除使用電話、電報、專人陳述外，亦可用書面報告和信件等，置於牢固的外交郵袋中，密封後，蓋火漆印證，註上顯著記號，令人一看便知其為不可侵犯之物。這種郵袋由專人携帶（請參閱外交信差條），或付郵政機關寄送。不問傳遞方法為何，檢查人員都不得拆封、檢視、毀壞或扣留，如有此類行為，即侵犯了使館自由秘密通訊權，有關政府可以提出抗議，並採取適當手段。現在許多國家規定，外交郵袋祇准裝寄外交文件，不得加入私人信件或用品，違反者可依法處罰。（陳治世）

外交團（Diplomatic Body; Diplomatic Corps）

外交團是同駐一國首都的外國使館人員組成的團體，其成員以使館館長、館員、隨員（attaches）和他們的家屬為主。使館館長包括大使館館長和公使館館長，館員包括外交館員、行政及技術館員，隨員可有陸海空軍武官等，家屬則包括上述人員的配偶和未成年子女。這些成員的名單，先由各使館具列送交接受國外交部，再由外交部按照各使館本國英文或法文名稱第一字母的次序，編印外交官銜名錄（Diplomatic list，請參閱外交官銜名錄條）。這個銜名錄可以說是外交團的團員名册。但在一般情形下，該名册不列入領事官員、使館的語文隨習員、醫師、牧師、譯員、打字員、雇員、信差、家庭教師、保母、僕役、司機、門丁、園丁和他們的家屬。外交團非政治性組織，其主要目的在於便利團員間的社交活動，並於適當時間從事不涉及地主國政治問題的其他活動。（陳治世）

外交團團長（Doyen; Dean of the Diplomatic Corps）

外交團設團長一人，由階級最高、呈遞國書最早的使節充任，如具同樣資格者有二人或二人以上時，則以年齡較高或最高者充任，亦有以正式通知到任日期最早、階級最高者充任的。在我國的外交團團長人選，向以呈遞國書最早、階級最高的使節充任。從前羅馬教徒會要求承認代表教宗的大使（Nuncis，請參閱教廷大使條）為當然的外交團團長，但這要求未獲得普遍的接受。埃及於一九三六年英埃同盟條約中，埃及承諾英國大使為各國駐埃使節中年資最高者，這種承諾是罕見的例外。外交團團長的職務，大致可分為五項：第一、代表外交團發言；第二、處理團員間社交上的問題（請參閱外交團條）；第三、保管外交團紀錄；第四、向各使館轉達接受國外交部關於禮儀的通知（例如請轉知何級官員於何時赴何地歡迎某外國元首等）；第五、團員的特權或豁免遭受駐地國侵犯時，採取適當的行動。因此，外交團團長的職務全無法律或政治的性質，都屬禮儀社交範圍，不必請示其本國政府，可以自行決定。外交團團長夫人（Doyenne），由於其優先地位是隨夫位而定，便當然成為婦女團員的領袖。在王國中，於國王接待時，負責介紹外交團的各位夫人；如果團長未婚，則由其館內最高級官員夫人負責介紹。（陳治世）

外交語文（Language of Diplomacy）

外交語文包括外交術語、外交辭令和外交通用文字。外交術語是外交文書中包含特殊意義的術語，例如全權證書(Full Power)是指由國家元首頒發、授權給外交代表談判或簽署條約的證書，最後通牒（ultimatum）係一國在國際紛爭中對他方提出的最後警告和威脅，冀使他方就範的文書。這種術語的好處，是字簡意賅，一目了然。外交辭令是以柔示剛、緩中含急、言輕意重、避免刺激、防止冒犯的辭令，例如在國際衝突中，一方的外交代表說：「本國政府不能坐視無覩」，雖然不直接明白說出一定採取行動，却顯然表示其政府將行干涉。使用外交辭令的優點，在於能夠緩和語氣，其缺點則為使用不當時可能引起誤解，例如英國某總領事向外務部報告說：「館內副領事未遵醫囑以注意健康」，其語氣這麼平淡，令人讀後難知該副領事已經病重，儘管報告者在暗示他已病入膏肓了。國家間知照、談判、會議、訂約時所使用的文字，便是外交文字。國際通用的外交文字，十八世紀前是拉丁文，一七四八年Aix-la-Chapelle會議後，法文取代了拉丁文，一九一九年巴黎和會後，英文躍居法文的同等地位，一九四五年的聯合國憲章規定：「中、法、俄、英、西文各本同一作準」，但聯合國現以英文法文為工作語文，最近的許多外交場合中，英文比法文的使用機會更多。（陳治世）

外交禮節（Diplomatic Etiquette）

外交禮節有廣狹兩義，廣義的是指國際會議及國際組織開會時，出席代表應守的規矩；狹義的是指政府官員從事外交活動時，在接待、會晤、酬酢、慶弔等方面須注意的準則。在國際會議中，首任主席由地主國代表擔任，會議結束時決議向地主國政府致謝，是廣義的禮節；使節到任時先拜訪接受國外交部長，國家元首親自迎送外國元首，大使席位在公使之上，諸如此類，都屬狹義的外交禮節。狹義的禮節，甲國的規定和習慣與乙國的不盡相同，更無全球劃一的標準，例如我國國宴的禮服是黑長袍黑馬褂和黑鞋，菲律賓則定夏季禮服為白衫白袴與白鞋；我國於外國使館館長呈遞國書時在總統府前列儀隊，美國在同樣事情下却無儀隊。外交禮節固然因地有別，亦隨時而變，近年來亦由繁趨簡，例如民國三十二年我外交部規定的大使呈遞到任國書儀式中，要求「大使入禮堂，向主席一鞠躬。至中堂，再鞠躬，至主席前又鞠躬。館員如之。」民國四十三年我外交部修訂的儀式，只求大使至「禮堂中央立定，向總統一鞠躬…大使前進，呈遞國書…。大使退回原位，立定，向總統行一鞠躬禮…。大使徐向後退出禮堂…。」可見我國的典禮已由繁變簡，許多外國也是一樣。今日的外交禮節，在原則上總是求其簡單、隆重、方便、舒服、合情、適度、省時。（陳治世）

外空（太空）（Outer Space）

一九六七年關于各國探測及使用外空包括月球與其他天體之活動所應遵守原則之條約規定『外空，包括月球與其他天體，不得由國家以主張主權或以使用或佔領之方法，或以任何其他方法，據為己有』外空應任由各國在平等基礎上，並依照國際法探測及使用。

附　關於各國探測及使用外空包括月球與其他天體之活動所應遵守原則之條約

本條約各當事國

鑒於人類因進入外空之結果，將有偉大之前途，殊深感奮，確認為和平目的探測及使用外空之進展，關係全體人類之共同利益。

深信外空之探測及使用應謀造福所有各民族，不論其經濟或科學發展之程度如何，亟願對於為和平目的探測及使用外空之科學及法律方面之廣泛國際合作，有所貢獻，深信此種合作可對各民族間相互諒解之發展及友好關係之增進，有所貢獻。

查聯合國大會於一九六三年十二月十三日一致通過題為「關於各國探測及使用外空活動之法律原則宣言」之決議案一九六二（十八）。

又查聯合國大會於一九六三年十月十七日一致通過決議案一八八四（十八），請各國勿將任何載有核武器或任何他種大規模毀滅性武器之物體放入環繞地球之軌道，並勿在天體上裝置此種武器。

計及聯合國大會一九四七年十一月三日決議案一一〇（二）譴責旨在或足以煽動或鼓勵任何對和平之威脅，和平之破壞或侵略行爲之宣傳，並認爲該決議案適用於外空。

確信締結關於各國探測及使用外空包括月球與其他天體之活動所應遵守原則之條約，當可促進聯合國憲章之宗旨與原則。

爰議定條款如下：

第一條　探測及使用外空，包括月球與其他天體，應爲所有各國之福利及利益進行之，不論其經濟或科學發展之程度如何，並應爲屬於全體人類之事。

外空，包括月球與其他天體，應任由各國在平等基礎上並依照國際法探測及使用，不得有任何種類之歧視，天體之所有區域應得自由進入。

外空，包括月球與其他天體，應有科學調查之自由，各國應便利並鼓勵此類調查之國際合作。

第二條　外空，包括月球與其他天體，不得由國家以主張主權或以使用或佔領之方法，或以任何其他方法，據爲己有。

第三條　本條約當事國進行探測及使用外空，包括月球及其他天體之活動，應遵守國際法，包括聯合國憲章在內，以利國際和平與安全之維持及國際合作與諒解之增進。

第四條　本條約當事國承諾不將任何載有核武器或任何他種大規模毀滅性武器之物體放入環繞地球之軌道，不在天體上裝置此種武器，亦不以任何其他方式將此種武器設置外空。

月球與其他天體應由本條約所有當事國專爲和平目的使用。於天體上建立軍事基地、裝置及堡壘，試驗任何種類之武器及舉行軍事演習，均所禁止。使用軍事人員從事科學研究或達成任何其他和平目的在所不禁。使用爲和平探測月球與其他天體所需之任何器材或設備，亦所不禁。

第五條　本條約當事國應視天員爲人類在外空之使節，遇航天員有意外事故、危難或在另一當事國境內或公海上緊急降落之情形，應給予一切可能協助。在航天員作此種降落時，應即將其安全而迅速送回外空飛器之登記國。

在外空及天體進行活動時，任一當事國之航天員應給予其他當事國航天員一切可能協助。

本條約當事國應將其在外空、包括月球與其他天體，發見對航天員生命或健康可能構成危險之任何現象，立即通知本條約其他當事國或聯合國秘書長。

第六條　本條約當事國對其本國在外空，包括月球與其他天體之活動，不論係由政府機關或非政府社團進行，負有國際責任，並應負責保證本國活動之實施符合本條約之規定。非政府社團在外空，包括月球與其他天體之活動應經由本條約有關當事國許可並不斷施以監督。國際組織在外空，包括月球與其他天體進行活動時，其遵守本條約之責任應由該國際組織及參加該組織之本條約當事國負擔。

第七條　凡發射或促使發射物體至外空，包括月球與其他天體之本條約當事國，及以領土或設備供發射物體用之當事國對於此種物體或其構成部份在地球、氣空或外空，包括月球與其他天體，加以另一當事國或其自然人或法人之損害應負國際上責任。

第八條　本條約當事國爲射入外空物體之登記國者，於此種物體及其或載任何人員在外空或任一天體之時，應保持管轄及控制權。射入外空之物體，包括在天體降落或築造之物體及其構成部份，不因物體在外空，或在天體，或因返回地球而影響其所有權。此項物體或構成部份倘在其所登記之本條約當事國境外尋獲，應送還該當事國，如經請求在送還物體前，該當事國應先提出證明資料。

第九條　本條約當事國探測及使用外空，包括月球與其他天體，應以合作與互助原則爲準繩，其在外空，包括月球與其他天體所進行之一切活動應妥爲顧及本條約所有其他當事國之同等利益。本條約當事國從事研究外空，包括月球與其他天體，及進行探測，應避免使其遭受有害之染污及以地球外物質使地球環境發生不利之變化，並於必要時，爲此目的，採取適當措施。倘本條約當事國有理由認爲該國或其國民計劃在外空，包括月球與其他天體進行之活動或實驗可能對其他當事國和平探測及使用外空，包括月球與其他天體之活動引起有害干擾時，應於進行此種活動或實驗前舉行適當之國際會商。本條約當事國倘有理由認為另一當事國計劃在外空，包括月球與其他天體進行之活動或實驗，可能對和平探測及使用外空，包括月球與其他天體之活動引起有害干擾時，得請求就此種活動或實驗，進行會商。

第十條　為依照本條約宗旨提倡探測及使用外空，包括月球與其他天體之國際合作起見，本條約當事國應於平等基礎上，考慮本條約其他當事國關於欲有觀察各該國所發射太空物體飛行之機會所作之請求。

第十一條　為提倡和平探測及使用外空之國際合作計，凡在外空，包括月球與其他天體進行活動之本條約當事國同意依最大可能及可行之程度，將此種活動之性質、進行狀況、地點及結果，通知聯合國秘書長、公衆及國際科學界。聯合國秘書長於接獲此項資料後，應準備立即作有效傳播。

第十二條　月球與其他天體上之所有站所、裝置、器材及太空飛器應依互惠原則對本條約其他當事國代表開放。此等代表應將所計擬之視察於合理時間先期通知，俾便進行適當磋商並採取最大預防辦法，以確保安全並避免妨礙所視察設備內之正常作業。

第十三條　本條約各項規定應適用於本條約當事國探測及使用外空，包括月球與其他天體之活動，不論此種活動係由本條約一個當事國進行或與其他國家聯合進行，包括在國際政府間組織範圍內進行者在內。

因國際政府間組織從事探測及使用外空，包括月球與其他天體之活動而引起之任何實際問題應由本條約當事國與主管國際組織或與該國際組織內為本條約當事國之一個或數個會員國解決之。

第十四條　一、本條約應聽由所有國家簽署。凡在本條約依本條第三項發生效力前尚未簽署之任何國家得隨時加入本條約。

二、本條約應由簽署國批准。批准文件及加入文件應送交蘇維埃社會主義共和國聯盟、大不列顛及北愛爾蘭聯合王國及美利堅合衆國政府存放，為此指定各該國政府為保管政府。

三、本條約應於五國政府，包括經本條約指定為保管政府之各國政府，交存批准文件後發生效力。

四、對於在條約發生效力後交存批准或加入文件之國家，本條約應於其交存批准或加入文件之日發生效力。

五、保管政府應將每一簽署之日期，每一批准及加入本條約之文件存放日期，本條約發生效力日期及其他通知迅速知照所有簽署及加入國家。

六、本條約應由保管政府遵照聯合國憲章第一百零二條規定辦理登記。

第十五條　本條約任何當事國得對本條約提出修正。修正對於接受修正之每一當事國應於多數當事國接受時發生效力，嗣後對於其餘每一當事國應於其接受之日發生效力。

第十六條　本條約任何當事國得在本條約生效一年後以書面通知保管政府退出條約。退出應自接獲此項通知之日起一年後發生效力。

第十七條　本條約應存放保管政府檔庫，其英文、中文、法文、俄文及西班牙文各本同一作準。保管政府應將本條約正式副本分送各簽署及加入國政府。

為此下列代表，各秉正式授予之權，謹簽字於本條約以昭信守。

本條約共繕三份，於公曆一千九百六十七年一月廿七日訂於倫敦、莫斯科及華盛頓。（張彝鼎）

註：關于太空條約，除上述公約外，尚有一九六八年關于救助太空器及太空人協定(Agreement on the Rescue of Astronauts the Return of Objects Launched into Outer Space,)及一九七一年之國際間對于遭受太空器損壞之賠償責任公約(Convention on International Liability for Damage Caused by Space Objects, November 29, 1971.)

隨着人類科學技術之發展，其活動之領域已超越地球大氣之外。人類活動進入太空之後，遂產生有關太空之各種法律問題，因而引起國際法學家立即重視對太空法律問題之研究，各國政府與許多國際組織，亦先後設立特別機構，分就技術與法律兩方面，從事太空問題之探討。

太空法律問題項目頗繁，要者厥為太空本身之法律地位問題，蓋因太空法律地位為太空諸法律問題中最基本之問題，其目的在確定太空本身之法律性質。換言之，即在確定人類究可對太空作何種權力義務之主張問題。關於此項問題，各國意見故然不盡相同，但一九六〇年國際法協會第四十九屆年會之決議案第三、四兩節規定：

「三、考慮目前所能形成之重要原則，不外以下各項：

甲：太空與天體應依聯合國憲章之原則，為和平目的而使用，以謀人類最大共同福利。

乙：太空應不屬於任何國家之主權，或其他排他之權利。

四、建議簽訂國際協定各國，同意不對天體主張主權，或其他排他權利，並確認本決議案第三節甲、乙兩項所述法律原則」。

一九六一年聯合國大會第十六屆常會所通過之大會第一七二一（拾陸）號決議案第一節亦規定：「一、請各國採納下列原則，俾便於探測及使用太空時有所遵循：甲：國際法，包括聯合國憲章在內，對太空及天體一律適用。乙：太空及各天體可任由各國依國際法規定探測及使用不得為任何國家所專有」。

一九六七年太空條約第二條更明文規定：「太空包括月球與其他天體，不得由國家以主張主權或以使用或占領之方法，或以任何其他之方法，據為己有」。第三條規定：「本條約當事國進行探測及使用太空包括月球及其他天體之活動，應遵守國際法，包括聯合國憲章在內，以利國際和平與安全之維持及國際合作與諒解之增進」。

由上所述可知目前有關太空法律地位及天體法律地位問題之規定是：一、任何國家不得對太空及天體主張主權。二、太空及天體應為和平之目的供人類使用。三、國際法原則，包括聯合國憲章在內，對太空及各天體一律適用。

國家既不得對太空及天體主張主權，而人類在太空之活動因科學之進步勢將有增無減，為人類之共同利益及安全起見，太空秩序之維持，將來必更賴國際組織之作用，以及國際合作之力量。（張宏遠）

外國公司

凡以營利為目的，依照外國法律組織登記，並經中國政府認許，在中國境內經營的公司，都是外國公司。外國公司非在其本國設立登記營業者，不得申請認許。非經認許給予認許證者，不得在中國境內營業或設立分公司。（公司法第四及第三百七十一條）依涉外民事法律適用法第二條規定：「外國法人經中華民國認許成立者，以其住所地法為其本國法。」又公司法第三條規定：「公司以其本公司所在地為住所。本法所稱本公司，為公司依法首先設立，以管轄全部組織之總機構。……」可見要適用外國公司的本國法，就應該依據其住所地法，要適用其住所地法，又要依據其本公司所在地法。如果特別法有規定者，則從其規定。（洪力生）

外國判決的承認（Recognition of Foreign Judgements）

就是內國法院承認外國判決的效力的意思。法院的判決，是國家司法權的行使，除條約另有規定外，僅能在本國行使；所以一國的判決，原無域外的效力，不能強制他國加以承認。但是，現今國際交通日益發達，各國人民的往來隨之頻繁，而國際貿易也日益增多，如果一國的法院判決，不能在他國發生效力，則私人權益，勢將無由保障。所以各國立法例，多規定外國判決如符合一定條件，即承認其效力。

我國現行民事訴訟法第四百零二條，係從消極方面而加規定：「外國法院之確定判決，有左列四款情形之一者，不認其效力：一、依中華民國之法律，外國法院無管轄權者；二、敗訴之一造，為中華民國人民而未應訴者；三、外國法院之判決，有背公共秩序或善良風俗者；四、無國際相互之承認者。」由此規定，外國法院的確定判決，如無現行民事訴訟法第四百零二條所規定四款情形之一者，我國法院自應承認其效力。因為各國法律對於外國判決的承認要件，其規定並不一致；因此，各國學者逐漸覺得有倡導統一規定的必要，如國際法學會（International Law Association）就屢次討論外國法院判決的承認及執行問題，以期二國間締結雙邊條約，或多數國家間共同締結多邊條約，使外國判決在內國法院，較易於承認及執行。（洪力生）

外國判決的執行（Enforcement of Foreign Judgment）

就是外國判決在內國執行的意思。依各國之法例，外國判決在內國執行，須先承認其效力；而內國對外國判決的承認，大概規定必須符合下列的條件：㈠外國判決是基於有管轄權的判決。㈡外國判決是終局確定的判決。㈢外國判決是合於內國公安的要求。㈣外國判決是經過合法程序。

我國對外國法院的民事判決，原則上認爲與我國法院所爲的判決，有同一的效力，但有現行民事訴訟法第四百零二條所列各款情形之一者，則不承認其效力。現行民事訴訟法第四百零二條規定：「外國法院之判決，有左列各款情形之一者，不認其效力：一、依中華民國之法律，外國法院無管轄權者。二、敗訴之一造爲中華民國人而未應訴者。但開始訴訟所需之傳喚或命令已在該國送達本人，或依中華民國法律上之協助送達者，不在此限。三、外國法院之判決，有背公共秩序或善良風俗者。四、無國際之相互承認者。」該條係採消極的規定，如無該條所定四款情形之一，而具有承認要件的外國判決，我國自應承認其效力。但經承認的外國判決，在我國國內爲强制執行，尙須經我國法院判決准許其執行，始得爲之。强制執行法第四十三條規定：「依外國法院確定判決聲請强制執行者，以該判決無民事訴訟法第四百零一條（即修正後現行民事訴訟法第四百零二條）各款情形之一，並經中國法院以判決宣示許可其執行者爲限，得爲强制執行。」我國法院受理許可執行之訴時，祇能就外國法院的判決有無民事訴訟法第四百零二條所定各款情形，及是否具備執行名義的要素而爲調查，如無該條各款情形之一，而具備執行名義的要素，即應爲許可執行的判決，否則卽應駁回原告聲請强制執行之訴。（洪力生）

外國法（Foreign Law）

就是指內國法以外的法律而言。凡是一個國家本國以外的法律，統稱爲外國法。在採屬地主義爲原則的國家，依其國際私法的規定，有時也可以適用外國法。如我國涉外民事法律適用法第一條第一項規定：「人之行爲能力，依其本國法。」假設當事人是德國人，就應該適用德國民法有關行爲能力的規定；在這種情形，德國民法就是外國法。又如一國的國際私法規定，應該適用當事人的住所地法，或行爲地法，或物的所在地法等等，如果當事人的住所設在外國，或行爲地在外國，或物的所在地在外國，則其實際所適用的法律，並不是內國法，而可以統稱之爲外國法。再者，一國依其國際私法的規定，而適用外國法時，應該注意外國法適用的限制。如我國涉外民事法律適用法第二十五條規定：「依本法適用外國法時，如其規定有背於中華民國公共秩序或善良風俗者，不適用之。」德國民法施行法第三十條規定：「外國法如違反善良風俗或德國法律之目的者，不適用之。」日本法例第三十條規定：「外國法之適用，如違反公共秩序或善良風俗時，不適用之。」又如英美法系國家的國際私法，多以違反內國的「公安」（Against Public Security）或違反「公共政策」（Against Public Policy）爲適用外國法的限制。（洪力生）

外國法人

就是指內國法人以外的法人而言。法人以其所準據的法律而分類，可分做內國法人與外國法人兩種。內國法人是準據內國法律所設立的法人。外國法人是準據外國法律所設立的法人。所以準據外國法律而設立的法人，即使它的內部組織的人員全體或多數爲內國人，也應當視之爲外國法人。外國法人是包括外國公司、公益財團及社團在內。至於法人在理論上可否有國籍，尙無定論。如國際私法規定關於屬人的法律關係，應該適用當事人的本國法，就應該依自然人所取得的國籍，而適用其本國法，外國法人則不能與自然人同依血統或出生爲標準，而定其國籍，以適用其本國法。所以我國涉外民事法律適用法第二條規定：「外國法人經中華民國認許成立者，以其住所地法爲其本國法。」又民法總則第二十九條規定：「法人以其主事務所之所在地爲住所。」可見要適用外國法人的本國法，就應該適用其住所地法，要適用其住所地法，又應該依據其主事務所的所在地法。以上所說，是對認許的外國法人而言；至於未經認許的外國法人，在內國法上尙未認其爲法人，只認其在事實上存在，不得在法律上享有權利，負擔義務。如果與他人爲法律行爲時，則由其行爲人負責任，或由其行爲人就該法律行爲與該外國法人負連帶責任；所以民法總則施行法第十五條規定：「未經認許其成立之外國法人，以其名義與他人爲法律行爲者，其行爲人就該法律行爲應與該外國法人負連帶責任。」（洪力生）

外國法的證明

就是何人對外國法負有舉證的責任。學者對於外國法適用的性質，既然有不同的主張，所以對於外國法證明的主張，也隨之而異。英美學者對外國法適用的性質，是主張事實說，認外國法是事實，不是法律，依「當事人主張有利於己的事實，負有舉證責任」的原則，應該由當事人負證明的責任，如果當事人對其所主張適用的外國法，不能證明時，就和不能證明事實的情形相同，應該判決該當事人敗訴；但是，外國法到底是事實，或是法律？仍為學者所爭論的問題；即使外國法的性質是事實，但是當事人並不是對所有的事實都必須負舉證的責任，如我國民事訴訟法第二百七十八條規定：「事實於法院已顯著，或為其職務上所已知者，毋庸舉證。……」而外國法是否為顯著的事實，又為學者所爭論的問題；況且當事人很難知道所有的外國法，如果因其不能證明，而判決該當事人敗訴，實在有違反正義的原則。大陸學者對外國法適用的性質，是主張法律說；依「法官知法」的格言，法官應該知曉外國法，所以不應該由當事人負證明的責任；但是法官並非萬能，恐怕對於本國的法律，已經難得精深的知曉，如果要求法官知曉世界各國的法律，實在是很困難；所以法官知法說將舉證的責任，由當事人移轉到法官身上，也是不妥當。學者對於外國法的性質，有認為是法理說者，就主張外國法的適用，當事人有舉證的責任，但法官依其職權，亦得調查之；如我國民事訴訟法第二百八十三條的規定：「習慣，地方制定之法規及外國之現行法為法院所不知者，當事人有舉證之責任，但法院得依職權調查之。」這是折衷的規定，就各說中取長捨短，較合實際，所以現今各國的立法例多採之。（洪力生）

外國法的適用

就是依國際私法的規定，而適用外國法的意思。國際私法是規定解決涉外法律關係的法則，有時是規定適用內國法，有時是規定適用外國法。例如因涉外物權的爭執，向我國法院提起訴訟，依涉外民事法律適用法第十條第一項規定：「關於物權，依物之所在地法。」如果物的所在地在中華民國，就適用中華民國的法律，也就是適用內國法；如果物的所在地在外國，就適用外國的法律。因涉外法律關係而適用內國法，就和對於內國私法關係而適用內國法，並沒有不同；但是因涉外法律關係而適用外國法，其性質如何？就是屬於外國法適用的性質問題，學者對這個問題的主張，並不一致。其重要學說可分為四種：㈠事實說：是英美學者所主張，認為外國法在內國適用，是屬於事實的性質；因為一個國家的法律，其效力通常不能越出國境，如果內國承認外國法是屬於法律的性質，而在內國適用，就有侵犯內國的主權。這種學說雖有其主張的理由，但為其他學者所批評；認為外國法在內國適用，並非外國法的效力，能夠自動及於內國，而是由於內國主權的命許，所以外國法的適用，不會發生像事實說的主張，有侵犯內國主權之嫌。況且，適用外國法，是適用內國國際私法的結果；所以適用外國法無異是適用內國法。另有批評事實說者，認為事實說係違反事實，因為外國法的適用，外國法明顯的是一種法律，不應該認其屬於事實的性質。㈡法律說：這個學說是法義等大陸學者所主張。認為依內國國際私法的規定，而適用外國法，是具有法律的性質，而非事實的性質。這個學說的立論，固然有其主張的理由，但是學者也有加以批評者，認為外國法如果具有法律的性質，而在內國適用，則不免有侵犯內國主權之嫌。㈢內國法一部說：是德意志學者所主張，以調和事實說和法律說的兩種極端主張。事實說認外國法係屬事實的性質，實在和事實不符，因為外國法明顯的是一種法律；而法律說認外國法是當然的法律，不免有侵犯內國主權之嫌。外國法的適用，既然是由於內國主權所命許，所以內國所適用的外國法，無異是內國法的一部；實際上，適用外國法，是由於適用內國國際私法的結果，如涉外民事法律適用法第一條第一項規定：「人之行為能力，依其本國法。」如果當事人是外國人，其行為能力就是適用外國法，所以外國法的適用，是適用內國國際私法的結果，也是內國法的一部，所以不會侵犯內國的主權，這種學說較為新穎。㈣法理說：認為內國所適用的外國法，是以法理的性質而適用之。這種學說，認為法官固然以適用內國法為職責，但是在某種涉外法律關係的場合，為正義的要求，就應該以外國法為內國法的法理而適用之。（洪力生）

外國法適用的限制

各國對於法律的適用，都是以適用內國法為原則，但是為符合正義的要求，內國國際私法有時就規定適用外國法，以為輔則；但是外國法的適用，有時必須加以限制，始不致妨害內國的法益，如果外國法有違反內國公安或公共秩序或善良風俗時，就不適用該外國法。所以內國依據其國際私法的規定而適用外國法時，應該注意外國法適用的限制。如我國涉外民事法律適用法第二十五條規定：「依本法適用外國法時，如其規定有背於中華民國公共秩序或善良風俗者，不適用之。」德國民法施行法第三十條規定：「外國法如違反善良風俗或德國法律之目的者，不適用之。」日本法例第三十條亦規定：「外國法之適用如違反公共秩序或善良風俗者，不適用之。」又如英美法系國家的國際私法，多以違反內國的「公安」或「公共秩序」為適用外國法的限制。（洪力生）

外國法適用論（Application of Foreign Laws）

是國際私法的一種名稱，這個名稱是十九世紀初葉德國學者郞斯達（Oerstadt）所提倡。德國民法第二次草案第六編，曾以「外國法適用論」做標題，第三次草案就删去不用，而將德國國際私法的法則規定在民法施行法中，沒有另設編目。國際私法雖然是規定對於涉外（民事）法律關係，就內外國法律中，決定應該適用何國法律的法則；但是，其所決定者，不僅是外國法的適用，也時常是內國法的適用，如果用「外國法適用論」的名稱，不免有偏重外國法適用之嫌。並且由「外國法」的字義觀之，應該包括公法與私法在內，但是國際私法應否將公法也列在討論的範圍內，尙屬疑題；如果用「外國法適用論」的名稱，其範圍又有過廣之嫌。再就外國法適用的性質觀之，內國決不容外國法以法律的性質適用於其國內，所以任何法律關係，內國當然是適用其內國法爲原則，有時因正義或特殊關係，不得不適用外國法，也是根據內國的國際私法而適用外國法，所以外國法祇能當作內國法的一部而適用之，如果用「外國法適用論」的名稱，則不免有侵害內國主權之嫌。可見這個名稱受到學者很多的批評。（參閱法律衝突論、法律選擇論、國際私法、私國際法、及其他國際私法之有關名詞諸條）（洪力生）

布列斯特—里托夫斯克條約（Treaty of Breast -Litovsk）

一九一八年三月三日俄德兩國在布列斯特簽訂的一項單獨和約，在俄國被視爲「不體面的和平」(the indecent peace)。根據這一條約，俄國放棄西部的廣大領土，包括波羅的海諸省和烏克蘭，並須復員其部隊。德國原想藉此和約，把大批部隊調往西戰場，但是由於長期的會商，德國雖因佔領烏克蘭獲致極大經濟之利益，而其眞正價值却大爲縮小。當德國爲西方協約國所擊敗，該和約則爲蘇俄政府單方面所撕毀。

簽訂此一條約問題，曾在布爾什維克領導階層間引起一項危機。當布爾什維克奪取政權時，「和平」是其主要口號之一，因此列寧不惜任何代價簽訂和約，甚至不管協約國參加與否。他的立場受到托洛斯基和布哈林（Bukharin）所領導的兩個派系的詰難。布哈林與左翼共產黨徒認爲，同任何資產階級之帝國主義政府建立和平關係是不可理解的，並主張進行革命戰爭，即使蘇維埃政權因此遭致失敗和消滅，亦在所不惜。而黨中央委員會多數皆贊成托洛斯基的態度，即「旣不和也不戰」，唯期望德國內部發生無產階級革命。俄國內部廣泛的反對單獨和平的情緒間接地支持這兩派。

托洛斯基率領蘇俄代表團到達布列斯特，通知德國說，蘇俄政府將停止作戰，但不準備簽訂和約；因此德國開始進軍。同時，列寧以辭職爲威脅。於是，在德國進軍與列寧的恐嚇之下，中央委員會以極小之多數，改變其決定。從史達林時代起，在蘇俄官方記錄中，始終認定，托洛斯基違抗列寧的命令。（吳俊才）

布列登森林會議（Bretton Woods Conference）

一九四四年七月一日至二十二日，聯合國金融與財政會議在美國新漢普夏州之布列登森林舉行，此蓋由美國總統羅斯福所邀請召開者。本會議之目的，厥在籌設國際貨幣基金及國際銀行（International Fund and International Bank）。在一九四三年時，美國財政部長摩根索（Henry Morgenthau Jr）所屬之技術人員業已擬定初步建議，至是正式提出討論。

此次會議參加者計四十四國代表，各國在正式批准前，可不受會議之約束。迄至一九四七年，業已有二十九國批准布列登協定，並已提供國際基金與國際銀行所需資金之百分之七十九，實已超過原定最低限度百分之六十五之數額。因此上述兩項機構遂正式成立。

國際銀行——國際銀行成立後，凡在戰時曾經被軸心國家破壞之國家，均得向該銀行申請長期低利之貸款。國際銀行共有一百億美元之資金，其中百分之八十用以作爲會員國私人銀行貸出款項之保證，其餘百分之二十則可作爲國際銀行直接貸出款項之用，因在某種情況下私人銀行往往不敢冒險投資也。國際銀行如不得各會員國駐行代表之同意，不得向該國給予任何信用貸款。會員國得隨時退出，但必須對其退出前之承諾負責。

美國在國際銀行所投資金佔總額百分之三十五，而其投票權則限爲百分之三十一。由於關於許多問題之投票規定，必需百分之七十至八十之絕對多數，故美國往往享有否決之權。

國際貨幣基金——國際貨幣基金之所以設立，其目的在避免貨幣貶值之競爭，關稅壁壘之森嚴，以及不必要之兌換限制等流弊，以期減少戰爭之危機。

國際基金設立後，得給予會員國以短期之貸款。基金總額為八、〇〇〇、〇〇〇、〇〇〇美元，其中美國有二、七五〇、〇〇〇、〇〇〇美元。由於各國投票權係以其基金多寡為比例，故美國實享有百分之二十八投票權。各會員國所投基金必須以四分之一黃金存入，其餘則以其自己之通貨充之。（鄧公玄）

參考文獻：

The American People's Encyclopedia Vol. 4

布拉薩市集團（Brazzaville Group）

一九六〇年，法蘭西社會分裂，法語系的新興國家中，新的合作努力亦隨之開始。艱苦的時日隨着獨立而來，舉凡政治、經濟以及國際間重大問題應付尤感辣手。各國領袖深感有互相諮詢研討的必要。幾內亞的杜瑞執意退出法蘭西社會，被認是不智之舉。他們尋求有系統的合作的途徑。

象牙海岸總統伍弗布尼（Felix Houphouet-Boigny）和塞內加爾總統理迪阿（Mamadou Dia）於一九六〇年十月七日在柯特魯（Cotonou）會晤決定在象國的首都召開法語系國家首腦會議。凡與法國有淵源的國家均曾邀請，但幾內亞與多哥未曾出席。是年十月廿四至廿六日，喀麥隆、剛果（布拉薩市）、象牙海岸、達荷美、上伏塔、茅利塔尼亞、尼日、塞內加爾、中非共和國、加彭及查德等十一國的代表於阿必尚進行會議。商討對阿爾及利亞及剛果（雷堡市）問題應採取之態度，外交政策之協調，以及國際合作和經濟合作組織基本原則等問題。決定舉行定期會議，輪流在各會員國舉行。最後在聯合公報中强調「同心協力為解決每一難題之最有效方法」。

一九六〇年十二月十五日至十九日，法語系非洲國家首腦復在剛果首都布拉薩市舉行會議。與會者除參加阿必尚會議的十一國外，尚有馬拉加西共和國，通過了一項行為典範，以約束與會國家今後的關係。基於親睦邦交，溝通文化及共同利害的原則，覓取進一步的合作。同意成立一個研究委員會，考慮關於非洲與馬拉加西經濟合作的建議，發表關於非馬合作政策性之宣言，强調該集團今後應努力之方向為儘量爭取關於建國與促進人民進步所必需之安定，在平等的基礎上，致力於經濟與文化的合作，協調盟國之對外政策，設立該集團從事經濟與國防之永久性機構。因為這次會議在布拉薩市舉行，所以與會十二國有布拉薩集團之稱。

一九六一年一月下旬。布拉薩市集團國家的經濟專家們在達卡（Dakar）舉行會議，建議成立一個聯合的經濟秘書處，協調有關關稅同盟及經濟發展計劃等工作。（楊逢泰）

布萊滋涅夫主義（Brezhnev Doctrine）

一九六八年，蘇聯、波蘭、東德、匈牙利、保加利亞五國軍隊干涉捷克內政後，蘇聯共產黨總書記宣布：

『共產黨國家僅享有有限度的主權，並應受國產共產主義社會的共同利益的限制』。

此即所得布萊滋涅夫主義。蘇聯等五國軍隊干涉捷克內政，即係根據此種理由。

反對此理由最顯著的國家，如羅馬尼亞，在一九七二年赫爾辛基召開之歐洲安全籌備會議聲稱『各主權國的內政，不容以任何理由，受到外來的干涉』。此即係反對布萊滋涅夫主義。（張彝鼎）

布斯塔門法典（Bustamente Code）

是由第六次泛美會議在一九二八年所制定，同年十一月二十五日施行。這個法典是由布斯塔門（A. S. de Bustamentey Sirven）等四位法學家所起草，而由布氏主稿，所以稱為「布斯塔門法典」。參加會議的國家共有：阿根廷、美國、烏拉圭、巴拉圭、古巴、巴西、哥倫比亞、智利、秘魯、海地、巴拿馬、墨西哥、瓜地馬拉、玻利維亞、多明尼加、哥斯達黎加、厄瓜多、宏多拉斯、尼加拉瓜、薩爾瓦多、及委內瑞拉等二十多個國家；但是，只有秘魯、古巴、海地、巴拿馬、瓜地馬拉、多明尼加、哥斯達黎加、宏都拉斯、尼加拉瓜、及薩爾瓦多等國家，加以批准；此外，阿根廷、巴拉奎、巴西、哥倫比亞、多明尼加、哥斯達黎加、及薩瓦多等國，曾提出保留條款。布斯塔門法典共有四百三十七個條文，自第一條至第二百九十五條。是規定關於國際私法的範圍，自第二百九十六條至第四百三十七條，是規定關於國際民事訴訟法及國際刑法的範圍；其所涉及的範圍，至為廣泛；其制定曾經週詳的研討，所以這個法典對於國際私法的研究，頗具參考價值。（洪力生）

布爾什維克和平宣言（Decree of Peace）

一九一七年十一月七日布爾什維克革命成功後，原有軍隊之精神渙散，紀律蕩然，人民更是厭惡戰爭，故布爾什維克認定其首要任務在使俄國脫離戰爭。「和平」也是其奪取政權時的主要口號之一。同時，布黨認爲傳統的國際法和外交方法與無產階級國家格格不入。因此，十月革命成功後的次一日，「全俄工、兵、農蘇維埃代表大會」一致通過了「和平宣言」，建議「一切敵對的人民和其政府立刻開始會商以求得一項公正的和民主的和平」。宣言並說明，這種和平不含有附帶條件－如奪取外國領土、强制合併其他民族—也不要求賠款。這種和平就是「俄國工、農推翻沙皇後堅定不移的要求」。

此外，該宣言聲明俄國政府將「取消秘密外交，並且表示，堅決願意在人民之前絕對公開地進行各種會談，立刻開始公佈一九一七年二月至十一月七日地主和資本家政府所簽定的全部秘密條約」。

這一呼籲，就是後來俄共政府外交方式(Demonstrative Diplomacy)的首次運用。喬治·肯南認爲，這種外交不是用來促進政府間訂立互惠協議，而是使「別國政府陷於窘境」。(George F. Kennan, "Russia Leaves the War" (Princeton : Princeton University Press, 1956), pp.-75-76)

（吳俊才）

布賴安條約（Bryan Treaties）

布賴安條約係指一九一三年至一九一四年之間，美國國務卿布賴安（W. T. Bryan）先後與美洲及歐洲國家，締結許多雙邊條約，規定兩締約國的一切爭端，如果不能以談判的方式解決時，應交付一個常設國際委員會，從事調查並作成報告。這些關於調查制度運用的規定，及內容相同的條約，世人稱爲「布賴安條約」。

布賴安條約所規定的常設國際委員會，由五委員組成，締約爭端當事國國民各佔一名，其餘三名由第三國國民擔任。該委員會於條約生效後六個月以內組成。除兩締約國另有協議外，委員會的調查與報告應當在一年內完成。在調查期間內，報告未提出前，兩締約國不得因該爭端而訴諸武力。委員會可自動請求調查並報告某一爭端，如其請求爲締約一方接受，他方不得拒絕。委員會的報告以多數通過成立。但其報告並無拘束力，故締約國保有行動的自由。

布賴安條約雖然亦是調查制度的一種，但其範圍較廣，包括一切爭端—涉及國家榮譽與重大利益者。同時所設委員會乃一常設機構，可隨時接受調查與報告請求。而其最大特色是：在調查期內，報告提出前，兩締約國不得訴諸武力，可收緩和緊張局勢的功效。因此布賴安條約又有「冷却」條約（Cooling-off Treaties)之稱。而此項規定爲以後國聯盟約第十二條所採納。（李鍾桂）

卡沙布朗迦集團（Casablanca Group）

一九六〇年十二月間布拉薩市集團形成，對非洲及世界重大問題一般而論，採親西方的立場。當然爲恩克魯瑪、杜瑞等所不滿。適摩洛哥因亟圖兼併茅利塔尼亞，支持阿爾及利亞叛軍和剛果（雷堡市）的魯孟巴。國王穆罕默德五世於一九六〇年十二月下旬邀請阿聯、迦納、幾內亞、馬利、賴比瑞亞、利比亞、多哥、索馬利亞、奈及利亞、蘇丹、衣索匹亞、阿爾及利亞以及亞洲的印度、印尼、錫蘭等舉行所謂「亞非高階層會議」。結果應邀出席者除地主國摩洛哥國外，僅迦納、幾內亞、馬利及阿聯四國元首，利比亞外長，錫蘭駐阿聯大使及阿爾及利亞叛軍領袖等。布拉薩市集團國家則未邀請。

會議於一九六一年元月四日在卡沙布朗迦揭幕，因而此一形成之集團，有卡沙布朗迦集團之稱。會議大部份在秘密中進行，至七日上午閉幕。大會所討論的有：剛果（雷堡市）、阿爾及利亞、茅利塔尼亞、法國在撒哈拉沙漠核子試爆、巴勒斯坦、南非種族歧視政策、盧安達、蒲隆地等問題。

大會通過「非洲憲章」（African Charter），其明定的目的爲自由、團結、主權、中立、反殖民主義及非洲國家間的合作。爲促進以上目的，在情況許可下應儘速成立下述機構：

㈠非洲協商會議：由各國派代表組織之，以促進非洲社會之進一步密切合作。

㈡技術委員會：包括四個組織：卽政治委員會、經濟委員會、文化委員會和防禦委員會，以這些組織來籌劃在政治、經濟、軍事及文化方面的合作。

一九六一年四月卅日至五月五日，此一集團的外交部長（利比亞及錫蘭除外），在開羅舉行會議，通過在馬利的首都巴馬科（Bamako）設立秘書處。

其後，經濟委員會在兩次會議中通過建議設立非洲共同市場、支付聯盟、開發銀行、計劃委員會、聯合航運、和電訊同盟等。

一九六一年八月文化與防禦委員會分別在摩洛哥的丹吉爾和開羅開會，在開羅會議中通過建議設立非洲軍事最高統帥部。

一九六二年六月十五日至十七日，在開羅召開政治委員會，決定以上各機構的所在地，大會公報中認爲設立非洲最高統帥部爲實施憲章的首要步驟。

卡沙布朗迦集團六國：摩洛哥、阿聯、阿爾及利亞、迦納、幾內亞、馬利都是激進民族主義的國家，主張在目前即成立「政治聯盟」、「國家解放主義」、「在非洲進行激烈的政治過程和劇烈的社會改組」，在國際中採取所謂「不結盟」（Non-alignment）的政策，而趨向於擺脫西方的政治和經濟聯繫，而轉向共產集團。（楊逢泰）

卡沙布朗迦會議（Casablanca Conference）

二次大戰時，美總統羅斯福與英國首相邱吉爾，於一九四三年一月十四日至二十六日，集議於北非洲摩洛哥（Morocco）之卡沙布朗迦，商議如何擊敗德、意、日軸心國家，同時自由法國之戴高樂將軍亦列席會議。

此次會議係在盟軍登陸北非（一九四二年十一月）後舉行。當時美、英兩國亦曾邀請蘇俄史太林參加，但史氏以不能遠離國門爲詞，並未前往與會。在此次會議中，正式宣佈對軸心國家採取「無條件投降」（Unconditional Surrender）之決策。

除此以外，該會議主要目的在決定有關軍事戰略與後勤方面之事項。其最重要者如下：

(一)決定進攻西西里（Sicily）；

(二)決定在英倫三島建設進攻歐洲大陸之具體計劃；

(三)決定擴大英國之空軍設備；

(四)關於重建法國海港、鐵道、交通等材料之儲備；

(五)加强對德國軍事與經濟目標之轟炸。

卡沙布朗迦會議實爲盟軍邁向勝利之開端，惟事後檢討，有識者亦深以當時宣佈對敵人要求無條件投降之政策，殊屬不智，蓋德國與日本之所以作困獸之鬥，不願早日求和者，即以此故。而戰後整個國際均衡之所以破壞無餘，致使蘇俄得以形成爲歐亞兩洲之超強國（Supper Power），而共產主義則泛濫世界，引起二十餘年之東西冷戰，亦無不種因於此；是此次會議固可謂瑕瑜參半矣。（鄭公玄）

參考文獻：

The American People's Encyclopedia Vol. 4

卡爾沃條款（Calvo Clause）

一九〇六年阿根廷外相，也是國際法學家卡爾沃（Calvo）反對國家以武力或外交方式，爲本國人民向他國索取一切契約上的債務，或因內戰、叛亂、暴動而發生的損害賠償。故在十九世紀末葉，拉丁美洲各國與外國人簽訂契約時，常常附加一項條款即：「凡因本契約而引起的爭端或要求，外國立約人同意由當地法院處理，不得作爲國際交涉之主體。」換言之該外國立約人預先放棄其請求本國政府作外交保護的權利。這種條款的規定即稱爲卡爾沃條款。

卡爾沃條款在國際法上的效力問題，曾引起很大爭論，而有三種不同的主張：

(一)、完全承認卡爾沃條款的效力：認爲有了此項條款的規定可減少國家干預事件的發生。拉丁美洲國家多採此種主張。

(二)、完全否認卡爾沃條款的效力：認爲外交保護權的行使，應由國家本身決定，個人無法亦無權代替國家放棄此項國家的基本權利。常設國際法院判案時曾採此種主張。

(三)、限制卡爾沃條款的效力：認爲此項條款只可適用於：

1. 被害人與加害國之間，而不能對抗被害人本國。
2. 除「拒絕正義」之外的場合。此種主張較爲適宜。

不過迄今爲止，國際法對卡爾沃條款的效力，並無一明確的規定。（李鍾桂）

平行法（Méthode du Tracé Parallèle）

此是國際上劃定領海外線的辦法之一。

此法在理論上甚簡單：即從海岸上起算點（請參考「低潮點」條）開始，向外推出一定海浬（按各國海浬又有不同，國際海浬爲一八五二公尺）數，求得一條與海岸完全平行的領海外線。至於在實際上的應用，此法又有不便，因爲該平行線上某點雖然距離海岸上相應之點爲一定海浬數，但因海岸曲折關係，所以距離其他海岸點可能少於該一定海浬數，因而觸犯沿海國關於領海的規定。

一九三〇年海牙國際法編纂會議中，雖對劃定領海辦法無具體決定，但據統計，有十七國家支持此一方法，海權國家如日本、英國亦在其中。該會議的一附屬委員會曾試提出建議，即領海外線應該順沿海岸所有的曲折（除了海灣、外島或島群），亦是此法。（邵子平）

平時封鎖（Pacific Blockade）

所謂平時封鎖係指一國在和平時期阻斷被封鎖國所占地方與外間的交通者。

平時封鎖是十九世紀的新發展，以前的封鎖均為戰時封鎖，係交戰國間所採用的一種作戰方法。自一八二七年始首次出現平時封鎖，而是武裝干涉的手段。不久即成為平時報仇的手段之一。

平時封鎖是否合法，國際法學家還未有一致的意見。不過大多數國際法學家認為平時封鎖是合法的，封鎖國可以扣押被封鎖國船舶，但平時封鎖的效果不能及於第三國。從許多國際間的實例來看，封鎖國只可拿捕與扣押被封鎖國的船舶，而沒有處罰及沒收的權利。一旦平時封鎖解除後，得不付補償的歸還被封鎖國。由於平時封鎖是封鎖國對被封鎖國屬地管轄權的一種破壞，故封鎖國應將其封鎖的意思，先行通知被封鎖國，並說明開始封鎖的時間與區域。同時封鎖國必須作有效的封鎖，才能使平時封鎖發生拘束力。以上這些規定均被一八八七年國際法學會所採納，並經過國際社會的默認，使平時封鎖成為解決國際爭端的一種強制方法。

至於平時封鎖對第三國的船舶，有先予以拿捕與扣押，而事後歸還原主者；有允許自由出入者；有限定時間駛離封鎖地者；以及有平時封鎖不得對第三國適用者。例如：一八八五年法國封鎖臺灣，作為平時報仇的手段，但不得對第三國實施。所以晚近平時封鎖的效果亦就不能及於第三國。（李鍾桂）

參考文獻：

L. Oppenheim, International Law. Vol.Ⅱ. 1955 P. 144-149

平等原則（Equality of States Principle）

此一原則是國家生存的特點之一；在實際政治上，國有大小、貧富，並不平等，而在國際法歷史演變過程中，亦常有不平等之現象：歐洲在十五、六世紀有强弱國之分別，在派遣使節、及其他禮節習慣上有高低之分；今日聯合國五强有否決權等等。此可證明平等原則並不普遍、絕對（通說有異）。

除此類不平等之實例以外，所謂平等乃指大小國家在法律上平等之謂，受國際法的平等保護，在國際法上又負擔同樣義務。粗略言之，又有下列各點實際意義：

一、任何國家在國際會議中享有平等代表權（投票權）。此外，語言、座位、簽字等都依照平等原則。

二、任何國家不能對其他國家主張管轄權（par im parem non habet imperium），所以一國固可以在外國法院提起訴訟；除非自願，卻不能因被告訴而受外國審判。一般內國又承認外國官方措施或法院判決（除非他們本身違反國際公法）。

三、根據平等原則，在國際交往中，又有互相尊敬雙方的國家榮譽、元首與代表、國家象徵與軍隊等的國際習慣；根據平等原則，在宮庭、外交、軍事禮節上，又有各種依照習慣法演變而來的規則，過去在內容上雖不盡平等，但在趨向上可說大致依照平等原則。（邵子平）

四大自由（Four Freedoms）

四大自由（Four Freedoms）是美國總統羅斯福（Franklin Roosevelt）所提倡的。他於一九四一年一月六日提請國會通過租借法案（Lend-lease Legislation）的咨文中說：「在世界各地必須普及四大自由—言論與發表的自由，信仰的自由，免於匱乏的自由（Freedom from Want）和免於恐懼的自由（Freedom from Fear）。」

同年八月十四日，他與英首相邱吉爾（Winston Churchill）在大西洋一艘軍艦上會談後發表的聯合宣言（被稱為大西洋憲章 Atlantic Charter）中聲稱：納粹暴政毀滅之後，世界重建和平；各國人民安居樂業，自由生活，無所恐懼，不慮匱乏。（宣言所提出八原則中的第六原則）這被認為「四大自由」中兩大自由的擴大重申。又聲稱：這種重建的世界和平，必須使人類都能在公海和大洋上自由往返，不受人為的阻碍。（八原則中的第七原則）這被認為是

「四大自由」的重要補充。（陳紹賢）

四強（Four Great Powers）

二次大戰後有所謂四强與五强之名詞。所謂四强，蓋指中、美、英、蘇四國而言。茲將其由來敍述於次：

一九四三年十月，美、英、蘇三國同意在大戰結束前，即從事於一個戰後國際組織，是年十一月，中、美、英、蘇四國外長在莫斯科簽署一項宣言，其大意謂今後必須建立一個國際組織，以所有愛好和平之國家，基於主權平等之原則，包括一切大小不同之國家在內，以維持永久之世界和平與安全。不久即由中、美、英、蘇代表，於一九四四年八月二十日，在美國頓巴敦橡樹園（Dumbarton Oaks）舉行會議，草擬組織方案，並決定在舊金山召開會議，以期及早建立戰後之永久安全機構。

一九四五年四月二十五日，舊金山會議正式開幕，計到中、美、英、蘇等四十四國。此次會議由中、美、英、蘇四國代表輪流擔任大會主席，卒通過聯合國憲章（United Nations Charter）全部條文。因此，世界各國皆公認中、美、英、蘇爲四大强國。（鄧公玄）

參考文獻：

S. N. Dhar : International Relations And World Politics Since 1919, pp. 305-308

四國同盟（Quadruple Alliance）

十九世紀的歐洲有過兩個「四國同盟」（Quadruple Alliance）。一是一八一四年英國、奧國、普魯士和俄國的結盟，并於一八一五年續訂；一是一八三四年英國、法國、西班牙和葡萄牙的結盟。

一八一四年該四國締盟於法國的椶蒙（Chaumont），是爲着對抗法國的拿破崙一世，而加强他們的聯合作戰。拿破崙一世被逐之後，四國與法國訂立和約。迨拿氏從厄爾巴島（Elba）回國復位之後，四國打敗他於滑鐵盧之役。在是年（一八一五年）十一月廿日的巴黎和約中，四國以更嚴厲的條款，加諸法國。與此和約簽訂之同日，四國同盟重新續盟，以利確保該和約各條款的實施。到了一八一八年，法國加入此四國同盟時，遂改變爲五國同盟（Quintuple Alliance）。

一八三四年出現的一個「四國同盟」，那是英、法、西、葡成立的。它的主要目的爲增强維護西班牙的立憲政府，尤其是爲支持伊薩伯拉二世（Isabella II）的王位。（陳紹賢）

民事住所（Civil Domicile）

住所以適用的場所爲標準，可分爲民事住所及商務住所兩種。民事住所是以久住的意思及居住的事實，爲其構成要素，適用於一般的民事法律關係，是國際私法應行討論的題目。（並參閱「商務住所」條）。（洪力生）

民族主義（Nationalism）

二十世紀之民族主義自第二次大戰以後，形成世界主要潮流之一。不僅促成了近代國際社會之發展，且對今後歷史之演進仍將具有舉足輕重之影響力。自第二次世界大戰以來，隨同民族主義之發展，改變了西亞地區的殖民制度，造成了許多新的民族國家，史學家蘭鐸爾（John H. Randall）更指出：「今後民族主義仍將是一個大部份人爲他而死的名詞」。

一般人對於民族主義有不同的認識，從「愛國主義」到「自大、侵略、及不顧他人的權利」，都包括民族主義的範疇之內。由於民族主義是從民族而來，正確了解民族主義的意義必先了解何爲民族。

關於民族之成因學說甚多，有以種族或人種爲民族形成之基礎，有以語言爲構成民族之因素，有些學者認爲除種族與語文外，民族性或民族氣質是形成民族之條件，亦有人認爲文化傳統包括共同的歷史背景，共同的目的，共同的希望和理想，共同的生活方式和宗教信仰才是民族形成之要素，此外亦有人認爲同類感或同類意識是民族成立之要件，缺乏同類感便不可能使民族存在，但實際上，同類感只是主觀性的。

民族的涵義隨時代及環境而變遷，某種因素可以促成一群人認爲他們形成同一民族，因爲他們對此深信不疑，因此在實際上便有該民族的存在。民族的形成主要由於意志及決心，因此民族主義祇是滲透在一群人之中的心理狀態。此一群人中的份子具有或深信具有許多共同的背景及因素，例如共同的文化傳統、生活方式、政治理想、語言文字、宗教信仰等。由於此種心理狀態，因而產生了一種意識行爲，即該一群人的份子自願生活在同一政府之下，不願受他人之統治，亦即企圖建立或維持一個獨立自主的國家。因此，民族與國家雖然是兩個名詞，惟其意義甚爲接近，國家以民族爲基礎，民族以國家爲工具，國家沒有民族意識便缺乏向心力，民族沒有國家組織便缺乏保障，由於此種原因，孫中山先生認爲「民族主義就是國族主義」。形成民族主義的因素是多元的，民族主義雖是國際政治中强大的動力，但是它的根源不是政治的而是心理的，它的主要特色，是把民族價值抬高在其他一切之上，且在政治上要求主權國家之結構，因此，它成爲國際無政府的堡壘。

一般言之，民族主義在實現民主目標中，曾擔任過積極角色，且是民主社會裡的一個團結力量，雖然不一定是必要的力量。同時它也是摧毀殖民帝國，中張國力的重要因素。在另一方面，民族主義，可能也是現代戰爭的主要因素，一方面由於民族主義堅持維護「主權的—無政府的國家制度」（sovereign-anarchistic state system），一方面由於它直接影響該制度下各國政治決策者之政策，此外，即使它不阻止，實際上亦會妨礙平時國際間之合作。（張宏遠）

民族自決（National Self-Determination）

民族自決（National Self-determination; Self-determination of Peoples）意指：每一民族有其特有歷史傳統、文化背景、生活方式、社會習慣，甚至語言文字，所以它有權決定它自己的政治命運，不容其他民族的干涉。此種理論，應用到某一民族應否獨立自主，其決定之權，完全在於這個民族。這就是民族自決的意義。

「民族自決」曾由美國總統威爾遜（Woodrow Wilson）於一九一九年巴黎和會中提出。他倡議建立一個和平的「新世界社會」（A New World Society），而由民族自決來統馭。

一次戰後，公民投票（Plebiscite）也應用於表達人民選擇何所歸屬的意願，以解決該地區統治權的爭執問題。此種措施也與民族自決原則有關。—參看：Sarah Wambaugh, Plebiscite Since the World War（陳紹賢）

民族解放運動（National Liberation Movement）

由於帝國主義在十九世紀掠奪的結果，亞洲、非洲及拉丁美洲的很多地方淪爲殖民地，殖民地人民受盡榨取與虐待。

在美國總統威爾遜于十四點宣言中提出民族自決口號之外，俄共革命之初亦提出民族自決口號，並聲言支援一切民族運動。史達林曾說：「列寧主義者承認，在民族解放運動巨浪中有革命的能力，並且可以利用這種能力推翻共同敵人—帝國主義者…」（見史著「列寧問題之基礎」第六篇）。俄共見到了被壓迫民族已經覺醒，並瞭解這一股反帝國主義力量的巨大壯闊，因此僞裝弱小民族解放者的姿態出現，推行共產主義運動。但是，它自認，若某一個被壓迫民族的解放運動與共產主義運動利益相衝突時，就不是俄共「援助」對象。易言之，民族解放運動也者，乃是俄共在殖民地的共產運動的同義詞或踏脚石。

二次世界大戰之後，民族運動風起雲湧，俄共却在殖民地打着支援民族解放運動的旗幟，積極推行赤化運動。民主集團則以經援等方式助其發展以助其自立並阻遏赤流；其後共匪相繼進入，遂使一些昔日的殖民地成爲冷戰戰場。俄酋赫魯雪夫於一九六〇年九月向聯合國大會提出「殖民地獨立宣言」，要求完全取消殖民地政權，並威脅稱，若有拖延，所謂「愛好和平國家」將以道義與物質支援，協助殖民地人民採取革命行動，以求解放與獨立。（吳俊才）

永久中立國（Neutralized State）

永久中立國係指某國根據國際多邊條約宣佈：除自衞以外，永久絕對不對任何國家進行戰爭，並且承諾避免任何可能導致戰爭之國際義務；此與國家之某部份（若凡爾賽條約中之萊因河地區）被宣佈爲中立區者不同；「永久中立」一般可因戰爭之破壞，或國際多邊條約之廢止（例如，自一八三一年以來比利時之永久中立爲凡爾賽和約所廢止；一九三六年以後，比利時又恢復中立之地位，但二次大戰後，比利時已無保留加入聯合國，並加入北大西洋公約組織而中止中立）。

瑞士在一八一五年維也納會議受到歐洲列國承認並保証爲永久中立國；奧地利於一九五五年由國會通過國內法「憲法法規」，宣佈永久中立，再以外交照會方式，請求並獲得世界主要國家之承認，其方式與瑞士不同（缺乏「保障國」）。再者，瑞士加入國際聯盟時，理事會承認它不得被迫參加軍事行動或允許軍隊過境等，此點在聯合國成立時未受承認，故瑞士至今僅爲國際法院及其他聯合國特殊機構之會員而未加入聯合國；奧地利於加入聯合國時，未提出

任何保留，故聯合國將來行軍事强制行動時（四十二條）是否與與永久中立義務相抵觸？是國際公法學者爭執未決的問題。（邵子平）

永久租佔（Perpetual Lease）

中國習慣上分別租界（Concessions Settlements）與租借地（leased territories），實則前者亦為租借地；二種都有永久租借（佔）之形式。

一八四二年南京條約二條規定：中國「准英人帶同眷屬，寄居」五口通商處，尚只限於居住，並非租借，後來在虎門附加條款與租界專約中才規定劃界租借的事。外人在租借地以內所享有權利，因無明文詳細規定，往往為外人仗勢擴大。

永久租與外國的租界（始自中國）亦有六種：共管（公共）租界（如上海一部、鼓浪嶼）；某國之專管租界（如上海內之法租界，天津有八租界），此外有中國人自闢地界租與外人（若在濟南），但均以卅年為期而由中國自行管理，不屬此類永久租界。租借地內管轄權無明文規定，因中國政府無能，雖理論上保有租界主權，但實際上形同「割讓」；抗戰期間亦有收回永久租界事。

另外一九〇三年美國向巴拿馬永久租借運河區，美國永久利用、佔有、控制運河及二旁五英里內地區，一般認為係變相的割讓；唯此類永久租借的內容亦非一成不變，一九六三年美巴再訂協定。美國在運河區的權限亦受限制。（邵子平）

北大西洋公約組織（The North Atlantic Treaty Organization, NATO）

一九四八年三月十七日，英國、法國、盧森堡、比利時、荷蘭等五國所簽之布魯塞爾條約，原在防止德國之再次侵略，但由於二次大戰後蘇俄之不斷擴張與威脅，以及美國輿論對於蘇俄構成威脅之認識，先是一九四八年六月十一日美國參議院通過美國可參加區域安排之范登堡決議案，繼之七月起，美國及加拿大與布魯塞爾條約五國討論在聯合國憲章下成立一區域安全條約，義大利、挪威、冰島、葡萄牙亦加入談判，終於一九四九年四月四日上述各國簽訂了大西洋公約。嗣後希臘及土耳其於一九五二年，西德於一九五五年也次第加入。

北大西洋公約組織之目的乃在保障締約國基於民主、個人自由及法治諸原則之自由、共同傳統及文化，促進北大西洋地區之安定及福祉，以及合力集體防衛和平與安全。其方式為：和平解決國際爭端，進一步發展和平與友好國際關係，鼓勵締約國間經濟合作，並以自助與互助方式維持、發展個別與集體能力，以抵抗武裝攻擊。遇有對任一締約國之武裝攻擊，應視為對全體締約國之攻擊，每一締約國為實行其個別或集體自衛之權利，應立即個別或協同其他締約國採取必要行動，包括使用武力在內，以協助遭受攻擊之締約國。

北大西洋公約組織之主要機構為理事會，通常由各締約國外交部長出席，一年至少集會乙次，必要時可隨時召開，為北約組織之最高權力機構。理事會得視需要成立輔助機構，公約明文規定成立者為防衛委員會，由締約國國防部長組成，對防衛問題提供意見。此外北約尚設有各種不同性質之委員會，如政治顧問委員會、經濟顧問委員會、情報文化關係委員會、年度檢討委員會、軍備委員會、科學委員會、組織委員會、民防委員會等等。上述防衛委員又設有軍事委員會，由會員國參謀總長組成，為理事會之主要軍事顧問機關，下設有常設小組，由美、英、法三國組成；再下設有歐洲、大西洋、海峽三個最高統帥部。此三個國際化最高統帥部最有名、最龐大者，為歐洲盟國最高統帥部（SHAPE），其防衛區域北起挪威，南至土耳其，原設於巴黎郊外，自一九六七年法國退出北約軍事組織，强令外國軍隊撤出法國境內後，已遷至比利時首都郊外。

北大西洋公約組織在一九五五年後尚有一無明文規定而實際存在由會員國議員組成之大會，無固定權力。（程建人）

北歐理事會（The Nordic Council）

北歐五國：丹麥、芬蘭、冰島、挪威及瑞典，在語言、宗教、歷史上，相似之處甚多，第二次世界大戰之後，挪威、丹麥及冰島加入北大西洋公約，瑞典則維持中立政策，芬蘭則受强鄰影響，難有主張。一九五一年八月，丹麥首相赫道夫特在斯多哥爾摩擧行之一次北部議會間聯盟的會議上建議成立一特別區域組織，使斯堪地那維亞國家間之合作更形具體，而此一組織在本質上實為一議會的性質。此一建議為北部議會間聯盟所採納，並交由其所屬理事會研究後提出若干建議，經各國議會團體同意，並由外長們討論，草訂北歐理事會規約，一九五二年間瑞典、丹麥、挪威、冰島四議會先後批准，一九五三年二月在哥本哈根舉行首次會議。芬蘭則遲至一九五五年加入。

北歐理事會之目的在由五國議會商討牽涉其中任何一國或全體聯合行動之事宜。其方式乃由理事會討論有關國家共同利益之問題，並就此等問題，向政府提出建議。

理事會由丹麥、挪威、瑞典及芬蘭議會各十六名代表及冰島五名代表組成，政府代表可參與理事會之討論，但不得參與決定，理事會可向政府提出建議，政府應對辦理情形向理事會報告。理事會並設有若干委員會負責預備及會期之間有關工作，此外另有秘書機構之設置。（程　建人）

正常外交（Normal Diplomacy）

在國際社會裏，政府間的交往，在正常的情況下，都是透過其常駐國外的使館，例如中華民國政府需要對某一共同關切的問題，與美利堅合衆國政府磋商以便處理解決，則在通常情形下，係經由我國駐華盛頓大使館進行其事，這是正常外交所遵循的途徑。不過在處理某問題的過程中可以改變其方式。蓋外交事務之處理，端視環境而定，不必非經常設使館的途徑不可。

常設使館之設置，可追溯至一四五五年米蘭公爵史福薩（Francisco Sforza）派駐熱諾亞的常設使館，其後Savoy公爵亦在羅馬設立常駐使館，於是各國紛紛仿效此制，至十七世紀中葉，常設使館遂成爲國際間普遍採納的制度。使館通常均設有館長負責館務，其級位依該館的重要性或與駐在國關係之疏密而定，依據一九六一年維也納外交關係公約第十四條之規定，館長級位分爲如下三級：㈠向國家元首派遣之大使或教廷大使，及其他同等級位之使館館長；㈡向國家元首派遣之使節公使及教廷公使；㈢向外交部長派遣之代辦，至於一八一五年維也納會議及一八一八年愛克斯拉侠貝勒（Aix-la Chapelle）會議所規定之第三級駐辦公使，可說已爲實例所廢止。此外，近年以來，國際間的慣例已漸漸趨向互派大使之途，一改過去僅在强國間互派大使的慣例。（王人傑）

正當戰爭（Bellum Justum; Just War）

十六世紀的法學家曾以自然法爲基礎而倡「正當戰爭」和「不正當戰爭」之觀念。他們之謂「正當戰爭」者，即指由具有正當交戰資格之人（如國王等）基於維持正義的理由，於其他方法不能達成目的而又情勢必需時所發動之戰爭，且依正當手段而進行，期以儘速恢復和平與秩序者也。此種觀念曾盛極一時，惟事實上由於當時無國際司法機構論斷是非，而交戰者莫不自稱係爲正當理由而戰；以致「正當」和「不正當」戰爭之區別，根本不切實際。

迨至文藝復興以後，國際間將「從事戰爭」視爲主權國家之特權。於是無論一國以何種目的而作戰，都是從事正當戰爭了。

今若以「合法與否」爲標準，區別正當和不正當之戰爭，則凡不違反條約或國際法義務的、及以條約爲基礎的戰爭，均可稱爲「正當的戰爭」（可參閱Lauterpacht's Oppenheim, Ⅱ, P.223）（俞寬賜）

世界氣象組織（World Meteorological Organization, WMO）

總部設於日內瓦。其前身是國際氣象組織（International Meteorological Organization, IMO）。一九四九年十月十一日由國際氣象組織第十二屆氣象機關首長會議簽訂一項世界氣象組織公約（Convention of WMO），根據該項公約，世界氣象組織於一九五〇年三月廿三日成立。按一九五一年四月四日該組織第一屆大會決議：接管國際氣象組織的職權、財產及債務。於是國際氣象組織宣告解散，世界氣象組織開始工作。該組織經與聯合國簽訂協定，而於一九五一年十二月廿日成爲聯合國專門機關之一。

世界氣象組織的目的爲便利國際合作，以成立氣象台、站、網，供應氣象觀測與服務；促成設立並維持迅速交換氣象情報系統；促成統一氣象觀測的標準，確保觀測報告與統計發表的劃一；推廣氣象學對航空、航海、農業及人類其他活動的應用；鼓勵氣象學的研究與訓練並協調國際方面此項研究與訓練的進行。

該組織設主席（President）、副主席（Vice President）、世界氣象大會（The World Meteorological Congress），執行委員會（The Executive Committee）、各區域氣象會議(Regional Meteorological Associations）、各專門委員會（Technical Commissions）及秘書處（Secretariat）。

目前有一二七個會員，其中一一五個國家會員，十二個領土會員。中華民國亦是其會員國之一。

該組織爲配合聯合國發展方案，近年來以技術協助方式，積極促進新興國

家的經濟發展。自一九六八年起，該組織正進行建立以氣象衛星觀測全球氣象的系統。（李偉成）

參考文獻：

朱建民著：國際組織；

Yearbook of International Organizations, 1966-67, 11th Edition, Keesing's Contemporary Archives, 1969

世界衛生組織（World Health Organization , WHO）

總部設在日內瓦。金山會議時，中國與巴西代表團倡議成立國際衛生機關，金山會議予以通過。一九四六年二月，經社理事會第一屆會議決定召開此項會議。經指定十六位專家組成的技術準備委員會在三月十八日至四月五日在巴黎集會，擬定國際衛生會議的議程與議案。

國際衛生會議在一九四六年六月十九日開幕於紐約，七月廿二日通過世界衛生組織憲法。一九四八年四月七日，該項憲法生效，世界衛生組織乃正式誕生。一九四八年七月十日該組織第一屆大會接受其與聯合國之關係協定，成爲聯合國專門機關之一。截至一九六六年止，該組織共有一二三個會員國，三個準會員，中華民國亦爲其會員國之一。

本組織的宗旨在使各國人民達到健康的最高水準。而本組織在諮詢與技術上提供服務，同時傳播對於各種疾病及環境衛生的知識，以及提供技術人員的訓練。本組織向世界上所有國家公開。

主要機關爲世界衛生大會、執行委員會及秘書處。大會爲本組織的立法機關，由全體會員國各派代表三人組成，只有一個投票權，所派代表最好是代表會員國的衛生主管官署。大會每年舉行一次。執行委員會由大會選出二十四個會員國所指派的合格衛生技術人員組成，選舉時應注意地域的公勻分配，每年至少集會兩次，是本組織的執行機關，也是一個技術而非政治性的機關。秘書處設行政長及本組織所需的技術及行政人員。行政長由執行委員會荐請大會任命之，爲本組織的技術兼行政首長。辦事人員由行政長依大會所定規程委派，其任命、服務條件一如聯合國秘書處的職員，現有辦事人員約三千人。設六區域組織及六個辦事處。每一區域組織設一區域委員會（由各該區域內會員國代表組成）及一區域辦事處。區域辦事處設於新德里（東南亞區）、亞力山大港（東地中海區）、馬尼拉（西太平洋區）、華盛頓（美洲區）、布拉薩市（非洲區）、哥本哈根（歐洲區）。

該組織爲協助聯合國體系內對「心理旋轉物質」("psychotropic substances")之管制，曾按世界衛生大會一九六五年第WHA一八·四七號、一九六七年第WHA二〇·四二號、WHA二〇·四三號及一九六八年第WHA二一·四二號決議案採取行動。此外，近年來該組織在配合聯合國推動食用蛋白質之生產與使用方面，亦負擔重要的責任。

參考文獻：朱建民著：國際組織，Eyvind S. Tew, ed., Yearbook of International Organization, 11th edition, 1966 及中華民國出席聯合國第二十三屆常會代表團報告書。（許秀賢）

甘迺迪大計劃（Grand Design of Kennedy）

一九六二年十月古巴事件結束之後，美國總統甘迺迪（J. F. Kennedy）之聲望立刻上升，於是甘氏乃將其前所擬定之外交藍圖亟亟推行，以爲其新境界理想開創遠大宏圖。所謂甘迺迪大計劃者，質言之即「大西洋社團」之計劃也。早在一九六二年七月十四日，即美國獨立紀念日，甘氏即曾發表一篇有名之演說，其中有云：

「我在此時此地獨立紀念的機會，正式宣言美國將準備爲「互賴」（Interdependence）的理想而努力，我們準備和一個行將統一的歐洲商討和一百七十五年來即已組成的美洲舊聯邦之間，合組爲一個大西洋伙伴的方法……」

由上述原始概念，遂逐漸演變爲「大西洋社團」（Atlantic Community）的計劃。

根據一九六三年四月十六日星期六晚郵報所載美國專欄作家艾索甫（S. Alsop）的論文所述，所謂甘迺迪的大西洋社團的內容如次：

一、政治與經濟部份：此項計劃之第一步爲使英國加入歐洲共同市場，其次乃由之而導致一個「聯合的歐洲」，包括英國在內，組成爲一個政治與經濟的結合。然後美國與「聯合的歐洲」組成爲「具體的大西洋社團」。

二、軍事戰略部份：在軍事上，由美國供給大西洋社團以一個中央控制的原子嚇阻武力，並由美國把握此一中央控制機構。此外，歐洲各國應擴充新兵力至三十個師，以提供傳統武力。如此，則西方可以不必使用足以毀滅美國與蘇俄的武器（按指核子武器）亦足以抵抗蘇俄有限的攻擊。

由上所述，可知甘迺迪大計劃必須有兩項先決條件，即㈠英國加入歐洲共同市場，與㈡美國控制下之北約共同核子武力。有前者，美國始能透過英國而與西歐在經濟上打成一片；有後者，美國可由控制核子彈頭而成為美、歐軍事的總司令。如果有上述兩者，則美國即可成為歐、美在政治、經濟與軍事的重心。

此項計劃雖顯然含有美國人自利的意義在內，但從對抗共黨侵略野心之立場而言，固仍未可厚非。然而不幸竟因此而引起法國戴高樂之反對，卒使甘迺迪賚志以終，誠不幸之甚者矣。（鄧公玄）

參考文獻：
S. Alsop: Kennedy's Grand Design, see Saturday Evening Post, April 16, 1963
Facts on File Yearbook, 1963

甘赫會議（Kennedy-Khrushchev Conference）

美國總統甘迺迪與蘇俄部長會議主席赫魯雪夫，於一九六一年六月三日、四日在奧京維也納所舉行的密談，一般稱甘赫會議。會後發表公報，其內容空洞而無新意義。稍具積極意義者有兩點：一、雙方重對寮國中立與獨立給予保證，而對寮國的停火亦再度認為必要；二、雙方同意對兩國以及與兩國有關的世界問題，允諾保持接觸。

前一點乃赫魯雪夫重申其早已同意的諾言，而後一點也許才是雙方會晤的主要目標。自一九六〇年五月間巴黎高階層會議破壞後，美蘇關係瀕於決裂，十五屆聯大時，赫魯雪夫再度前往美國，即欲與艾森豪重行會面，因艾森豪斷然拒絕而失望歸去。甘迺迪當選後，赫魯雪夫即大獻殷勤，其目的無非在求恢復兩國正常外交狀態。維也納會議重申敞開談判之門，自然達到了赫某的夙願。

在甘氏方面，按照彼本人說法，其目的在直接打量赫魯雪夫這個人，同時把美國與西方的立場與決心當面告訴他，使其不要因估計錯誤而冒險。此外，還有一點甘氏未曾說明，就是過去許多人懷疑甘迺迪是否夠得上和赫某作對，經過此次甘赫會議後，甘氏也以事實冰釋了衆人的懷疑。

在會議中，赫某的態度執拗而頑強。對柏林問題，未作讓步，禁試核子與裁軍問題未獲進展。對聯合國，則堅持「三頭馬車」制，並說蘇俄將永不再以其國家安全政策放在聯合國干涉地位之下。赫某於提到戰爭問題時，則認為戰爭有三種。第一種是核子戰爭，他認為，核子戰爭永遠不會發生。第二種是普通戰爭，他說：「我將在你們佈置一個師的地方，佈置五個師。」第三種是人民企圖推翻暴政的「聖戰」，他表示，蘇俄將斷然支持這種戰爭。

維也納甘赫會議雖無積極結果，但是在美蘇關係上、東西冷戰過程中，却是一個重要的里程碑。（吳俊才）

白人負擔（Whiteman's Burden）

白人負擔論亦可譯為白人責任論，此蓋白種人為解釋其對有色人種侵略奴役之一種詭辯。白種人自認為世界上最優秀民族，其他有色人皆屬低劣民族，故白種人對有色人之愚昧野蠻有教育開發之責任。有色人種應向西方優秀文明屈服，必要時，並得使用武力強迫其屈服。一八九三年，英人張伯倫在烏干達(Uganda)發表演說時，即云：「在非洲參與開化工作，實為吾人之責任」，即為最好之例證。自二次大戰以後，西方帝國主義先後被排斥於亞、非地區，許多新興國家雖有待於開發，而美國且組織「和平工作團」(Peace Corps)分別前往落後地區從事於教育等工作，但不復敢以優秀民族自居矣。故昔日白人所倡之口號至今亦已成為歷史陳迹。（鄧公玄）

參考文獻：
Buell: International Relations, P.317

古巴事件（Cuban Incident）

第二次世界大戰後所發生之東西冷戰，其間曾有幾度重大之演變，而古巴事件（一九六二年十月）影響之重大，尤有闡明之必要。

一九六二年夏間，蘇俄赫魯雪夫因鑑於美、蘇實力再度失却平衡，於是為補救蘇俄在核子武器方面之劣勢起見，乃在加里濱海方面之古巴，暗中進行建立飛彈基地之冒險，以為一旦告成，即可迫使美國向蘇俄屈服。

惟正當蘇俄方在古巴進行此項陰謀之時，經美國U2飛機之偵察，美國總統甘迺迪獲得確實證據後，乃召集重要參謀人員共同研討對策。當時意見紛歧，有主張聽其自然者（所謂鴿子派），有主張不顧一切而卽進攻古巴者（所謂老鷹派），亦有主張一面準備戰爭，一面與蘇俄談判者。甘迺迪總統最後否定鴿子派與老鷹派之意見，採取穩健派之主張。

一九六二年十月二十二日正式宣佈封鎖古巴，同時要求蘇俄立刻自古巴撤退其飛彈基地及其他一切攻擊性之武器。此外又宣佈採取下列各項必要步驟：

㈠繼續並加强對古巴與其軍事集結的監視，並命令美國武裝部隊準備應付任何意外事件。

㈡凡來自古巴對西半球任何國家的任何核子飛彈攻擊，卽視同蘇俄對美國之攻擊，必須給予全面性之報復。

㈢增援古巴境內之關塔那摩美國海軍基地，並宣佈自該基地撤退美國軍眷。

㈣要求美洲國家組織理事會立卽召開會議，以考慮「此項對西半球安全的威脅」。

㈤要求在聯合國視察員監督下，蘇俄應立卽撤除並撤退在古巴的飛彈基地以及所有攻擊性的武器。

蘇俄接到美國哀的美登書後，最初猶欲作最後之掙扎，但赫魯雪夫經過嚴重考慮後，不得不立命其載運軍火赴古貨輪，中途改道或折回。同時赫魯雪夫又向甘迺迪表示，如美國能同意不進攻古巴，則蘇俄將自動自古巴撤除飛彈基地並撤退一切攻擊性武器。甘迺迪爲息事寧人計，遂亦同意不進攻古巴，以換取蘇俄撤除並撤退其飛彈與一切攻擊性武器。因此當時一場空前緊張之戰爭危機，卒迅告消解。

古巴事件之經過雖如上述，然其對於爾後東西冷戰形式之影響，則至深且鉅，擧其著者如次：

㈠美蘇實力强弱獲得充分考驗。由於蘇俄不敢與美國爲古巴事件攤牌，自然可以證明蘇俄外强中乾之實情，因此不獨美國威望再度上升，且使整個自由世界減輕對蘇俄威脅之恐懼。

㈡古巴卡斯楚在一方面固遭受重大打擊，但在另一方面，則獲得美國不以武力進攻古巴的保證，于是不僅可以苟延殘喘，且勢將成爲共黨進攻美洲的急先鋒。

㈢美國的門羅主義因此而再度獲得新生命，因爲美國迫使蘇俄自加里濱海撤退後，拉丁美洲各國立刻增加對美國的信心，再度表示願與美國立於共同陣綫。

㈣過去美國對外政策常遭盟國牽制，不敢單獨行動，但此次古巴事件之決策，美國在事前並未與盟國咨商，其結果反使盟國予以一致支持，故對美國此後決策的態度，無疑發生重大影響。

㈤經過古巴事件之後，不僅證明美國擁有强大之作戰實力，而且有爭取勝利之勇氣，西方國家因此深知蘇俄今後不敢輕擧妄動，而各國昔日所恐懼之美蘇核戰危機，亦隨而大爲輕減。

㈥由於赫魯雪夫公然向美國屈膝，使中共加强其對赫魔抨擊之口實。同時共匪乘機發動印邊戰爭，以表示其分道揚鑣之態度。當中共進攻印度時，蘇俄不僅不作中共聲援，且爲印度在幕後撐腰。因此中共與蘇俄之衝突立刻表面化、尖銳化，卒致造成分裂之局。

㈦其在自由國家方面，尤其在西歐各國方面，鑑於蘇俄侵略威脅之銳減，故對美國核子雨傘保護之要求，亦因而大爲減低。於是各國對團體利益之考慮漸弱，而對本國利益之觀念，則立形上升。

㈧由於上述許多新因素之產生，使東西冷戰形態大爲變化，而昔日兩極化之國際關係，遂重行回復多元化與複雜化之新形態。東西壁壘雖依然猶在，而東方與東方，西方與西方之間，亦逐漸發生相互之冷戰，而匪、俄分裂與美法衝突則其尤著者也。（鄧公玄）

參考文獻：

Facts on File Yearbook, 1962

史汀生主義（Stimson Doctrine）

史汀生主義或曰不承認主義（Non-recognism）。當一九三一年九月十八日，日本帝國主義者在瀋陽發生事變以後，卽陸續强佔我東北土地，美國當時之國務卿史汀生（Henry Stimson）爲表示對日本侵略所造成之事實不予承認，特於一九三二年一月七日，對中國與日本兩國政府同時致送照會，聲明美國之態度，其聲明如下：

「美國政府不承認任何事實上之情勢爲合法，凡中日兩國政府或其代表所訂立之任何條約或協定，足以損及美國或其人民在華條約上之權利，或損及中國主權獨立或領土及行政之完整，或違反國際間關於中國之政策，即通常所謂「門戶開放」者，美國政府決不予以承認。又凡以違反一九二八年八月二十七日之巴黎非戰公約之方法，而造成之情勢，或締結之條約協定，美國政府亦不予以承認」。

此外史汀生於一九三二年八月八日，在美國外交討論會所發表之一篇演說，雖其內容爲對一九二八年巴黎非戰公約而作解釋，但亦與所謂不承認主義有關。史氏云：

「非戰公約開始卽聲稱各國聲明，除爲自衞以外，決不從事戰爭。此誠爲結束舊日簽字國之中日地位，修改整個國際關係之基礎，使人類社會之各個分子，同受一合意之法律束縛，並有共同行動以維護該法律之責任。非戰公約雖無制裁軍事行動之權，然以世界輿論爲後盾，輿論之制裁，實爲世界上最有效之制裁。謂以一九二九年中、俄去滿州之衝突，凱洛格公約實有約束之能力。中、俄同爲凱洛格公約簽字國，美國聯絡英、日、法、德諸國與中、俄政府注意凱洛格公約之義務，於是中、俄戰爭卽告平息。如遇本約有被違犯之危險時，各簽字國皆與有關係，而世界輿論亦應使其偉大之和平目的得以實現。故世界輿論對中、日戰端亦有喚起各國共謀協同動作之必要」云云。

由此可知史汀生所倡之不承認主義，乃原於非戰公約之基本觀而來，蓋認爲戰爭既屬各國所一致否認，則凡以武力所造成之事實，自無予以承認之理由。史氏之不承認主義要點有三：第一、凡以武力佔據了領土應無發生所得權之效力。第二、凡破壞第三國權利之條約，對該第三國應不發生效力。第三、凡因破壞非戰公約而訂立之條約或造成之事實亦應不發生效力。自史汀生首倡此論之後，因中日問題日形緊張，遂逐漸獲得其他國家之共鳴。因此，一九三三年三月十一日，國際聯盟大會所通過之決議，內稱「國際聯盟會員國均負有不承認因違反國際聯盟盟約及巴黎非戰公約之方法所取得之地位、條約或協定之責任」。足證史汀生之不承認主義，實已獲得當時各國之承認，日本帝國主義在滿州所造成之事實，顯已由國際間所共同否認。（鄧公玄）

參考文獻：

Schuman: International Politics, pp. 679-685

Documents: On International Affairs, 1932, pp. 395-303

出生地主義（Jus Soli）

各國國籍法對于因誕生而取得國籍的立法例，有採出生地主義者，有採血統主義者，有採併合主義者。出生地主義，即以誕生所在地爲國籍的決定因素，如阿根廷的國籍法便採用這種主義。凡是在阿根廷國境以內誕生者，無論其父母爲阿根廷人或是他國人，都取得阿根廷國籍（參閱「血統主義」及「併合主義」等條）。（洪力生）

生存空間（Lebensraum）

生存空間（Lebensraum）一詞，係納粹德國時代之所首倡，蓋假借地理政治學之名義而發揮侵略主義之謬論也。照德國地理政治學者浩斯荷夫（Haushofer）等的說法，此一名詞之含義極爲深遠。浩斯荷夫認爲德意志民族實超越其他民族，而超越民族應有充份之生存空間。

照德國地理政治學者之意見，德意志民族既爲超越民族，故應該有而且必須有更多的土地，以適應其生存之需要。同時又謂，德國所需用之土地在於達到「自給」的境地。德意志民族既係超越民族，故不能因爲缺少生存空間而窒息致死。像荷蘭、比利時那些弱小國家所擁有之殖民地，實已超過他們的需要。而且德國文化也遠較鄰近國家爲高，如以化育鄰國之立場而言，德國更有把此等小國從地方主義與經濟浪費中解放出來的責任。再者，由於德國較小國具有達到自給目的之較大機會，亦應將國界推移，藉以幫助小國變成德國之一部分。苟如是，則所謂對鄰國的侵略反而成爲一種解放的義舉了。

根據上述的謬論，納粹德國遂進行其向外擴張的目的，但其進行則亦有其步驟，他們首先把世界分爲三個自然國家—卽非歐亞（Afro-Eurasia），包括世界中心地帶，由德國統治；泛亞細亞（Pan-Asia）由日本統治；泛亞美利加（Pan-America）由德國控制的北美合衆國所統治。其所以如此，乃在和緩美、日兩國情緒，勿對德國侵略野心加以干涉，而其終極目標則無疑的在於統治全世界，使整個地球表面，均變成德意志民族的生存空間。希特勒之所以發動第二次世界大戰，而德國人民亦甘爲其驅策致力於侵略而不悔者，未嘗非由「力擴斯浪」一詞而然也。（鄧公玄）

參考文獻：

Kieffer, J. E. "The Realities of World Power, Chap. Ⅲ, 1952

尼克森主義（Nixon Doctrine）

一九六九年七月二十五日，尼克森總統於正式開始訪問東南亞各國的前夕，在關島對記者所發表的一項聲明，即後來世人稱爲關島主義（Guam Doctrine）或尼克森主義（Nixon Doctrine）的，現已成了美國對亞洲政策的一個主要基礎。

這一所謂尼克森主義，根據他本人在關島所作的說法，其主要意義，就是：美國將繼續遵守對亞洲國家的條約承諾，但將不再增加新的承諾；至於各國內部安全問題，除非牽涉大國核子威脅，否則，美國皆將鼓勵幷希望亞洲國家本身能自行負起責任；而美國今後對亞洲的支持與援助，亦將以經濟爲主。

再根據本年一月二十二日尼克森對國會所提出的第一個國情咨文，這種尼克森主義則是：「其他國家的防務和發展，均不可能爲美國專有的或主要的事業。世界上每一國家，應當肩負其自己福祉的主要責任，他們自己應當決定此一福祉的條件。我們將信守我們的條約承諾，但是我們將減少我們在其他國家事務中的介入與參預。」

另根據本年二月十七日尼克森對國會所提出的世情咨文，尼克森主義則又是：「雖然我們將保持對亞洲的關切，以及由此而產生的各種承諾，但是該地區目前所發生的變化，使我們能夠改變參與亞洲事務的性質。美國一度以如此巨大代價所單獨承諾的各項責任，現在已可予以分擔。美國可以有效協助亞洲各國，駕馭各種求變的勢力，從事和平進步工作，幷支持他們實行自衞，以防禦那些想破壞此一過程而重陷亞洲於戰亂的勢力。因此，我們對亞洲的希望，乃是願亞洲成爲一個有衆多強大國家，依照他們自己的條件，爲了他們共同的利益而團結合作，幷與國際社會中其餘部份建立一種新關係的大陸。」

以上各文件所用的辭句和字彙，幷不完全一樣，但它的內容和精神，則始終一貫，完全一致。由此可知所謂尼克森主義者，它的最核心最重要的意義，便是在保持美國現有對亞洲國家的條約承諾基礎之上，要鼓勵亞洲國家實行自立自衞，以自己力量解決內部安全問題，儘量減少美國的涉入和干預。證之於尼克森政府上台後對亞洲地區所採取的各種措施，美國現在正是在向着這一方向走。

在一九六七年十月出版的美國外交季刊中，尼克森曾撰文如此說：「若美國繼續單獨圍堵中共，不僅對美國爲一過度的負荷，同時幷將增加世界核戰危機，及削弱亞洲國家的獨立發展。對中共野心的遏阻，主要將由亞洲國家來擔任，而以美國的強大實力來作協助。這在戰略上是正確的，在心理上是正確的，在發展亞洲國家的主動觀念上也是正確的。只有亞洲的非共國家，在經濟上、政治上、軍事上趨於強大，不再成爲中共侵略所垂涎的目標，才能迫使北平頭目們的精力，由對外轉向對內，如此與中共間的和解才能開始。」

一九六八年九月二十九日，尼克森對美國新聞與世界報導記者答問：「美國將繼續鼓勵亞洲的合作，亞洲的責任，其意義幷不是要美國與這些國家建立聯盟——這種聯盟將要求美國隨時進行干涉，幷將涉入各種軍事行動——而是要美國協助這些國家，策劃他們自己的防務。爲了避免另一次越戰的發生，當亞洲國家一遇到侵略時，美國將採取一種協助他們去作戰的政策，而不是爲他們代替作戰的政策。分析到最後，自由亞洲應該去拯救亞洲，美國可以協助，但我們絕不能自動負起其防務的重擔，一如在韓國及越南所爲者。」

一九六八年十二月初，英國觀察報發表了尼克森剛獲共和黨提名後對其記者所發表的談話：「美國應協助日本、韓國、泰國，以及越南等中共的鄰國，在經濟上保持強大，進而促成政治上的健全。美國不贊成率而承認北平政權，或允許其進入聯合國。可是就長期觀點而論，我們絕對不能將中共永遠排斥於國際社會之外。因爲在這個渺小的星球，無法容忍近十億人民生活於怨尤的孤立中。………只有中共轉變之後，世界才有安全可言，因此我們的目標，就在誘導此種轉變。」

美國的這一新亞洲政策，是以越戰及以越戰所引起的美國內部強烈反戰，反干預外國事務的情緒爲背景，所以這一政策的最主要目標，亦便放在竭力避免牽入亞洲地面戰爭，避免另一次越戰，以及減少美國對亞洲的干預、承諾與負荷上面。在這種政策構想之下，除非亞洲自由國家遭遇到外來的公然侵略，幷以核子作威脅，美國將不直接動用美國的武力。即使在這種情況下美國有意要參加亞洲戰爭，也以首先獲得國會的正式准許爲前提。（張彝鼎）

尼克森政策（Nixon Policies）

美國新聞處發表有關尼克森政策。玆擇錄其有關國際關係部分：

㈠和平之路

尼克森總統屬望一個更爲安定的世界

標誌出尼克森總統一九七二年外交卓越性的北京和莫斯科之旅，即刻是他一貫尋求全球安定，和有關他所理解爲和平保證者的，一個微妙均勢中的五邊世界這個目標下構架的崇高點。

那些歷史性的高階層會議是審愼策劃的產物，開始於尼克森先生在他的一九六九年就職演說中，保證力求以一個談判的時期來取代對抗的時代。

總統認爲一九七二年是比第二次世界大戰以來任何一年，在和平方面更有成就的一年——而他相信他的第二任期「將實際地有更多成就，因爲（高階層會議）基本上是展開未來更大步驟的門徑上的最初步驟。」

在一九七二年間，美國和中國大陸進入了新關係；以及華盛頓和莫斯科從對抗轉變到談判，並且進入到展開醫藥、太空、環境和貿易等方面的合作。

瞻望未來，總統將致力於達成一個開放給思想和人民自由流通的世界，一個安定和秩序的場所。他相信國和國之間的競爭將繼續存在，但是經濟能夠取代戰爭，成爲相競利益的渠道。

在未來的月日中，美國跟蘇聯將比以前更爲密切地一同工作。將同時進行多種的談判，分別討論進一步的限制核子武器和中歐境內的相互和平衡的裁減武力，以及在歐洲安全會議和繼續推進各種雙邊合作事業中的討論。

在一九七三年的某個時期內，尼克森總統將款待前來美國的蘇聯領袖們，他們是在一九七二年五月，莫斯科高階層會議結束的時候，接受總統對他們的邀請。此項訪問的日期尚未宣佈。

華盛頓也將繼續致力於擴大歷史性「和平之旅」期間所建立的瞭解「橋頭堡，」他是在今年二月，從事他對中國大陸的「和平之旅。」

想到一個五邊的世界時，尼克森先生心中的主要關注是經濟。這一種五角經濟競爭的各邊是蘇聯、日本、美國，一個聯合一起的西歐和可能中的中國大陸。因此，總統已指導他的外交事務朝向清除舊爭執的殘餘物，確認到國和國之間歧見的發生，不是由於思想氣氛，而是由於邊際或具體的問題。

總統已嘗試應付這些問題，同時支持容許所有人民努力實現其全部潛力的一個更爲平靜的世界美景。若干批評他的人士曾荷責總統的偉大設計爲返回到十九世紀均勢外交。

尼克森先生的心中認爲「唯一的一種取代情形是不均勢，而歷史顯示出沒有別的事情像這一種的不均勢那樣會劇烈地昇高大戰的危險。」

精確地由於「均衡成份」業已在望，尼克森總統認爲這個世界有着一個「稀有的機會」來建立一個持久的國際安定系統。

尋求這項系統的努力已成爲尼克森政府政績的表徵，這個共同的繫綫，連結着他對北京和莫斯科的主動，以及他從事外交事務所採途徑的理論基礎。

當尋求和獲得跟莫斯科的協議——以及跟北京的新關係——作爲本身上具有具體目的之價值同時，總統也一直心心掛念着發展他認爲應該可以指導大國國際行爲的遵則。他的基本前提是，在一個核子時代中，把邊際利益的累積演化爲一次「勝利」的那種傳統外交已不再是國際關係上的一個適宜或可容許的構架。

他一貫地主張，大國必須欣願實施交互的克制，爲久遠性的利益而避開短期性的收穫。其目標是超逾「危機處理」的範圍以外，而到一個以一系列特訂的雙邊和多邊協定爲基礎的眞實新外交。依次，這些協定會是以相互受惠爲基礎，以便所有各方，都對維護這些協定具有休戚相關的關係。

例如莫斯科公報要求兩大國「在它們的相互關係上實施克制，」同時承認它們巨大的軍火存儲已使它們雙方對和平負有一項「特別的責任。」公報强調「相互適應和相互受惠」應該成爲標誌出美蘇關係的特色。

又一次，北京公報指出需要在「平等和相互受惠」的基礎上處理關係，並且說明，共同有意促進以「平等和相互受惠的經濟關係」之發展。

雖然華盛頓跟北京的關係，並未達到實質協議的階段，尼克森先生對大陸中國的旅行是結束兩國首都間數十年隔離上的一個重要步驟。從那次旅行以後，已帶來了首批纖纖細流的訪問者，以及在文化、新聞、教育和醫藥等方面進一步交換的規定。自那時以來，尼克森總統已採取額外的步驟，結束美國對中國大陸航運的限制和放寬有關空運的規章。華盛頓已表示出有興趣於可能的對中國大陸的定期航空服務。

華盛頓跟蘇聯更爲世故的關係有助於使莫斯科高階層會議旅行在實際協定上有着更多的結果。

在一九七二年五月內，這個歷史性的一週中，兩國在消除冷戰緊張的方面，做得很多。簽訂協定從事太空探測的合作，這項探測的結果之一將是美國和蘇聯的太空船於一九七五年從事靠接。兩國也同意從事醫藥，特別是征服癌症方法的合作研究。它們亦就航行的規章，以及避免兩國戰艦在公海上發生意外事件的手續達成協議。它們並同意在維護一個有益健康的環境上，從事合作。

更有進者，這兩個最大的核子强國達成了限制攻擊性武器部署的第一個協議，並且同意凍結攻擊性武器系統的部署。

以及作爲尼克森先生的一個均勢的世界能夠獲致的一個指標，兩國在最高階層會議以來的數月中，已締結了它們第一個範圍廣泛的貿易條約和一個提供互惠性開放港口設施的海事協定。此外，在莫斯科達成的那個商務協定的條款下，美國工商人士正跟蘇聯談判自葡萄酒配銷商身份到能量轉換等的各種安排。

瞻望未來，尼克森先生能夠屬望到跟莫斯科和北京「探討廣大領域的和平合作。」

他在他的首任四年的經驗上，知道進展「不是自行發生。」

他力陳，「並無其他的事物來取代日以繼夜和甚至年復一年的堅忍而長期的外交折衝。」

(二)軍事實力

尼克森總統決意維持一支舉世無匹的國防力量，一支包括核子能力和傳統能力的武力。他深知一個國家可能以其資源太多用於國防的危險性。憑着這一意念，他已把美國的軍事人力，裁減了幾近三分之一。但他不會容許美國的海軍和空軍，失去他們現有的優勢地位。

他說：

「當一位總統想到他對美國人民的責任時，他就必須首先想到需要使這個國家保持强大，想到需要維持一種舉世無匹的國防力量。

「一位總統也有責任，不要把這個國家的有限資源超過絕對必需程度地用在防務上面。因爲他知道，還有其他許多人道方面的迫切需要，必須加以應付。

「今日在地球上面，沒有一個國家比美國更爲强大。不僅是我們的核子嚇阻力，充分足以擔當它們維持和平的任務——我們的傳統武力，也都非常新式，非常强大，精練有備，足爲敵對者所深信。

「但在過去四年期內，由於我們在導致越戰的光榮結束，和在降低大國間緊張情勢等方面所獲的進展，我們也已能夠極大地減少了我們在軍事機構方面的規模。

「我們已把我們的軍事人力，從一九六八年的水準，減去約三分之一……；在尼克森主義下，我們已很成功地說服了我們的盟國，負擔起比他們過去的分擔爲大的自由世界的防衛重任。……

「當我在一九六九年就職的時候，我發現……（在美國方面的）龐大的核子優勢地位已不再存在。……今日，美國和蘇聯在核子能力方面，正處於相等的地位。

「中東就是一個例子。在一九七〇年秋，……美國的海軍優勢保持了那邊的和平……在那邊，核子威脅是無能爲力可以做到此點的。這就是爲了以色列和我們所承諾給以防衛的其他小國，同時也爲了我們自己的緣故，我們決不能以虛妄的撙節的名義，放棄我們在海空中的優勢地位的原由。

「我們對於一項事實，可以感到驕傲，那就是在本世紀的四次戰爭中，美國祇是爲了保衛自由而作戰，絕非爲了摧毀自由；祇是爲了維持和平而作戰，從未爲了破壞和平而作戰。……

「我將使這個國家在軍力上保持强大。……

(三)談判的時代

尼克森總統認爲，過去四年內，在邁向一個「談判的時代」上，業已跨出了一大步。際此時期，在廣泛的各國之間，「能用會談來商討我們的歧見，而不是爲了這種歧見而作戰」。他看到不僅在華盛頓、莫斯科、北京之間，已在進行這種會談，而且在兩個德國、兩個韓國、印度次大陸各國、以及北大西洋公約組織和華沙公約之間，也均已在進行會談。尼克森說：

「四年前，我曾答應我們將從一個敵對的時代進入一個談判的時代。……

「在過去四年中，我們曾跟蘇聯締結了比二次世界大戰以來整個過去多年中所締結的更多重要意義的協定。我們已結束了美國跟中華人民共和國之間近乎四分之一世紀的相互孤立。

「在整個世界各地，朝向談判的潮流，一直都在繼續推動。南北韓正在相互進行談判。東西德正在相互進行談判。中東的停止協定，已實施了兩年有餘。印度和巴基斯坦的領袖們，正在互相舉行會談。北大西洋公約組織和華沙公約的歐洲國家，目前正準備明年在一項歐洲安全會議中相聚一堂，同時，各方正在着手籌備，就中歐相互平衡裁減軍力問題，進行談判。

「所有這一切，便是我們朝向一個在我們能用會談來商討我們的歧見，而不是為了歧見而作戰的世界方面，已經有了切實進展的明證。

「一九七二年是比了二次世界大戰以來任何一年，在和平方面有着更多成就的一年。這個進展並不是自動產生的。……

「自從二次世界大戰以來，全世界人民和政治家，一直都曾夢想着要把核子巨魔，重新送回到瓶子裡去，控制可怖的核子武器競賽，但直到今年以前，這個競賽始終保持繼續進行，毫無約束。

「今年五月，在莫斯科，我們跟蘇聯達成了第一個限制戰略核子武器協定。……這是一個歷史性的開端。這個協定縮小了恐懼的境界。它幫助遏阻了核子武器的危險性盤旋上昇。它開放了有關進一步限制核子武器問題的更進一步談判的途徑，而這個更進一步的談判，不久即將開始。

「但在我們進行這些談判的時候，讓我們記着，沒有一個國家是會付出一筆代價，來換取另一國家願意無條件讓出的東西的。……

「如果美國就像有人所建議的，片面的放棄了反彈道飛彈，或者如果我們開始解除我們的攻擊性飛彈武力，我們是決不能達成那個（有關限制攻擊性和防禦性核子武器的）協定的。

「如果我們現在採取這樣一種行動，我們就會毀去了在（不久）即將跟蘇聯開始舉行的第二會合戰略核子武器限制會談中，從事進一步武器限制的任何機會。如果我們也像有人所建議的，片面裁減目前在西歐支援我們北大西洋公約組織盟國的軍力，……我們便將拋棄了相互而平衡地裁減蘇聯在東歐的軍力的希望。……

「一個廣泛的，未完成的和平議程，……擺在我們面前，這是一個業已作出新的開始，開始談判和建立新的關係的議程，而在現在我們必須以過去曾達成了初步突破的同樣的創制精神和想像力，來信賴這個議程。當我們依據這一議程向前推進的時候，我們就能看到一些可以加以探討的廣大的和平合作領域。

「我們在北京曾同意了從事文化、新聞、教育和其他方面的交換，使這個在世界上最富有的國家和那個世界上人口最衆多的國家，能再相互認識。

「我們在莫斯科曾同意了實行合作，從事保護環境、探測太空、撲滅疾病。……

㈣對外貿易

貨幣改革和擴大對外貿易，是尼克森總統預期在未來數月中國際舞台上可以獲致重大進步的兩個領域。數年前相互拮抗的國家，現已成為顯然有利於和平與繁榮的重要貿易伙伴。就美國而論，一項鼓勵生產的新農業政策現正有助於這個進程。下文是尼克森總統在其各項競選演說中，所發表的意見：

「經過持續不斷為期十年的國際貨幣危機後，我們在一年前採取果敢的行動，強化美元並謀致一項對美國和全世界均屬公允的國際貨幣制度改革。

㈤政府改組

尼克森說：

「（我們的）目標必須是一個自由和自治的美國，它的獨特無雙的代議政治制度——聯邦、州和地方——到一九七六年時，將比一七七六年我國誕生以來的任何時期，都是一個遂行人民意志的更好工具，一個滿足人民需要的更好公僕，以及一個維護人民自由的更好保護者的這樣一個美國。

「為了達成這種高度的標準，就將需要在一個新的、和平的美國革命規模上的大幅改革。即將開始的以聯邦收入供我們的各都市和各州分享，標誌出展開把權力的流向，自華府送回權力所屬的人民上的首要重大步驟。在未來數年中，我們必須使權力保持流向這個方面。

「並非政府的結構，而是人民的才能創建了美國。這就是為甚麼一九七六年的一個目標必須是一個多元的，開放的美國，在這個美國中，政府不是統治個人，而是保障個人自由，展開途徑，在這個國土上的民營企業、志願機構和個別的人民方面形成活力、創造性服務和民間責任的新潮流。……

「（政府）應該展開機會，提供動機和獎勵進取的精神——不是經由試圖由華府指揮每一件事而遏制這種精神。

「這並不是意味着聯邦政府將放棄唯有它能解決一項問題的那一方面的責任。

「但它確實意味着聯邦政府在經過四十年的空前擴張以後，現在已到調整其平衡的時候了——把更多的人以及更多的責任和權力送回給州和地方當局，而更重要的，送回給美國各地的人民。

「過去四十年間，聯邦預算的規模從四十六億美元，增加到兩千五百億美元。在同一時期內，聯邦政府內的文職人員人數，從六十萬人增加到兩百八十萬人。而僅在過去的十年內，聯邦的贈與與援助方案數目，已從一百六十個增加到了一千餘個。

「如果此種增長被無限地投入將來，其結果將是災禍性的。我們所具有的美國，將是一個頭重脚輕充滿官僚干擾，受到龐大政府的重壓，令人窒息的賦稅，和失去靈魂。

「我們將不得也不會讓這一情勢發生於美國。這就是爲什麼我反對華府龐大政府的無限制擴張。這就是爲什麼我在未來四年內的首要工作之一，將是鼓勵聯邦和地方政府的再生與更新。這也就是爲什麼我認爲應賦與各個社區的人民更大的發言權，以釐訂跟他們日常生活方針最爲直接有關的決策。

「現在有人將此稱爲否定性的，稱爲自聯邦責任的退縮。

「我稱此是肯定性的——一項對人民信念，對個人信念，以及對每個人力能爲本人和社區從事明智選擇信念的肯定。……

「美國人民並未變得軟弱，變得軟弱的是政府對人民的信念。我決心要使這項信念獲得恢復。……

「（這是）我的政治哲學，……也是在未來四年內指導我從事決定的原則。（張彝鼎）

資料來源，美國新聞處發布之資料。

尼克森震撼（Nixon Shock）

日本新聞界稱美國尼克森總統一九七一年七月十五日宣佈準備訪問中國大陸爲尼克森震撼。美國尼克森總統于一九七一年七月十五日宣佈：

「周恩來和尼克森總統的國家安全事務助理季辛吉博士於一九七一年七月九日至十一日在北京舉行會談。周恩來獲悉尼克森總統表示過有意訪問中國大陸的意願以後，業已代表中國大陸，邀請尼克森總統在一九七二年五月以前的一個適當日期訪問中國大陸。

「尼克森總統已經欣然接受此項邀請。」

「中國大陸和美國雙方領袖之間的晤談是要尋求兩國之間關係的正常化，並且就雙方共同關切的問題交換意見。」

關于歷史背景，他說：

我跟中國大陸的晤談將是史無前例的。

最初的中、美接觸發展於一八〇〇年代初期。當時安全穩固而卓越超群的古老帝制中國，剛剛開始使它自己適應外界的痛苦歷程。中國人由於擁有世界上最久的自治歷史，並爲他們地區內具有支配作用的政治和文化力量，他們深具自信，且又自足地以世界的「神州」（中央王國）地位自居。然而，他們受到技術上優越的外國列强剝削。孤立主義和致力於本國開發工作的美國，主張中國領土完整；但是，我們的以平等對待所有外國人的『門戶開放』主義，在中國人心目中的意義曖昧不明。

共黨因此承襲一項以自負和恥辱爲特徵的傳統；中國人的經驗，並不是一種以平等地位跟外界交往的經驗，而係一種不是中國人優越就是外國人剝削的經驗。近年來，中國業已經歷一個內部動盪和對外關係轉變的階段。他們業已決定打破其部份是他們自己選取的孤立，而來探討跟其他國家建立較正常的關係，並且在國際會談中取得地位。

當美國結束其長期的孤立主義歷史，並滿懷熱誠和理想主義委身於全球性的責任。第二次世界大戰結束時，世界大國中僅有我們比較未受損傷。我們爲世界的安全和發展，曾提供大部份的計劃和資源。當時我們體認包括中國在內的共產國家，是一個由核心指揮的一元化集團。

戰後二十五年的今天，在美國新的外交政策步驟中，反映出新的現實。其他國家滋長中的力量和自信，使它們可以擔當更大的責任，也使我們可以轉而擔任一種更具克制性的任務。由於某一國家能代表所有共產國家說話的日子早已過去，所以，我們依據各個國家的對外政策，不是依據它的對內政策而跟它交往。

美國和中國大陸於一九七二年二月間，在國家地位平等和互相尊重的新基礎上開始此項會談。我們雙方都在揭開吾人歷史上新的一頁。

雖然有了此項有希望的開始，可是原則上的深遠歧見和數十年之久的猜疑，使我們仍有隔閡。在一世代的大部份時間裏，直到一九七一年以前，我們很少有意義的接觸。我們深知中國大陸的批評性公開聲明和它對歷史的解釋。我們也明白表示了我們的立場。

掩飾此等分歧的根源，是毫無裨益的。當我準備此行的期間，雙方都不曾佯稱我們已解決了我們的基本問題，而且其後也不會如此。我們可以預期，我們的會談將坦直誠懇地進行，這最有裨益於歧見深刻但以現實爲其政策根本的領袖們。

他又說：

『我的中國大陸之行，代表一個結束和一個開始。這是三年來爲戳破其數十年孤立狀態而作有耐心的共同努力頂點。它代表一項新進程的肇始。

有關我作此旅行的一九七一年七月十五日聲明，是突然和引人注意的，但是在這之前，已有一連串審愼發展的步驟而導致發表這項聲明。事實上，近三年來的美國外交政策措施，以這項行動最爲愼重。

遠在一九六七年十月時，我曾在『外交季刊』雜誌上撰文說：「美國對亞洲的任何政策，都必須急切地把握住中國的現實，」同時又指出，大膽的新主動若無準備是不適宜的。

我於一九六九年一月就職時就深信，對中國大陸的新政策，是美國新外交政策中的一個必要成份。我當然十分明白，我們之間深刻的思想和政治歧異，以及有待克服的敵意和猜疑。但是，我也相信，在這個時代中，我們不能跟世界上的四分之一人口切斷關係。我們有義務試行建立接觸，闡明我們的立場，以及或許推進到更大的瞭解。

當回顧我們的歷史經驗和默察明日的世界時，我認爲目前這段時期是一個獨特的時刻。諸如國際關係上轉變中的浪潮，我們新外交政策的展望，改變中的因素，在召喚我們邁向會談。

以下各項考慮，塑造了本屆行政當局對中國大陸所採取的步驟：

——亞洲的和平及世界的和平，需要我們交換意見，這並非不顧我們的歧見，而正是因爲有歧見。在一個動盪和核子武器的時代，互相更清楚的了解對方立場，是必要的。

——中國大陸在塑造跟它有關的國際安排中擔負其適當的角色，是跟美國的利益和世界的利益符合的。唯有這樣，該大國方會在此等國際安排中有利害關係；唯有這樣，此等安排方會持久。

——沒有一個國家應該作爲某一國家集團的唯一發言者。我們在跟所有國家交往時，將依據着特定問題和其對外行爲，而並不依據抽象的理論。

——如果我們不需彼此視爲永久敵人的話，則兩國政策上的僵硬性就可能大爲減小。從久遠的觀點來說，我們的基本國家利害關係，並無發生衝突的必要。

——中國大陸和美國同具許多平行的利益，而且能夠以共同的努力來作許多充實我們人民生活的工作。中國大陸和美國人民有如此悠久的友誼歷史，決非偶然。

在此項基礎上，我們決定應該妥愼尋求一種新關係。我們相信中國人能夠參與此項努力。』

『在此項尋求的途徑上，有政治的和技術的問題。當本屆行政當局開始擔當責任時，大陸中國和美國人民之間，實際上已共達二十年毫無接觸。我們兩國的政府間也如是，雖然自一九五五年以來，在日內瓦和華沙曾斷斷續續地舉行毫無結果的談判。一道不信任和不溝通的鴻溝隔斷了我們。

當時我們面臨兩大問題。第一，如何私下地把我們的意見傳達到北京當局？第二，採取什麼公開步驟足以表明我們願意在我們關係上確立一個新方向。

在我就職後的兩星期內，我們就朝着這些方面進行。我指令應該從事透過私下的途徑來傳達我們的新態度，並且尋求跟中國大陸接觸。

此項過程已顯示出是微妙而且複雜的。兩個政府彼此完全隔離了二十年之久，即使建立初步性的互通信息也極爲困難。關於直接接觸的技術和外交途徑都不存在。必須找到一個居間國家，它應得到兩國的充份信任，並且賴以運用謹愼、克制和外交技巧等方式來促進會談。

雙方開始經由共同友好的各國以澄清它們的一般意向。在經過一個審愼探究和累積信任的階段之後，我們決定了一種華府和北京之間的可靠溝通途徑。

我於一九六九年二月也指示國家安全會議就我們的對華政策作廣泛的研究，而開始了一項政策檢討工作，此工作在過去三年間一直在繼續進行中。我們研討採取一項新途徑的廣泛細節和執行它的明確步驟。

在一九六九和一九七〇兩年中，我們曾特別表明我們要有一種更建設性關係的意願。

——一九六九年七月，我們准許美國觀光客、博物館和其他方面，作非商業性的購買中國貨物，而無需特別核准。我們並且擴大赴中國大陸旅行其護照將可自動有效的美國公民的類別。

——一九六九年十二月，我們准許美國公司行號的海外附屬機構，可以從事大陸中國和第三國間的貿易。

——一九七〇年一月和二月，雙方在華沙舉行大使級會談，這些會談係經由私下磋商安排的。此等會談表示出此種正式會談的障礙。雙方代表極少彈性；他們除宣讀事先準備的聲明和向其首都報告以請示有關下次會談的指示外，不能作其他事情。具有戒心的敵對者之間的這一種累贅的意見交換，使採取新途徑的需要爲之益增。

——一九七〇年三月，我們宣佈，美國護照對於爲任何合法目的赴大陸中國旅行，將是有效的。

——一九七〇年四月，我們授權對於美國非戰略性貨物輸往大陸中國，予以選擇性的核准。

——一九七〇年八月，我們解除了對於在海外經營的美國石油公司的某些限制，俾使往來於大陸中國港口的大多數外國船隻，能夠利用美國人所有的添加燃料設備。

所以，到一九七〇年年底時，我們業已愼重地採取一套單方面主動措施。在這兩年間，爲了補充這些措施，我們也發表了一系列的公開聲明，描繪出我們一般態度的輪廓。

——羅吉斯國務卿於一九六九年八月八日，在澳大利亞的堪培拉發表演說時，曾指出我們兩國之間的障礙。但他又說，「我們期望終能進入有益的會談，並緩和緊張情勢。」

——我在一九七〇年二月的外交政策報告中曾說明：「……只要我們盡力採取一切步驟來改善美國和中國大陸的實際關係，結果必然對我們有利，同時對亞洲和世界的安全與和平也大有助益。……我們致力尋求推進瞭解，來建立一種雙方有利行動的新方式。」

——一九七〇年十月二十六日，我在向訪美的羅馬尼亞總統希奧塞古舉杯時，故意使用北京的正式名稱『中國大陸。』這是美國總統初次使用這個名稱。

到一九七一年二月，我發表第二次外交政策報告時，我們有理由相信，我們的行動正已引起中國方面的注意和衡量。我在該報告中提及中國大陸參與世界事務的重要性，重申我們準備跟北京舉行會談，並且聲明我們願見中國大陸在國際社會中擔當一個建設性的角色。當時我展望其後的一段時間說：

「在今後這一年中，我將審愼研究我們能採取何種進一步的步驟，以創造中國和美國兩國人民之間較爲廣泛的接觸機會，並且研究怎樣可以消除實現這個機會的不必要障礙。我們希望有互惠的相應行動，但是將不因爲缺乏互惠而受阻。」』

『一九七〇年秋季，中國方面經由私下和可靠的外交途徑而開始表示它的反應。因此，雙方都在從事於展開一項進程。一九七一年春季，有了一連串配合的公開和私下的步驟，而以季辛吉博士七月中的北京之行以及我跟中國大陸舉行會談的協議，達於高潮。

——一九七一年三月十五日，我們宣佈，對於前往大陸中國旅行，美國護照不再需要特別批准。

——一九七一年四月六日，在日本名古屋參加世界杯冠軍賽的美國桌球隊，接到中國代表隊發出的訪問大陸中國的邀請。次日，美方便接受了此項邀請。中國大陸並給予七位西方新聞記者的簽證，以便採訪桌球隊的新聞。美國桌球隊曾在中國大陸作廣泛旅行。並於四月十四日獲得周恩來的接見，他對他們說：『由於你們接受我們的邀請，已揭開了中國人民和美國人民間關係的新頁。』

——在同一天，我們採取行動以增大顯然已經在發展的動量。我對於自一九七〇年十二月以來一直在政府研議中的下列諸措施作了決定：

・我們對於來自中國大陸的訪問者，將加速給予簽證。

・對於美國貨幣的管制將予放寬，以便准許中國大陸使用美元。

・對於美國各石油公司，爲來往於中國港口的船隻和飛機供應燃料的限制，予以撤銷，（但來往於北韓、北越和古巴者除外）。

・美國船隻或飛機將獲准許在非中國大陸港口之間載運中國大陸貨物，以及那些美國所有但懸掛外國旗幟的船隻，可駛往中國港口。

・將編列非戰略性貨物名單，以便對中國大陸直接輸出。

——在四月三十日那一期的生活雜誌上，作家史諾報導了他早先跟毛澤東主席談話，證實了我們已接到的中國方面對我訪問中國感到興趣的私下信號。

——一九七一年五月七日，我們取消了美國對於跟中國大陸作美元交易的管制（但已往的呆滯賬目除外，）並取消了對美國加油設備及主船的某些管制。

——一九七一年六月十日，我們宣佈終止歷時二十一年之久的對中國大陸貿易上的禁運。對於輸往中國的一長列非戰略性物資項目，我們頒發普通出口許可證，並指定屬於個別考慮之列的其他項目。同時，撤銷了對中國大陸貨物進口的限制。

如此，季辛吉博士秘密訪問北京的準備工作已告就緒。自七月九日到十一日，季辛吉博士跟周恩來曾舉行極密集而重要的會談，由會談而產生了我將於一九七二年五月以前到中國大陸去訪問的協議。

季辛吉博士自十月二十日至二十六日再度訪問北京，以達成有關我訪問之行重要安排的協議。跟周恩來及其他人員舉行進一步長談的結果，產生了我和北京會談的基本範疇——包括這個一九七二年二月二十一日的日期，訪問的期間和行程，廣泛的議程，以及隨行人員和新聞界代表的大致組成及所需設備等。主要事項已於十一月底予以宣佈。

一九七一年十二月十三日，中國大陸方面釋放了兩名被他們當作人犯而予拘禁的美國人，並把另一名美國人的無期徒刑減為自那時起再予監禁五年。這是在季辛吉博士兩度訪問北京期間轉達我的私人關切之後，而採取的令人歡迎的姿態。這是我們所作建立交談努力的一個具體結果，也表示將來在我們關係上獲有進展的一個有希望信號。』

『在我們對中國大陸採取主動時，注意到各項問題和機會。如此富有戲劇性的行動，必然在全世界激起重大的變化。我的未來訪問的消息果如所料地產生驚人的衝擊，並使國際上的新傾向活動起來。

我們祇能在這項宣佈發表的極短一段時間之前通知我們的友邦，同時，我們瞭解這件事為它們所造成的錯綜複雜情勢。有種種重大理由，使我們必須對季辛吉博士七月之行嚴守秘密。我們對於此等難以預測其結果的會談，不能冒事先公開透露之險。那將會由於引起我們沒有把握使之滿足的過大期望而冒下令人希望幻滅的危險。而且，那勢必對雙方造成壓力，迫使我們採取公開的立場，這徒然會使各項討論於開始之前，便已陷於凍結。尤有進者，我們明白去年七月間的討論，並不能解決直接跟第三者有關的任何事情；不論我們或北京將都不訂定或接受任何先決條件。

因此，我們為保守秘密而付出的代價是無法避免的。這應證明係屬過渡性的。重要的工作是迅速行動，把我們的用意向我們的友邦加以解釋，並開始就未來的展望作有意義的意見交換。

這事我們已經做了，自七月以來，我們已跟有關各國進行磋商，概述我們的目標和期望，並且表明我們將不作有損它們利益的談判。羅吉斯國務卿很積極地向各國外交部長和其他領袖們解釋我們的中國政策。康納利部長和雷根州長曾以我的私人代表身份遍訪亞洲各國，轉達我對我們的中國政策主動和亞洲一般政策的看法。我曾向許多友邦和盟國發出信函。我們的大使們曾奉命解釋我們的觀點並徵詢他們駐在國政府的意見。關於我的北京和莫斯科會談的展望，是我在一九七一年十二月和今年元月間跟盟國領袖們舉行的一連串會談的主要論題。

我們的亞洲友邦應如何就我們的承諾和它們的直接利益來解釋此項主動呢？首先，有若干一般原則，適用於我們跟所有有關的國家的關係上。不論是我們或是中國大陸，都不曾要求或接受有關開始我們的會談的任何條件。任何一國都不期望對方喪失其原則或背棄其友邦。的確，我們已一同行動，並且相信我們間的較正常關係，將有裨於所有國家的利益並減緩遠東的緊張情勢。

我跟中國大陸的會談，主要將集中於雙邊問題上。任何一方都可自由提出它所希望提出的任何問題，當然，影響一般和平的諸問題，是雙方所關切的。但是，我們已向我們的亞洲友邦表明，我們將信守我們的承諾，以及我們將不代表第三方面進行談判。我們不能着手跟中國大陸建立一項光榮的互相尊重的關係，除非我們也尊重我們的長期友邦的利益。

我們的行動應該被解釋為我們已把我們的注意優先從東京轉向北京嗎？不該如此解釋。我們跟中國正在開始從事一項漫長的進程。我們跟日本已享有二十多年之久的最密切政治和經濟合作關係。若要拿我們跟一個重要盟國的堅強連繫去換取一個頑強敵對者的敵視態度的幾分緩和，那委實是沒有遠見。但是，不謀求跟世界的四分之一人口溝通和較佳關係的話，那也將是同等地沒有遠見。我們認為，這兩項目的並不衝突。

在擴大跟中國大陸溝通的努力中，維持我們跟日本的密切關係，將需要各方面的智慧和克制。我們任何一方都須避免使另二者間關係惡化的誘惑。儘管有不安的歷史宿恨，但仍能有餘地，藉合作性的交換而非破壞性的敵對，來求取進步。

此舉對於我們跟中華民國長期關係的影響如何呢？在我宣佈北京之行的演說中和其後的聲明中，我曾強調，我們跟中國大陸的新交談，將不以犧牲友邦作代價。不過，我們體認到此項過程定會使我們在臺灣的老朋友，中華民國感到痛苦。我們的立場是很明白的。我們曾盡最大的外交努力以維護中華民國在聯合國的席位。我們對於聯合國大會剝奪中華民國代表權的決定表示遺憾，雖然我們歡迎中國大陸的入會。對中華民國，我們將保持我們的友誼，我們的外交關係，和信守我們的防衛承諾。臺灣和大陸之間的最後關係，不是美國所能決定的事。由它們雙方對此項問題所作的和平解決，將可大為減緩遠東的緊張情勢。不過，我們並不敦促任何一方採取任何特別的途徑。

我們對中國問題採取的主動，對我們跟蘇俄的關係有何意義？我們的政策並非針對莫斯科而發。美國和蘇俄有若干極其重要的問題亟待解決，產生新的敵對而損及解決此等問題的進展，那的確將是代價太大。不過，若干觀察家已警告說，朝向跟北京關係正常化方面推進，將無可避免地危及我們跟它的共黨對手之間的關係。這種看法是沒有理由的。我們跟蘇俄所進行的各項談判，諸如柏林問題與限制戰略武器談判等，在七月十五日的宣佈之後，已獲有重大進展，而我跟蘇俄領導階層於一九七二年五月間舉行會談的協議，是在一九七一年十月十二日宣佈的。

其他人士曾建議，我們應當運用我們對北京交往的開端來拓展中國和蘇俄間的緊張情勢。我們曾不斷地向有關各方面解釋說，我們將不嘗試如此做。因為那將是自取失敗，而且是危險的。我們並未製造這兩個共產强國之間的歧見。它們對於共產理論的正確解釋意見不一。我們對此問題既無資格過問，而且也殊少興趣。至於它們對共同邊界發生爭端，更不能說會受我們的操縱。無論如何，我們將試圖改善跟它們兩國的關係。在追求此目的時，我們將以眞誠坦直的態度來推行我們的外交。』

『我前往北京並不懷有幻想。我委身前往改善我們兩國間的關係，為的是我們兩國人民和全世界人民。我們和中國人士是由於信念，却不是由於人物性格或者戰術性收穫的展望而選取這項途徑。我們將循着下述原則跟中國大陸交往：

——相信一個和平而繁榮的中國符合我們自己的國家利益；

——承認中國人民的天才和成就，必須在世界事務上獲得適切的意見反映；

——確認亞洲的和平以及亞洲和全世界的最充份進步和安定，均需要中國的積極貢獻；

——瞭解中國大陸像美國一樣，將不會犧牲它的原則；

——確信唯有在我們是可被信賴的——在我們跟我們的友邦之間關係上，以及我們跟中國之間的關係上——我們方能建立一種對中國的永久關係。

——假定中國大陸將以互惠態度來釐訂它對我們的政策。

這些原則，將是我未來跟毛澤東主席和周恩來總理會談時所取步驟的指針。此等討論和我們未來關係的進程，當然不單靠我們一方。那將需要對展望有一種共同的諒解，以及一種兼具一項有原則的步驟和對彼此利益加以尊重的共同意願。

在歷史的此一關頭，我們需要舉行最高階層的會談。曾在日內瓦和華沙舉行十八年之久的散漫的大使級會談，證明從屬性問題在較低階層無法廓清。然而，我們兩國領袖間的權威性意見交換，現在提供了作超越鴻溝的眞誠交換思想和確立一個新方向的希望。

北京之行的本身並非一個目的，而是一項進程的展開。此行的歷史性意義，較我們可能獲致的任何正式瞭解為深遠。我們終於進行會談。我們現在以平等地位舉行會談。戰後情勢的一種顯著特徵將行改變。在最高階層會談中，我們將結束一章，並且看看我們能否開始撰寫新的一章。

可以預期雙方都能很坦誠的陳述它們的原則和觀點。我們彼此將明瞭對方對於使我們分歧的問題抱持什麼立場。我們將尋求途徑來縮減我們的歧見。我們將試行尋求某種共同基礎，以建立更具建設性的關係。

倘若我們能達成這些目的，那我們將有了一個實質的開始。

從較久遠的觀點來說，我們將看看這兩個國家——它們的歷史、文化迥異，相互間於近代又曾完全隔絕，雙方的思想觀念互相衝突，並且對未來看法又互相抵觸——能否從敵對轉向到溝通思想，更轉向到諒解。

一九六九年一月二十日，在我的就職演講中，曾就我對所有潛在的敵對者的立場作如下的闡釋：

「於經過一個對抗的時代之後，我們將步入一個談判的時代。

「讓所有國家知道，在本屆行政當局期間，我們藉以交換思想的通訊線路是開放着的。

「我們尋求一個開放的世界——觀念開放，物資和人民交流開放——在這麼一個世界上，不論大小民族，都不會生活在憤怒的孤立中。

「我們不能期望使人人都成爲我們的朋友，但是，我們能盡力不使任何人成爲我們的敵人。」

當我說這些話時，內心確實極想到中華人民共和國。一開始就是以這種態度來塑造我們的政策，並導致一九七一年七月十五日的宣佈。我就是以這種精神前往北京的。』

註：一九七二年二月廿一日至二十八日，美國尼克森總統率同國務卿羅吉斯、安全顧問季辛吉訪問北平。二月廿七日與周恩來在上海發表公報。

至于中華民國之反應，則有中華民國國民大會之各種文告

其一、

中華民國國民大會，依據憲法，於民國六十一年二月二十日起，在中央政府所在地臺北市舉行第五次會議，代表全國國民行使政權。美國總統尼克森先生，乃於此時，前往大陸匪區，訪問我勘亂討伐之對象，對中華民國國家權益之損害，至深且鉅，本大會全體代表，身負全國國民之重託，爲保障國權維護法統，對尼克森總統此行，至表沉重之遺憾。

中華民國政府乃依據憲法產生之惟一合法政府，過去二十二年來，大陸雖爲共匪所竊據，但我政府仍堅守民主憲政體制，維護法統完整，在本國國土，爲光復大陸，拯救同胞而艱苦奮鬥，中共匪幫爲一滅絕人性之叛亂非法集團，自竊據大陸以來，內則厲行血腥統治，慘殺無辜，外則侵略顚覆，企圖赤化全世界，大陸人民在其淫威壓榨之下，痛苦呻吟！而若干自由國家，竟以其據有大陸領土，遂誤認其爲有效控制大陸，實則此種邪惡之叛亂組織，不惟不能代表中國人民，亦且難逃叛逆暴政必敗必亡之鐵則，尤以最近毛、林集團之尖銳鬥爭，更加速其土崩瓦解之命運。尼克森總統此行，與匪僞接觸，不但不足表示對中國人民之友誼，且將增加大陸中國人民之痛苦；不但無補世界和平，更將喪失自由國家對美國之信任，本大會亟盼尼克森總統，熟計美國國運今後之利鈍，及世界人類永久安危；認清世界之禍源在亞洲，亞洲之禍源爲中共；重視大陸人民爭取自由之意願，堅持正義原則，萬勿受其誘惑與欺騙，鑄成歷史上之大錯！

本大會在此集會之日，面臨世局嚴重變化，姑息逆流高漲之時雖對尼克森總統信誓旦旦，保持對中華民國之友誼與外交關係，以及信守對中華民國協防義務之聲明，寄予重視；然由於尼克森總統當前對華政策之更張，嚴重影響中華民國之權宜，爰經大會一致決議作如下之嚴正聲明：

一、中共匪幫絕對無權代表大陸人民，對我國一切權益，不能在國際間作任何承諾或協議。

二、中共匪幫爲一叛亂非法集團，尼克森總統如與之作任何談判或協議，中華民國國民與政府，概不承認。

三、中華民國光復大陸拯救同胞之基本國策，絕不改變，在任何情形與任何時間，與叛亂非法之匪僞集團，斷無談判或妥協之可能。

中美兩國，酷愛和平，崇尚正義，立國基本精神相同，素爲忠實之盟友，曾爲抵抗侵略，保衞自由而併肩作戰，邦交之深，世所共和，年來世局劇變，姑息橫流，中美邦交首當其衝，而中華民國所受之衝擊與影響，尤爲深重，幸賴我　總統蔣公洞燭機先，早即告誡國人，莊敬自强，處變不驚，愼謀能斷，全國上下，亦能精誠團結，淬勵奮發，樂觀進取，凡此充份證明我國家民族，在此國際變局中，不僅可以「操之在我」亦且誠如　總統蔣公之所昭示！對一切艱難險阻之突破，且有高度無比之自信，所望尼克森總統，珍重中、美歷史之友誼，信守國際之公理與道義，始終支持中華民國政府及人民反共反毛，爭取國家獨立統一之奮鬥。尤盼美國國會及人民，正視中國人民之反共意願一致敦促尼克森總統，與我中華民國共爲保障人類自由與世界和平而努力！

(谷代表正綱等所提之臨時動議內容)

其二、

美國總統尼克森先生訪問屠殺奴役中國大陸人民的中共匪幫，本大會對此，已於二月二十一日表明嚴正立場，玆美匪會談結束，竟爾發表所謂「聯合公報」淆亂國際視聽，本大會謹代表中華民國海內外全體國民特發表聲明如下：

一、中共匪幫係我中華民國之叛亂集團，無權代表中國大陸人民，美國總統竟與其對等談判，我中華民國全體國民對此實難容忍！

二、所謂「和平共存五原則」係共匪之國際統戰策略，其危害亞洲及世界和平之事實，早經彰彰，在人耳目，而尼克森總統竟予同意，實與自由世界謀求的「伸張人類正義」及「維護世界和平」兩大願望，背道而馳。

三、消滅竊據中國大陸的共匪與解救水深火熱中的大陸同胞爲我中華民國政

府與人民的神聖任務，不容任何外力干預我們要鄭重昭告世人：友邦美國與共匪間的任何妥協，或諒解，對中華民國政府及人民均屬無效。願我全國同胞惕勵奮發，一心一德，誓在　蔣總統英明領導下，完成光復大陸的神聖使命。（于斌代表說明「國民大會對美匪會談公報之聲明」）（張彝鼎）

市住所（Municipal Domicile）

住所如果以適用的範圍爲標準，可分爲國住所、準國住所、及市住所三種。市住所是在完全沒有獨立主權的區域內所設定的住所，如在某市區內所設定的住所爲市住所。國住所與準國住所，不過因爲國家組織的不同，而異其稱呼，其實兩者都是國際私法上，適用住所地法的依據；至市住所，其性質則有不同，乃是一人與某區域的市政關係，並非其人與該區域的法律關係，所以市住所只是用以決定徵稅及選舉等等的依據。（參閱「國住所」及「準國住所」各條）。（洪力生）

立法的衝突

國際私法的內容，雖然非常複雜，但是加以歸納，不外包括兩種的衝突問題：㈠立法的衝突：立法衝突包括法律的衝突與法律的適用。因爲國際私法是由各國自由制定，其內容則因國而異，所以同一的法律關係，各國立法的規定亦難一致，此即所謂法律的衝突。又同一的法律關係，各國（民事）法律規定既不相同，則遇有涉外法律關係，究將以何國法律爲其應適用的準據法，此即所謂法律的適用。不論是法律的衝突或法律的適用，都是屬於各國的立法問題，所以稱爲立法的衝突。現在各國時或召集國際會議，或由各國的國內立法，以解決局部的立法衝突。㈡司法衝突：司法衝突包括法域的管轄及判決的效力。任何法律關係中，應該適用何國法律，固然是國際私法應該解決的問題；而應該由關係中的何國法院管轄，尤爲先決的問題，此即所謂法域的管轄。又外國法院的判決，其效力如何，是否爲他國所承認及執行，此即所謂判決的效力，不論是法域的管轄或判決的效力，都是屬於各國的司法問題，所以稱爲司法的衝突。我國與英美的法制不同，我國的國際私法，僅是「對涉外法律關係，就內外國的民事法律，決定適用何國法律的法則。」所以我國的國際私法，是着重於解決法律的適用問題。而英美的國際私法，是「對涉外法律關係，就內外國的法院或法律，決定由何國法院管轄或適用何國法律的法則。」所以英美的國際私法，是以何國的法院有管轄權，爲先決問題，然後解決法律的適用問題。（洪力生）

司法的衝突

司法的衝突包括法域的管轄及判決的效力兩個問題。任何法律關係中，應該適用何國法律，固然是國際私法應該解決的問題；而應該由關係中的何國法院管轄，尤爲先決的問題，此即所謂法域的管轄。又外國法院的判決，其效力如何，是否爲他國所承認及執行，此即所謂判決的效力問題。不論是法域的管轄或判決的效力，都是屬於各國的司法問題，所以稱爲司法的衝突。（參閱「立法衝突」條）（洪力生）

石油輸出國集團（Organization of Petroleum Exporting Countries）

亞洲的沙地阿剌伯、科威特、伊朗、伊拉克、克特、阿布達貝。非洲的利比亞、阿及利亞、奈及利亞。遠東的印尼。南美洲的委內瑞拉，合組石油輸出國集團（Organization of Petroleum Exporting Countries, OPEC）參加國家爲（Sandi Arabia. Kuwait, Iran, Iraq, Qatar. Abu Dabai, Libya. Algeria Nigeria, Indonesia Venezuela ）共十一國。此集團成立于一九六二年迄至一九七二年已有十年歷史。（張彝鼎）

可倫坡計劃理事會（Colombo Plan Council for Technical Cooperation in South and South-East Asia）

一、緣起：

可倫坡計劃理事會，顧名思意，應根據可倫坡計劃而設立，唯徵諸實際，並沒有一個完整的計劃（Integreated Plan）所謂可倫坡計劃者乃泛指該地區之國家在地區外之國家贊助下爲發展經濟，提高生活水準所作努力的總稱。蓋第二次世界大戰結束後，南亞及東南亞人民紛紛脫離殖民狀態，獲得獨立，惟這些國家獨立後百廢待擧，如何提高人民生活水準，發展經濟，加强對外連繫，阻止侵略者之壓迫，已成為嚴重課題。一九五〇年澳州總理賽德尼有鑒於此，在可倫坡召集的不列顛國協會議上首先提議，各國對南亞及東南亞地區之經濟發展應加強合作，經通過後於同年十一月二十八日公布，一九五一年七月一日生效，因而有可倫坡計劃之產生。

二、組織：

1.理事會：由各會員國派代表組成，商討本組織重要事務，每年召集一次由區域內之國家代表推舉一人為主席。

2.諮詢委員會：主管技術協助有關事項，理事會每年就有關業務向該委員會提具報告。

3.可倫坡計劃局：為本組織之常設機構，置主任一人，辦事人員若干人，處理本組織日常業務。

4.新聞室：主辦有關技術消息之傳遞及收集工作。

三、目的：

該組織成立之目的在促進南亞及東南亞國家之經濟發展，一方面由先進國家提供訓練設備、專家顧問、研究設備，另一方面與聯合國及其專門機構謀求技術協助，交換有關情報。

四、會員國：

該組織成立之初，原以錫蘭、印度、馬來亞、巴基斯坦、波羅州、英國、加拿大、澳州、紐西蘭等國協會員國為主，唯自成立以後，新加坡、馬爾地夫及其他非國協國家越南、寮國、柬埔寨、美國、緬甸、尼泊爾、印尼、日本、菲律賓、泰國、南韓亦先後加入，現有會員總計二十二國，其中澳、加、日、紐、英、美為捐助國，餘為受援國。

五、一般活動：

該組織自成立以來，曾除每年召集會議，商確有關問題而外，並以會員國平等為基礎。籌集基金，推行技術合作計劃。調查技術合作方面所遭遇之阻礙與困難。技術合作一般言之是雙邊性的，由當事國分別締結協定加以推行。該組織若認為在技術合作方面有改善之可能，或有更佳之方式可以採用，亦可向有關國家建議。可倫坡計劃所包括的南亞及東南亞區域人口八億以上，該計劃的極終目標想本區經由經濟情況改善，免於共產侵略勢力蔓延，並使受援國家的人民享受和平、康樂的生活，用意至善。然實施以來並未獲致預期效果，而共產國家對本區經濟、政治、乃至軍事攻勢反日見囂張，其故有二：第一、共產集團的侵略是全面的，單是經濟發展不足以適應本區當前緊急需要；第二、若干參加本計劃的國家標榜「中立路線」，甚至以同時接受共產國家的援助為得意。可倫坡計劃之難望有很大成就在此。（張宏遠）

瓦泰爾（Emerich de Vattel）

瓦泰爾是瑞士的法學家與外交官，一七一四年出生於古偉（Couvet）。他服務於薩克遜利（Saxony）的外交界，一七六七年逝世於盧恩堡(Neuenburg)。

瓦泰爾於一七五八年發表巨著萬國公法（Le Droit des Gens）。這本書是取材渥爾夫（Christian Wolff）於一七四九年所發表的萬民法（Jus Gentium Methodo Scientifica Pertractatum）。但是他並不贊成渥爾夫所主張的世界國家（Civitas Sentium Maxiam），及其地位應優越於個別國家的理論。由於瓦泰爾的這部萬國公法寫得特別有條理，實際上所發生的影響，遠較渥爾夫為大。當時歐洲各國外交家，莫不誦讀瓦泰爾的著作，同時其著作亦常被法庭牽涉國際法的判詞中所引用。

瓦泰爾是折衷法學派的代表學者，其主張恰好介於自然法學派與意志法學派之間，認為國際慣例、條約、理性均同樣重要，但維持格羅秀斯對自然國際法與意志國際法所作的區別。至十九世紀之後，瓦泰爾等折衷法學派的影響力逐漸衰退，而被意志法學派所取代。（李鍾桂）

參考文獻：

Das Grosse Duden Lexikon, Vol. 5. Bibliographisches Institut Mannheim, 1968, P.355

Oppenheim International Law, 8th edition, 1957. Vol. I P.98-99

未設防（Unfortified）

「未設防」即無砲台或防禦工事之意；其與「未防守」（Undefended）不同，後者係指無軍隊防守。例如一個城市沒有建築任何防禦工事或砲台，但有軍隊防守，則該城為未設防、而有防守的城市；反之，如果有砲台或防禦工事，但沒有駐紮軍隊加以利用，則該城為有設防而未防守之城。如果既有砲台或防禦工事，又有軍隊駐守，則為設防及防守之城市。

依一九〇七年海牙陸戰法第二十五條之規定：未防守之城市、村莊、住宅、房屋，不得以任何方式攻擊或轟炸之。「任何方式」云者，表明無論地面部隊、海上艦炮、或空中飛機，均不得攻擊或轟擊這種無軍隊防守的城市、村莊或住屋。（俞寬賜）

本國法（Lex Patriae ; National Law）

當事人所屬國的法律，稱為本國法。本國法雖然是依當事人的國籍而定，但是和國籍法，並不相同。前者是國際私法上屬人法的準據法；後者是規定國籍的取得、喪失、回復、變更等等的法律。自十四世紀義大利學者巴塔路斯首倡法則區別說，就主張屬人法則應該適用當事人的住所地法為原則。雖然這個法則仍為英美法系國家的國際私法所採用，但是自一八〇四年法國拿破崙法典施行以後，德國學者巴爾（V. Bar）就認為身分能力等問題，它的性質和當事人所屬的本國，最有密切的關係，並且最容易遵守，所以主張應該適用當事人的本國法。十九世紀中葉，義大利的馬志尼（Mancini）及比利時的羅蘭（Laurent）等學者，乃着重於民族的統一，國家的觀念，而主張關於能力、繼承、親屬等問題，應該適用當事人的本國法。至今大陸法系國家的國際私法，多採用當事人的本國法為屬人法。如德國、法國、義大利、日本、荷蘭、比利時、智利、及秘魯等國的國際私法，都是採當事人本國法的規定。我國的國際私法單行法，關於屬人的法律關係，也是採用當事人本國法的規定；如涉外民事法律適用法第一條第一項、第二條、第六條第二項、第十一條至第二十二條，及第二十四條，都是採當事人本國法的規定。但是，現今各國的國內法，尚未統一，而屬於多數法域的國家，如美國及英國等國是，其民事法則規定於不同的各州州法，或規定於不同的大英國協或自治領或殖民地的法律，所以大陸法系國家的國際私法，對於當事人本國內各地方法律有不同規定者，應該適用何地法律？多有規定其解決的方法。我國涉外民事法律適用法第二十八條的規定，也是解決適用當事人本國法所發生的困難。至於大陸法系國家採當事人本國法為屬人法，英美法系國家採當事人住所地法為屬人法，兩個法系的學者所主張的理由，可以說是相對的，各有其主張的理由；所以各國國際私法應該採擇何者為其屬人法，就應該參照各國的國情及其政治上的理由，而決定之。再者，大陸法系國家國際私法的採用當事人本國法，與英美法系國家的採用當事人住所地法，其衝突的解決，現今各國多採用一等反致（Renvoi in first degree），以資解決或協調。（參閱「涉外民事法律適用法」第二十九條及「一等反致」等條）。（洪力生）

史密桑寧協議（Smithonian Agreement）

一九七一年十二月十八日美國、英國、加拿大、瑞典、日本、西德、法國、義大利、荷蘭、比利時十個國家簽訂一項協定。改變各國貨幣之滙兌比率，重新加以約定。尼克森總統就會議背景說明如下：

一、當第二次世界大戰後，美國在這世界上是一枝獨秀的最大經濟强國，為非共產世界內許多地方的經濟穩定和安全負起主要的責任。我們著手實施馬歇爾計劃，以協助歐洲重新站穩脚跟。我們幫助日本實現經濟復原。我們曾鼓勵著歐洲的經濟合作。

跟另外一些國家一起，我們幫同建立了國際貨幣基金會，以促進世界貨幣合作；訂立了關稅暨貿易總協定，為從事進行有秩序的國際貿易，建立一種法典和結構；創立世界銀行，以協助歐洲復興，並且對低度開發國家提供援助。這些機構形成了一個國際經濟體系的制度基礎，這個體系促進了恢復自由世界繁榮所需要的商業和資源繼續不斷擴大的流通。

自從那些機構建立以來，世界經濟在結構方面便有了一些重大的變遷。商業量和金融資源的轉移，無不有了極大增加。歐洲、日本和加拿大的工業能量，都有迅速擴張，而且目前都已成為貿易和金融的强國。所有這些新的現實需要被反映到我們的對外經濟關係上，和國際的制度及安排上。在一九七一年，我們的政策就針對在達成這一目標。

二、國際貨幣政策

經過了二十年的穩定和進步以後，在一九六〇年後期開始產生的一系列危機，顯示出國際貨幣制度已不足以應付當前世界貨幣問題的龐大規模和嚴重性。這個情勢在一九七一年到達了危急的程度。

五月和八月間所發生的兩次貨幣危機，以及我們國際收支情況的惡化，使我深信，在貨幣方面，必需作一重大調整，在國際貨幣制度方面，必需作一重大改革。八月十五日，我實施了一連串的措施——包括暫停美元的兌換辦法——使國際的注意力和精力，極大的集中於達成這些目標。

對於導致這些決定的情況，必須有一認識，這一點是非常重要的。開發的緊張。在一九四四年布里頓森林會議中，爲了經由擴充貿易和迅速的經濟建設來幫助達成我們重建自由世界的目的，我們曾率先創導，建立一個新的國際貨幣制度。我們希望這一制度能避免在一九三〇年代所普遍盛行的各種限制措施和競爭性的貨幣貶值，並且能夠促進各國自行重建經濟的能力。這一制度使各國國際收支在基礎上失去平衡時，可以從事預期所需實施的平價調整。由於各國能從國際貨幣基金會建立的貨幣同盟，提取款項，來補充它們自已的黃金和外滙準備金，因此使它們渡過在國際收支方面所發生的暫時性的，或是週期性的困難，從而可以促進外滙率的穩定。提供這些變通辦法，是在使各國能避免必須放棄健全的國內經濟政策，或實施管制，來矯正國際收支的問題。

布里賴森林制度，我們的援助，以及其他國家從事重建經濟所作的積極努力，有助於產生了一個蓬勃活躍、歷久不衰的經濟擴張時期。我們的復興援助和繼續不斷的國際收支赤字，爲一般準備金枯竭的國家提供了極大的流動力。他們的美元和黃金存量，有了極大增加。在緊接大戰後的時期內，使許多國家因此能支援它們建設所需進口貨的大量流入。

但在一九六〇年代，國際貨幣制度顯現出日益增長的緊張。美國繼續不斷的國際收支赤字，過去曾一度毫不含糊地幫助了其他國家，成爲流動準備金的一項來源，這時候却導致了美國流動資產和負債間日益加甚的不平衡。最後發生了有關美國是否有能力維持它以美元兌換黃金，或其他準備金資產的懷疑。在準備金方面顯然就需要有一種補充的來源，因此，一九六九年在國際貨幣基金會內部達成協議，創立一種以特別提款權的方式，作爲國際流動性上的一種變通資源。

但是這一改革措施，並不能應付緊張情況的其他來源。面臨著龐大的、接續不斷的國際收支問題，各國便不得不著手改變他們的外滙率價值，通常總是在經過長時拖延，在一種危機氣氛之中實施的。這樣一種調整，在一九六〇年代後期，頻頻發生，日益增多。這種調整，幅度必然很大，對於實施調整的國家，在心理方面，漸漸失去穩定的感覺，在政治方面，具有崩裂的作用。

而且，這種需要調整的壓力，對於所有各國，並非一律平等。一般在國際收支方面有著很大盈餘，而其幣值原屬低估的國家，對於他們的貨幣，很少感到受有需要調整價值（昇值）的壓力。的確，他們感覺到有種不加調整的動機。幣值低估的外滙率，使他們能達到龐大的貿易盈餘，有些人認爲這是合意的，以便促進他們國內的經濟成長和就業，並且保障他們國外的金融地位。但在一般外滙率高估的國家，最後終於必須以實施貶值，來矯正他們國際收支的不敷，並且制止它們準備金的外流。因此過去通貨貶值的情形比昇值爲多。

成爲世界各國準備金和交易所用主要通貨的美元，因此就是國際經濟體系的制輪楔。在其他國家隨意改變它們的貨幣對美元的價值時，美國始終擔任著一種消極的角色。在一九六〇年代期間，其他國家貨幣價值的改變，不免推昇了美元的平均滙兌值。當各國一一完成了他們的戰後復興，達到了高度水準的生產力，並且表現出極端適應於發展中的輸出市場時，這種情形就格外削弱了美國經濟原已略告減低的競爭力。一九六〇年代後期，我們國內的通貨膨脹，更嚴重的加速了這一趨勢。

由於美元所負有的主要任務，使得我們很難經由通貨貶值的方法，來矯正這種情形，因爲這一體系的穩定和流動性，原是建築在維持在一種穩定的美元上面的。即使我們希望貶低美元對黃金的比值，除非其他國家都能同意不加貶低幣值，否則對於我們的國際收支問題，毫無作用可言。

在這一體系中這些緊張情況，導致了一系列的危機。一九六七年十一月，在英鎊遭受了大規模投機的攻擊以後，英國和其他許多國家，紛紛被迫實施通貨貶值。隨後在貨幣市場造成的幣信危機，終於觸發投機者大規模買進黃金。各國中央銀行的黃金儲備，不斷流出，直到一九六八年三月實施二重價位制，把民間黃金買賣跟國際貨幣交易隔離分開，纔告結束。從一九六八年春開始，法郎即一再遭到投機的攻擊。法國，連同法郎地區，卒於次年八月，實施通貨貶值。一次大規模貨幣的流入德國，導致了馬克在一九六九年的昇值。

在一九七〇年，雖曾避免了一次大規模的危機，但由於美國的利率，要比一些歐洲主要國家爲低，於是驅使大量美元，逃往國外，使一般歐洲國家從事穩定國內貨幣的努力，頓形趨於複雜。

一九七一年，情勢益形惡化。在美國國內貨幣的加速增長和短期資金的外流，加上我國貿易的入超，造成美元以創紀錄的數額，大量流出國外。結果，歐洲和日本，吸進了數十億的美元。五月，德國決定以馬克實行浮動滙率。投機買賣，繼續不斷，世界各國貨幣市場，均有異乎尋常的大量交易。

一九七一年八月的措施。到了八月，情勢顯已無法繼續支持。主要由於我們的貿易地位的劇烈惡化。美國重要的支付地位猛烈運轉。美元價值，顯已估值過高，而我們某些貿易夥伴的貨幣，則顯然估值過低。我們餘剩的準備金，迅速消耗，日益短蹙，而在外國中央銀行所持有的美元數量，却是急驟上增。加緊的投機活動，搖撼了國際貨幣制度的基礎。

如果我們祇是採取治標之計，繼續爲這一體系從事補綴工作，則我於八月十五日對本國所採取的有力措施，也許就能暫時結束這一危機。但這樣一來，我們自必面臨著如此一種危機在未來的重覆來臨。

我們經過充分檢討所得到的結論是認爲，這些變通方法是不夠的。更需在針對立即的危機和這一體系的基本結構等問題上採取片面的有力措施。所以，我在八月十五日停止了美元兌換黃金和其他準備金資產的辦法。同時我規定對有稅進口貨，加徵百分之十的臨時附加稅，藉以提高此種貨物的價格，因此減低它們輸入的數量。我並特別規定，在這附加稅繼續實施的時候，當時我向國會建議的工作職位發展租稅貸款的辦法，並不適用於對進口的機器給予租稅貸款。

我的目標是在建立一種調整滙率的情況，並且刺激貿易和共同負擔方面的進展——以便爲我們的國際收支帶來重大的轉變。我還希望著手安排，進行談判，實行改革國際貨幣體系。

八月十五日的措施，在這些措施本身，並不是一種持久的解決方案。一種持久的解決方案有賴於兩個因素。第一，在我們的本國經濟方面，需要有重大的改善。工資和物價的凍結，就是我們預期可以減低我們高度通貨膨脹率所採的措施。我所建議的工作職位發展租稅貸款和其他減稅辦法，旨在刺激國內的成長和生產力，減低失業，鼓勵新的投資，而使美國的工業較爲擁有競爭力。

其次，我們需要一種大規模的國際合作努力，以協助我們改善我們的國際收支情況，最後並改善這一體系本身。如果有些國家因收支不敷而在國際收支上不平衡時，另一些國家會因爲盈餘而也有不平衡的情形。因此，我們所面臨的，是種需要由多國來加以解決的國際問題。

協議之路。爲了强調這一問題的嚴重性和需要採取國際行動的迫切性，八月十五日的有力措施是必需的。當時對我們有一種誘惑的力量，即著手進行，主要是跟某些國家分別單獨作有利的安排，然後對其他一些國家施以壓力的那一種多邊進行的辦法。但是我們選擇了另一途徑。我們特別著重於避免採取一種足以在自由世界各國之間，削弱信任和政治團結的策略。最重要的是，最後的結果，必須是在一種國際團結合作，並對有關各方均屬有利的精神下來達成。祇有如此的一種解決方案纔能持久。由於這些原因，我們把國際會商和多邊的討論，置於優先。

在八月十五日以後的幾個星期中，我們就開始著手澄清這個問題的範圍。九月中，財政部長康納利在倫敦舉行的十國集團——自由世界主要工業化國家的財政部長和中央銀行總裁——的集會中，闡明了我們的目標，强調著採取行動的必要。

在這同一時期，若干國家把它們的貨幣實施了浮動滙率。全看某一國家採取干預手段和外滙限制措施的程度而定，浮動滙率可以讓市場的力量擔任一種重要角色，來決定它的幣值。如所有各國貨幣，都能准予自由浮動，政府不加干預和限制，通貨調整的過程，可能就可獲得便利。爲了給以鼓勵起見，康納利部長在九月底國際貨幣基金會年會上建議，如果其他國家政府能在一過渡時期，准由它們的貨幣自由浮動——同時，在撤除某些貿易壁壘方面，如能達成實質的進展——我們就立即取消征收附加稅。這一方法，很少獲有反應。很多國家都不願讓市場力量來決定它們的幣值，而以致力恢復固定滙率，作爲優先的工作。但部分貨幣正在逐步接近一種比較切合實際的滙率，這一點却是可以樂觀的事。

十二月初在羅馬舉行的十國集團集會中，終於澄清並產生了一些解決立即危機的可能途徑。美國曾强烈反對把黃金的美元官價作任何的改變，因爲顧到如此一種改變，可能增添一般人對於黃金可能在貨幣制度中達到並維持一種更爲重要的角色的希望或期待，這一點跟我們原有的用意是正好相反的。但康納利部長爲了美國的利益，探討著美元對黃金的幣值，究應以如何幅度，加以正式貶值，纔可能幫助產生一種可以令人滿意的廣泛協議。特別必須確定的是，在各國之間是否能同意實施一種幅度可以令人滿意的調整，同時，其他國家對此，究能提出一些什麼貢獻。

要實施一種充分有效的調整，需要所有各主要工業化的國家，一律參加其中。如有一國不予參加，其他國家就比較難於同意以它們的貨幣，對美元實施重大的昇值。特別是法國的參加，極關重要，因爲另外有些國家，對於它們的貨幣和法郎間的滙率，非常重視。我們認識到法國對於它在歐洲的競爭地位，以及以法郎對黃金的平價，維持於一九六九年所建立的標準，具有强烈的利益。

十二月中，在亞速爾羣島，龐畢度總統和我，就我們對一項全面解決方案所應作的共同貢獻，在原則上達成了一項協議。我們同意著手進行，透過美元貶值和其他若干國家貨幣的昇值，立即實施一項滙率的多邊調整。

在華盛頓史密桑寧舉行的十國集團集會中，這項談判終於有了結果。在這次十國集團舉行一系列重要集會中擔任主席的康納利部長於十二月十八日向我報告，業已達成了令人滿意的協議。其中涵蓋一種新型式的外滙率關係，同時包括有貨幣的昇值和貶值。十國集團並且承認，為了確保在國際經濟方面有一新的、持久的平衡，貿易的安排是非常重要的。為了便利實施調整，我們同意，我們一經擬就有關的貿易措施，可供國會審查時，就立即提出法案，貶低美元對黃金的幣值。美國並且同意取消進口附加稅和工作職位發展租稅貸款辦法中「購買美國貨」的條款。我在百慕達跟奚斯首相舉行的會談中，宣布了實施這個決定。

史密桑寧協定——跟布里頓森林會議所決定的安排不同，當時美國是一個居於優勢地位的國家——是由一批彼此處於比較平等地位的經濟强國訂定的。它是歷史上初次由各國議訂一項多邊的調整滙兌率。意義特別重大的是，參加各國也同意應該立刻舉行討論，以考慮國際貨幣制度久遠性的改革。

十二月中的調整減低了美國出口貨品在外國貨幣上的價格，使它們在外國市場上更具競爭性。它提高了外國進口貨品在美國國內市場的價格。這就可以幫助我們極大改善我們的國際貿易和國際收支的地位，雖然我們不應期望立即就可造成一個轉變。這將可以幫助刺激國內的就業，特別是在出口業方面的就業。

我們和我們夥伴國家也建立了較為寬濶的寬帶觀念——讓外滙率在新建立的滙率附近一個較寬的範圍之內上下漲落。憑著這一辦法，加上比較切合實際的滙率，應能減除未來由於期望在幣值方面發生重大變化所引起的投機活動。

未來的改革。這個調整自屬僅是朝向較為基本改革所跨出的第一步。我們必須注意於設法使舊制度的僵硬性和不平衡狀態，讓位於較大的適應力和彈性，以確保持久的穩定力。我們必須發展出一些合理的進行規律，由各國一體遵循，同時並認清，必須以多邊的合作管理，來解除我國對此制度所挑起的不成比例的責任重擔。

我相信最近的發展，業已增强了一個古老的眞理：外滙率的改變，彰彰甚明的是一件跟許多國家有關的事。各國未能作適當的調整而因此造成持續不絕的收支不平衡，也是一件國際有關的事。需要調整和調整的紀律，對於收支有餘的國家和收支不足的國家，應屬同樣有關的事。

國際的流通量，足以影響到許多國家。一九六九年，世界各國同意在國際貨幣基金會內建立特別提款權，對於改進國際制度，跨出了重大的一步。到目前為止，已建立了九十億美元以上的此種國際貨幣。憑著利用此項資產所得的經驗，對於尋求適當方法，從事減低黃金所擔任的任務，並避免過度依賴於準備金的貨幣——這已成為這一制度的特質——當可具有無比價值。

我預期在一九七二年內跟其他國家發展一些安排，這些安排將確保貨幣制度能反應我們的共同利益，並為未來貿易和投資的進一步擴展，提供一個較為持久的體制。

三、國際貿易政策

在一九七一年，我們曾採取了扭轉我們衰退中貿易地位的有力措施，使國際的注意力集中於目前世界貿易制度所面對的一些基本問題，並以大規模的努力，向前推進，從事改善我們的競爭地位。

背景。國際貿易足以影響於我國和其他每一國家公民的生活水準和福祉。為了這個緣故，撤除壁壘，使商品在國際市場上自由交易，自從一九三〇年代以來，就一直是美國政策的主要基石。

所得的結果一直是予人深刻印象的。一般工業化國家的關稅率已減到它們在第二次大戰剛結束時期內的三分之一。在一九五〇年到一九七〇年之間，美國的輸出增加四倍，從一百十億美元增加到了四百三十億美元。美國的工人、農民、商人，所有的產品，都有了更多進入國際市場的機會，同時，美國的消費者也深受其惠，可以享用著來自其他國家日益增多和各種各色廣泛不同的產品。我們之間貿易的迅速增長，增進了美國和它盟國戰後的繁榮。這種貿易關係，為我們在政治方面的結合，提供了堅實的支持。

但是在最近數年中，國際貿易有了重大變化。歐洲社會和日本，現已成為經濟强國的新中心和有力的國際競爭者。歐洲社會目前是全球最大的貿易地區。日本的生產力有著迅速的增加，現已成為一個積極活躍的出口國。但含有歧視的貿易安排，現正佔取了更大的重要地位。新添加了一些貿易壁壘。過去減低的關稅，對於至今尚未充分熟練的貿易，却招來了另外一些壁壘。

在國際貿易體系範圍之內，美國最近感受到了它自己的一些特殊問題。美國勞工和工業的生產力，並未像我們某些重要貿易夥伴那樣增加迅速；在最近數年中，我們的通貨膨脹率高得使人難以接受；而美元業已成為估值過高。所有這些問題合併起來產生的結果是，減低了美國產品在國內國外市場上的競爭力。我們的貿易平衡，每況愈下，到了一九七一年——一八九三年來的第一次——我們經歷了貿易的收支不敷。由於我們的一些主要貿易夥伴，無不維持著一些貿易壁壘，——在許多情形中，既不正當，且已過時——損害到我們的輸出，因此使我們的問題，變得益加複雜。這些便是政治摩擦的焦點，阻撓了美國某些工業上就業的成長。

貿易政策。我們在一九七一年的目標是：

——制止通貨膨脹，調整滙率，因此逐漸提高美國產品的競爭力；

——謀求撤除某些對美國輸出品所樹立的壁壘；

——安排進行進一步的國際談判，以便對貿易壁壘作比較基本的處理；

——增强美國工業輸出的競爭力；

——便利國內工業實施調整，以適應進口貨過度迅速增加的壓力，在某些情形中，採取措施，協助緩衝此種壓力的衝擊；

——擴大並增加跟共產國家進行貿易的機會。

八月十五日的措施。我們在八月十五日所實施的範圍廣泛的計劃，在處理我們貿易問題的根源方面，現已獲得重大的成功：

——十二月的滙兌調整，業已糾正了一個主要問題。在過去，估值過高的美元，曾使美國產品的價格，在國內外市場上人為地高於一般競爭的產品。相反的，在一般滙率低估的國家，產品價格無論是在國內國外市場，都要比較低廉。提高其他國家貨幣對美元的比值，來調整此種情形，應能極大改善我們輸出的性能，減低輸入的增加。

——凍結工資物價，以及隨後第二階段所實施的限制措施，應該能夠使我們遏止通貨膨脹。但根深蒂固地盤踞於一九六〇年代後期的高度通貨膨脹率，格外加深了由於美元幣值偏高所引起的問題。減低通貨膨脹將增加美國產品的競爭力，因此增强我們的出口性能。這將使我們自己的消費者可以買到較多我們的產品。

——我們在解決許多貿易問題方面，都已有了積極的進展，將來結果可以解除某些對美國出口貨品所實施的限制。我們希望能跟我們的貿易夥伴，達成協議，在一九七二—七三年間，就一些比較基本的貿易問題，進行主要大國的多邊談判，以期能普遍擴大世界貿易，包括改進美國產品進入外國市場的途徑。

貿易談判。現在美國有一種繼續增長的深刻意識，認為國際貿易對於我們國內經濟，極關重要，並且認為，我們若干主要貿易夥伴，現正採取某些對於我們具有不利影響的貿易政策。在最近幾年裡，貿易問題一直是國內政治和保護主義者所施壓力的集中焦點。這種問題一直成為我們跟其他國家關係中的重大刺激。大家所特別擔心的是，歐洲市場現正著手一種新的特惠貿易安排，這類安排鼓勵了這個世界發展成為一個分裂為一若干採取差別待遇的貿易集團的世界。因此會抑制了包括我們自己在內的全世界貿易機會，嚴重地削弱國際經濟關係上的多邊基礎，並且提高造成政治緊張的危險。處理這些摩擦問題上所獲的進展將可增强我國在政治方面對擴大的歐洲社會，以及對我們跟日本、加拿大、歐洲及我們其他盟國維持有力聯繫的支持。

但貿易就像貨幣問題一樣，也是一種多國性的問題，必須以多國合作的精神來處理。目前，歐洲社會、日本、美國、和其他一些國家，無不維持著貿易壁壘，對於相互間的出口，都有不利的影響。歐洲社會維持著一種高度有害於美國和其他國家有力生產者的農產品輸出，並對來自日本和東亞的工業產品，實施種種特殊的限制。日本保持著各種不同的壁壘，限制來自我國、歐洲和加拿大的進口貨。美國也有一些影響到其他國家貿易的限制措施。

單以雙邊談判不能解決這些問題。由於這一方面上的國際合作極關重要，在經濟合作開發組織去年六月舉行的部長會議中，羅吉斯國務卿首先創導，建立一個小規模的高級專家小組，從事研究怎樣能以最佳的方法，來處理世界的貿易問題。我指派了我的貿易談判特別代表艾柏爾，代表我國參加這個小組。

這一小組內進行的討論，以及我們在過去數月中所作的貿易會談，使我們得到一個結論，現在時機已經來到，可以開始著手進行，從事一系列大規模的國際談判，來商討減除貿易壁壘。在由威廉斯擔任主席的我的國際貿易暨投資政策委員會所提出的報告中，曾經舉出了一個需要採取如此一種努力的有力論據。一種持續不斷和互惠的減少貿易壁壘的努力是必要的，以便扭轉目前朝向締結差別待遇貿易集團的運動，並且解除每一國家所實施的限制措施，這種限制措施，常被其他國家藉此用作實施它自己新的限制措施的正當理由。久遠而言，唯有一種對各主要貿易國家相互有利，並且能夠獲得它們的信任和支持的國際貿易制度，纔能維持長久。我們準備跟其他主要貿易國家，採取一致行動，朝向這一目標推進。

美國的國內措施。關於我們貿易問題的長期解決辦法，並非僅是在理由其他國家解除貿易的壁壘。一種擁有更大競爭力和更大生產力的美國經濟，特別是在出口部門，是極端重要的。工作職位發展租稅貸款應該能夠刺激新的投資，因此提高生產力。我們並將著手一些計劃，從事發展新的技術，以增進我們的競爭力和促進出口貨的機會。

此外，在我的國際經濟事務助理皮特森主持之下而於一九七一年二月開始作業的國際經濟政策委員會，現正著手發展一些長程的計劃，以提高美國的競爭力和增强美國出口的表現——因此刺激我們出口業中的就業——並且改進國內配合外來競爭的調整計劃。

我指派給皮特森的第一個任務就是對於業經改變的世界經濟，以及我國在其中所處的地位，準備一份廣泛周詳的節略。他的節略曾分別提送內閣、國會議員、和其他有關組織。十二月間，皮特森根據他的分析，發表了一篇報告，其中提出警告，反對樹立新的進口壁壘。而且，相反地，他要求採取一種堅定的談判立場，以確使我們的產品，能以平等的地位，進入世界市場，並且利用這種平等機會，著手一種積極的計劃，來增强美國的實力和提高我們在國際間的競爭力。我充分贊同這個意見，並且將全力支持我們從事實現這項意見的努力。因此，我已指示國際經濟政策委員會，密切考慮威廉斯委員會報告中所列的各項建議。在這份報告裡，含有創造性的和深具遠見的建議，來提高我們經濟的實力和彈性，刺激出口的有力成長，改進支持美國出口性能的技術能力，並且緩和因進口貨競爭所產生的調整問題。

由於我對擴充美國出口的重視，我曾建議，並且獲得國會通過，制定立法，准許創設本國國際銷售公司。這將爲來自出口銷售的收入所得，提供有限度的延期繳稅，因此給以目前對美國廠商國外生產銷售分公司所有收入所得給以的同樣待遇。這就減少了一種僅爲稅款著想的動機，而在海外，而不在國內製造銷售國外的貨品，本屆行政當局也强力支持國會所訂立法即已由我於八月間加以簽署而成爲法律的那項立法，准許進出口銀行，擴大它的計劃，因在資助美國的出口上提供益增的援助。

隨同這些用於促進我們在國外的貿易利益以及增進我們的出口所採取的措施，我們在一九七一年又採取行動，經由限制貿易立法以外的手段，來應付國內所有各種重要要素的關切：

——我們已跟遠東四個主要紡織品輸出國：日本、大韓民國、中華民國和香港，經由談判，訂定了一種紡織品自動限制的協定。這項協定將可緩和最近來自這些國家毛紡織品和人造纖維織品輸入的迅速增長率。這種輸入的迅速增長率，對於美國紡織業方面的就業問題，業已造成了一種崩裂性的影響。

——在棉織品方面，凡是在需要限制進口的各類目上，我們都已引用了多邊的棉紡織品長期協定。

——我們曾進行談判，從事改進鋼品自動限制安排，以便限制日本和歐洲社會會員國鋼廠產品對美國的出口貨。

——我們繼續實施反傾銷法，以保障美國工業，不致受到外國競爭者所訂的不公正價格的損害。

——現在許多地區，都已有了調整援助辦法，對於因進口而受到損害的個別廠商和工人，提供財務和技術方面的援助。我已命令在各機關間配合努力，以改進此項援助的效用和時機。

對共黨國家的貿易。跟共黨國家進行貿易的機會，在一九七一年有了擴大和增加。這不但跟我們外交政策的演進完全符合一致，而且對於我們的貿易利益，也有重大好處。目前跟這些國家進行的貿易，雖然還不到我們出口總額的百分之一，但它們是我們產品的一個重要的潛在市場。隨著雙方關係獲得改進，貿易也就會跟著增長。前者繼續改進，後者亦必繼續增長。

在此過去一年中所採取的重大步驟如下：

——我們曾支持羅馬尼亞加入貿易暨關稅總協定，並且支持國會投票表決，核准對該國給以最惠國關稅待遇。在有關進出口銀行對於輸往共黨國家的出口貨提供貸款的立法限制，最近放寬以後，我已核准以這種便利，提供我們對羅馬尼亞的出口。

——四月一日，我放寬了禁止以美元用於跟中華人民共和國進行交易的通貨管制辦法。同時，我並放寬了限制對往來中國的船舶飛機，提供燃料的辦法，並且准由美國船舶，載運中國的貨運，往來於非中國的港口之間。

——六月，我解除了一項範圍甚廣，對於非戰略性美國產品所實施的貿易管制，准予不用許可證，可以輸往中華人民共和國。這些措施的實施，結束了二十一年來對中華人民共和國的直接貿易的禁運。

——史丹斯部長前往蘇俄和波蘭的訪問，以及對希望把貨物銷售這兩個國家的美國出口商，所頒發的大量許可證，應能促進增加貿易的機會。

——十一月，我們締結了一筆交易，以值值約一億三千六百萬美元的穀物，售給蘇俄，這對美國農民，可有極大利益。

——我們並且經由減少需要申請許可證的貨物種類，但並不削弱對戰略物資出口的有效管制，而進一步的便利對共黨國家的貿易。

未來的發展。我們在一九七一年曾採取一些行動，解除了對我們出口所施的限制，並且鼓勵恢復撤除貿易壁壘的國際努力。對於這種壁壘，必須發動一種廣泛國際性的攻擊。在未來唯一能持久的制度，必然是一種對於大家均共同有利的制度。任何一個國家，或任何一個國家集團，如果退縮回去，實施保護主義，或者企圖以新的重商主義政策手段而討取其他國家的便宜，均將對所有一切國家實力和繁榮所寄的國際合作，造成重大的打擊。

註：自史密桑寧協定後一年內，國際經濟繼續發展，並至一九七二年底止，國際滙率，亦相當穩定。（張彝鼎）

巨棒政策（Big Stick Policy）

巨棒政策者，美國總統西奧多羅斯福（Theodore Roosevelt）所倡之外交政策也。緣美國自提出門羅主義以來，其對外政策即傾向於孤立，以期得以免除國際上之干擾，而集中精力於對內之開發。然而自美、西戰爭以後，美國實已廣張其勢力於太平洋方面，早已突破門羅主義之範疇。職是之故，迄至二十世紀開始之日，美國漸有走向擴張主義之趨勢。

一九〇一年，美國總統麥肯萊（Mckingley）被刺身死，由副總統西奧多羅斯福繼任為總統，彼乃開始採取與門羅主義相異之新政策，彼曾發表名言，謂美國應「說話溫和而携帶巨棒」（Speak softly and carry a big stick）。換言之，即美國應一面以溫和言詞表示主張，同時以壓力貫徹其主張耳。

老羅斯福總統本其「巨棒政策」，曾與巴拿馬簽訂條約，使美國得以建築巴拿馬運河，以連絡大西洋與太平洋之航運。同時由其對門羅主義之附帶解釋，認為凡美洲國家發生糾紛而有引起歐洲國家干涉之可能時，美國即有權過問。由於此種新原則之確立，故老羅斯福曾為山托多明哥（Santo Domingo 現已成多米尼加共和國）代管其財政，並且曾暫時將海地（Haiti）與尼加拉瓜（Nicaragua）置於美國保護之下。此外，老羅斯福亦曾對阿拉斯加（Alaska）與加拿大間邊界問題設法予以解決，而日、俄戰爭之終結，羅氏亦與有力焉。可見老羅斯福總統當時不但對內對外皆具有極高之威望，而當其任滿之日，並得由其推荐達虎特為繼任總統之人選；然則所謂「巨棒政策」實不啻為美國爾後逐漸成為超級强國之先河也。（鄧公玄）

參考文獻：

The World Book Encyclopedia Vol. 18

左傾冒險主義（Adventurism）

列寧於一九〇二年八月一日在「火星報」以「革命冒險主義」為題發表文章，指責社會革命黨份子迷戀個人或小組的恐怖手段對付沙皇政府大臣，忽視理論和原則，不依靠群衆諸傾向，乃是政治上的冒險主義。

若按現代國際共產黨語言的含義而言，凡是不顧客觀情勢，提出過高的口號、過左的政策、或是提出當時情況所不能允許和群衆所不能接受的、過高的鬥爭形式與組織形式，就被稱之為左傾冒險主義。

在共黨之中，冒險主義已成為排斥異己之另一鬥爭的名詞。依共黨冒險主義之定義，毛匪所實行的「大躍進」、「人民公社」等皆是冒險主義的明顯表現。（吳俊才）

共產黨宣言（Communist Manifesto）

馬克斯（一八一八—一八八三年），德國猶太人，初在柏林大學專攻法律，但潛心歷史哲學的研究，尤熟語黑格爾派。他的遺著「資本論」，由其友人恩格斯整理出版，是為社會主義的重要文獻。

一八四七年，巴黎、布魯塞爾，倫敦等地社會主義者在倫敦集會，籌組一國際性的「共產主義者的同盟」，馬克斯會同恩格斯為該組織草擬一綱領性文件，此即著名之「共產黨宣言」於一八四八年二月以德文印行。

在此一宣言中，馬克斯對世界發展，曾揭示一條公式：「亞美利加的發現，亞細亞門戶開放與世界市場的發展，產生資本主義。世界局勢跟着資本主義發展而演進。最初為手工業時代，後來蒸氣機發明，機器代替手工，發生工業革命，生產衆多。由於交通日益發達，貨物可推銷至世界市場，資產階級按自己的方式創造新世界。」結果促使無產之勞動階級與資本家衝突，而發生「階級鬥爭」。最後無產階級聯合起來，希望推翻資本主義世界，故彼指出一目標，即「全世界無產階級聯合起來」。各國馬克斯主義者根據此一指示，自十九世紀中葉起，開始兩種運動：一、在國內組織無產階級政黨，企圖推翻有產階級統治；二、在世界組織國際無產階級組織，企圖實現自柏拉圖以來若干歐洲思想家之思想：「各盡所能，各取所需」之共產主義（吳俊才）

共產國際（Commintern）

共產國際（Commintern）為俄共於一九一九年一月建立的第三國際（The Tnird International），以別於一八六四年至七六年的第一國際（即國際勞工同盟）及一八八九年至一九一四年的第二國際。第三國際的組織，為聯合各國共黨和社會主義極左派，從事世界革命。它否定過去第一、二國際的革命性，且認為它們曾投降資本主義。

第三國際受俄共的控制與指揮，在各國發動共產革命，奪取政權。直至一九四三年五月，史達林因蘇俄亟需美國的支援，以抵抗納粹德國的武力侵略，遂宣佈解散共產國際，表示蘇俄對戰時盟國的親善態勢。

二次戰後，俄共領導各國共產組織於一九四七年在南斯拉夫首都貝爾格萊德成立國際共產情報局（Cominform）其實際任務與過去的共產國際無大差別，惟其活動的地域範圍較小。參看「國際共產情報局」（Cominform）條。（陳紹賢）

共產集團（Communist Bloc）

共產集團以蘇俄為首，其結合以一九五五年華沙公約為基礎。參加華沙公約的國家有蘇俄、波蘭、捷克斯拉夫、東德、匈牙利、羅馬尼亞、保加利亞、和阿爾巴尼亞等八個國家。但華沙公約規定：匪共、外蒙古、北韓、及北越均可派觀察員參加。因為各國共產黨本有着密切的國際關係，故派觀察員參加華沙公約的四個國家和簽訂華沙公約的八個國家也有着密切的結合。此外，匪俄於一九五〇年訂有友好同盟條約互助，俄與南斯拉夫於一九四五年訂有友好合作與戰時合作條約，俄、蒙於一九四六年訂有友好互助條約，俄、北韓於一九六一年訂有友好合作互助條約；而匪與北越間也訂有經濟互助協定（一九五九年）；匪與北韓訂有友好互助條約（一九六一）。依前所述，華沙公約八個國家，派觀察員參加華沙公約的四個國家，加上南斯拉夫共十三個國家；再者，古巴無疑也是一個共產黨所控制的國家，所以共產集團一共有十四個國家，目前（一九六八年），阿爾巴尼亞早已與蘇俄脫離外交關係，南斯拉夫曾與俄一度交惡，匪俄勢不兩立，羅馬尼亞與捷克自主化傾向，但是共產國家本質不變，故共產集團仍應包含前述十四個國家。

此外，尚有「蘇俄集團」一詞，一般係指蘇俄、匈、波、捷、東德、羅、保國而言。至於「東歐」一詞，則指蘇俄集團國家中除蘇俄以外之各國而言。（吳俊才）

共管（Condominium）

或譯共有，通常是一國絕對地獨佔所有某特定領土的例外型態之一，指二個以上國家共同領有某一定領土，而平等、共同行使主權。

共管領土亦有幾種不同變化：有自始即為共管國的主權所有之領土：例如一八六四至一八六六年普奧共管的Schleswg-Holstein 和 Lüneburg，一八九八年以後英埃共管的蘇丹，一九一四年以後英法共管的 New Hebrides 。又有英美一九三九年約定「共同控制」（Joint Control）的 Canton 及 Endenburg 小島，以維護太平洋上航空路線。還有一種共管形式，即在某土地之權歸屬最後決定以前，由共管國共同管理行政：例如依一九一九年和約，軸心國交出領土，由聯盟各國共同管理（德國交出 Memel 義大利交出 Fiume）；二次大戰後，安理會一度接管義大利之 Trieste，亦類此。另外尚有一種所謂「共同利用」的特殊形式，不屬於共管，應予區別：例如一九四五年中蘇訂約共同利用中國長春鐵路，約定卅年後，路歸中國（已於一九五五年由中共正式

收回）。（邵子平）

共黨卡羅維瓦瑞會議（Karlovy-Vary Conference）

又稱全歐洲共黨會議，一九六七年四月二十四日至二十六日，在捷克的卡羅維瓦瑞（Karlovy-Vary）舉行，這是一九六〇年十一月莫斯科世界共黨會議以後，至一九六七年四月止，國際共黨規模最大的一次集會。出席會議的有歐洲二十四國共黨代表團，瑞典共黨有一代表列席；南、羅、阿、荷、挪、冰島等共黨，未參加。

俄共籌開此一會議之目的是爲了恢復它在國際共產主義運動中的領導地位，企圖利用歐洲當時的新形勢，首先統一歐洲共黨，進而爲召開一次世界共黨國際會議鋪路，對共匪展開鬥爭。但會議祇討論歐洲安全問題，其餘問題皆未列入議程。會後並發表以「爲了爭取歐洲的和平與安全」爲題的共同聲明。其要點爲：①歐洲需要眞正的緊張緩和，和建立以相互信賴爲基礎的新關係；②歐洲國界，尤其是奧得尼賽國界與兩個德國國界，不可侵犯；③根據聯合國憲章，以和平手段解決爭端；④無條件尊重中立原則及中立國家；⑤外國軍隊應從歐洲各國撤退，廢止外國的軍事基地；⑥贊成實現沒有軍事集團的歐洲，締結撤廢北大西洋及華沙公約機構的協定；⑦贊成召開討論歐洲安全及和平合作問題的全歐洲國家會議。

在這個聲明中，剝掉其宣傳外衣，所顯出的蘇俄的意願不外：分化西歐，團結東歐，打擊西德，提拔東德，削弱北大西洋公約，加強華沙公約，驅逐美國勢力出西歐，鞏固俄國在東歐的統治地位。其團結歐洲共黨的目的顯然未獲成就。（吳俊才）

共黨外圍斯德哥爾摩會議（Stockholm Congress）

一九五〇年三月，國際共黨外圍組織世界和平理事會（WCP），針對美國通過北大西洋組織國家加緊準備抵禦共黨集團擴張與侵略，在瑞典京城斯德哥爾摩召開第三次代表大會，通常稱爲斯德哥爾摩會議。會議通過「和平呼籲書」，又稱「斯德哥爾摩宣言」。全文如下：

「我們要求無條件禁止原子武器用作大規模毀滅人民工具。並建立嚴格的國際管制，以確保這一決定的執行。我們認爲：任何第一個使用原子武器來對付任何其他國家政府，就是戰爭罪犯。我們號召全世界人民在這個呼籲書上簽。」

據說，在這個呼籲書上簽名的人民，將近五億。（吳俊才）

共黨世界工會聯合會（World Federation of Trade Unions）

爲國際共黨外圍組織。初據英國工會倡議，於一九四五年二月在倫敦召開籌備會，成立草擬會章委員會。同年十月，於巴黎召開成立代表大會，五十六國代表參加，通過世界工會聯合會（WFTU）會章，正式成立，選出希特林（Sir Walter Citrine）爲首屆主席，俄國提名沙揚（Louis Saillant）（法籍）爲秘書長。在沙揚的影響下，遂使該組織爲蘇俄所控制，爲蘇俄宣傳而效勞。一九四九年元月英、美、荷退出該會，並於同年十一月組成國際自由工會聯合會（International Confederation of Free Trade Unions），總部設於布魯塞爾。

世界工會聯合會總部初設於巴黎，後爲法政府逐出而遷至維也納，一九五六年二月因奧地利重獲獨立，再遭驅逐，而遷至捷克之布拉格。

該會最高權力屬於世界工會聯合會代表大會，每五年舉行一次。最近一次，於一九六五年舉行，五百廿七人參加（包括一一七位觀察員），代表九十多個國家。代表大會選舉其附屬機關—理事會，執行委員會，秘書處及執行局。

現任執行局主席爲貝托西（Renato Bitossi）（意籍），秘書長仍爲沙揚。

根據會章，工聯會係「爲了改善各地人民之生活與工作條件」而成立者。其主要宗旨爲：①不問種族、國籍、宗教或政治見解之異同，組織並團結全世界工會組織；②協助任何社會或工業發展較落後的國家成立工會；③爲根絕法西斯而鬥爭；④努力消除戰爭與戰爭原因，建立穩定而持久的和平。（吳俊才）

共黨世界主義（Cosmopolitanism）

按一般解釋，乃是一個提倡建立世界性社會的理論。這一主義的特點是，消除狹隘的民族忠貞和偏見，並願意以其他地區或宗教爲借鏡，來形成其文化與藝術模式。

按照共黨的解釋，世界主義乃是一種反動的資產階級思想，它否定民族傳統與民族主權　對祖國、對民族文化採取漠不關心的態度，並要求建立「世界國家」和「世界公民」。世界主義也是資產階級民族主義的另一面，是帝國主義侵略政策的辯護與掩飾，也是背叛其人民的「理論」基礎。（蘇俄大百科全書（一九五三年）二十三卷一一三頁。）共黨還說，世界主義是帝國主義的武器，想以它來代替共產黨所倡導的國際主義。

卡留・亨特（R. N. Carew Hunt）在解釋共產世界所指的「世界公民」的含意時說：世界公民乃是一個不絕對忠於蘇俄的人。一度被稱之為世界公民的人，現在已成為反動份子和賣國賊了。（R. N. Carew Hunt "A Guide to Communist Jargon (New York: the Mcmillan Campany, 1957) P-36-40）。（吳俊才）

共黨世界和平理事會（World Council of Peace）

為倡導所謂「世界和平」的一種國際共黨外圍組織。一九四八年八月於波蘭召開的一個「世界知識份子爭取和平代表大會」上組成一個組織，名為「知識份子國際聯絡委員會」。一九四九年四月，該委員於巴黎召開「第一屆世界和平代表大會」（部份代表獲准入境，在布拉格同時舉行會議），組成「擁護世界和平者委員會」。一九五〇年十一月在華沙舉行「第二屆世界和平代表大會」，前述委員會復更名為「世界和平理事會」（WCP）。

「世界和平理事會」的結構曾經若干次修改。一九六六年六月理事會會議決定，其領導機構為：理事會及其主席團與秘書處。會議並選出比利時人碧琉美夫人（Mrs. Isabelle Blume）為主席團協調主席以代替巴諾爾教授（John D. Bernal）；印度人羌得拉（Romesh Chandra）為秘書長。在八十多個國家之中，有「國家和平委員會」組織。該會有兩種刊物，一為「遠景」（Perspectives）月刊，一為「消息公報」（Information Bulletin）。

其宗旨和原則如下：禁止一切集體毀滅武器，終止軍備競賽，取消國外軍事基地，普遍，同時及有控制的裁減軍備，取消各式殖民主義與種族歧視；尊重人民主權與獨立；尊重國家領土完整；不干與他國內政；不同政治制度國家在友誼基礎上建立互惠貿易和文化關係；以協商方式解決國家間爭端。

「世界和平理事會」從其出現之初，即以保護蘇俄政策為己任，盡力攻擊西方政策。對馬歇爾計劃，歐洲防衛組織、北大西洋公約組織，以及最近之越戰，更是大施攻擊。（吳俊才）

共黨拉丁美洲團結會議（Organization of Latin American Solidarity Conference）

一九六三年二月第三屆「亞非團結大會」決定在古巴的哈瓦那舉行亞非拉丁美洲團結會議。一九六五年五月第四屆「亞非團結會議」復決定於一九六六年一月在哈瓦那召開三洲團結會議。

一九六六年一月三日起，哈瓦那舉行第一屆亞非拉丁美洲人民團結會議，當時由卡斯楚提議召開拉丁美洲團結會議，成立「拉丁美洲團結組織」(OLAS)，其目的是「聯合、協調和加強反對美帝及其傀儡，民族寡頭政治的鬥爭」。顯然，這個會議是三洲團結會議的產物。

第一屆拉丁美洲團結會議，於一九六七年七月三十一日在哈瓦那揭幕，於八月十日夜結束。出席會議的，有來自拉丁美洲及加勒比海沿岸二十七個國家的一二五名代表，連同觀察員及特別來賓等合計七百人左右。

會議通過五十項決議，成立了「拉丁美洲團結組織」，而且還創設了象徵式的拉丁美洲國籍，以蓋瓦拉（Ernesto Guevara）為第一號「拉丁美洲公民」。從閉幕式中卡斯楚的好戰演說看來，「拉丁美洲團結組織」活像一個拉丁美洲共黨游擊戰的最高司令部、或是指導拉丁美洲赤色革命的新國際。

會議的經過並不順利，所謂保守派與急進派之間，一直爭辯不休，前者甚至還要另外召開他們自已的會議。會議結果勉強通過古巴式的強硬路綫。因此，在公報中，一方面說，在大部份拉丁美洲國家內，武裝鬥爭是迫切而且是基本的任務。一方面又說，在那些目前不適宜立刻進行武裝鬥爭的拉丁美洲國家內，武裝鬥爭却是革命發展過程中一項無法避免的步驟。顯然，這是一個妥協性的產物。（吳俊才）

共黨亞非人民團結組織（Afro-Asian People's Solidarity Organization）

共黨『亞非人民團結組織』為國際共黨外圍組織。一九五五年四月，共匪和印度左傾份子共同發起，在新德里舉行「亞洲國家會議」，會後於新德里設立「亞洲團結委員會」。其目的在假借「團結亞洲國家」之名，使共黨乘機向亞洲國家大施滲透。其後，共匪認為這一組織和集會的活動應擴及非洲地區。

於是，商得印度及阿聯之同意，將「亞洲團結委員會」改稱為「亞非團結委員會」，於匪區、外蒙、北韓、北越分別設立國家性的「亞非團結委員會」或「亞非團結協會」；另在印度、錫蘭、阿聯、巴基斯坦、蘇丹、幾內亞等，也由其半官方人員或共黨份子設立「亞非團結委員會」，從而在亞非地區有系統地建立起一個標榜「亞非團結」的國際統戰組織。一九五六年十二月二十九日在新德里「亞非人民團結會議」中、共匪利用尼赫魯夫人提出一項書面建議，主張在開羅舉行一次「亞非人民團結大會」。次年二月，組成「中（匪自稱）、印、日、俄友好代表團」。由印度「亞非團結委員會」秘書阿努普·辛格率領，訪問開羅，在開羅舉行「亞非人民團結大會」的提議為納塞所接受，立即組成籌備委員會，同年十二月間在開羅舉行第一次「亞非人民團結大會」。會後，成立「亞非人民團結理事會」及其常設書記處作為亞非人民團結運動的常設機構。一九六〇年四月在科納克里舉行的「第二屆亞非人民團結大會」決定把「亞非人民運動」的組織定名為「亞非人民團結組織」。按照其章程，「亞非人民團結大會」的參加者將是該組織的成員。此外，一切擁護該組織宗旨與目標的亞非群衆團體皆可以申請參加。參加「亞非人民團結大會」的有亞非六十多個國家或地區。

其組織機構有：㈠「亞非人民團結大會」：每兩年召開一次。㈡理事會：由參加大會各國代表團長或其代表組成。㈢執行委員會。㈣常設書記處。

迨匪俄分歧，各走極端之後，雙方皆力圖操縱此組織以為政治鬥爭資本。但是，匪共與俄共的明爭暗鬥却引起亞非許多國家的不滿，他們認為匪俄以「亞非人民團結組織」來作為政治鬥爭的地盤，對整個組織而言是不利的。

蘇俄為抵制共匪，於一九六七年二月中旬串同阿聯，印度及若干非洲國家，透過在尼科西亞舉行之「亞非人民團結組織」理事會第八次會議，決定將原定於北平舉行的「第五屆亞非人民團結大會」改在阿爾及爾舉行。共匪未派代表出席該次理事會議，並宣佈與開羅書記處斷絕關係，仍準備在匪區召開第五屆大會。「亞非人民團結組織」乃一分為二。（吳俊才）

共黨國際主義（Internationalism）

按蘇俄大百科全書一九五三版之解釋：國際主義是為了團結國際無產階級為消滅資本主義奴役與建設共產主義而鬥爭；為了維護自由，各民族（不論其大小）之獨立平等，促進他們間的友誼與合作。此乃各國共產黨在其活動中所依據的原則之一。國際主義在反對其共同敵人—資本主義—的基礎上團結起來。「蘇俄大百科全書」，一九五三年、十八卷、二九六頁）。

馬克斯與恩格斯在「共產黨宣言」中首次宣佈無產階級國際主義思想，指出各國無產階級在與資本主義鬥爭中利益的一致性。各個國家、民族之工人階級雖皆在為自已之社會解放，推翻資產階級政權，建立無產階級專政而鬥爭。然而，某一民族的工人階級不能把自己的鬥爭看成與其他民族的鬥爭無關；因此，不僅本國的並且他國的資產階級皆為工人階級之共同敵人。由此而產生各國無產階級在反對共同敵人—世界資產階級—的鬥爭中的共同根本原則。

馬克斯認為，在國際主義中，無產階級應把自己國家擺脫階級壓迫與民族壓迫的願望與其他國家人民鬥爭和諧地結合在一起，不容對其他民族，甚至對最小民族採蔑視態度，並應建立友好關係。

無產階級革命政黨組織機構與全部活動，均貫串着國際主義原則。列寧曾說：「誰要為無產階級服務，那他就應把各民族的工人階級聯合起來，不屈不撓地同本民族和別民族的資產階級民族主義作鬥爭。」

俄國共產黨人認為，十月社會主義革命在過去及現在皆具有巨大的國際意義。

國際主義雖然是共產主義思想與實踐原則之一，事實上，對此一原則之解釋與運用，常因俄共領導者政策的變化而有所不同，就黨的關係而言，列寧拒絕承認第二國際（社會主義者）的權威，而組織共產國際作為俄共之附屬組織，一般認為，尤以左翼共黨為然，蘇俄乃是世界革命的工具；但至一九二四年史達林一國首先建設社會主義思想流行之後，國際主義與蘇俄利益乃被視為同一事物。蘇俄從其建國之後，即扮演雙重角色。既是一個民族國家，又是一個用以建立與維護各國臣服莫斯科領導的共產政權的力量。其黨的組織與國家機構在一九三六—八年大整肅前都是世界性的，大整肅排除了外國人；而在一九四六—五三年間，史達林所執行的却是一個嚴格孤立於世界之外的政策，加之以仇外主義與大俄羅斯沙文主義。目前，俄國標榜以無產階級與社會主義國際主義為其外交基本原則，而實際上所執行的乃是其所指斥的帝國主義。（吳俊才）

共黨經濟互助委員會（Council for Mutual Economic Aid）

經濟互助委員會，係蘇俄於一九四九年元月在莫斯科召集保加利亞、匈牙利、波蘭、羅馬尼亞與捷克五附庸國，擧行所謂「歐洲國家經濟會議」而決定成立者，阿爾巴尼亞於同年二月參加，東德於一九五〇年九月參加，成爲八國經濟互助委員會。一九五六年後，共匪、北韓、僞蒙、南斯拉夫、古巴、各派觀察員列席會員國大會。一九六一年底俄阿絕交後，阿爾巴尼亞退出該會組織，同時共匪亦不再派觀察員列席該會。一九六二年六月僞蒙正式被接納爲會員國。目前（一九六八年夏），參加經互會仍有八個會員國，在若干會議中，南斯拉夫也有代表參加，北越有觀察員列席。

該組織所標榜的最初任務係協調各會員國間的經濟關係，以抵制馬歇爾計劃，促進彼此間的經濟發展。其主要職能如下：

㈠組織各會員國間之全面的經濟合作與科學技術合作，更合理地利用其天然資源，並加速發展生產力。

㈡爲協調各會員國發展國民經濟計劃起見，組織由此類計劃所產生之重要經濟聯繫之建設準備工作。

㈢組織與各會員國利益有關之經濟問題研究工作。

㈣協助各會員國在實現「社會主義國際勞動分工」；在生產專業化與協作的基礎上，制定與實現發展工業與農業之共同措施。

㈤協助各會員國爲保證不斷增長進出口運輸與過境貨物，制定和實現發展運輸業之共同措施。

㈥協助各會員國制定與實現更有效使用撥給共同參加興建的建設項目之投資的共同措施。

㈦協助各會員國制定和實現發展彼此間，以及與他國間之商品流轉及交換勞務之共同措施。

㈧協助各會員國制定和實現交換科學技術成就及先進生產經驗之共同措施。

經濟互助委員會之主要組織機構爲：

㈠會員大會：爲經互會之最高權力機關，由各會員國政府任命之代表團組成，有權討論所有有關互助合作的問題，根據章程制定建議案及決議案，交付執行。

㈡執行委員：爲經濟委員會的第二級機構，過去爲會員國代表會議，代表多由各會員國臨時委派集合，職能不顯。一九六三年改組爲執行委員會，成爲一經常性固定機構，各會員國派任之駐會執行委員多係政府副首長級高級人物，極具重要性，成爲大會休會期間負責策劃並推動會員國經濟互助合作任務之機構。

㈢秘書處，爲經互會三級機構，負責處理日常事務，推動業務進行之幕僚機關。

㈣綜合計劃局：亦爲三級機構，一九六三年新設，負責研究、協調、制定各會員國有關之經濟計劃。

㈤各種常設專門委員會，爲四級機構，依大會決定之方針政策，負責研究各種專門業務之協調工作，制定有關的長期發展計劃。目前共設有十八個常設專門委員會，其名稱爲：煤炭常委會，石油瓦斯常委會，電力常委會，和平利用原子能常委會，黑色金屬常委會，有色金屬常委會，化學工業常委會，機械工業常委會，建設工業常委會，運輸交通常委會，輕工業及食品工業常委會，農業常委會，國外貿易常委會，經濟問題常委會，貨幣金融常委會，統計常委會，標準化常委會，科技合作常委會。

按經濟互助委員會，初成立時係爲對抗馬歇爾計劃，一九六〇年以來，它又成爲對抗歐洲共同市場的組織。而蘇俄隱藏在背後的眞目的，則在透過國際分工專業化，加强各會員國對蘇俄的經濟依存，以經濟紐帶束緊其共產集團。

（吳俊才）

交換（Exchange）

特指交戰國雙方依協議互相交換所拘捕之戰俘而言。交換之標準由交戰國在協議中定之。一般言之，老弱殘廢和傷病戰俘之交換，雙方數目不必相等；但壯健者之交換則往往數目相同。被交換之戰俘，即隨此項手續之完成而恢復自由，終止戰俘地位。（俞寬賜）

交戰國（Belligerents）

在戰爭中相互採取敵對行爲的國家，特稱交戰國。

交戰國必須是完全主權國，因爲在國際法規則下，唯有此種國家始有從事戰爭的法律資格。不過部分主權國如果握有武裝部隊，則亦可能實際參與戰爭而被承認爲交戰國。在歷史上，無法定交戰資格而實際從事戰爭之例子很多，如一八七六年塞、蒙兩國（Serbia and Montenegro）對其宗主國土耳其宣戰，後者幷於翌年二月廿八日與塞爾維亞簽訂和約；一八七七年俄、土戰爭時，土之屬國羅馬尼亞加入蘇俄陣營，而塞國也再度對土宣戰等是也。這種宗主國與其屬國間或聯邦國家與其屬邦間之事實戰爭，在技術意義上也是戰爭；凡關於戰爭之法規均應予以適用，自然無疑。惟此時之屬國或屬邦須經其宗主國、聯邦政府，或第三國之承認，方能取得交戰國地位。

永久中立國（如瑞士）亦爲完全主權國，當然可以成爲交戰國；只是中立化義務使它除自衞而外不得行使交戰權利。因此，當它們被武裝攻擊而自衞時，交戰國身份幷不影響其中立國之本質；但若它們爲攻擊性目的而成交戰國，則它們當然違反了中立義務。（俞寬賜）

交戰團體（Belligerency）

一般交戰雙方（Belligerents）是國家；但一國內戰有時亦達到一種近似國際戰爭的程度，可由母國或第三國承認反叛者（insurgents）爲有交戰一方之性質（Belligerency 中譯此詞爲交戰團體似乎不夠精確），從而適用戰爭法的法規。

反叛事實若達到下列幾點客觀要件：㈠內戰狀態的存在，㈡反叛者佔領並相當有秩序地統理一部份土地；㈢反叛者係爲政治目的作戰，如欲推翻政府，變更政體等；㈣反叛者在領袖指揮下，遵守戰爭法規則（主觀要件若遵守之「意思和能力」，爲通說所不採），就可以被承認爲交戰者。

反叛者若果已滿足上述要件，是否自動成爲交戰團體（宣示說）？許多學者認爲，對於交戰團體之承認，承認國有充份權利可以根據一己之政治要求而作決定；折衷說以爲承認國在此情形下，有「義務」承認，否則應視爲「違反合理原則與先例」（勞特帕特）。承認的方式按實際情形而有不同，一般可由外國對內國內戰雙方宣佈中立之方式來表示承認內國叛亂者爲交戰團體（英國於一八六一年五月用此方式承認美國南方聯盟爲交戰者，其根據爲美國聯邦政府正式宣佈，對南方一部港口加以封鎖）。（邵子平）

西非洲協商會議（Conseil de l'Entente）

西非的達荷美、尼日、上伏塔和象牙海岸四地都是在十九世紀末葉和二十世紀初期成爲法國的屬地，一九五八年，法蘭西第五共和國誕生時，變成了「自治共和國」，爲「法蘭西社會」的成員。這四個國家在經濟上有密切的關係。其中以象牙海岸最爲富庶，所以其他三國均受象牙海岸經濟和政治的影響。四國領袖均曾出席過法國的國會。組織了一個共同的政黨稱爲非洲民主團結黨（Rassemblement Democratique Africain）。

一九五九年五月三日，四國首長在象國首都阿必尙(Abidjan)開會，因此這四個國家稱爲「協商會議」。會議包括四國的總理、議會議長及公共事務部長。國家會議結果決定在司法、財政、公務、勞工、交通及公共衞生方面的技術合作，並且成立了關稅聯盟和團結基金。此一基金的來源爲四國的關稅，規定各國繳納百分之十的關稅作爲基金，因爲象牙海岸最爲富裕，所以無異是由象牙海岸來津貼會議的預算。此外並訂立了若干雙邊條約，如象牙海岸與上伏塔，象牙海岸與尼日，分別規定有關聯合管理阿必尙港及阿必尙至尼日的鐵路，調整公路運輸，及共同上訴法庭等。

就其政治意義而言，此一會議係針對迦納、幾內亞聯盟所主張泛非洲思想的急就章的反應。此一協商會議組織爲象牙海岸締造了一個政治勢力範圍。其組織形式也反映象牙海岸民主黨領袖伍弗布尼（Feliz Houphouet-Boigny）的觀點，他反對重組西非聯邦。却贊成籌組一個機構，在法蘭西社會中，促進有共同意志和共同利益的國家在技術上的合作。

一九五九年，協商國的領袖們採納伍弗布尼的意見：卽法蘭西社會應該是以法國爲中心的聯邦組織；這個社會的會員國的身份與獨立是不相併存的。這種理論雖然未因幾內亞的獨立而受到損害，可是一九五九年十二月戴高樂同意馬利獨立，而仍能留在法蘭西社會內的決定却搖撼了伍弗布尼的理論，自此而後，協商國遂邁向獨立的里程。

一九六〇年八月，四國脫離法蘭西社會而獨立。四國元首同意對於憲法、國會任期、選擧制度等採取同一辦法，調整軍備，採取共同的經濟政策和稅率，設立聯合的償債基金，並且在外交和國際事務上採取協調的步驟。雖然如此，此一協商國組織，其鞏固性仍是有疑問的。易受內政改變的影響，自一九六三年十月以來，因爲達荷美的馬加總統（Hubert Maga）被推翻，和達荷美與尼日之間領土的糾紛，協商國的關係曾一度趨於惡化。

象牙海岸總統伍弗布尼，尼日總統狄奧里（Diori Hamani）以及上伏達總統耶美哥（Maurice Yameogo）曾嘗試與其他西非法語系國家改進關係。一九六四年四月九日，三位總統與幾內亞總統杜瑞（Sékou Touré）和馬利總統凱達（Modibo Keita）在象牙海岸的包基（Bouaké）開會，這是自從一九五八年幾內亞拒絕參加法蘭西社會以及馬利於一九六〇年脫離法蘭西社會以來，五位領袖第一次會晤，他們五人都是非洲民主聯社（Rassemblement Démocratique Africain）的領袖，伍弗布尼想利用這種共同歷史背景使五國能恢復較爲密切的關係，可是一九六五年二月，非馬共同組織（Organisation Commune Africaine et Malgache）成立以後，杜瑞不斷予以攻擊，伍弗布尼的計劃終告失敗。

尼日和達荷美兩國因爲爭取尼日河中一個小島的主權，兩國關係惡化，雙方互相指責對方支持顛覆活動，終於在伍弗布尼干旋之下，一九六五年六月十五日，尼日總統狄奧里與達荷美的阿和馬代拜(Justin Ahomadegbe-Tometin）在尼日河畔會晤，象徵著兩國的息爭。

多哥於一九六三年一月十三日發生政變，奧林匹歐總統（President Sylvanus Olympio）被暗殺，非馬國家對格倫尼斯基（Nicolas Grunitzky）政府意見分歧，有若干國家認爲如予承認不啻是鼓勵謀殺合法的國家元首，其後各國逐漸改變初衷，一九六三年七月，多哥一方面與法國締結了合作協定，另一方面也加入了非馬聯盟，並於十一月間加入了西非貨幣聯盟。（West African Monetary Union），一九六五年四月九日至十二日，伍弗布尼、狄奧里、耶美哥與格倫尼斯基等四位總統在象牙海岸開會，討論四國有共同利益的問題。

一九六六年七月初，協商會議四國元首和多哥外交部長阿帕杜馬（M. Georges Apedoamah）在象牙海岸首都阿必尚（Abidjan）開會。多哥正式加入了協商會議成爲第五個會員國。四月七日，發佈聯合公報，重申五國意見完全一致，在幾內亞威脅之下，團結一致，並且決定與迦納的安克拉將軍（General Ankrah）合作。（楊逢泰）

西非經濟社會（West African Economic Community, CEAO）

「非、馬、模共同組織」國家於一九七二年四月二十五日至二十六日在多哥的洛梅（Lomé）舉行高峯會議，選舉塞內加爾總統桑高（Léopold-Sédar Senghor）爲主席。桑高旋即宣佈「非、馬、模共同組織」國家將籌組法語系國家的一個「西非社會」（West African Community）。

象牙海岸、達荷美、上伏達、馬利、茅利塔尼亞、尼日和塞內加爾等七國於一九七二年六月三日在馬利的首都巴馬科（Bamako）簽訂了一項條約，建立了「西非經濟社會」（West African Economic Community）。此一經濟社會的目的在促進會員國家間的區域性貿易。

象牙海岸總統伍弗布尼與塞內加爾總統桑高對於非洲法語系國家合作的途徑有嚴重的歧見，就「法蘭西社會」（French Community）而言，桑果主張聯邦政策（federal policy），即由法國的海外領土組成一個獨立的聯邦，然後在集體的關係（collective relationship）上，再和法國聯合起來；而伍弗布尼採取領土政策（territorial policy），即各海外領土分別獨立，然後再和法國在個別關係（individual relationship）的基礎上聯合成來。對非馬國家的合作體系而言，桑高主張法語系國家在經濟、文化、技術各方面進行合作，而伍弗布尼主張法語系國家也要在政治方面進行合作。「西非經濟社會」的成立顯然是二氏消弭歧見、進行合作的表示。（楊逢泰）

西歐統一運動（West European Integration）

西歐統一運動由來已久，許多政治家與哲學家皆曾有此夢想。例如德國大哲學家康德(I. Kant)所倡「永久和平」之計劃，其目的即在使歐洲成爲一個整體。拿破崙(Napoleon)以武力征服歐洲各國，也是以統一全歐爲目標。在第一次大戰與第二次大戰之間，布萊安與斯屈斯曼(Briand-Stresemann)所倡導之「歐洲聯邦」(United States of Europe)，尤其是希圖使西歐成爲一個政治體系。

第二次大戰結束之後，更產生一種使西歐走向團結之最大刺激。一九四七年三月間，蘇俄在捷克斯拉夫所導演之政變以後，尤其使西歐各國觸目驚心。其次就是在兩次大戰後西歐本身之衰弱，亦使西歐各國深感民族主義所產生之民族戰爭，其結果惟有促成各國之自我毀滅，而不能不放棄傳統的民族仇恨，共同致力于西歐之團結。此外歐洲人的中立思想亦是促使他們團結的重要因素。歐洲的中立思想之所以產生，實基於畏懼戰爭—任何未來戰爭—勢將在歐陸進行。他們認為在一個世紀中經過兩次大戰，已使歐洲人瀕于毀滅，斷不容再有三次大戰在歐洲發生。在法國，其中立主義又被共產黨的宣傳而大為渲染。法國的天主教會中，其中立思想亦極為强烈，彼等以為今天美、蘇間的鬥爭，不過是資本主義與共產主義之鬥爭，兩者同屬唯物主義，而唯物主義原來就含有罪惡的基本因素。因此法國之憧憬第三勢力，可謂並非偶然。

西歐同盟運動——在二次大戰之後，其第一步致力於西歐團結者厥為軍事性的。其目的有二：其一為防止德國的捲土重來，其二為對抗蘇俄侵略的軍事防衞。一九四八年三月十七日，英、比、法、盧、及荷蘭五國代表集議於比京布魯塞斯，共同簽訂了五十年為期的比京條約。此五個簽約國遂稱為西歐同盟(Western Union)，五國承認任何締約國如被攻擊，所有同盟國皆應以其全力予以支援；同時又同意加强彼此間之經濟的、社會的與文化的關係。為執行共同任務起見，該約規定設立一個諮詢委員會，在諮詢委員會休會期間，則設立一永久機關以主持其事。其後又同意建立一個共同防衞機構，並以英國蒙哥茂利將軍（Montgomery）為主席。美國及加拿大均對此項計劃表示熱烈之支持。

北大西洋公約組織——兩個月以後，由於各國目擊蘇俄在捷克斯拉夫以暴力實行奪權之事實，乃加緊作更進一步之團結運動。因此乃由大西洋兩岸之比利時、加拿大、丹麥、法蘭西、氷島、意大利、盧森堡、荷蘭、挪威、葡萄牙、英國、美國等十二國共同組成一個軍事聯盟，此即世人所周知之北大西洋公約組織(North Atlantic Treaty Organization)所由而產生也。北大西洋公約於一九四九年四月四日在華盛頓簽字成立。迄一九五二年希臘與土耳其亦先後加入，而西德則於一九五五年十月間亦被邀而成為正式會員國。

歐洲聯邦計劃——歐洲參議會——除上述的團結運動而外，另有由「歐洲觀念」(European Minded)的政治家所提倡的團結計劃。此項計劃係由法、德、意等國之基督民主黨人士所倡導，其動機在于建立一種第三勢力，以對抗美、蘇兩個超級强國。提倡此論最力者，英國前首相邱吉爾亦為其中之一。惟是時法國與美國關係尚極密切，並未予以熱烈支持。

許多歐洲觀念極强之政客們，却依然進行不懈。一九四八年五月八日，彼等在海牙召開一次「歐洲議會」(Congress of Europe)。到會參加者計有八百著名代表，其中包括邱吉爾在內，邱氏且出任為其名譽會長。經過三日之討論，一致同意發表「告歐洲人書」(Message to Europeans)。其後一九四九年六月間，比、法、盧、荷、及英國等五國外交部長更集議倫敦，並發表聲明，贊成建立一個「歐洲參議會」(Council of Europe)之組織。不久又由十國大使在倫敦會議草擬「歐洲參議會組織法」(Statute of the Council of Europe)，一九四九年五月九日經十國外交部長批准後，即於同年八月三日公佈施行。希臘與土耳其亦立即加入，而西德與薩爾(Saar)亦於一九五〇年成為準會員國，西德於一九五一年又被接納而為正式會員國。一九五〇年，該會在斯屈斯堡(Strasbourg)建築「歐洲之宮」(House of Europe)為其總部。歐洲參議會之下計有兩個機構，其一為「部長委員會」(Committee of Ministers)，代表各會員國政府，其二為「諮詢大會」(Consultatire Assembly)，由各國議會選派代表而組織之。歐洲參議會之設立，雖被目為歐洲的「超國家政府」之第一步，但事實上則相差甚遠；充其量不過在於發展各民族間的合作觀念，因而發揮歐洲統一理想而已。

休門計劃——一九五〇年五月，法國外長休門(M. Robert Schuman)提出與德國等共同致力於煤鐵聯營之計劃。其後除法、德外，尚有比利時、盧森堡、意大利與荷蘭等加入。迄一九五一年四月，六國簽定條約，並經美、英贊同，卒將各國煤、鐵工業置於共同經營之下。此項計劃之實現，始可稱之為西歐走向國際合作的第一步，因其組織係以正常政府方式行之，實含有打破國際界限的意義之故。

蒲立溫計劃——其在關於國防方面又有「蒲立溫計劃」(Pleven Plan)之提出。此項計劃係由當時法國外長蒲立溫所建議，其目的原延緩西德重整武裝。直至一九五一年初，各國在巴黎集議討論此項計劃，遂同意建立一個「歐洲防衞體系」(European Defence Community)。惟在允許西德加入此項體系時，西德應承認不能有單獨的國防軍或參謀本部。一九五三年二月，各國雖草擬了歐洲防衞體系之憲章草案，並正式提交各國予以批准，但因此時之歐洲政情頗有變動，其後雖經各國批准，而法國議會則反而予以否決，卒致功敗於垂成。

西歐同盟之成立——上項計劃流產之後，英國外相艾登(Anthony Eden)乃召集美、英、法、加、西德、意大利、比利時、荷蘭、及盧森堡等九國，於一九五四年九月二十八日，在倫敦開會，十月三日遂完成一連串的條約。美、英、法共同發表宣言終止西德之佔領；各國允許西德及意大利加入而組織一個「西歐同盟」（West European Union），並令西德成為北大西洋公約組織之一員，而西德艾德諾則保證依照規定而自動限制其武器之生產。此項條約經各國批准後，西德遂於一九五五年十月正式成為北大西洋公約之會員國。於是「西歐同盟」乃取代昔日所倡議之「歐洲防衛體系」，在北大西洋公約組織下成為西方國家抵抗共產侵略之重要環節。

以上皆為歐洲在戰後謀求團結之經過。然而自蘇俄對西歐擴張威脅逐漸減少以來，西歐民族主義又有再行死灰復燃之勢，因是昔日所一致要求之統一運動又在無形中遭遇暗礁矣。（鄧公玄）

參考文獻：

S. N. Dhar: International Relations And World Politics Since 1919, pp. 355-367

西歐聯盟（Western European Union, WEU）

一九四七年，英法締結敦客爾克條約，一九四八年擴大納入荷蘭、比利時、盧森堡，於三月十七日簽訂布魯塞爾條約。布魯塞爾條約之目的乃在保障民主、個人自由、政治自由等原則，以及締約國共有之憲法傳統及法治等，同時也在防止德國之再度侵略，其方式乃在加强締約國間之經濟、社會及文化等方面之合作以及軍事方面集體自衞之安排。條約設有諸商理事會，由五國外長組成，由於外長無法經常集會，乃有大使級常設委員會之成立，其下設有甚多技術性委員會。

一九五四年法國國會拒絕批准歐洲防衞集團條約後，為設法使德國參與歐洲防備體系，而此一體系又能為英國所接受，同時德國之再武裝又為法國所接受，因此是年秋季，英、法、德、比、荷、盧、義，另邀美、加兩國共九國在倫敦舉行會議，決定加强原有布魯塞爾條約，十月廿三日在巴黎簽訂布魯塞爾條約議定書，由原締約五國邀請西德及義大利加入。

議定書共四號，第一號議定書修改原約刪除防止德國再侵略之規定，另規定與北大西洋公約組織之密切合作，成立西歐聯盟理事會以及西歐聯盟大會。西歐聯盟理事會成立之目的乃在加强和平與安全、促進團結、鼓勵歐洲之逐漸統合以及締約國間及與其他歐洲組織間更密切之合作。理事會由締約國外長組成，亦可由大使級代表集會。遇有和平受到威脅情勢，可立即召開。理事會得視需要設立輔助機構。西歐聯盟大會則為一諮詢機構，由締約國出席歐洲理事會諮商大會之代表組成僅有討論及建議之權，理事會每年就其工作向大會提出報告。第二號議定書規定西歐聯盟之軍力大小。第三號議定書限制德國製造若干類武器。第四號議定書設立軍備控制機構，監督第三號議定書之執行。（程建人）

休戰協定（Truce）

意即交戰雙方為暫時停止敵對行為而訂立之協議。這種協定由部隊指揮官就其管轄範圍簽訂之，無須上級批准。其訂立之目的全係軍事性質，如收集傷兵、掩埋屍體、舉行有關投降之談判、等候上級命令等。其效力只限於一定的地區和短暫的時間；對整個戰局幷無影響，亦無政治後果。這是它與「停戰協定」最大的區別。（俞寬賜）

休戰旗（Flags of Truce）

即交戰國軍隊在戰鬥進行中，因情勢需要而表示願與敵軍就某些目的舉行談判時所使用的白旗。自遠古以迄近世，關於休戰旗的國際法習慣規則早已形成，幷同等適用於陸戰及海戰；惟在陸戰方面，這些規則之效力以一九〇七年海牙陸戰法規第卅二至卅四條為基礎，而在海戰方面則仍以習慣為依據。

休戰旗使用之方法：在陸戰時係由受任與敵軍談判的軍官或平民自舉白旗、或由旗手舉旗在前、甚或帶領號手、鼓手、及譯員等一同向敵方前進。在海戰時則由受任談判者乘坐懸掛白旗的小艇向敵艦前進。敵軍雖有尊重休戰旗及不可侵犯白旗使者等之義務，但幷無必須接受白旗使者之義務（第卅三條），因此敵方的態度與作法可以兩點說明：

㈠敵方若拒絕接受休戰旗使者，則當其開始進發時，立即以信號通知其退回。但自展開白旗至完全退回陣地期間，使者仍享有不可侵犯權，敵方不得故意攻擊他（們）或將他（們）捕為俘虜。不過此時敵方戰鬥部隊幷無停止砲火之義務；萬一白旗使者被意外殺害，敵方亦無責任。

㈡敵方如接受休戰旗使者及其隨員，則必須給他們不可侵犯的特權，包括不被攻擊和俘擄及安全返回其本國陣線等的權利。不過敵軍為防止他們便中獲悉軍情，可以蒙蔽他們的眼睛，使其繞道行駛，或阻止他們與任何不負責談判的個人接觸。如果軍使業已獲悉某種軍事行動之情報，則敵軍可暫時扣留軍使，待該項軍事行動完成後始准其返隊。

軍使在敵軍方面停留期間，不得描繪軍防地圖，秘密偷取情報，從事欺詐行為、或教唆欺詐；否則，被敵方證實後即喪失其不可侵犯權，甚至被交付軍事法庭審判。

軍使必須攜帶本軍司令官之授權證書，表明他們負有與敵方談判之使命。否則，敵方即可當作戰俘予以拘留，甚至當逃兵審判和處罰。因為究實言之，軍使之不可侵犯權，完全基於此項使命，而不是來自休戰旗本身。任何人，不論其階級或是否為軍人，只要負有此項使命，即獲得不可侵犯的權利。敵軍處罰軍使時，必須將理由告知派遣國軍隊。

交戰國在其所派遣之軍使離開後，應採相互行為，停止前進及停止開砲。否則，如果故意不停止，或藉軍使之掩護而繼續從事戰鬥，甚或雖懸白旗而不派休戰旗使者，使敵軍誤信軍使即將出發而熄火時，乘機執行其軍事活動等，都是休戰旗的濫用，構成背信行為，敵軍可採報復措施，或待俘獲背信者時加以懲罰（參閱Luterpacht's Oppenheim, Vol. II pp. 538-541）。（俞寬賜）

回教兄弟會（Moslem Brotherhood）

一九二九年回教兄弟會（Moslem Brotherhood）成立於埃及，其領袖為埃及人班那（Hasan al-Banna）。該會的宗旨在倡導對伊斯蘭教義嚴格遵守的復興運動。換言之，即以八世紀時回教徒對教義的認眞實踐，作為今後他們政治和社會行動的準繩。

此種運動獲得回教國家各階層的支持。當二次大戰結束時，兄弟會會員達二百萬人。其中四分之一以上居留埃及。他們在阿拉伯國家政府—尤其是埃及政府中具有影響力量。一九四八年該會謀刺埃及總理不遂，反被壓服。班那被殺後，埃及政府准許該會恢復活動。

該會支持一九五二年的埃及革命，但反對尼及布（Neguib）和納塞（Nasser）與西方建立進一步的關係，并要求政府的政策須提經該會的許可。一九五四年該會份子謀殺納塞，被發覺後，政府解散該會，并將它的財產沒收充公。該會領袖何代比（Hasan al-Hodaibi）將該會總部由開羅遷至敍利亞首都大馬士革。（陳紹賢）

回教聯盟（Moslem League）

回教聯盟（Moslem League）是巴基斯坦的一個政黨。在巴基斯坦獨立前，這個聯盟原是一種宗教組織，為保護英屬印度（British India）回教徒的利益。不過它的活動分子曾支持印度國會黨的政治活動。迨一九三五年印度教徒控制了國會黨，顯著的回教徒退出該黨，并改組該聯盟為代表回教各階層的政黨，在眞納（Mohammed ali Jinnah）領導下，為國會黨的反對黨，并以印、回分治，建立獨立的回教國家為號召。它贏得孟加拉（Bengal）、旁遮普（Punjab）、新特（Sind）及西北邊區各省議會選舉的勝利，掌握了一九四七年巴基斯坦第一屆國會，穩定了它的政權。

印巴分治後，眞納計劃把該聯盟徹底改組為一個現代的政黨。使能負起新的任務。他於一九四八年逝世，事遂中寢。此後數年，該聯盟的政治勢力減退。

一九五四年東巴基斯坦地方選舉結果，該聯盟慘敗，遂舉行全國代表大會，謀求復興。次年國會選舉，在改選的七十二席中，該聯盟只當選二十五席，雖可勉強主政，但不得不與「聯合陣線」（United Front）組織聯合政府。之後，該盟在巴國的政治地位每有進退，惟對於它的兩項主要政綱，堅守勿渝：一、為保衞伊斯蘭教，必須全國遵守其教義及承認烏爾都（Urdu）為巴國唯一的語文；二、發展巴基斯坦成為一個繁榮與和平的國家。（陳紹賢）

自動樓梯條款（Clause D'escalier Roulant）

一九四四年十一月美國在芝加哥發起召開國際民航會議，通過國際民航公約，此外又通過一「國際航空運輸協定」（International Air Transport Agreement），又稱為「五大自由協定」（Five Freedom Agreement）；簡單言之，即㈠飛過他國而不着陸；㈡為技術理由而降落；㈢從民航公司本國運輸（客、貨、郵）至他國；㈣從他國運輸飛回本國；㈤從任何其他締約國運輸至另一國家。此一條約顯然對航空業發達的國家（美國）有利，因為這種國家利在完全自由競爭，所以此協定雖然由十九國批准但是受到空運上較弱小國家的抵制（如英國），澳、紐甚至主張全面控制國際航線。

加拿大提出折衷方案，提議設立一董事會根據下列原則來決定航空公司的飛行次數（frequencies）：

㈠某公司在一定路線上若在相當時期內的（繳納稅金的）商業運貨量達到總運載能力之百分之六十五，則該公司有權增加飛行次數。

㈡若運貨量減至百分之四十以下，則該公司應減少飛行次數。

此種自動調整的規定被稱為「自動樓梯條款」，加方案允許有限競爭，又排除不合理現象，所以是芝加哥會議中有關此協定的折衷方案，但最後因其他原因未被採用。（邵子平）

自願中立（Voluntary Neutrality）

意即當國際戰爭發生時，一國之守中立，完全出於自願，而非由於特殊或一般性條約規定其負有守中立之義務（參閱「協定中立」）（俞寬賜）

印巴一九七一年十二月戰爭（Indo-Pakistan War Dec. 3~Dec. 17 1971）

印度與巴基斯坦因東巴基斯坦爭取自主問題於一九七一年底再度發生武裝衝突，至十二月三日演變成正式戰爭，印軍大舉入侵東巴基斯坦之結果巴軍於十二月十六日無條件投降，印度並於十二月十六日正式承認東巴基斯坦獨立後所成立之孟加拉共和國臨時政府，在西線克什米爾、旁吉普、辛德地區亦發生激烈戰鬥，至十二月十七日始全面停火。

戰爭開始之初，印度總理甘地夫人曾宣稱：

自從三日起印度即遭受沉重之負擔與壓力，經一再呼籲阻止消滅一個主張民主的民族，並協助加以和平解決，但是舉世忽視這種基本原則，而情勢亦注定惡化，因此一些英勇之士挺身為自由而戰，是項自由亦為印度所爭取之基本生活方式。

目前，戰火已延及印度，付於本人、印度政府及人民一項偉大之責任，除應戰而外，別無他途可循。我們英勇之將士已各就崗位，並已宣佈印度進入緊急狀態……。

毫無疑問對抗是項無理侵略乃為全印度人民所支持。

同時巴基斯坦總統雅亞亦於十二月四日宣稱：

我們正為我們國家之完整為光榮而戰，上帝將與我們同在，我們的敵人再度對我們挑戰，印度武裝部隊已對我們發動全面戰爭……。

印度對巴基斯坦之敵視，舉世皆知，印度經常試圖削弱並摧毀巴基斯坦，此乃印度對我們最大及最後的一次戰爭……。

在此次戰爭中印度官方公佈在東線陣亡二、〇四七人，傷三、〇四二人，失縱八十九人，在西線陣亡一、四二六人，傷三、六一一人，失縱二、一四九人。巴基斯坦無官方資料公佈，據估計東線之傷亡約在一一、〇〇〇人左右在西線約在一三、〇〇〇人左右。

印、巴戰爭對南亞次大陸之國際情勢有深遠之影響，一方面孟加拉共和國經此次戰爭正式獨立，另一方面亦顯示蘇聯在南亞之影響力，印度得蘇聯之聲援，率以順利贏得是項戰爭，而蘇聯之勢力更進一步向印度洋擴展，一方面完成在西南包圍中共之態勢，另一方面亦削弱了西方在印度洋之海權。（張宏遠）

印巴戰爭（Indian-Pakistani War）

印度和巴基斯坦因克什米爾爭端（Kashmir Dispute），於一九四八年發生戰爭。（註一）。聯合國安全理事會處理的結果，只做到印、巴劃界停火。關於根本解決克邦問題的一項決議—在聯合國監督下，由克邦公民自由投票，決定該邦的地位。—初因印度的阻撓而延宕實行，直至一九五七年印度宣佈合併該邦，違反了安全理事會的決議。巴基斯坦的反對，未受各國的重視，安全理事會也無可如何，遂種下戰爭再發的禍因。

一九六五年八月五日爆發的印、巴戰爭，比起十七年前的戰爭，在性質上有了差別。前次戰爭及其以後，雙方前線無數次的武裝衝突，純為兩國對克邦的利害矛盾所激成。在一九六二年以前，這種戰爭及其敵對狀態的存在，都沒有受外力的干預。直至是年十月，毛共藉口邊界糾紛，進攻印度。因之，印度取得美、俄的大量軍、經援助。巴基斯坦既受刺激，又感威脅。毛共乘機誘惑，喀拉蚩政府遂與勾結。它獲得北平的經援，又達成匪、巴「邊界協定」的締結，毛匪承認它領有克邦。從此巴國在精神上背離了東約組織和中約組織。此種情勢導致一九六五年印、巴戰爭的復發，其性質顯與往昔的不同。

因此之故，此次安全理事會的處理，除要求印、巴停火與撤兵外，對於避免加增局勢嚴重的籲請對象，已不復限於戰爭的雙方，而是用「各國」兩字了。

印、巴於是年九月廿一日實行停火，後來也各撤退前線的部隊。安全理事會此項決議收效，除開印、巴本身的內在原因外，有兩種外在的因素：

一、莫斯科不願印、巴戰爭延長，讓毛共坐收漁利，所以它贊同美、英的立場，而通過安理會的決議，幷勸告戰爭雙方去接受該項決議。稍後，它邀請印總理夏斯屈與巴總統艾育布到俄談和。

二、當印、巴激戰時，毛共以重兵開近印邊，幷向新德里提出最後通牒，限三天內撤除沿邊界的軍事工事，否則印度須負責一切嚴重後果。此舉為牽制印度對巴作戰，但被美國「立卽報復」的警告嚇阻了。巴國對毛共的信心因之動搖，不得不接受安理會的該項決議（註二）。（陳紹賢）

註一：參看「克什米爾爭端」條。

註二：參看拙作「新年看聯合國」，刊「問題與研究」第五卷第四期。

收容國（Detaining Power）

特指看管戰俘的國家。捕獲戰俘的交戰國，如果自行管理戰俘，則它自己就是這些戰俘的收容國；如果它將他們移交另一國家看管，則該看管國應為收容國。（參閱「戰俘」）。（俞寬賜）

收歸國有（包括對外國人財產之收歸國有）（Nationalization of Private Property）

聯合國第十七屆大會通過一八〇三號決議案，關于天然資源之永久主權有原則性之規定。其第四條為：

『收歸國有、徵收或徵用應以公認為遠較純屬本國或外國個人或私人利益為重要之公用事業，安全或國家利益等理由為根據。遇有此種情形時，採取此等措施以行使其主權之國家應依據本國現行法規及國際法，予原主以適當之補償。倘補償問題，引起爭執，則應儘量訴諸國內管轄。但如經主權國家及其他當事各方同意，則以公斷或國際裁判辦法解決爭端。』

（張彝鼎）

將外國人財產收歸國有所涉及之法律問題（註一）

一、引言

近年來在伊朗、埃及、印尼及古巴，均發生過將外國人之財產收歸國有（註二）之情形。政權更迭時，政治與社會狀況亦隨同改變。而承認既得權利，乃建立經濟關係之主要基礎，此為文明國家法律所公認者。國際法並非西方國家之產物，而係全世界各法系所共有之基本原則。諸如，占全世界人口六分之一，散居中東、巴基斯坦、東南亞及非洲等地之回教徒所適用之回教法，亦寓有保護既得權利之原則（註三）。

各國政府吸引外人投資，而投資人之財產權及契約關係又受到威脅及損害，其情況頗為奇特。經濟關係中互相依賴之趨勢，於各種經濟發展契約中極其明顯，而經濟發展契約當事人之一方，乃國家與政府機構。聯合國秘書處曾就處理外國人之財產問題提出兩項報告：「永久主權對國家資源之地位」（註四）與「私人資本國際流通之促進」（註五）；國際法委員會（註六）亦曾就國家對外國人之損害賠償責任問題有所研究，並曾提出報告（註七）；哈佛大學法律學院（註八）亦曾就前述問題提出公約草案（註九）；美國法律協會（註一〇）之美國外交法彙編第四篇，亦對該問題有所規定（註一一）。此外，歐洲經濟合作組織（註一二）亦致力於保護外國人財產公約之草擬（註一三）；歐洲會議（註一四）亦從事同一問題之探討（註一五）。

各方對外國人之財產及契約權利，均非常重視，救濟之道，乃利用現有機構與新設機構以解決爭端。但最重要者，係如何釋明與發展保護外國人財產最低標準之基本原則（註一六）。國際法之此項原則，已見諸上述各國內與國際組織之研究與草案中，而且美國、英國及德國與其他國家簽訂之雙邊條約中，亦含有此項原則（註一七）。有者尙建議更深入研究國內法中有關財產概念、徵收概念與賠償責任等基本問題，但此種研究，仍無法完全達到重估將外國人財產收歸國有之國際法目的。對國內法之研究，適足以引起若干社會與經濟問題，而此等問題，又適足以參加對律師之困擾。律師就徵收問題辯論時，對「財產」或「徵收」之意義並無誤解（註一八）。而且，大多數國家憲法上均列有保障私人財產之明文。諸如古巴一九四〇年七月五日之憲法，及一九五九年二月七日之基本法，均有禁止沒收財產之明文（註一九）。國家以極易覓得適當方法，依國內法「徵收」財產，以達成其將外國人財產收歸國有之目的。故咸認有建立國際法權威之必要。誠如布瑞格斯教授（註二〇）所言，依法取得之財產權，應依公認之國際法則保障之（註二一）。問題為，公認國際法（實體法）中將外國人財產收歸國有之原則，究為何？

二、將外國人財產收歸國有之概念

對「將外國人財產收歸國有」一詞立一明確之定義，並非易事。依一九五二年國際法學會（註二二）暫定之定義：「將外國人財產收歸國有，係依法律規定與應公共利益需要將特定人財產或私權移轉於國家，供國家使用或支配之謂。」（註二三）。

「將外國人財產收歸國有，與其他方式之徵收比較（註二四），僅係範圍之不同，而非法律性質之差異」（註二五）。「徵收」一詞，通常係指於個別案件所採之措施。國家經濟及社會狀況普遍改變時所採之措施，以「將外國人財產收歸國有」一詞表之，似更為合宜。「將外國人財產收歸國有」與「徵收」，在理論上之區別，實際上對國際法律關係幾毫無影響。故仍以用更通用之「徵用財產」（註二六）一詞，較為合宜。依哈佛一九六一年二月十八日提出之第十二號草案第一〇條第三項第一款規定，徵用財產，「非僅指徵用財產之全部，亦包括對財產使用，收益或處分之不當干涉，致財產所有人，於此項干涉開始後，於相當期間內，無法使用，收益或處分其財產。」

理論上，於若干不確定案件，「徵用」係指妨礙行使財產權（包括專利權與商標專用權等無體財產權）及契約權之特定方式（註二七）。「干涉」多屬正式及追溯性將外國人財產收歸國有之前奏（註二八）。依現代將外國人財產收歸國有之技巧論，完全移轉所有權已非「徵用」財產之方式。外國政府尚可利用法令，以其他「偽裝方式」將外國人財產收歸國有。諸如南斯拉夫（註二九）與保加利亞（註三〇）之苛捐雜稅。古巴一九五九年十月二十七日第六一七號鑛業法所課徵之沒性稅（註三一），尚於以極低之買價購買美國政府所有之鎳廠未成後，停止該廠營業（古巴後依一九六〇年七月六日之第八五一號「收外國人財產歸國有法」，於一九六〇年十月二十五日以第三號決議接管該廠）。他如剛果對比利時商業權益之處分，係以指定管理人之方式，剝奪所有人（尤其對於不在所有人）之財產權（註三二）。將不在所有人之財產收歸國有，為東歐及古巴對反對政府而逃亡者之報復性措施。

三、將外國人財產收歸國有之「公共目的」

通認為將外國人財產收歸國有，係國家處分位於其領域內之天然資源或其他資產（縱屬外國人所有）主權之行使（註三三）。但此種主權之行使，應以為公共目的或為公共利益為限（註三四）。「公共利益」或「公共利用」或「主要公共目的」（註三五）為若干國家憲法之規定，係徵用私人財產之理由，亦屬保護本國國民免受行政權與立法權濫用侵害之措施。但除漫用限制者外，收外國人財產歸國有之政府對「公共利益」所為之決定，幾乎無法不服。現代，國家得視為公共福祉所需要者，幾無限制，故一九五九年五月一日之哈佛第十號草案，並不僅以「為公共目的」而徵用者為限。若乏其他理由，國家仍得以國民經濟需要或社會福利需要為藉口。國際機構無權判斷此種目的之適當與否（註三六）。

四、政府之承諾

政府恒於通商條約中，承諾保護外國人之財產。諸如，中華民國與美國、美國與愛爾蘭、意大利及伊朗簽訂之條約中，均特別為依「國際法」處理之約定（註三七）。美國與巴基斯坦（註三八）、英國與伊朗（註三九）、德國與巴基斯坦（註四〇）簽訂之條約，亦均含有依國際法標準予以保護之條款。

若干國家，如中華民國五十七年六月二十二日修正公布之外國人投資條例第十五條，規定投資人對所投資之事業，其投資佔該事業投資總額百分之五十一以上者，在開業二十年內，於投資人繼續保持其投資額，不低於百分之五十一之時期中，不予徵用或收購。泰國於其一九六〇年之促進工業投資法（註四一），明定保障「被促進之事業」（註四二）。

五、既得權利

承諾限制嗣後主權之行使，違約時應負損害賠償責任（註四三）。當被引用之柯卓工廠案（註四四），為將外國人財產收歸國有之先例，依該成案，違反條約將外國人財產收歸國有者，既屬非法，復應負全部損害賠償責任。但德國不來梅（註四五）上訴法院，拒絕於印尼煙草案（註四六）適用「契約神聖不可侵犯」（註四七）之概念。荷蘭與印尼一九四九年於圓桌會議（註四八）簽訂之財政經濟協會（註四九），約定印尼遵守承認荷蘭國民權益之基本原則。德國法院認為，前述權益業經兩國依法「撤銷」，「給予荷蘭國民優惠地位之條款，同經廢止」（註五〇）。但賽德荷漠法德（註五一）則謂，一九四九年協定僅屬現行法之再肯定，縱然寓有該原則之協定已經廢止，其效力仍不爽失。設定印尼不得於有效期間屆滿前終止特許權義務者，並非該協定；且該協定本身即稱該項義務為「基本原則」；故印尼對荷蘭人之財產權應負之義務，仍與以前同。

「契約神聖不可侵犯」原則，適用於條約之外，是否亦適用於協定，國際法院尚乏定論。瑞士於羅辛吉案（註五二），謂「契約神聖不可侵犯」原則，非僅於兩國直接簽訂之協定適用之，與國家與外國人簽訂之契約亦適用之（註五三）。依一九二九年簽訂之契約，一瑞士公司於南斯拉夫承建一鐵路；嗣後南斯拉夫制定違反該協定之法律。該爭端後經雙方協議解決，致國際永久法院無機會判決「契約神聖不可侵犯」原則是否適用。但契約神聖不可侵犯概念，業經承認為法律通則，且於國內法與國際法同等適用（註五四）。因此，國際律師公會（註五五）乃於一九五八年通過下述決議：「國際法承認「契約神聖不可侵犯」原則，於國家間簽訂之協定、國家與他國國民間簽訂之契約，同等適用，嗣後違反約定徵用私人財產者，即屬違反國際法……」（註五六）。

六、領域

國家依法行使主權將外國人財產收歸國有之要件有三：領域概念、平等待遇及補償。茲首述領域概念。國家僅得將國有化時座落於其領域內之財產收歸國有。有時國有化明文規定，其施行區域以該國領域為限，如伊朗（註五七）、印尼（註五八）、古巴（註五九）者是。反之，埃及將蘇伊士運河公司收為國有之法令，明文規定徵用該公司於埃及領域外之資產（全部資產、債權與債務），表示政府意圖將該公司在外國之存款亦收歸國有（註六〇）。一九五八年七月十四日之蘇伊士運河和解協定，不承認埃及之國有化法具有領域外之效力，而明定阿拉伯聯合共和國政府應將埃及領域外之資產交付該公司（註六一）。

七、差別待遇

將外國人財產收歸國有，其方法與條件，多涉及差別待遇。國有化似宜採平等待遇原則。待遇是否平等，應視具體情形個別定之。但德國不來梅上訴法院，於印尼烟草案主張：僅於平等者間始有平等可言！印尼國有化法，依其內容，係針對荷蘭事業而定（註六二），法院不採差別待遇之主張，認為荷蘭之權益過去享受特別優越地位，而且強調殖民地之人得對其以前之殖民者，採取與對待其他外國人不同之態度。該法院謂：「平等概念，係指對平等者應平等待之，與對不平等者得不平等待之而言。」（註六三）。事實上，印尼政府公開表示，國有化旨在「拯救」西新幾內亞（註六四），解除荷蘭之壓迫（註六五），古巴政府亦明白表示，國有化係以抗美國「經濟侵略」為目的（註六六）。顯見上述兩國政府所為者均係報復性措施。另一報復性措施之例，為一九六〇年十二月一日阿拉伯聯合共和國以比利時使其前殖民地剛果共和國（註六七）與阿拉伯共和國斷絕外交關係為由，將比利時在埃及之權益收歸國有（註六八）。

八、補償：立時、適當、有效

對將外國人之財產收歸國有之措施反對最力者所持之理由，為補償不適當。政府將外國人財產收歸國有時，應負補償之責，幾為舉世公認之原則。諸如伊朗、印尼及古巴國有化法，對補償事宜均設有明文（註六九）。美國政府一再強調補償應「立時、適當與有效」為之（註七〇）：於商務條約（註七一），向古巴政府提出之備忘錄（註七二）均如此主張。英國與伊朗簽訂之條約（註七三）、德國與巴基斯坦簽訂之條約（註七四），亦設有相同之條款。關於適當補償問題，美國認為債務政府是否具有支付能力，固不予考慮；即國有化之外，是否尚有其他可達成社會與經濟改革目的之途徑，亦非屬相關（註七五）。「公平」、「合理」與「適當」意義相同。補償之額數，足以代表被收歸國有財產之價值者，始可謂為適當（註七六）。有效補償，係指所為之補償對原所有人具有真實經濟價值。實際上，雖多難獲得立時、適當與有效補償，但理論上，立時、適當與有效補償，仍為國際法上既定之原則。事實上，財產被他國收歸國有者，多基於政治與經濟上之理由寄望於未來之貿易關係及其他動機，而接受低於財產全部價值之補償（註七七）。

九、國際無效

國有化措施違反條約義務，（政府與外國人間）契約義務或國際法公認之原則者，即當然構成侵權行為，侵害國即應負損害賠償之責，該原則業經納入多種公約草案（註七八）。國有化措施縱屬非法行為，且與不履行因國有化而發生之義務（如不補償者）不同（註七九）。但迄今仍乏國內最終審法院或國際法院判決或仲裁人判斷可據。（寧育豐）

註一　：Domke, Foreign Nationalization : Some Aspects of Contemporary International Law, Selected Readings on Protection by Law of Private Foreign Investments 303-352 (1964).

註二　：Nationalization.

註三‥Anderson, The Significance of Islamic Law in the World Today, 9 N.Y.U.L. Rev. 187 (1960).

註四‥U. N. Docs. A/AC. 97/5. Rev. 1 (1960)

註五‥U. N. Docs. E/3325 (1960), and Corr. 1-3; E/3492 (1961)

註六‥International Law Commission.

註七‥Fourth Report. 1959 I. L. C. Yearbook, (II, 1), and Fifth Report, U. N. Doc. A/CN, 4/125 (1960).

註八‥Harvard Law School.

註九‥Draft Convention on the International Responsibility of States for Injuries to Aliens, Draft No. 12, Louis B. Sohn and R. R. Baxter.

註十‥American Law Institute.

註十一‥Oliver, The American Law Institute's Draft Restatement of the Foreign Relations Law of the United States, 55 A. J. I. L. 428, 429 (1961).

註十二‥Organization for European Economic Co-operation.

註十三‥Shawcross, The Promotion of International Investment, Cong. Rec. A4309, 4312 (1960); 1961 J. Bus. L. 98.

註十四‥Council of Europe.

註十五‥Report on an Investment Statute and a Guarantee Fund Against Political Risks, Consultative Assembly, Doc. 1027 (1959), and Doc. 1073 (1960); report of the Commission on a World Investment Code, Parliamentary Group for World Government, No. 590715.196 C. House of Commons (1959).

註十六‥Observations of the German Branch of the International Law Associational Law Association, Hamburg Conference, 1960 p. 2, par. 1.

註十七‥Treaty of Amity, Economic Relations and Consular Rights, of Dec. 20, 1958, T. I. A. S., No. 4530; Treaty of Friendship and Commerce, of Nov. 12, 1959, 44 Dep't State Bull. 164 (1961); Treaty of Commerce, Establishment and Navigation, of March 11, 1959, 9 Int'l & Comp. L. Q. 311 (1960); Treaty for the Promotion and Protection of Investments of Nov. 25, 1959, Bundesrat Doc. No. 11/61.

註十八‥Drucker, Edmund Burke's View on Expropriation, 228 The Law Times 86, 87 (1959).

註十九‥Art. 24 (1) 1 Constitutions of Nations 614 (2d ed. Peaslee transl. 1956).

註二〇　Professor Briggs.

註二一‥Law of Nations 570 (2d ed. 1952).

註二二‥Institut de Droit International.

註二三‥44 Annuaire (II) 283.

註二四‥Expropriation.

註二五‥Wortley, Expropriation in Public International Law 36 (1959).

註二六‥taking of property.

註二七‥Cf. Wolfgang Friedmann, Law in a Changing Society 359 (1959).

註二八‥Cf. The Measures Taken by the Indonesian Government against Netherlands Enterprises, 6 Netherlands Int'l L. Rev. 227, 231 (1958).

註二九‥Settlement of Claims by the Foreign Claims Settlement Commission of the United States and Its Predecessors from September 14, 1949, to March 31, 1955, at 93, 201 (1955).

註三〇‥Foreign Claims Settlement Commission of the United States, Tenth Semiannual Report 24 (1960).

註三一‥Official Gazette, Oct. 30, 1959. 42 Dep't State Bull. 157 (1960).

註三二‥Times (Londen), Aug. 3, 1960, at 7, col. 6.

註三三‥Katz and Brewster, International Transactions and Relations, Cases and Materials 779. (1960).

註三四‥Art. 7 of Garcia-Amadors' Revised Draft, Fifth Report at 72, U. N. Doc. A/CN. 4/125, of February 9, 1960.

註三五‥Int'l Law Ass'n., Report of the Forty-Eighth Conference xi (1958).

註三六‥Stokes, Some Aspects of the Protection of Foreign Investments under International Law, Proceedings and Committee Reports of the American Branch of the International Law Association 1959-1960, at 19, 24 (1960).

註三七‥Robert R. Wilson, United States Commercial Treaties and International Law 120 (1960).

註三八‥Art. VI (3) and (4) of the Treaty of Friendship and Commerce, of Nov. 12, 1959, effective Feb. 12, 1961, 44 Dep't State Bull. 164 (1961).

註三九‥Art. 15 of the Treaty of Commerce, Establishment and Navigation, of March 11, 1959, 9 Int'l & Comp. L. Q. 311 (1960).

註四〇‥Art. 3 (2) of the Treaty for the Promotion and Protection of Investments of Nov. 25, 1959. Bundesrat Doc. No. 11/61.

註四一‥Promotion of Industrial Investment Act of 1960.

註四二‥Promoted enterprise; Wilde, Investment in Thailand, 9 Am. J. Comp. L. 481, 492 (1960).

註四三‥Fitzmaurice, The Law and Procedure of the International Gourt of Justice, 1954-9: General Principles and Sources of International Law, 35 Brit. Y. B.

註四四‥Chorzow Factory Case; P. C. I. J., ser. A No. 17.

註四五‥Bremen, Germany.

註四六‥Indonesian Tobacco Case; Domke, Indonesian Nationalization Measures before Foreign Courts, 54 Am J. Int'l L. 305 (1960); Muench, Das Sumatra-Tabak- Urteil des Hanseatischen OLG Bremen, 9 Jahrbuch fuer Internationales Recht 84 (1960).

註四七‥Pacta sunt servanda.

註四八‥Round Table Conference.

註四九‥Financial and Economic Agreement.

註五十‥54 Am. J. Int'l L. 321 (1960).

註五一‥Seidl-Hohenveldern.

註五二‥Losinger and Company Case.

註五三‥P. C. I. J., der. C, No. 78 at 32 (1936).

註五四‥Administration of Post and Telegraphs of the Republic of Czechoslovakia v. Radio Corporation of America, 30 Am. J. Int'l L. 523, 531 (1936).

註五五‥International Bar Association.

註五六‥Committee on Protection of Investments Abroad in Time of Peace, Seventh Conference Report, Cologne, 1958 at 485.

註五七‥Ford, The Anglo-Iranian Oil Dispute of 1951-1952 at 268 (1954).

註五八‥The Indonesian Act No. 86 of 1958, 54 Am. J. Int'l L. 305 (1960).

註五九‥Resolution No. 1 of Aug. 8, 1960, implementing Nationalization Law No. 851 of July 6, 1960.

註六〇‥Domke, American Protection Against Foreign Expropriation in Light of the Suez Canal Crisis, 105 U. Pa. L. Rev. 1033, 1039 (1957).

註六一‥54 Am. J. Int'l L. 498, 502 (1960).

註六二‥Id. at 305.

註六三‥Id. at 315.

註六四‥West New Guinea.

註六五‥Preamble to Act No. 86 of Dec. 31, 1958, 6 Netherlands Int'l L. Rev. 291 (1959).

註六六‥43 Dep't State Bull. 401 (1960).

註六七‥Republic of Congo.

註六八‥New York Times, Dec. 2, 1960, at 8, col. 8; Dec. 3, 1960, at 3, col. 2.

註六九‥Ford, The Anglo-Iranian Oil Dispute of 1951-1952 at 268 (1954); The Indonesian Act No. 86 of 1958, 54 Am. J. Int'l L. 305 (1960); Resolution No. 1 of Aug. 8, 1960, implementing Nationalization Law No. 851 of July 6, 1960.

註七〇‥Becker (then Legal Adviser, Dep't of State), Just Compensation in Expropriation Cases: Decline and Partial Recovery, 1959 Am. Soc'y Int'l L. Proceedings 336.

註七一‥United States and the Sultanate of Muacat and Oman, Treaty of Amity, Economic Relations and Consular Rights, of Dec. 20, 1958 T. I. A. S. No. 4530; United States and Pakistan, Treaty of Friendship and Commerce, of Nov. 12, 1959, 44 Dep't State Bull. 164 (1961); United States and France Convention on Dec. 21, 1960, 43 Dep't State Bull. 902 (1960); United States and Pakistan Treaty on Feb. 12, 1961, 44 Dep't State Bull. 164 (1961); Treaty of Amity and Economic Relations between the United States and Viet-Nem, of April 3, 1961, 44 Dep't State Bull 652 (1961).

註七二‥40 Dep't State Bull. 958; 41 Dep't State Bull. 715 (1959); 42 Dep't State Bull. 158, 238; 43 Dep't State Bull. 316, 360 (1960).

註七三‥Treaty of Commerce, Establishment and Navigation, of March 11, 1959, 9 Int'l & Comp. L. Q. 311 (1960).

註七四‥Treaty for the Promotion and Protection of Investment of Nov. 25, 1959, Bundesrat Doc. No. 11/61.

註七五‥Cf. Committee on the Study of Nationalization, American Branch, International Law Association, 1957-1958, Proceedings and Committee Reports at 26.

註七六‥43 Grotius Soc'y Transactions 12, 25 (1959).

註七七‥Rubin, Private Foreign Investment, Legal and Economic Realities 99 (1959).

註七八‥Draft Convention on the International Responsibility of States for Injuries to Aliens, Draft No. 12, Louis B. Sohn and R. R. Baxter; Oliver, The American Law Institute's Draft Restatement of the Foreign Relations Law of the United States, 55 Am. J. Int'l L. 428, 429 (1961): Miller, Protection of Private Foreign Investment by Multilateral Convention, 53 Am. J. Int'l L. 371 (1959); Report on an Investment Statute and a Guarantee Fund against Political Risks, Consultative Assembly, Doc. 1207 (Sept., 1959), and Doc. 1073 (Jan., 1960); report of the Commission on a World Investment Code, Parliamentary Group for World Government, No. 590715. 196 C. House of Commons (July, 1959).

註七九‥Kollewijn, "Nationalization" without Compensation and the Transfer of Property, 6 Netherlands Int'l L. Rev. 140, 158 (1958).

先佔（Occupation）

先佔是一個國家在一片無主的土地（terre nullius）或被拋棄的土地上，設定其主權之謂。先佔的觀念在十六世紀以前，許多歐洲基督教國家認爲任何非基督教信徒居住的地方均可行使先佔。十六世紀以後，才有對無主土地先發現者佔有的觀念，而成爲先佔的原則。但至十八世紀歐洲國家才在「發現觀念」之外，加上一個「有效佔領」的觀念。因此先佔必須具備下列的四個條件，才認爲是合法的先佔：

㈠、先佔的客體必須是無主土地或被拋棄的土地。

㈡、先佔的主體必須是國家或經由國家授權者。

㈢、先佔必須作有效的佔領（Effective Occupation）：即先佔國須設立機構，藉以保障該地公共秩序及處理行政事務。同時在設立機構之前，必須明白表示有置於其主權下的立意（animus）。

㈣、先佔必須由先佔國通知其他各國：其目的在使其他各國考察先佔國是否已經作有效的佔領，並使他國提出對於先佔的異議。

至於先佔的範圍應以已經發現的土地爲限，不應及於可能發現而尙未發現的土地。並且先佔是以有效佔領的土地爲限，不得在有效佔領範圍之外，主張先佔的權利。先佔在原則上不以「發現」爲唯一的根據，故最先發現國只取得一種原始的權利（Inchoate Title），如在一定時期（許多國際法學家定爲二十五年）之後未作有效佔領，則等於放棄了其原始權利，他國即可前往佔領。（李鍾桂）

托巴主義（Tobar Doctrine）

中美洲五小國於一九〇七、一九二三年二次訂約，約定：對於用革命方式獲得政權之新政府，「在其人民通過自由選擧所推擧出來的代表們在憲法上重新組織該國家以前」，不予承認。

此一約定係根據南美厄瓜多爾外交部長托巴的創議而達成，是爲托巴主義第一次正式見諸條文。按英美在貫澈承認方面之「有效原則」以後（請參見「法律上的承認」條），亦要求當地國人民支持新政府的適當證明，然後才賦予正式承認，係十九世紀末葉英美民主熱潮的影響所致，自威爾遜總統以後，卽遭逐漸放棄；中美五小國（尼加拉瓜、瓜地馬拉、洪都拉斯、哥斯達黎加、薩爾瓦多）仍明定「自由選擧」；及英美之單純的，不外加其他條件的「有效原則」抬頭後，加之一般控制選擧之政治技術日益高明，對所論「自由選擧」頗難加以適當定義；甚至新政府往往有獨裁而拒絕自由選擧者，國際間亦難以抹殺該政府存在之事實而拒予承認（因而影響商業交往等），職此之故，托巴主義亦日漸沒落；因其適用地區之有限，一般認爲托巴主義僅中美洲地區性的國際公法原則，而不能稱爲普通的國際公法規則。後哥斯達黎加於一九三二年。薩爾瓦多亦於一九三三年宣佈廢止一九二三年之條約。（邵子平）

匈牙利革命（一九五六）（Hungary Revolution, 1956）

一九五六年十月二十日，匈「文學報」刊載一頗有影響力量之「作家協會」之決議，要求俄軍撤離匈境，並立卽恢復天主教樞機主教閔增諦之職位。二十一日匈京布達佩斯工業大學及南部大學學生向政府提出最後通牒，要求更大自由與改善生活。二十三日，匈京學生、工人及退伍軍人萬餘人，擧行示威遊行。匈保安警察向示威學生射擊。激起暴動、罷工與巷戰。

十月二十三日晚，第一次暴動開始後，匈政府崩潰；總理納奇，面臨群衆壓力，於十月二十四日至十一月四日間應群衆要求，改組政府三次，由非共黨派掌握內閣。納奇聲明，召開國民大會、取消一黨政治、退出華沙公約、宣佈匈牙利中立。並與蘇俄磋商俄軍自匈撤退。

十月三十日，俄政府發表文告，重申「完全平等、尊重領土完整、國家獨立與主權、與社會主義國家間互不干涉內政」之原則。並謂，如匈政府認爲必要，俄軍隨時可撤離布達佩斯。

但十月三十一日，俄軍開始向匈增兵。十一月一日，納奇向俄駐匈大使一再抗議，並向聯合國秘書長報告蘇俄行動。俄領袖重申保證，米高揚抵匈與納奇政府談判。至十一月三日，匈愛國志士已控制大部領土，雙方軍事代表團開始討論俄軍撤退。

十一月四日拂曉，俄裝甲部隊突向首都猛烈進攻，前往俄軍總部談判之匈國防部長柏爾•馬立特與參謀總長伊萬斯•科瓦斯均被扣，納奇亦被捕。同時，克里姆林宮宣佈由卡達爾爲首之新的匈牙利革命工農政府成立。

聯合國對匈情勢，雖曾作過九點決議，並認定「蘇俄政府破壞憲章，剝奪匈牙利自由與獨立及匈牙利人民基本權利之實施」，但蘇俄無視聯合國之決議。

一九五八年六月十七日，匈官方報導：前總理納奇、國防部長馬立特及其他革命領袖均被判死刑並予執行。其罪狀爲「企圖非法撕毀華沙公約，爲帝國主義干涉消除道路」。（吳俊才）

再引渡（Re-Extradition）

引渡是在請求國與受請求國之間，根據條約而行使的。如就同一人有二個以上請求引渡國時，則以：(1)犯罪發生地國；(2)犯罪人所屬國；(3)罪重犯罪行爲請求國；(4)先請求引渡國爲優先。

當請求國接到犯人的引渡以後，又將該犯人，因其他案件再引渡給第三國。此種再引渡給第三國的行爲即稱爲「再引渡」。

對再引渡問題，有三種學說：

(一)、可予再引渡說：根據請求國之主權而論，當得到犯人以後，得由其自由處置，而可再將該犯人引渡至第三國。

(二)、不得再引渡說：根據「引渡效果有限原則」(Principle of Speciality)（僅可追訴與處罰請求書所列舉的犯罪行爲），請求國不得將犯人再引渡。

(三)、折衷說：認爲在原則上請求國不得再引渡。但是：(1)原受請求國同意再引渡時；(2)該犯人繼續居留於原請求國，已非由於引渡的結果，而是基於與引渡無關的理由（如服刑期滿釋放後，仍自願繼續居留該國者）；(3)犯人本人同意再引渡時，均可予以再引渡。（李鍾桂）

參考文獻：

Charles Rousseau, Droit International Public, Librairie du Recueil Sirey, Paris, 1953.

行爲地法（Lex Loci Actus）

又稱法律行爲地法，通常稱法律行爲時所在地之法律，爲行爲地法。自法則區別說主張行爲法則，應該適用行爲地法以來，現今各國國際私法仍有採用這種準據者。各國立法例認爲採行爲地法，有其理論上的根據，及實際上的便利：(1)理論上的根據：認爲當事人既然在行爲地爲某種法律行爲，如果沒有相反的意思表示，就可以推知其有服從行爲地法的意思；(2)實際上的便利：認爲當事人比較容易知道行爲地法的內容，萬一不知道，也比較容易搜集有關行爲地法的資料。行爲地法視其性質的不同，又可分爲侵權行爲地法，履行地法，及契約地法等（詳見各項目）。採行爲地法，固然有其主張的理由，但是適用時也難免發生困難，所以各國國際私法多有解決適用行爲地法發生困難的補充規定。我國涉外民事法律適用法第五條及第六條，都是有關行爲地法的規定。

（洪力生）

向海線（Seaward Limit）

向海線係用以測定一國海灣、河口的內水與領海之方法；測定向海線的方法爲首先判定海灣或河口入口處之二端上何處爲伸入海中最遠的尖地（中文應爲岬角；岬，音甲，指陡入海之山），連結二尖地尖端的線即爲向海線。

向海線以內爲內水（卽領水），國家對內水享有主權，但與它對領土的權限又略有不同；向海線以外的一定海浬數之距離範圍以內是領海。（邵子平）

扣船（Embargo）

「扣船」的這個字，係來自西班牙文的 embargar 其意卽爲「扣押」。在國際法裏給予其一項特定的意義，所謂扣船卽指報仇國扣押在其港口內的侵權國的船舶，以壓迫該國作損害賠償或補救者。

「扣船」除了是平時報仇的手段之一外，還有下列四種情形的扣船：

(一)、敵意的扣船（Hostile Embargo）：一國準備與他國作戰，而事先扣押該國在本國港口內的商船，以便戰爭發生後予以拿捕或沒收。

(二)、根據國際警察權的扣船（Arrêt de Prince）：一國爲保護本國安全，封鎖某項政治新聞與情報，而禁止商船駛離本國港口。

(三)、根據非常徵用權的扣船（Jus Angariae）：在戰時，交戰國得扣押並使用中立國的商船，以應急需，但負有補償的義務。

(四)、民事的扣船（Civil Embargo）：一國爲推行某種政策，或保護本國安全，而可禁止本國船舶駛離本國港口。此主要是英國市政法的規定，不能與國際法的扣船混爲一談。

總之平時報仇的扣船，對被扣的船舶而言，並不構成一種沒收。平時報仇終止後，被扣船舶，應歸還原主，但原主亦無要求損害賠償的權利。（李鍾桂）

參考文獻：

L. Oppenheim, International Law. Vol. II. 1955. P.141-142

仲裁（Arbitration）

仲裁是指爭端當事國所選定的人員或法院，對某一爭端所作的法律裁決者。而此項法律裁決，對爭端當事國具有拘束力。

「仲裁」本是古希臘城市國家間發生爭端時，所通常採用的解決方法。中世紀後半期歐洲各國亦常採用仲裁方法，但自從十六世紀開始，至十八世紀末年，仲裁例證可說是絕無僅有。而近代仲裁制度的濫觴則是一七九四年英美的傑伊條約（Jay Treaty）所設立的「混合仲裁委員會」。仲裁制度發展至最後階段即為仲裁法庭的設立，使其可以達到獨立及公正的理想。第一次世界大戰結束後，仲裁制度有二個新趨勢即有些條約規定個人得利用仲裁，同時仲裁的對象亦逐漸擴大。諸如政治性爭端，涉及國家名譽及重大利益的爭端等均可由仲裁方法予以解決。例如國聯第九屆大會會通過「一般仲裁議定書」即明文規定：仲裁是由五人所構成的仲裁法庭，以解決政治性爭端。足見仲裁更能發揮和解作用。因為仲裁包含下列各項特性：⑴爭端當事國自行選擇法官組織法庭，人數通常由仲裁協定規定。⑵仲裁所根據的法律是國際法原則，特殊協議的規則以及公允善良的原則等。⑶仲裁裁決是最後而決定的，故不得申請覆議，對爭端當事國具有拘束力。最成功的仲裁實例是最著名的一八七一年阿拉巴馬案（Alabama Arbitration Case）。對未來常設仲裁法院的成立，影響甚大。（請參閱「阿拉巴馬案」條）。（李鍾桂）

血統主義（Jus Sanguinis）

各國國籍法對於因誕生而取得國籍的立法例，有採血統主義者，有採出生地主義者，有採併合主義者。血統主義，即以父母的國籍、或是父或母的國籍，為子女出生時的國籍。德國的國籍法便採用這種主義。德國父母所生的子女，無論出生在德國境內或國境以外，都取得德國國籍。（參閱「出生地主義」及「併合主義」等條）。（洪力生）

艾森豪主義（Eisenhower Doctrine）

艾森豪主義（Eisenhower Doctrine）指一九五七年一月五日美國總統艾森豪向國會提出的中東政策。是年三月國會通過支持此項政策。

這政策的要點：一、中東國家為抵抗外來侵略，要求美國援助，美國為維護它們的領土完整及政治獨立，得在中東使用武力；二、美國必須幫助中東國家和集團發展它們的經濟能力；三、中東國家或集團需要美國軍事援助的，美國得適應其願望。

這主義的實施地域，包括西至利比亞，東至巴基斯坦，北至土耳其，南至阿拉伯半島的衣索比亞和蘇丹。

一九五七年蘇俄以武力和共諜滲透，威脅黎巴嫩的安全。美國應黎巴嫩政府的要求，派軍赴援。蘇俄撤退其侵略的部署，美軍即撤回。這是艾森豪主義經過一次成功的考驗。（陳紹賢）

有瑕疵的批准（Ratification in Violation of Constitutional Restrictions）

締約國一方的有權批准機關，違反或超越國內憲法的規定而擅自代表該國批准條約，是為有瑕疵的批准。此種批准的效果若何？一派主張：條約既經批准，則即從國內法規點來看，亦應視為生效；此派主張的結果是使國際條約較趨安定。另一派認為按照「代表超越權限範圍時所作行為無效」的原則，有瑕疵的批准就不是批准，因而該條約不能拘束締約國；此派似為多數學者所從，其他學者亦原則上從此說，但再進一步加以下列諸種限制：㈠若該批准國已實施條約而不主張條約因有瑕疵而無效，或已從條約取得相當利益，則等於放棄主張無效的權利，條約應視為有效成立；㈡批准國應於不履行條約時負責賠償他方的損失。

國內憲法程序對批准條約有並無重要意義者如英國；亦有有極重要性者，如法國一九四六年憲法規定總統行使締約權，但修訂法律，更改疆土等條約必須由國會以法律形式通過；又如美國「條約」（非行政協定）均需由上院以出席議員之三分之二通過。（邵子平）

列寧的民族自決口號（National Self-determination）

民族自決政策是列寧提出的主張。列寧等起初不相信需要一個特別的民族政策，認為民族問題只有在資本主義國家的條件下才會發生。但是，一九〇五年革命之後，列寧體會到，在與既有秩序的鬥爭中，帝國內非俄羅斯民族傾向有其重大作用。於是提出了包含分立的民族自決權，鼓勵少數民族參加革命，爭取獨立。

事實上，這一政策乃是一個權宜之計。一九三〇年，史達林在俄共第六次代表大會上，表達了列寧「自決權」的觀點，他說：「有時列寧用一個簡單的公式來表達民族自決，那就是『爲聯合的目的而分立』……這甚至有些似是而非的意味。但是，這個自決公式反映出馬克斯辯證的活眞理，它曾使布爾什維克奪取了民族問題內最難攻克的堡壘。」

列寧認爲社會主義之目的，不僅要取消人類小國的分立以及各民族的隔閡，並且要使他們接近和同化。人類不可避免的同化，只有經過一切被壓迫民族完全解放之過渡時代方能達到。

布爾什維克雖然聲言，要幫助一切民族運動；但實際上，却要依這個民族運動的性質而定。他們所要幫助的是「反對帝國主義的民族運動」，而當某一個被壓迫民族的民族運動與無產階級利益相衝突時，就不會得到布黨的協助。

歸納前述各點，所謂民族自決乃是布爾什維克欲藉民族自決爲餌，爭取少數民族的同情和支持，以達到其最後大一統的目的。（吳俊才）

名譽領事（Honorary Consuls or Consules Electi）

領事可分爲兩類，或爲派遣國的官員，支領薪俸，專任領事工作，在職期間不得從事任何其他私人職業，此類領事通常係派遣國國民，稱爲職業領事（Consules Missi或Consuls de Carriere）；或爲駐在國的個人（在大多數的情況下爲商人），在擔任領事工作外，仍然從事其原有職業，彼可以是或可以不是派遣國國民，端視各國法律之規定而定，此類領事通稱爲名譽領事（consules electi或honorary consuls）。根據國際法，名譽領事與職業領事地位並無不同，不過後者在實例上總是享有較大的權威及較重要之社會地位，領事條約卽經常規定給予職業領事以特殊之特權。話雖如此，各國對於名譽領事的標準，規定不一，有以領事之受不受償爲決定標準者；有以國內外放或就地聘任者爲衡量標準者；更有以是否爲派遣國國民爲標準者；最後，有以除職業領事外均視爲名譽領事爲標準者。我國駐外使領館組織條例第十三條規定：「在未設領館之處所，得酌設商務代表或酌派名譽領事」，我國江良規先生曾自一九五七年十一月二十六日起擔任宏都拉斯駐臺北名譽領事，自一九五九年三月二十五日起又擔任薩爾瓦多駐臺北名譽領事，一直到江氏逝世，該項職務始告結束。（陳治世）

全權證書（Full Powers）

所謂全權證書乃是一國主管當局所頒發的正式文書，授權某一人員代表國家，從事談判、接受、或認證一條約的條文，以表示該國同意受條約的拘束，或爲實施締結條約的一切必要行爲的文書（見一九六六年條約法條款草案第一條第1款第C項的規定。）

所以全權證書是由外交代表從事締約談判時，必須獲得有關締約的合法授權證書。以表示：

㈠、該外交代表從事締約的權力是由合法政府或事實政府的授予。

㈡、該外交代表享有談判及簽約的權力，但不具有批准的權力。

至於外交代表從事締約的權力，當依國內法有締約權的國家元首，行政首長或政府授與。依各國慣例，全權證書以元首名義頒發者居多數。由於全權證書並未賦予締約代表以批准權，而條約在原則上非經批准不發生效力，故從法律觀點而論不甚重要。但自政治觀點來說，却具重大意義，尤其對新國家或新政府爲然。因爲締約乃是默示承認該國家或政府的具體表現。例如：一九二三年的洛桑條約，各締約國卽避不用「蘇聯政府」而用「俄國」一詞，以免誤會是對蘇聯政府的默示承認。（李鍾桂）

住所地法（Lex Domicilii; Law of the Domicile）

是當事人住所所在地的法律。當事人的住所得依其意思而改變，而當事人的國籍，非依法定條件，不得任意變更，所以住所地法比本國法較之永久確定性；如當事人的住所在其本國，適用當事人的住所地法，就是適用其本國法；如果住所在外國，適用住所地法，就是適用外國法。自十四世紀中葉，義大利學者巴塔路斯首倡法則區別說，就主張屬人法則，應該適用當事人的住所地法爲原則，嗣後赫白爾（Huber）、薛福納（Shaeffner）、及薩維尼(Savigny）等學者，都奉巴氏所主張的原則，也認爲能力、親屬、繼承等法律關係，應該適用當事人的住所地法。直至十九世紀初葉、法國及義大利等國學者提倡本國法爲屬人法的準據法，嗣後大陸法系國家在原則上就逐漸不重視住所地法。但是，英美法系國家，因有複數法域及其他特殊情形，仍採當事人住所地法爲屬人法的準據法；如美國、英國、阿根廷、巴西、丹麥、及挪威等國的國際私法或判例所採者是。在大陸法系國家，往往以住所地法爲當事人。人無國籍或多數國籍時，或行爲地不明時的補充適用。（參閱「涉外民事法律適用法」第二

十七條第一項、第二十六條、第三條、及第六條第二項後段規定）。（洪力生）

住所地法主義（Principle of the Law of Domicile）

國際私法上凡適用住所地法而以之爲準據法者，稱做住所地法；採這種立法例者，稱做住所地法主義。自十四世紀中葉，義大利學者巴塔路斯首倡法則區別說，即主張屬人法則，應該適用當事人的住所地法爲原則，以解決關於人的法律衝突。雖然，自十九世紀法國及義大利學者提倡本國法爲屬人法律關係的準據法以後，大陸法系國家的立法例，就逐漸改採本國法主義爲原則。但是英美法系國家，因有複數法域及其他特殊情形，至今仍採當事人的住所地法，爲屬人法律關係的準據法，如英國、美國、阿根廷、巴西、丹麥、及挪威等國國際私法的立法例或判例，則仍採住所地法主義爲原則。（洪力生）

住所的消極衝突

就是無住所的意思。如當事人已拋棄舊住所，而尚未取得新住所；又如無家可歸終身旅行的人，都是發生住所消極衝突的原因。學者對於無住所的衝突，大致主張以居代住所，即以居所地法爲住所地法。我國涉外民事法律適用法第二十七條第一項後段規定：「……住所不明時，依其居所地法。」以資解決。（洪力生）

住所的積極衝突

或稱雙重住所，卽一人同時有二以上的住所。雙重住所的發生原因，有由於法律規定而發生者，有由於事實上的競合而發生者。由於法律規定不同而發生者：例如，子國法規定一人僅有一住所，而丑國法規定一人同時得有二以上的住所，假定某甲在子國設有住所，又到丑國設定第二住所。如果住所何在的問題發生在丑國法院，因丑國法律允許一人可以有二以上的住所，所以某甲就取得兩個住所。由於事實上競合而發生者，例如，出生地不明的棄兒，以其發現地爲住所，如果棄兒是放置在子丑二國國境的交界處，則子丑兩國都可以認棄兒的住所，係在其國境內，因此就發生住所的積極衝突，就發生應該適用何國法律爲當事人住所地法的問題。至於住所積極衝突的解決方法，學者主張並不一致。我國涉外民事法律適用法第二十七條第二項規定：「當事人有多數住所時，依其關係最切之住所地法，但在中華民國有住所者，依中華民國法律。」以資解決。（洪力生）

住所的衝突

又稱住所的牴觸，卽一人有時竟無一住所，或有時竟有二以上的住所的意思。設定住所須具有兩種最重要的要件：一爲居住的事實行爲，一爲存有久住的意思。這都不是確定而不變的，當事人的意思或其行爲一經變更，住所也就隨之變更；因此，當事人前後便不免有兩個住所。而且各國法律關於住所的規定，並未一致，因而住所衝突或牴觸的發生，實所難免。至於住所的衝突或牴觸的情形，可分爲兩種：㈠住所的積極衝突，或稱雙重住所，卽一人取得二以上的住所所生的衝突是；㈡住所的消極衝突，或稱做無住所，卽一人無一住所所生的衝突是。

現今各國國際私法對於住所地法的適用，與本國法的適用差不多同等重要，自十四世紀巴塔路斯首倡法則區別說以來，住所地法就是屬人法律關係的準據法，英美諸國係屬多數法域的國家，至今仍採用之。大陸法系國家自拿破崙法典制定以後，雖已改採本國法爲屬人法律關係的準據法，但住所地法有時却用以代替本國法的適用，或代替行爲地法的適用，或具有完成內國法適用的作用（參閱涉外民事法律適用法第二十七條第一項、第六條第二項後段、及第三條的規定）。所以不論英美法系國家或大陸法系國家，當其適用住所地法，而當事人無住所或有二以上之住所時，則發生適用住所地法的困難，因此各國國際私法學者對住所的問題，多加以討論，而各國國際私法的法則，對住所的衝突，亦多規定其解決的方法。（洪力生）

住所徵發（Quartering）

卽若佔領軍沒有房舍或房舍不敷應用而徵用當地居民之房舍，幷令房主供給伙食，甚至供給馬欄、糧秣等必需品。海牙陸戰法規雖未明白規定住所徵發，但此種徵發實乃「實物徵發」的一種特殊形態，故應適用該法規第五十二條之規定：佔領軍從事這種徵發時應付給現金，否則，亦須發給收據，記明駐紮士兵之人數及天數與應付之金額。不過其價格不是由房主開列，而是由佔領軍司令官自己決定（參閱「徵發」及「實物徵發」）。（俞寬賜）

私掠船（Privateers）

昔日，交戰國為了增强本國之海上戰鬥力量，常以「私掠特許狀」(Letters of Marque）頒授其本國或中立國人民之私船，使其用自備之武器及經費在公海上刧捕敵國船舶和貨物及從事其他敵對行為；這種私船就叫「私掠船」。

此項私掠制度（Privateering）早在尙無正規海軍的時代就開始發展了，到十七、十八世紀至於極盛。惟在此制之下，私掠船以謀私利為目的，有時竟襲擊中立國及發照國自己的商船。各國為防杜流弊起見，自十八世紀起，漸漸加以改革，限將捕掠特許狀頒授本國私船，幷令船主繳納保證金，以便於引起不法損害時作為賠償之用；同時規定私掠船必須將其捕獲品送交捕獲法院（Prize Court）審判，以決定其捕掠行為是否合法。但實施之結果，依然流弊叢生，所以一八五六年巴黎宣言第一條明文規定永遠廢止此種私掠制。美、西等國雖非該宣言簽字國，但它們在一八九八年戰爭期間亦皆遵守其規定。是故「私掠船」現已成為國際法的歷史陳跡。（俞寬賜）

私國際法（Private International Law）

是國際私法的一種名稱，這個名稱是法國學者斐力斯（Foelix）所提倡。當時歐洲的義法學派，主張國際法應該分做兩種：一、凡是規定公益關係者，為公國際法；二、凡是規定私益關係者，為私國際法；斐氏就是根據這種理論，而主張用私國際法的名稱，後來魏斯特立克（Westlake）及其他學者也採用這個名稱。這個名稱是否妥當，應該以國際私法是不是國際法的一部為先決問題。如果國際私法是國際法，則為區別公國際法起見，而稱為私國際法，尙有其採用的理由。如果國際私法不是國際法，就不應該採用這個名稱。國際私法是國際法，抑是國內法，這是關於國際私法性質的問題，至今仍為學者所爭論。凡是反對國際私法是國際法的學者，往往就反對採用這個名稱。（參閱「法律衝突論」、「國際私法」、「外國法適用論」、及其他國際私法名詞諸條）。（洪力生）

冷戰（Cold War）

「冷戰」為第二次世界大戰後所產生之新戰爭形態。質言之，除軍事射擊戰以外之其他鬥爭方式皆屬之。析言之，所謂冷戰蓋包括政治戰、宣傳戰、心理戰、經濟戰、外交戰、情報戰等形態而言。而其所以發生冷戰則實以「理念形態」（Ideology）之不同而來。

一九四五年，二次大戰結束，蘇俄即利用雅爾達密約及波次坦會議之決定在東歐及遠東建立許多附庸國家，於是開始使共產國家與非共產國家完全隔絕，豎起所謂「鐵幕」（Iron Curtain）以防止資本主義之影響。由於共產國家與非共產國家分為兩個水洩不通之集團，遂使此一地球形成為兩個敵對世界。

蘇俄獨裁者史太林當初建立「鐵幕」的動機，或原在求其自身的絕對安全，但鐵幕豎起之後，眼見鐵幕以外之世界，除美國以外，所有昔日足以威脅蘇俄安全之歐亞强國，不論其為戰勝或戰敗，皆已瀕於破產邊緣，不但已無威脅蘇俄的力量，且已成為蘇俄侵略的對象。於是史太林乃油然而生向外擴張之野心，以為此乃達到世界革命目的之絕好良機。迄至一九四六年，蘇俄即開始發動其「南進政策」（參閱「南進政策」條），一面支援希臘首先叛亂，以期推翻希臘王室，成為蘇俄附庸，俾能由巴爾幹半島直抵地中海；一面則向土耳其要求共管達旦尼爾與波斯婆羅斯兩海峽，以期得由黑海而直出地中海。希臘與土耳其原來均為英國所支持之國家，依理應由英國出面挽救，但英國自身此時已瀕于破產，無能為力，不得已乃轉請美國出面干涉。當時美國總統杜魯門見情勢危急，遂於一九四七年三月向國會要求以四億美元援助希、土，既使平復希臘共黨叛亂，復使土耳其得以拒絕蘇俄共管兩海峽之要求，因此蘇俄不能不知難而退，其南進野心乃遭受無情之阻遏。然而蘇俄雖暫時放棄其南進野心，但其對外擴張之陰謀則反而變本加厲，一面策劃向西邁進，一面向東伸張。所以論者皆謂一九四七年杜魯門主義之登場，實為東西冷戰之正式開始。迄至一九四八年六月，蘇俄宣佈封鎖柏林與西德方面之水陸交通路綫，其目的在迫使西方國家完全退出柏林；而美國亦於同年宣佈實施馬歇爾計劃，並以空運補給西柏林之軍民，迫使蘇俄於一九四九年自動放棄對柏林之封鎖。一九四九年美國為確保西歐各國安全起見，復有北大西洋公約組織之成立，以對抗蘇俄之侵略野心。凡此種種皆在歐洲方面發生之冷戰之重要現象。

其在亞洲方面，雖然蘇俄乘機資援共匪奪取中國大陸，但美國當時並未認清共黨野心，亦未能及時援救，致使中國大陸完全淪陷。直至一九五〇年六月，蘇俄嗾使北韓進攻南韓後，美國始由夢中警覺，於是乃以聯合國名義出兵參戰，用期遏阻共產主義之洪流。自韓戰以後，美國始將其在歐洲實施之防堵政策，普遍運用於亞洲方面。自是以還，東西冷戰愈演愈烈，其方式亦更變幻無窮了。

實在說來，二次大戰以後，直至今日，國際間一切事變，皆爲東西冷戰的現象。茲爲明瞭冷戰發展情形起見，特分下列四大階段以說明其簡要之經過。

第一階段——由一九四七年三月起至一九五〇年六月止，此一時期就美國方面言，可稱之爲『歐洲第一時期』，當時美、蘇間的冷戰皆在歐洲方面進行，雖然共黨勢力則在遠東方面不斷擴展。

第二階段——由一九五〇年六月至一九五七年十月止，此一時期就美國方面言，可稱之爲「歐亞兼顧時期」，因美國昔日在歐洲實施之防堵政策，業已普遍運用於亞洲各地區。

第三階段——由一九五七年十月起至一九六二年十月止，此一時期可稱之爲「東風倒西風時期」，因在一九五七年十月間，蘇俄發射兩顆史普匿地球衛星，於是赫魯雪夫以洲際飛彈爲恐嚇工具，不斷向西方國家展肆壓力，使西方窮於應付。直至一九六二年十月間，美國總統甘迺迪對蘇俄在古巴建設飛彈基地之陰謀，動員三軍，致送哀的美登書，迫使蘇俄自動撤退，于是蘇俄之威望乃一落千丈。

第四階段——自一九六二年十月至今日，此一階段尙在演變之中，將來如何，殊難逆料。第四階段可稱之爲「冷戰變質時期」，蓋蘇俄對美國屈服之後，不但對世界的威望大爲降落，即其對共產集團的一元領導地位，亦開始動搖，匪、俄衝突因而表面化，嚴重化，演成瀕於破裂之狀態，即蘇俄對其他東歐各附庸國家亦漸失其控馭之力。至於民主國家方面，美國的領導地位，亦逐漸降低，尤其對歐洲方面，因法國戴高樂的不斷與美國作對，使美國對歐洲領導大受影響而北大西洋公約組織亦有瓦解危機。在現階段中，所謂冷戰已由單純的東西抗爭，一變而爲東西混戰，陣綫難明，目標龐雜，於是東方與東方之間有冷戰，西方與西方之間，亦有冷戰，昔日所謂兩極化之世界，至是乃恢復多元化之複雜混亂之世界。（鄧公玄）

參考文獻：

S. N. Dhar : International Relations And World Politics Since 1919, pp. 328-340

Peter Calvocoressi : International Politics Since 1945, pp. 3-50

冷戰焦點（Focus of Cold War）

「冷戰」者，蓋共產集團與非共產國家之間，不在戰場決戰，而以其他無形的鬥爭方式，從事於打擊、削弱、危害或制服對方之戰爭形態（參閱「冷戰」條）。

何謂冷戰焦點？質言之，即指東西雙方爭執最多之地區，而冷戰集中之重點。

論者或將「冷戰」與「熱戰」（Hot War）不同者，即因其並無一定之戰場，既無一定之戰場，故殊無作戰之重點。此論雖亦言之成理，持之有故，但吾人須知冷戰雖普及整個世界，然雙方最着重之某一地區，固仍不失爲冷戰之重心，亦即不失爲冷戰之焦點。

試舉具體事實以明之。當東西冷戰開始時，實以中、近東及地中海方面爲冷戰焦點，其後則轉移到歐洲方面，而柏林之爭奪則成爲冷戰之焦點。迄至韓戰發生，雙方冷戰目標雖遍及歐亞，然歐洲仍居絕對重要地位，而德國與柏林之爲冷戰焦點依然如故。惟至一九六二年十月，古巴事件發生，使蘇俄向美國公開屈膝，於是不但使東西冷戰大爲變質，且使冷戰重心亦由歐洲之柏林遠移至亞洲之東南亞方面，而越南更形成爲冷戰之焦點。

何以東西冷戰焦點轉移至東南亞之越南呢？因爲在一九六二年十月古巴事件之後，美、蘇開始走向冷和之途，歐洲戰爭危機立刻鬆懈，柏林問題亦驟形和緩，然而在亞洲方面則因匪俄衝突加深，中共爲爭取領導權起見，一面譴責蘇俄向美帝投降，一面則肩起世界革命之旗幟，普遍加强對大陸邊緣各國之滲透顚覆，尤其挑起北越與越共對南越之叛亂，使越戰死灰復燃。於是之故，東南亞一隅遂立刻成爲冷戰與熱戰之中心地帶，而越南則取代昔日柏林之地位，成爲冷戰與熱戰之焦點。

所以所謂冷戰焦點者無他，即冷戰之重心而已，國際形勢如有變化，則此種冷戰亦可能因而轉移，他日或將移至中東方面，亦未可知。（參見「冷戰」條）。（鄧公玄）

沙文主義（Chauvinism）

沙文主義係從法文Chauvinisme而來，是一種無理性而誇大的愛國主義。沙文主義出源於一法國軍人尼古拉斯•沙文（Nicolas Chauvin），渠乃拿破崙第一時一名老兵，對拿破崙的軍功極端欽佩，對於其他國家則甚表輕視，對於重建第一法蘭西共和國最具狂熱，當時在巴黎頗露頭角。但因其行為過火，其同胞甚至認為滑稽可笑，故法國人即以沙文的名字當作盲目崇拜拿破崙之同義字，後經演變，而以沙文主義表示近於荒唐的、無理性而誇張的愛國主義，與過份以自己國家民族引為最大光榮與驕傲者。

按照俄共的解釋，沙文主義是一種資產階級民族主義，為民族特權說教，以一個民族的利益對抗所有其他民族的利益，煽動民族敵視與仇恨。沙文主義也是帝國主義資產階級的一項反動的、侵略政策，其目的在征服與奴役其他民族。沙文主義者所執行的是一項種族主義（Racism）。

俄共並鼓吹，工人階級及其黨用無產階級國際主義的馬列主義思想對抗沙文主義的帝國主義思想；並云，無產階級國際主義主張各民族權利完全平等以及各國人民的友好與兄弟般的合作。（「蘇俄大百科全書」，一九五七年，四十八卷，一三一頁）

然而，在匪俄爭執中，雙方彼此相互以「大國沙文主義」相互指責。尤其共匪在攻擊蘇俄的言論中，曾一貫强調「大國沙文主義」之危險，即指責俄國對各共黨國家不能以平等地位相待而言。論及「小國沙文主義」則又指南斯拉夫過份强調民族主義，已達盲目妄自尊大的地步，認為亦有害共黨大家庭，故應予糾正。（吳俊才）

克什米爾爭端（Kashmir Dispute）

克什米爾（Kashmir）原為英屬印度（British India）北部的一邦，面積八四、四七一平方英里。一九四七年印度和巴基斯坦兩獨立國對克邦的歸屬問題，起了爭執。印度以當時該邦的執政長官(Maharajah)哈利辛爵士（Sir Hari Singh）已宣佈該邦屬於印度；巴基斯坦則以該邦人口四百五十萬，百分之八十為回教人民（Moslems），而印度教人民（Hindus）不及百分之二十，且幾乎全部集中居留於詹莫地區（Jammu District），該邦應歸屬巴國。

這種爭執演成一九四七年十二月印巴的武裝衝突。聯合國安全理事會出面調處，直至次年七月，在安理會派遣的和平委員會協助下，戰鬥雙方纔訂立停火界線。但因印度抵制以公民投票決定克邦歸屬的建議，拒絕派出一名仲裁員，致和平委員會的工作無法進行。嗣後十年間，安理會經五次決議，催促在克邦舉行此項投票，都因印度的反對，而不能實現。

一九六五年八月五日，較大規模的印、巴戰爭爆發。因毛共支助巴基斯坦作戰，蘇俄在安理會中的步調遂與美英一致。安理會通過的雙方停火及撤離停火線的決議，得到印、巴的接受。蘇俄且利用此種機會，跨過了聯合國，約集印度總理與巴國總統至俄境內接受柯錫金的調停，獲致印、巴間嚴重情勢之暫時和緩。但克邦爭端的根本問題仍未解決。（陳紹賢）

克什米爾問題與印巴戰爭

克什米爾(Kashmir)為查木（Jammu）及克什米爾二地之簡稱，面積約廿一萬平方公里。人口約五百萬，其中伊斯蘭教徒約佔77%，印度教徒約為20%，其他則為少數錫克教徒及佛教徒。

一九四七年，英帝國在印、巴分治時，對克什米爾歸屬問題未作妥善之安排，而印、巴雙方皆因克什米爾戰略形勢重要，亟欲攫為己有。印、巴雙方在克什米爾問題上之對立及日後印度方面無理阻撓克什米爾問題之合理解決，造成印、巴雙方長期之爭執及觸發戰爭。

按一九四七年七月十八日英皇簽署之印度獨立法案（The India Independence Act）之規定：克什米爾可自由選擇其有利途徑，或加入印度，或併入巴國，抑或作其他政治性安排。事實上當英、印時代結束時，克什米爾形同自治，巴基斯坦原企望克什米爾自動併入巴國，然鑒於克什米爾藩王哈利辛(Maharaja Hari Sing)之遲延，遂停止其對克什米爾之經援，並遣十萬回教徒入侵，克什米爾藩王因恐巴國佔領後失其王位而向印度求助。印方以原克什米爾境內居民絕大多數為伊斯蘭教徒，有可能主張與巴國合併，故當時一方面對哈利辛之能否代表克什米爾之民意，暫不表示意見，另一方面又在其境內扶殖所謂民主力量，以期結束王公之治，成立民選政府。一九四七年十月，哈利辛之向印度求援及決定加入印度聯邦，使印度藉口派兵入克什米爾，因而印、巴雙方在克什米爾發生武裝衝突。

一九四九年初，印巴雙方停火，七月劃定停火線，此後巴國控制地約佔克什米爾之⅖弱，人口佔¼。其餘地區則係在印度佔領下。印度在佔領區內成立「邦政府」。巴國在控制區內成立「自由克什米爾政府」。

印、巴雙方曾舉行多次會議以解決克邦問題，並於一九五三年八月十二日兩國總理發表聯合公報宣佈將在克邦舉行公民投票，由克邦人民自決其政治歸屬問題。此後印度尼赫魯政權一再食言，宣佈「克什米爾是印度聯邦的構成單位。」一九五六年尼氏公開說：「克什米爾已經併入印度」。印度佔領區之克什米爾制憲會議在新德里方面之操縱下，於一九五六年十一月十七日通過新憲法，宣佈查木及克什米爾是印度聯邦之不可分割之一部份」。此後印方一再壓制克邦人民之爭取民族自決運動，並於一九六五年九月，破壞停火線，再度與巴基斯坦發生大規模武裝衝突。一九六六年英、甘地夫人執政後，繼承其父之擴張政策較前更變本加厲。

所謂「克什米爾停火線」，其產生之經過乃是：一九四七年十月印、巴雙方在克邦發生軍事衝突後，同年十二月印度提交克邦問題於聯合國。一九四八年八月聯合國印、巴委員會通過停火、非軍事化及公民投票三階段解決克邦糾紛之決議。印、巴雙方皆表接受。一九四九年一月聯合國印、巴委員會，為補充上述決議，又通過關于在克邦舉行公民投票之決議，印、巴雙方亦表接受，並于一月間在克邦正式停火。同年七月聯合國印、巴委員會和印巴代表舉行會談，達成關于克邦停火線之協議，規定：「停火線南起馬納瓦爾，北至開倫，然後由開倫向東至冰凍地區」。全長約八百英里。

停火線雖經劃定，然印、巴雙方因彼此對克邦立場不同，故長久以來即沿停火線不斷發生衝突。一九六五年九月之印、巴戰爭，印軍越過停火線，至今仍然侵佔巴基斯坦控制區之一部份地方。

東巴戰爭中之克什米爾

時人常以美總統尼克森在東巴戰爭中偏袒巴方，因巴方戰敗而導致印、孟、俄三國更進一步之親近，以及蘇俄勢力伸入南亞次大陸及印度洋，與美、印關係低潮等，有損西方在印度洋沿岸之利益。故有人評擊尼氏之袒巴抑印政策。然從另一角度來看，實情並不盡然，且其中亦有牽涉及克什米爾者。

此次印、巴戰爭中，印方原欲獲較今所得更大之戰果。據美國可靠情報來源報導；印度在戰爭中之意圖：

㈠變造現今所謂之「孟加拉國」為在印度控制下之一分離國家。

㈡驅逐巴基斯坦於雙方長期爭執之克什米爾領域外。

㈢推翻亞雅汗(Yahya Khan)之巴國軍人政府，同時另立一親印之傀儡政權。

㈣然後以嚴格限制軍備條約與被分割之巴國媾和。

以上印方四大戰略目標，除第一項所謂「孟加拉獨立」達成外。第二項印方在克邦之目標未能達成。第三項目標完成一半，亞雅汗軍人政權被巴人推翻，但親印傀儡政權則無法成立，布圖之新政府雖因內憂外患之牽掣限制，基本上仍然是與印度對立，尤其是當今在克什米爾問題上。第四項之印方目標亦未達成。以上印方四項目標中之第二項，即在解決東巴後，揮師西巴，佔領克什米爾，進而一舉推翻西巴政府。由此可見克什米爾在此次東巴戰爭中所佔之地位及重要性。

蘇俄則全力支持印度上述四項目標計劃，其目的自然是在求打通直伸入南亞次大陸之道路，切斷中共經巴基斯坦西進之路。假如印度在克什米爾得手後，則蘇、印勢力可自北、西、南三面向中國大陸新疆及西藏區加以壓力。

蘇俄因民心士氣，東歐附庸國之安全問題及中共可能在蘇俄東方邊境蠢動而引起政治崩潰，故而採取退却路線。此為蘇俄在美國強大力量之警告下，繼柏林、古巴及以色列事件後，第四次採取「撤退」路線，以避免與美正面衝突。

在東巴戰爭中，印、巴雙方在西線，亦即克邦戰線上，僅有小規模之接觸。然印軍乘機佔領控制克邦首府斯里那嘎爾(Srinagar)通往拉達克(Ladakh)列城(Leh)戰略道路上卡爾吉兒(Kargil)附近之數高地。其意義一如以阿六日戰爭中，以色列佔領敍利亞之高蘭(Golan)高地一般重大。按一九六六年印、巴在俄國斡旋調停下所簽之塔什干條約規定，印軍早由該數前哨撤退。

就克什米爾地理形勢而言，克邦地理區可分為三部：㈠內、外為山地之查木區。㈡克什米爾谷地，㈢北方邊遠高山區，如拉達克、巴特里斯坦Batlistan及吉兒吉特(Gilgit)。其北以喀喇崑崙山脈(Karakorum R.)與中國分界，拉達克與南部克邦、印度間又有喜馬拉雅山脈之伸延，交通不便。故拉達克首府列城與印度之聯繫主要道路，並非直接南下越喜馬拉雅山，而是先向西經卡爾吉兒高地而折向南方直抵希里那嘎爾。

多年來拉達克區曾為中、印爭執地，一九五七年中共於阿克賽區(Aksai

Chin)修築道路以聯接新疆及西藏，印度方面亦一再揚言「收復拉達克失地」。卡爾吉兒爲印軍入列城必經要地。故印軍乘此次東巴戰爭再度將之佔領，同時佔領該數高地，亦可遙脅新疆通巴領克什米爾吉兒吉特城之戰略公路。

在前述俄、印、巴、美、孟、匪綜錯複雜之情勢下，當時尼克森之處境十分困難，如美仍然保持中立，則有印度於消滅東巴軍事力量後，揮師西併克什米爾及樹立西巴傀儡政權之可能。屆時匪、印將在拉達克區發生衝突，同時蘇俄勢力直經中亞伸入南亞次大陸全緬、印邊區（阿富汗早已在蘇俄影響力之下）。同時中共及其他各國在聯合國大嚷大叫要求採取行動，尤其是在尼氏訪匪前夕，美國只有選擇支巴抑印政策以保存西巴之有利一途。吾人亦可由此中發現克什米爾在東巴戰爭中所佔之重要性。

尼、周上海公報中之「克什米爾問題」及印度之反應

一九七二年二月廿七日發表之尼、周上海公報中，匪美聯合呼籲印、巴軍隊撤退至一九六五年停火線之雙方位置，匪同時表示，堅決支持查木及克什米爾人民，爭取自決之權利鬥爭。按上海公報有關克什米爾及查木之聲明如左：

中共方面聲明：「……堅決主張印度和巴基斯坦按照聯合國關於印巴問題的決議，立即把自己的軍隊全部撤回到本國境內以及查木和克什米爾停火線的各自一方，堅決支持巴基斯坦政府和人民維護獨立、主權的鬥爭以及查木和克什米爾人民爭取自決權的鬥爭。」

美國方面聲明：「……按照一九七一年十二月廿一日聯合國安全理事會的決議，美國贊成印度和巴基斯坦之間的停火繼續下去，並把全部軍事力量撤至本國境內以及查木和克什米爾停火線的各一方；美國支持南亞各國人民和平地、不受軍事威脅地建設自己的未來的權利，而不使這個地區成爲大國競爭的目標。」

在東巴戰爭中，巴基斯坦在查木及克什米爾一帶，控制了一小部份印方領地，而印度却奪取巴國之甚多土地，尤其是攻佔卡爾吉兒附近之數高地，更深具戰略重要性。

印度官員對該公報中之此項聲明深感憤怒，該聲明指出印、巴兩國一再爲其邊界而引起爭端之查木及克什米爾兩地人民，有權自決。並主張印、巴兩國，都撤回到一九七一年十二月印、巴十四天戰爭線後面去。實際上，印方堅決反對克邦人民公民投票自決，同時要求更多之土地。

印度總理，甘地不滿尼、周公報，聲言克什米爾問題，不容任何外力干預。他說：「有些國家聲明，他們在亞洲需要和平，但是却說那裏有『不滿』之情緒，以試圖在克什米爾製造問題」。因之他要求印度人民及軍隊保持警戒。三月二日，英、甘地於加爾各答宣稱，印度不再承認爭論達廿五年之久之克什米爾國際停火線。他說：「克什米爾不再有任何停火線，我們拒絕有來自任何一方之壓力」。並要求美方澄清「尼、周公報」中有關克什米爾部份。三月五日英，甘地於新德里一項選舉大會上指責該公報之涉及克邦，可能表示「某種災禍正式形成」。並說「有一些國家正在干涉印度內政，因爲他們不希望印度變得強大。」

事實上自一九七一年十二月之印、巴西線戰爭，主要集中於克邦地區，雙方部隊互有進展。比較之下，印軍於北克邦之卡爾吉兒處佔有較多之土地。一九七二年二月中，印方聲言克邦停火線須於印、巴談判中加以調整，謂停火線已因戰爭而發生變化。其用意即在將印軍所佔之土地劃爲印方所有。印方態度及匪方揚言介入克邦爭端，可能是促成布圖在軍事方面保證建立一枝「亞洲最優秀之作戰機構」之原因。三月三日，布圖再度更換高級將領多名，同時任命好戰之提加汗（Tikka Han）爲陸軍參謀長，並昇其爲上將，海軍少將阿美德（Ahmet）爲中將。提加汗爲東巴事件中血腥鎮壓及屠殺孟加拉人民之主持人。現由其再度出掌陸軍要職，可預測布圖整軍之意圖。印、巴雙方衝突繼續存在，而克什米爾更是雙方衝突之焦點。一九七二年十二月，印巴兩國對于克什米爾地區劃界問題，已成立協定，此一問題，可能走上解決之途徑。（張彝鼎）

完全中立（Perfect or Absolute Neutrality）

意即一國對交戰國雙方持絕對不偏不倚的態度，盡中立國所應盡的全部義務；不積極、消極、直接或間接地援助任何一方。這是十九世紀及二十世紀初年所形成的制度。自國際聯盟盟約、廢戰公約、及聯合國憲章先後簽訂以來，其締約國已難維持此種完全中立。（參閱「中立」及「不完全中立」）。（俞寬賜）

狄托主義（Titoism）

狄托主義者，因狄托脫離共產集團之控制，而獨行其是，既不屬於蘇俄附

庸之範圍，亦不放棄共產主義教條之謂也。

狄托（Tito）原非眞名，其眞名爲布羅札維（Josip Brozavich）或布羅次（Broz）。狄托生於一八九二年，幼時係鐵工學徒，在第一次世界大戰時，被奧國徵入奧軍，其後被俄軍所擄，於是在俄國成爲共產黨並爲紅軍作戰。一九二〇年狄托回到南斯拉夫，成爲共產黨之組織工作者，因是又被囚數年。其後狄托被釋放，乃於一九三〇年間，開始進行勞工運動，並在西班牙內戰期間，招收巴爾幹反法西斯主義者組成國際軍，參加戰爭。

第二次大戰爆發後，南斯拉夫爲納粹軍隊所佔領，狄托遂在米卡洛維次Mikhailovich領導之游擊隊中工作。但狄托對米卡洛維次的右傾主義殊爲不滿，於是變爲左派方面之首腦，並自行組成游擊隊伍，一面與納粹軍隊作戰，一面又與右派游擊隊爲敵。但不久之後狄托成爲南國人民軍之大元帥，一九四三年並組成南國國家解放委員會，以與國王彼得的流亡政府相抗衡。由於狄托在巴爾幹方面的軍事成就，遂獲得盟軍的讚賞，迄一九四五年，南國獲得解放，狄托所領導的臨時政府，卒爲盟國政府加以正式承認。

迄至一九四八年時，狄托因拒絕接受史太林的直接控制，充份表現其獨立自主之精神，深爲克里姆林宮所不滿，於是蘇俄乃嗾使共產情報局(Comiform)決議驅逐南斯拉夫於局外，以爲可以令其屈服。不料狄托發動南國共產黨的愛國觀念，使彼等皆接受其脫離共產集團之主張，同時又設法獲得西方國家之經濟支援，因是乃得岌然不動，而蘇俄卒亦莫可如何。

自狄托斷然擺脫蘇俄魔掌，獨行其是之後，狄托遂成爲舉世聞名之國際風雲人物，而狄托主義亦成爲國際上通行之術語矣。當大陸變色之日，西方人士每以認爲毛匪澤東遲早可能成爲狄托第二。以今日之事實而論，毛匪雖與狄托不同，而其與莫斯科分道揚鑣則一，又不獨分道揚鑣而已，且更浸浸焉欲取蘇俄之領導權而代之。故嚴格言之，固不能謂與狄托主義毫無影響也。（鄧公玄）

參考文獻：

American People's Encyclopedia

否決權（Veto Power）

「否決權」這個名詞，通常用以描述聯合國安全理事會處理非程序案的一種情形。安全理事會的議案分爲兩類：㈠程序事項（Procetural Matters）；㈡限定事項（Qualified Matters）。對於前者，其通過須有九理事國的可決票；對於後者，其通過所需的九理事國可決票中必須包括全體常任理事國的同意票。換言之，中、美、英、法、俄五常任理事國中，如有任何一國不予同意，該案即不得通過。此種情形就等於否決權的行使。

聯合國憲章中幷無「否決」或「否決權」這類名詞，但憲章第二十七條中規定：「安全理事會對於其他一切事項（指程序事項以外的一切事項）之決議，應以九理事國的可決票，包括全體常任理事國的同意票（The Concurring Votes）表決之。」常任理事國之否決非程序案，就是以此爲根據。

早在一九四五年二月英、美、俄三國領袖在雅爾達（Yalta）舉行秘密會議時，史達林主張將來聯合國安全理事會所有的議案都須得「主要國家」(Major Powers）一致同意，方得通過。經會商妥協，終於舊金山會議（San Francisco Conference）達成憲章上之該項條文。（陳紹賢）

判例（Judicial Precedent）

法院的判例是國際法的輔助與間接的淵源。依照國際法院規約第五十九條規定，法院的判決，只對爭端當事國和被判決的特定案件具有拘束力。所以國際法院過去的判決，只可供參考之用，而不能與美、英普通法的原則相同，作爲先例。不過由於國際法院的判決是公平的與精審的，因此對於未來的案件，總不免具有影響力，自然國際法院的判決，可以作爲國際法的次要淵源，以及確定法律原則時的補助資料。

至於各國國內法院的判決，尤其如捕獲法院的判決，亦可表現該國對某一特定問題的態度，或表示該國所深信的某種國際慣例，一方面當然可以拘束該法院的本國；另一方面亦可成爲解決國際法問題的補助手段，與具有重要參考價值的先例。美國最高法院法官馬歇爾（Marshall）說：「每個國家國內法院的判決，足以顯示該國在審理某項案件時對於國際法遵守的程度，並可認爲某項規則已爲它所採用。」由此可見國內法院的判決亦可能是國際法規則有力的證據。（李鍾桂）

參考文獻：

沈克勤編著：國際法，臺灣學生書局，民國五十三年增訂版，第三十七頁

H. Lauterpacht, Decisions of Municipal Court as a Source

of International Law. B. Y. 1929

投降協定（Capitulation）

即由交戰雙方部隊司令官所締結之協議，而規定一方要塞、軍艦、部隊，或其所防守之地方向他方投降之特別條件者。依此種協定而投降，稱曰「協定投降」（Stipulated surrender），這種協定通常由欲投降之一方以休戰旗（Flag of truce）方式派代表與對方談判簽訂；其形式採書面或口頭，國際法幷無規定，惟通常係以書面協定為之，但不必經過批准程序。

有簽訂投降協定之權力者，通常為當地交戰雙方的部隊指揮官。如其部屬無指揮官之授權而締結此種協定，指揮官可以否認；而這種否認行為幷不構成違約。不過指揮官在協定中所能允諾的投降條件，亦僅限於他的部隊所能完全履行的條件。如果協定中之條件違背指揮官之訓諭、或其履行涉及其他指揮官之部隊、或有賴其上級司令官為之者，其上級司令官得予否認之。

投降協定，全係局部軍事協定，只得涉及準備投降的部隊、地方、或軍艦本身；如有其他規定則須交戰國雙方政府批准。正由於此種協定係純軍事性的，故其宗旨只在使被圍攻而已絕望的部隊放棄鬪爭和反抗，以免徒然喪失生命。因此，投降協定的間接影響也許會危及整個戰局，但其直接結果只是局部的和涉及投降部隊而已。

投降協定的實質內容，除有明文的相反規定外，最通常的條件是使投降部隊成為戰俘（參閱「戰俘」）及將他們所有或屬於投降軍艦或地域內的一切作戰物質和公有財產均依簽降時的狀態交給納降者。在準備投降前、甚至在投降談判開始之後，該部隊可以摧毀一切裝備、武器、軍火、及其他戰爭用具，以免落入敵人手中。但投降協定一經簽字，即不得再作此種破壞；否則便構成「背信」（參閱「奇計」），敵方得以「戰罪」行為而加以處罰。其他可能協定的條件包括投降部隊不得被視為普通戰俘，或讓投降部隊全副武裝地光榮離去，以便重新加入他們自己的部隊，中途所經過的敵軍防綫對他們不得加以阻擾等。惟究竟如何規定，當視投降者是否遭遇嚴重困難及納降者是否有停止攻擊之必要而定（參閱 Luterpacht's Oppenheim, Vol. II, pp. 543, 6）。依一九〇七年海牙陸戰法規第三十五條之規定，投降協定應合於軍人榮譽的規則；簽訂後，雙方幷應恪遵不違。締約的一方如依其政府之命令而作任何違反協定之行為，即構成「國際侵權」（International delinquency）；如無此種命令而作任何違約行為，即構成「戰罪」（Crime of war），對前者，敵軍可採取報復措施；對後者，敵方可於俘獲時以「戰犯」處罰之。（俞寬賜）

防核擴散（Nuclear Non-Proliferation）

一九五九年九月，赫魯雪夫訪美，與艾森豪總統會談於大衛營（Camp David）。雙方對於核子試爆與核子擴散問題，有了觀點接近的談話。

一九六三年局部禁試條約簽訂後，美國謀求訂立一種多邊的防止核武器擴散條約（Treaty on the Non-Proliferation of Nuclear Weapons），蘇俄也有此種意向。此項談判遂成為日內瓦十八國裁軍委員會會議討論的主要議題。直至一九六八年一月十八日，美、俄雙方對此條約草案纔達成協議。嗣由裁軍委員會提經聯合國大會於同年六月十二日決議通過，幷要求各國簽署及批准。迄今（一九六九年三月初）只有九國完成批准手續。（本條約第九條規定，經蘇俄、英國、美國及其他四十個簽署國批准後生效。）美、俄都尚未予批准，但它將獲分別批准，可無問題。

回溯本案過去經長期談判，難獲協議的主因有二：㈠關於國際監察問題—為防止將核子能和平用途轉為武器之用。原案以國際原子能總署（International Atomic Energy Agency）負責監察。西歐國家鑒於蘇俄及若干東歐共產國家在該總署佔有重要地位，表示不願接受此項規定。美國的修正意見，擬以歐洲原子能同盟（EURATOM）中非核武器國家—西德、意、比、荷、盧在三年內免受該總署的監察，而自行保證其核子能的和平使用，不轉為軍事用途。蘇俄不予同意，且認為那是西歐國家的「自我監察制度」，為利便西德擁有核武器。㈡關於對非核武器國家的保證問題—在美、俄談判期間，多數國家認為該擬訂的條約對它們的國家安全無所保障，故反應冷淡。有些國家且以它們的安全面臨威脅為理由，表示不願參加該項擬訂的條約。

現在等待各國批准的本條約，對監察問題，規定由國際原子能總署與各非核武器締約國對防止核子能自和平用途移作核武器用途所應承擔的義務，從事個別或集體的締結協定，以確定之。對各國顧慮的安全問題，該條約未能提供任何保證。—另由聯合國安全理事會通過一項決議案（一九六八年第二五五號）表明歡迎擁有核武器的常任理事國「表示意向」，提供此種保證。

本條約的其他要點：㈠各核武器國家不供給非核武器國家之核武器或核爆器械，或二者的控制權；也不協助、鼓勵或誘導它們製造或取得核武器或核爆器械，或二者的控制權。㈡各非核武器締約國不向其他國家取得核武器、核爆器械或二者的控制權；也不製造或以其他方法取得核武器或核爆器械；也不索取或接受製造核武器或核爆器械的任何協助。㈢各非核武器國家經由國際程序，爲和平用途，使用核爆器械，對其收取的費用，將盡量低廉，且不收研究發展費用。㈣每締約國倘斷定與本條約有關的非常事件，危害其本國最高利益，則有權退出本條約，於三個月前通知全體締約國及聯合國安理會。（陳紹賢）

改裝商船（Converted Merchantmen）

即指戰時改裝爲軍艦之商船而言。茲就其發展史實及法律地位等問題分別說明如左：

第一、發展史實：一八七〇年德法戰爭爆發後，德國政府爲增强其海軍實力，乃與該國商船主人約定依下述條件而將他們的商船改裝爲軍艦：

㈠估計各船價格，幷由政府立卽付給百分之十作定金；

㈡水手仍由船主聘雇，惟戰時須編入德國海軍，並着德國海軍制服；

㈢改懸德國海軍旗及由海軍當局予以武裝後使用之；

㈣若遭敵軍捕獲或破壞，政府應照上述估定價格全額償付；戰後如仍完好無損而發還時，船主得保有第一項所述百分之十的定金（Lauterpacht's Oppenheim, Vol. II, P.262）。

法國認爲此乃私掠船的復活，要求英國干涉，但倫敦政府認爲其本質與私掠船不同；而德國也未將此項計劃付諸實施。

後來，英、美政府於一八八七及一八九二年分別與其本國輪船公司訂立同，約定戰時使用其商船；法國更於第一次世界大戰前在類似合同中規定法國輪船公司應依照政府核定的圖樣建造商船，幷由海軍軍官指揮，戰時卽編入法國海軍。其他許多國家亦曾於兩次大戰期間採取改裝商船之措施。

第二、法律規則：爲了規範此種改裝商船之法律地位，一九〇七年海牙和會制訂了「商船改裝軍艦公約」（卽第七公約），除中、美、尼加拉瓜、烏拉圭、及聖多明哥外，其餘出席國家均經簽字，全文十二條，其中較重要之規定包括：

㈠商船經改裝後，須置於船旗國的直接權威、控制、與責任之下，否則卽無軍艦之地位（第一條）；

㈡船身外表須有與其本國軍艦同一之標誌（第二條）；

㈢船長須有國家之適當任命，爲國服務；且須列名於本國海軍軍官銜名錄（第三條）；

㈣船上水手須恪遵軍事紀律（第四條）；

㈤船舶之活動須遵守戰爭法規及慣例（第五條）；

㈥改裝之事實須由該交戰國儘速在其軍艦名單中予以公告（第六條）。（Lauterpacht, P.264）

第三、改裝地點：關於商船改裝之地點及改裝後能否在同一戰爭結束前再改裝爲商船等問題，上述會議未曾獲致協議。就改裝地點而言，有些國家（如英、美、荷、日）認爲只得在各交戰國本國港口及其佔領下的敵國港口內進行；另些國家（如德、法、俄、奧、意等）則認爲除此等港口外，亦可在公海上改裝。其理由是：將商船改裝軍艦，乃交戰國之權利，而國際法幷無禁止在公海上行使此項權利之規則。但英、美等國甚表反對，因爲倘交戰國得在公海改裝商船，則不但中立國船舶無法預知交戰國何種船艦可能行使臨檢與搜索權，而且交戰國可能濫用其商船在中立港口之較優待遇，於出港後任意改裝爲軍艦，以執行戰鬪任務。

此等爭議，直至一九〇九年的十國倫敦海軍會議仍未獲致協調。所以第一次世界大戰爆發後，英國立卽宣佈：倘德國船隻離開美國港口後在公海上改裝爲軍艦，從而使英國受到損害，應由美國負責賠償。

第四、再改裝問題：上述兩次會議對此問題亦未獲得解決。因此，當英國在第一次大戰期間將幾艘由商船改裝之軍艦再改裝爲商船時，曾引起許多抗議。依多數國家的意見及一九二八年「哈瓦拉海上中立公約」（The Havana Convention on Maritime Neutrality）之規定：「再改裝」應符合下列四條件：㈠僅得在本國及其盟國港口或佔領區的敵國港口進行；㈡應爲有效而非虛構的再改裝；㈢應將再改裝事實通知中立國；㈣同一船舶再改裝後不得第三度改裝爲軍艦。（俞寬賜）

杜魯門主義（Truman Doctrine）

杜魯門主義者蓋美國前總統杜魯門在二次大戰後，爲抵抗蘇俄侵略所提出之一種觀念也，杜魯門主義可謂爲東西冷戰之最早信號，同時亦爲美國所採「防堵政策」（Policy of Containment）之序幕。

當二次大戰行將結束之日，蘇俄史太林所期望者原爲如何保障蘇俄本身之安全，故在雅爾達會議時，史太林要求在戰後獲得所謂安全地帶，使西方國家同意其對東歐各國有特殊地位，而對遠東則許其恢復昔日帝俄時代之權益。迄至二次大戰結束以後，國際間之勢力平衡完全破壞，而整個歐洲尤其產生新的形勢，因爲昔日之德、意固已因戰敗而瓦解，即戰勝之英、法亦已陷於破產狀態，捉襟見肘，自顧不暇。而此時美國方在樂觀空氣下亟謀復員，忽視國際共產黨推動世界革命之一貫野心。史太林眼見此種新形勢之存在，自然認爲此乃蘇俄向外侵略，擴大其勢力範圍之千載良機，於是立刻一面建立所謂共產鐵幕，一面又向鐵幕以外滲透顛覆。而其首先遭受蘇俄壓力者，厥爲希臘與土耳其。

一九四六年間，蘇俄一面嗾使希臘共產黨發動革命，希圖推翻希臘王室，俾能由巴爾幹半島經希臘而直出地中海；一面又向土耳其政府要求共管達旦尼爾及波斯婆羅斯兩海峽，由此控制中，近東並囊括地中海地區。蘇俄此種南進野心，已非一朝一夕，只因一八五四—一八五五年克里米亞之戰使帝俄龜縮達百年之久，今史太林見英、法無能爲力，自然食指大動，不能令其錯過。不意正當蘇俄向希臘、土耳其施展其陰謀之際，英國人於一九四七年二月間，忽以此種危機通知美國政府，要求美國設法拯救希、土之命運，以免其淪於蘇俄鐵幕範圍以內。

當時美總統杜魯門深知英國實已無力支援希、土，如美國坐視不救，則不但希、土兩國將成蘇俄附庸，一蹈東歐各國之覆轍，即中、近東與北非地區亦將陷于悲運因是乃於一九四七年三月向美國國會提議，以四億美元作爲援助希、土之經費。同時由美國派遣軍事顧問前往希臘，協助希臘政府平服希共叛亂，而對土耳其則勸其堅拒蘇俄共管兩峽之無理要求，並允土耳其政府重振其軍事設備。由於美國出面作希、土之後盾，故希共叛亂不久即告肅清，而蘇俄對土耳其之壓力亦旋消逝，蘇俄南進之野心遂再度幻滅。顧蘇俄南進野心雖不得逞，然其西進與東進之陰謀則反趨積極，卒致造成二十餘年之東西冷戰，至今猶方興未艾。（鄧公玄）

參考文獻：

Encyclopedia Britainica Vol. 22

低潮點（Low Watermark）

測量領海的寬度，應以海岸上何點爲起算點？有學者以爲應按照海水漲潮時之水線（所謂High-water Mark），亦有以爲應從所謂平均低潮點（Mean Low Water Mark，雷崧生以爲大多數學者從春季平均低潮點說），但按一般趨勢，似乎多數主張以低潮點爲領海寬度的起算點（見Charles Rousseau, Droit International Public, Librairie du Recueil Sirey, Paris, 1953.；又勞特帕特：國際公法第一卷，四八八頁，註四，一九五八年版）。

按國際法院於一九五一年判決英挪漁案時，以爲該院「毫無困難地認定」：爲測定領海寬度目的，低潮點乃一般所接受之起算點云云。（邵子平）

庇護權（Right of Asylum）

所謂庇護權，根據一九四八年美國巡廻上訴法院在香德勒對美國（Chandler V. United States）案中說：「庇護權者，是國家自動地給予庇護權利，而不是逃犯所可堅請的權利。庇護國得自爲政策上的理由，交出避匿在其境內的政治犯。國家得將其同盟國的叛逆，曾幫助彼此的共同敵人者交與該同盟國……。」足見現階段的國際法，不授個人以權利。就國際實例而言，亦未曾承認個人的請求庇護權。

一九四八年聯合國大會的第三委員會，提出一項關於世界人權宣言裏庇護權條款的修正案，認爲「任何人都有在他國請求並享受庇護，免於迫害的權利。個人由於非政治性的行爲，或由於違反聯合國宗旨與原則的行爲，而被控訴時，不得主張庇護權利。」由於各國對庇護權定義未予確立，故意見紛紜，莫衷一是。但以英國代表所作的解釋：所謂庇護權是每個國家提供庇護，而拒絕引渡要求的權利者。爲大多數國家所贊成。

依照國際慣例，使館可行使庇護權，特別以美洲國家爲最。不過庇護的對象僅限於政治犯，而非普通罪犯。例如：一九四八年的哥秘庇護案便是（請參閱「哥秘庇護案」一條）（李鍾桂）

又一九六八年，國際法學會在阿根庭京城開會，曾通過布宜諾斯艾利斯宣言，主張庇護權，並將庇護權分爲外交庇護與領土庇護二大類（ Diplomatic and Territorial asylum)(張彝鼎)

法定住所

又稱擬制住所(Constructive domicile)即法律賦予某種人的住所。也可以說，依照法律的規定，特定某種人的住所，這種住所，稱做法定住所。因爲法律爲保護特定人的利益，或便於共同生活起見，所以設有法定住所的規定。例如無行爲能力或限制行爲能力人，以其法定代理人(父母或監護人)的住所，爲法定住所(參閱民法第二十一條)。因爲無行爲能力和限制行爲能力人，其意思能力並非健全，所以應當以其法定代理人的住所爲其住所。又如妻以夫的住所，爲法定住所；贅夫以妻的住所，爲法定住所(參閱民法第一〇〇二條)。法定住所與原始住所不同：即原始住所爲出生時法律所賦予的住所，而法定住所則爲出生後法律賦予某種人的住所。(洪力生)

法律行爲的方式

係指法律行爲的成立或其效力，所應該遵守的方式。關於法律行爲的方式，在國際私法上應該適用那一個國家或地方的法律?各國立法例多採「場所支配行爲」(Locus regit actum; When a legal transaction complies with the formalities required by the law of the country where it is done, it is also valid in the country where it is to be given effect.)的原則，就是適用行爲地法，我國以前的法律適用條例第二十條第一項規定：「法律行爲之方式，除有特別規定外，依行爲地法，但適用規定行爲效力之法律所定之方式，亦爲有效。」也是採行爲地法爲原則。現行涉外民事法律適用法第五條第一項規定：「法律行爲之方式，依該行爲所應適用之法律。但依行爲地法所定之方式者，亦爲有效」。所謂「該行爲所應適用之法律」。係指法律行爲的實質應該適用的法律而言，也就是說法律行爲的方式，應該適用法律行爲的實質所應該適用的準據法，這是原則，而與以前的法律適用條例第二十六條第一項的立法精神，頗有出入，因爲法律行爲的方式與實質，表裏相依，關係密切，在通常的情形，法律行爲的方式，依其實質所應該適用的法律，對於行爲人實在比較便利，並且合於法理。至於法律行爲的方式依行爲地法，係依「場所支配行爲」的原則，雖然也得認爲有效，却是例外情形，只可列爲例外的補充規定。又某種法律行爲的方式，有時應該適用特別的準據法，就應該適用特別規定，如涉外民事法律適用法第五條第二項規定：「物權之法律行爲，其方式依物之所在地法」。又如同條第三項規定：「行使或保全票據上權利之法律行爲，其方式依行爲地法。」都是特別的規定。(洪力生)

法律的一般原則(The General Principles of Law)

法律的一般原則，依據常設國際法院規約第三十八條與國際法院規約第三十八條規定，該法院除條約和國際慣例外，還可適用文明國家所承認的法律一般原則(The general principles of law recognized by civilized nations)。所謂法律的一般原則，顯然不是二個以上國家共同承認的原則，因爲這些原則已由國際法院規約舉出爲條約或慣例。故法律的一般原則乃係條約與慣例以外的法律規則。因此國際法學家之間對此名詞的意義有許多爭論，自然法學家以爲法律的一般原則，實際上就是自然法。而歷史法學家認爲法律的一般原則，乃是文明國家國內的一般原則，也就是國際法與國內法共通的基本原則，諸如國家繼續的原則，契約神聖的原則，善意的原則，時效的原則等可作爲國際法的第三淵源。

而法律的一般原則，來自三方面：

(一)正義觀念：如善意(good faith)原則；

(二)法理制度：如訂約須自由同意的原則；

(三)國內法裏的實證法：如時效(prescription)的原則。(李鍾桂)

法律的承認(de Jure Recognition)

所謂「承認」係指國際公法之某國家承認國際上某種事實或情勢而予以法律上的效果；有國家、政府、交戰團體、叛亂團體、政治措施、判決、新領土及國際情勢等(一說十六種)的「承認」；法律的承認係相對於事實的承認而言(請參該條)，一般僅指政府，國家等之承認，據謂係一種正式的決定性的承認，不能再因情勢之變更而任意撤回承認。

關于承認的性質，學者歷來有爭執，或以爲「承認」之性質爲構成的(Constitutive)，換言之，外國之承認爲某國(或某政府)在國際公法上有法律上存在之必要的，構成的要件；若無承認，該國即不能成爲國際法人(歐本海爲代表，勞特帕特亦屬此派，但以爲國家對新國家之已達成條件者有義務加以承認，不得拒絕，是爲「新構成說」學派）。或又以爲承認只有宣告的(Declarative）性質，既存國家只是對新國家存在之事實加以宣告而已，宣告（即承認）並無法律效用而僅有政治意義（此派有Strupp Chen及社會主義國家），另外學者又有主張承認有時有宣告，有時有構成的性質（如Bindschedler），依筆者之見，宣告說在學理上較能自圓其說，爲現代趨勢，多數爲學者主之，在實際政治上又較有利於弱小新興民族。

承認之效力，依照被承認之對象而不同；按宣告說，新國家自其有效成立之時起，取得國際法上之權利義務，與「承認」無關；不過承認在國內法上可以影響法院判決等；又按慣例，承認溯及既往，故新國家自成立起至於被承認止所作行爲均因此事後的受承認而對承認國發生追溯性效力；筆者按，此點亦可間接證明宣告說之正確性。（邵子平）

參考文獻：

H. Kelsen. Das Problem der Souveranitat und die Theorie des Volkerrechts 1920.

H. Lauterpacht. Recognition in international Law 1947

Chen, T. C. The International Law of Recognition 1951

Kunz. Dic Anerkennung der Staaten und Regierungen im Volkerrecht 1928

Char Pentier., J. La Reconnaissance internationale et L' Evolution Oe Droit des qens 1956

法律的域外效力論（Extraterritorial Effect of Law）

是國際私法的一種名稱，這個名稱是十八世紀末葉高西（Cocceius）所提倡，高西認爲一個國家的法律，往往爲他國法院裁判時所適用，所以用「法律域外效力論」的名稱，來研究國際私法。薩維尼 (Savigny) 以國際私法爲規定支配場所的界限之學，所以定名爲「法律的場所效力論」。也是相同的意旨。依據國家獨立主權說的原則，一個國家的法律，只能在一個國家的領域內發生效力，雖然內國有時適用外國法，也僅是適用內國法的結果，並非承認外國法律的域外效力，所以這個名稱並非正確。（參閱「法律衝突論」、「法律選擇論」、「國際私法」、及其他國際私法名詞諸條）。（洪力生）

法律定性論（Theory of Characterization or Classification）

就是某種法律名詞，或同一法律關係的性質，應該如何規定或解釋的意思。關於涉外法律關係，各國國際私法的規定，雖然是一致，但因其法律名詞的品質，或其法律關係的性質，各不相同，仍難獲得統一的判決，所以定性是處理涉外案件時的先決問題。歐美學者對於這種先決問題，所賦予的名稱，並不一致。如歐洲學者多用品質（Qualification）；英美學者則用定性 (Characterization)、或定類 (Classification) 等名詞，以解釋之。我國學者則用法律品質說，或法律定性論。定性問題往往發生在各國法律，對於法律名詞的品質，或法律關係的性質，其規定或解釋有不同，以致各國法院未能獲得統一的判決。例如：有未成年的法國人某甲，未得父母同意在英國與英國女子結婚。其後在英國法院提起婚姻無效的訴訟，如果根據法國民法第一百四十八條的規定，父母的同意是未成年的實質要件，就是屬於婚姻能力的問題，依國際私法的規定，應該適用夫的本國法；因此，未得父母同意的婚姻，應該歸於無效。但在英國法上，這國問題的性質是屬於結婚的方式。英國法院應該如何決定？這是英國名案 Ogden V. Ogden 的主要情節。這個案件的問題，在於對法國民法第一百四十八條的內容，確定其性質何屬的問題。如果英國法院認定法國民法第一百四十八條的規定，是關於結婚能力的問題，就應該判決婚姻無效。但是，如果英國法院認定該條文的規定，係屬結婚方式的問題，依英國國際私法，結婚的方式應該適用行爲地法，就是適用英國法；而在英國法上，父母的同意並非婚姻的形式要件，所以這種婚姻應該認爲有效。關於法律關係的定性，究竟應該適用何國法律的規定爲標準，有法庭地法說，準據法說，及獨立定性說等說，英美諸國則採法庭地法說。（參閱「法律品質說」條）（洪力生）

法律品質說（Theory of Qualification）

就是某種法律上的名詞，應該具有何種意義的意思。採用法律品質說的目的，在於促進各國判決的統一。有時某種法律名詞的解釋，關係到數國的法律，而該數國的法律對這種名詞的規定或解釋有不同時，到底應該適用何國法律確定之。假設各國國際私法關於某種涉外案件規定相同，即所適用的準據法相同，但是關於某種法律名詞的規定或解釋不同，仍然不能獲得同一的判決。如關於不動產的繼承問題，雖然各國國際私法都規定，以不動產的所在地法爲準據法，但是各國卻因其對不動產一詞的規定或解釋互異，以致各國的判決未能相同。又如離婚問題，各國國際私法都採用當事人住所地法主義，但是因爲對於住所的解釋不同，各國判決也未能一致。例如：有法國男子某甲在法國設有住所，未得父母的同意，在英國與英國女子某乙結婚，依英法兩國國際私法，雖然結婚能力都應該適用法國法，但是法國法認父母同意爲結婚能力問題，英國法卻認爲形式問題，結果其婚姻依法國法爲無效，而依英國法爲有效；嗣後夫某甲回到法國，夫的父母向法院訴認其婚姻爲無效，而獲得勝訴，以後甲男乙女各自結婚，乙女的後夫向英國法院依英國法控訴乙女重婚，在這種場合，如果英國法對於父母的同意，與法國法採同一的品質，也認爲結婚能力問題，則將認該婚姻爲無效，以免英法兩國法院判決的不同。法律品質的問題，既然是解決法律衝突的先決問題，所以應該首先確定法律品質的準據法。學者對這個問題的主張，並不一致，有法庭地法說，準據法說，及獨立品質說等說；此外，尚有主張召集國際會議，及制訂國內立法，以避免法律品質的衝突。（參閱「法律定性論」條）（洪力生）

法律適用條例

是我國第一部國際私法單行法的名稱，該條例在民國七年八月六日前北京政府公布施行，國民政府又於十六年八月十二日命令暫准援用，直至現行「涉外民事法律適用法」於民國四十二年六月六日公布施行時，始行廢止。該條例共有二十七個條文，其中用語，大致採自日本講義。其所以用「法律適用條例」。就是表示該條例各條的規定，都是指示適用內國法或何者外國法的規定，並且用「條例」二個字，是表示暫時性的法規。這個用語是導源於歐陸學者的主張。其範圍有過廣之嫌，因爲由「法律適用」的字義而觀，應該包括涉外私法及公法的適用，但是該條例祇是規定涉外私法（民事）的適用，如關於人的能力、償權、物權、婚姻的成立、離婚、親子關係、繼承、遺囑及票據船舶等涉外問題，都是包括在涉外民法及民事特別法的範圍內，並未規定涉外公法（刑事）的適用，當時未加辨別，採用這個過於廣泛的名稱，實有未安，所以現行國際私法的單行法，就採用「涉外民事法律適用法」的名稱。（洪力生）

法律衝突論（Conflict of Laws）

或稱「法律牴觸論」、這個國際私法的名稱，是十七世紀荷蘭學者羅登堡（Rodenburg）所首倡。羅氏認爲各國法律，對於同一法律關係的規定，各不相同，而都有適用的可能。因此發生法律的衝突，國際私法就是解決這種衝突現象，而定其應適用內國法或外國法的法則，所以稱爲「法律衝突論」，這個名稱至今仍爲英美學者所慣用。但是歐陸學者對這個名稱有加以批評，認爲未妥者；因爲「法律衝突論」用來表現國際私法的現象，尚無不可，用來代表國際私法的內容及性質，而作爲一種名稱，則非所宜。所謂衝突，是在同一時間或同一空間有兩個以上的法律並存相遇，而發生牴觸的意思；但是在現今的法理上，一個國家的法律，祇能在本國的領域內發生效力，同時一個國家也不容外國法，在國內行使，所以內國法與外國法，實在沒有衝突的可能。適用外國法的性質，並非外國法以外國法的本質，在內國行使；不過爲正義及便利計，內國不得不以外國法當作內國法的一部而適用之。才不會發生適用外國法有侵害內國主權的缺點。（參閱「國際私法」，「私國際法」，「法律選擇論」，「外國法適用論」，及其他國際私法名詞諸條）（洪力生）

法律選擇論（Choice of Laws）

是國際私法的一種名稱，這個名稱是英國學者戴西（Dicey）所創立。戴西認爲國際私法上所發生的法律衝突。不外審判者腦海中，因內外國數國法律對於某種法律關係規定不同，而發生衝突的現象，所以選擇其中一種法律，以解決某種法律關係。可見國際私法所規定或討論者，在於避免法律的衝突，而就內國法或外國法選擇其一而適用之，所以戴西就提倡法律選擇論。這個名稱創設較晚，並且認外國法在內國係法律性質，而有侵害內國主權的缺點，所以採用的國家很少。（參閱「法律衝突論」、「國際私法」、「私國際法」、「外國法適用論」、及其他國際私法名詞諸條）（洪力生）

法則區別說（Theory of Statutes）

這是義大利學者巴塔路斯（Bartolus）對國際私法所創立的學說或名稱。當十四世紀中葉，義大利各自由都市，各有其特別的法則（Statute），巴氏及以後其他學者為解決各自由都市法則的衝突，就定法則適用的標準，並區別這些法則為：屬人法則，屬物法則，及行為法則。並主張屬人法則，應適用人的住所地法為原則，來解決關於人的法律衝突；屬物法則應適用物的所在地法為原則，來解決關於財產的法律衝突；後來研究巴氏法則區別說的學者，又加以補充，主張行為法則，應適用行為地的法律為原則，來解決關於行為的法律衝突。歐洲學者宗奉此說研究國際私法，達四百多年。但是，此說研究的本質，與近代研究國際私法的內容不同，因為一切法律衝突，決非屬人法則、屬物法則、及行為法則所可包羅適用，而無遺漏。並且要研究何種法律為屬人法則、屬物法則、及行為法則，學者仍不能獲得一致的結論，此說至十九世紀初葉，大受學者的排斥，而歸湮滅，然其對國際私法的貢獻，實不可忽視。因為此說主張屬人法則應適用人的住所地法，至今仍為英美法系國家的國際私法所採用；屬物法則應適用物的所在地法，仍為世界各國的國際私法所採用，我國涉外民事法律適用法第十條第一項規定，關於物權依物之所在地法，亦採此原則。至於行為法則應適用行為地法，亦為現今各國國際私法所採用的原則之一，涉外民事法律適用法第六條第二項規定，當事人意思不明時，同國籍者，依其本國法，國籍不同者，依行為地法，亦採行為地法之原則。可見法則區別說對後世國際私法的影響與貢獻。（洪力生）

法庭地法（Lex Fori; Law of the Forum）

又稱法院地法，或稱訴訟地法，就是訴訟繫屬的法院所在地的法律，也就是法院對於涉外民事法律關係，適用法院所在地的法律的意思。以前屬地主義盛行的時候，凡是涉外民事法律關係，往往是適用法庭地法；現在各國對外國人的權利，都加以保護，所以其他準據法的適用範圍，逐漸擴大，因而現代各國國際私法，除關於訴訟程序及其他問題，仍多適用法庭地法外，法庭地法的適用範圍，已經逐漸縮小。但是，還有適用法庭地法的情形，如我國涉外民事法律適用法第四條的規定，就是兼採法庭地法的一個例子。（洪力生）

法域

或稱法境，就是法律施行的境域，換句話說，就是法律的效力所及的境域。在單一國，往往只有一種法域，其領土的疆界，通常就是領土的範圍；但是，在複合國，如採聯邦制度或其他特殊情形的國家，往往有複數法域存在，如美國及英國等國，其國內各州或各地方的法律並不相同，即係複數法域的國家。我國涉外民事法律適用法第二十八條的規定，就是解決當事人本國法採複數法域所發生的困難（參閱「單一法域」及「複數法域」各條）。（洪力生）

非中立役務（Unneutral Service）

凡中立國船舶或航空器所作有利於交戰國一方之行為，由他方交戰國觀之即為非中立役務；或依其助敵之特質而稱曰「敵意役務」（hostile service）或「敵意援助」（hostile assistance），關於此種役務，可分四點說明：

一、傳統觀念認為從事非中立役務者只有船舶。實際上在航空與空戰技術高度發達之今日，中立國之航空器亦可從事此種役務，自屬無疑，因此當我們討論非中立役務時，也許專舉船舶為例，但其本質則係兼指航空器而言（可參閱 J. G. Starke, An Introduction To International Law, London, 1963, P. 444）。

二、就其行為之種類而言，在一九〇八年倫敦海軍會議以前，非中立役務通常指替交戰國一方搭載某些人員（如軍人、後備軍人、政府要員、赴外國借款的代表等）或軍機公文，倫敦宣言將其範圍擴大，幷以助敵之程度為標準，區分為情節輕微與情節重大的兩類。情節輕微的非中立役務係指船舶在經營無害業務之同時從事助敵行為（第四十五條）例如㈠特別搭載已編入敵國軍隊之個人，包括船舶離開原航程而到某港口，以便該國人登船或上岸；㈡船舶在正常航程中以部份位置載運敵軍支隊，而船長、船主、或租船人明知他們的身份；㈢船長、船主、或租船人知情而搭載助敵活動之人，包括在航程中為敵人傳發信號或消息者；㈣離開原航程而特別為敵人之利益傳遞情報，包括與敵國軍事活動直接或間接有關之公文；但載運敵國與中立國政府間或敵國政府與其駐中立國使領官員間之公文，或含有敵方公文之普通郵件，均屬例外。從事此類輕微役務之船舶，可享受和載運戰時禁制品的中立船舶相同之待遇（參閱「戰時禁制品」）。

情節重大的非中立役務包括㈠直接參與交戰國一方之戰鬥工作，例如在海戰時為敵艦指示航道，協助敷設或撈取水雷，從事偵察，及放射魚雷等；㈡完全接受敵國派駐船上代表的命令或控制；㈢完全為敵國政府雇用或租借；如有租約，更是此項役務之證明；但供敵用於科學，慈善，或救護工作者例外；㈣自願或被迫及有償或無償地將船舶完全爲敵國運兵，或爲敵方之利益而傳遞情報，形同敵國海軍一部分者（第四十六條）。從事此類非中立役務之船舶應受之待遇與敵國商船相同（參閱「敵國商船之拿捕」）。

㈢依國際法規則，交戰國軍艦經臨檢與搜索而發現某中立船舶從事非中立役務或有從事此項役務之重大嫌疑時，即可予以拿捕幷解交本國捕獲庭審判。惟此一拿捕行爲應受兩項限制；一即必須當該船正從事敵意役務，或因從事此役務而正被追捕時爲之；二是不得在中立國領水內爲之。被捕船舶經審判後，凡情節嚴重者應受沒收處分；情節輕微者則須以船長、船主、或租船人知悉搭載人員或所載公文之性質爲前提，船舶始被沒收；否則法庭應判決釋放。釋放前，該船所載敵國人員應予扣留；所載敵國公文應予沒收。

㈣從事非中立役務雖亦包括載運交戰國一方之人員及公文，而此等人員與物件亦有人稱之曰「禁制人」（Contraband persons）或「禁制品類似體」（Analogues of Contraband）（Lauterpacht's Oppenheim, Vol. II, P.832），但此種役務與載運戰時禁制品完全不同；第一、在性質上，前者爲直接助交戰國一方作戰，對他方含有强烈的敵意；而後者（載運戰時禁制品）雖亦可使交戰國一方得到物資接濟，但主要只是商業行爲。第二、中立船舶載運戰時禁制品須以送交敵境或敵軍而供敵作戰爲目的，才可被拿捕和沒收；但從事非中立役務則不必問其最後目的地爲何，只要船舶部份或全部爲交戰國一方之直接利益而服務，即可被拿捕或沒收。（俞寬賜）

非武裝中立（Non-armed Neutrality）

卽當國際戰爭發生和進行期間，一國雖守中立，但不採取軍事措施以維護其中立地位之謂也。（參閱「武裝中立」條）。（俞寬賜）

非法刧持航空器（Criminal Seizure of Airplanes）

一九七〇年海牙制止非法刧持航空器公約第一條對于「非法刧持航空器」之定義爲：

「任何人在飛行中之航空器上有左列各項行爲者爲犯罪：

㈠藉武力或威脅，或以任何其他方式之威嚇或對該航空器非法刧持或行使控制，或企圖行使任何此項行爲，或

㈡爲行使或企圖行使任何此項行爲之同謀。」

對上項犯罪行爲有管轄權之國家：

㈠航空器之登記國。

㈡航空器降落地國（限于疑犯仍在機上者）。

㈢租用航空器人之主要營業地國。

又一九七一年蒙德婁公約，訂定刧持飛機應爲犯罪行爲，參加公約各國，均應予以制裁，對刧機犯不得庇護。

附　制止非法刧持航空器公約

前　言

本公約各締約國

鑒於刧持或行使控制飛行中航空器之非法行爲，危及人身及財產之安全，嚴重影響空運業務之營運，並損害世界人民對於民航安全之信心；

鑒於此等行爲之發生爲一極受關切之事件；

鑒於爲防止此等行爲起見，規定適當措施以懲罰者仍屬迫切之需要；

爰經議定條款如下：

第一條　任何人在飛行中之航空器上有左列各項行爲者爲犯罪（以下簡稱「該項犯罪」）：

㈠藉武力或威脅，或以任何其他方式之威嚇對該航空器非法刧持或行使控制，或企圖行使任何此項行爲，或

㈡爲行使或企圖行使任何此項行爲者之同謀。

第二條　每一締約國擔允使該項犯罪受嚴厲之懲罰。

第三條　㈠就適用本公約而言，航空器自搭載後關閉其所有外門之時刻起至爲卸載而開啓任何上述之門止，視爲航空器在飛行中。遇强迫降落時，在主管機關接收該航空器及其上人員與財產之責任以前，該項飛行應視爲繼續。

㈡本公約不適用於供軍事、海關或警察勤務使用之航空器。

㈢本公約僅適用於發生犯罪之航空器之起飛地或實際降落地係在該航空器登記國領域之外者；而不論該航空器係從事國際或國內飛行。

四、在第五條所述之情況下，如發生犯罪之航空器之起飛地及實際降落地係在同一國家領域之內，而該國係該條所稱國家之一者，本公約不適用之。

五、縱有本條第三及第四項之規定，若該犯罪者或疑犯係在該航空器登記國以外之某一國家領域內被發現，不論該航空器之起飛地及實際降落地爲何，應適用第六、七、八及十條之規定。

第四條 一、每一締約國應採取必要措施，對犯罪及該犯罪有關之疑犯，對乘客或機員所犯任何其他暴行在下列情形下，建立其管轄權：

㈠當犯罪係在該國登記之航空器上發生時；

㈡當發生犯罪之航空器在其領域內降落而該疑犯仍在航空器上時；

㈢當犯罪係發生在出租之航空器而無機員隨機時，該承租人有其主要營業地，或雖無該項營業地而其永久居住所在該國者。

二、當疑犯在其領域內出現而未依照第八條之規定將其引渡至本條第一項所稱之國家時，每一締約國亦應採取必要之措施，對該項犯罪建立其管轄權。

三、本公約並不排除任何依國內法所行使之任何刑事管轄權。

第五條 建立聯合空運營運組織或國際營運機構之締約國，其營運之航空器，須經聯合或國際登記者，應以適當方法，對每一航空器，指定其中之一國行使管轄權，並就適用本公約而言爲具有登記國之屬性，且應通知國際民航組織，該組織應將該項通知，傳送本公約之所有締約國。

第六條 一、在情況許可之下，任何締約國，當犯罪者或疑犯在其領域內出現時，應將其拘禁，或採取其他措施，俾確保其到場，該項拘禁及其他措施應依該國法律規定行之，但僅得持續至能進行一刑事或引渡程序之時爲止。

二、該國應立卽進行事實之初步調查。

三、依本條第一項之規定受拘禁者，應受到協助，使立卽與其距離最近其所屬國之代表通訊聯繫。

四、當一國依本條規定對某人已拘禁時，應立卽將其受拘禁之事實及需要將其拘禁時之情況，通知航空器登記國，第四條第一項第㈢款所稱之國、受拘禁人之國籍國、及其他有關國家。依本條第二項規定進行初步調查之國家，應將其調查結果迅卽通知上述國家，並應表明其是否行使管轄權。

第七條 在其領域內發現疑犯之締約國，如不將該疑犯引渡，則無論該項犯罪是否在其領域內發生，應無任何例外將該案件送交其主管機關俾予以起訴。該等機關應照在其國內法下任何嚴重性之一般犯罪之相同方式裁決之。

第八條 一、該項犯罪應視爲包括於締約國間現行引渡條約中一種可以引渡之犯罪。締約國擔允於將來彼此間所締結之每一引渡條約中將該項犯罪列爲可以引渡之犯罪。

二、若以引渡條約之存在爲引渡條件之締約國，接到與該國無引渡條約存在之其他締約國之請求引渡時，得自行考慮以本公約爲有關該項犯罪引渡之法律基礎。引渡應遵照該被請求引渡國法律所規定之其他條件。

三、不以條約之存在爲引渡條件之各締約國，應遵照被請求引渡國法律所規定之條件，承認該項犯罪爲彼此間可引渡之罪。

四、爲使締約國間引渡起見，該項犯罪應被視爲不僅係在發生之地之犯罪，且係在依第四條第一項建立彼等管轄權之國家領域內之犯罪。

第九條 一、第當一條第㈠款所稱之任何行爲已發生或卽將發生時，締約國應採取一切適當措施，將該航空器之控制歸返於合法之機長，或保持機長對該航空器之控制。

二、在前述情況下，航空器或其乘客或機員所在之任何締約國，應儘可能便利乘客及機員繼續其旅程，並應卽刻將該航空器及其裝載之貨物歸返於其合法之所有人。

第十條 一、締約國對於有關該項犯罪及第四條所稱之其他行爲所提起之刑事訴訟程序，應相互給予最大之協助。被請求國之法律應適用於所有案件。

二、本條第一項之規定應不影響任何其他雙邊或多邊條約之義務下所規定或將規定全部或部份之刑事事項之互助。

第十一條 每一締約國應依其國內法儘速將其所獲之下列有關資料向國際民航組織理事會報告：

(一)該項犯罪之情況；

(二)依第九條所採之行動；

(三)對犯罪者及疑犯所採取之措施，尤其是任何引渡程序或其他法律程序之結果。

第十二條 一、兩國或兩國以上締約國間關於本公約之解釋或適用所引起之任何爭執，如無法經由談判獲致解決，在其中一國之請求下，應提交仲裁。自請求仲裁之日起六個月內，當事國如未能同意仲裁之組成，當事國之一得依國際法院規約之規定以請求書將該爭執交付國際法院。

二、每一締約國在簽字、批准或加入本公約時，得聲明其不受前項之約束。其他締約國對曾作上述保留之任何國家應不受前項之約束。

三、曾依前項作保留之任何締約國，得隨時通知存放國政府取消其保留。

第十三條 一、本公約應於一九七〇年十二月十六日在海牙聽由參加自一九七〇年十二月一日至十六日在海牙舉行之航空法國際會議（以下簡稱海牙會議）之國家簽署。一九七〇年十二月卅一日以後，本公約應聽由所有國家在莫斯科、倫敦及華盛頓簽署。在依本條第三項公約生效之前未簽署本公約之國家得隨時加入。

二、本公約應由簽署國加以批准。批准書及加入書應存放於經指定為存放政府之蘇聯、英國及美國政府。

三、本公約應於參加海牙會議之十個簽署國存放其批准書之日後三十日生效。

四、對其他國家而言，本公約應於依本條第三項生效之日起生效，或任何稍後存放其批准書或加入書之日後三十日起生效。

五、存放國政府應將每一簽署日期，每一批准書或加入書之存放日期、本公約之生效日期及其他事項迅速通知所有簽字國及加入國。

六、一俟本公約生效，應由存放國政府依聯合國憲章一〇二條及國際民航公約（一九四四年訂於芝加哥）第八十三條之規定辦理登記。

第十四條 一、任一締約國得以書面通知存放國政府廢止本公約。

二、廢止應自存放國政府收到通知書後六個月生效。

為此，下列全權代表各經其本國政府正式授權，爰簽字於本公約，以昭信守。

公曆一千九百七十年十二月十六日訂於海牙，共三份原本，各以英文、法文、俄文及西班牙文繕寫正文。

註：海牙公約以前有一九六三年的東京公約，以及歷年 ICAO 在蒙德婁及其他各處開大會及理事會時均對于劫機事件有所建議及規定。（張彝鼎）

非法戰爭（Illegal War）

凡一國違反其條約或國際法義務而從事之戰爭，即稱「非法戰爭」。自文藝復興至首次世界大戰間，戰爭被視為實現國家政策之工具；主權國家更以從事戰爭為一種特權。因此，戰爭合法與否的觀念并不嚴格。

近則由於國聯盟約、廢戰公約、聯合國憲章等分別創立集體安全制度及限制締約國的交戰權，因此，「合法」和「非法」戰爭之區別便告確立：凡與條約規定相抵觸之戰爭，皆為不法戰爭。此一觀念係以明確的國際條約為基礎，與抽象的自然法思想無關（可參閱「正當戰爭」條）（俞寬賜）

非洲技術合作委員會（Commission de Cooperation Technique en Afrique）

非洲技術合作委員會原名「撒哈拉以南非洲技術合作委員會」（Commission de cooperation technique en Afrique au sud de Sahara, CCTA,）與「撒哈拉以南非洲科學委員會」（Conseil scientifique pour l'Afrique au sud du Sahara, CSA）同時於一九五〇年由英國、法國、比利時、葡萄牙、南非和南羅德西亞等組成。其目的在協調技術援助，蒐集研究有關農業、牲畜保健、教育和住宅等資料，一九五四年簽訂協定。一九五八年迦納與賴比瑞亞申請加入後，在「撒哈拉以南非洲技術合作委員會」之下設立了「撒哈拉以南非洲互助基金」(Fondation pour L'assistance mutuelle en Afrique au sud de Sahara, FAMA)。一九六〇年五月，該委員會的總部由倫敦遷至拉哥斯，漠南非洲的屬地於獨立後均可申請加入為會員國，一九六二年二月該委員會在象牙海岸首都阿必尚舉行第七次會議時，決定會員國應以獨立的非洲國家為限，邀請英國、法國和比利時為創始會員國，參與技術方面的活動，給與發言權而無表決權。並認為與南非和葡萄牙無合作的可能。對於尚未獨立的非洲地區則給與準會員國的地位。此外，阿必尚會議與會代表希望消除非洲人為的區劃，而決定將「撒哈拉以南」的辭句取消。

非洲技術合作委員會設有若干附屬組織，負責技術和科學方面合作的業務，並有通訊諮詢的名單，以便與各國專家間交換意見和資料，秘書處出版技術與科學問題的刊物，由「非洲科學委員會」提供所需資料。「非洲互助基金」的主要任務則為協助準備雙邊的技術援助。（楊逢泰）

非洲性格（African Personality）

「非洲性格」（African Personality）、「泛非洲主義」（Pan-Africanism）和「黑人意識」（Negritude）都是非洲知識份子所鑄造而經過他們洗煉的名詞，原來散佈在歐洲和新世界的非洲知識份子接觸了各種不同的主義——馬克斯主義、社會主義和共產主義等等。在這些「主義」的暴風雨中，他們作為非洲人，為了避免隨波逐流，因此，他們鑄造了這三個名詞，作為穩定他們方向的「鐵錨」。

一九〇二年，一位耶魯巴（Yoruba）的浸信會牧師阿格貝比（Majola Agbebi）主持西非洲第一個土著非洲人教會，當時西印度著名黑人勃拉頓（Edward Blyden）首先採用了「非洲性格」這一名詞的概念，他說：「非洲正在為一個獨立的性格而奮鬥。」（"Africa is struggling for a separate personality."）。恩克魯瑪利用「非洲性格」此一名詞來推動泛非洲運動。

一九五七年三月，迦納獨立以後，恩克魯瑪邀請泛非洲主義理論家巴德摩爾（George Padmore）為外交顧問。一九五八年四月，恩克魯瑪召開第一次非洲獨立國家會議，在非洲的政治字彙中遂出現了「非洲性格」此一新名詞，大會宣言的第一段稱：

> 我們非洲國家在阿克拉此地集會，在我們第一次的會議中，意識到我們對人類，尤其是對非洲人民的責任。為了主張「非洲性格」是在維護和平，由是宣佈並莊嚴的重申我們對聯合國憲章、世界人權宣言以及萬隆亞非會議宣言恒久不變的忠誠。

其中「非洲性格」一詞象徵着與會國家政治領袖們具有一個統一的意志；在與世界其他國家的關係中，具有一項共同的政策。此一意志是非洲領袖以及他們的支持者所決定的；而此一政策也是非洲國家自己所決定的；並不是歐洲、亞洲、或美洲國家所決定的。其最後鵠的是非洲在世界舞台上作政治性的出現。在世界事務中，不僅是戰爭與和平的問題，而且是在所有的問題中，非洲大陸將以一個實體的姿態表現其自己。

如果要使「非洲性格」能夠產生最大限度的影響力，則非洲大陸每一區域必須獲得其主權。因此與會國家保證以財力和道義的支持，來召開一次會議，以尋求擴大非洲主權區域的方法。這就是第六次泛非洲會議的由來。這次會議的正式名稱為「全非人民會議」，於一九五八年十二月召開於阿克拉（Accra），其目的在制定並宣佈「非洲性格」是基於泛非洲社會主義（Pan-African Socialism）的哲學，作為非洲非暴力革命的思想體系。

第二次全非人民會議於一九六〇年一月底在突尼斯舉行，突尼西亞總統包格巴（President Habib Bourguiba）呼籲非洲人非至必要不使用武力，而用和平方法爭取獨立，第三次全非人民會議於一九六一年三月底在開羅舉行，大會決定設立委員會以制定非洲國家的共同政策。

一九六三年五月，在衣京阿廸斯阿貝巴舉行的非洲國家元首及政府首長高峯會議中，非洲國家領袖一致強調「非洲性格」。蒲隆地國王穆萬布沙四世（Mwambutsa IV）表示：非洲在殖民時代之前，許多王國具有共同的文化。地主國衣皇塞拉西稱：「在幾千年以前，燦爛的非洲文化與其他大陸的文化迥然不同。」

非洲國家追求政治獨立為非洲革命的第一階段，因此恩克魯瑪強調：「非洲性格」此一概念雖然具有文化空間，但其重點必須在政治空間。在每一個非洲的領土內施展要求獨立的壓力，以及非洲獨立國家在世界舞台上採取聯合的行動，也就是「經由一個非洲社會（African Community），「非洲性格」始能表現於世界。」按照恩克魯瑪的想法：非洲殖民地一方面爭取獨立，一方面要在「非洲合衆國」中統一起來，才是非洲拯救之道。

絕大多數的非洲領袖在非洲革命的第二階段——追求經濟獨立時，均以「非洲社會主義」（African Socialism）作號召。他們強調：「非洲社會主義」是非洲傳統文化的一部份，因爲在絕大多數的地區，傳統的非洲社會實施共有的土地所有權制度，所以非洲社會是公有的（communal）社會，也就是以宗親關係爲基礎的「同胞的社區」（community of brotherhood）。非洲領袖希望以這種社區的團結力量（community solidarity）爲基礎來建設一個現代化的國家。這種「泛非洲的社會主義」：塔尙尼亞總統尼爾瑞稱之爲「公有的社會」，幾內亞總統杜瑞（Sékou Touré）稱之爲「社區政治」，而塞內加爾總統桑高（Leopold Sédar Senghor）稱爲「個人的合作會」（assembly of individuals）。杜瑞曾說：「共產主義不是非洲發展的途徑，在非洲進行階級鬥爭是不可能的」，因爲非洲沒有階級的存在。杜瑞的政治思想並不試圖將非洲轉變爲馬克斯主義者的社會，而僅將馬克斯主義作爲「非洲社會主義」概念的一部份。按照杜瑞的觀點，幾內亞未來的經濟制度必須根據「非洲性格」來擬訂；而教育的使命在促使「非洲性格」的復興和開花結實。因此「非洲性格」此一概念係指非洲生活的思潮——洋溢在非洲社會中的精神，也就是非洲生活的特徵。

另一方面，「非洲社會主義」也是拒絕資本主義的途徑，因爲非洲國家的私人資本是被外國資本家所控制，他們與殖民主義連繫在一起，爲非洲人民所不能容忍和不能信任者，非洲領袖們强調：他們所提倡的非洲社會主義將避免資本主義的覆轍，其目的在預防貧窮和阻止階級的發生，滿足人民的需求，和提高生活的水準。

所以對非洲國家而言，非洲社會主義不啻走羅馬神話中的兩面守護神（Janus）一面朝向東方，拒絕共產主義；一面朝向西方，拒絕資本主義。這也是「非洲性格」的表現。參閱「泛非洲主義」和「黑人意識」。（楊逢泰）

非洲法蘭西社會（French Community in Africa）

十六世紀初期，法國人在西非沿海建立據點，與土著從事貿易。一八七一年普法戰爭失敗後，法國積極在非洲擴充她的殖民帝國。一八九五年，法國將塞內加爾、幾內亞、達荷美、象牙海岸和蘇丹五個殖民地組成了一個聯邦，稱爲法屬西非（l'Afrique Occiqentale Francaise, AFO）。其後，尼日、上伏塔和茅利塔尼亞也成爲聯邦的一部份。一九一〇年，法國又將加彭、中剛果，和烏班基——夏里（Ubangi-Shari）（卽現在的中非共和國）三個殖民地組成了法屬赤道非洲（l'Afrique Equatoriale Francaise, AEF）。查德在一九二〇年亦成爲此一聯邦的成員。一八九八年法國兼併了馬達加斯加島，在本世紀初葉，法國完成了黑色非洲的殖民帝國。第一次世界大戰後，又獲得了多哥和喀麥隆二個委任統治地。

一九四六年十月二十七日公佈的法國新憲法，第四共和國代替了第三共和國；法蘭西聯邦（French Union）代替了法蘭西帝國（French Empire）。第四共和國憲法第一條規定共和國與海外屬地是不可分離的，隸屬於海外法國部（Ministry of Overseas France）。除多哥和喀麥隆二個託管地爲仲屬地（associate territories）外，其他海外屬地均爲法蘭西聯邦的成員。憲法也設有規定海外屬地最後取得獨立地位的原則。

一九五四年，北非和越南的局勢惡化。七月間，法國宣佈有意賦予海外領土的議會更大的權力。可是，由於法國政局不穩而拖延了兩年之久。一九五六年六月二十三日頒佈了「綱領法」（Loi Cadre），作爲未來憲法、行政和經濟改革的基本原則。綱領法將立法權分爲「國家權力」（state power）和「領土權力」（territorial policy）兩種。前者包括國防、外交、幣制、經濟和高等教育等，保留給法國國會；後者包括農業衞生、初等和中等教育、國內貿易和文官制度等，由各海外領土的國會實施立法權。政府會議則由議會選擧的部長所組成。其中獲票最多者爲副主席（vise-president）。而總督爲主席（president）。綱領法代表著法國第一次將相當的權力轉移到非洲領袖手中，這是法國與海外領土關係的第一個重要轉捩點。根據綱領法，法屬西非和赤道非洲兩個聯邦實際上已不存在。法國政府瞭解：法蘭西聯邦這個「超國家」（super-state）的計劃勢必由一個類似英國協的組織取而代之。

伍弗布尼（Félix Houphouet-Boegny）的非洲民主聯社（Rassemblement Démocratique Africain）和桑高（Lépold-Sédar Senghor）的海外獨立黨（Independants d'Outre-Mer）對於此一問題發生了嚴重的歧見。桑高主張採取「聯邦政策」（federal policy）卽由法國的海外領土組成一個獨立的聯邦，然後再和法國聯合起來，成爲集體的關係（collective relationshop）；而伍弗布尼主張「領土政策」（territorial policy）卽海外領土分別獨立，然後再和法國聯合起來，成爲個別的關係（individual relationship），象牙海岸是法屬非洲中最富裕的國家，如果採取桑高的政策，象牙海岸勢將貼補聯邦內其他份子國的財政。當綱領法制定時，伍弗布尼在法國政府中擔任部長職位。對綱領法當然有很大的影響力。而桑高反對這種個別關係，認爲這不啻是法屬非洲的巴爾幹化。

一九五八年五月十三日發生阿爾及利亞的危機，戴高樂在退休中被徵召出組政府，七月，第五共和國憲法公佈。在民族主義激盪下的非洲大陸，戴高樂仍企圖控制最後一批的殖民地。第五共和國的起草者以頗有彈性的「法蘭西社會」（ French Community ）來替代「法蘭西聯邦」。在這個新的結構中，法國在漠南非洲的所有殖民地稱爲「會員國」（ member-state ），根據新憲第七十八條的規定，舉凡外交政策、國防、財政和經濟政策、戰略物資等權力均不屬於會員國，而是由法蘭西社會的共同機構來處理的。而法國的總統就是法蘭西社會的總統，控制社會的各主要機構。行政首長會議（executive council）是由法國總理以及各會員國的總理和他們的內閣同僚所組成，負責處理社會的共同事務，法蘭西社會的參議院（ senate ）則由法國及各會員國的立法機構所組成，而法國的立法機構在參議院中佔多數席次。可是參議院的權力僅是諮詢性質的，每年會期不超過兩個月，所以參議院在這個新的結構中並不扮演重要的角色。此外，並設有仲裁法院（ Court of Arbitration ），負責處理會員國之間的糾紛和衝突。其委員由總統任命。

行政首長會議由總統召開，並由其擔任主席，各種重要政策問題均由總統作最後決定，與法蘭西聯邦時代所不同的，就是各會員國代表有機會與總統直接談判有關問題。而總統有充份的權力，給予會員國進一步的自治，甚至完全獨立。

法蘭西第五共和國憲法第八十六條規定：法蘭西社會內任何會員國其後成爲獨立國時卽停止其爲會員國的地位。一九五八年九月二十八日舉行的新憲公民投票是一項決心的危機，法語系非洲的領袖們面臨一項抉擇：卽在法蘭西社會內獲得自治共和國的地位，抑或是取得完全和立卽獨立。在最後關頭，僅杜瑞的幾內亞拒絕了戴高樂的建議。杜瑞懷疑：新的法蘭西社會是法國繼續控制的一種僞裝而已。而且，他對於建立西非洲聯邦的失敗感到非常失望，因而投了反對票，幾內亞獨立後，法國立刻停止一切援助，杜瑞變成了戴高樂經濟體系之外的政治孤兒。

這一次公民投票爲二次大戰後，法國與漠南非洲殖民地關係的第二個轉捩點，法語系非洲的政治已從巴黎轉移到非洲大陸。而法語系非洲領袖的注意力也從「聯邦」轉移到建立「民族國家」（ nation-state ）。

一九五九年四月，塞內加爾和蘇丹組成了聯邦，沿用古代西蘇丹的馬利帝國爲名，而稱爲馬利聯邦。要求在法蘭西社會內取得完成獨立的地位。依照桑高的說法：「我們的目標是建立一個聯邦共和國（ federal republic ），在一個聯邦的社會（ confederal community ）內，與法國聯繫在一起。」是年九月，要求將法蘭西社會的功能轉移到馬利聯邦。十二月，法蘭西社會行政首長第六次會議，決定允許馬利聯邦獨立，而仍然留在法蘭西社會內。一九六〇年馬利聯邦分裂，變成了塞內加爾和馬利，馬拉加西亦決定倣照此一先例。與法國簽訂雙邊協定，獲得了獨立的地位。

一九五九年五月間，象牙海岸、尼日、達荷美和上伏塔組成了四國協商，均要求獨立，一九六〇年十一月時，所有法屬西非和赤道非洲的殖民地均變成了獨立國家，多哥與喀麥隆託管地亦先後獨立，法蘭西社會變經修改以後，變成了法國與法語系非洲獨立國家之間的一連串雙邊協定，法蘭西社會的會員國與法國的關係不再受法國憲法的支配，而是受這些雙邊協定的支配，一九五八年的「立憲社會」（ consititutional community ），演變而成爲新的「契約社會」（ contractual community ）。

法國的漠南非洲殖民地獲得獨立地位後，與法國的關係，按照其密切的程度，可分爲下列四種：

㈠與法國締結雙邊協定，留在修正後的法蘭西社會之內：中非共和國、查德、剛果（布市）、加彭、馬拉加西和塞內加爾六國。

㈡與法國締結同樣的雙邊協定，而沒有留在社會內的國家：達荷美、象牙海岸、尼日、上伏塔、茅利塔尼亞等五國。

㈢前聯合國託管地，與法國維持密切關係，而不在社會內的國家有多哥和喀麥隆兩國。

㈣與法國具有敵意，沒有任何政治和安全的協調，法國僅予以少量的技術和經濟援助者爲馬利和幾內亞兩國。

法蘭西社會十四個自治共和國（幾內亞在外）在一九六〇年時均變成了獨立國，與法國簽訂了合作協定（馬利在一九六二年，多哥則遲至六三年分別與法國簽訂了協定）。

此項合作協定爲法國提供援助的基礎。此種協定雖然是雙邊性的，但形式上很少改變，甚至是相同的，而且具有同樣的精神；合作協定的序言稱：「法國與非洲的合作旨在保持密切、多方面和基本的連繫……此種合作可稱爲主權國家間新型的關係」。

一九六一年七月，法蘭西社會原有的機構，如行政首長會議和參議院等均告廢止。代之以新設立的「國家元首會議」（Conference of Chiefs of State）。有關法國與法語系國家之間的政治和安全等問題均由雙方外交部長處理。第五共和國的總統在名義上雖然仍是法蘭西社會的總統，可是會員國家既不參予選舉法蘭西社會的總統，而且在憲法上，法蘭西社會總統對於「法蘭西社會」權限內所作的決定亦不復有控制力量。法蘭西社會總統所扮演的角色在理論上是禮義性的，正如英國女王在英國協的地位一樣。（楊逢泰）

非洲和馬拉加西共同組織（簡稱「非馬共同組織」）（Organisation Commune Africaine et Malgache, OCAM）

一九六四年三月，非馬聯盟（Union Africaine et Malgache）國家的代表們在達卡會議中廢除了非馬聯盟，而代之以非馬經濟合作聯盟（Union Africaine et Malgache de Cooperation Economique: UAMCE），象牙海岸、中非、尼日和上伏塔諸國代表拒絕在憲章上簽字。因此，非洲的法語系國家分裂成爲兩派：第一派是協商國家——象牙海岸、達荷美、上伏塔、尼日和多哥（一九六五年以後加入）——加彭和馬拉加西等國希望重建一九六一—一九六四年間非馬聯盟的政治關係，其主要發言人是象牙海岸總統伍弗布尼。這種回到「非馬聯盟」的運動主要的有下述幾項因素：

第一、非洲團結組織的無能，在面臨剛果（現改稱薩伊）和爆炸性的東非和中非問題時，缺乏建設性的建樹；

第二、他們關切中共在非洲，尤其是在尼日和剛果（薩伊）的活動。

第三、迦納等國的急進外交政策以及迦納與多哥關係的惡化使協商國家爲之不安。

第四、協商國家本身有了新的力量，象牙海岸對國內外的經濟政策極爲成功，在伍弗布尼的調停下，解決了達荷美與尼日的領土糾紛。

因此，以上諸國認爲需要建立一個新的政治中心，並不以爲在經濟、技術和文化方面進行合作就可滿足。

另外一派是塞內加爾、喀麥隆、茅利塔尼亞、中非和剛果（布市），希望避免任何中傷非洲團結組織的行動，所以願意在廣泛和鬆懈的基礎上進行各方面的合作。在這些國家領袖的心目中，「非馬聯盟」已經死亡，而「非洲團結組織」的活動必須予以支持。因而他們主張將「非馬經濟合作聯盟」作爲非洲法語系國家的合作體系，這一派主要的發言人爲塞內加爾總統桑高。

一九六五年二月十日至十二日，法語系十三國元首（其中剛果—布市爲部長級代表）在茅利塔尼亞首都諾克少（Nouakchott）擧行了一次調解性的高峯會議。結果建立了一個新的組織，稱爲「非洲和馬拉加西共同組織」（Organisation Commune Africaine et Malgache）。簡稱爲「非馬共同組織」。此一新的組織多少滿足了協商國家的希望，因爲「非馬共同組織」的目標是在加强非洲和馬拉加西國家間的合作和團結，不像其前身「非馬經濟合作聯盟」一樣僅在經濟、社會、文化和技術方面，而且也在政治方面進行合作。此一組織也同樣的滿足了第二派贊成經濟合作而不願在「非洲團結組織」中會員資格有所懷疑的那些國家。

一九六五年五月間，象牙海岸總統伍弗布尼在阿必尚召開爲期一天的特別會議，非馬共同組織國家（除喀麥隆、中非、布市剛果、茅利塔尼亞和盧安達外），投票贊成剛果（雷堡市）爲會員國，中非和盧安達其後表示支持大會的決定。是年七月，茅利塔尼亞宣佈退出「非馬共同組織」，表示對剛果卓姆貝政府的抗議；但表示仍願與非馬國家保持良好關係。

一九六六年六月，「非馬共同組織」原來的國家，除茅利塔尼亞外均簽署了新組織的憲章，規定國家元首每年擧行一次會議。部長理事會則經常開會，俾使在經濟、社會、技術、文化和外交各方面進行合作。「非馬共同組織」是向所有非洲國家開放的。但新會員國的入會必須全體會員國的一致同意。尼日總統狄奧里（Diori Hamani）當選爲第一任主席（任期一年）。

狄奧里說：「我們這個集團既不是一個聯邦，也不是一個超國家，祗是一個單純的工具——一個達成目標的方法而已。」。「非馬共同組織」一方面是非洲法語系國家之間合作的體系，另一方面此一組織已形成一個壓力團體，在國際性的金融和經濟組織，如世界銀行、國際貨幣基金、聯合國貿易和發展委員會、歐洲共同市場中施展他們合法的影響力。

一九六八年時，非馬共同組織漸趨成熟；是年一月，十三位元首和中非的部長級代表在尼日首都尼阿美擧行成立以來的高峯會議。討論結果，在原則上同意建立一個肉類和家禽的共同市場，並保證在三個航空公司——非洲航空公司（Air Afrique），剛果航空公司（Air Congo）和馬達加斯加航空公司（Air Madagascar）中進行合作，剛果總統莫布杜（President Joseph Mobutu）亦參加會議。尼阿美會議同意一九六九年在金夏沙開會，非馬共同組織已將剛果拉入合作的體系中。

一九七〇年，第五屆高峯會議在喀麥隆首都雅恩德（Yaoundé）擧行時，模里西斯正式加入爲第十五個會員國，大會復應模里西斯代表之請，將組織更名爲「非洲、馬拉加西、模里西斯共同組織」（Organisation Commune Africaine, Malgache et Mauritienne）(OCAMM)

第七屆高峯會議於一九七二年在多哥的洛梅召開。選擧塞內加爾總統桑果繼查德總統董巴貝爲主席。桑果說：「非馬模共同組織」正面臨「眞實但並不是不能克服的困難」。桑果强調需要建立「經濟社會」，並希望在一九七三年以前，建立一個「西非經濟社會」（West African Economic Community），並要求「共同組織」內的中非國家會員國建立一個同樣的社會。

在中非國家中，唯一表示與共同組織中西非國家完全團結的是加彭。剛果（布市）表示無意作任何政治承諾，其他如查德、喀麥隆、中非和盧安達等國家在辯論中作了許多保留，這是「非馬模共同組織」行將分裂的朕兆。

「非馬模共同組織」國家合作經營的「非洲航空公司」是僅次於「南非航空公司」的公司，它的股分每一個會員國所佔不到百分之五，而法國的股分佔了百分之二十八。查德、喀麥隆等國宣佈退出非航後，其會員國僅剩下了中非、剛果（布市）、達荷美、加彭、象牙海岸、茅利塔尼亞、尼日、塞內加爾、多哥和上伏塔等十個國家。而中非共和國曾經一度宣佈退出非航。

象牙海岸、達荷美、上伏達、馬利、茅利塔尼亞、尼日和塞內加爾等七個國家於一九七二年六月三日，在馬利的首都巴馬柯（Bamako）開會，簽訂了一項條約，建立「西非經濟社會」（West African Economic Community,CEAO），其目的在促進會員國家間的區域性貿易。

「非馬共同組織」的會員國在一九六五年二月成立時爲：喀麥隆、中非共和國、查德、剛果（布市）、達荷美、加彭、象牙海岸、馬拉加西、茅利塔尼亞、尼日、盧安達、塞內加爾、多哥和上伏塔。一九六五年五月，剛果（雷堡市）參加爲第十五國會員國，茅利塔尼亞於是年七月宣佈退出，表示對剛果卓姆貝政府的抗議。一九七〇年一月，非馬共同組織國家擧行第五屆高峯會議時，模里西斯參加爲第十五個會員國，而此一組織亦更名爲「非洲、馬拉加西和模里西斯共同組織」。一九七二年四月十九日，薩伊即剛果（金夏沙市）宣佈退出。

從非馬聯盟到非馬模共同組織會員國的變化如下表所示：

從「非馬聯盟」到「非、馬、模共同組織」會員國的變化表：

國家	非馬聯盟會員國	簽署非馬經濟合作聯盟條約之國家	非馬共同組織會員國	非馬模共同組織會員國
喀麥隆	X	X	X	X
中非	X	⑥	X	X
查德	X	X	X	X
剛果（布市）	X	X	①X	X
加彭	X	X	X	X
象牙海岸	X	⑥	X	X
馬拉加西	X	X	X	X
茅利塔尼亞	X	X	④X	
模里西斯				⑤X
尼日	X	⑥	X	X
盧安達	X	X	②X	X
塞內加爾	X	X	X	X
多哥	X	X	X	X
上伏達	X	⑥	X	X
達荷美	X	X	X	X
薩伊			③X	③X

備註：①剛果（布市）派遣內政部長參加一九六五年二月諾克少會議其後剛果政府宣佈參加非馬共同組織。

②盧安達沒有參加諾克少會議，其後卡伊班達總統宣佈參加非馬共同組織。

③薩伊於一九六五年五月參加非馬共同組織，一九七二年四月十九日宣佈退出「非馬模共同組織」。

④茅利塔尼亞於一九六五年七月宣佈退出「非馬共同組織」。

⑤模里西斯於一九七〇年一月參加「非馬共同組織」後，該組織即更名爲「非、馬、模共同組織」。

⑥中非、象牙海岸、尼日和上伏塔四國曾參加一九六四年三月的達卡會議，但拒絕在成立「非馬經濟聯盟」的憲章上簽字。（楊逢泰）

非洲、馬拉加西和模里西斯共同組織（簡稱「非、馬、模共同組織」）（Organisation Commune Africaine Malgache et Mauritieme, OCAMM）

一九七〇年一月二十八日至三十日，「非洲和馬拉加西共同組織」國家元首在喀麥隆首都雅恩德（Younde）舉行第五次高峯會議。

根據「非馬共同組織」的憲章，此一組織是向所有非洲國家開放的，但新會員的入會必須全體會員國的一致同意，這一次高峯會議正式通過模里西斯爲第十五個會員國。大會後應模里西斯代表之請求，將組織更名爲非洲、馬拉加西和模里西斯共同組織（Organisation Commune Africaine, Malgache et Mauritienne）。

模里西斯爲印度洋中的小島嶼，全面積七二〇平方哩，在馬拉加西以東約五百五十哩，原爲法國殖民地，至一八一〇年讓於英國，一八四四年後爲英國皇家殖民地，居民的主要語言爲英語、法語和克里歐語（Creole）一九六八年三月十二日，模里西斯成爲獨立國家，可以說是介於英語系和法語系的國家。與馬拉加西在地理上有密切的關係，均於一九七〇年加入「非馬共同組織」。（楊逢泰）

非洲國家聯盟（Union of African States）

馬利（Mali）在獨立之前稱爲法屬蘇丹，一九五九年法屬西非塞內加爾、達荷美、上伏塔和蘇丹在達卡（Dakar）舉行制憲會議時，原同意組成聯邦，可是，其後不久來自象牙海岸、法國及內部的聯合壓力使達荷美和上伏塔兩國政府撤回前約。因此當一九五九年四月馬利聯邦正式獨立的時候，只剩下了塞內加爾和蘇丹兩國。這個短命的聯邦於一九六〇年八月中因爲塞內加爾的進步聯盟和蘇丹同盟間的糾紛而告分裂，聯邦瓦解後，蘇丹改稱爲馬利共和國。

馬利爲一赤貧的國家，因爲財政上的困難，伸手向鐵幕國家要求援助，總統凱達（Modibo Keita）曾爲此解釋說：「對於一個行將溺死的人，你不能吩咐他選擇抓牢樹枝或木板。」

由於對非洲及國際問題具有共同的觀念和共同的態度，馬利自然地趨向於迦納和幾內亞。在馬利聯邦解散後五個月，一九六〇年十二年廿四日，恩克魯瑪、杜瑞和凱達在幾內亞的首都柯那克里（Conakry）開會，發表公報，宣佈三國將建立聯盟。一九六一年四月廿七日至廿九日，三人復在阿克拉開會，同意組織「非洲國家聯盟」，是年七月在馬利首都巴馬科（Bamako）會議中正式通過「非洲國家聯合憲章」，宣稱此一聯盟爲「非洲合衆國」的核心。凡接受其目標的非洲國家均可加入。憲章規定聯盟的最高機構爲三國元首會議，每年集會四次，共同調整內政政策，協調聯合外交，進行聯防組織和經濟計劃。關於政治、經濟、工會、婦女及青年事務將成立各種調整委員會。

事實上這個聯盟的許多目標未能實現。三國在地理上既未毗連，三國總統也是貌合神離。據說當迦納和幾內亞兩國聯盟，杜瑞看到兩國聯盟條約的初稿時，就討厭這個約稿的精神，認爲這不過是在迦納領導下的合併而已。其後杜瑞從恩克魯瑪獲得一千一百萬美元的借款後，其他的事情如一面國旗，一個憲法、共同幣制和關稅同盟等都拋諸腦後了。

一九六六年二月廿四日正當恩克魯瑪在匪區接受「盛大歡迎」之際，由科杜卡（Kotoka）將軍領導的「國家革命委員會」接管了迦納，「黑色華盛頓」恩克魯瑪亡命幾內亞，在非洲的政治舞台上少了一位野心家的搗亂，所謂「非洲國家聯合」這個紙上聯盟已成了廢紙。（楊逢泰）

非洲開發銀行（The African Development Bank, ADB）

非洲開發銀行係非洲經濟委員會（ECA）第三次會議第廿七號之三決議案要求設立者，經一九六三年卡土穆（Khartoum）財政部長會議通過協定。一九六四年九月十日正式成立，行址設於象牙海岸阿必尚（Abidjan）。至一九六五年三月爲止共有三十三國批准該協定。成爲非洲開發銀行之會員國。

依照協定規定任何非洲獨立國（南非共和國除外），均得加入爲會員。資本總額爲二億五千萬單位（unit）—每單位相當純金〇．八八八六七〇八八公克。

主要目標有下列各項：㈠運用一切資源以資助會員國經濟社會發展之各項計劃；㈡執行或參與此類開發計劃之選擇、研究與籌備；㈢促成非洲各國公私投資；㈣提供各項開發計劃之技術協助；㈤促進非洲各國間、區域組織間以及其他有關開發組織間之合作。（楊逢泰）

非洲與馬拉加西聯盟（Union Africaine et Malagache）（簡稱『非馬聯盟』）

一九六一年九月六日至十二日，布拉薩市十二個國家在馬拉加西的首都塔那那利佛（Tananarive）舉行會議，由塞內加爾共和國總統桑果（Leepold Senghor）擔任主席。獲致了一連串的決議，加强它們共同的連繫，它們簽訂了一項防禦公約和一個憲章，成立了「非洲和馬拉加西聯盟」，簡稱非馬聯盟。

非馬聯盟憲章的要旨爲：

「在外交政策等各方面促進各個會員國的密切合作，藉以加强團結，確保集體安全，彼此協助開發資源，維持非洲、馬拉加西以及世界的和平」。

非馬聯盟的一般政策，由各國元首及政府首長在每年兩度的最高階層會議中制訂，或者由一個委員國提經多數委員國附議的緊急會議中制訂。提案須經多數決定。此外，並有由各國部長、專家或外交代表組織的委員會，負責爲最高層會議作準備工作，和實施高層會議之決策，非馬聯盟秘書處設於達荷美的首都柯特魯（Cotonou）爲永久性之聯繫機構、聯盟之經費依會員國之財力決定配額。

非馬聯盟以維護會員國之獨立自由爲最大目標，會員國家元首於一九六二年在中非共和國的首都班基（Bangui）和加彭首都自由市兩度會議中決定：㈠、在外交方面採親西方政策、致力於非洲國家的團結、共同議定對該集團在聯合國中所遭遇各種難題。㈡、在經濟方面着重於保險、工鑛和投資事業、發展科學、設立非洲聯合銀行和專利局等，並決定對歐洲共同市場採一致行動。㈢、在運輸方面創辦聯合海上運輸公司，成立非馬聯盟運輸委員會及加强航空運輸之設備。㈣、在電訊方面建立該集團各國首都間之電訊網、改善管理各該國家之無線電播送頻率。

非馬聯盟的基礎頗爲穩固：第一、他們都是法語系的國家，有相同的政治和文化背景。第二、聯盟中有兩個政治組織，即由象牙海岸、達荷美、尼日和上伏塔所組成的協商會議國家和加彭、剛果（布拉薩市）、中非、查德四國組成的赤道集團。

非馬聯盟的專門性的技術機構主要的有三個：⑴非洲與馬拉加西經濟合作組織；⑵防禦同盟；⑶非洲與馬拉加西郵政及電訊聯營組織。茲分述如下：

㈠、非洲與馬拉加西經濟合作組織（Organization Africaine et Malgache de Cooperation Economique, OAMCE）簡稱「非馬經濟合作組織」

布拉薩市集團十一國：即中非共和國、查德、加彭、剛果（布拉薩市）、達荷美、尼日、上伏塔、象牙海岸、喀麥隆、塞內加爾、茅利塔尼亞和馬拉加西共和國的代表們於一九六一年三月廿六日至廿八日在喀麥隆的首都雅恩德（Yaounde）開會，討論在布拉薩市所設立經濟研究委員會的建議，以及當時的國際和非洲合作的問題，會議結果同意成立「非洲與馬拉加西經濟合作組織」，其目的在藉經濟與社會的發展以加强各會員國的政治獨立。故該組織所致力者爲調整會員國的經濟政策和經濟發展計劃，包括農業生產、工業建設、國內外貿易、貨幣措施與區域性經濟機構之關係等。

非馬經濟合作組織設有理事會，爲該組織之決策機構，由會員國之代表組織之，負責處理一切問題，常會主席由各會員國代表輪流擔任。此外，並設有秘書處於雅恩德、秘書長任期兩年，由理事會指派，主持行政業務。已設立之技術性委員會有：經濟及社會發展委員會，對外貿易委員會、金融及財政委員會、科學研究委員會及運輸聯繫委員會。

㈡、防禦同盟組織

防禦同盟係於一九六一年九月九日在馬拉加西共和國的首都塔那那利佛成立，其目的在聯合集團內會員國的力量來維持會員國的安全和國際和平，根據盟約，如有一個會員國之領土、政治獨立或安全受到威脅，其他會員國應立即援助；盟國中任何一國受到外來侵略時，將視爲向全體盟國進行侵略。如經全體會員國之同意，非馬聯盟可與非洲或非洲以外任何一國或國家集團訂立有益於共同防禦之國際性條約。

防禦同盟之方針由盟國首長會議決定，至於盟約之實施及應採之步驟則由各國全權代表所組成之最高層會議決定之，在最高層會議下設參謀長及秘書長

，負責推行共同防禦之業務。總部設於上伏塔之首都瓦加杜古(Ouagadongou

㈢、郵政及電訊聯營組織（Union Africaine et Malagache des postes et telecommunications, UAMPT）。

非馬郵政及電訊聯營組織成立於一九六一年九月十二日塔那那利佛之郵政電訊國際公約訂立之後。聯營之目的在於：㈠促進盟國間之聯繫；㈡促使盟國向共同目標努力；㈢對於國際郵政及電訊會議所應提出之問題，以及有關郵政及電訊上同可引用之技術措施，經由盟國間隨時協商決定之。

聯營組織設於布拉薩市，有部長級理事會，由盟國之郵電部長或其代表組成，其主席由會員國之郵電部長輪流擔任，其任期為一年，其主要任務為推動郵電聯營公約所規定之事項。秘書處兼有行政及技術性機構，受部長理事會之指揮。此外並由專家所組成之行政管理與技術設計委員會，負責研究理事會所交辦之事項。（楊逢泰）

非洲經濟委員會（The Economic Commision for Africa, ECA）

非洲經濟委員會於一九五八年四月間成立，為聯合國區域經濟委員會之一。其目的在促進非洲經濟社會發展，增進非洲國家間以及與聯合國所屬各專門機關的經濟合作。

該委員會的永久秘書處設於衣索比亞首都阿迪斯阿貝巴，在尼阿美（Niamey）、坦吉爾（Tangier）及路沙卡（Lusaka）三地各設有分會。並設置若干輔助小組以協助各類技術工作之推動。諸如常設貿易委員會、常設工業、自然資源、交通與運輸委員會及社會福利暨社會發展委員會等。

該委員會除協助非洲國家規劃交通運輸系統、建立貿易情報暨商業資料及關稅聯盟組織外，并致力與開發國家交換技術知識，訓練非洲國家技術人員，該委員會第五次會議曾決定成立非洲共同市場（African Common Market），非洲支付聯盟等，以增進各國之經濟合作。

設置非洲經濟發展計劃研究所（The African Institute for Economic Development and Planning）及非洲開發銀行（African Development Bank）係該委員會所推動之兩項主要計劃。

非洲經濟委員會的會員國包括非洲的獨立國家和在非洲有殖民地的國家，但屬地亦可申請加入，為準會員國，非洲以外聯合國的會員國、瑞士和西德均可派觀察員出席會議，非政府的組織則畀以諮詢的資格。（楊逢泰）

非洲團結組織（Organization of African Unity）

從卡薩布蘭加會議到拉哥斯會議，非洲獨立國家的陣線便逐漸形成了，這兩大集團除在外交、內政上有顯著的不同外，對於非洲統一所持的立場亦有顯著的差異。

卡薩布蘭加集團主張把非洲統一起來，成為一個强大、中央集權、社會主義的中立化聯邦。蒙羅維亞集團則認為合作雖然是必要的，但現在所求的團結，不是非洲主權國作政治上的合併，而是達成非洲社會和政治團結的意志和行動之統一。達成更大團結的路途應該是慢慢進行。

卡薩布蘭加集團的所倡導的路線是以個人的野心為出發點，所强調的領導方式接近於共產集權的領導方式；而蒙羅維亞集團則以國家主權觀念的原則為出發點。所强調的是非洲國家間自願的合作，由合作再進而為非洲國家的眞正統一。此一原則與西方國主權觀念一脈相通，並合於現代民主思想的潮流。

卡薩布蘭加集團實際上祇是幾個野心家企圖擴張權力的工具而已！對於卡薩布蘭加集團最大的打擊是幾內亞與迦納的聯盟無法作為非洲統一的基礎。

據說：當杜瑞看到兩國聯盟條約初稿時，就討厭這個約稿的精神，認為這個不過是迦納領導的合併而已，所以只是一個動機的聲明，而不是一個聯合的實際行動。兩人在後來的聲明中表示有關交通、外交、金融、財政和經濟事務將在相當時機予以研究和補充的實際的可能性。其後杜瑞從恩克魯瑪獲得一千一百萬美元的借款後，其他的事情如一面國旗，一個憲法，共同幣制和關稅同盟等都拋諸腦後了。

另一方面，幾內亞和蘇聯以及鐵幕國簽訂了互助協定，俄國和東歐國家的技術人員湧入幾內亞。幾內亞似乎已成為蘇聯的衞星國。蘇聯得寸進尺。於一九六一年干涉幾內亞內政，杜瑞憤而要求蘇聯召回大使，一方面限制共黨活動，並開始重建與法蘭西國協和西方的關係。同時杜瑞帶着焦急的心情眼看到迦納逐漸干涉多哥和其他西非隣國的內政，一九六三年多哥總統（奧林匹克Sylvanus Olympic）的被刺已經預兆「非洲國家聯合」的壽終正寢了。杜瑞在暗殺事件後不久發表演說時說：「有確切的證明顯示這次暗殺是在國外有組織的醜陋陰謀的悲劇結果。同時在一九六一年一月使卡薩布蘭加集團湊合在一起的若干問題不是消失在歷史的陳蹟中，就是實際上已瀕臨失望的邊緣，因此七國之間亦逐漸疏遠，摩洛哥在反對茅利塔尼亞的奮鬥中已失敗，卡薩布蘭加集團的顧問委員會除開在迦納設立了一個防禦總部外，在促進政治、經濟、文化等團結以及設立聯合高級指揮部方面均無成就。

蒙羅維亞集團採取實際的辦法，所以在各方面都有相當的成功。這一集團所討論的是：「團結的願望和行動」而不是「政治的統一」，他們在一九六二年十二月批准了「拉哥斯憲章」（Lagos Charter）。一九六二年十二月間泛非馬組織的外長會議決定召開阿迪斯阿貝巴會議，希望終止兩個集團的對峙狀態。

一九六三年五月二十二日至二十五日，非洲三十個獨立國家的元首集會於衣索比亞京城阿迪斯阿貝巴，摩洛哥藉口茅利塔尼亞的出席可能解釋為對它的承認，而沒有出席。多哥自政變後，非洲國家對新政府的入會問題未能獲致決議，而未能出席。南非共和國一向為非洲國家抨擊的對象而未曾邀請。所以出席的國家為衣索比亞、利比亞、蒲隆地、喀麥隆、查德、剛果（布拉薩市）、剛果（雷堡布）、達荷美、加彭、迦納、幾內亞、象牙海岸、賴比瑞亞、馬拉加西、馬利、茅利塔尼亞、尼日、塞內加爾、奈及利亞、索馬利亞、蘇丹、塔干伊喀、突尼西亞、阿聯、上伏塔、阿爾及利亞、獅子山、烏干達、盧安達和中非共和國等三十國。

阿迪斯阿貝巴會議給卡薩布蘭加集團國家一個機會，將它們的努力溶化或昇華於非洲國家元首所提供的一個更廣泛計劃的範圍中，可是恩克魯瑪於是年五月飛往阿迪斯阿貝巴時尚猛烈攻擊「區域性的割據」。他在「邁向非洲統一」（Towards African Unity）的備忘錄中說：「在今天的非洲有一種普遍的感覺；即發展成若干分離的政治或經濟團是不幸的；因為這種發展分散力量和資源以及一般國家間和地區間的合作努力」。他深信邊界糾紛、經濟困難、非洲國家間的政治爭執以及新殖民主義均可在非洲國家的聯盟政府的體系內解決。恩克魯瑪於抵達機場時，雖然提出：「我們現在必須統一，否則就會滅亡」的警告。可是恩克魯瑪在阿迪斯阿貝巴發現實際上沒有人支持他的立場，他希望阿聯總統納瑟會支持他，可是納瑟也祇是含糊的提出了「非洲同盟」（African League）。其他的人都懷疑恩克魯瑪的野心，而寧願成立一個類似美洲國家組織而比較鬆弛的結合。衣皇塞拉西以地主國身份發表了一篇主要的演說：雖然認為非洲「最後的命運繫於政治的聯盟」，但是強調「必須克服的障碍太多」，而祇能逐漸進行，「一個過渡時期」是不能避免的。阿迪斯阿貝巴會議最後通過「非洲團結組織憲章」（The Charter of the Organization of African Unity）。

憲章的第二條規定非洲團結組織的目的為：

㈠促進非馬國家的統一和團結。
㈡協調並加強他們的合作和努力為非洲各民族改善生活。
㈢保衞他們的主權、領土完整和獨立。
㈣根絕在非洲各種形式的殖民主義。
㈤促進國際合作、尊重聯合國憲章和人權宣言。

為達成上述目標，會員國將協調他們於一般政策，在政治、外交、經濟、教育、文化、健康衞生、科學技術以及防禦和安全各方面進行合作。因此會員國並莊嚴地宣佈尊重下列幾項原則：

㈠所有會員國主權平等。
㈡不干涉內政。
㈢尊重每一會員國主權和領土完整，以及其不可讓與的獨立生存權利。
㈣以談判、調停、和解或仲裁的方式和平解決爭端。
㈤對鄰國或任何其他國家中的政治謀殺和顛覆活動以各種方式作毫不保留的譴責。
㈥絕對的致力於仍未獨立的非洲領土，獲得完全獨立。
㈦對各集團採取不結盟的政策。

比任何協調更重要的是「阿迪斯精神」（The Addis Spirit）的發揚。塞拉西勸告與會代表：「把握已經協調的基礎，儘量予以利用」。自從阿迪斯阿貝巴會議和非洲國家團結組織成立後，蒙羅維亞集團和卡薩布蘭加集團之間的對峙狀態有逐漸消失的趨勢，非洲團結組織的第一次外長會議於一九六三年八月在達卡（Dakar）舉行，主要目的在討論如何折除區域集團。摩洛哥已經獲得了置身局外的教訓，所以亦參加了達卡會議。恩克魯瑪領會到最好是能與多數國家協調，所以迦納是首先批准「非洲團結組織憲章」的國家之一。是年八月幾內亞總統杜瑞公開揚棄「非洲國家聯合」和卡薩布蘭加憲章。

在達卡會議時，幾內亞提議廢除在「非洲國家組織憲章」以前的一切憲章，特別提出卡薩布蘭加憲章，蒙羅維亞憲章和非馬憲章。早先非馬國家領袖曾集會討論他們組織的前途問題，決定仍暫予維持。可是柯都諾（Cotonou ）會議時，意見頗爲分歧，茅利塔尼亞總統認爲非馬組織不損非洲的團結，而查德總統持相反立場，宣稱非馬組織不應爲一個新的組織而犧牲自己。其他國家以塞內加爾爲首採取中間立場，認爲非馬組織應予發展而適應阿迪斯阿貝巴會議所建立的新局勢。作爲適應過程的第一步驟。他們解散了聯合國中的非馬組織集團。

非洲的團結在阿迪斯阿貝巴會議中達到了頂點，大會決定每年五月廿五日爲非洲團結日。當衣皇衣塞拉西在聯合國正式爲非洲國家組織憲章登記時，聯合國秘書長宇譚說：「此一憲章爲本世紀歷史性文件之一。」

「非洲團結組織」現有會員國共四十一個，爲僅次於聯合國的國際組織。南非共和國雖爲非洲的獨立國家之一，但非洲絕大多數的國家認爲「南非僅是白人在非洲大陸上所建立的一個臨時政權而已」，羅德西亞片面宣佈獨立，非洲國家不予承認，故南非和羅德西亞均非會員國。

「非洲團結組織」會員國的元首和政府首長每年不定期的在會員國家首都舉行高峯會議，迄一九七二年止已舉行了十次，在「非洲人解決非洲問題」的原則下，歷屆會議討論的重要問題主要的有南非種族隔離、羅德西亞片面宣佈獨立、剛果（雷市）白人傭兵、奈及利亞內戰等，第二屆高峯會議時成立了一個委員會來研究恩克魯瑪所提建立「非洲聯邦政府」的議案，但會員國大多數是甫告獨立的國家，這些國家的領袖們雖然都高創「泛非洲主義」，而鮮有願意犧牲國家主權者，更何況會員國間有領土糾紛、種族糾紛和政治難民問題，均是棘手不易解決的問題，勢難進一步討論政治統一問題。

茲將非洲團結組織歷屆高峯會議的時間、地點，會員國及重要討論問題列表如后：

非洲團結組織歷屆高峯會議概況表

會議名稱	時間	地點	參加國家	討論之重要問題
第一屆高峯會議	一九六三年五月二十日至二十五日	衣索比亞首都阿廸斯阿貝巴	衣索比亞、利比亞、蒲隆地、喀麥隆、查德、剛果（布市）、剛果（雷市）、達荷美、加彭、迦納、幾內亞、象牙海岸、賴比瑞亞、馬拉加西、馬利、茅利塔尼亞、尼日、塞內加爾、奈及利亞、索馬利亞、蘇丹、塔干伊喀、突尼西亞、阿聯、上伏塔、阿爾及利亞、獅子山、烏干達、盧安達和中非共和國等三十個創始會員國，摩洛哥和多哥兩國未參加會議。	㈠通過非洲團結組織憲章。㈡根絕殖民主義、支持非洲獨立運動。㈢反對種族歧視和種族隔離。㈣支持聯合國。㈤裁軍問題。
第二屆高峯會議	一九六四年七月十七日至二十一日	阿聯首都開羅	㈠創始會員國中，剛果（雷市）拒絕參加。㈡塔干伊喀與尚西巴合併改稱坦尙聯合共和國。㈢加入會員國，多哥、摩洛哥、馬拉威和肯亞。㈣參加會議共三十三國	㈠呼籲產油國家對南非實施石油禁運。㈡反對羅德西亞片面宣佈獨立。㈢拒絕經過南非的飛機和船舶在會員國降落或停泊。㈣設立委員會研究恩克魯瑪所提建立「非洲聯邦政府」之議。㈤以阿廸斯阿貝巴爲永久會址。任命「解放

				委員會。
第三屆高峯會議	一九六五年十月二十一日至二十五日	迦納首都阿克拉	(一)「非馬共同組織」中查德、象牙海岸、尼日、多哥、上伏塔、馬拉加西，加彭、達荷美等八國拒絕參加。(二)參加會議者共二十八國。	(一)羅德西亞問題。(二)顛覆活動問題。(三)政治難民問題。(四)設立非洲防禦委員會。
第四屆高峯會議	一九六六年十一月五日至九日	衣索比亞首都阿廸斯阿貝巴	(一)加入會員國，波扎那和賴索托兩國。(二)幾內亞拒絕參加(三)參加國家共三十七國	(一)羅德西亞問題。(二)法屬索馬利亞問題。(三)蒲隆地與盧安達兩國間之爭端。
第五屆高峯會議	一九六七年九月十一日至十四日	剛果首都金夏沙	(一)馬拉威拒絕參加。(二)參加國家共三十七國。	(一)奈及利亞內戰危機。(二)剛果（金市）傭兵問題。(三)羅德西亞、南非及葡屬非洲問題。(四)以色列佔領阿拉伯國家領土問題。
第六屆高峯會議	一九六八年九月十三日至十六日	阿爾及利亞首都阿爾及爾	(一)加入會員國模里西斯和史瓦濟蘭兩國。(二)馬拉威拒絕參加。	(一)奈及利亞內戰問題。(二)羅德西亞問題

			(三)參加國家共三十九國。	(三)要求以色列從阿拉伯領土撤退。
第七屆高峯會議	一九六九年九月六日至十日	衣索比亞首都阿廸斯阿貝巴	(一)赤道幾內亞加入爲會員國。(二)與會國家共四十一國。	(一)奈及利亞內戰問題，通過支持奈及利亞統一的決議案。(二)譴責以色列消極的態度。
第八屆高峯會議	一九七〇年九月一日至三日	衣索比亞首都阿廸斯阿貝巴	會員國四十一個中有三位國家元首、四位總理、三位副總統參加，其他爲部長級代表。	(一)派遣代表團至西方國家，施展壓力，其目的在制止與南非的貿易。(二)要求外國佔領軍自阿拉伯領土撤退。
第九屆高峯會議	一九七一年六月二十一日至二十三日	衣索比亞首都阿廸斯阿貝巴（原定在烏干達首都坎帕拉開會，因烏國政變而改址）	(一)烏干達拒絕參加。(二)與會國家共四十國。	(一)通過決議案，拒絕與南非「對話」。(二)對以色列拒絕埃及的和平動議表示惋惜。
第十屆高	一九七二年	摩洛哥首	(一)馬拉威拒絕參加。	(一)支持埃及對抗

峯會議	六月十二日至十五日	都拉巴特	㈠與會國家共四十國。	以色列。㈡指責美國與羅德西亞貿易。㈢摩洛哥和阿爾及利亞邊界糾紛獲致協議。

（楊逢泰）

非馬經濟合作聯盟（Union Africaine et Malgache de Cooperation Economique, UAMCE）

一九六三年五月，非洲團結組織（Organization of African Unity）成立之後，非洲國家所形成的兩大集團：卡薩布蘭加集團（Casablanca Group）和蒙羅維亞集團（Monrovia Group）的對峙狀態逐漸消逝，一九六三年八月二日至十一日在達卡（Dakar）擧行非洲團結組織部長理事會第二屆會議，幾內亞代表提議廢除非洲團結組織成立以前的一切憲章，這次會議決定之任何區域性集團或附屬組織之成立或存在必須依照非洲團結組織所規定之必要條件：即在地理上必須接壤，而且在本質上不能具有政治角色，非馬聯盟（Union Africaine et Malgache: UAM）顯然不能與上述條件相符。

一九六四年三月，非馬聯盟國家在達卡擧行會議，討論聯盟的存廢問題，決定將非馬聯盟解散，而另外建立一個純粹是經濟、技術和文化性質的組織；稱之爲「非馬經濟合作聯盟」。與會各國代表同意此一新的聯盟仍將追求非馬聯盟的既定目標，以及與非洲團結組織不相矛盾的目標，非馬聯盟的功能性機構仍予以保留。可是象牙海岸、中非共和國、尼日和上伏塔諸國代表拒絕在「非馬經濟合作聯盟」的憲章上簽字。實際簽字的國家爲：喀麥隆、查德、剛果（布市）、達荷美、加彭、馬拉加西、茅利塔尼亞、盧安達、塞內加爾和多哥等十國。（楊逢泰）

非常徵用權（Right of Angary）

即指交戰國爲軍事上之需要，而對其本國領域內或在其所占領的敵國領域內之中立國財產，予以徵用或破壞之權利而言。早在中古時期，船舶不敷戰爭之需的交戰國，即主張有權扣留在其港口內的中立商船，於預付運費後，强迫牠們及牠們的水手替它們載運軍隊、軍器、軍火、糧食、或其他軍用物資。這就是非常徵用權的起源。此種權利經一度普遍採用之後，各國多於十七世紀簽訂雙邊協定，相約免除對彼此之商船行使此項權利；從而徵用的實例漸漸減少，迄十九世紀而完全絕跡；直到第一次世界大戰始再度盛行。新的非常徵用權觀念與昔日相較，已有左列四項基本差異：㈠徵用之對象已由船舶擴大到包括其他交通工具，如汽車、火車、飛機、以及有益於軍事目的之各種中立財產，如軍火、軍器、糧食、和其他軍用物質等。所以第一次世界大戰期間，英國徵用中立國人民之木材和銅，亦被英國法院承認爲合法行爲(Lauterpacht's Oppenheim, Vol.Ⅱ, P.764）。此外，中立國在交戰國定製而尚未完成的船舶亦可成爲徵用之對象，例如土耳其在英國定製及挪威在美國定製之船舶，均曾於同次大戰中分別被英、美徵用 (G. Von Glahn, Law Among Nations, London, 1965, P.663）。

㈡中立國財產被徵用時之位置，不再限於在交戰國自己的領域內，而擴大到在其佔領下的敵國領域內。例如在占領區內發現屬於中立國的鐵道器材，或依佔領當局許可而輸入佔領區的中立貨物等，亦可被其徵用（Glahn, P.664）。

至於在公海上之中立國船舶和貨物，交戰國能否行使非常徵用權，則多爭論。有的學者認爲可以（如奧本海及勞特派 Lauterpacht's Oppenheim, vol.Ⅱ, P.762）。英國軍艦曾不顧所有人之反對與抗議，强將中立國木材帶入英國管轄領域內予以徵用（Commercial Estates Co. of Egypt v. English Board of Trade, 1925），便是明顯的例證。惟大多數學者則持相反立場，認爲不得在公海上行使非常徵用權。也有主張此一問題應由交戰國法院裁定，而非由行政機關決斷者。

至於未經判決而尚在捕獲法院保管下的中立國財產可否加以徵用，著名的薩摩拉案（The Zamora case）定下三項明確標準。該一瑞典商船自紐約駛往斯多哥爾摩（Stockholm）途中，於一九一五年四月十八日被英國巡洋艦截獲而交由捕獲法庭審判期間，該法庭授權英國徵用尚在其保管下的貨物，但經貨主上訴到樞密院 (The Privy Council) 時，後者推翻了該法庭的授權。根據樞密院司法委員會 (Judicial Committee) 之裁決，英國如徵用此種財產，必須附合三項條件：甲、此項中立船舶或貨物必須是英國防衛、作戰、或其他國家安全所緊急需要者（Urgently required）；乙、捕獲法庭對之確有疑問尙待審判，因而不宜命令立卽釋放此項船舶或貨物；丙、在此特殊情形下，非常徵用權之適用，須由捕獲法庭裁決；今因第一條件不合，故不得予以徵用（The *Zamora*, Judicial Committee of the Privy Council, 1916）。

㈢徵用之目的不僅限於「使用」，亦可在於「破壞」；換言之，交戰國對其領域內的中立國財產，可於行使非常徵用權後加以破壞。（Lauterpacht's Oppenheim, Vol. II, P. 761）。

㈣被徵用者如爲船舶、火車等交通工具，其水手、駕駛等人員不再在徵用之列。例如第一次世界大戰期間，英、美、法、義諸國徵用荷蘭船舶時，均不曾强迫船員繼續服務；惟若干船員仍自願繼續在被徵用之船上工作。

非常徵用權之合法行使，至少必須具備二項條件：一卽必須出於交戰國在防備或攻擊方面有軍事上的緊急需要，幷由交戰國政府決定之；二卽對於被徵用之財產，必須付給所有人公正合理的補償。例如美國一九一八年三月廿日徵用在其港內的七十七艘荷蘭船，第一次大戰結束時，除返還其船舶後，幷付給全部使用費；其中被德國潛艇擊沉了的兩艘，美國更賠償全部價款。如因補償問題發生國際爭端，亦應循和平途徑解決。例如美國一九一七年徵用在其國內委建而尙未竣工的幾艘挪威船舶，所付補償費遭挪威拒絕，結果交付仲裁，判定美國付給挪威一二、二三九、〇〇〇美元。

非常徵用權係以交戰權爲基礎，與另一種以領土管轄權爲基礎的普通徵用權不同。後者指一國於平時或戰時均得在一定條件（如補償）下徵用其領域內屬於本國國民或外國國民之私有財產。例如美國國會於一九四一年六月六日通過法律，授權總統以公正補償購買或徵用美國領水內之外國船舶，但表明這是美國爲應付特殊情形而根據領域管轄權採行之非常措施，不是出於非常徵用權（L. H. Woolsey, "The Taking of Foreign Ships in American Ports", 35 A. J. I. L (1941) pp. 479-506）。此外，非常徵用權亦與「扣船」及「禁駛」不同。扣船係指一國爲了對他國實施報仇而命令不許其港內之該他國船舶他駛；禁駛則是一國爲免洩露重要消息而暫時禁止其港內之船舶他駛。（俞寬賜）

非戰鬥人員（Non-Combatants）

相對於戰鬥人員而言，非戰鬥人員卽不直接參與戰鬥之人員，包括一般平民及各兵種中之醫師、護士、牧師、書記、炊士、和戰地記者等。他們既不參加戰鬥，則敵軍不得以其爲惡意攻擊、殺害、和擄獲之目標。惟此項原則有四種例外：

㈠交戰國一方之非戰鬥員若對他方有敵對行爲、或直接參加戰鬥而被擄獲，則非但不能享受戰俘待遇，而且可能受捕獲國之特別處罰；

㈡某些非戰鬥人員——如商船的海員等，可以被拿捕而成爲戰俘（J. G. Starke, An Introduction To International Law, London, 1963, P. 412）；

㈢軍隊中之非戰鬥員被俘後，如能提出其本國政府所發給之身份證明，亦得享受戰俘待遇；

㈣交戰國元首或高級官員不在軍中服役時雖非戰鬥員，但因其地位之重要及與戰鬥進行之關係密切，故敵方亦得予以擄獲而給予戰俘待遇。

傳統國際法規則對戰鬥與非戰鬥人員之區別相當嚴格。十九世紀許多官方文件均確認戰爭之唯一合法目的僅在削弱敵國之軍事力量，因此只能以戰鬥人員爲攻擊和傷害之目標。例如一八六三年的美國陸軍通令（The USA Army General Orders）卽規定儘可能不要傷害非武裝人員的身體、財產、和榮譽；一九〇七年海牙陸戰法規及慣例公約仍對武裝部隊和平民加以區別。

惟現代戰爭具有總體戰和全民戰爭之特質，各種軍事準備及其他有關軍務之工作，有賴全國國民參加，從而使非戰鬥人員和戰鬥人員在戰爭上具有同樣的意義和價值。另一方面，今日空戰、經濟戰、及大量毀滅性武器（如氫彈）等之發展，更使非戰鬥人員失去了有效保障。因此戰鬥與非戰鬥人員之區別非常困難。雖然如此，但這種區別仍應儘可能予以維持。（俞寬賜）

亞非會議（Afro-Asian Conference）

一九五五年四月在印尼萬隆（Bandung, Indonesia）舉行的「亞非會議」（Afro-Asian Conference），出席的有阿富汗、柬埔寨、錫蘭、埃及、依索比亞、黃金海岸、印度、印尼、伊拉克、伊朗、日本、約旦、寮國、黎巴嫩、賴比瑞亞、利比亞、尼泊爾、巴基斯坦、菲律賓、沙烏地阿拉伯、蘇丹、敍利亞、泰國、土耳其、北越、越南、也門各國及北平僞政權的代表。另有賽普勒斯的馬卡里奧斯大主教（Archbishop Markarios），美國的一位黑人衆議員和非洲民族大會的代表，列席爲觀察員。

當時的印度總理尼赫魯與印尼總統蘇卡諾爲促成此會議的最力者。他們提倡造成一種東、西集團以外的第三勢力，實際上卻企圖挾外力以自重，幷利於向俄、美兩方取得更多的軍、經援助。

但會議揭幕後，即表現親民主、親共產和中立三派的鼎立形勢。周匪恩來乘機玩弄其欺詐離間的權術，提出所謂「和平共處」五原則的宣傳。除了尼、蘇二氏似受迷惑，後來被侵略或顚覆威脅時纔覺悟外，當時各國代表大多洞悉其奸。證諸會議不顧周匪的反對，而成立決議，擁護聯合國的人權宣言，於此可見一斑。

此外，會議通過幾項議案，如關於支持各國的經濟和文化合作，擁護民族自決，主張日本、約旦、利比亞和錫蘭等國應得加入聯合國，反對法國在摩洛哥和突尼西亞、荷蘭在荷屬新幾內亞、以及其他的殖民主義。凡此都不失正義與公道的立場。（參看「不結盟」條。）（陳紹賢）

亞洲人民反共聯盟（Asian Peoples' Anti-Communist League, APACL）

一、緣起：

二次世界大戰期間及結束後，東歐國家紛紛淪入鐵幕，中國大陸亦于俄共策劃支援下爲毛共僞政權所竊據，共產主義的逆流，沖決了亞洲的堤防，終於在一九五〇年爆發了韓戰，整個亞洲的自由國家，自印度到日本，都在國際共黨有組織的策動下陷入暴力鬥爭和政治顚覆的危機之中。

當時中華民國　蔣總統爲促成亞洲國家的反共團結，於一九四九年與菲律賓總統季里諾會商於菲律賓碧瑤，續與大韓民國總統李承晚會商於韓國鎭海在這兩次會談後發表的共同聲明中，主張組織亞洲反共聯合陣線，這才喚醒了亞洲人民對共產主義的認識與反共團結的必要。嗣經中、韓兩國民間反共領袖的協調與努力，終於使亞洲地區的民間反共組織結成一個整體的力量；一九五四年六月，八個發起國和地區單位的代表團，擧行第一次亞洲反共聯盟會議於大韓民國領海，組成了亞洲人民反共聯盟。

二、組織：

亞盟的組織，隨工作的發展而調整，自一九六七年世界反共聯盟的成立，亞盟現已兼具世盟亞洲區域組織的地位，亞盟秘書處現已由馬尼拉移往西貢，秘書處人選由理事會主席提請大會任命之，現有組織如下：

㈠聯盟大會：爲聯盟最高機關，由會員國派代表組成，其他國家可派觀察員列席。大會下設四個委員會：第一委員會主管政治方面事務；第二委員會主管經濟、文教方面事務；第三委員會主管會務、組織、憲章和秘書處事務；第四委員會主管宣言及決議文起草工作。大會通常每年擧行一次。

㈡理事會：理事會爲亞盟工作推動單位，由大會選出之理事組成。

㈢執行委員會：由理事會選出執行委員組成，執行大會暨理事會交辦事項。

㈣主席：由大會選擧產生，並監督秘書處處理事務。

㈤秘書處：由主席遴薦一人爲秘書長，下設辦事人員若干人，處理一般會務。

三、目的：

根據亞盟憲章第一條之規定，其基本目的如下：

㈠與共產帝國主義鬥爭，遏阻共產侵略的擴張，並澈底將其消滅。

㈡策進亞洲國家與自由世界的合作，及早解放亞洲鐵幕，使亞洲被分割的國家獲致統一，被奴役的人民恢復自由。

㈢與自由世界合作，建設亞洲成爲自由、民主、和平、繁榮的新亞洲。

四、會員：

亞洲人民反共聯盟自成立發展甚速，自成立以來至一九六八年第十三屆亞盟大會，又由發起的八個會員單位—中華民國、大韓民國、泰國、越南共和國、菲律賓共和國、琉球、香港、澳門擴大到具有二十三個會員國和二十六個國際反共組織及觀察員單位參加。

五、一般活動狀況：

亞洲人民反共聯盟自成立以來，通常每年擧行大會一次，主要活動爲加强國際反共宣傳，增進國際反共團結，策進解放鐵幕運動等。關於反共宣傳方面，該聯盟每次會議所發表之會議宣言幾乎悉以反共爲重心。關於增進國際反共團結方面，亞盟對一九六一年一月在馬尼拉擧行之中、韓、菲、越四國外長會議，一九六五年十二月在東京擧行之亞洲國會議員聯合會，以及亞太理事會之成立，直接、間接從旁投注了許多協調推動之工作。（張宏遠）

亞洲太平洋理事會（亞太理事會）（Asian-Pacific Council, ASPAC）

一、緣起：

第二次世界大戰以後，亞洲一般情勢頗為混亂，舊有的侵略勢力雖被打倒，然餘痛猶存，而新起的赤色危機不僅籠罩了整個中國大陸，且在韓國、越南燃起戰火，加以往日殖民時期的歷史背景互異，新興各國爭獨立以及獨立後之處境，感受又不相同，所以一直未能建立一個有效的區域組織，雖經一些政治領袖呼籲團結，惟都未能發生預期效果。一般言之，原為英國殖民地戰後獨立的國家多持中立主義，其他東亞、東南亞國家因感受共產集團壓力太大，雖有團結傾向，然又不願有太重的政治色彩。南太平洋地區的澳洲與紐西蘭近年來深感亞洲未來發展與其本身關係密切，積極參與亞洲事務。一九六六年六月十四日中華民國、菲律賓、日本、大韓民國、澳洲、紐西蘭、越南、泰國、馬來西亞九國外長集會韓國漢城，共商加强本地區政治、經濟合作大計，隨決定成立亞洲及太平洋理事會，促進各國經濟、技術、文化、社會方面更積極、更有效的合作。

二、組織：

亞太理事會本身嚴格言之，祇是亞太地區有關國家定期舉行國際會議，商討彼此有關問題，然經常會商已略具國際組織的特色。亞太理事會現有組織約如下述。

㈠理事會：由各會員國外交部長組成，為本組織最高機構，決定一切有關事項。每年輪流在各國召集一次。

㈡文化社會中心：一九六八年第三屆亞太理事會決議成立，設在韓國漢城市，主持推動區域內各國間文化、社會合作事宜。對各國文化交流，促進交換留學生，設置獎學金頗有貢獻。

㈢專家服務登記處：第三屆亞太理事會決議成立，設在澳洲坎培拉市，主辦促進區內技術合作及技術協助有關事宜。

㈣糧肥技術中心：一九六九年第四屆亞太理事會決議成立，預定設在中華民國台北市，用以促進有關技術資料與經驗之交換，化肥之使用及現代耕種方法之研究。

三、目的：

亞太理事會議之目的在促進區域內各國經濟、技術、文化、社會各方面之合作，定期集會，檢討世界與區域問題，並就此廣泛交換意見，以謀求區域發展，促成較為一致之政策，並注視鄰近區域各種情況之演變。

四、會員國：

亞洲及太平洋理事會會員國計有：澳大利亞、中華民國、日本、大韓民國、馬來西亞、紐西蘭、菲律賓、泰國、越南等九國。

五、一般活動情況：

亞太理事會自成立以來，已召開四次：第一次一九六六年六月十日在韓國漢城舉行，第二次一九六七年七月四日在泰國曼谷舉行，第三次一九六八年七月卅日在坎培拉舉行，第四次於一九六九年六月九日在日本東京舉行。亞太理事會由於各會員國對本區域合作至如何程度的意見不同，一時尚難成為一個堅强的區域性政治組織，惟各會員國在聯合國及各項國際會議中已能隨時就共同利益有關問題相互磋商，保持密切聯繫。其「文化社會中心」、「專家服務登記處」、「糧肥技術中心」等機構對促進本地區文化及技術合作均有相當成效。

亞太理事會為我政府參加之唯一區域性組織，其效用雖未能儘符人意，但如能繼續加强組織，策進發展，擴大功能，對促進未來亞太地區之繁榮與和平，仍可望有更大之貢獻。（張宏遠）

亞洲主義（Asian Doctrine of L. B. Johnson）

美國原為大西洋海岸國家，然自其向西擴展到達太平洋海岸後，其命運即與亞洲相連繫。尤其在一八九八年美、西戰爭（Spanish American War）以後，美國取得夏威夷及菲律賓群島，其利益更趨向於亞洲方面。因此美國所倡導之門羅主義（Monroe Doctrine）遂逐漸失其真實意義，于是有所謂「門戶開放政策」（Open Door Policy）之出現。由於美國提出門戶開放政策，使中國免為列强所瓜分，而中、美兩國則產生長期之友善關係。迄至一九三一年日本發動九一八事變之後，日本破壞了門戶開放原則，希圖獨霸遠東，當時美國國務卿史汀生乃於一九三二年一月向中、日兩國提出備忘錄，聲明美國對日本以武力造成之任何變動，概不予以承認，而成為世所周知之「史汀生主義」或「不承認主義」（Stimsonism or Non-recognism）。

然而在二次大戰後，美國雖明知共產主義侵略世界野心之可怕，却採取歐洲第一之政策，對於亞洲之危機並未能及時防範，於是蘇俄乃轉移其侵略箭頭於遠東方面，卒使中國大陸不幸全部淪陷。迄至一九五〇年六月，北韓侵略南韓，美國始認識亞洲局勢之嚴重，不得不以聯合國名義，出兵韓國，以期遏阻共產主義擴張之洪流。韓戰以後，美國乃逐漸將其在歐洲實施之「防堵政策」（Policy of Containment）運用於亞洲方面，於是逐漸採取歐亞並重政策。

迄一九六二年，越南戰爭逐漸升高，美國爲履行其對越南的承諾，遂乃不能不直接參加越南戰爭。經過數年長期戰爭以後，美國內部發生所謂鷹派與鴿派之爭論，美國參議院外交委員會乃於一九六六年初，邀請美國許多所謂中國問題專家，舉行大規模的作證，而所邀請者大都屬於自由主義者及左傾人士，其理論每傾向於姑息主義，意在壓廹詹森總統迅速結束越戰，甚至退出東南亞。正當參議院外交委員會進行此作證之際，詹森總統則於同年二月飛往檀香山，與越南元首阮文紹、總理阮高祺等舉行會談，會後發表檀島宣言及聯合公報，將美國在越南作戰目標與方式明白昭告於世。

檀島宣言不但對越南戰爭有詳明之陳述，即對整個亞洲問題亦不嘗開一新紀元。因此，美國參議院外交委員會主席傅爾布萊特等（J. William Fulbright）認爲此乃詹森所倡導之「亞洲主義」（Asian Doctrine）業已登場，立刻予以嚴厲抨擊。氏謂「在此種滋長中的亞洲主義之下，美國行將承擔對所有亞洲非共國家的警察與供應者之義務」，並指詹森此種計劃爲不切實際云。

究竟何謂亞洲主義？茲將檀島宣言要點摘錄於次，使知端的。

越南政府堅決表示將從事於四方面的鬥爭：⑴擊敗越共；⑵建設社會；⑶穩定經濟；⑷建立眞正的民主政治。

美國保證協助越南：一面戰鬥，一面建設；並將聯合他國共同建設東南亞和平。

雙方共同承諾：美國總統與越南元首及總理，因此再度保證：⑴阻止侵略；⑵促進社會改革工作；⑶達成自治目標；⑷致力消滅飢餓、愚昧、疾病；⑸堅持謀致和平。

在上述宣言中確定所謂兩面作戰方案，意謂一面對共黨作戰，一面又對整個社會改革作戰也。

同年七月十二日，詹森總統又向美國各大學校友會理事會發表一篇極重要之演說，其中有云：

「現在亞洲是人類爭取獨立、秩序以及生存的嚴重戰場。」

「這一句話之所以爲眞，因爲地球上五分之三的人類皆居住在亞洲。其中有數以億計的人民，每天生活費在二角五分錢以下。而且共黨依然相信可以用武力達其目的。」

「如果亞洲有持久的和平，所有人類皆將蒙受福利。但是如果和平而竟失墜，則我們不論在任何地方的成就皆無安全之可言。」

同時，詹森總統又明白指出美國乃是「太平洋強國」，而且美國亦將永久留在亞洲。美國在亞洲的軍事力量好像一面盾牌，在這一面盾牌的後面，亞洲國家得以建立區域組織，發展經濟，正如對西歐各國在二次大戰以後所作者一樣。因此，美國對亞洲的作爲，乃是以太平洋國家身份，在亞洲履行其義務云。

詹森的亞洲主義是否能完全貫澈，雖仍有待於將來之證明，然其觀念之正確，則毫無疑義，故特別予以介紹，俾作留心國際政治前途者之參考。（鄧公玄）

參考文獻：

Facts on File Year Book, 1966

亞洲門羅主義（Asiatic Monroe Doctrine）

門羅主義（Monroe Doctrine）一詞，原由美國總統門羅(James Monroe）於一八二三年十二月二日所公佈之對外政策，其主旨謂美洲爲美洲人之美洲，嗣後歐洲各國不能再對美洲各國擴張其勢力範圍於西半球，否則，美國當視爲破壞友誼之舉云。至於所謂「亞洲門羅主義」（Asiatic Monroe Doctrine）者，乃日本帝國主義者竊取美國門羅主義之美名，企圖獨霸亞洲之幌子，與美國門羅主義用以保障西半球各國之獨立自由者，實有天淵之別。

在二次大戰前倡亞洲門羅主義者爲金子堅太郎（樞密院顧問官）、石井菊次郎（前外務大臣）、松井石根（曾任陸軍大將）、陸子木負信（九州帝國大學教授）及中谷武世（法政大學教授）等。彼等抄襲美洲門羅主義之口號，亦倡「亞洲爲亞洲人之亞洲」之狂論。同時彼更發爲下述之詭辯：㈠日本係亞洲近代文化先驅，故應爲亞洲之領導者，亞洲各國均應受日本之指導。㈡日本人多地小，爲維持其經濟生存權，歐美各國應承認日本在亞洲，尤其在中國大陸有特殊地位，不得加以干涉。㈢亞洲問題應由亞洲人自謀解決，歐美各國不應置喙。㈣歐美之政治勢力不得再侵入中國，爲保障日本，必須同時保障中國安全，如中國不能抵禦歐美勢力時，日本爲自衞起見，必要時，不能不佔據中國相當之領土。㈤亞洲門羅主義之範圍包括亞洲大陸（除英、法、美殖民地外）西自蘇彝士運河，東至亞洲東極。

由上所述，可知日本帝國主義者之所謂亞洲門羅主義，實爲日本企圖侵略亞洲全部地區之遁詞，其意義與美洲門羅主義絕無相同之處。蓋美國門羅總統之所以高唱美洲爲美洲人之美洲，實因見當時歐洲列强企圖在南美洲繼續實施帝國主義之勢力範圍，故挺身而出以保障南美新興國家之安全，初無意於對南美獲得特殊權益，今日本欲藉此以排除歐美勢力，同時則要求承認其特殊權益，此與門羅主義恰恰相反。是以亞洲門羅主義者無他，乃對外排斥歐美，對內獨占亞洲之侵略主義也。（鄧公玄）

參考文獻：

外交大辭典

亞洲國會議員聯合會（Asian Parliamantarians' Union，APU）

一、緣起：

日本自由民主黨之反共國會議員，鑒於亞洲遭受共產威脅之嚴重，認爲亞洲各國國會議員應藉其在國會之影響力，促進亞洲自由國家團結合作，以維護亞洲之自由，民主與繁榮，因而有意與我國國會議員聯合發起團結亞洲國會議員之組織。一九六四年冬我國民大會谷正綱代表因公出國道經東京時，日本議員岸信介、千葉三郎前往晤談共同發起「亞洲國會議員聯合會」（簡稱亞議聯），研討邀請亞洲國家反共議員參加，並擬定該聯合會首次會議在日本召開，第二次會議在我國召開，經外交途徑徵得我國同意外，於一九六五年二月廿六日在日本東京召集籌備會議，參加國家計有中華民國、日本、大韓民國、菲律賓、泰國，會中正式決定成立「亞洲國會議員聯合會」，據此，亞議聯遂正式誕生。

二、組織：

亞議聯之組織依據該會修正通過之憲章規定，約如下述：

㈠大會：由全體會員國議員團組成之，每一會員國議員團有權派遣不超過五人之代表，組成議員團，大會應輪流在各議員國每年舉行一次。必要時得由主席或理事會發起召開臨時大會。每一議員團有一投票權。

㈡主席：由大會選舉，任期一年，主持會務與各國議員負責機構連繫。並對外代表亞議聯。

㈢理事會：由各國議員團推派之二名理事共同組成，任期由本屆大會至下屆大會，並由理事中互推一人爲理事會主席。理事會負責制定大會議程如有必要，並得研討提付大會討論之決議草案，並可對新的國家議員團入會問題，表示意見。

㈣秘書處：每一會員國議員團應組織並維持一秘書處，共同連繫處理會務，每一大會之地主國秘書處辦理大會之一切必要籌備工作，並負責大會之擧行。

㈤亞議聯得敦聘榮譽會員與專家顧問。

三、目的：

亞議聯憲章第二條規定該會之宗旨，厥爲實現與維護完整之自由及眞正之民主，以獲致亞洲之持久和平與繁榮，爲實現該宗旨該會應竭盡一切努力加强亞洲自由國家及愛好自由人民之團結；增進亞洲各自由國家間之經濟合作，與文化及技術之交換，並致力改進共同福利；商討一切足以影響或可能影響亞洲和平與安全之問題，並執行其所通過之決議。

四、會員國：

亞議聯之會員國現在計有中華民國、印尼共和國、日本、大韓民國、寮國、馬來西亞聯邦、菲律賓共和國、泰國及越南共和國，另外印度、澳洲、紐西蘭亦經常派觀察員與會。各國參加之議員團組成方式頗不一致，有的是由反共黨派議員自由組團參加，有的是由國會各黨派共同組團參加，有的是由國會同等地位之各單位共同組成參加。

五、一般活動情況：

亞議聯自成立以來已召開五次大會，七次理事會，重要決議及推動事項如籌備會議決議促進日韓復交；第一屆大會決議促進技術合作，文化交流，整備亞洲電信網，合作反共。第二屆大會決議致電聯合國反對共匪入會，支援越南共和國；第四屆大會決議建議各國政府以亞洲共同市場爲長遠目標，並提倡「亞洲社團發展機構」以抵制共產黨在農村地區之宣傳與滲透，並決議促進文化交流；第五屆大會決議成立「亞洲發展中心」，各國應交換有關經濟發展之法規及經濟技術資料，建議各國政府設立「亞洲航運會議」，並通過發揚東方文化，推進交換學生，互贈獎學金，並促進各國對文物之保存。（張宏遠）

亞洲開發銀行（Asian Development Bank, ADB）

一、緣起：

亞洲國家隨各自經濟發展，深感有加強彼此金融合作之必要，加以美國受越戰及太空競賽之影響，本身財政亦有困難，對外援助日益縮減，亦鼓勵亞洲國家發揮互助精神，促進彼此之合作與進步，於是乃有亞洲開發銀行之產生。成立該銀行之觀念肇始於一九六三年十二月在馬尼拉舉行之第一屆亞洲及遠東經濟委員會經濟合作部長級會議，一九六五年亞經會九個亞洲國家代表組成協商委員會，並與區域內外，有關方面舉行會商，草擬成立亞洲開發銀行協約。該協約經一九六五年十月底在曼谷舉行之預備會議審查後，同年十一月提在馬尼拉舉行之第二屆亞經會部長級會議討論通過，復由部長級會議全體代表及區域外有關國家代表組成全權會議進行二度商討，決定股額分配，並分別認股後，正式簽訂了該銀行成立協約。簽署國家計有三十一國，一九六六年八月二十二日行章經十五個國家批准正式生效，同年九月已有三十國完成批准手續，並匯出各該國家認股金額之第一期認股款。同年十一月亞銀在日本東京舉行理事會成立大會，並一致通過任用日本人渡邊武爲亞銀總裁，印度人C. S. Krishna Moorthi爲副總裁，並決定董事會由日本、印度、澳洲、韓國、菲律賓、馬來西亞、印尼等七個區域內國家及美國、英國、加拿大三個非區域內國家各指派代表組成。一九六六年十二月十九日亞洲開發銀行遂正式開幕營業。

二、組織：

㈠理事會：理事會爲亞銀最高決策機關，由各會員國指派理事、副理事各一名，理事會具有亞銀一切權力，除若干活動，如新會員國之加入，授權資本額之變動，選舉董事總裁及修改行章外，得將其權力授與董事會行使。每一會員國在理事會之總投票權由其基本票權與比例票權合併計算，基本票權係將所有會員國總投票權百分之二十平均分配各會員國；比例票權係按與各會員國在亞銀所持股份比例分配。每一理事均有權投出其代表國家應投出之票數。理事會每年至少召開一次。

㈡董事會：行使理事會所賦予之一切權力，並遵照行章決定有關放款、擔保、投資、借款計劃、技術援助及其他業務，核定亞銀預算，並向理事會提具年度會計帳目以供審核。

董事之任期爲兩年，得連選連任，每一董事得指派一副董事。

㈢總裁：總裁兼董事會主席，在董事會之指示下負責亞銀之組織與經營，任期五年，得連選連任。

㈣副總裁：襄助總裁處理行務，總裁缺位時，代行總裁職權。

㈤營業部：負責亞銀放款業務。

㈥經濟與技術協助部：負責亞銀經濟與技協事務。

㈦其他：亞銀組織頗富彈性以適合未來之發展，除上述單位外另設有秘書處及行政部，處理一般支援業務，並置出納、總顧問、新聞室主任、內部審計員若干人協助營業部及經濟技術協助部推展業務。

三、目的：

㈠促進區內用於發展目的之公私投資。

㈡利用可獲得之資源，通融發展之需。對整個區域經濟和諧及成長最有貢獻之區域、小區域或國家計劃及方案將給予優先通融，並對區域內低度開發國家之需要特別予以協助。

㈢有效利用區內資源，促進貿易，穩定市場並加以擴張。

㈣草擬發展計劃方案，籌措資金，提供技術協助。

㈤與其他國際機構謀求合作，促成各該機構向該區投資之興趣。

四、財源：

亞洲開發銀行之授權資金爲美金十一億元，認股金額中一半爲「實收」資本，另一半爲待收資本，作爲亞銀負債之安全保證。以便在世界資本市場中借得所需資本。

實收資本部份平均分五年繳清，每年所繳資本中半數須爲黃金或可兌換通貨，半數得以本國通貨支付。亞銀得增資，發行債券或接受「特別基金」之捐款。理事會得以三分之二投票贊成決定增加授權資本。

五、會員國：

根據該行協約第三條之規定，下述國家得申請加入亞銀：

㈠亞經會會員國；

㈡亞經會準會員國；

㈢區域內凡已參加聯合國或其專門組織之國家；
㈣區域外凡已參加聯合國或其專門組織之已開發國家。

迄在一九七〇年四月第三次理事會在漢城開會時已參加之國家及地區計有：

㈠區域國家及地區（Regional Countries）：阿富汗、澳大利亞、柬埔寨、錫蘭、中華民國、菲濟、香港、印度、印尼、日本、韓國、寮國、馬來西亞、尼泊爾、紐西蘭、巴基斯坦、菲律賓、越南、新嘉坡、泰國、西薩摩亞。

㈡非區域國家（Nou-Regional Countries）：奧地利、比利時、加拿大、丹麥、西德、芬蘭、義大利、荷蘭、挪威、瑞典、瑞士、英國、美國。

總計三十四會員國及地區。

法國在第三次理事會漢城會議中，派觀察員到席，會後即正式加入為非區域國家。

會員國加入須經理事會出席人數所代表之票權達總票數之四分之三，並經其三分之二以上多數票權之可決票，始能通過。

六、一般活動情況：

亞洲開發銀行之業務活動主要分為下述兩類：

㈠放款業務：放款業務為亞銀主要業務之一，依其性質又可分為

1.普通放款業務：此種放款係運用銀行普通資本來融通。普通放款在正常情形下乃企圖抵補特殊計劃之成本結構中之外匯或本國貨幣部份，其放款額以亞銀從其資本資源中所能取得之此類通貨為度。除直接放款予某一特定發展計劃外，亞銀得向各國家開發銀行或其他適當機構放款。然後再轉貸於各特定計劃。

2.特殊放款活動：特殊放款之資金來自銀行之「特別資金」，其目的在協助具有高度發展優先之計劃，放款期較長，還本開始期延後較久，利率較低為其特色。亞銀得指定「實收」資金中百分之十為特別基金，其分配以理事三分之二以上之贊成授權為條件。特別基金之保存、運用、投資、必須與普通資本完全分離。

㈡技術協助：亞銀在發展計劃方案之擬訂，資金之籌措，及計劃執行方面對會員國可提供技術協助，用於技術協助之資金限於不需償還之銀行資金，主要來自捐贈或特別基金，以及亞銀開業前五年內實收資金之百分之二部份。援助方式：⑴由銀行人員提供諮詢服務。⑵依契約由顧問或專家就某一方案之執行組成短期或長期考察團，或參與某一計劃之執行或協助某一機構，不與其他國家或國際機構合作推行。（張宏遠）

泛土耳其主義（Pan Turkism）

土耳其帝國近世以來，由於歐洲民族之陸續興起，而俄羅斯帝國更崛起於北，大有日趨式微之勢，而西方國家且以近東病夫嘲之。二十世紀初期，土國有志之士遂倡為泛土耳其主義之說，而有所謂少年土耳其聯合與進步委員會（Young Turkish Committee of Union and Progress）之組織。其目的在聯合中亞細亞、高加索、渥爾加及克里米亞等地之土耳其民族，從種族、文化與語言方面，進行統一之工作，以期恢復民族信心，開拓未來之新機。

當時俄羅斯帝國方號召泛斯拉夫主義，以打擊土耳其帝國，於是泛土耳其主義者則以泛土耳其主義以為之抗，蓋欲促使中亞細亞、高加索、渥爾加與克里米亞之土耳其苗裔脫離帝俄羈絆，而重歸土耳其旗幟之下；可見泛土耳其主義實不啻為泛斯拉夫主義之反響。

迄蘇俄革命成功後，表示對其境內之土裔民族當與其他民族享受平等待遇，使土耳其人所號召之目標大受影響，於是雙方衝突漸趨緩和。其後凱末爾將軍所領導之革命卒告成功，土國頗有中興現象，殆未嘗非受泛土耳其運動之惠也。（鄧公玄）

參考文獻：

Buel, R. T. "International Relations"
Encyclopedia of The Social Sciences Vol. 11

泛日耳曼主義（Pan Germanism）

日爾曼主義者，蓋由德國統一後，因民族自覺與帝國主義野心混合而產生之一種政治運動也。其目的在於統一歐洲境內所有有日爾曼民族血統之人民，不論居住何處，皆當令其歸於一個統一的民族國家之內。

此項運動於一八九一年四月九日，建立一個社團，其名為「世界日爾曼同盟」（Universal German League）。及至一八九四年七月一日，此項組織改名為「泛日爾曼同盟」（Pan German League），同時又發行一種所謂「

泛日爾曼雜誌」（Pan German Gazette）之刊物。一九〇三年，日爾曼同盟制定下述工作目標：

㈠促進日爾曼民族的愛國意識，反對一切有礙於民族發展之任何運動；

㈡處理並解決有關日爾曼民族兒童之養育與教化之問題；

㈢支持各地日爾曼民族有關日爾曼主義化之團結鬥爭；

㈣促進一種對歐洲與海外各地日爾曼民族統一之積極政策，俾能及早獲致具體結果。

泛日爾曼主義之進行，係採公開方式，其主張在各地報章上予以刊佈，而其宣傳文件則更廣寄世界各國。但在德國國內則此種運動不僅未爲多數人所主張，且有不少政治領袖明白表示反對。尤其德國社會黨領袖們更竭力加以譴責，彼等認爲此項運動係直接對勞工階級之威脅，並謂此項運動不過爲德國軍閥階級用以推行帝國主義政策之工具。

迄一九一八年，德意志帝國崩潰後，使泛日爾曼主義運動亦同時遭受極大打擊，其所揭舉之目標與理想不啻付之東流矣。但此項運動並未因此死亡，其後希特勒所以能於短期內使德國帝國主義死灰復燃，固多少與過去之泛日爾曼主義有血緣上之關係。（鄧公玄）

參考文獻：

The Encyclopedia Americana Vol. 2
Encyclopedia of Social Sciences Vol. 11

泛西班牙主義（Pan Hispanism）

泛西班牙主義可溯源於十九世紀，但其具體之表現，則在西班牙勢力被排斥于西半球，亦即美、西戰爭，西班牙被戰敗後之事實。蓋中南美洲新興國家，除巴西係由葡萄牙殖民地而產生者外，其餘皆由西班牙殖民地而來。自中南美洲各國獨立後，西班牙對此等國家仍有相當之影響力。然自美西一戰之失敗，其與西班牙脫離政治宗主關係之國家，仍願與其祖國保持文化上之聯繫，因此，遂有人倡泛西班牙主義，使在美洲之西班牙後裔，仍能有緬懷故國之心理作用。

此外，泛西班牙主義者爲對抗美國在中南美洲擴張勢力起見，亦曾致力於貿易與一般公共利益事業之合作。一九二三年與一九二九年之展覽會，即由泛西協會，如Union Ibero-Americana等團體所主持。然因西班牙本國在工商業方面實無顯著成就，實難與美國競爭，其成就殊不多。惟在文化方面，因西班牙學者與學術團體之先後訪問，以及文學作品之交換，出版界之合作等，頗有良好之表現。

一九三一年後，西班牙改建共和制度，中、南美洲之西裔共和國多能與其祖國維持較密切之關係視前似更有合作之趨勢。然而西班牙所倡之泛西班牙主義，殆難挽救美西分道揚鑣之既成事實。（鄧公玄）

參考文獻：

Rippy: "Pan-Hispanic Propaganda In Hispanic American"

泛拉丁主義（Pan Latinism）

拉丁民族分佈頗廣，其在歐洲者有法蘭西人、西班牙人、意大利人與葡萄牙人等，總計在一億數千萬人之多，約佔歐洲人口百分之二十六左右。拉丁民族之遷居中南美洲者爲數亦多，中南美洲二十餘國皆由拉丁民族所建立，其繁殖亦遠較歐洲拉丁民族爲速。自十九世紀以來，由於條頓民族與盎格羅撒克遜民族日益強盛，拉丁民族頗有式微之感，於是拉丁人遂有所謂泛拉丁主義之提倡，不僅主張西班牙與葡萄牙互相提携，且主張與法蘭西、意大利密切合作。其目的在於恢復文藝復興時代之拉丁文明，俾與其他民族並駕齊驅。

其在西半球方面，則有所謂泛西班牙主義之流行，其目的在求世界上一切使用西班牙語文之民族，集中於西班牙領導下，互相結成邦聯，此一邦聯不僅包括中南美各國在內，且將菲律賓、法克蘭島（Fakland Island）、樸多里哥（Porto Rico）及直市羅陀等地在內。一八四六年美墨戰爭後不久，所謂泛拉丁主義亦在美洲開始萌芽，迄一八九八年，美西戰爭之結果，西班牙勢力被逐出於美洲，于是泛西班牙主義乃與泛拉丁主義合而爲一。一九〇〇年，西班牙在馬德里召開民族大會，其後在一九〇八年，一九一一年，一九一二年皆繼續舉行。大會所討論之主旨厥爲如何使西班牙根據民主政治原則，恢復其原有之殖民地，以重振其殖民帝國之舊觀。西班牙爲促進其影響起見，且曾與中南美各國簽訂仲裁與通商條約。一九二二年時，南美若干知識份子試圖組織「拉丁美洲同盟」（Latin American Union）以與「泛美洲同盟」（Pan American Union）相對抗，惟因西班牙日就式微，實不足以與北美合衆國勢力並駕齊驅，故此項運動自始卽有註定失敗之命運。今拉丁美洲各國在聯合國方面，往往能自成爲一集團，對各種重要議案均採取一致行動，然此乃因利害相同之故，未必係泛拉丁主義之功也。（鄧公玄）

參考文獻：

Encyclopedia Americana Vol. 2

Encyclopedia of Social Sciences Vol. 11

泛非洲主義（Pan-Africanism）

在世界政治字彙中，「泛非洲主義」是一個新的概念；它包含着許多觀念和黑人的情感在內，而且歷經改變。與「泛非洲主義」最接近的是「猶太民族主義」（Zionism）。泛非洲主義之父杜布瓦博士（Dr. W.E. B. Du Bois）在一九一九年時說：「泛非洲主義對我們的意義正如猶太民族主義對猶太人的意義一樣，這是種族力量的集中和種族根源的承認」。

猶太民族主義並不產生於巴勒斯坦，而是淵源於東歐和中歐；同樣的，泛非洲主義並不產生於非洲，而是淵源於黑色人種的大擴散，而出長於新大陸的。

由於奴隸貿易和殖民主義，那些分佈在新大陸的黑人深深的感到隨着失去了家鄉，接踵而來的是奴役、迫害、歧視、依賴和自卑感，使它們失去了自由、獨立和尊嚴。尤其是「尊嚴」一詞在泛非洲主義者的字彙中是最堂皇和最富有魔力的名詞。

已故的「泛非洲主義」理論家巴德摩爾（George Padmore）於一九五六年在其所著「泛非洲主義或共產主義」(Pan-Africanism or Communism）一書中，解釋「泛非洲主義」時說：

在我們爲民族自由，人類尊嚴和社會救濟的奮鬥中，泛非洲主義提供了一方面可以代替共產主義，一方面可以代替部落主義的思想，它拒絕白色種族主義和黑色好戰主義，它代表基於絕對平等和尊敬人性的種族和平共存：它的視野超越民族國家有限的境界，它的遠景是區域性自治國家的聯邦。最後合併爲非洲合衆國，在這樣的一個國協中，凡人不論其部落、種族、膚色和信念；一律平等和自由，構成這些區域性聯邦的國家單位在對非洲聯盟有共同利益的一切問題中均將自治，這是我們明天非洲的理想—泛非洲主義的鵠的。

「泛非洲主義」從歐洲和美洲移植到非洲後，根據巴德摩爾，其所包括的有下列九點觀念和行動。

一、非洲是非洲人的非洲：整個非洲完全獨立，拒絕任何形式，包括白人統治在內的殖民主義。

二、非洲合衆國：經由許多互相有連繫的區域性聯邦，完成統一整個大陸的理想。

三、道德和文化的非洲文藝復興，追求「非洲性格」，重新鑄造非洲社會，從過去中尋求有價值和值得想望的非洲遺產，再與現代思想熔合在一起，以完成非洲的文藝復興。

四、非洲民族主義取代部落主義，超越部落和地區的關係，建立比「國家」更廣泛的忠於非洲的觀念。

五、經濟計劃取代殖民地經濟，以達成非洲再生的願望，對於非剝削的社會主義或社區式的社會主義具有信心，率直的拒絕共產主義。

六、對民主政治深具信心，認爲根據「一人一票」原則的政府爲最值得想望的統治方法。

七、拒絕以暴力作爲奮鬥的方法，除非和平奮鬥的方法—積極行動—受到武力鎮壓。

八、全世界有色民族的團結。

九、積極中立（positive neutrality）：不牽連於權力政治中，但是對影響非洲利益的問題，決不採取中立態度。

巴德摩爾原爲馬克斯主義者，後來因爲不滿史太林對非洲的獨斷政策，與之發生衝突，巴德摩爾憎恨蘇俄控制的程度不亞於其憎恨西方的殖民統治。所以，巴德摩爾所解釋的「泛非洲主義」不啻是兩面守護神，一面朝向西方拒絕壟斷資本主義和殖民主義；一面朝向東方，拒絕極權的共產主義。

德拉克（St. Clair Drake）根據「泛非洲主義」的內涵範圍，將其區分爲下列三種。

一、種族的泛非洲主義（Racial Pan-Africanism）

這是指某些非洲人和新世界的黑人，在一個共同奮鬥中聯合起來，其目的是摧毀奴隸貿易的殘餘—非洲人和黑人品格低劣的印象—以及反對種族歧視和爭取非洲人的自決，種族的泛非洲主義處理非洲人心理和文化方面的現實問題一表現黑色人種的自信和自尊的願望，甚至以他們的膚色、頭髮、嘴唇和文化爲榮，他們要恢復被白人偏見和宣傳所摧毀的自尊心，種族的泛非洲主義爲黑色人種的「自我」提供了防衞的碉堡。

二、大陸的泛非洲主義（Continental Pan-Africanism　）

這是指整個非洲大陸人民中所產生的一種覺醒：卽如果非洲人要想獲得獨立和統一，他們必須要瞭解非洲廣泛的潛力和團結的必要性，其重點爲聯合所有的非洲人，來追求共同的目標。巴德摩爾所解釋的泛非洲主義是大陸的泛非洲主義，與第一次非洲獨立國家會議所用「非洲性格」的意義都是政治性的概念，包含着某種共同遵循和追求的模式。這兩個概念都是非洲人高度團結願望的表象，而南非的種族隔離政策喚醒了非洲人完全團結的意識，大陸的泛非洲主義對新殖民主義（neocolonialism）和歐洲國家間的侍從關係（client relations）提供了防禦體系。

三、觀念意識的泛非洲主義（Ideological Pan-Africanism）

這是指非洲的思想家們試圖樹立一種有系統的觀念來規範非洲人與世界其他各洲人民之間的關係，以及與其他地區非洲人後裔之間的關係。他們並設想到非洲大陸如何能夠獲得解放，以及如何才能組織起來，其主要人物爲巴德摩爾、恩克魯瑪、杜倫和桑高等人。

就其範圍而言，種族的泛非洲主義最爲廣泛，是爲外圍，其內層爲觀念意識的泛非洲主義，而大陸的泛非洲主義範圍最爲狹小，構成了泛非洲主義的核心，在這三個範疇內所從事的活動稱之爲「泛非洲運動」（Pan-African Movement）（參閱「泛非洲運動」、「非洲性格」和「黑人意識」）（楊逢泰）。

泛非洲主義

泛非洲主義運動（Pan-African Movement）

泛非洲主義的意義歷經改變，最籠統的解釋，現階段的泛非洲運動是指非洲廣泛的統一運動而言。

萊根姆（C. Legum）在「泛非洲主義」（Pan-Africanism）一書中認爲杜布瓦（Dr. W. E. B. Du Bois）所領導的泛非洲運動和迦維（Marcus Garvey）領導的黑人回到非洲建國運動（Black Zionism）是兩個平行的運動。都淵源於當年黑人的大擴散。公元一四四一年，第一個非洲奴隸被運至葡萄牙。在以後的三個世紀中，奴隸貿易盛行於非洲。促使黑人大擴散，新大陸的黑人與西方文化經四個世紀的接觸，民族主義和泛非洲主義的思想於焉誕生。

在非洲民族主義發展的過程中，建立民族國家的思想來自牙買加的黑人迦維。他於一九一二年至一九一四年間旅居倫敦時與非洲人接觸，回到牙買加後組織全球黑人進步協會（Universal Negro Improvement Association）和其附屬組織非洲社會同盟（African Communities League），其目的在「團結全世界黑人建立一個絕對是屬於他們自己的國家和政府」。一九一六年迦維以講學名義赴美，從事活動。

在一九二〇年和一九二五年之間在紐約舉行了幾次黑人大會。非洲許多地區均有代表參加，他們制定計劃準備在非洲建立一個黑人國家。並發表獨立宣言，設計了國旗和國歌。選舉迦維爲非洲臨時總統。迦維於一九二七年被美國驅逐出境，他留下來的龐大群衆組織亦隨之瓦解。可是他的民族主義的思想具有長遠的影響。

泛非洲主義淵源於西印群島，千里達的律師威廉斯（Henry S. Williams）爲此一思想的首創者。他在倫敦時訪問了許多非洲酋長和政治人物，決定在一九〇〇年召開一個泛非洲會議。與會代表三十人大部份是英國和西印度群島的黑人。迦維和杜布瓦博士亦爲與會代表。他們抗議南非和羅德西亞非洲人所受的待遇。威廉斯謝世後，杜布瓦繼續領導此一運動。而有泛非洲主義之父的尊稱。

一九一九年凡爾賽和會時，杜布瓦和法屬塞內加爾的議員狄亞（Blaise Diague）在巴黎召開泛非洲會議。這一次參加泛非洲運動的五十七名代表中僅有十二人來自非洲。他們爲黑人起草了一個「自由憲章」，在他們所提出的要求中包括了政治、經濟、和教育上的平等，收回被充公的土地，限制殖民地的開發，請國際聯盟指派專員負責監督委任統治地等。

杜布瓦所領導的第二次會議是一九二一年在倫敦與布魯塞爾舉行的。首次會議出席者一三〇人，其中非洲各地的代表僅四十一人。第三次會議是一九二三年，在倫敦和里斯本舉行的。二次大戰以前的最後一次會議是於一九二七年在紐約舉行的。出席代表二〇八人，有二十七個非洲地區派代表參加。大會宣告非洲人對土地資源的權利，要求發展教育並且對於統治他們的政府有發言權等。

一九三七年「國際非洲服務局」(International African Service Bureau)成立於倫敦。出版「泛非」(Pan-African)月刊，鼓吹泛非洲主義，當時泛非洲活動的領袖有肯亞的肯亞塔(Jomo Kenyatta)、西印度的巴德摩爾(George Padmore)和奈及利亞的阿齊克威(Dr. Azikiwe)等，一九四四年該局的會員們組織了「泛非聯盟」(Pan-African Federation)，提出非洲獨立與團結的願望，呼籲終止種族歧視；並出版「國際非洲輿論」(International African Opinion)月刊。

一九四五年第二次世界大戰結束後在英國的曼徹斯特(Manchester)再度舉行泛非洲會議。杜布瓦爲主席。聯合秘書爲柏德摩爾和恩克魯瑪。助理秘書爲肯亞塔。

泛非洲主義的思想在這次會議中滲入了新的精神，非洲人已不像過去一樣只要求平等和改善生活，與會代表向殖民當局直接要求黑色非洲自治和獨立。宣言中強調：「所有殖民地必須從外國帝國主義的操縱下獲得自由……要完成社會的、經濟的與政治的解放，殖民地與受壓迫的民族第一步與先決條件只有從奮鬥中獲得政治權力」。

在曼徹斯特會議中，泛非洲主義爲黑人尋求種族平等的一個西半球的抗議運動變爲非洲民族主義者與殖民統治者鬥爭的工具，一九四六年八月，出席曼徹斯特會議的西非代表們組織「西非民族秘書處」(West African National Secretariat)，在倫敦舉行會議，決定經由內部自治，以至成爲獨立國家，進而組織「西非聯盟」，以實現泛非洲主義的終極目的—「非洲合衆國」。一九五三年，恩克魯瑪在黃金海岸的庫馬西(Kumasi)召開會議，出席者有西非民族主義運動和賴比瑞亞的代表。決議成立西非「國民會議」，來促進西非的團結，一九五七年三月六日迦納舉行獨立慶典，恩克魯瑪宣佈準備在阿克拉(Accra)召開非洲獨立國家會議，泛非洲運動，積極在非洲大陸上展開。

自一九五八年四月在阿克拉舉行的第一次非洲獨立國家會議，到一九六三年五月在衣索比亞首都阿迪斯阿貝巴(Addis Ababa)會議，成立「非洲團結組織」爲止，非洲的政治家們舉行了許多會議。形成了幾個強有力而互相對立的國家集團。

一九六三年的阿迪斯阿貝巴會議使泛非洲主義邁入一個新的時代，「非洲團結組織的憲章採用了國際組織的傳統原則，繼承着『泛非馬組織憲章』的精神。離開迦納所主張的非洲聯邦，設立上下兩院如美國制度者，極爲遙遠。它的宗旨在使非洲國家建立一個鬆弛的國際聯合。從事於政治、經濟、教育與國防等方面的合作。它雖然與美洲國家組織媲美；但是類似於里約(Rio)泛美互助條約的集體自衛關係，尚有待於進一步的努力」。

泛非洲主義就一個思想而言，發展可謂迅速，可是並非一個一致而發展良好的運動，泛非洲運動回到非洲大陸正式發動以後，它的性質再度改變，泛非洲主義的最後理想雖然是主權國家的統一，但是在爲了追求此一新秩序中導致非洲國家進入一個錯綜複雜的國際政治中，有許多基本問題構成了實際的障礙。就美洲國家的先例看，已分別獨立的國家要謀求政治統一殊非易事。

在經濟方面，非洲國家的合作頗有成就，所以目前的趨勢是循着地區分別成立經濟的聯盟或共同市場，走向更大的經濟合作的途徑，來實現非洲國家政治獨立後的繁榮期待的革命(Revolution of Rising Expectations)。(楊逢泰)

泛美洲主義(Pan-Americanism)

一八一〇年以後，拉丁美洲國家在爭取獨立的奮鬥中，激發了一種團結的意識。尤其是由於波利法(Simon Bolivar)和山馬丁(Jose de San Martin)的提倡與合作，漸現泛美洲主義(Pan-Americanism)運動的雛形。摩拉孫(Francisco Morazan)短暫的領導一個中美洲聯邦，樹立了一些團結的範例，美國政治家克雷(Henry Clay)又從理論上闡明了泛美洲主義的原則。

十九世紀初葉，美洲的這些實際運動與理論鼓吹，及其後來斷續的發展，具見泛美洲主義的要旨在促進整個美洲—南美、中美和北美各國（加拿大除外，共二十一國）商務、社會、經濟、政治乃至軍事的合作。

一八二三年美國總統門羅（James Monroe）倡議不許歐洲國家干涉美洲國家的事情—所謂門羅主義（Monroe Doctrine），初受美洲國家的歡迎，有認為是泛美洲主義的一種助力。後來，它們漸懷疑那是美國帝國主義野心的一種作用。此後數十年中，拉丁美洲國家間的分裂、鬥爭和戰爭，使泛美洲主義的精神消逝。

直至一八八八年美國國務卿布萊恩（James Blaine）邀集美洲各國於次年在華府舉行泛美會議，成為恢復泛美洲主義精神的開端。此次及以後各次會議的舉行，促成公斷條約的締結，關稅的調整，泛美合作機關的設立，國際法的編纂，科學與社會機構的創設，都符合泛美洲主義的目標。

一九三二年至三五年，玻利維亞與巴拉圭為查柯問題（Chaco Issue）而發生戰爭，泛美洲主義遭受嚴重打擊。二次大戰爆發，使西半球國家更趨團結。一九三九年美洲國家中立會議（Inter-American Neutrality Conference）的舉行，一九四〇年哈瓦那決議書（Havana Act）及一九四五年查波特畢克決議書（Chapultepec Act）的先後宣告，以至一九四七年美洲國家互助條約（Inter-American Treaty of Reciprocal Assistance）的訂立及次年美洲國家組織（O. A. S.）的成立，在在表現泛美洲主義的發展。

古巴共產化之後，一九六一年卡斯楚政權宣布與美國絕交，並進行滲透其他美洲國家。一九六二年發生古巴飛彈危機。美洲國家對制裁古巴問題，意見不能一致，暴露了美洲國家組織的弱點。泛美洲主義又受了一番挫折。（陳紹賢）

泛美會議（Pan-American Conference）

泛美會議之組織實起於泛美主義（Pan Americanism）而來，而泛美主義觀念之產生，又源於門羅主義而起。並自一七七六年美國十三州倡義獨立，成為北美合衆國後，中南美洲各國亦紛紛獨立。從此原屬歐洲殖民地之新大陸，乃如瓜熟蒂落，先後脫離祖國羈絆，而各奔前程。由於新大陸新興國家在政治上與經濟上之利害關係，一方面必須遠離歐洲人之干涉，一方面又必須互相協同合作，故自然產生美洲各國一致團結之需要，而泛美主義遂應運而生。

一八八一年，美國國務卿卜萊恩（Blaine）乃訓令美國駐中南美各國公使，向駐在國分別建議，主張由美洲所有共和國皆派遣代表出席泛美會議，共同商討有關防止戰爭，維持美洲和平之問題。

一八八九年各國派遣代表至華府舉行第一次大會，全美各國均派代表出席，其討論之問題甚廣，為連絡南北美洲之國際鐵道計劃，貨幣統一，犯人引渡條約，通信，特許及商標等事項，以及設立仲裁制度亦在議決之列。惟各國並未予以批准，而僅產生一個有關執行之國際事務局於華盛頓，由美國國務卿主持之。一九〇一年，開第二次大會於墨西哥京城，各國代表紛紛蒞臨，此次會議決議採納第一次海牙和平會議所訂之國際糾紛和平處理條約，此外關於文化事業，商標條約，交通等亦有決議，同時又擴大中央事務局之權能，使其成為國際性，而以美國國務卿為其理事長，各國駐美大使公使為理事。並將由美國務卿主持之國際事務局之職權改隸理事局管轄之下。一九〇六年又在巴西首都里約熱內盧（Rio de Janeiro）開第三次代表大會。一九一〇年在阿根廷首都布諾艾里斯（Buenos Aires）開第四次代表大會，將其機構改稱「泛美同盟」（Pan American Union）。一九二三年在智利首都山地亞哥（Santiago）開第五次代表大會。一九二八年在古巴首都夏灣拿（Havana）開第六次代表大會。在此次會議中，曾通過泛美條約，否認一切侵略性戰爭，設立仲斷會議，編纂國際法典，戰時船舶之中立，外國人犯罪之避難權，以及有關外國人各種權利專案，故泛美會議從此成為全美聯合之重要機構。一九三三年開第七次代表大會於烏拉圭首都蒙第維多（Montevideo），由阿根廷代表提議締結泛美非戰公約，廢止侵略戰爭，否認以武力獲得之領土，提倡正義公平之觀念與和平解決糾紛之方法。一九三六年開第八次代表大會於布諾艾利斯，美國總統羅斯福亦出席發表演說，強調和平與避免戰爭之必要。此次會議通過協商公約。迄一九四八年，又召開第九次代表大會於科侖比亞首都波哥達（Bogota），於是泛美同盟乃形成今日之組織與地位。

由泛美會議而產生之泛美同盟，在聯合國未建立以前，其作用當然甚大，但在聯合國成立以後，其意義自然稍減。故泛美同盟今雖在華府擁有壯麗堂皇之總部，內藏十萬冊以上有關科倫布之紀念圖書館在內，然其重要性則實已非昔比。泛美同盟現除其本身任務外，並兼充與「聯合國」及「美洲國家組織」(Organization of American States)之聯絡工作。（鄧公玄）

泛斯拉夫主義（Pan-Slavism）

泛斯拉夫主義或稱大斯拉夫主義，蓋起源於十八世紀末葉，可謂爲歐洲民族統一運動之最早而最有聲有色者。歐洲之斯拉夫民族，除俄羅斯外，其餘多散居於巴爾幹半島，在奧地利、土耳其、普魯士等國境內，成爲少數民族，文化往往低落，有識之士乃發爲民族解放之論，並主張以俄羅斯爲宗主，以實現斯拉夫民族之統一，於是乃形成所謂泛斯拉夫主義運動。

其最早提倡此種主張者爲侯德(Herder)，彼以斯拉夫之歌曲與民間故事激發古代民族傳統，以發揚斯拉夫民族精神。其後有柯拉（Kollar）者，作「斯拉夫女兒」之詩歌，此詩讚美斯拉夫主義，指日爾曼人爲斯拉夫世仇，並認日爾曼人與拉丁民族已歸於沒落，惟斯拉夫民族則如日方升，終將成爲世界主人翁。

當時俄羅斯帝國亦正擴張勢力，得此泛斯拉夫主義運動遂日增其氣焰。一八〇四年，塞爾維亞人（Serbs）第二次反叛土耳其之際，俄皇即以大斯拉夫保護人自居，並使波蘭人、烏克蘭人俄國化，以爲斯拉夫民族團結之先聲。

一八四八年六月，斯拉夫主義者在普拉格（Prague）召集大會，此次會議原欲使所有斯拉夫人致力於眞正之團結，但各地斯拉夫人民之利益各不相同，意見紛歧。奧國境內斯拉夫人寧願在哈普堡王朝多民族國家之下，因爲彼等既畏日爾曼人又懼俄羅斯人，而對在阿圖曼土耳其統治下之斯拉夫人之解放運動，亦缺乏熱烈之同情。而波蘭人則認爲俄羅斯帝國爲其主要敵人，對反沙皇運動反表示支持。惟塞爾維亞人與保加利亞人皆仰望聖彼得堡（帝俄）以支援其擺脫土耳其鐵蹄之運動。所以此次大會遂在毫無結果情況下結束。而所謂泛斯拉夫主義，遂依然成爲文學上、哲學上的抽象觀念，在民間存在。

迄至十九世紀下半期，由於俄羅斯的泛斯拉夫主義之興起，始又再行抬頭。俄羅斯泛斯拉夫主義起源於斯拉夫哲學論（Slavophilism）。此種斯拉夫哲學論原爲神學的、哲學的與文學的，而泛斯拉夫主義却爲軍國主義的與政治意義的。此時有烏克蘭歷史家科斯托馬洛夫（N. I. Kostomarov），主張所有斯拉夫民族在俄國沙皇統治下建立一個聯合帝國，以保障弱小民族之利益。此外尚有俄國出版家波哥鼎（Pogodim）亦早在一八三八年主張由俄國沙皇統一所有斯拉夫民族，並認爲此乃歷史的必然之現象。

惟自一八七八年俄土戰爭以後，泛斯拉夫主義運動，頗受內部糾紛之重大打擊。其後復因各地斯拉夫民族利害之不同，其運動目標亦漸形分散。一九〇八年與一九一二年在普拉格，一九一〇年在蘇非亞（Sofia），一九〇九年在聖彼得堡之斯拉夫大會，僅舉行無甚意義之示威運動而已，惟此種示威亦爲促成第一次歐洲大戰之主要原因。而泛斯拉夫主義者且以爲歐戰乃斯拉夫人與日耳曼人爭奪東歐霸權之最後決戰，亦非全無根由也。

然第一次歐戰以後，俄羅斯已成爲超國家超民族之聯邦，而波蘭獨立捷克與斯羅伐克合成一國，塞爾維亞、克羅特、斯洛文組成一邦，於是昔日所揭舉之目標，幾乎一旦消逝，於是泛斯拉夫主義亦不啻烟消雲散矣。雖然泛斯拉夫主義固未能達到最初所理想之目的，但今日東歐洲許多新興國家之建立，則亦未始非受其影響而後產生者也。（鄧公玄）

參考文獻

Encyclopedia of Social Sciences Vol. 11

東向政策（OSTPOLITIK）

西德社會民主黨領袖布朗德（Willy Brandt）于一九六九年擔任西德聯邦政府總理後，標榜東向政策。其步驟爲：

一、與蘇聯締結疆界及互不侵犯條約，承認蘇聯兼併東普魯士之事實。

二、與波蘭締結疆界及互不侵犯條約，承認波蘭兼併舊德國領土之事實。

三、與東德訂立一般關係條約，東德與西德並存。此條約亦稱東西德基本條約。

四、解決柏林問題，鞏固西柏林地位。

五、贊成西德與東德同時加入聯合國。

六、恢復西德與東歐共產國家之外交關係。

七、促進歐洲安全制度。

以上一、二、三、四項，均于一九七二年經西德國會正式批准後完成。布朗德于一九七二年大選勝利，繼續領導西德政府。

布朗德此項政策之策劃，得力于其任西柏林市長時之助手巴爾（Egon Bahr）

者甚多。巴爾與東德之柯爾（Michael Kohl）同出生于現屬東德之杜林加省（Thuringia Province）。兩人為同鄉，經過若干次磋商，對于各條約之細節，貢獻頗多。

又一九七二年十二月二十一日在東柏林簽約，西德代表布朗德簽約者為巴爾，東德代表史托夫簽約者為柯爾。東德允許西德人民訪問東德，開設若干新的過境地點。西德支持東德同時參加聯合國為會員。（張彝鼎）

西德與東德「基本條約」

第一條　德意志聯邦共和國（即西德）與德意志民主共和國（即東德）決以平等的權利為基礎，發展彼此間的正常關係及睦鄰關係。

第二條　德意志聯邦共和國與德意志民主共和國，將遵循聯合國憲章所載的目的與原則，特別是關於下列各項：所有國家主權平等、尊重其獨立、自治及領土完整、自決權、保護人權，以及互不歧視。

第三條　德意志聯邦共和國與德意志民主共和國決依據聯合國憲章，用和平方法解決他們之間的任何爭端，禁止使用武力，或以武力相威脅。

他們重申，他們之間現有的疆界，在現在以及將來，均為神聖不可侵犯，保證完全尊重彼此領土的完整。

第四條　德意志聯邦共和國與德意志民主共和國同意，在國際方面，雙方中的任何一方不得代表其他一方，或代表其採取行動。

第五條　德意志聯邦共和國與德意志民主共和國決促進歐洲國家之間的和平關係，並致力於歐洲的安全與合作。

他們支持在歐洲裁減軍隊及武器的努力，只要這種裁減不損及有關國家的安全。

德意志聯邦共和國與德意志民主共和國，為在有效國際管制下，達到普遍及全面裁軍的目的，決支持為國際安全而進行的軍備限制或裁軍，特別是關於核子武器及其他集體毀滅性的武器。

第六條　德意志聯邦共和國與德意志民主共和國遵守下述原則：即雙方中任一方的最高司法權，僅能在其各自的領土上實施。在內政及外交事務上，他們尊重彼此的獨立與自主。

第七條　德意志聯邦共和國與德意志民主共和國聲明，在他們關係正常化

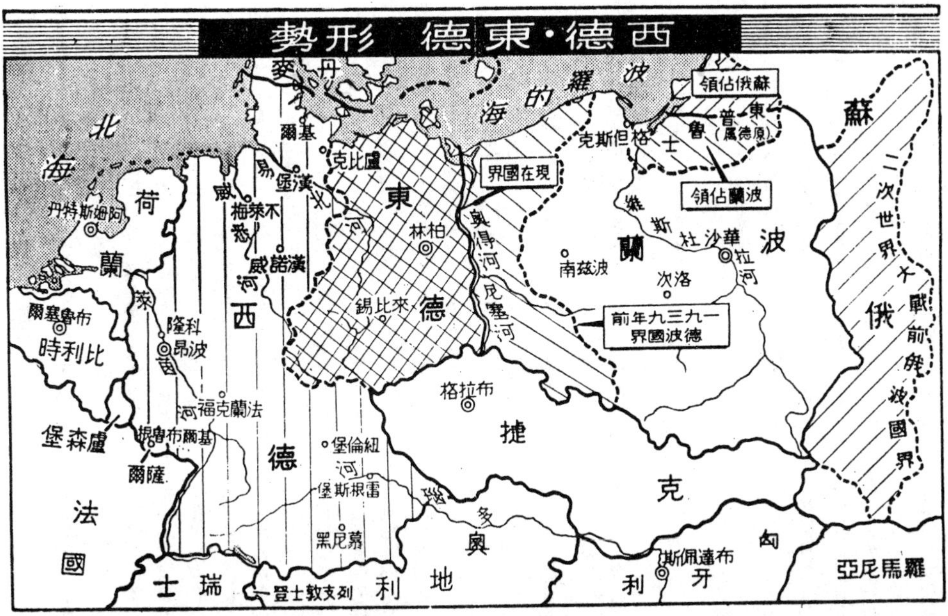

的過程中，他們願意調整實際的及人道的問題。為發展及促進本條約基礎之目的，以及為了他們共同的利益，他們決達成多種協定，以在經濟、科學及技術、運輸、司法關係、郵政與電訊、衛生、文化、運動、環境保護，以及其他方面從事合作。其細節在附帶的議定書中業已同意。

第八條　德意志聯邦共和國與德意志民主共和國決定交換常設代表團，駐在彼此政府所在地。

有關設置代表團的實際問題，另行商討。

第九條　德意志聯邦共和國及德意志民主共和國同意，本條約不影響他們已經完成的，或有關他們的雙邊或多邊國際條約與協定。

第十條　本條約需經批准，並自互換批准書之日起生效。（張彝鼎）

東京灣決議案（Tonkin Resolution）

一九六四年八月二、四兩夜，美國兩艘驅逐艦—麥多斯和杜那喬伊（U.S.S. Maddox and U.S.S. Turnerjoy）在東京灣被北越的魚雷快艇襲擊。六日，美國國會接受詹森總統的要求，通過一項決議案。這被簡稱為「東京灣決議案」（Tonkin Resolution）。

這決議案的要點：授權總統採取必要的方法，反擊對美國部隊之任何武裝攻擊，以防止侵略；由總統的決定，美國準備採取所有必需的步驟，包括使用武力，以幫助東南亞公約或其議定書載明的任何國家請求援助保衛其自由。

由於越戰的逐漸升高，反戰的參議員摩爾斯（Wayne Morse）傅爾布萊特（William Fulbright）和哥爾（Albert Gore）等對東京灣事件的眞相起了懷疑。一九六七年九月間及次年二月間，參議院外交委員會舉行聽證。主管遠東事務的國務助卿彭岱（William Bundy）及國防部長麥納瑪拉（Robert S. Mc Namara）先後應邀作證。反戰的參議員不滿政府的解釋，擬推翻東京灣決議案，但尚未採取行動。

一九六八年三月二十八日，衆議員吳爾夫（Lester Wolff）等二十一人正式向衆議院提議廢除該項決議案。迨三月三十一日詹森總統宣告片面降低越戰行動，停止海空對北越大部分地區攻擊，呼籲河內立即同意進行和談，幷聲明他將不尋求也決不接受為民主黨下屆總統候選人，參、衆兩院少數議員的此種活動遂告中止。（陳紹賢）

東非、中非、和南非泛非自由運動（Pan-African Freedom Movement of East, Central, and South Africa, PAFMECSA）

一九六二年二月初，代表東非、中非和非洲南部的獨立國家和民族主義運動的領袖約五十人，以及非洲其他地區的觀察員在衣索比亞首都阿迪斯阿貝巴舉行會議。衣索比亞和索馬利亞在會議中被選舉為正式會員國。非洲南部和西南非洲的民族主義黨派、巴蘇托蘭（Basutoland）、貝川納蘭（Bechuanaland）和史瓦濟蘭（Swaziland）等亦被批准加入。因此東非和中非泛非自由運動遂改組為東非、中非和南非泛非自由運動。

大會保證在肯亞、烏干達和尚西巴獨立後，努力邁向東非聯邦的目標。因為衣索比亞和索馬利亞亦將包括在未來的聯邦內，所以大會促請東非共同服務組織以及衣索比亞和索馬利亞兩國政府討論擴大東非共同市場和東非共同服務組織的問題。大會强調需要在運輸和交通方面加强合作，並決定在最近的將來舉行教育部長的會議，以討論在教育文化方面合作的途徑。

關於當時的政治問題，大會決定：

㈠譴責殖民主義分而治之的政策和破壞非洲的團結。

㈡同意聯合國在剛果（雷堡市）的行動，但要求聯合國對葡萄牙、南非和南羅德西亞的「政府」施展壓力。

㈢指責英國政府未能解決北羅德西亞的憲政危機而威脅了中非的和平及安全。

㈣要求予以巴蘇托蘭、貝川納蘭和史瓦濟蘭獨立。

㈤譴責南非的種族隔離政策。

㈥反對外國在非洲建立軍事基地。

㈦敦促法國和阿爾及利亞臨時政府儘早達成協議。

大會決定在塔干伊加的達萊撒蘭（Dares Salaam）設立永久秘書處，並設立「協調自由委員會」(Co-ordinating Freedom Council）由每一地區指派二人參加，一九六二年五月，該委員會曾在坦干伊加的姆培亞（Mbeya）舉行緊急會議，討論北羅德西亞問題。

一九六三年五月間，非洲國家元首及政府首長在衣索比亞首都阿廸斯阿貝巴（Addis Ababa）舉行會議，成立了非洲團結組織，決定解散「東非、中非和南非泛非自由運動」，代之一負責處理解放運動的「九國委員會」，其會員國爲阿爾及利亞、剛果（雷堡市）、衣索比亞、幾內亞、奈及利亞、塞內加爾、塔干伊喀、烏干達和阿拉伯聯合共和國，此一委員會在塔干伊喀的達萊撒蘭（Dar es Salaam）設立了一個「解放委員會」(Liberation Committee)爲非洲團結組織機構之一。該委員會計劃籌款五十萬美元，來協助葡屬安哥拉、莫三鼻給和南非境內的解放運動，並建議各會員國捐獻一五百十萬美元，作爲基金，以協助各殖民地的獨立運動。（楊逢泰）

東非和中非泛非自由運動

（Pan-African Freedom Movement of East and Central Africa, PAFMECA）

肯亞、尼亞薩蘭、塔干伊加、烏干達和尚西巴的代表們於一九五八年九月十六日至十八日在塔干伊加的莫皇寨（Mwanza）舉行會議，成立了「東非和中非泛非自由運動」，其目的在協調東非和中非區域的活動，使用一切可能的非暴力方法以便爭取政治的獨立，大會會討論下述各項問題：

㈠在肯亞、塔干伊加和烏干達的少數民族（非洲人以外的白種及黃種人）

㈡對中非聯邦(Central African Federation)的立場。

㈢東非和中非民族主義運動獲致協調行動的方法。

㈣爲新獨立的非洲國家創造一種根本的哲學信念。

㈤集中一切資源來對抗帝國主義。

討論的結果決定建立「東非自由基金」，並組織一個「看守委員會」，（caretaker committee)，任命肯亞的卡美西（Mr. Francis J. Khamisi）爲主席，負責協調民族主義運動的各種政治組織方案，此外大會並製訂了一項自由憲章，宣佈：

㈠自由爲每一個人自然的權利，譴責殖民主義、託管制度、合夥主義和種族歧視等。

㈡致力於自治的實現和建立民主政治。

㈢支持聯合國憲章和人權宣言。

㈣根據平等互惠的基礎，獲得自治和國際合作，以根絕貧窮，無知和疾病。

㈤致力於全般工業化的目標。

㈥要求充份承認工會的權利。

㈦要求在東非和中非的每一個地區建立泛非自由運動。

大會表示反對中非聯邦，認爲該聯邦的建立違背聯邦中非洲人民的意志。並堅決表示：在各地區獲致獨立以前，「東非聯邦」的問題是不切實際的。

一九五九年四月在尚西巴開會時，要求在一九六五年前非洲獲得普遍的獨立，並重申支持非暴力的原則。

東非和中非泛非自由運動第二次會議於一九五九年九月間在塔干伊加的莫希（Moshi）舉行，與會的代表有肯亞、塔干伊加、烏干達、尚西巴和比屬剛果，他們一致要求：「非洲人應立刻獲得自治的權利」。

第三次會議於一九六〇年十月在烏干達的姆巴爾（Mbale）舉行，會考慮東非聯邦問題。（楊逢泰）

東非和中非國家會議（The Summit Conference of East and Central African States）

非洲團結組織（Organization of African Unity）於一九六三年五月間成立之後，爲了維持非洲國家的團結，非洲若干領袖創導拆除非洲團結組織成立以前的所有區域性集團，是年八月，非洲團結組織第二屆部長理事會在達卡（Dakar）開會，討論拆除區域集團問題，東非、中非和南非泛非自由運動（Pan-African Freedom Movement of East, Central and South Africa: PAFMECSA）爲順應此項情勢而宣告解散。

東非和中非國家之間有若干領土糾紛、政治難民等問題存在著，其後羅德西亞問題發生危機，東非和中非的十一個國家遂於一九六六年三月三十一日至四月二日在肯亞的首都奈路比（Nairobi）舉行「善鄰的高峯會議」"Good Neighbour" Summit Conference），其目的在促進東非和中非國家之間的良好關係，會議並沒有一定的議程，發言人强調與會國家無意形成一個區域性的集團，也無意奪取非洲團結組織的功能。

參加這次會議的有衣索比亞、剛果（雷堡市）、肯亞、塔尚尼亞、尚比亞、索馬利亞、烏干達、馬拉威、蒲隆地、盧安達和蘇丹等十一國的元首、總理或部長級代表。馬拉威代表發表聲明稱：祇有在塔尚尼亞保證反對班達總統（President Banda）的馬拉威人不在塔國接受軍事訓練的條件下，才參加會議。

關於政治難民問題獲致下列協議：㈠收容國家在邊境控制難民的活動，㈡避免對鄰國的宣傳攻勢，㈢、密切合作消滅邊境的意外事件，㈣、不給予援助和軍事訓練、㈤、對本國政府從事顚覆活動者予以驅逐。

關於羅德西亞問題，與會各國在所發表的聯合公報中一致同意，㈠給予英國最大限度的外交或其他壓力，促其採取有效措施，包括使用武力在內，對付史密斯政府，㈡呼籲羅德西亞境內的非洲民族主義者採取行動對付叛亂政權（指史密斯政府）。

倫敦泰晤士報認爲這次會議中最成功是剛果（雷市）總統莫布杜將軍，這是他掌握政權以後，第一次出國參加國際會議，獲得與會國家的一致承認，這是他的一項「特別的勝利」。

一九六七年二月十二日至十四日，中非和東非的十個國家元首和部長級代表在剛果金夏沙（Kinshasa）舉行高峯會議，討論安全、經濟和政治解放等問題，發起人是尙比亞總統卡翁達（President Kenneth Kaunda）

地主國剛果（金市）總統莫布杜宣稱：中非洲的獨立國家應該不惜任何犧牲「來援助在葡萄牙統治下領土內的民族主義者」。

大會於二月十四日結束，發表一項聯合公報，稱爲金夏沙宣言（Declaration of Kinshasa）其重要點爲：

第一、堅決支持非洲團結組織；

第二、重申支持非洲團結組織在非洲協調解放運動的努力；堅決要求所有自由鬭士團結統一起來，以達到獨立的願望。

第三、不保留的譴責英國政府處理羅德西亞問題的失當；重申要求使用武力爲推翻羅德西亞法西斯和種族主義者的少數民族政府。

第四、宣佈他們彼此支持、團結一致以維持各國的完全和維護各國的主權。

第五、宣佈他們與其他採取同樣決定的非洲國家團結一致，並且表示他們決心反對凡是能影響國家獨立權力的任何外國的干預—政治的、經濟的、或其他方式的干預。

大會並設立了一個研究安全問題的委員會和一個研究經濟問題的委員會。

金夏沙會議以後，東非和中非國家會議已變成了例行性的會議：第三屆會議於一九六七年十二月十五日至十六日在烏干達的首都坎伯拉（Kampala）舉行，與會十二國同意：㈠彼此購買貨品，㈡發展此一地區的貿易和交通，㈢交換有關安全問題的情報，㈣締結雙邊的引渡協定。

第四屆會議於一九六八年五月十二日至十五日在塔尙尼亞首都達萊撒蘭（Dar es Salaam）舉行，參加國家有十四個，此外並有非洲團結組織解放委員會的代表，大會的最後公報對「羅德西亞每況愈下的情勢」表示關切，並要求某些國家停止對羅德西亞、南非和葡萄牙的援助。

第五屆會議於一九六九年四月十四至十六日在尙比亞首都路沙卡（Lusaka）舉行，參加的有十四個國家。在最後公報中譴責羅德西亞的史密斯政府，要求英國採取有效措施來保護四百萬黑人公民的生命和安全。其中有一段表示與會十四國決心「拒絕與在非洲南部的幾個少數民族政權作任何對話」，關於這一點，馬拉威代表團沒有表示同意，聲明要求班達總統的批准。

第六屆會議於一九七〇年一月二十六日至二十八日在蘇丹首都卡土穆（Khartoum）舉行，十四國中僅查德沒有參加。這次會議主要討論有關經濟、農業、貿易、技術合作、交通運輸等改進的問題，大會決定成立一個「制裁委員會」（Sanction Committee）來調查「在南非、羅德西亞以及其他仍在殖民統治下各領土內的外國公司和壟斷公司的活動」。

在本屆大會舉行之前，有十一國外長曾在路沙卡舉行預備會議，馬拉威農業部長季尙亞（Mr. R. R. Chidzanja）其後曾表示：他的政府並不相信外長會議建議將政權移交給黑色非洲人的解決辦法，而且馬拉威將與在莫三鼻給的葡萄牙政府進行合作。

第七屆會議於一九七一年十月十八日在索馬利亞的首都摩加廸休（Mogadishu）揭幕，參加者有十三國，大會所發表的摩加廸休宣言（Mogadishu Declaration）重申非洲團結組織在非洲南部的反殖民政策，譴責馬拉威代表提倡與南非政府「對話」之議。此外並發表反對「對尙比亞侵略的宣言」（Declaration on Agression Against Zambia）强調，「當尙比亞在保衞它的主權和領土完整時，所有東非和中非的國家保證給予尙比亞和其英勇的人民一切物質和其他的援助」，大會於十月二十一日所發表的最後公報稱：大會「歡迎在葡萄牙殖民控制下領土內民族解放運動的勝利」。

至此，東非和中非國家高峯會議已變成了反對白人在南部非洲維持殖民統治的論壇，而馬拉威是其中唯一反對採取强烈措施和主張與白人「對話」的國家。在第七屆大會時，塔尚尼亞和尚比亞兩國陰謀排斥馬拉威的會員資格而未能得逞。

一九七一年一月廿五日，烏干達的奧波德（Obote）政府被阿敏將軍（Major-General Idi Amin）推翻，尚比亞、塔尚尼亞、索馬利亞和蘇丹等國譴責烏干達的新政府，另一方面阿敏將軍指控蘇丹和塔尚尼亞計劃侵犯烏干達。塔尚尼亞和烏干達邊境發生武裝衝突，烏塔兩國的糾紛不但影響了東非經濟社會的前途，而且阿敏將軍拒絕參加第七屆高峯會議。塔尚尼亞總統尼瑞爾（President Nyerere）宣佈今後將以理智和冷靜的態度正視烏干達事件，因此兩國有息爭的希望。

第七屆高峯會議允許赤道幾內亞和加彭為會員國，所以東非和中非國家會議的會員國已增至十六個國家，就會員的成份看來，其中薩伊(金夏沙剛果)、盧安達、剛果（布市）、中非、查德和加彭六個國家都是非馬共同組織的會員國，一九七二年四月，薩伊宣佈退出非馬共同組織，而非馬共同組織內部發生糾紛。所以東非和中非國家高峯會議已變成僅次於非洲團結組織的非洲國家集團。而會員國中，親共的國家較多。

東非和中非國家會議出席國席概況如下表：

會議名稱 國名	奈路比會議	金夏沙會議	第三屆會議	第四屆會議	第五屆會議	第六屆會議	第七屆會議
衣索比亞	×		×	×	×	×	×
剛果（雷堡市）	×	×	×	×	×	×	×
肯亞	×	×	×	×	×	×	×
塔尚尼亞	×	×	×	×	×	×	×
尚比亞	×	×	×	×	×	×	×
索馬利亞	×		×	×	×	×	×
烏干達	×	×	×	×	×	×	×
馬拉威	×			×	×	×	×
蒲隆地	×	×	×	×	×	×	×
盧安達	×	×	×	×	×	×	×
蘇丹	×	×	×	×	×	×	×
剛果（布拉薩市）		×	×	×	×	×	×
中非共和國		×	×	×	×	×	×
查德				×	×	×	×

註：一、第七屆高峯會議，索馬利亞、衣索比亞、剛果、蘇丹、塔尚尼亞等國國家元首親自參加，其他國家派代表參加，烏干達的阿敏政府因與蘇丹、塔尚尼亞等國交惡，阿敏將軍沒有參加。

二、第七屆會議允許赤道幾內亞和加彭為會員國。（楊逢泰）

東非經濟社會（East African Community）

東非經濟社會是由肯亞共和國、坦尚尼亞聯合共和國和烏干達共和國三個國家所組成。肯亞係於一九六三年獨立，烏干達於一九六二年獨立，坦尚尼亞聯合共和國包括坦干伊加和尚西巴兩個份子國，前者於一九六一年獨立、後者於一九六三年獨立。兩國於一九六四年四月廿六日合併改稱坦尚尼亞聯合國。這幾個國家遠在殖民時期就有商業和經濟上的合作，而且醞釀着政治上的聯合。

一九一七年英屬烏干達和肯亞之間已有自由貿易的協定。一九二〇年以後東非制定了共同的通貨、德屬坦干伊加在第一次世界大戰後變成了英國的委任統治地，一九二二年二月二十七日當時的殖民大臣邱吉爾曾向肯亞和烏干達的代表們表示有計劃將肯亞、烏干達、坦干伊加和尚西巴合併成為一個政治聯邦。可是邱吉爾的計劃因土著的疑惑而未能成為事實，由於高爾（Ormby Gore）委員會調查的結果，於一九二六年成立了東非總督會議，由肯亞、烏干達、坦干伊加和尚西巴的總督們所組成，總督會議討論有關關稅、鐵路、以及科學研究的事務，並有常設秘書處，督導東非氣象局、統計局和東非領際語言委員會等機構的業務。一九二七年，東非三國進一步組成了共同市場。

在一九四八年以前，東非共同市場並沒有成立機構，總督會議沒有行政權，而且缺乏有效的方法贏得廣泛的公意支持，英政府遂於一九四五年十二月頒佈「東非領際事務未來管理建議事項」，建議設立「東非高級委員會」（East Africa High Commission）。一九四八年一月一日，東非高級委員會和中央立法會議（Central Legislative Assembly）正式成立。

東非高級委員會由三領土的總督所組成，尚西巴可派遣代表參加，秘書處設於肯亞的首府奈路比（ Nairobi ）高級委員會所管理的共同事務有三十餘種，共重要者爲民航、稅務、工業、語言、文藝、郵電、統計、疾病預防、衞生、氣象、鐵道運輸、漁業、獸醫、觀光及科學研究等。

一九六一年十二月九日，坦干伊加獨立，而將高級委員會改組成爲東非共同服務組織（East African Common Services Organization, EACSO），一九六二年烏干達獨立，坦干伊加總統尼瑞爾（Julius Nyerere）聯合烏干達元首奧波德（Milton Obote）要求英國儘迅給與肯亞獨立，肯亞於一九六三年十二月十二日獨立後，三國遂於平等自主的基礎上共同發展東非的經濟。

共同服務管理局（Common Service Authority），由三國元首所組成，爲該組織的最高權力機關。下設四個部長級的委員會：即交通委員會、財政委員會、工商業調整委員會、社會及研究事務委員會，由三國各派部長一人組織之，每一位部長分別負責其特定事項的管理、監督和政策的制定。

共同事務組織的立法機關仍爲中央立法會議，討論有關財政、民航、領際研究、東非大學、氣象、郵電、鐵路港口、內河運輸，統計及工商業等事務。

一九六七年六月，三國元首在烏干達首都坎帕拉（Kampala）簽訂東非合作條約（East African Treaty of Cooperation），將東非共同服務組織改組爲東非經濟社會，進一步加强三國的經濟合作，總部設於坦尙尼亞境內的阿羅沙。

東非管理局（East Africa Authority）係由三國總統所組成，爲最高權力機構，下設共同市場、交通、經濟顧問和策劃研究和社會等理事會，負責執行東非共同事務。此外並將中央立法會議，改稱東非立法會議（ East African Legislative Assembly）設於阿羅沙。

東非合作條約的主要課題爲設立東非開發銀行（East Development Bank）。以提供促進各國工業發展的財政支援。總行設於坎伯拉。開發銀行對工業發展較差的坦尙尼亞和烏干達以優先發展的機會，該銀行的開辦資本爲一千二百萬鎊，由東非三國政府四期平均捐助，規定開發銀行應以總投資之百分之三八・七五用於坦尙尼亞，百分之三八・七五用在烏干達，剩餘的百分之二二・五則用在肯亞。

共同市場理事會（Common Market Council）由三國指定專任部長擔任理事，以監督東非共同市場的業務，爲了解決實施條約時可能發生的困難和糾紛，設立了一個由五位法官所組成的共同市場法院（Common Market Court）。

東非合作條約第九十三條規定，東非經濟社會應聯合其他有關國家。蒲隆地、衣索比亞、索馬利亞及尙比亞業已申請作爲該社會的完全或部份會員國。剛果（金夏沙）和盧安達亦欲申請成爲會員國。東非經濟社會已設立了一個委員會考慮這些申請案。

東非三國領袖希望從經濟方面的合作，進一步能達到政治統一的願望，早在一九六三年六月三日，東非「三巨頭」塔干伊喀總統尼瑞爾，烏干達總理奧波德和肯亞總理肯亞塔曾在肯亞首都奈路比舉行會議，發表聯合公報，保證建立「東非的政治性聯邦」，三巨頭異口同聲的宣佈："吾人相信決定之日已經來臨，我們應該告訴我們的人民：現在已無空洞的口號和講話的餘地，這是我們採取行動的日子"。

東非三國之中，無論就人口或領土而言，以塔尙尼亞爲最大，而且國內無大規模的部落，足以影響中央政府的政策。而達萊撒蘭爲東非主要港口。肯亞境內因爲有長期定居的大批白人，所以工業化的程度遠超過其他兩國，生產各種消耗品和糧食的加工。此外並有東非兩個主要港口之一──莫巴沙港（Mombasa）。

烏干達境內有四個傳統的大王國，其中尤以布干達（ Buganda ）和巴干達（ Baganda ）最有勢力，構成了國家統一的最大障礙，烏干達的政治制度是一個準聯邦的制度，其所以能夠逐漸邁向民主國家的途徑是由於奧波德總統政治手腕的成功，他極力避免對傳統王國統治者的直接挑釁，而採取鞏固他實質上的權力的策略。烏干達雖然參加東非經濟社會，在原則上也同意邁向「東非聯邦」（ East African Federation ）的理想；可是烏干達爲內陸國家，在人口和領土方面均不及其他兩國，惟恐在未來的聯邦內成爲最小的夥伴，尤其是肯亞塔和尼瑞爾兩人均主張高度中央集權的政府。烏干達境內傳統王國惟恐在聯邦中失去它們個別的政治實體。因此在東非三國中，烏干達對東非經濟社會和「東非聯邦」持最大的保留態度。

中共援助塔尙尼亞與尙比亞建築坦尙鐵路使微妙的東非局勢更爲複雜，此一鐵路使塔尙尼亞與尙比亞兩國的關係超過了東非三國原有的關係，雖然如此，因爲奧波德的政策和塔尙兩國相似，所以東非局勢尙可維持。可是，一九七一年一月二十五日，烏干達發生政變，奧波德被陸軍參謀長阿敏將軍（Major-General Idi Amin）推翻，逃往塔尚尼亞尋求庇護。塔尚尼亞與尚比亞兩國一面譴責阿敏政府，一面施展影響力，促使定於坎帕拉舉行的非洲團結組織高峯會議改在阿廸斯阿貝巴（Addis Ababa）舉行。塔烏兩國關係緊張，邊境迭起衝突，阿敏揚言東非可能爆發全面戰爭，並譴責中共參予恐怖份子的活動。其後阿敏改變政策，極力企圖改善與中共的關係。一九七一年十月中旬，在索馬利亞首都摩加廸休（Mogadiscio）舉行「東非和中非國家會議」（The Summit Conference of East and Central African States）阿敏拒絕參加，尼瑞爾在大會中宣佈，會後他將以更為理智的態度來正視烏干達事件的發展。因此，塔烏兩國原有息爭的希望。

一九七二年八月十九日，烏干達總統阿敏將軍下令驅逐境內具有英籍或烏干達籍的八萬餘名亞洲人，使東非再度發生危機，九月中旬，塔烏邊境爆發戰鬬，阿敏總統稱：侵略部隊中有塔尚尼亞的軍隊，烏干達反政府份子以英國和以色列的傭兵，企圖恢復奧波德政權以便控制並使受命離開烏干達的亞洲人延緩離境。塔烏兩國的邊境衝突使東非局勢蒙上暗淡的陰影。（楊逢泰）

東南亞公約組織（The South-East Asia Treaty Organization, SEATO）

一、緣起：

第二次世界大戰結束之後，亞洲局勢日趨惡化，隨中國大陸沉淪，共產集團對東南亞地區之威脅日益加重自由亞洲且已失去穩定之重心，東南亞各國雖面臨嚴重之危機，但是或因甫告獨立，百廢待擧，或因久戰新敗，無暇他顧，內部困難，自顧不暇，更因為長久以來，各國所感受之殖民歷史背景又不盡相同，加以地區遼濶，人種複雜，因此雖然在亞洲有中華民國與大韓民國力倡團結，卒因各國感受不同而未被重視。一九五〇年韓戰發生後，美國因感於亞洲情勢，日趨嚴重，美國衆議院外交委員會全體一致通過一項提案，要求美國政府，仿照北大西洋公約組織成立一個太平洋公約組織。次年杜魯門總統乃發動與澳洲、紐西蘭、菲律賓、日本簽訂共同防禦條約，爾後分別於一九五三年、一九五四年又與韓國及中華民國簽訂類似條約，形成以美國為連接點之安全體系，但此一體系並非亞洲區域組織。

一九五四年越南情勢惡化，日內瓦停戰協定以後，自由國家更感到共產集團壓力嚴重，乃於是年九月八日在菲律賓馬尼拉市集會簽訂了東南亞集體防禦條約及太平洋憲章，完成批准手續後，一九五五年二月十九日生效，第一個永久性之組織乃於一九五六年於曼谷成立。

二、組織：

㈠理事會：東南亞公約理事會通常每年召集一次，由各國派遣部長級代表出席，商決一切有關該組織之重要問題。

㈡軍事顧問：由各國指派高級軍事代表一人，向理事會報告有關軍事情況並擬訂共同軍事防禦計劃。

㈢理事會代表：由各國所派大使組成向理事會報告所有非軍事事務。

㈣理事會代表隨員：隨理事會代表與會並分派至各常設工作小組（Permanent Working Groups）工作。

㈤各專家委員會：隨時視需要召集，提供有關社區發展，反顛覆、文化、經濟、教育、情報、勞工安全等方面之意見。

㈥秘書處：由各國提名推薦人員組成，設在泰國曼谷。

三、目的：

該組織成立之初各締約國曾重申對聯合國憲章所定宗旨及原則之信賴，以及維護各民族的平等權利和所有國家獨立之決意，依集體防衛方式，對付侵略，以維和平及安全。依此公約，締約國的主要義務為：⑴締約國將個別並共同以不斷而有效的自助及互助方式，維持並發展其個別和集體的能力。以抵抗武裝攻擊，並防止及克服由國外指揮危害其領土完整及政治安定之顛覆活動。⑵締約國努力加强其自由制度，互相合作，以謀求經濟進步和社會福利。⑶對任何締約國或對各締約國此後一致協議指定的任何國家或領土之武裝攻擊，其他締約國應視同危及其本身和平與安全，同意各依憲法程序，採取行動以對付此共同危險。⑷任何締約國或上述任何其他國家之領土、主權、政治獨立受到武裝攻擊以外任何其他威脅時，各締約國應立即會商應採措施。質言之該組織之目的，乃以集體防禦為主，其防禦範圍不僅於締約國，且及於締約國一致同意指定的任何其他國家或領土；所防禦者不限於武裝攻擊，且及於由外國指揮的顛覆活動。本約認為顛覆之危害領土完整及政治安定與獨立不亞於武裝攻擊，與其他區域防禦條約相較，特別顯著。此外本約並重視加強自由制度及促進經濟、社會發展，以此為防止共產主義擴張的有力因素。

四、會員國：

參加該組織之會員國計有澳大利亞、法國、紐西蘭、巴基斯坦、菲律賓、泰國、英國、美國等八國，內中屬於東南亞國家僅三國。

五、一般活動狀況：

該組織爲加强集體防禦，除每年經常召開理事會而外並定期舉行各種軍事聯合演習，其專家委員會及秘書處的研究服務中心經常收集有關共產活動之情報並分析其技倆，提供各締約國政府參考。該組織亦推行許多文化教育合作計劃，提供獎學金，研究補助，並交換教授。在泰國設有東南亞公約組織工業研究所，培養高級工業人才；在泰國、巴基斯坦、菲律賓設有技術工人訓練所，在巴基斯坦、泰國設有醫藥研究所；在泰國另設有車輛裝備工廠。一般言之，該組織頗爲鬆懈，其功效較北大西洋公約組織相去甚遠，加以東南亞地區其他非共國家悉不參加，英、法近年來對東南亞事務又不重視，且無力兼顧，而巴基斯坦態度亦有變化，着實難望其有任何重大成就。

在一九七二年紐西蘭與澳洲相繼舉行大選之後，東南亞的整個防衞態勢，出現不同的變化。十一月廿五日當選的紐國總理寇克，以及十二月二日起而執政的澳洲工黨領袖惠特林，都有相當濃重的孤立主義傾向。他們主張退出東南亞公約組織，撤出駐越南的少數軍事顧問人員，同時也要將駐防星馬的部隊撤離。如果這些政策都付之實現，對日益式微的東約組織無疑是一大打擊。

地理上的所謂東南亞，包括了緬甸、泰國、寮國、高棉、越南（含北越）、馬來西亞、新嘉坡、葡屬帝汶、及菲律賓。這一地區的人口約爲二億七千六百萬，陸地面積約爲一百六十萬平方公里，估計全部島嶼在五千個以上。自第二次世界大戰以來，西南太平洋的澳洲和紐西蘭，亦逐漸增加對亞洲問題的興趣，在地理情勢上又構成東南亞的鎖鑰。以是，一九五四年成立的東南亞公約組織中，澳紐兩國遂爲重要的成員。

東約的最初構想，是在藉有關各國之聯防，以對抗蘇俄與共匪對此一地區的侵略滲透。其成員有：美、英、法、泰、菲、澳、紐及巴基斯坦等八國，於一九五四年九月八日簽約於馬尼拉。但這一組織顯得鬆懈，又缺乏實力的支持，與其他區域性組織相較，相去甚遠。以北大西洋公約而言，其約中規定，如一國遭受攻擊，則全體締約國可起而以武力相助。東約組織則僅規定依照締約國之憲法程序採取行動，以對付面臨的危機。北約設有共同指揮之軍隊，有最高統帥部，東約則僅有互助的諾言，並無一支可爲憑藉的共同武力。再看華沙公約，該組織是蘇俄及其附庸於一九五五年成立，完全以抵制北約爲目標，蘇俄通過這個組織而取得了統一軍事指揮權，始終對北約國家保持作戰態勢。華沙公約的第四條與北約的第五條，有完全相同的規定，北約第五條條文是：「締約國同意，對歐洲或北美洲之一個或兩個以上締約國之武裝攻擊，應視爲對締約國全體之攻擊；因而同意遇有此種攻擊發生時，每一締約國爲實行聯合國憲章第五十一條所認可之個別或集體自衞之權利，將立即個別或協同其他締約國，採取其認爲恢復並維持北大西洋區域安全必要之行動，包括武力之使用在內，以協助遭受此項攻擊之一個或整個締約國。」因之，共產集團在歐洲不敢越雷池一步。

東約國家各懷理想，從未發揮其整體一致之精神。法國雖爲東約一員，多年來即未參加任何東約組織的集會。東約部隊的演習，法國只是冷眼旁觀。巴基斯坦早已承認匪僞政權，一九七一年年底印巴之戰後，與匪有更進一步的勾搭。又巴國在承認北越政權不到二十四小時，便正式通知東約，退出此一組織。東約秘書長乃順通表示，幾年來巴基斯坦在東約軍事方面，一直沒有積極的行動。

英國在很多方面本和美國有一致的立場，但其前工黨政府曾於一九六八年宣佈，計劃撤退蘇伊士運河以東的駐軍。迄保守黨上台，表面上雖已停止撤軍之舉，實際上其駐東南亞的部隊已在逐漸減少之中。一九七〇年，英國在東南亞的軍隊已從四萬八千人撤減到不足三萬人，在波斯灣則僅餘下七千五百人。目前英國駐防星馬的兵員爲二千五百五十名，其對此一地區防務之疏忽，已不言可喻。

在自由黨及鄉村黨聯合執政時期，澳洲在東南亞一直擔任比較積極的角色，其領導人物對共黨滲透顚覆的陰謀，亦有相當認識。在東約歷次軍事演習中，澳洲部隊和艦隻，都熱心參與。澳洲前政府亦重視與英、馬、星、紐的五國聯防。在新嘉坡，駐有澳洲地面部隊三千四百多人；在馬來西亞北部，亦駐有澳洲的兩個幻象式噴射機中隊。澳洲原有一千多名部隊參加越戰，去年全部撤離後，尚留有一個一百四十人的軍事顧問團，協助訓練越南部隊。如今，工黨政府的所謂撤退，就是要撤出在越的這個顧問團。至於駐防星馬的人員，其服役期限要到一九七四年一月才滿期，因此惠特林總理表示似不急於討論其撤退問題。

紐西蘭新任總理寇克，已公開言聲要逐步退出東約組織。對於駐防星馬的部隊，他雖認爲只要有其需要，紐國部隊仍將駐防，但在澳洲準備撤離時，寇克能否堅持其觀點，頗使人懷疑。紐國駐星人員爲數僅一個營，不到一千二百人。

非律賓對東約組織原曾寄以希望，近來則對此一組織有不同的意見。一九七二年六月廿七日，非國外長羅慕洛便曾指出：東南亞公約的存在，已與本身的環境脫節，因而失去了其本身的意義。同時據傳，馬可仕總統曾秘密訓令羅慕洛外長，要他提議解散東約，而以一個沒有西方國家參加的區域聯盟取代，具有軍事聯盟的特質，可由非、泰、印尼、澳、紐等國組成。非國政府幷未公開證實此一報導，惟非國當局顯然已對東約組織喪失信心

泰國一直堅決反共，越戰期間，泰政府便曾派遣一萬二千名部隊與北越及越共作戰。然對東約組織的渙散，甚表痛心。一九七〇年七月，在東約十五屆部長會議中，泰外長乃他納，對法國及巴基斯坦在東約的態度，便曾加以指責。他指出這兩個國家參加東約組織的活動，「是有選擇性的」。乃他納認爲東約只能通過一項又一項的決議案，毫無實際的作爲，使東約組織的條文形同具文。

一般而言，只有美國對東南亞公約深表支持。美國覺得這個組織仍有存在的價值，而且不主張加以改組或將之解散。一九七二年六月廿七日，在坎培拉舉行東約第十七屆部長理事會議時，國務卿羅吉斯表明美國仍將繼續留在東亞和太平洋的決心。羅氏幷且在會中提出三點：一、美國不會以犧牲友邦的利益，來達成新關係。二、美國明白，如果美國在尋求新關係時不保持强大，這種新關係會改變美國及盟邦的安全。這就是尼克森總統爲甚麼在選舉年還要堅持有充份國防預算的道理。當其他國家負起他們自己安全的責任時，必須繼續獲得軍事及經濟援助，美國已決定提供這種援助。三、美國在亞太地區的利害關係，仍屬重要。

美國的堅强保證，是否能使東約組織振衰起頹，尚待時間的考驗。而綜觀東亞局勢，美國撤出中南半島之後，這一地區不可能呈現和平，共黨份子的游擊戰，仍將在叢林及鄉村地區蔓延；泰國的東北部和北部，一直有共黨游擊隊的困擾；泰馬邊區的殘餘共黨，並未受到適當的抑制；非律賓的共黨叛亂，一度演變成嚴重的情勢，使得馬可仕總統不得不採取戒嚴等緊急措施。印尼是在蘇卡諾被推翻以後，最近幾年才有一點和平生活，但受共匪支援的共黨份子的地下活動，迄未完全停止。在南太平洋，只有澳洲和紐西蘭可以說是世外桃源，而由於最近政權的轉移，新執政者都有接近匪僞政權的趨勢，是以使得兩國中的許多明智之士，都深感憂慮。

在亞太地區，除有東南亞公約組織外，還有一九六七年成立的東南亞國家協會，由馬來西亞、印尼、泰國、菲律賓及新嘉坡組成；一九六六年成立的亞太理事會，會員國有中華民國、日本、韓國、菲律賓、泰國、澳洲、紐西蘭、馬來西亞及越南。另有一九五一年成立的美、澳、紐聯盟，及一九七一年生效的英、澳、紐、馬、星五國聯防。這些區域性組織，一如東南亞公約，很少發生積極作用，部分組織亦在離解之中。

若干論者以爲，退出東約組織而使其瀕臨癱瘓瓦解，實爲愚不可及之擧。因爲今天的亞洲，仍舊面對著共黨統治的危險。一九七二年九月就職的東條新秘書長乃順通，也曾指出：中共即使繼續與美國及西方世界建立和睦關係，也不會改變其滲透、顚覆以圖擴展其在東南亞勢力的政策。以是，東約組織必須加强，主動淘汰消極性的成員，增加吸收建設性的會員國，而建立一支統一指揮的聯防部隊，尤爲當務之急。

附東南亞集體防禦條約重要條文摘要

第二條　爲期更有效達成本條約之目的起見，締約國將個別幷聯合以不斷而有效自助及互助之方式，維持幷發展其個別及集體之能力，以抵抗武裝攻擊，幷防止及對抗由國外指揮之危害其領土完整與政治安定之顚覆活動。

第三條　締約國承允加强其自由制度，互相合作以更形發展在促進其經濟進步與社會福利之經濟措施，包括技術援助在內，幷爲達此等目的，增强各政府個別與集體之努力。

第四條　一、每一締約國承認凡在條約區域內，對於任何一締約國或對於各締約國此後可能一致協議指定之任一國家或領土，以武裝攻擊所作之侵略，即將危及其本身之和平與安全，幷同意在此種情形下，將各依其憲法程序採取行動，以對付此共同危險……。

二、任一締約國倘認爲在條約區域內，任一締約國或隨時適用本條第

一項規定之任何其他國家或領土之不可侵性或完整或主權或政治獨立，遭受武裝攻擊以外之任何其他威脅，或遭受可能危及條約區域內和平之任何事實情勢之影響或威脅時，締約國應立卽會商，俾就爲共同防禦而應行採取之措施，獲致協議。

三、玆瞭解，在經依照本條第一項一致協議，指定之任一國家之領土或依此指定之任何領土上，除獲有關政府之邀請或同意外，不得採取行動。

第八條　本條約所指條約區域係指東南亞一般地區，并包括各亞洲締約國之全部領土及南太平洋之一般地區，但不包括北緯二十一度三十分以北之太平洋地區……。

第十條　本條約應無限期有效，但任一締約國得於其廢約之通知送達菲律賓共和國政府一年後，終止爲本條約之締約國，菲律賓共和國政府應將每一廢約通知之送達，通知其他各締約國。

美國代表團簽署這項條約時之一項瞭解

即美國對於侵略及武裝攻擊效果之承認，及其同意第四條第一項所載關於侵略及武裝攻擊之規定，僅適用於共產侵略，但重申如遇其他侵略或武裝攻擊時，願依第四條第二項之規定，舉行會商。

東南亞集體防禦條約議定書

適用第四條及第三條規定之國家及領土之指定：

東南亞集體防禦條約之締約國，玆爲適用本條約第四條之目的，一致指定高棉、寮國及越南轄下之領土。

締約國弁協議關於第三條所期實施之經濟措施，亦適用上述國家及領土。

議定書與本條約同時生效。

條約與議定書均於一九五四年九月八日簽訂於馬尼拉。（張宏遠）

東南亞國家協會（Association of South-East Asian Nations, ASEAN）

一、緣起：

第二次世界大戰以後，在東南亞地區，雖有東南亞公約組織，可倫坡計劃計劃理事會，亞太理事會等區域性國際組織，但這些組織都不是純區域性國際組織，會員國中往往區域外的國家反而佔多數或居於重要地位。一九六七年東南亞情勢有新的轉變，一方面印尼發生政變，新政府改變中立偏差的態度，希望和該地區的自由國家和衷共濟；另一方面英國工黨政府明白表示將撤出該地區駐軍，無力積極參與該地區事務，而美國亦希望該地區馬來種族國家之間加強團結，形成一個新的力量，因而有東南亞國家協會之誕生。

二、組織：

㈠部長會議：由會員國外交部長組成，通常每年召集一次，決定本協會重要事項。

㈡常務委員會：由會員國指派代表出席，每月召集一次，由下屆部長會議主辦國之政府召集。辦理部長會議決議事項。

三、目的：

該協會成立之目的在加强區域內國家在經濟、商業、文化、教育、社會、交通、技術上之合作，雖然會員國不願明示其政治方面意義，然而這個純東南亞國家組織本身卽具有頗濃的政治色彩。

四、會員國：

參加該協會之國家計有：馬來西亞、新嘉坡、菲律賓、印尼、泰國。

五、一般活動狀況：

該組織自從一九六七年八月成立以來，已召開三次部長級會議，對促進合作頗有貢獻，其間馬來西亞與菲律賓兩國之間曾因沙巴主權歸屬問題斷絕邦交，但在一九六九年十二月十六日第三屆部長會議召開前夕，兩國宣布復交，卽受該協會精神感召之影響。第三屆部長會議並通過九十八項促進會員國間有關航運、觀光、通訊等方面合作之建議。

惟各國對該協會未來之發展目標在觀念上仍有差異，泰國希望該協會能加强政治集體防衛之目的，而新加坡則認爲政治與國防問題最好不要涉及。此外對會員國的看法亦不一致，有些國家主張東南亞地區所屬國家，只要申請都應允其參加，另一些國家則主張維持現狀。（張宏遠）

東格陵蘭島案（Eastern Greenland Case）

一九三一年七月十日，挪威正式發佈一項宣言稱：「挪威已佔有東格陵蘭島嶼的某些土地，而這些土地挪威深信是屬於無主土地（terra nullius）」。但是這些土地已由丹麥政府所保有，且劃歸其主權範圍；由丹麥政府繼續的、和平的行使一段長時期的管轄，而未有任何其他國家提出抗議；同時在許多條約中挪威也承認了丹麥的領土主權。因而挪威、丹麥兩國卽爲東格陵蘭的主權問題發生爭端。於是丹麥根據常設國際法院第三十六條第二款「任擇條款」（Optional Clause）的規定，將爭端送交該法院解決。

一九三三年四月五日，常設國際法院判決的結果，承認丹麥對於整個的格陵蘭具有實際有效的主權。換言之卽承認丹麥對於東格陵蘭的主權，沒有任何一國可以要求佔領該地。因爲依照國際法適用有效佔領原則，以決定一塊領土是否被某國所先佔：卽有取得主權的意志與行使或表現其主權者。丹麥所提各項証據，証明它具備先佔的兩要件。因此常設國際法院卽根據這些理由，而作上述的判決。這項判決對國際法有關領域先佔學說，貢獻極大。（李鍾桂）

參考文獻：

·American Journal. Vol. 26, 1932. "The Dispute between Denmark and Norway over the Sovereignty of Eastern Greenland", P.469.

拉丁美洲集團（Latim American Bloc）

在十九世紀末期，西半球之中南美洲殖民地，先後獨立成爲自主之國家，然歐洲之帝國主義者猶欲繼續施行控制，以延長其勢力範圍。一八二三年，美國總統門羅（Monroe）曾發表所謂「門羅主義」，其主旨卽在阻止歐洲國家繼續對拉丁美洲國家之野心。

一八八九年，美國召集拉丁美洲國家在華府舉行第一次泛美會議，參加者計有十八國之多。此次會議曾簽訂各項協定，而最要者爲在華府成立「美洲各共和國辦事局」，其任務爲處理各國事宜，搜集資料，以促進會員國間之合作。一九一〇年又改組爲「泛美聯合會」。

然而因爲美國勢力日形膨脹，不斷向拉丁美洲國家擴張其經濟與貿易關係，使中南美各國對美國發生莫大反感。迄至佛朗克林羅斯福總統時，始提出所謂「善鄰政策」（Good Neighbour Policy），主張放棄干涉鄰國內政之作風。一九三六年各國在阿京舉行「美洲各國保和會議」，羅氏且親往致詞，該會除接受美國的善鄰政策外，並同意下述二點：

㈠凡對美洲任何一國安全之威脅，卽視同對美洲各國之共同威脅；

㈡如遇有此種威脅情事發生時，美洲各國應卽互相咨商對策。

同年美洲各國復在秘魯首都開第八次泛美會議，發表「利瑪宣言」，其中規定「任何一國之和平、安全、與領土完整，如遭受威脅時，所有會員國應卽舉行外交部長咨商會議」。自此以後美洲各國可謂業已奠定了共同安全的始基。

一九四五年，卽在聯合國成立之前夕，美洲各國復在墨西哥京城舉行所謂「美洲各國和平與戰爭會議」，其結果，決定下述事項：㈠各國應於戰後制訂泛美憲章，藉以改進泛美組織；㈡同意將以往已簽定之各項和平條約重加整理並加强之。一九四七年在巴西召開「美洲各國防衞會議」，又簽定巴京條約，亦卽所謂「美洲各國互助條約」。在本條約內規定：凡對任一美洲國家之武裝攻擊，應視爲對美洲全體國家之武裝攻擊，從事武裝攻擊之國家，不論其爲美洲國家或非美洲國家，締約國均有抵抗該項武裝攻擊而提供援助之義務。其次，侵略或不採取武裝攻擊形式之侵略，締約國所負援助之義務亦同。

由於美洲國家採取集體安全制度之辦法日趨嚴密，故如何執行此種任務之機構，亦非昔日之泛美聯合會及外交部長咨詢會議所能勝任。因此，一九四八年三月，又在哥倫比亞波哥達舉行第九次泛美會議。此次會議通過「美洲各國組織憲章」，而此項組織簡稱爲「OAS」。憲章全文共爲一百一十二條，其要點如次：

㈠美洲國家組織爲聯合國系統下之一個區域性組織。（第一條）

㈡美洲國家組織應履行聯合國憲章所規定之區域義務。（第四條）

㈢美洲國家組織之理事會應盡力促進該組織與聯合國間之合作（第五十三條）

㈣本組織憲章不妨碍締約國在聯合國憲章下之權利與義務（第一〇二條）

在美洲國家組織內計設四個重要機構：㈠美洲國家會議；㈡外交部長咨詢會議；㈢理事會（由各會員國派具有大使級之代表一人充之，此項代表得由駐該理事會所在地之外交使節充任，因理事會在華府，故卽由各國駐美大使兼任之。）㈣秘書處。此外尙有若干輔助機構，如經濟理事會，法律理事會，文化理事會等皆是。

美洲國家組織之會員——由此可見「美洲國家組織」（OAS），實爲全世界區域安全組織之最完善者。其會員國包括當時與會之美洲二十一個獨立國家：即阿根廷聯邦共和國（Republic of Argentina）玻利維亞共和國（Republic of Bolivia）、巴西聯邦共和國（Republic of Brazil）智利共和國（Republic of Chile）哥倫比亞共和國（Republic of Colombia）哥斯達黎加共和國（Republic of Costa Rica）、古巴共和國（Republic of Cuba）、多明尼加共和國（Republic of Dominica）、厄瓜多爾共和國（Republic of Ecuador）、瓜地馬拉共和國（Republic of Guatemala）、海地共和國（Republic of Haiti）、宏都拉斯共和國（Republic of Honduras）、墨西哥共和國（Republic of Mexico）、尼加拉瓜共和國（Republic of Nicaragua）、巴拿馬共和國（Republic of Panama）、巴拉圭共和國（Republic of Paraguay）、秘魯共和國（Republic of Peru）、薩爾瓦多共和國（Republic of El Salvador）、烏拉圭共和國（Republic of Uraguay）、委內瑞拉共和國（Republic of Venezuela）及北美合衆國（U.S.A）等是。

惟一九五七年以後，因古巴被卡斯楚赤化，成立美洲惟一之共產附庸國家，不但其目標、與美洲國家組織迥異，且亟亟於對拉丁美洲鄰近國家進行滲透顚覆，於是美洲國家組織理事會乃於一九六二年二月十四日宣佈開除古巴之會員資格。

由於拉丁美洲各國有上述之組織，故其對國際問題之立場往往能團結一致，尤其在聯合國方面，彼等更能採取比較相同之立場，因是國際間皆稱之爲「拉丁美洲集團」。（鄧公玄）

參考文獻：

S. N. Dhar : International Relations And World Politics Since 1919, pp. 533-548

拉巴奇計劃（Rapacki Plan）

拉巴奇計劃（Rapacki Plan）是一九五八年二月十四日波蘭外長拉巴奇（Adam Rapacki）向駐華沙各國使節提出的一項備忘錄，建議中歐爲非核子武器區的計劃。

該計劃擬以波蘭、東德、捷克和西德爲非核子武器區的範圍。建議：在此區域內的領土，不製造也不儲藏核子武器；凡爲核子武器而供應的設備與裝置，都不在此區域的領土進行；禁止對此區域內之領土使用核武器的攻擊。

對於這些義務，該計劃建議除區域內各國須接受外，希望法國、英國、美國、蘇俄、比利時、加拿大、丹麥和荷蘭等國都能同意接受。

它也建議設立一種空中和地面的視察制度，由華沙公約國家的代表和北大西洋公約國家的代表共負視察的責任。

拉氏代表波蘭政府聲明稱，希望此計劃之實現，會導致這區域內傳統武力之減少，且會對擴大裁軍的協議，提供有用的先例。

波蘭此一計劃的提出，當已事先取得蘇俄的許可。所以提出之後，蘇俄表明同意與支持。英、美的反應是不能接受。它們都認爲此種計劃只有利於波蘭、捷克和東德，因爲它們的傳統武器佔有優勢，甚且有礙德國的統一。（陳紹賢）

拉特朗條約（Lateran Treaty）

一九二九年二月十一日敎廷與義大利訂定拉特朗條約（英文本請參考American Journal of International Law 23（1929）, Supplements 一八七頁至一九五頁），此外又訂有一處理宗敎事務的敎約及規定義大利賠償敎廷損失之財政條約。拉特朗條約旨在澄淸雙方複雜法律關係：義大利正式廢止一八七一年「保障法」（關此，請參考「梵諦岡城國」條），而敎廷正式承認義大利王國及羅馬爲義首都；義大利承認梵諦岡城國由敎皇主權統治，敎廷要員與梵諦岡宮殿爲不可侵犯，唯義大利對在城內犯罪之人有權追訴，敎廷承諾不予罪犯以任何庇護，同意以罪犯交予義大利政府；城內之永久居民有梵諦岡國籍，城內交通設施由義大利政府負責；敎廷與外國有互相交換使節並締結條約之權；敎廷不應企圖、亦不得參加其他國家之世俗爭端及處理此類爭執事務之國際會議，除非爭端國一致訴請敎皇之和平調解；因此梵諦岡城在任何情形下均被視爲中立而不可被侵犯之土地。

拉特朗條約在二次大戰後爲義大利一九四七年新憲法正式確認。雙方並於一九四七與一九四八訂定協定確定梵城之不可侵犯區域，學者又有主張按照拉約之措詞，實際上應有梵諦岡城及敎廷二個國際法主體，問題僅在二者是「身合國」抑係「物合國」一點云云。（邵子平）

和平共存（Peaceful Co-Existence）

二次大戰後，共產集團與自由世界之間，無日不在冷戰中互爭雄長。迄至一九五三年春間，史太林逝世，蘇俄內部發生領導權之鬥爭，為和緩西方國家敵視，免致引起核子戰爭起見，于是乃有所謂「和平共存」口號之提出。所謂「和平共存」者，蓋謂共產主義與自由主義可以互不侵犯，亦即共產國家可與民主國家各行其道，而並存於此一地球之上。

美國在二次大戰後，深感共產主義之侵略威脅，自始即係採取所謂「防堵政策」或「圍堵政策」（Policy of Containment），其最高目的厥在防阻共產主義向非共產世界繼續擴張，尤其在歐洲方面所實施之許多方案，例如杜魯門主義，馬歇爾計劃，北大西洋公約之組織等，無一而非以防堵蘇俄向西侵略之重要表現。當初美國只注意歐洲方面，對於亞洲與遠東之危機，幾乎完全忽略，於是使中國大陸竟淪於中共匪帮之手。迄一九五〇年六月，韓戰爆發，美國始改變其過去所持「歐洲第一」之錯誤觀念。然而美國之參加韓戰，其出發點仍以「防堵政策」為依歸，故始終以維持北緯十八度之防綫為其作戰之要求。其後在越南作戰，美國採取所謂「不求勝利」之原則，更係由「防堵政策」之觀念而決定。

由於美國對共黨之基本政策為消極的防堵，故當一九五二年美國大選時，杜勒斯為艾森豪競選時所提出之「解放政策」（Policy of Liberation），到了蘇俄於一九五三年提出「和平共存」之欺騙口號以後，即立刻予以揚棄。因為在一般美國人看來，美國之所以要防堵共產主義之擴張，其目的不外在於使自由世界得以生存，今蘇俄既願放棄向外擴張之侵略行為，表示要和自由國家和平相處，這不啻是「求仁得仁」。加以蘇俄在赫魯雪夫當權之後，更提出「清算史太林主義」（DE-Stalinism）之口號，主張對史太林主義大加修正，而在一九五五年，又與西方國家在日內瓦召開高層會議，簽定韓戰與越戰兩項停戰協定，益使美國對蘇俄之「和平共存」，更信之而不疑。

殊不知蘇俄所以提出「和平共存」之口號，其用意在於鬆懈西方國家，尤其美國之敵意，以爭取時間，俾能從事於軍事實力之壯大，絕無放下屠殺之意圖。果爾，迄至一九五七年十月間，蘇俄發射了兩顆「史普匿」地球衛星以後，赫魯雪夫認為在太空方面，蘇俄業已掌握絕對優勢，而其洲際飛彈亦足以遠射美國，在軍事上已可抵消美國核子武器之優勢，於是立刻改變其笑臉，而向美國與西方國家施以壓力，要求西方國家同意召開高峯會議，並依照其所提方案火速解決東西間懸而未決之各項問題，尤其對德國與柏林問題，認為必須迅予解決。不久更發出哀的美登書，謂西方國家如不能接受其建議，彼將單獨使柏林成為自由市，並將西方國家駐軍驅出西柏林之外。此時西方國家在蘇俄飛彈恐嚇之下，無不手忙脚亂，而美國朝野亦戰戰兢兢，咸認應向蘇俄妥協，以免遭受飛彈襲擊。於是所謂「和平共存」之要求，更普遍彌蔓于西方國家人心之中。在一九五七年十月以前，所謂「和平共存」者，係蘇俄向西方之祈求，而此時之「和平共存」，乃西方向蘇俄之祈求。名詞雖同，而其內涵則全非昔比矣。

顧西方國家此時所要求之「和平共存」，其動機亦與蘇俄昔日倡言「和平共存」之動機無異。質言之，即亦在爭取時間，俾能在飛彈方面急起直追，使其軍事力量得以恢復昔日之優勢地位。數年之間，美國在飛彈方面力爭上游，于是當一九六二年十月間，古巴事件發生時，美國即敢動員陸海空軍力量，準備與蘇俄攤牌，其結果遂又迫使赫魯雪夫不得不向美國屈服，自動撤退其在古巴之飛彈與攻擊性武器。自是以後，由於美法發生重大歧見，戴高樂企圖建立第三勢力，同時，共匪與蘇俄亦發生嚴重裂痕，並迫使美國與蘇俄不能不走向「和平共存」之道路。

要之，在今日核子僵持局面之下，美、蘇均不敢輕言戰爭，故「和平共存」殆將成為客觀上無可奈何之現象。然而美國與西方國家假使不認識「和平共存」惟在軍力平衡狀態中存在，而竟相信共產國家確已放棄侵略野心，則一旦共產國家在軍事上獲得優勢時，任何人皆不能保証其不先發制人，此則西方國家所不能不提高警覺者也。（鄧公玄）

參考文獻：

S. N. Dhar: International Relations And World Politics Since 1919, pp. 368-400

和平解決國際爭端的談判

談判是和平解決國際爭端最初且最直接的方法。例如聯合國憲章第三十三條即將談判列為和平解決國際爭端的第一項辦法。

一般來說，談判係採用外交途徑：即由爭端當事國的一方外交部長，與爭端當事國他方的常駐外交代表磋商。如較嚴重的爭端，則由爭端當事國的雙方元首、或專使、特使、擔任談判，擧行會議。由於雙方談判代表能相互讓步，常能達成協議，使國際爭端得以和平解決。如縱然談判失敗，亦可因此採用其他和平方法。因爲有些條約明文規定：爭端發生時，當事國在採用其他和平解決方法以前，須先依外交談判試圖解決。還有一些條約規定：關於條約適用問題，或締約國間的其他問題，締約國應互相通知或諮詢。此項規定實無異於規定締約國間有擧行談判的義務。例如：一九二二年的九國條約（Nine-Power Treaty），一九三八年英德慕尼黑宣言（Declaration of Munich）等均有前項條款的規定。（李鍾桂）

參考文獻：

雷崧生著：國際法原理下册，正中書局，民國四十七年臺三版，第三頁。

和平競賽（Peaceful Competition）

蘇俄爲和緩美國及西方國家敵視起見，在史太林死後即提出所謂「和平共存」之口號，但其後又提出所謂「和平競賽」之標語，以與西方相抗。當一九五九年九月間，赫魯雪夫應美總統艾森豪邀請訪美時，曾於同月十五日至二十七日止，在大衞營擧行艾赫會談，美、蘇均同意若干和解之要點，而其最重要者，即爲致力于「和平競賽」。雙方同意今後對一切有關國際間未決之重要問題，均應放棄以武力爲解決之工具，而唯求運用談判方式謀求妥協。當時國際間咸認東西間之衝突，或可因此而永遠消除，並認此種以和平競賽方式爲所謂「大衞營精神」。

自赫魯雪夫訪美返蘇後，雖然此種所謂「大衞營精神」不久又歸幻滅，且一九六〇年五月間召開之巴黎高峯會議，亦因U 2事件而遭破裂，使美蘇再度恢復以往之緊張形勢，但蘇俄內部之改變則更雷厲風行。赫魯雪夫對于蘇俄經濟方面之措施，尤其不惜予以重大之修正，甚至襲取資本主義國家之故智，以期在經濟上得與西方國家爭一日之短長。

在核子武力與太空方面，蘇俄更欲與美國競賽，以爭取絕對優越之勢。一九六一年八月三十日，蘇俄公然恢復空中核子試爆，連續進行各種核子彈頭的試驗。因此，美國亦不能不于一九六二年四月間，宣佈在太平洋恢復空中核子試爆。蘇俄當時聲明行將採取競賽步驟，但亦卒無可奈何。

由於蘇俄在和平競賽方面，無法取勝，於是一九六二年夏間，赫魯雪夫遂向古巴進行其建立飛彈基地之冒險，但其陰謀又爲美國偵破。是年十月二十二日美國總統甘迺迪乃向蘇俄提出哀的美登書，而卒使赫魯雪夫不得不接受美國之要求，自動自古巴撤退其飛彈基地之設施。自古巴事件之後，整個冷戰局面始發生空前變化，由于東西雙方內部均產生嚴重之分裂現象，于是，迫使美、蘇不得不走上眞正冷和之局。

在今日核子僵持局面之下，全面性戰爭之爆發，已降至極低限度，共產集團與自由世界之間，雖然仍存有嚴重之矛盾，但雙方既不敢冒核子戰爭之危險，則唯有從事於己方實力之壯大，使對方接受客觀的强迫，屈服和平之下。（鄧公玄）

參考文獻：

Facts on File Year Book, 1959

委任統治（Mandate System）

第一次世界大戰後，協約國在巴黎召開和平會議，結果組織國際聯盟，依照國際聯盟約章第二十二條之規定，將各戰敗國家昔日之殖民地，由國際聯盟

A類委任統治地—中近東

統治地	委託國	面積（方英里）
伊拉克 Iraq	英國	116,511
巴勒斯坦 Palestine	英國	9,010
外約旦 Transjordania		20,000
敘利亞 Syria	法國	52,000
大黎巴嫩 Greater Lebanon		8,000

B 類委任統治地—非洲		
但干伊迦 Tanganyika	英　國	373,494
盧安達—烏龍地 Ruanda-Urundi	比　國	21,429
托哥蘭 Togoland	英　國	13,240
托哥蘭 Togoland	法　國	20,077
迦麥龍 Cameroon	英　國	34,236
迦麥龍 Cameroon	法　國	164,094
西南非洲 South-west Africa	南非聯邦	322,393
C 類委任統治地—太平洋		
西薩摩亞 West Samoa	紐錫蘭	1,133
拿魯島 Nauru Island	英　國	9
新幾內亞 New Guinea	澳　洲	91,300
北太平洋島嶼	日　本	830
總　計		1,247,756

之委任而加以統治，換言之，即某一土地由國際聯盟委任某一國家而行使統治權者謂之委任統治。其受命執行統治權之國家稱爲「委託國」（Mandatory Power），而被治之土地謂爲「委任統治地」（Mandated Territory）。

依國際聯盟約章精神，委託國對委任統治地，應有管理、勸導與協助之權利與義務，且有對國際聯盟提出報告之義務，故與通常之殖民地有別，然核考其實，則與一般殖民地殊無差別。此蓋戰勝國掠得戰敗國殖民地之一種新方式。藉以掩飾世人耳目而已。

依國際聯盟約章第二十二條之規定，委任統治地分爲ＡＢＣ三類，茲將實際分配情形表列於前。（鄧公玄）

參考文獻：

Encyclopedia Britanica

委任統治地（Mandated Territories）

第一次大戰後，威爾遜「民族自決」的理想主義原則，受到其他戰勝強權國領土要求的侵蝕；對於戰敗國（德、土、）之領土，根據南非的折衷動議，而有「委任統治」之制度出現。國際聯盟規約係對德、奧、布、匈各國和約之組成部份；該規約之第廿二條規定土耳其帝國之某些地區，其社會發展情形已到達相當程度而可暫時視爲獨立民族者，在公共行政上需受到「受任統治國」的協助，而「受任統治國」的選任應依當地人民之希望。後來主要盟國指定伊拉克（英國爲「受任統治國」），巴勒斯坦及外約旦（英國）、敘利亞及黎巴嫩（法國）爲「第一級委任統治地」。故所謂「級別」之稱並非國聯盟約束原之分類。按伊、敘、黎各地現均已先後獨立，外約旦併入約旦國而巴勒斯坦地區，雖然於一九四八年根據聯合國大會決議獨立成爲以色列國，但許多(尤其阿拉伯）國家不承認以色列。

由於「委任統治」制度之源起受到國際強權政治之影響，在國際公法上遂有爭論其與「兼併」「保護」有何不同者；就理論上言，第一級（二、三級此處不討論）委任統治地無國聯理事會同意不得受兼併、移轉，受任統治國不得徵召委任統治地居民服兵役或視爲其國民，統治地當地經濟，貿易應開放與所有國家；其與「保護」制之不同，在於：受任統治國之行政需受國聯監督。至於實際上之不同，則又視情形而有異。（邵子平）

委任統治制（Mandatory System）

委任統治制（Mandatory System）爲國際聯盟把第一次大戰戰敗國德、

土的海外殖民地和屬地分別委任英、法、比、意、日和南非聯邦等國統治的制度。

國聯盟約（Covenant of the League of Nations）第二十二條中指出：在現代世界的艱辛情況下，爲增進未能自立的人民的幸福與發展，乃文明的神聖責任。要完成此種責任的保證，就須委任先進國代爲統治。該條文也依各委任統治地不同的人民、地理和經濟狀況，分爲三級：第一級委任統治地受統治國（Mandatory）行政上之忠告與協助；第二級委任統治地受統治國負責其行政事務；第三級統治地應視同統治國領土的一部分。

二次戰後，聯合國成立，國際聯盟正式結束，各委任統治地也移歸由聯合國改爲託管地。託管制（Trusteeship System）與委任統治制有別。詳見「託管制度」條。（陳紹賢）

武官（Military Attachés）

使館可設武官處，以襄助館長執行職務。武官處的武官，多爲陸海空軍現役軍官，由派遣國國防部會商外交部就三軍軍官中選派，由外交部通知接受國政府。武官處人員受使館館長節制，但其武職人員的升遷、考核、俸給、紀律處分等，則歸國防部管轄。武官的職務全是軍事性質，例如軍事情報的搜集與報告；軍事人員的交換與訓練；彈藥、裝備與補給品方面的合作；以及其他關於兩國軍事問題的研究等，都在武官職務範圍之內。武官也和外交館員一樣，須經常維持其受歡迎者的地位，不可變成不受歡迎的人物（請參閱「不受歡迎人物」條）。（陳治世）

武裝中立（Armed Neutrality）

其意義有二：一即中立國爲了確保其中立地位而採取軍事措施，以抵抗交戰國任何可能利用其領土之意圖。如一八七〇至一八七一年德法戰爭時，瑞士以武力阻止交戰國軍隊過境；一九三九年大戰爆發後，比利時、荷蘭、瑞士等使其軍隊經常保持動員狀態，以維護它們領土的中立；皆其顯例。

武裝中立之另一意義係指中立國採取軍事防衛措施，使他們所主張的中立權利，免受任一交戰國侵犯之威脅。一七八〇年及一八〇〇年由蘇俄領導的兩次武裝中立，即其例也。其中第一次之所以發生，乃因十八世紀的中立法，除了交戰國對中立船舶行使臨檢，搜索，與拿捕戰時禁品等權利已獲普遍承認外，其他方面尙無明確規則；再加上私掠制度的盛行，以致每當海軍國家之間發生戰爭時，使中立國的商業貿易莫不受到嚴重困擾。因此，一七八〇年當美國獨立戰爭及法國與西班牙也對抗英國作戰時，蘇俄向它們提出照會，宣佈五項中立原則，主張㈠中立國船舶應獲准在交戰國港口間及其沿海航行；㈡中立國船上的敵國貨物除戰時禁制品外，交戰國不得拿捕；㈢戰時禁制品應以軍火，軍器爲限；㈣封鎖須以船艦作有效的實施；㈤拿捕行爲及捕獲法庭之審判，均須適用此等原則。接着俄國幷於同年七、八月分別與丹麥、瑞典訂約，合作裝備軍艦，以武力實現上述諸原則；其後三年間，荷蘭、普魯士、奧地利、葡萄牙、雙西里西亞等亦先後加入此種武裝中立行動；結果美、西、法均接受了上述原則（Lauterpacht's Oppenheim, vol. II. P.629）。

第二次武裝中立起於「護航」問題。早在一六五三年英荷戰爭期間，瑞典即首次主張凡在其軍艦護航下的瑞典商船，如艦長已聲明商船上無戰時禁制品，則交戰國軍艦即不應對此等商船實行臨檢和搜索。其後許多其他國家也作同樣主張，幷締結許多條約，規定在護航下的中立商船，應豁免臨檢與搜索。但英國始終拒絕接受此項原則，幷於一八〇〇年七月以抵抗臨檢及搜索之罪名，拿捕瑞典軍艦及其所護航的數隻商船。蘇俄遂邀請瑞典、丹麥、普魯士等作第二次武裝中立，以實現此項新原則及上次所宣示之諸原則，至翌年春天，由於沙皇保羅（Emperor Paul）之於三月被刺、及丹麥艦隊於四月二日在哥本哈根敗北，武裝中立乃告終止（Oppenheim, II, pp. 630-631）。（俞寬賜）

武裝自衛商船（Defensively Armed Merchant Ships）

即戰時爲抵抗敵國軍艦和潛水艇之攻擊而備有大炮、機鎗、火箭等武器的商船。在傳統國際法原則下，交戰國一方之商船不得對他方軍艦或商船挑釁，但得抵抗他方軍艦或潛水艦之攻擊或拿捕，以資自衞。惟商船可否爲自衞目的而實行武裝，則國際間尙有爭議。依第一、二次世界大戰期間各國政府之態度及判例，此項問題可分四點說明：

㈠英、法等國多以實際需要及自衞權的理論爲基礎，承認這種商船完全合法；幷自一九四一年十月以後在它們的武裝商船上配備飛機，以便護航。

㈡德意志等軸心國則謂自衞權爲國家所專有，商船不得加以援引，因此，它認爲商船的武裝爲非法；德國海軍可以攻擊之。

㈢中立國在第一次大戰期間均反對德國上述主張，强調商船的自衛權。第二次大戰初期，它們多將交戰國武裝商船區別爲防禦性和攻擊性兩種，分別給予不同的待遇，惟自一九四二年起，由於德國厲行潛艇政策之故，它們非但不反對交戰國商船之攻擊性武裝，而且使它們自已的商船亦採同樣措施，强力維持中立。於是武裝自衛商船的制度益趨普遍。

㈣至於在兩次大戰初期均曾維持中立的美國，其對這種商船之態度頗多變遷：一九一四年，它承認商船的防禦性武裝爲合法；幷謂「防禦性」的標準應視船上所載大炮之重量、口徑、數目、及炮彈之多寡而定，且大炮之位置應在船尾及由普通船員操作。一九一六年一月開始，它轉而認爲各交戰國商船不應携帶任何防禦性或攻擊性武器。但迨至其與德國絕交以後，它又改採早期的態度，幷開始武裝自已的商船。

就武裝自衛商船之法律性質而言，第一次大戰期間的中立國多視其仍爲普通商船；但荷蘭却以其具有戰鬥能力爲理由，視之爲軍艦，禁止駛入該國領水。迨至第二次大戰期間，國際間始一致承認這種商船在慣常活動中不得被視爲軍艦；但當抵抗敵國軍艦或潛水艇之攻擊時，它們應具有軍艦之地位，可以從事各種交戰行爲；船上人員被捕時亦應享受戰俘待遇。反之，如果它們未被攻擊而有挑釁行爲，則應被視爲戰犯。（俞寬賜）

波特公約（Porter Pact; Porter Convention）

當一九〇六年阿根廷外相德拉哥（Luis. M. Drago）的「禁止武力索債」建議，爲泛美會議通過採納後，美國代表波特（ Porter ）認爲國際公法並不完全禁止使用武力索債，而應該有條件的禁止武力索債。故於一九〇七年第二次海牙和會時採納波特的主張，或爲第二次海牙和會的第二號公約—限制武力索債公約，又名波特公約。

波特公約的主要內容是：本公約不完全禁止武力索債，在下列兩種情況下可合法的使用武力：

㈠債務國拒絕償付債務，且拒絕仲裁。

㈡債務國雖然交付仲裁，但不肯訂立仲裁協定，或不遵守仲裁裁決。

波特公約簽訂後，多數國際法學家皆認爲此乃合乎國際爭端以和平方法解決的新趨勢，而予以贊成。但拉丁美洲國家都反對此公約，而於一九四五年泛美會議時，墨西哥代表曾提議廢棄波特公約。雖然當時未明白被廢止，不過國家使用武力的權利，已被聯合國憲章明確的加以限制，甚至已由聯合國憲章中的「禁用武力條款」取而代之了。（李鍾桂）

參考文獻：

Charles G. Finwick, International Law. 1962, 4th edition, P.354-355

波茨坦宣言（Potsdam Declaration ）

二次大戰時，德國於一九四五年五月八日，正式接受同盟國家之無條件投降，美、英、蘇三國首長於同年七月十七日至八月二日，乃在柏林之波茨坦宮召開會議，發表宣言，因稱之爲波茨坦宣言，此項宣言不僅決定德國戰後之命運，同時亦影響整個世界爾後之命運，其重要可想而知。

此次會議，由美國總統杜魯門（按其時羅斯福總統剛已去世），蘇俄獨裁者史太林、及英國首相邱吉爾等親自出席。惟邱吉爾之地位因英國內閣改組，遂由工黨領袖艾德里（C. R. Attlee）接代之。

波茨坦會議之目標，一方面因爲決定如何處理德國問題，一方面亦爲決定如何安排在太平洋方面之對日作戰。此次會議除上述三國首長外，各該國外交部長及參謀首長亦均與會。

會中決定由美、英、蘇與法國及中華民國共同召開外長會議，以倫敦爲會議所在地。五國外長會議之任務如次：起草對意大利、羅馬尼亞、保加利亞、匈牙利、及芬蘭之和平條約；提出有關戰後領土問題之解決方法；建議對德和平解決方案；以及有關聯合國之協議等。

其次該會共同保證實施雅爾達宣言內之決定事項，如澈底剷除德國軍國主義，澈底廢棄納粹主義，凡屬納粹份子必須予以肅清，嗣後除重要戰犯應予軍事審判外，其餘均不得充任公私機關之重要職位，並不得擔負教育工作。

德國與柏林均應由美、英、蘇、法四國分區作軍事佔領，並由四國組織柏林管理委員會，作爲最高之統治機關。至於德國雖不能設中央政府，然在經濟上則應成爲統一之經濟單位，且在柏林管理委員會下，設置某些必要之行政部門。

關於賠償方面，各國得就其佔領區內之財物及其對外資金分別取償。除蘇俄曾將東德財物大批拆遷運往蘇俄外，美、英、法三國對西德方面之財物並未實行拆遷。

其在領土方面，波茨坦會議決議將東普魯士之康尼斯堡（ Konigsberg ）及其鄰近地帶割與蘇俄。東普魯士之其餘地區以及阿德尼西（Oder-Neisse）以東，包括西普魯士，波麥蘭尼（Pomerania）、布朗登堡（Brandenburg），西萊西亞（Silesia），上西萊西亞（Upper Silesia）等地，均讓與波蘭。

三國同意對戰時中立國家准其參加聯合國之組織，惟對於由德、意軸心國家支持而建立之西班牙政府，則排斥在外。

但波茨坦會議所決定之事項，不久即多予以放棄，蓋原設在柏林之共同管理委員會，因各國意見參差，不能行使其職權，遂各行其是，分道揚鑣矣。其結果則美、英、法三國所佔領之西德地區，於一九四九年實行合併，建立「西德聯邦共和國」（West German Federal Republic），而蘇俄所控制之東德則成立所謂「東德民主共和國」（East German Democratic Republic）。自是東西德國之間遂成互為水火之鬥爭單位，而其合併統一之期望亦愈形渺茫矣。（鄧公玄）

參考文獻：

American Peoples' Encyclopedia Vol.16

波茨坦會議（Potsdam Conference）

為一九四五年七月十七日至八月二日，在波茨坦所舉行之會議，以解決一九四五年五月七日德國無條件投降後之命運。史達林與莫洛托夫竭力強調德黑蘭與雅爾達精神，收集羅斯福所許之諾言與保證的利益。美總統羅斯福已於四月逝世，其繼承者於就職之初，不能因會議失敗而損其聲望。在會議中間，英國由於工黨獲勝，艾德禮代替了邱吉爾。英美外長貝文、和貝爾尼斯皆新任。因此，蘇俄的政治家們是德里蘭與雅爾達決議的唯一解釋者。這說明了，何以波茨坦對蘇俄有如此有利的妥協。

會議達成如下協議：㈠由英、法、美、中與蘇俄之外交部長設立一委員會，與德國之聯盟國家努力達成和平談判；㈡英國、法國、美國與蘇俄之總司令部在德國佔領區內具有最高權力，同時應在管制委員會之下聯合執行有關整個德國的事務；㈢德國應解除武裝及裝備，納粹主義應徹底消滅；同時，德國人民應再接受民主訓練，在目前，德國中央政府應暫緩設立；㈣東普魯斯與康尼斯堡（Konigsberg）一部份土地讓給蘇俄，奧得河、奈塞河線（The Oder Neisse Line）劃為波蘭西境之臨時邊界；㈤戰犯應受審判。

此外，對日本問題亦有重要決定及協議。為促使日本早日投降，以中、英、美三國政府領袖名義，於七月二十六日發表「中、英、美、三國波茨坦聯合公告」。公告中指出，全世界民主國家中將擊潰日本，並警告日本立即無條件投降。具體要點如次：

㈠永遠芟除征服世界企圖之權力與勢力，驅逐軍國主義。

㈡為保證實現上述目標，聯合國家得佔領指定之日本領土各地點。

㈢實現開羅會議諸條件（要點為：1.剝奪日本於一九一八年所獲得之代管地；2.中國東北四省及臺灣、澎湖列島交還中國，3.准朝鮮實行獨立。）

㈣日本武裝兵力一律解除。

㈤嚴懲戰爭罪犯。

㈥日本政府須尊重基本人權，及確立宗教、思想之自由。

㈦不容可能重整軍備之工業存在。

㈧為達到上項目標，日本得獲致原料與資源，且允許參加將來國際貿易。

㈨同盟國之佔領兵力，在實現以上目標並建立根據日本國民自由意志之和平責任政府後，立即撤兵。

㈩促日本政府立即宣言，使全部總兵力無條件投降，否則將全面破壞日本。（吳俊才）

使館館長人選的同意

常設使館館長，可以是男性、女性、政治家、軍人、富商或職業外交官，或其他任何職業的人物。無論他們屬於那一群，在正式受命之前都必須取得接受國政府的同意。徵求同意通常是由其本國外交部以秘密方式，向接受國外交部進行。徵求同意的程序叫做 agreation，同意的表示叫做 agreement。依照國際慣例，接受國表示同意後，必須接納業經正式任命的外國使館館長，以避免不愉快的後果。接受國如拒絕同意，派遣國便不應正式任命原經提名的人選，免致他到任後不能執行職務。派遣國為預防遭受拒絕起見，應注意被提名者的言論，以往行爲，個人關係等是否適當，不可輕率決定。接受國有拒絕同意權利，拒絕時不必敘述理由，遭受非議時無需申辯，但它必須注意兩點：一是不得要求派遣國另提某人，二是派遣國可能因此大生反感，故意拖延，不另提新人，使其在拒絕接受國內的使館久無正式館長，兩國關係或因此失常。例如英國於一八三二年提名Sir Stratford Canning爲駐俄大使，經俄國拒絕同意後，歷時三年，不派人補缺；美國於一八八五年提名A. M. Keiley爲駐奧大使，奧國不表同意，引起美國不滿，美駐奧使館館務由代辦處理達數年之久。所以接受國於表示拒絕同意之前，應作特別審愼的考慮。（陳治世）

使館館長的級位

常設使館的館長，可分：特命全權大使（Ambassador extraordinary and plenipotentiary），教廷大使（Nuncio），準大使（Pro-nuncio），特命全權公使（Minister plenipotentiary and envoy extraordinary），教廷公使（Apostolic inter-nuncio）、駐辦公使（Minister resident）或代辦（Chargé d'affaires）。大使館館長是大使或代辦，公使館館長爲公使，駐辦公使或代辦。從前唯有君主國和教廷可以相互派遣並且接納特命全權大使，共和國的最高級使節限於特命全權公使，但自二十世紀初以來，這項限制業已放棄，許多小共和國亦早已派遣大使。Legati à latre（或Legati de latre）是教廷特使，本是樞機主教，負責特殊使命。Nuncio爲教廷的常設大使，爲教宗所任命的最高級外交代表，級位等於特命全權大使，教廷曾要求其Nuncio爲當然的外交團團長，因未得各國承認，乃改派準大使爲外交代表。現在各國承認，準大使有特命全權大使的同等地位。次於準大使的教廷使節爲教廷公使，各國亦已承認其地位和特命全權公使的完全相同。大使曾被視爲國家元首的個人代表，因而可以直接求見接受國元首，進行交涉。但事實上各國慣例並不給予大使這種便利，大使必須以接受國外交部爲交涉談判的對象。大使可享「閣下」（Excellency）的榮銜，其優先地位（請閱優先地位條）在他級使節之前。所以近來國家無論大小，都有僅派大使級館長而不設公使館的趨勢。特命全權公使不能享受大使的榮譽，稱他爲「閣下」，祇是出於禮貌，不是基於他的權利，他有代表派遣國的身份，轉達其政府意旨的權利，以及促進邦交的任務等，和特命全權大使的並無不同。最低級的使館館長爲代辦。代辦可分爲專任的（Chargés d'affaires ad hoc）和臨時的（Chargés d'affaires ad interim）。前者是一國外交部派至接受國外交部的專任外交代表，身份和職務具長期性，到任時祇要向接受國外交部遞交代辦證書，不必攜帶國書，無需向接受國元首呈遞任何證件，不能加上「閣下」榮銜；後者是於大（公）使館館長休假、病假、返國述職等原因不能視事時，臨時代理館長職務的最高級館員，無需由其派遣國政府臨時任命，亦無需向接受國外交部遞交證書，其權力來自館長的授與，其地位在專任代辦之下，其人員可爲館內的公使、參事、一等秘書或三等秘書。一八一五年維也納公會決定的使館館長，祇限於大使，公使和代辦三級，一八一八年的Aix-la-Chapelle會議，決定增加駐辦公使爲館長。這級館長的地位，介於特命全權公使與代辦之間，不能享受「閣下」的榮稱；現在各國停派這一級的館長，駐辦公使已名存實無了，一九六一年維也納外交公約，並已將此一級取消而未列入公約內。大使、公使和代辦，是使館館長地位的決定標準，其爲職業性或非職業性的外交人員，特任級或簡任級的使節（例如我國現有職業性和非職業性的外交代表，特任和簡任的大使），都和其在接受國的地位無關，儘管這種分別對其在派遣國文官制度下的地位有十分顯著而重要的區別。（陳治世）

使館館員

一般說來，使館館長的隨從人員可有三類，第一類是與使館公務有關的，如公使（限於館務繁忙的大使館）、公使銜參事、參事、專門委員、一等秘書、二等秘書、三等秘書、助理三等秘書、陸海空軍武官、文化商務新聞參事、法律顧問、主計專員、主事、譯員、管卷員、打字員、信差、電務員等；第二類是爲館長和館員私人服務的，如醫師、牧師、私人秘書、家庭教師、管家、保母、司機、門丁、園丁、僕役等；第三類是家屬，包括上述人員的配偶、直系親屬、及未成年子女。其中第一類才是使館館員，參事等屬外交館員（Diplomatic staff），主計專員等屬行政及技術館員（Administrative and technical staff），管卷員等屬事務館員（Service staff）。各類人員名單由館長列送接受國外交部，遇有升級、調職、離職等情形時，必隨時補送。至於那些人員列入外交官銜名錄中，各國慣例並不盡同，多是按照互惠原則而定。館員可由派遣國政府單方決定任命，無需事先徵求接受國同意，亦不必呈驗證書，到任後，由館長通知接受國外交部，並於適當時機由館長介紹拜見外交部部長或元首。館員的職責是襄助館長達成任務，不代表使館或政府，祇於充任臨時代辦時，才具有代表使館或政府的地位。（陳治世）

阿拉巴馬賠償案（Alabama Claims Case）

一八六二年，美國南北戰爭期間，美國南部邦聯（The Confederate States of America）在英國的利物浦（Liverpool）建造了一艘無武裝的船，稱為阿拉巴馬號，但當阿拉巴馬號在亞瑟爾（Azores）群島遇到其他三艘英國船舶時，由該三艘船舶提供阿拉巴馬號彈藥及槍砲。而後該船即對北方美國政府商船施以攻擊與劫掠，使美國遭受嚴重損害。故當南北戰爭結束後，美國政府指責英國破壞中立，未能切實注意防止此種船艦之在英國裝配，與提供武器給南部邦聯使用，因此凡在南北戰爭期間受阿拉巴馬號攻擊而損害者，美國政府即有權提出損害賠償的要求，於是爭端因此而發生。

幾經交涉，終於在一八七一年五月八日英美兩國締結華盛頓條約，同意將此爭端提付仲裁，由英、美、巴西、意大利與瑞士各選派仲裁員一名，共組成仲裁委員會，結果於一八七二年九月十四日裁決，英國應賠償一千五百五十萬美金，同時在締結華盛頓條約時，又訂立了著名的「華盛頓三原則」（The Three Rules of Washington），作為中立國不得為交戰國裝配，武裝或建造船艦的原則，以及仲裁的依據。（參閱「華盛頓三原則」條）（李鍾桂）

參考文獻：

Hudson, Cases P.1335; Papers Relating to Treaty of Washington, Vol.Ⅲ, P.49

阿拉伯國家聯盟（The League of Arab States, LAS）

一、緣起

位居中東的埃及、伊拉克、約旦、黎巴嫩、沙地阿拉伯、叙利亞、也門等七個阿拉伯國家為加強團結，確保獨立，促進彼此政治、經濟、法律、社會、文化、交通方面的合作，並增強阿拉伯民族在國際政治上的影響力，於一九四五年三月二十二日正式成立阿拉伯國家聯盟，通稱為阿拉伯聯盟，嗣後加入的其他阿拉伯國家計有利比亞（一九五三年）、蘇丹（一九五六年）、摩洛哥（一九五八年）、突尼西亞（一九五八年）、科威特（一九六一年）、阿爾及利亞（一九六二年）、南也門（一九六七）。初期在國際上頗得英國支助，爾後成為反殖民，反猶太民族色彩極濃的區域性國際組織，所包括地區由中東擴展到北非。

二、組織

㈠理事會（Council）：理事會為阿拉伯國家聯盟的主要機構，又稱 Majlis，由各國總理或其代表組成，每兩年集會一次，下設政治、經濟、法律、社會、文化、新聞出版、行政與財政、巴勒斯坦等八部，並設有政治、法律、經濟、文化、交通、社會、新聞等六個常設委員會。

㈡共同防禦理事會（Joint Defence Council）

㈢經濟理事會（Economic Council）

㈣阿拉伯聯合指揮部（Unitary Arab Command）

㈤阿拉伯經濟統一理事會（Arab Economic Unity Concil）

㈥秘書處，置秘書長一人，職員約貳百餘人。

三、目的

該組織成立之初，其主要目的誠如盟約所示，「在於加強會員國之間的友好關係，並促進彼此對外政策的合作以確保彼此政治獨立與主權完整」。且保證支持未獨立的阿拉伯人民爭取獨立，並堅決反對猶太人，主張巴勒斯坦應為阿拉伯人所有，此外如促進會員國彼此經濟、法律、社會、文化、交通等方面的合作，亦為該組織成立初期之目的。

一九五〇年四月十三日該組織會員國又簽訂了一個共同防禦及經濟合作條約，一九五二年三月十六日生效。根據該條約規定，所有締約國尊重聯合國憲章，任一締約國受到外來侵略，各締約國視同本國受到侵略，得根據聯合國憲章第五十一條規定，行使集體自衛權以對抗侵略；並成立共同防禦理事會及阿拉伯聯合指揮部。自該約生效後，該組織除民族主義色彩外兼具有軍事聯盟的目的。

四、會員國

凡獨立的阿拉伯國家均有權加入，創始會員國七，加入會員國七，現有會員國十四：阿爾及利亞、伊拉克、約旦、科威特、黎巴嫩、利比亞、摩洛哥、沙地阿拉伯、南也門、蘇丹、叙利亞、突尼西亞、阿聯、也門。依阿拉伯聯盟公約關於巴勒斯坦附件，巴勒斯坦阿拉伯難民得派代表列席聯盟理事會，事實上自始即參與聯盟的活動。

該組織自成立以來，大部分活動限於政治方面，時別以巴勒斯坦問題爲主，其他在經濟、社會、文化方面雖亦有許多合作計劃提出，大多決而不行，難有所成。即使在政治安全方面，該組織成就亦屬有限，一方面因爲各國環境互異，內部多事，經濟利益難趨一致；二由於領袖之間彼此猜忌，互爭雄長；三由於盟約規定該組織之決議採全體一致原則，否則對未同意之國家不得引用，且其決議不得强行實施以影響到會員國之獨立，主權與領土完整，凡此皆使該組織的行動受到限制。即以巴勒斯坦問題而論，既未能阻止以色列在該地復國於先，而一九四八年、一九五六年及一九六七年三次對以色列用兵又失敗於後。一般而言，該組織構成不夠緊嚴，份子國家的政治立場缺乏一致，領導者之間之個人恩怨尤重，加以反猶色彩太濃，亦不能成爲一個確保中東和平及安全的區域組織，惟在聯合國大會中該組織形成一個投票集團，顯示阿拉伯民族主義的力量。近年以來阿拉伯聯盟國家頗致力於經濟方面合作，如簽訂貿易及支付協定，設立阿拉伯經濟開發貨幣基金（已改稱阿拉伯財政組織），簽訂設立阿拉伯經濟聯營（阿拉伯共同市）的協定，然因缺乏資本與技術，各處於發展不同階段，競爭多於團結，故成就不大。（張宏遠）

阿波羅計劃（Apollo Program）

一九六一年四月十二日蘇聯首次載人飛行太空成功後，美國總統甘迺廸決定急起直追。同年五月二十五日甘迺廸總統向美國國會提出計劃，在十年以內，登陸月球。次年美國國會通過同意，阿波羅計劃，卽告成立。

一九六七年一月二十七日美國太空人三員在甘迺廸角失事，使此一計劃，延緩實施。

一九六八年一月，第一次阿波羅計劃實施，當時無太空人在艙內。直至一九六八年十月第七次阿波羅計劃實施時，才有三位太空人在艙內飛行。

一九六八年聖誕節前後，第八次阿波羅計劃實施，完成載人航天器繞月球飛行。此次成功包括以下各種測驗：

(1)由地球至月球往返成功。

(2)繞月球飛行成功。

(3)航天器性能測驗成功。

(4)人類在太空生存的可能性，測驗成功。

(5)此次之成功，證明蘇聯載人航天器登陸月球計劃，顯然落後。

此後第九次測驗小艙降落月球。第十次測驗人類在距月球十英里內飛行。至一九六九年七月二十日第十一次阿波羅計劃，使人類在月球登陸成功。阿模斯壯發表名言：『我走了一小步；人類文明却前進了一大步』。

以後第十二次，第十四次，第十五次，及第十六次計劃均登陸月球，採取岩石，供世界科學家研究。

第十三次因航天器發生障礙，折返地球，未登陸月球。

一九七二年十二月七日，第十七次阿波羅計劃實施。此爲阿波羅計劃之最後一次。此後另有新計劃。

第十七次太空人離月球時曾留刻有文字之紀念品在月球上。其文爲："May the spirit of peace in which we came be reflcted in the lives of all mankind" 有第十七次三位太空人及尼克森總統簽字。並發表下列宣言："I take these last steps from the surface for some time into, the future to come, I would just like to record that America's challenge of today has forged man's destiny of tomorrow. And as we leave the moon and Taurus-Littrow we leave as we came, and, God willing, we shall return, with peace and hope for all mankind".

附　歐洲願參加美太空計劃

一九七二年十二月二十一日太陽神十七號太空人賽南、艾萬斯和施密特於今晨稍早返回美國。

他們乘坐的空軍C一四一運輸機在經過一次九小時又三十一分鐘起自美屬薩摩亞島巴哥巴哥的飛行後，於東部標準時間今晨六時五十一分（格林威治時間十一時五十一分）抵達洛杉磯加油。

他們在月球的李特羅金牛座山谷停留的三天期間，曾紀錄月球的溫度。初步報告指出，月球內部的溫度較預料者爲高。

這對若干月球科學家們而言，是意外的消息，因爲這與他們原先對月球的構成想法不符。

但太陽神十七號儀器的報告顯示月球的溫度每深入月球三呎，溫度卽增高華氏一點八度。

廿一日歐洲國家經過一次歷時九小時的會議之後，原則上決定接受美國邀請，參加美國繼「太陽神計劃」之後所進行的「太空試驗室」與「太空車廂」計劃。

會議主席比利時科學部長李佛瑞說，他將於今天致函美國政府，表示「我們願意與美國合作從事該等計劃」。（張彝鼎）

抵押（Mortgage）

英美學者別稱為 Pledge，按中國民法，抵押權設立之特點為不移轉被抵押的不動產之佔有；而依典權設定的規定，則不但移轉占有，典權人且能依中國國內法為使用及收益，由此可見一般學者所舉下列之事例，毋寧為中國習慣上的「出典」：

事例之一：一七六八年，Genoa 共和國因法國曾代為出兵平定 Corsica 島的亂事，但不能償付法國以所欠軍費，乃以該島移轉與法國。

事例之二：一八〇三年，瑞典將 Wismar 城提供 Mecklenburg-Schwerin 的大公為擔保，借得一百二十五萬銀幣（Thaler），約定瑞典於一百年後支付該項數目外加每年百分之五的利息取回 Wismar 城（結果，瑞典於一百年後即一九〇三年正式放棄取回該城）。（邵子平）

抵制（Boycott, Boycottage）

所謂抵制是與外國國民斷絕商業關係，藉使對方蒙受損害者。

抵制在原則上不得作為民間運動，或作為推動國家的一種政策。它只能作為制裁或報仇或作為國際組織對侵略國的一種集體制裁行動，以及個別國家對他國的一種報仇行為。例如一九三五年意大利侵略阿比西尼亞（現在的伊索比亞）時，五二個國際聯盟會員國於一九三五年十一月十八日至一九三六年七月十五日，對意大利採取抵制制裁行動，禁止意大利貨物的進口，同時亦限制貨物輸入意大利。此完全根據國聯盟約第十六條規定「商務及財政關係的斷絕」及「一切財政、商務及個人關係的終止」，作為對侵略國的制裁手段。再如一九五一年八月二十三日美國參議院以八十一票對零票通過一個決議案，決定對捷克因一九五一年七月四日，捷克法院宣判美國記者奧地斯（William Oatis）以間諜罪處十年有期徒刑，而實行經濟抵制，此項抵制行動直至奧地斯釋放為止。

凡是不合法的抵制運動，發動國須負國際責任。（李鍾桂）

參考文獻：

Charles Rousseau, Le boycottage dans les rapports internationaux, Revue générale ce droit international No.1 P.5 etc.

「Boycott」譯義為「抵制」，譯音為「杯葛」。十九世紀末葉，一位在愛爾蘭經營土地產的英國人杯葛（Charles Cunningham Boycott）對待佃戶等刻薄無情，致其僱用的人們一致拒絕與之合作。後來幾個人、團體或國家採取一致的社會、經濟或政治步調，抵制其他個人、團體或國家的行為或設施，此類行動都叫做「杯葛」。

「杯葛」有表現於勞、資糾紛中。勞方拒絕與資方合作，甚至誘導他人或團體停止與其僱主發生貨物交易或勞務供應的關係。H. W. Laidler, Boycotts and the Labor Struggle（1914）

「杯葛」也被用作政治鬥爭的一種武器。例如，甘地為爭取印度獨立，曾領導印度人民，實行對英不合作。一九一九年巴黎和會對山東問題處置失當，引起中國人民的抵制日貨運動，以為報復。一九二五年六月廿三日廣州沙基慘案發生後，香港華工展開對英人不合作運動，作政府交涉的後盾。至於政治「杯葛」的法律地位，是個爭論的問題。Evens Clark, ed; Boycotts and Peace（1932）

「國際杯葛」（International Boycott）是「經濟制裁」（Economic Sanction）的另一名詞。此種行動，美洲國家組織（Organization of American States）曾採取以對付古巴的卡斯楚政權；聯合國安全理事會決議以制裁羅德西亞的史密斯政權。（陳紹賢）

居所地法（Law of the Place of Residence）

當事人居所所在地的法律，稱做居所地法。所謂居所，就是沒有久住的意思，而居於一定的地域。居所與住所不同，前者是一時為特定的目的而居住，後者則以永久的意思而居住。凡適用住所地法，而住所無可考、或無住所時，則適用居所地法。我國涉外民事法律適用法第二十七條第一項後段，也有相似的規定：「……而當事人無國籍時，依其住所地法，住所不明時，依其居所地法」。（洪力生）

居所的衝突

或稱居所的牴觸，即一人有時竟有二以上的居所，或有時竟無一住所所生的衝突是。前者稱做居所的積極衝突，後者稱做居所的消極衝突。我國涉外民事法律適用法第二十七條第三項規定：當事人有多數居所時，依其關係最切之居所地法，但在中華民國有居所者，依中華民國法律；居所不明者，依現在地法。以解決居所的衝突。（洪力生）

事實的承認(De Facto Recognition)

「事實的承認」一辦法之出現乃近代權力政治以來的事，一般是指對於新事物或新情勢之臨時的、暫時的承認，一部份學者因此認爲承認國可以撤回它所作的「事實的承認」；是否「事實的承認」與「法律的承認」在法律效果上有區別？還是前者只是國際政治上一時權宜之稱？一般言之，學者持「構成說」者，多認爲二者之間有區別，而「宣告說派」則多半否認之。

首先，必須認明（勞特帕特亦從之）：該二種方式之承認均是法律行爲，所以有法律上效果（雷崧生國際法原理上册民四六年三版六一頁說相反）；所謂「事實的承認」，乃是「承認一個事實上的政府」（或國家）的簡稱；但不論事實上的或法律上的政府（或國家）。其所作立法或內政措施在承認國法院前都有同樣地位，亦有同樣的司法豁免權，二者如因國家消滅或政府事實上失却有效控制而可遭撤回，按通說，被承認爲事實上的國家（或政府），亦在國際法上享有與法律上國家（政府）同樣的權利義務。新構成說派（見歐本海及勞特帕特：國際法，第八版、第一册一三六頁）以爲二者之別在對在國外之財產權的影響：一九三七年英國承認義大利爲阿比西尼亞的事實上統治，但英法院不認爲義大利可以根據國家繼承原則取得阿皇在海外之財產，後來英國作法律上的承認以後，却判定該項財產應屬於義大利。論者以爲勞氏舉例太孤，且英國法院所作判決亦未必可視爲國際法上的定論。然於勞氏暗示法律上承認即帶來外交關係，而事實承認則未必云云，更有相反証據（以色列承認中共）。所謂「事實的承認」是暫時的可以遭撤回云云，按宣告說，所有「撤回」均是因爲該國家（或政府）事實上消滅，而非由承認國可擅自撤回。（邵子平）

參考文獻：

重要參考書除參見「法律的承認」條中所開列者，又有：

Spiropoulous. Die de facto Regierung im Vőlkerrecht 1926

Noël-Henry, Les Gouvernement de fact devant le juge 1927

Schlütter De facto Anerkennung im Vőlkerrecht 1936

Lauterpacht. H. B.Y.I.L.,22 (1945) PP.184-190

事實發生地法（Law of the Place Where Acts Occurred）

所謂事實發生地法，是指法律事實發生時所在地的法律而言。我國涉外民事法律適用法第八條規定：「關於由無因管理，不當得利，或其他法律事實而生之債，依事實發生地法。」是關於由無因管理，不當得利等而發生的債，應該以事實發生地法爲其準據法，這是現代各國國際私法所採的通說。但是，可能發生債權債務關係的法律事實，除無因管理、不當得利、及侵權行爲（參閱同法第九條）外，還有其他的原因，如救助撈救，共同海損等，雖然在公海上發生的情形，可以另外適用別的準據法，但是，在領海內發生的情形，仍然應該適用事實發生地法，所以用「或其他事實」一語，可以把上述的情形，概括在內，都可以適用事實發生地法。（洪力生）

兩極世界（Bipolarized World）

自第二次世界戰爭結束之後，由於蘇俄建立共產鐵幕（Iron Curtain），使共產國家與非共產國家完全隔離，造成彼此水洩不通之狀態。其後由於中共匪幫竊據大陸，亦立刻成爲共產鐵幕之一環，益使吾人之地球形成「兩極化」之現象。

在此種兩極化世界之下，其主要對手當然爲今日兩超級强國，即蘇俄與美國。由於雙方的一切理想、制度與方法，均係對立而互相拒斥，不啻如一個磁石的兩端一樣。于是世界上所有新舊國家無不受此兩極之吸引，而集中于兩大陣營之中。眞有所謂有不歸於楊，即歸於墨之勢，我國戰國時代合縱連橫之情形，遂復見於今日。

今日兩極化世界形勢之發展，可分爲四大階段敍述之於次：

第一階段——自一九四七年初起，至一九五〇年六月韓戰發生時止。在此一階段中，兩極化的觀念逐漸發展，並普遍爲世界各國所接受，而成爲國際政治上的唯一支配原則。

第二階段——自一九五〇年六月起，至一九五四年日內瓦會議時止。在此時期中，美、蘇關係全面陷於僵持的狀態，于是兩極化觀念亦達於高峯的程度。迄至一九五四年日內瓦會議之後，由於蘇俄發動所謂和平攻勢，以「和平共存」與「和平競賽」的口號欺騙西方，使所謂兩極化的趨勢漸形和緩，而同時遂有若干亞非國家開始有中立化與不結盟主義之醞釀。

第三階段——自一九五七年十月起，至一九六二年十月止。在此時期中，因爲蘇俄發射了史普匿第一、第二兩枚地球衛星之故，赫魯雪夫即利用其洲際飛彈爲對西方恐嚇之工具，一變其過去數年間之笑臉攻勢，回復到昔日的猙獰面目。因此東西雙方之冷戰乃再度恢復劍拔弩張的狀態，使兩極化要求亦再度成爲國際間的主動力。但此時中立化與不結盟主義之觀念亦已成爲少數國家所憧憬，使兩極化現象卒未能回復到第一階段的形勢。

第四階段——自一九六二年年底起，至作者執筆時止。在一九六二年十月古巴事件之後，兩極化形勢遂逐漸趨於崩潰之中。蓋在蘇俄接受美國哀的美登書，自動從古巴撤退其飛彈基地以後，一方面使全世界完全認識了蘇俄外強中乾之眞情，一方面也認識了核子戰爭危機業已降至極低限度。於是使整個冷戰局面發生空前變化，而其最顯著者，即東西兩大集團之內部，亦發生了相互間之嚴重裂痕。在共產集團中形成了匪、俄衝突，並使蘇俄附庸國產生離心現象；而在西方則美、法分道揚鑣，戴高樂且公然欲建立其第三勢力。以致美蘇兩國之領導權皆大爲動搖。

自古巴事件以來，世界政治遂重視錯綜複雜之現象，而所謂兩極化世界亦有恢復多元化世界的新趨勢。但共產主義存在一日，則世界兩極化之觀念固永難消逝也。（鄧公玄）

參考文獻：

C. O. Lerche Jr.: Foreign Policy of The American People, Part VI, Chap. 13

兩黨外交政策（Bipartisan Foreign Policy）

在兩大黨制的國家中，執政黨與反對黨對於某種外交政策意見一致。這就叫做兩黨外交政策（Bipartisan Foreign Policy）。這在二次戰後的美國尤有明顯的表現，如關於聯合國憲章案、援助希、土計劃，歐洲復興計劃和北大西洋公約案，都是民主共和兩黨政策協調的結果，也即是兩黨外交政策的成就。

美國故參議員范登堡（Arthur Vandenberg）曾於放棄孤立主義之後，成爲提倡和實踐兩黨外交政策之最力者。他說，在美國兩黨制度下，兩黨外交政策的意義是：由於兩黨互相的努力，團結一致，對外發言，使美國所宣告的，具有充分的權威，以對付那些人們想分裂與征服美國及自由世界。這不是放棄自由辯論，相反地，坦誠合作與自由辯論，是達成最後協議所必需的。

對兩黨外交政策持批評意見的，認爲兩黨在原則上的任何基本差別，必須反映於對外政策與對內政策。否則，到選擧時，選民就會感覺難於抉擇了。（陳紹賢）

奈及利亞—多哥經濟社會（簡稱「奈多經濟社會」）(Nigerian-Togolese Economic Community)

奈及利亞國家元首高溫將軍（Maj. Gen. Yakubu Gowon）官式訪問多哥。於一九七二年五月一日宣佈：他與多哥總統艾雅德瑪將軍（Gen. Etienne Gnassibé Eyadema）已達成一項協議，組織一個「奈及利亞—多哥經濟社會」（Nigerian-Togolese Economic Community），作爲未來西非國家集團的「胚芽」。此一政治實體將向所有非洲兄弟國家開放，但無意與「非、馬、模共同組織」所計劃的「西非社會」（West African Community）相競爭。

奈及利亞是西非大國，全面積有九二三、七六八平方公里。就人口而言，有六千一百萬人，爲非洲第一大國，而多哥爲西非小國，面積僅五六、〇〇〇平方公里，人口爲一、九五六、〇〇〇人。此一經濟社會當然會受到奈及利亞的影響。

奈及利亞是英語系國家，多哥是法語系國家，此一經濟社會的成立，顯然是非洲法語系國家與英語系國家之間克服困難的第一個制度上的努力。（楊逢泰）

空中轟炸（Aerial Bombardment）

即交戰國由空中投下爆炸物以加害敵人之方法。關於此項轟炸的法律規則，迄今幷無正式的國際立法。不過一九〇七年海牙陸戰法規第二十五條「不得以任何方法攻擊或轟炸未防守的城市、村落、住宅或房屋」等規定，當可類推適用於空中轟炸。一九二二年華盛頓會議所設立之法律專家委員會，曾研擬「空戰法規草案」一種，已於翌年（一九二三年）在海牙發表。其中規定㈠空中轟炸不得以使居民恐懼、傷害非戰鬥員、或破壞無軍事性質的私有財產爲目的（第廿二條）；㈡應避免轟炸宗教、藝術、科學與慈善目的之房舍、歷史紀念館、救護船、醫院、傷病收容所等；惟這些地方必須有明顯標誌，幷且當時幷未供軍事作戰之用（第廿五條）；㈢與陸軍活動並不接近之城市、村落、住所、房舍等亦不得轟炸（第廿四條第三款）。合法的空中轟炸只限於軍事目標，例如軍隊、陸軍工事、軍用儲藏所、製造軍器、軍火或純軍需品之重要工廠，及軍用交通與運輸綫等，其破壞與損毀對轟炸國有顯然軍事利益之目標（第廿四條一、二款）。這些規定多與國際慣例相符，因此各國雖未接受該規約草案，但草案之內容常爲法學家所引述；若干國家亦以其爲國內立法之基礎。如義大利一九三八年戰爭法第四十至四十二條是也。此外，空中轟炸不得使用毒氣彈，亦已成爲國際法規則。（俞寬賜）

制止國際恐怖行爲公約（Convention to Autlaw International Terrorism）

美國在一九七二年聯合國第二十七次大會中，提出制止國際恐怖行爲公約草案，未獲當屆聯合國大會通過。大會僅通過將此問題交付一委員會研究，以便對一九七三年聯合國大會提出報告。

國際性恐怖行爲，包括：

一、暗殺

二、傷害無辜人民

三、擄人勒贖（包括外交人員被擄）

四、刦機

五、爆炸、縱火等

（張彝鼎）

孟加拉國（Bangladesh）

孟加拉國，原名東巴基斯坦，一九七二年人口約七千五百萬人。一九七一年三月二十六日宣佈獨立爲孟加拉共和國。一九七一年十二月三日至十七日，印度與巴基斯坦兩週戰爭後，孟加拉共和國正式爲印度等國家所承認。孟加拉國旋向聯合國申請，加入聯合國爲會員國。迄今一九七二年底仍在交涉中。

（張彝鼎）

併合主義

各國國籍法對於因誕生而取得國籍所採的立法例，並不一致；有採血統主義者，有採出生地主義者，有採併合主義者。併合主義，就是一國國籍法的立法例，同時採用血統主義及出生地主義以決定子女出生時的國籍。併合主義又分爲兩種：⑴以採血統主義爲主要的原則，而兼採出生地主義爲補則者；這種主義在原則上依血統主義，以定子女出生時的國籍，但亦採出生地主義；如外國國民在內國所生的子女，倘符合一定的條件，也認其取得內國的國籍，即取得出生地國的國籍；如我國國籍法第一條第一款至第三款是採血統主義，同條第四款即兼採出生地主義。⑵以採出生地主義爲主要的原則，而兼採血統主義爲補則者；如美國的國籍法是採出生地主義爲原則，又兼採血統主義爲補則；所以不論美國國民或外國國民，在美國境內所生的子女，都取得美國國籍，又美國國民在其國境外所生的子女，也取得美國國籍。近代各國的國籍法，爲顧及自已國家的利益，及保護其國民的利益，多採併合主義（參閱「血統主義」及「生出地主義」等條）。（洪力生）

青年共產國際（Communist Youth International）

爲第三國際之青年團體。一九一九年十一月二十日至二十六日，在列寧主持下於柏林召開社會主義青年第一次大會；大會通過關於組織青年共產國際並成爲共產國際之一部分之決議。一九二一年七月九日—二十三日第二次大會，討論並通過共黨與青年共產聯盟之間相互關係問題。一九二二年十二月四日—十六日第三次大會，集中全力爲勞動青年之要求而鬥爭。一九二四年六月十四日—二十五日第四次大會，討論組織問題及列寧主義宣傳問題。一九二八年八月二十日至九月十八日第五次大會，通過青年共產國際綱領。一九三五年九月二十五日至十月十一日第六次大會，號召建立青年統一戰綫為反法西斯與反戰而鬥爭。青年共產國際在五十六個國家中設有支部，大多為非法組織。青年共產國際之領導機關為青年共產國際世界大會及其執行委員會。一九四三年因共產國際（第三國際）解散，青年共產國際亦隨之解散。（吳俊才）

固有的國籍

或稱做原始的國籍（Original nationality），即子女出生時所取得的國籍。我國國籍法第一章，即以「固有國籍」標題。各國國籍法對於子女出生時所取得的國籍，其立法例並不一致。有採血統主義（Jus Sanguinis）者，即以父或母的國籍，為子女出生時的國籍；有採出生地主義(Jus Soli)者，即以子女出生的所在地，為其國籍的決定因素；有採併合主義者，乃兼採上述兩種主義，以定子女出生時所取得的國籍。我國國籍法第一條規定：「左列各人屬中華民國國籍：一、生時父為中國人者。二、生於父死後，其父死時為中國人者。三、父無可考或父無國籍，其母為中國人者。四、生於中國地，父母均無可考或均無國籍者。」可見國籍法第一條第一款至第三款，係採血統主義，第四款則兼採出生地主義。（洪力生）

協定中立（Conventional Neutrality）

戰時，一國如因其曾於戰前與交戰國一方或雙方締結條約，規定其負有維持中立的義務，從而不得不守中立；那麼相對於「自願中立」而言，它的中立即為「協定中立」。例如一九四一年四月的日蘇中立條約，規定相互皆有守中立之義務。因而當德蘇之間爆發戰爭時，日本并不對蘇聯宣戰；而太平洋戰爭中，蘇聯也不對日本宣戰；遲至一九四四年八至十月，當中、美、英、蘇四國舉行敦巴敦橡園會議（Dumbarton Oaks Conference），共商聯合國憲章草案時，蘇聯還以此一中立條約為藉口而拒絕與中華民國同座。致使那次會議不得不分為兩階段進行，先由美、英、蘇，次由中、美、英集會（可參閱拙著「國際組織」（英文本，一九六五年，臺北，第四一至四二頁）。（俞寬賜）

物的所在地法（Lex Rei Sitae；Lex Situs）

就是動產不動產所在地的法律。早在十四世紀，義大利學者巴塔路斯（Bartolus）就主張屬物法則，應依物的所在地法。至今仍為各國國際私法所採用。雖然過去各國的國際私法，對於動產物權的法律關係，間有採用「動產隨人」（Mobilia personam sequuntur；movables follow the person）的原則，認為動產物權的法律關係，應該適用動產所有人的屬人法，所以有少數英美法系國家的國際私法，就採用動產所有人的住所地法，為動產物權的準據法；也有少數大陸法系國家的國際私法，採用動產所有人的本國法，為動產物權的準據法；但是，晚近各國對於動產物權的法律關係，却多趨向採用物的所在地法，為動產物權的準據法。至於不動產依物的所在地法（Immobilia situm sequuntur；immovables follow the law of their locality）的原則，自十四世紀巴塔路斯到現在，都為各國國際私法所採用。所以我國涉外民事法律適用法第十條第一項規定「關於物權依物之所在地法。」是不分動產物權或不動產物權，都適用物的所在地法。但是，關於以權利為標的的物權(通稱為準物權），與一般以物為標的的物權，其性質略有不同，並且要適用準物權的物之所在地法，有時發生困難，所以同法同條第二項特別規定：「關於以權利為標的之物權，依權利之成立地法。」又船舶及航空器的物權與一般的物權，其性質也有不同；所以同法同條第四項也特別規定：「關於船舶之物權，依船籍國法，航空器之物權，依登記國法。」以免因船舶及航空器的航行而變更其所在地，致適用其所在地法，將有不便。（並參閱涉外民事法律適用法第十條第三項）。（洪力生）

征服（Subjugation；Conquest）

征服是指在一次武力鬥爭以後，戰勝國將戰敗國全部領域或一部分領域實行兼併，而收入其版圖者。征服完全是征服國的片面行為。在戰爭進行期間，一國佔領他國的領土，不能視為征服，因為戰爭尚未結束，他國仍有奪回該領土的可能，此時該領土的主權仍屬原有國所有。但當戰爭終止以後，如果戰勝國兼併所佔領的敵國領土，而該敵國又無異議，則可公開表示而不必再在和約裏規定。

征服的對象如果是他國的全部領域，則他國已不復存在。征服的對象如果是他國的一部分領域，征服便是根據保持佔有主義（Doxtrine of Unti Possidetis)而完成的。征服國不得因征服而取得征服區域內居民的私有財產，但繼續居住在該區域內的人民，自然取得征服國的國籍。例如一九三五年意大利對阿比西尼亞（Abyssinia）宣戰，一九三六年五月佔領阿比西尼亞全境，意大利於同年六月九日發佈法令，正式將阿比西尼亞併入意大利，意大利王兼阿比西尼亞皇帝。（請參閱崔書琴著：國際法、上册，臺灣商務印書館，民國四十六年臺灣二版，第一二二頁）

總之，征服是國家領域取得的合法方式之一。（李鍾桂）

奇計（Ruses of War or Stratagem）

即交戰國軍隊為謀自己軍事活動之利益、及使敵人陷於錯誤而採取的欺騙行為（deceit），是一種合法的作戰手段（一九〇七年海牙陸戰法規第廿四條）。交戰國軍隊使用這種手段，可能達成極重要的目的，包括使敵國軍隊或要塞投降、使敵軍自其所佔領之領土退出，或放棄攻擊計劃等。

奇計是一種鬥智的行為，其種類至為繁多：常用者有埋伏、偽裝退却、聲東擊西、模仿敵方之旗號及口令；賄賂敵方軍官或士兵，使其洩露情報，臨陣脫逃、或叛變；以及擾亂軍心、煽惑群衆、收買敵國間諜、傳達假情報……（Lauterpacht's Oppenheim, I. b. vol II, pp. 428-9）。中國古時的「草船借箭」，亦為最早的合法奇計。惟海牙陸戰法規第廿三條第六項，明文禁止交戰國不正當使用對方之國旗、軍徽、或制服。依慣例及學說之解釋，此一條款係指交戰國實際從事攻擊或防守時，不得使用敵國之軍旗、軍徽、或制服；其他情形下則仍可使用。士兵在戰場上可用敵軍屍體之服裝禦寒，但須加上本軍標誌，以明身份。

在傳統國際法原則下，交戰國一方若以明示或默示方法向他方保証誠信（good faith），即有恪遵此種承諾的道德義務；否則便成「背信」（prefidy），舉凡濫用休戰旗或日內瓦公約所定之紅十字標誌以行進攻，偽降以誘陷敵軍，假意締結休戰協定以行襲擊，均屬背信行為，為國際法所禁止。因此，交戰國不得以背信為奇計而加以濫用。（俞寬賜）

沿海貿易權（Cabotage）

所謂沿海貿易權係指一個國家得享有排除他國船舶在其海岸各港口間航行貿易的權利。而此項權利通常均保留給其本國國民。

沿海貿易最初的意義，僅指沿着同一個領海內兩點之間的航行與貿易。以後逐漸擴大其範圍至同一國家的兩岸領海之間的航行與貿易，即使經過公海，亦不失為沿海貿易。不過一國本土與殖民地或與自治領之間的航行貿易，不得認為是沿海貿易，不為本國人民所保留。（李鍾桂）

參考文獻：

雷崧生著：國際法原理，上册，正中書局，民國四十九年臺四版，第一七一頁。

L. Oppenheim, International Law, 1955. P.493

取得的國籍（Acquired Nationality）

或稱傳來取得的國籍，即無國籍人取得一國國籍，或具有國籍的人放棄原有的國籍，而取得他國的國籍。我國國籍法第二章即以「國籍之取得」標題。取得國籍的原因有六種：㈠婚姻：有的國家的國籍法規定，妻從夫的國籍；有的國家的國籍法，則採男女平等的原則，而規定為外國人妻者，仍保留其國籍。我國國籍法第二條第一項第一款規定：外國女子為中國人妻者，取得中華民國國籍，但依其本國法保留國籍者，不在此限。㈡認領：非婚生子女的認領，各國的法律規定不同，有規定由生父認領者，有規定由生母認領者。我國國籍法第二條第一項第二款及第三款規定：父為中國人，經其父認領者，取得中華民國國籍；又父無可考或未認領，母為中國人，經其母認領者，取得中華民國國籍。㈢收養：有的國家的國籍法規定，外國國民為本國國民之養子者，取得本國國籍。如我國國籍法第二條第一項第四款規定：外國人為中國人之養子者，取得中華民國國籍。㈣歸化：歸化為傳來取得國籍的普通原因，亦為一國依法定程序，許可外國人或無國籍人為其國民的行為。許多國家的國籍法規定，申請歸化者，須具備法定條件，如須具備年齡、居住期間、品德、教育、及經濟等條件，某國政府始得許可歸化（參閱我國國籍法第三條至第九條）。㈤回復：有的國家的國籍法規定，原為本國國民，但因故喪失本國國籍，而取得他國國籍者，如具備法定條件，經本國政府許可，得回復其本國國籍。如我國國籍法第十五條規定：中國人為外國人妻，而喪失中華民國國籍者，婚姻關係消滅後，經內政部之許可，得回復中華民國國籍。（參閱國籍法第十五條至第十八條）。㈥領土變更：如領土的移轉等都是領土的變更原因，可以使當地的人民喪失原來的國籍，而取得新的國籍。這種取得國籍的方法，稱做集體的歸化（Collective naturalization）。這種國籍的取得，通常由條約加以規定；晚近的國際條約，往往規定當地人民有保留原來國籍的權利（Right of option）。（洪力生）

附庸國家（Satellites）

一個國家生存在另一個强國的勢力範圍之內，其與强國關係不是盟邦關係，而是主子與傀儡的關係；對强國言，這一依存的傀儡政權，就是它的附庸或衛星國家。

二次世界大戰之後，蘇俄在東歐與東南歐製造波蘭、捷克斯拉夫、羅馬尼亞、匈牙利、保加利亞、東德、南斯拉夫等，在亞洲扶殖僞蒙、共匪、北韓、北越等傀儡政權，成爲它的附庸國家。在共黨集團未分裂前，這些國家無論在軍事、政治、經濟、以及外交諸方面，咸忠誠追隨與順服俄共路綫。目前，共黨集團雖然內部分歧，但是能夠眞正掙脫附庸地位背蘇俄而完全獨立自主者極少。（吳俊才）

拒絕正義（Denial of Justice）

拒絕正義這個觀念是淵源於自然法，是由國內法而適用到國際法，故此名詞的涵義甚多，大體可分爲三種：

㈠、廣義的拒絕正義：乃指一個國家對於他國人民不履行國際法上的義務，也卽屬於國家損害外國人的國際侵權行爲，但不包括國家損害他國國家的國際侵權行爲在內。㈡、狹義的拒絕正義：由於國家的司法機關不夠國際標準，以致發生失職與曠職（Misconduct and Inaction）的行爲，便是拒絕正義。哈佛大學國際法研究所所擬定的國家責任草案中，卽認爲拒絕正義包括下列各種情形：

1. 阻撓或拒絕外國人利用居留國法院。
2. 司法程序與其他補救程序中有重大缺陷。
3. 不給予司法行政中必不可少的正當保障。
4. 判決很顯明的不公正。

㈢、最狹義的拒絕正義：只限於國家的司法機關或法院拒絕受理外國人請求補救的案件。換言之只有拒絕裁判時才視爲是拒絕正義。

總之所謂拒絕正義卽是一國故意延遲或阻撓外國人利用法院、或司法程序中有嚴重的缺陷、或不給予司法行政中必不可少的正當保障，或判決很明顯的不公正，而使遭受侵害的外國人不能得到適當的救濟之意。凡是遇有拒絕正義的情形發生，被害人的本國卽可行使外交保護權。（李鍾桂）

參考文獻：

雷崧生著：國際法原理上册，正中書局，中華民國四十九年臺四版，第一一三—一一五頁。

金圓外交（Dollar Diplomacy）

金圓外交政策者，蓋指第一次世界大戰以後，美國因經濟勢力之發展，其對外債權因而激增，使美國金圓成爲左右世界外交政策之工具，因而世人稱美國賴其經濟勢力以遂行其國策之情勢爲金圓外交。

在第一次世界大戰以前，美國原爲債務國，其對外所負之債務達五十億美圓之多。但在戰後，美國因對歐洲輸出激增，於是反而成爲二百一十億圓之債權國。自一九一四年大戰爆發起一九二〇年間，其出超總額達一百七十三億美圓，其以軍需品之方式而貸與協約國者卽超過一百億美圓以上，而人民之對歐洲投資又不下一百億美圓之多，爾後更突破一百五十億美圓之數。迄一九三一年時，美國官方與資本家向世界所投之資金，總計爲二百四十三億九千三百餘萬美圓。所以在第一次世界大戰以後，美國金圓卽有取代英磅而成爲世界交易媒介標準之勢，美國自可運用此種雄厚之經濟勢力，以遂行其外交政策，因而在當時有所謂金圓外交之名詞。迄第二次世界大戰以後，美國經濟勢力更一躍而爲世界第一之地位，然而金圓外交之名稱，反逐漸不復爲人們所常道了。（鄧公玄）

參考文獻：

The American People's Encyclcpedia Vol. 7

承認（Recognition）

國際間國家對一個新政府或新國家的承認，有事實的承認（De Facto

Recognition）與法律的承認（De Jure Recognition）之別。

事實的承認指所承認的新政府或新國家雖是獨立的，并能統治其所控制的領土，但尚未願意，或尚乏充分能力，去承當它的國際義務。或對於用武力或威脅的手段取得政權，而成立的政府，在未完全了解其對外政策之前，為了本國的利害關係，而承認該政府的存在，這也是屬於事實的承認。

英國的慣例，事實的承認并無完全的外交關係，其政府的代表每不能享受外交的豁免權。美國的習慣則給予此種豁免權。

法律的承認指無條件地承認一個新政府或新國家是獨立的，對其所控制的領土能行使有效的統治權，願意與能夠履行其國際義務，合格與之發生完全的外交關係，其代表享有完全的外交豁免權。（陳紹賢）

供敵作戰（Hostile Destination）

即將貨物運往交戰國一方以供其作戰之意。中立船舶所載貨物如無此種供敵作戰之目的，則該貨物縱為軍器，亦不構成戰時禁制品。

一九〇九年倫敦宣言對於「絕對」及「相對」兩類戰時禁制品之供敵作戰，規定了不同的判斷標準和方法：

㈠就絕對戰時禁制品而言，交戰國軍艦如能證明係被運往敵國領土或其佔領區、或被運交敵國軍隊者，即可予以拿捕（第三十條）。欲證明此種供敵作戰之目的，其方法有三：一是依船舶文件所載，其貨物將在敵國港口卸下或交給敵國軍隊；二是文件雖表明載往中立港口，但船舶準備先到敵國港口或先與敵軍相會（第三十一條）；三是中立船舶顯然離開依文件應經之航線，却不能舉出離航的充分理由（第卅二條）。

㈡就相對戰時禁制品而言，交戰國軍艦如能証明其載運之目的係供敵國軍隊或中央政府使用，即可予以拿捕（第卅三條）。蓋因敵國中央政府於取得相對禁制品後容易轉交敵軍及增加敵國物資。欲証明此種供敵作戰之目的，其方法亦有三：⑴貨單載明運交敵國當局或居於敵國之商人而確知該商人將轉售敵國軍隊或政府；⑵文件表明係運往敵國設有防禦工事之地或其軍隊之根據地；⑶敵國雖無海岸，但中立船上所載物品之終極目的為敵國軍隊或政府（第卅四至卅六條）。（俞寬賜）

直線法

此為國際公法上劃定領海外線的辦法之一。

依直線法（英文為 Method of straight baselines），應先選擇海岸上或外島海岸上的幾個適當的、突出的據點（請參考「低潮點」條），而以此相連結成的直線即所謂「基準線」或稱「底線」，然後再依之向海外推出一定海浬（按各國海浬長短各有不同，國際海浬為一八五二公尺）數，劃得一條與基準線平行的領海外線。

一九三〇年海牙國際法編纂會議中有五國（挪威、瑞典、波蘭、蘇聯四國，拉脫維亞大致亦同）支持此法，但在該次會議中，各國並未達成協議。一九五一年十二月十八日國際法院在英挪漁業案件裏判決支持領海外線應該順沿「海岸的總方向」的原則，挪威領海的劃定不必依照它曲折瑣碎的海岸，而可以選擇幾個海岸上突出點及外島為基準點，由此挪威得以劃入一廣大的領海範圍。一九五八年「關於領海及鄰接區的公約」第四條亦有類似規定。

直線法亦因此一判決而取得國際法上的重要地位；批評者（若Mc Nair法官）有認為此法太偏向採用主觀因素（例如選擇適當的點），因此使得國際法的此一點不能隱定；又有認為對此一判決應再加以補充（例如如何決定直線長度及對海岸距離的限制）方能稱為完善云云。但關於此點，法院亦有相當提示。

此法對海權國家不利。（邵子平）

門羅主義（Monroe Doctrine）

一八二三年十二月三日美門羅總統在致國會咨文中發表三點聲明：

㈠「美洲大陸……不應再為歐洲強權殖民對象」。

㈡美國將不介入歐洲戰爭。

㈢美國不容忍歐洲強權國家擴張他們的政治制度于美洲，干涉拉丁美洲各國的獨立。

門羅主義係針對歐陸神聖同盟反對革命、壓迫拉丁美洲殖民獨立運動，同時抑制帝俄在阿拉斯加的企圖；另一方面，亦可謂是美國獨霸美洲的開端；此在後期門羅主義的演變中可以顯見：美國不但反對歐洲殖民，即歐洲私人殖民、和平經營（如開運河）、接受美洲當地人民自願臣服等都為門羅主義所不許，另一方面美國對中南美洲事務加以干涉者日益增多（包括出兵）。至於側身歐洲事務，乃美國强大的自然結果，一、二次大戰可証明。

門羅主義爲一政治主張，並非法律原則，但國聯盟約二十一條規定：盟約不影響「區域性的諒解如門羅主義」，似乎予門羅主義以一種相當的法律地位，但是關于此點，爭執甚大；實際上，它又受到中、南美許多國家抵制，日本爲壟斷對中國的利益，主張對華特殊地位，有所謂日本的門羅主義。（邵子平）

所屬地方法

就是當事人所屬地方的法律。假設有某種涉外民事法律關係，應該適用當事人本國法，而其本國各地方法律不同時，便應該適用當事人所屬的地方法律，就是應該適用當事人在國內的住所地法。譬如當事人是美國人，依國際私法法則規定，應該適用當事人本國法，就是應該適用美國法，但是美國是採聯邦制度的國家，各州州法的規定都有出入，所以應該看當事人的住所究竟設在美國的那一州，如其住所是設在紐約州，就應該適用紐約州的法律，因爲紐約州的法律，就是當事人的住所地法，也就是當事人所屬地方的法律，如當事人在其本國內住所不明時，各國國際私法多規定依其首都所在地法。我國以前的法律適用條例第二條第三項，就是關於所屬地方法的規定。現行涉外民事法律適用法第二十八條的規定，其立法意旨，與舊法律適用條例相同。（洪力生）

侵略（Aggression）

「侵略」（Aggression）的界說，依一九三三年五月裁軍會議的安全問題委員會(Committee on Security Questions) 通過的宣言中，有這樣的釐定：在國際爭端中，任何一國首先採取下面的任何一種行動，都是侵略：一、向另一國宣戰；二、不經宣戰，武裝侵入另一國的領土；三、不經宣戰，用武力攻擊另一國的領土、軍艦或飛機；四、未得另一國政府的許可，以陸、海或空軍進入該國國境；或違反此種許可的條件，尤其是關於駐留期限或地域的擴展；五、對另一國的海岸或港口實施海上封鎖。

同年七月，蘇俄、阿富汁、愛沙尼亞、拉脫維亞、波斯、波蘭、羅馬尼亞和土耳其等八國簽訂「侵略定義協約」（The Convention for the Definition of Aggression），其指出的侵略行動，大致與上述安全問題委員會宣言所列舉的相同。惟該協約强調一項：凡幫助在另一國境內組成的武裝隊伍，侵入其他國家；或不顧被侵國家的要求，拒絕採取行動，以解除對那些隊伍的協助和保護，也是侵略。

聯合國憲章對「侵略」未下界說。聯合國大會設有委員會專司研討「侵略」的定義，迄今未得結論。惟一九五一年一月聯大以四十四票對七票，通過美國等的提案，確定北平僞政權侵略韓國的罪行；譴責它是侵略者。（陳紹賢）

侵略者（Aggressor）

所謂「侵略者」，根據一九三三年七月「關於侵略者定義」的三個倫敦條約，曾首先訂立「侵略者」制定的標準如下：⑴對他國宣戰；⑵不論宣戰與否，以武力侵犯他國領土；⑶不論宣戰與否，以陸、海、空軍攻擊他國陸、海、空軍；⑷封鎖他國港口或海岸；⑸援助在其領土內的武力團體，使其侵犯他國領土，或不顧被侵犯國的要求，繼續援助或保護該武力團體。凡是從事以上各項行動者即爲侵略者。由於此三條約的失效，故只能供國際法下侵略者的定義時作一參考。此外還有許多國際條約皆有類似規定。如第五屆聯合國大會討論侵略定義時，蘇聯認爲：不論根據何種藉口，一國對他國使用武力，即爲侵略。而同時聯合國國際法委員會又曾經否決「在正當防衛或聯合國採取集體制裁行動時以外，使用武力卽爲侵略」的定義。可見侵略者的定義在國際法上尚未確定。直至一九六七年第二十二屆聯合國大會時，尙以確定侵略定義爲大會重要討論事項，設立「侵略定義問題特設委員會」。而該委員會報告書列入二十三屆聯大臨時議程予以討論。由於侵略者定義的確定，對維持國際和平與安全有重大的關係，故確立侵略者定義，乃當前聯合國刻不容緩的要務。（李鍾桂）

侵略戰爭（War of Aggression）

意卽一國爲侵略他國而發動之戰爭。國際聯盟盟約及聯合國憲章均視此種戰爭爲非法行爲而予以禁止；戰後紐倫堡及東京國際軍事法庭（International Military Tribunals）之判決書更宣稱發動侵略戰爭乃是一種至大的國際罪刑（43 A. J. I. L. （january 1949）, P.168）。

不過何謂「侵略」？則是難決的問題。爲此，聯合國大會曾於一九四六年四月十一日決議要求國際法委員會（I L C）參酌紐倫堡國際軍事法庭規約及其判決書所列諸原則，草擬「國際刑事法典」（Interational Criminal Code

）。該委員會已於一九五四年完成「違反人類和平與安全法典草案」（Draft Code of Offenses against the Peace and Security of Mankind）。其中列舉九種屬於侵略性質的犯罪：㈠非爲單獨或集體自衛之目的而使用武力，㈡一國對他國以武力相威脅，㈢非爲單獨或集體自衛之目的而準備對他國使用武力，㈣組織、鼓勵、或容忍武裝部隊以對抗他國，㈤在他國從事或煽動內爭，㈥在他國從事或鼓勵恐怖活動，㈦違反關於限制軍備、軍事訓練、或設防等條約之義務，㈧以違反國際法之方法兼併他國領土或在國際管轄下之領土，㈨以經濟或政治的強制方法干涉他國內政或外交，期以獲取任何便宜（"Report of UNILC, 1954" 49 AJIL (1955), Supp. pp. 21-22）。但迄一九六八年，聯大尚未使此草案成爲立法條約。其主要原因是國際間對於制訂精確「侵略定義」之可能性與適宜性頗多爭議。

侵略既無適切定義，則侵略者可以行侵略之實而不負侵略之責；從而侵略戰爭也就無法完全避免了。（俞寬賜）

侵權行爲地法（Lex Loci Delictus Commissi）

又稱不法行爲地法，就是侵權行爲所在地的法律。侵權行爲就是因故意或過失不法侵害他人的權利，致發生損害的行爲（民法第一八四條）。因侵權行爲所發生的債權，是基於一定的事實關係，而由法律直接加以規定，所以它的性質和契約不同。各國國際私法對於由侵權行爲所發生的債權債務關係，多規定適用侵權行爲地法。但是，侵權行爲有時發生於數國，例如某甲在子國開槍，其所射出的子彈，誤傷在丑國的某乙，究竟應該適用那一國的法律爲侵權行爲地法？不免發生疑義，各國判例對這個問題有兩種不同的解釋：第一種解釋，認實行侵權行爲地的法律，爲侵權行爲地法，如以上例來說，就應該適用子國的法律，爲侵權行爲地法；第二種解釋，認侵權行爲結果地的法律，爲侵權行爲地法，如以上例來說，就應該適用丑國的法律，爲侵權行爲地法。我國涉外民事法律適用法第九條第一項規定：「關於由侵權行爲而生之債，依侵權行爲地法，但中華民國法律不認爲侵權行爲者，不適用之。」可見某種行爲是否構成侵權行爲，而發生債權債務的法律關係，應該適用侵權行爲地法爲原則，但是爲維護我國的公共秩序或善良風俗（即法庭地的公安或重要利益）計，所以但書又規定例外的情形，如果中華民國不認爲侵權行爲者，可以不適用侵權行爲地法（並參閱同條第二項規定）（洪力生）

政治犯不引渡原則（Principle of Non-Extradtion of Political Criminals）

所謂政治犯，各國引渡法與引渡條約均未有明確的定義。大體說來凡是犯罪的動機與目的均爲政治性者便是政治犯。而政治犯請求國不得請求引渡，受請求國亦不得交出政治犯的這項原則，即爲政治犯不引渡原則。

在實質上，政治犯不引渡原則不是命令，而是許可；並非強制受請求國不引渡政治犯，而是許可它拒絕引渡。此原則在國際法上乃是比較晚近的發展。十八世紀以前各國均以政治犯爲引渡對象，但自法國大革命後，西歐各國反對專制政體運動，法國更對於爲自由而奮鬥的各國流亡者加以庇護，此乃政治犯不引渡的開端。十九世紀初年英國首先提出了政治犯不引渡的原則，但直至一八三三年比利時才首次正式以國內法規定此項原則。一八三四年法、比引渡條約中，將政治犯除外，也成爲第一個規定此項原則的國際條約。至一八六七年之後此原則已獲得世界各國普遍的承認與接受，而成爲世界公認的原則。

至於一種罪行是否爲政治罪行，或一罪犯是否爲政治犯，往往由引渡國予以考慮決定。通常凡是普通罪行的特質多於政治罪行的特質，或暗殺一國元首或其家屬的罪行，或政治恐怖行爲，均不視爲政治罪行，不在庇護之列。（李鍾桂）

政治暗殺條款（Attentat Clause）

「政治暗殺條款」乃是一八五六年比利時根據一八五四年的俠岡案件（The Case of Jacquin in 1854），而將其列入引渡法裏的一項條款，其主要內容即規定：暗殺一國元首或其家屬的罪行，不視爲政治罪行，而可予以引渡。

一八五四年，一位居住於比利時的法國籍廠長朱爾・俠岡（Jules Jacquin）和其廠中的一位法國籍督工色勒斯坦・俠岡（Célestin Jacquin）試圖炸毀里爾（Lille）與加萊（Calais）之間的鐵道，以謀殺拿破崙第三。於是法國即要求引渡該二罪犯。但是比利時上訴法院以比利時引渡法中禁止引渡政治犯爲理由，拒絕法國的請求。然而於一八五六年比利時制定一條法律，修正其引渡法，規定凡謀殺外國政府元首，或其家屬者，不能視爲政治罪行。自此以後，除英國外，許多歐洲國家皆採用此項「政治暗殺條款」。（請參閱 Martitz, Internationale Rechtshilfe in Strafsachen, ii. P.372; L. Oppenheim, H. Lauterpacht: International Law, 8th edition, 1955 P.709）。而俄國在一八八一年俄皇亞歷山大第二被暗殺後主張：一切謀殺，不問被害者是否國家元首，也不問有無政治目的，都視為普通犯罪行為，得予以引渡。故而引渡的範圍又更為之擴大。（李鍾桂）

政府承認（Recognition of Governments）

所謂政府承認係指既存國家對一國的改變元首、政體、國號等而成立的新政府予以承認，以表示該新政府有代表該國享受國際權利，及負擔國際義務的能力，且願與被承認的新政府交往者。

政府的成立通常有二種方式：一為合法的：即經正常與憲法的程序而產生的新元首或新政府，例如依法選舉、繼承及修憲等方式皆屬合法的；另一為革命的：即經非正常的與不合憲法的程序而產生的政府及元首，例如以政變，革命或其他不按法律規定等方式，而掌握政權者。而唯因此種方式產生的新政府，才發生政府承認的問題。

政府承認的性質亦分二種學說：一為事實承認：根據承認係宣示性者，認為只要新政府掌握實際政權，不論權力來源如何應給予承認。另一學說為法律承認：根據承認的構成性者，認為新政府必須已有穩固的基礎，且為多數民意所支持，而在事實上有效控制與統治全國者，始予以承認。無論如何新政府經明示或默示的承認後，新政府即為其本國的唯一代表機關，便可與承認國政府換使，訂約，且可在承認國法院提起訴訟，以及繼承前任政府之財產權。政府承認亦具有回溯既往的效力。（李鍾桂）

政府間海事諮詢組織（Intergovernmental Maritime Consultative Organization, IMCO）

總部設於倫敦。係根據一九四八年三月六日日內瓦政府間海事諮詢組織公約（Convention on the Intergovernmental Maritime Consultative Organization）而成立。經與聯合國成立協定，於一九五九年一月十三日成為聯合國專門機關之一。

其目的係就有關國際貿易航運專門技術事項的管理與實施，供作各國政府

間合作機構，並鼓勵普遍採納有關航海安全與效能的最高標準；鼓勵各國政府消除對國際貿易航運所加的歧視與限制，以促進航運對國際貿易的供應；研究有關航業界不公正的限制與措施；研討聯合國機關或專門機關所提有關航運事務；對本組織研討事項供作各國政府間情報交換。

其會員國共有六十二個，中華民國亦為其會員國之一。

政府間海事諮詢組織的組織有會員大會（The Assembly）、理事會（The Council）、海事安全委員會（The Maritime Safety Commitee）及秘書處（Secretariat）。

該組織在一九四八年及一九六〇年會議定有關海上生命安全責任公約及有關航海避碰規則。一九五四年議定防止油料污染海洋公約。該組織對於國際船舶噸位量制度之劃一、促進船舶裝載客貨時安全與穩定之保持、以及船舶之防火措施，均有其貢獻。（李偉成）

參考文獻：

朱建民著：國際組織；

Yearbook of International Organizations, 1966-67, 11th Edition

美日聯合聲明全文（U.S.-Japanese Communique）

一九七二年尼克森總統與田中角榮首相結束其最高階層會談時所發表的聯合聲明全文：

一、田中角榮首相與尼克森總統於八月卅一日至九月一日在檀香山會談，就若干共同利益問題進行廣泛討論。會談在親切與互信的氣氛中進行，反映出日美兩國悠久的友好歷史。兩國領袖表示，希望他們的會談將標示是為發展兩國間愈益密切關係過程中新的一章的開始。

二、田中首相與尼克森總統，曾檢討當前國際情勢以及緩和緊張與和平解決當前世界問題的展望，特別是亞洲方面。雙方强調維持並加强兩國之間友誼與合作的密切關係，將繼續是在進展中的世界情勢的和平與安定的一項重要因素。兩國領袖曾重申兩國政府維持兩國之間共同合作與安全條約的意向，並同意兩國政府將繼續經由密切磋商，相互合作，俾以確保該項條約得以順利而有效的執行。

三、在討論到亞洲和平與安定的日增跡象時，田中首相與尼克森總統對於

朝鮮半島雙方最近開始的會談以及亞洲國家在自力自恃及區域合作方面不斷的積極努力表示歡迎，對中南半島的和平的早日實現，也寄以相同的希望。田中首相與尼克森總統體認尼克森總統最近的「中華人民共和國」與蘇俄之行，爲一項前進的重要步驟。在這方面，他們共同希望田中首相未來的「中華人民共和國」之行，也將增進緩和亞洲緊張的趨勢。

四、田中首相與尼克森總統曾討論美國與蘇俄最近就限制彈道飛彈防務所達成的協議，以及限制戰略攻擊性飛彈所達成的臨時安排，他們同意這類措施代表朝向限制戰略武器及對世界和平有所貢獻，邁進的一個重要步驟。他們同意將就採取進一步步驟以管制戰略性武器的必要進行磋商。

五、田中首相與尼克森總統曾對有關經濟、貿易及財政各項問題廣泛交換意見。田中首相與尼克森總統强調日本與美國經濟關係的極大重要性。兩位領袖表示他們深信，他們的會談將對兩國處理雙邊及全球性經濟問題的更密切合作有所貢獻。

六、田中首相與尼克森總統一致認爲國際貨幣制度作基本上的改革至關重要。他們協議兩國政府迅速從事以達成這項改革。在貿易方面，他們重申一九七二年二月間兩國所作的承諾，即開始並積極支持一九七三年中進行的概及工、農業的多邊貿易談判。在這方面，他們同意經由減低關稅及非關稅的壁壘以及多邊的無差別的保護措施，以進一步擴大貿易。

七、田中首相與尼克森總統同意，兩國將努力增進其收支平衡與貿易情勢的平衡。關於此點，尼克森總統曾闡釋美國爲改善其貿易與收支情況而採取的各項措施，並說明美國政府正力促美國的公司行號經由增加生產力以及特別對日本的改進的市場研究，以擴展輸出量。田中首相表示，日本政府亦將努力促進自美國的輸入，及日本政府有意在合理期間，降低逆差，達到更易控制的程度。田中首相和尼克森總統一致認爲，未來舉行高階層會談，以檢討發展中的經濟關係，將極有價值，他們並計劃在一九七三年儘早舉行美日兩國貿易及經濟事務聯合委員會會議。

八、田中首相與尼克森總統提及兩國與其他已開發國家合作以協助爲亞洲開發中國家及世界其他地區獲致安定與繁榮所從事的努力。他們認同需有適宜程度的由官方提供的適度發展援助。他們並重申，兩國政府有意繼續協助加强各國際財政機構，以期促成開發中國家的經濟發展。

九、田中首相與尼克森總統重申必需加强努力，以增進兩國人民間對文化、社會及其他背景的互相了解。他們並同意：新的及經改進的文化及教育交流計劃，是達成此目的的一個重要途徑。關於此點，尼克森總統對將於今年十月創立的日本基金會的工作順利成功，寄予厚望。

十、田中首相與尼克森總統對於兩國間在維持並促進世界和平與繁榮的共同目標下，在增多的各不同方面之日益加强的合作，表示滿意，爲維持兩國人民的福祉，他們同意加强並擴大兩國在控制毒品及其他危險藥物非法買賣方面已有的密切合作，並且同意在發展及善用能源和礦產資源以及在維護環境與控制污染方面等迫切問題方面，需作進一步的雙邊與多邊合作。他們保證經由聯合國與其各專門機構繼續提供適當援助，以解決因人口增加過速而造成的若干問題。

十一、田中首相與尼克森總統曾討論關於太空探測的合作，其中包括日本發射運行與靜止的通訊及其他用途的人造衞星的目標。尼克森總統對日本對發射氣象衞星以支持地球大氣研究計劃的積極興趣與研究，表示歡迎。

十二、田中首相與尼克森總統對他們的會談感到滿意，並同意繼續維持密切的私人聯繫。（張彝鼎）

美亞報告（Report of Senate Committee on Amerasia Case）

「美亞報告」——「中國災難之線索」，是美國參議院司法委員會國內安全調查小組，於今年二月十五日，正式公佈的一種空前重要報告書。這篇報告共分上下兩巨册，除目錄、索引等不計外，全文凡一千八百七十九頁。該報告主編人古貝克博士(Dr. Anthony Kubek)係達拉斯大學歷史系主任，兼調查小組顧問。他是美國研究遠東關係與中國史的權威教授。他費了許多精力和心血，不厭其詳的編纂該報告，並且寫了長達一百十三頁的緒論，將在「美亞雜誌」社(Amerasia)所搜得的一千餘種有關外交、軍事與情報的機密文件，予以精密周詳的分析，尤其關於我國在抗戰時最後數年中，因爲當時美國一批外交官員、情報人員，以及若干新聞記者，一致爲共匪張目，而對我國政府則吹毛求疵，任意詆毀，甚至挑撥離間，揑詞中傷。因是使美國政府決策人士受其影響，動搖其對華之既定方針，轉而寄望於國共聯合政府之組成，再變而爲採取撤手政策。而在另一方面，則共匪獲得蘇俄的大量支援，卒致輕易攫取我國八年抗戰的勝利果實，至今竊據中國大陸，奴役七億中國人民。其後更因大陸淪陷之故，於是又引起韓戰與越戰的浩刼。源源本本加以敍述，使人能夠完全了解其眞相。

古貝克博士此種公正而不厭求詳的緒論，必將成爲歷史上最有價值的名著。古貝克博士的分析，不但精闢犀利，而且是以歷史學家純粹客觀的態度，對於一千多種複雜瑣屑的秘密文件，提要鈎沉，條分縷析，寫成爲一篇前後貫串的史論。

「美亞報告」係由美國聯邦調查局於一九四五年六月六日，在美亞雜誌社搜索所得的各種機密文件，在該報告中公佈的共計三百十五件，而其中由謝維斯(J. S. SERVICE)一人所寫者即有一百件左右，而且也是其中最重要的部分。至於此項秘密文件的來源，極其廣泛，尤以美國國務院、戰略情報處與國防部爲其最主要的源泉。文件種類亦極複雜，有美國總統、副總統、國務卿的備忘錄、通訊、訓令；美國駐華大使館，中、印、緬戰區聯合情報搜集處、美國駐延安軍事觀察員、國防部通訊中心、軍事情報處等的情報；以及訪問中國國民政府要員，與訪問中共匪幫頭目的報告；甚至還有許多中共匪幫文告的譯文在內。而從時間上看，其中除一九四五、一九四四、一九四三年者外，尙有一九四一及一九四〇年份者，前後凡五、六年之久。

這些機密文件在當時是極機密、而重要的，同時也是與美國國家安全有重大關係的。（張彝鼎）

參考文獻：

鄧公玄著「對美亞文件應有的認識與警惕」，載問題與研究九卷六期。

美俄最高層會議（U. S. Soviet Dialogue）

美國總統尼克森於一九七二年五月二十二日—三十日訪問蘇俄，與俄簽訂九種文件：協助與條約七件，「美俄關係基本原則」及聯合公報。玆按其發表之先後，依次摘要如下：

(一)協定與條約：

(1)共同保護周圍環境，使空氣、水域與土壤不被污染協定。

(2)在醫學與保健方面，首先在防止心臟血管病與腫瘤病合作協定。

(3)和平利用宇宙空間合作協定。規定研究地球附近空間，月球與行星之合作，創製兩國宇宙飛船連接體系，計劃一九七五年聯合舉行連接及宇宙航行員從一個飛船彼此進入另一飛船之試驗。

(4)科學技術合作協定。規定聯合展開研究工作，交換經驗與情報。

(5)防止雙方飛機及船隻在海上發生意外事件協定。

(6)限制反彈道飛彈體系條約。雙方限制反彈道飛彈體系；不製造，不試驗，不發展以海洋，天空或陸地爲基地之此種體系或其個別項目；不將反彈道體系或其個別項目移交別國及設置在本國以外；在國際法原則下，以本國之技術監督本條約之執行。

(7)限制戰略進攻武器若干措施臨時協定。雙方在今年七月一日以後，不建設洲際彈道飛彈地面發射台。雙方不將一九六四年以前之地面輕型洲際彈道飛彈發射台改進爲地面重型發射台；限制潛艇彈道飛彈發射台數量及携帶彈道飛彈潛艇數量。雙方將以其本國之技術監督本協定之實施。

(二)「美俄關係基本原則」：

雙方認爲在核子時代，雙方之關係應以和平共存爲基礎。美俄思想及社會制度不同，並不阻礙雙方以主權平等、不干涉內政及互利爲基礎而發展正常關係。

雙方在互相關係中，極力避免戰爭與對抗，而以和平手段解決爭端。

美俄正與聯合國安理會其他常任理事國相同，有特別義務盡力阻止國際緊張局勢加劇。

(三)聯合公報：

雙方各自表達其對越南之觀點，雙方對此問題之觀點不同。美國主張遣返美國戰俘，實施國際監督停火。蘇俄主張停止轟炸北越，及完全撤退美國及其盟國在越南之軍隊。

雙方均願望中東和平，舉行歐洲安全會議及談判裁減歐洲之軍隊。

根據以上資料研究，尼克森總統訪俄之結果，使美俄關係暫時在表面上改善，但雙方之基本對立態勢並未改變。蘇俄亟望與美國簽訂經濟貿易協定，但未實現；越南問題及中東問題各堅持其立場，均係雙方基本對立未緩和之證明。（張彝鼎、張宏遠）

美蘇會談（United States-Soviet Union Dialogue May 22-30, 1972）

美國總統尼克森於一九七二年五月廿二日至卅日由國務卿羅吉斯暨總統顧問季辛吉陪同赴蘇聯訪問，與蘇聯首長會談，結果達成下列協議：

㈠限制反彈道飛彈系統條約（ a Treaty on the Limitation of Anti-Ballistic Missile ）。

㈡限制攻擊性戰略武器之某些臨時辦法（an interim Agreement on Certain Measures with respert to the limitation of Sprategu Offensive Arms ）。

㈢美蘇雙方合作維護環境協議（ a U.S. Soviet agreement for co-operation in the field of environmental protection ）。

㈣美蘇雙方在醫藥研究暨公共衛生方面之合作協議（ an agreement on U.S.-Soviet co-operation in the field on medical research and public health ）。

㈤美蘇雙方合作探測外空之協議（U.S.-Soviet agreement on cooperation in the exploration of out-space ）。

㈥兩國科學暨技術合作協議（agreement on scientific and technical co-operation between the two countries）。

㈦美蘇雙方防止公海暨太空意外事件之協議（ U.S.Soviet agreement on the prevention of incident on the high sea and in the airspace above them）。

雙方在訪問結束時並發表一項聯合宣言申明美蘇關係之十二點基本原則，諸如在聯合國憲章義務下彼此應加强和平關係並儘可能使其穩定。認定在核子時代雙方除和平共存外，別無他途可循，雙方雖然意識型態不同、制度不同，但並不妨礙雙方基於主權平等，互不干涉內政之原則發展正常關係，雙方盡最大之努力避免軍事對抗（ military confrontations ）及阻止核子大戰之爆發。雙方重申就雙方之利益而言，雙方將繼續保持意見之交換，必要時進行高階層之接觸。雙方將繼續努力作雙邊或多邊之限制武器之努力。雙方將加强經濟及商業關係。雙方將加强科學及技術之合作。雙方將加强文化關係並鼓勵了解對方之文化價值，上述各點雙方並認為有持久發展之必要。

此外雙方並發表一項聯合公報除對雙方有關之戰略武器限制協議，經濟商業關係、航海事務、科技合作加以申明外，並就當前世局諸如歐洲、中東、中南半島、加强聯合國等問題說明雙方之觀點。（張宏遠）

柏林外長會議（一九五四）（Council of Foreign Ministers, 1954, Berlin）

柏林外長會議於一九五四年一月二十五日起，至二月十八日止，為期二十八天，在東、西柏林輪流舉行。出席會議者為美杜勒斯（John Foster Dulless），英艾登（Anthony Eden），法皮杜爾（Georges Bidault）及俄莫洛托夫（V. M. Molotov）。會議討論的主題有三：㈠採取措施以緩和國際間緊張局勢；召開一包括共匪的外長會議；㈡德國問題與確保歐洲安全問題；㈢奧地利和約問題。

對第一個問題，外長會議同意於日內瓦召開包括共匪及有關係國家之外長會議，以便和平調整韓國和東南半島之問題。關於德國問題，蘇俄不同意西方所提建議，在佔領諸國監視下實行德國選舉；西方也不同意蘇俄的主張，先成立臨時全德政府，其組成分子東西德各佔一半；同時雙方從德國撤退佔領軍。因此，德國問題未能獲得解決。奧國問題，在此次會議中，亦無甚成就。

會議延續四週於二月十八日宣佈結束，除同意召開前述之遠東和平協商會外、四外長並宣佈同意於紐約（日期未定）舉行有關世界裁軍之交換意見會晤。此外，可謂毫無所成。（吳俊才）

柏林問題（Berlin Issue）

戰後柏林問題起源於一九四三年十月，其時美、英、蘇三國外長會於莫斯科，三國同意對戰後之德國予以共同佔領。因此，他們建立了一個「歐洲顧問委員會」（European Advisory Commission）。經過很久之協商，一致同意將戰後德國分為三個佔領區，同時又共認柏林亦應成為一個特別區，由三國共同管轄之。一九四四年十一月十四日，歐洲顧問委員會決定設立一個聯軍管理委員會，以代行德國境內之政府職權。

然而在上述的文獻中，關於西方國家如何與柏林相交通一端，則並無明文規定。其後在一九四五年二月雅爾達會議時，各國除重申以往之安排外，並規定法國亦應有一個佔領區域，同時又接受法國為聯軍管理委員會之一員。

一九四五年五月八日，當德國正式投降時，美國軍隊早已深入原來劃歸蘇俄佔領區域以內，惟柏林則完全在蘇俄軍隊控制之下。在此種情形，如美軍不撤退至相當距離之地帶，蘇俄勢不肯讓聯軍進入柏林。因此，四國軍隊最高統帥乃於一九四五年六月五日發表聯合宣言時，他們決定遵守各該國政府之諾言。最後在一九四五年八月二日簽訂波茨坦協定時，（法國並未參加此項會議）遂賡續以往的協議而予聯軍管理委員會以特殊使命。其著者爲四D主義－Denazitication(反納粹主義），Democratization（民主主義），Demilitarization（消滅軍國主義），及 Deconcentration(反集中主義）是已。

關於西方聯軍如何與柏林交通之一問題，在波茨坦會議時，並未加以提及，其意爲留待聯軍各統帥共同商決。一九四五年六月二十九日，克萊（L. D. Clay）將軍代表艾森豪將軍與朱可夫(G. K. Zhukov）會於柏林，當時朱可夫同意一種臨時辦法，規定以一條公路，一條鐵路，以及兩個空中走廊，作爲西方聯軍通往柏林之道路。此項諾言並未寫成文字。克萊將軍在其「德國之決定」(Decision in Germany) 一書中說：「我現在回想起來，在此時我未曾要求以自由通達柏林撤退軍隊作爲交換條件，實係極大錯誤。」但在一九四五年十一月三十日，此項疏忽卒正式予以改正，即聯軍管理委員會決定給予三個空中走廊作爲西方運輸之用而無須預先關照。在最初，西方國家並不感受任何困難，惟因東西冷戰日趨激烈之後，柏林交通問題遂引起軒然波瀾。

原來依照一九四五年七月，波茨坦會議之決定，柏林亦如處理德國全國一樣，分別由美、英、法、蘇四國佔領，並由四國代表合組管理委員會以行使統治之職權。但各國意見紛歧，故至一九四八年時，此一管理委員會即無形解散。于是同年六月，蘇俄竟下令封鎖柏林與西德區域之水陸交通，以期迫使西方國家退出柏林。當時柏林既被隔絕，西方國家爲避免戰端計，不願使用武力以對抗蘇俄，不得已而採取空運接濟方法，以補給西方國家之柏林駐軍，並維持西柏林居民之給養。先後經過三百二十八日之柏林空運，直至一九四九年五月，蘇俄始知難而退，放棄其封鎖柏林之目的，宣佈恢復柏林與西德地區之水陸交通。

自此以後，柏林問題雖常爲東西冷戰之焦點，然雙方均有所恃而無恐，卒未釀成眞正之死結。但在一九五七年十月間，由於蘇俄發射兩枚地球衞星，同時又已擁有洲際飛彈之新武器，於是赫魯雪夫乃用作向西方國家進行敲詐之工具。一九五八年十月，赫魯雪夫且公然提出類似哀的美登書式之要求，迫使西方國家接受，其要點如次：

㈠要求西方國家在六個月內撤退駐在柏林之軍隊；

㈡要求承認西柏林爲自由市；

㈢取消蘇俄與美、英兩國在一九四四年九月十二日所簽訂之協約（即關於在柏林設立佔領區之協定），以及一九四五年五月一日，美、英、蘇與法國共同簽訂有關佔領德國與柏林之管理機構之協定。

㈣主張將柏林交與東德自由處理。

當時西方國家均怵於飛彈之恐怖，不知如何應付，惟幸美國國務卿杜勒斯尙能堅定立場，提出先開外長會議之對策，卒致拖延時日，避免了高峯會議之召開。迄一九五九年夏間，美總統艾森豪爲和緩雙方緊張形勢起見，邀請赫魯雪夫前往美國訪問，於是赫魯雪夫立刻改爲笑臉攻勢，其前所提之哀的美登書，亦不啻東之高閣矣。然而柏林問題依然爲東西雙方冷戰之焦點，惟目前則暫時冷却，將來隨時仍有再行爆發之危機。（鄧公玄）

參考文獻：

Encyclopedia Britainica

S. N. Dhar: International Relations And World Politics Since 1919, pp. 347-350

柏林圍牆（Berlin Wall）

柏林圍牆者，蓋由蘇俄與西方國家對柏林問題長期冷戰而產生之結果也。其經過情形甚爲複雜，除有關柏林問題之前段經過已詳「柏林問題」條外，茲將柏林圍牆建立之事實簡述於次。

一九六一年八月十三日，東德共黨實行封鎖東西柏林之通路，將原有之八十處減爲十二處，東柏林人如無特許證不得前往西柏林，在西柏林工作之八萬餘東德人，皆被迫在東德另覓工作，西柏林人及外國人則仍可自由通行。此項封鎖行爲，在表面上係爲德共防止東德人逃亡之措施，而實際則侵犯了一九四九年四强之兩項協定。蓋在原協定中所劃分之各佔領區只爲管理上之便利，不得視同國界，各區住民之自由往來，實爲協定之重要精神之所在，今蘇俄准許東德軍隊進入東柏林執行封鎖任務，其違反協定精神，實顯而易見。

當德共宣佈封鎖東西柏林通路後，數日內西方國家毫無有效行動，西柏林人心異常浮動。西柏林市長布蘭德乃向美國總統甘迺迪，要求西方國家加强在西柏林之駐軍實力，而美國乃決定派副總統詹森訪問西柏林，並由西德調一千五百人美軍經東德公路赴西柏林加强防務。

八月十九日，詹森飛抵波昂，與西德總理艾德諾晤談後，即發表强硬演說。同日下午飛抵西柏林，等候美軍增援部隊之到達。八月二十日，美軍一千五百人，軍車三百輛，在凌晨時間通過一百二十公里東德境內之赫爾姆—柏林公路，經蘇軍（東德軍未參加）檢查後，於當日上午十一時四十分抵達西柏林美國佔領區，詹森副總統親自迎接。同日，美軍亦運到三十四輛戰車，以增加軍力。此舉本含有極大之冒險性，蓋世人皆不知蘇俄果將如何以應付此種緊張局面也。然而蘇俄則竟默爾而息，於是西方聲威因此大為提高。

但德共則立刻在沿東西柏林交界處建築五英尺高，二十五英里長之水泥圍牆，使東西柏林完全隔絕。八月二十三日德共宣佈關于通行之新限制，其要點如次：

(1)東西柏林之通路減為六處；

(2)西柏林人無准許證者不准進入東柏林；

(3)外國人指定由一處通路往返；

(4)在東柏林居留之外國人不准自由離開。

由於上述措施之實施，東西柏林遂成為兩個水洩難通之世界，而東西柏林交界處之圍牆，遂為東西冷戰中最醜惡之表現。西柏林人士稱之為「烏布利希的『中國長城』」，而國際間則普遍稱之為「柏林圍牆」。（鄧公玄）

參考文獻：

Facts on File Yearbook, 1961

英美學派（國際私法）

是國際私法的學派之一。英國在地理上，與荷蘭及比利時只是一水之隔，因此英國的國際私法，自十七世紀以來，深受荷比學說的影響；美國向採英國法系，其國際私法的學說，也承襲荷比學派。英美學派因受荷比學說的影響，所以對於國際私法，並無多大的貢獻；且因採行昔日歐洲屬地主義，一旦發生涉外法律關係的問題，就往往適用內國法，其關於外國法的適用，乃是根據國際禮讓的理論。但是自薩維尼的名著問世以後，英美學者，對於國際禮讓的意義，就有了新的解釋，認為國際禮讓，是一國法官的適用外國法，並非根據國際的好意，就有自由裁量之權，而實在是為正義的要求，不得不適用之。

英美學派中首推美國學者施多萊（Story），其主張多因襲荷蘭赫白爾（Huber）的學說。施氏所持的原則有三點：㈠基於一國主權的觀念，對於領域內的人及物有絕對的支配權；㈡基於國家平等的觀念，一國法律的效力不能支配其領域外的人及物；㈢基於國際禮讓的觀念，甲國的法律因乙國的禮讓表示，或可適用於乙國的領域內，但以不違反乙國的重要政策及利益者為限。這種禮讓的觀念，實有阻礙英美學派的進步，所以晚近英美判例少有採用國際禮讓說。

英國學者戴西（Dicey），與施氏同稱為英美國際私法的泰斗。戴氏也是承襲荷蘭的學派，曾倡既得權說，認為凡依文明國家法律所適當取得的權利，內國法院對它就應該予以承認及執行；但遇有下列情形之一時，則不在此限：㈠如與有域外效力的英國成文法相牴觸時；㈡如有違背英國的立法政策或公安時；㈢如與英國主權的存在衝突時。因為英國向採屬地法，以適用內國法為原則，戴氏倡既得權說，以為適用外國法的理論根據，所以戴氏的學說，與德意志學派及義法學派的主張不同。可以說戴氏對於國際私法有相當的貢獻，但是仍然不免陷於循環論法的缺點。因為既得權應依何法而確定，並未加以說明，所以仍無補於實際上的適用。

英美學派與歐陸學派的重要不同，有下列三點：㈠英美學派承襲封建制度的餘蔭，其適用屬地法的範圍較廣，歐陸學派則適用屬人法的範圍較廣。㈡英美學派視國際私法為國內法的一部，歐陸學派則視國際私法為國際法的一支。㈢英美學派以住所地法為屬人法，歐陸學派則以本國法為屬人法。（參閱「義法學派」及「德意志學派」各條）。（洪力生）

英挪漁權案（Anglo-Norwegian Fisheries Case）

一九三五年七月十二日挪威政府發佈命令規定，挪威北部的領海基線約自維斯灣（Vest-fjord）起，直至瓦朗格灣（Varangert fjord）東岸的蘇俄邊界為止。應由若干固定的基點連結成若干直線構成；其獨占的排他的沿岸漁捕區，即為由這種基線起計算，向海外延，寬達四浬的區域。這些基點，或在挪威海岸線，或在近岸的島嶼、岩石上；被特別指出的約有四十八處之多。連結兩個基點的直線，長短不一，短自十五浬至二十五浬之間，長最多至四十浬。英國認為這種基線劃定的結果，便將一部分的公海，關閉為挪威漁人專享的漁捕區域。幾度與挪威嘗試磋商一項特別漁線 Ad hoc Line，而不克獲致協議。於是一九四九年九月二十八日，英國向國際法院提出一項申請狀，要求挪威的各項規定應由國際法院予以宣示，並應聽取英、挪雙方意見，以避免兩國間的法律爭端。同時在國際法院決定挪威漁捕範圍之外，對英漁船所作的一切干涉，視作損害賠償。但國際法院於六星期後判定：挪威一九三五年七月十二日命令，在其違反挪威應遵守原則範圍內，不得對抗英國實施。反之挪威一九三五年七月十二日命令，並不與拘束挪威的一般國際法規則相背謬，無論如何，挪威對於該命令所規定的領海，享有歷史上的權利，因之該命令絕不違反國際法。（李鍾桂）

參考文獻：

雷崧生編著：國際法院成案，正中書局，民國四十七年臺初版，第三十七—三十八頁；

The Judgment of the I. C. J. in the Anglo-Norwegian Fisheries Case of Dec. 18. 1951. P.164-166

南生護照（Nansen Certificate or Passport）

難民救濟事務在一次大戰後，益見繁重，先是國際勞工局奉交負責此事（後一九三〇年交回國聯秘書處，理事會於一九三一年根據盟約廿四條設立「南生國際救災局」Nansen International office for the Refugees）。南生之命名係因南生自一九二一以來即受命爲國聯「難民問題專員」Haut Commissaire pour les Réfugées 專門救濟難民。

一九三三年十月廿八日各國所訂定「難民身份公約」，承擔責任，救濟俄國、阿爾美尼亞等處流亡人民。公約中規定發給此種難民以「南生護照」；持此護照之難民應受締約各國便利其旅行之優待，又可以利用居留地之法院，免除普通內國對外國人要求互惠待遇，方得利用法院的交換條件；締約國除非爲正當的公共秩序或公安上之理由，不得任意驅逐經常居留在該國之難民，締約國並應放寬其內國法對外國勞工之限制，給予該等難民以謀生機會。（邵子平）

南太平洋委員會（The South Pacific Commission）

一九四七年，澳大利亞、紐西蘭、法國、美國、英國、荷蘭合組南太平洋委員會，謀求協調合作，解決南太平洋各島嶼殖民地問題。

迄至一九七二年底止，南太平洋島嶼殖民地，先後宣布獨立者，已有五個國家。如：

斐濟—— Fiji 原屬英國殖民地。

東加王國—— Kingdom of Tonga

西薩摩亞—— West Samoa 屬紐西蘭委任統治。

納魯—— Nāuru 原屬澳大利亞。

柯克群島—— Cook Islands. 原屬紐西蘭。

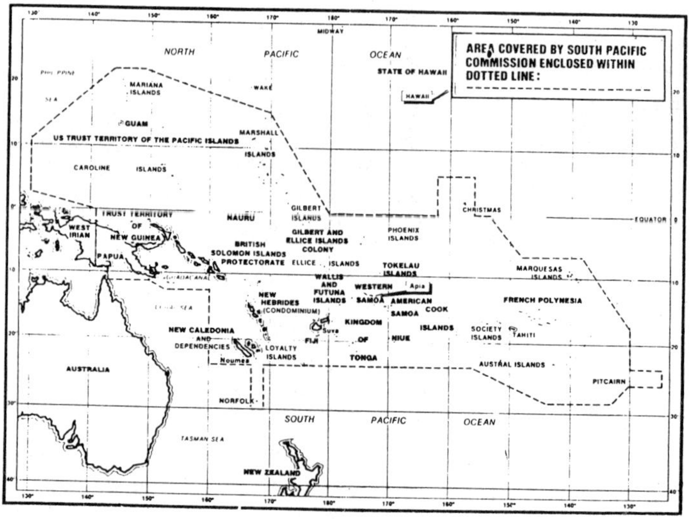

此外，新幾內亞之巴布亞 Papua 也正由澳大利亞指導下準備獨立。（張彝鼎）

南極研究科學委員會（The Scientific Committee on Antarctic Research, SCAR）

南極研究科學委員會（The Scientific Committee on Antarctic Rese-arch 簡稱 SCAR）是一九五八年由國際科學聯合會理事會設立，負責促進在南極從事科學活動的協調，並負責國際地球物理年所提議而在南極進行的科學方案的國際合作，在太空研究方面，該委員會與太空研究委員會維持密切的關係，其它凡與太空研究有關的南極地面觀察站都跟該委員會有關係，在南極所從事的太空研究包括：大氣上層物理學、地磁學、氣象學、測地學、繪圖學與冰河學等，這些學科的方案都涉及太空研究，但主要的是大氣上層物理學、地磁學與氣象學研究的範圍，有極光、電離層、宇宙光等。（張彝鼎）

南進政策（Southward Policy）

所謂南進政策，其義有二。其一爲指日本帝國主義者之南侵政策，其二指帝俄與蘇俄向南面擴張之政策而言。日本之南進政策，在第一次世界大戰後，二次世界大戰時，最爲喧囂。但其後日雖曾乘機佔領香港、菲律賓、乃至東南亞若干地區，嗣因日本戰敗，其所暫時取得之土地固完全撤退，即原佔有之琉球羣島以及臺灣、澎湖等地方，亦被迫放棄。故日本之所謂南進政策不僅已完全失敗，且爲日本帝國主義者之致命打擊。且就日本目前情況而言，日本南進政策殆難有死灰復燃之機會。

至於帝俄與蘇俄之南進政策，過去固曾屢次失敗，但現在依然在繼續冒險之中，故不可不稍加詳陳之。

俄國領土橫跨歐亞兩大洲，實爲世界上幅度最廣之國家，但因其地處寒帶，北接北冰洋，終年凍結；南臨喜馬拉亞高山，交通梗塞。其出海之道路，必遠由西面波羅地海經北海以出大西洋，或遠經東端之海參崴以出太平洋，或由南面之黑海經土耳其控制之兩峽（達旦尼爾與波斯婆羅）以出地中海。在近世界航海發達之情況下，其不利固顯而易見。

當俄帝大彼得時，俄國尙未能列於歐洲國家之林，彼得大帝嘗微服遠游歐陸各國，學習造船等技能，同時又慕西歐各國之文明，回國後力謀俄羅斯之西化。在其遺書中，即確定南進政策。嘗謂俄國必須與奧地利携手，驅逐土耳其於歐洲之外，始可與歐洲各國相角逐。於是開始在黑海維持常備軍，並建立造船廠，以作南進之基礎。南進之目的又不僅限於由黑海進於地中海而已，且必須乘機戰敗波斯（即伊朗），使其倒向俄國勢力範圍，而使俄國得以進於波斯灣，與東洋發生貿易關係。帝俄時代之南進政策如此，其野心勃勃可見一般。

迄至一八五三年，俄國藉口巴勒士坦（Palestine）聖蹟管理權之爭執問題，與土耳其發生戰端，土耳其海陸軍先後敗北，正瀕於危殆時，英、法因嫉帝俄南侵野心，遂與土耳其締結同盟，亦於一八五四年宣佈參戰，出兵克里米亞半島，圍攻塞巴斯托堡（Sebastopool）要塞，因而產生所謂克里米亞戰爭（Crimean War）。由於要塞防禦堅固，而氣候嚴寒，又加疫癘流行，竟不能得手。迄翌年得薩丁尼亞援兵開到，始一鼓攻破之。一八五六年有關國家締結巴黎媾和條約，遏制俄羅斯南進野心，而薩丁尼亞亦由是役而漸露頭角（按爾後爲意大利統一之主角）。巴黎條約要點如次：(1)黑海中立，即禁止軍艦航行於黑海之上。(2)沿岸禁止設置海軍造船廠。(3)俄國撤回要求希臘正教徒之保護權。(4)多腦河口歸土耳其。(5)土耳其領土內，羅馬公教與希臘正教徒有同等權。自是帝俄南進野心遂遭受重大打擊，不能不忍氣停頓。

然而俄國南進之野心並未因此放棄，迄至第二次世界大戰結束以後，蘇俄獨裁者史太林眼見整個歐洲的均勢業已完全破壞，不但戰敗之德、意軸心業已破產，即昔日不可一世之英、法亦瀕於崩潰之境；於是乘機希圖由兩途而達成其夢寐以求的南進政策。其一由巴爾幹直出希臘半島，而達地中海之中央；其二由黑海暢通波斯婆羅斯及達旦尼爾兩海峽而進入地中海之東端。爲達成上述野心，蘇俄乃嗾使希臘共黨實行叛亂，以期推翻希臘王室，而形成爲蘇俄之附庸，一如東歐共產國家者然。同時又向土耳其提出共管兩海峽之要求，意圖使其屈服於威力之下。昔日帝俄南進野心之被阻，實因英、法之力，今英、法既均已力不從心，大有予求予取之可能。不意英國於一九四七年二月正式要求美國出面干涉，而美國亦深感蘇俄南進野心如不加以遏阻，則共產勢力殆將席捲中、近東與北非一帶，甚至西歐亦難免被其囊括。因此，一九四七年三月，乃有所謂杜魯門主義之出現，所謂杜魯門主義者，即美國以四億美元援助希、土，一面使希臘得以平服共黨叛亂，一面支持土國拒絕蘇俄共管海峽之要求也。

當時世界上只有美國擁有原子武器，故美國之軍力斷非蘇俄所敢對抗，所以蘇俄對其南進政策不能不再度自反而縮。然而蘇俄之發動其南進冒險，實爲二十餘年東西戰之開端，邇年以來，由於國際均勢之改觀，美國已因其全球性戰略之改變深深陷於亞洲之越南與東南亞方面，對於中近東與地中海之新危機，頗有鞭長莫及之勢。因此蘇俄不但對阿拉伯若干國家加緊其滲透，且自一九六七年六月以、阿第三次戰爭之後業已調派大批軍艦深入地中海，而埃及、亞爾及利亞與敘利亞之若干海峽，且已成為蘇俄海軍基地。將來如再發生戰端，蘇俄不免採取直接軍事行動，藉以貫澈俄國數百年來南進之野心。（鄧公玄）

參考文獻：

Encyclopedia Britainica, Vol. 6

威瑪共和（Weimar Republic）

第一次世界大戰結束，德皇威廉二世（Kaiser Wilhelm II）退位。一九一九年七月，德國國民會議舉行於威瑪（Weimar），通過憲法，把德國的政體由君主專制，改變為民主共和。因之，這憲法被稱為威瑪憲法（Weimar Constitution）；這政體被稱為威瑪共和（Weimar Republic）。

威瑪共和的政治制度，採集權的聯邦制；它的經濟政策，注重漸進的社會化。愛柏特（Friedrich Ebert）當選第一任總統（一九一九年至二五年）與登堡（Field-Marshall Paul Von Hindenburg）當選繼任及連任總統（一九二五年至三四年）。一九三三年希特勒（Adolf Hitler）任總理之後，實行納粹獨裁。次年八月一日興登堡逝世，希特勒制定法律，合併總統、總理二職，改稱為國家領袖（Reichsführer）集政權於其一身，威瑪共和從此消逝。納粹宣告自一九三三年起，德國為「第三德意志」（Das Dritte Reich），以別於九六二至一八〇六年神聖羅馬帝國（Holy Roman Empire）時代的第一德意志，及一八七一至一九一八年德國帝國時代的第二德意志。（陳紹賢）

威爾遜十四點和平原則（Fourteen Points of T.W.Wilson）

當一九一七年美國加入協約國宣佈對德作戰後，第一次世界大戰情勢即已成定局。美國為安排戰後歐洲問題起見，曾派遣調查團前往歐陸，實地考察，藉作戰後和平談判之基礎。一九一八年一月八日，威爾遜根據調查團報告，乃向美國參衆兩院聯席會議，發表演說，列舉和平之十四點原則，申論其解決戰後問題之理想。此項和平要點發表後，全世界皆奉為圭臬，尤其國際合作與民族自決之兩大原則，更成爾後巴黎和會之基本信念。其內容如次：

㈠公開之和平條約以公開方法決定之。此後無論何事，不得私結國際盟約。凡外交事項，均須開誠佈公以執行之，不得以秘密方式進行。

㈡領海以外，無論平時或戰時，均須保持絕對的航海自由，但為執行國際條約時，得以國際公意封鎖一部或全部之公海。

㈢除却各種關於經濟之障碍，使利益普及於愛好和平及保障和平之各國。

㈣設立適當之保障，縮小軍備至最低限度，以足保衛國內治安為度。

㈤對於殖民地之處置，應推心置腹，以絕對公道為主。殖民地人民之公意，當與政府之正當要求互相權衡，此項主義各國應絕對尊重，不得有所假借。

㈥凡已被佔據之俄國領土，應一律退還。關於俄國種種問題，當以協助其自由發展為前提，俾其自定政策，建立相當之政府，並歡迎其加入自由國際社會。此外並將供給其一切需要。各國待遇俄國之真意，當以能否對俄抱親愛主義、表示同情為斷。

㈦凡已被佔據之比利時領土，其一切主權應不受絲毫限制，俾與世界自由國家享有同等之權利。此係全世界之所公認者，若期使各國信賴其共訂共守之法律，此着實為首要，如無此種補救之道，則國際公法之效力，勢將化為烏有。

㈧法國之領土必須完全恢復自由，凡被侵犯一部分土地，應即退還。亞爾薩斯及羅蘭本為法屬，一八七一年為普魯士所強佔，因而擾亂世界和平凡五十年，今應歸還法國，俾保永久和平。

㈨重訂意大利疆界，其版圖之改定，應以居民之種族為根據。

㈩對於奧匈當予以享受確保其世界地位之權利，以及自由發達之機會。

(十一)羅馬尼亞、塞爾維亞、門的內哥羅諸國之領土，當一律予以恢復。其已被佔據之土地，應一律歸還之。塞爾維亞當有通海道之權利。巴爾幹各國之關係，當謀和衷共濟，並以歷史上之習慣與種族為準。巴爾幹各國之政治經濟之自由，由國際共同保障之。

(十二)對於土耳其帝國之土耳其種族，當承認其主權，在土耳其政權下之其他種族當享受保護生命發達與自治之權利。達旦尼爾海峽當由國際保障，永遠公開，俾世界各國共享航海通商之自由。

(十三)建設波蘭獨立國，凡確為波蘭種族所居之地，均歸入其版圖，並給予通海之權利，其自由獨立之統治權，以國際條約保障之。

㈣確定約章，組織國際聯盟，其宗旨爲各國交互保障其政治自由及土地統控權，國無大小，一律享同等之權利。

威爾遜之和平十四點原則，在今天看來，固非新奇，但在當時，實爲空谷足音。威氏此項原則雖未爲巴黎和會完全實施，但其影響則極深遠，蓋在第二次世界大戰時，美國總統羅斯福與邱吉爾在「大西洋憲章」(Atlantic Charter)所列舉之四大自由，與爾後提出之「聯合國憲章」(United Nations Charter)均係由此脫胎而來者也。（鄧公玄）

參考文獻：
American People's Encyclopedia Vol. 20

孤立主義（Isolationism）

孤立主義一詞，蓋指主張一國政治經濟不與他國相結合之理論而言。此一名詞之產生蓋緣美國門羅主義而來，門羅主義主張美洲爲美洲人之美洲，不容歐洲國家之干涉，同時又謂美洲亦不過問歐洲事務。在此以前，美國開國元勳如華盛頓與傑佛遜等，亦曾倡言勿與他國相牽連，即早已含有孤立傾向。此意經門羅總統(James Monroe)於一八二三年十二月三日正式發布宣言以後，美國外交政策遂益走向遠離歐洲舊世界政治關係之道路。

然而美國內部之發展不斷向西部邁進，卒至遠達太平洋沿岸，美國國力已非當年之吳下阿蒙。尤其自一八九八年四月二十一日至同年八月十二日，美、西戰爭（American-Spanish）之後，美國乘勝取得菲律賓羣島、普陀里哥（Puerto Rico）、關島（Guam）、威克島（Wake Island）及夏威夷島（Hawaii）等殖民地，其勢力已伸入太平洋及亞洲方面。因此使昔日門羅主義所號召之政治意義幾已盡失。

一八九九年九月六日，美國國務卿海約翰(John Hay)訓令駐俄、英、德、法四國外交代表，對各該駐在國政府提出有關中國之「門戶開放政策」（Open Door Policy)。所謂門戶開放政策者，即謂今後不容任何國家在中國取得獨有之勢力範圍，各國應利益均沾之義。此種政策雖未必爲中國着想，然中國則因此而免於瓜分，同時美國對亞洲問題亦日加注意，中、美友誼之親善，實淵源於此。

其後美國被廹參加第一次世界大戰，美總統威爾遜（Wilson）提出十四點和平方針，不但主張放棄昔之孤立政策，且主張美國應成爲國際聯盟之要角，共同維持戰後之世界和平。威爾遜親自出席巴黎和會，簽訂凡爾塞和約，以爲可以取得美國人民之一致支持。不料當時美國許多政客依然堅持以往門羅主義之傳統，同時亦對第一次世界大戰之結果深感失望，於是孤立主義之思潮重行抬頭。以致威爾遜將其所簽定之巴黎和約送交國會參議院後，竟遭多數否決，使美國不能參加國際聯盟之組織，同時亦不能成爲國際法院之一員。從此美國輿論完全重返孤立主義之老路，而結果則使歐洲之權力鬥爭亦囘復以往之形態矣。

迄至一九三〇年時代，歐洲戰雲復起，美國孤立主義者爲保持美國得置身事外起見，乃先後制定若干中立法案，希圖達到孤立之目的。但時代已變，環境亦遷，昔日所賴以遠隔歐洲干擾之海洋，已因交通工具與作戰武器之進步，幾乎完全不復存有保障之作用。所以美國自因一九四一年十二月七日，日本偷襲珍珠港以後，不但使美國被廹參加第二次世界大戰，且使美國之傳統政策—孤立主義付之東流。

二次大戰結束以來，美國不僅以全力支持「聯合國」之組織，且先後被廹肩負維持整個非共產世界之和平與安全的責任。然而由於年來美國負擔過重，許多美國自由主義者，乃一面提倡姑息主義，一面反對美國承擔對世界安全之諾言，彼輩雖不敢以孤立主義爲號召，而實則仍不免爲孤立主義之意識所推動。由此可知美國孤立主義雖已成時代錯誤，但其幽靈固隱然猶存。（鄧公玄）

參考文獻：
American People's Encyclopedia Vol. 11 :
C. O. Zerche, jr.: Foreign Policy of The American People, Chap. 5 and 6.

約旦河流域計劃（Jordan Valley Plan）

約旦河流域計劃，是美國艾森豪總統任內國際開發計劃的一種，由總統特別顧問詹遜(Erie Johnson)提出的。其目的在開發約旦河沿岸各地區的水利資源。

本計劃分三階段：第一階段，由約旦河支流雅爾莫克（Yarmuk）沿約旦河的東岸，開鑿一條運河，以灌溉在高山縣崖與約旦河之間五至八英里的平原。此階段計劃的實施，是在約旦國境內。如果完成，則該地區的農作生產增加，可供應較原有人口增加三倍之所需，也可幫助當時約五十萬阿拉伯難民在該地區定居。第二階段，在以色列與約旦間建築一座雅爾莫克水壩。第三階段，引導約旦河的水流，以利尼日維（Negev）沙漠地區的灌溉。

由於有關各國—以色列、約旦和埃及間歧見的存在，不能合作謀求共同的利益，致此計劃不克見諸實施。（陳紹賢）

軍事犯（Persons Convicted of Military Crime）

凡「純粹違反軍事法令而受處罰者，或不適用軍事法令即不受普通法律處罰者，為軍事犯」（見美國哈佛大學所擬引渡法草案第六條第二款）。此種犯人如果逃往他國，可以和政治犯一樣，適用「不引渡」原則。（俞寬賜）

契約地法（Lex Loci Contractus）

就是契約成立或效力發生時所在地的法律。關於契約成立及效力的準據法，近代各國的國際私法多採「當事人意思自主」的原則，就是「依當事人意思定其應適用之法律」。如果當事人意思不明時，各國之法例，雖然有規定，應即適用法律行為地法者，如日本法例第七條第二項的規定；但是單純適用行為地法，也不免發生困難，因為外國人間所發生的契約關係，有時是因為偶然的旅行而經過某地，有時在當事人的主觀上，並不明瞭行為地係作何解，如果要逕行適用行為地法，也有未妥。所以涉外民事法律適用法第六條第二項規定，應該儘先適用當事人的共同本國法。萬一當事人的國籍又不相同。各該當事人的本國法可能發生差異，始適用行為地法、以資解決。但是，適用行為地法，有時因行為人分處在不同的國家，隔地訂約，就發生適用何地為行為地的問題？所以同條同項更規定：「行為地不同者，以發要約通知地為行為地，如相對人於承諾時不知其發要約通知地者，以要約人之住所地視為行為地。」以資解決。（洪力生）

保持佔有主義（Uti Possidetis Doctrine）

保持佔有主義可依兩種情形分別說明：㈠當戰爭因雙方停止敵對行為而終止時，多數學者認為停戰時存在於交戰國間之狀態，業經雙方以停止敵對之方式而予以默認，故應予以保持，并構成雙方未來關係之基礎。這就是保持佔有主義。依此說，停戰時交戰國一方若佔領着他方之領土，則可加以兼併；因為此時原有國已藉停止敵對行為而放棄其對該領域之一切權利（Lauterpacht's Oppenheim, vol. II, P.599）。不過，如果戰敗國明白和繼續地提出抗議，則停戰時之狀態不能假定獲得其默認。

㈡戰爭如係經由雙方簽訂和約而終止，則該和約除有明文作相反之規定外，尚有幾種當然的效力（effects）；其中之一便是媾和時之狀態應予保持（Conditions remain as at the conclusion of peace）；從而交戰國在戰時所獲戰利品及敵方國有動產如軍火、武器、糧秣、金錢、馬匹、交通工具等，以及其所獲之敵方不動產產品，均成為該交戰國之財產。其於戰時所征服之敵方領土亦可予以保持并兼併之。這也是保持佔有主義。不過現在想保持征服地之交戰國，通常都謀求在和約中明白規定割讓。

此一主義之適用，不但可以使不願以文字表示讓步的交戰國作軍事上的讓步，而且可以補充和約中關於主權與財產規定之不足。（參閱「媾和條約」）。（俞寬賜）

迦納—幾內亞聯盟（Ghana-Guinea Union）

恩克魯瑪想利用「非洲獨立國家會議」、「全非人民會議」和「全非工會同盟（All-African Trade Union）」作為他的政治工具，來實現非洲統一的目標。恩克魯瑪在非洲獨立國家會議中獲得相當的成功，在工會運動中却遭受了打擊。他希望東非勞工領袖姆鮑亞（T. Mboya）在東非的勢力和自已在西非的力量聯合起來，然而在工會運動中兩人發生了嚴重的衝突。

同時恩克魯瑪忌妒奈及利亞的獨立，想利用工會力量來打擊奈及利亞的巴勒瓦（Alphaji Sir Abubakai Tafarve Belewa），因為迦納的工會運動已經等於是人民大會黨的支部，並與奈及利亞的工會運動建立了很堅強的關係，恩克魯瑪企圖以一連串的罷工來打擊巴勒瓦的聲望，而引起了巴勒瓦的憎恨，因此表示：「談論西非聯盟的時機尚未成熟」。就人口而言，奈及利亞是非洲第一大國，如果沒有奈及利亞的參加，恩克魯瑪西非洲聯邦的初步理想是無從實現的。

恩克魯瑪決心問鼎黑色非洲領導人的地位，爲了達到目的，而不擇手段。於是聯絡正在徬徨中的幾內亞的總統杜瑞（Sekou Touré）。

一九五八年，法蘭西第五共和國誕生，新憲法使法國的非洲海外屬地作一選擇。是年九月廿八日舉行公民投票，如果對憲法投下「否決票」，則表示選擇完全的獨立，如果投下「贊成票」則將走上「自治共和國」的新法人地位，成爲法蘭西社會（French Community）的會員國。只有幾內亞拒絕新憲法，選擇了獨立。其他法語西非國家皆選擇留在法蘭西社會之內。當初杜瑞投票退出法蘭西集團的基本原因是一個戰術的動機。使杜瑞與法國及其鄰接地區談判時有一個有利的討價還價的地位，希望終久能根據杜瑞的條件建立一個新的西非聯邦。可是戴高樂政府立刻停止協助，撤退官員軍隊和警察，將每年約一千七百萬美金的財政援助取消。停止以補助價格購買幾內亞的香蕉，而且搬走了一切檔案和設備，杜瑞覺得孤立無援，就在這個時候，被捲入泛非洲的政治漩渦中。

一九五八年十一月廿三日恩克魯瑪和杜瑞在一項聯合聲明中表示：「我們受到美國十三州爭取獨立而終能建立美利堅合衆國史實的鼓勵，謹代表我們各個國家政府的同意使兩國成爲西非國家聯邦的一個核心組織。」

這個迦納與幾內亞聯盟（Ghana-Guinea Union）對於西非其他地區有其普遍的價值，因爲這是一個公開的聯盟，一九五九年一月，兩國總統發表宣言，歡迎所有非洲獨立國家加入聯盟，恩克魯瑪更不惜修改憲法，在一九六〇年四月初頒佈的新憲法中，明文規定：「授權國會酌量讓與迦納全部或部份主權」。（楊逢泰）

科倫布計劃（Colombo Plan）

科倫布計劃（Colombo plan）是一九五〇年一月不列顛國協各國外相和外長在錫蘭首府科倫布訂立的一種計劃，企求南亞、東南亞各國和各地區經濟合作的發展。

參加本計劃的有巴基斯坦、緬甸、印度、錫蘭、尼泊爾、泰國、越南、寮國、柬埔寨、菲律賓、馬來亞、新加坡、印尼和婆羅洲。這是一個佔世界人口四分之一的地區。其主要出產量。茶葉佔世界四分之三强，錫礦產佔三分之二，油類和脂肪佔三分之一，樹膠和黃蔴佔十分之九以上。

本計劃原定六年—一九五一年至五七年，迨一九五五年經決定由五七年伸展至六一年。目的在增加耕作面積百分之三點五，灌溉面積百分之十七，谷類糧食百分之十，電力供應百分之六十七。

本計劃設技術合作協會（Council of Technical Cooperation）於科倫布，由英國、印度、巴基斯坦、錫蘭、澳大利和紐西蘭派員參加，協助有關公共行政、健康事務、科學研究、農工業發展和人員的訓練與配備。

計劃所需的經費，除來自參加的國家和地區外，不列顛國協的其他國家，美國和世界銀行也有經援或貸款。（陳紹賢）

珍珠港事變（Pearl Harbor Disaster）

位于夏威夷之珍珠港，乃美國在太平洋上之重要海軍基地，美國太平洋海軍主力集中於此。當第二次世界大戰時，日本突於一九四一年十二月七日，以海空偷襲珍珠港，使美國海軍遭受嚴重損失，因而迫使美國不能不立刻宣戰，此事與爾後二次大戰形勢之轉變，實有密切之影響。

當時日本正派遣代表在華府與美國商談兩國歧見，而日本則不顧一切，乘隙偷襲，以爲可以一舉而殲滅美國在太平洋上之海軍主力，以便其乘勝南侵，無所顧忌。殊不知因此而迫使美國參戰，卒致日本遭受無情之打擊，以至於接受無條件投降之慘敗，此則日本軍閥始料之所不及者。

日本海軍於一九四一年十一月二十五日，從千島羣島出發，其中包括兩艘戰艦、六艘航空母艦、以及其他海面工具與潛艇等，於十二月七日清晨抵達距奧胡（Oahu）島二百三十英里之海面。日本首先派遣偵察機兩架，於上午六時飛往珍珠港上空，同時又有一艘袖珍型潛艇則侵入內港，既證實美國艦隊大都集中於此，遂立刻報通知日本司令官。於是由日本航空母艦起飛之日本飛機分三組向奧胡島的北方、南方與東方三面同時進攻。由於美國當時毫無戒備，其飛機均停在 Hickan, Wheeler and Bellows 基地上面，列隊成行，成爲日本飛機轟炸之極好目標，因此在數分鐘之內悉被炸毀。

美國飛機既被掃除，空中遂毫無阻攔，於是日本飛機乃向港內軍艦任意轟炸，由上午七時五十五分至九時四十五分鐘更番進襲，使美國艦隻遭受嚴重之損失，事後調查，其損失情形如次：

艦隻種類	噸數	損失程度
戰艦		
亞里桑納號	三三、〇〇〇噸	沉沒
加里福尼亞號	三二、〇〇〇噸	沉沒
西維金尼亞號	三一、〇〇〇噸	沉沒
奧克拉荷馬號	二九、〇〇〇噸	沉沒
內瓦達號	二九、〇〇〇噸	達於沉沒狀態
田尼西號	三二、〇〇〇噸	損壞
賓西凡尼亞號	三一、〇〇〇噸	損壞
馬利蘭號	三一、五〇〇噸	損壞
巡洋艦		
黑倫那號	一〇、〇〇〇噸	損壞
火奴魯魯號	一〇、〇〇〇噸	損壞
拉勒號	七、五〇〇噸	損壞
驅逐艦		
卡辛號	一、五〇〇噸	沉沒
端尼茲號	一、五〇〇噸	沉沒
蕭耳號	一、五〇〇噸	沉沒
靶船		
猶他號	一九、八〇〇噸	沉沒
修理船		
備士特爾號	九、四三五噸	沉沒狀態
敷雷船		
奧格拉拉號	六、〇〇〇噸	沉沒
海平測量船		
寇蒂斯號	一三、〇〇〇噸	損壞

此役美國死傷凡三、五八一人。海軍人員死者二、〇〇八人，傷者七一〇人；海軍陸戰隊死者一〇九人，傷者六九人；陸軍死者二一八人，傷者六九人。此外，平民死者六八人，傷者三六四人。至於日本方面，其作戰之三五三架飛機中，被擊落者僅二九架，此外則有一艘大型潛艇及五艘袖珍潛艇損失。

然而日本此次偷襲並未能將造船廠及修理設備破壞，故美國不久卽將其損壞之艦隻重行修復，而戰艦中之加里福尼亞號、內瓦達號、田尼西號、賓西凡尼亞號、以及馬利蘭號，均參加二次大戰之戰役。日本雖因珍珠港之偷襲而獲得暫時的海軍優勢，但卒至自食苦果，眞可謂不智之甚矣。（鄧公玄）

參考文獻：
Collier's Encyclopedia Vol. 15

帝國主義（Imperialism）

在共產黨的語言中，帝國主義是壟斷資本主義（Monopoly capitalism）最高、最後和末沒的階段，是殖民主義的同義字。他們認爲其興起乃是由於資本主義國家需要市場和「剝削」擁有原料的落後國家。

列寧在其一九一六年寫成的「帝國主義是資本主義的最後階段」一書中分析帝國主義，列擧出五個特徵：㈠在壟斷前資本主義時期中佔統治地位的自由競爭造成生產積聚與資本集中，壟斷組織開始在經濟生活中起決定性作用。㈡銀行業的積聚與銀行壟斷組織的形成，再由於大銀行與工業壟斷組織相結合，產生財政資本。㈢資本主義國家間由於爭奪投資場所，彼此間的矛盾、鬥爭趨於激烈。㈣國際壟斷同盟中之每個個別組織，皆爲自己的利潤進行激烈鬥爭，遂使國際壟斷同盟內部競爭尖銳化、協議不堅固，而各個壟斷者則爲重分市場而彼此進行鬥爭。㈤由於資本主義國家在帝國主義時代中經濟發展不平衡的規律，一些資本主義國家在發展中超過他國，使國際力量對此發生變化，結果使幾乎全部資本主義國家與世界人民捲入帝國主義戰爭中。由於帝國主義彼此間的鬥爭，因而產生和平同盟。（「蘇俄大百科全書」一九五二年十七卷五六八頁。）

實際上，這種帝國主義論乃是布爾什維克黨人奪取政權與鎭壓一切反對者的理論武器。任何反對史達林者皆是「帝國主義代理人」，這一設想乃是史達林主義中主要的虛構藉口之一。所謂「世界帝國主義」必定通過其代理人以推翻蘇維埃制度的概念，在蘇俄大整肅期間，以及史達林主義恐怖全部歷程中都是其理論上的依據，且用爲鎭壓地下革命的藉口。共產黨人在分析共黨統治國家與外界關係時，皆以兩個體系帝國主義和社會主義─之間的鬥爭爲基礎，在這一鬥爭中，社會主義將戰勝帝國主義，並取而代之。殖民地之民族解放運動被視爲破壞帝國主義基礎的力量，加速社會主義勝利。「社會主義」國家決不能變成「帝國主義者」，因此，非共產國家對共黨國家的指責，皆被共產黨指為「帝國主義的宣傳」。

目前，蘇俄與共匪皆把美國視為主要帝國主義國家。劉匪少奇在向匪共「第八次全國代表大會的政治報告」中指稱，「美國壟斷資本利用它在第二次世界大戰中發了橫財的有利地位在戰後進行瘋狂的活動：組織軍事集團，建立軍事基地，製造緊張局勢，準備新戰爭。美帝國主義把它的這一切活動說成是為了『防禦共產主義侵略』。但是，謊話不能掩蓋事實。社會主義同侵略是根本不能相容的。」(James D. Bales, "A Dictionary of Communist English" Baker Book House, Grand Rapids, Michigan, 1964, P.56-57)

概言之，「帝國主義」一詞，乃共產黨人用以對內壓制其反對者，對外從事侵略的理論根據。(吳俊才)

因古代帝國與近代帝國的成因不盡相同，故「帝國主義」的定義有別。資本主義者與馬列主義者對「帝國主義」所下的界說，又有分歧。(關於帝國主義理論的檢討，可看E. M. Winslow, The Pattern of Imperialism)。我們本於三民主義，認為近代的帝國主義是指具有對外擴張政治勢力或獨佔經濟利益的野心，而從事獲得勢力範圍或保護領土或殖民地或屬地的國家。因為基於那些野心的任何行為，都是帝國主義的行為。

十八、九世紀時代，比利時、荷蘭、法國、西班牙、葡萄牙和英國，或為本國工商業發展，需要海外的生產原料和消費市場，或為炫耀國力，而以武力為前驅，取得在外國政治統治或經濟特權。當時這些國家都是帝國主義國家。

十九世紀末葉至廿世紀初葉，德國、意大利、俄國和日本都實施對外政治和經濟侵略政策，且以戰爭為其帝國主義的手段。

一次戰後，蘇俄繼承帝俄的帝國主義政策，控制它的鄰近各國，使成為它的勢力範圍。二次戰後，它併吞波羅的海岸三小國—愛沙尼亞(Estonia)拉特維亞(Lativia)和立陶宛(Lithuania)；控制東歐阿爾巴尼亞、保加利亞、捷克、匈牙利、波蘭、羅馬尼亞、南斯拉夫和東德，使成為它的政治和經濟的附庸。—南斯拉夫已擺脫蘇俄的控制。

一八九八年美、西戰爭後，美國也成為帝國主義國家。嗣後它以拉丁美洲各國為其經濟的勢力範圍，且曾使用「礮艦政策」，以維持它在該地區的經濟利益，故也曾被認為是帝國主義的行為。(關於近代帝國主義的實際，可看 Parker Moon, Imperialism and World Politics 33. Iron Curtain)。(陳紹賢)

貞提利斯(Alberico Gentilis)

貞提利斯是意大利的法學家，一五五二年出生於意大利的聖基適奈西歐(San Ginesio)。曾任英國牛津大學的民法教授，而於一六〇八年逝世。

一五九八年發表了「戰爭法」(De Jure Belli Libri Jres)。此書對格羅秀斯的名著「戰爭與和平法」一書中的戰爭法部分頗有影響，所以有人甚至以為首倡「戰爭及和平法」者，並非格羅秀斯，而是貞提利斯。所以眞正奠定國際法基礎者，亦是貞提利斯。早在一五八五年貞提利斯即發表了「外交使節論」，對於外交使節的特權亦有獨創的見解，對後世的影響亦大。

所以貞提利斯是格羅秀斯以前最重要的公法學家，同時也是蘇盧以前意志法學派的創始人。(李鍾桂)

參考文獻：

崔書琴著：國際法、上册、臺灣商務印書館，民國四十六年臺二版，第二十三頁；第三十一頁註九。

恢復原狀主義(Postliminium Doctrine)

意即戰時被敵國佔領之領土、被擄取之財產、及被俘獲之個人，於戰爭進行期間或戰爭結束後返回本國時，立即當然恢復其原有在合法主權下的權利與地位。此一觀念係由羅馬法而來。依該法之規定：羅馬與外國之關係，視其相互間有無友好條約而定。羅馬人民或財產一旦進入一個無此條約的外國，即淪為奴隸或被沒收。但凡淪為奴隸之羅馬人一旦返回羅馬帝國領土，即當然回復其原有之羅馬公民身份及一切固有的權利；凡在外國被沒收之羅馬財產，一旦被携回羅馬帝國，即當然回復為原羅馬所有人之財產。(Lauterpacht's Oppenheim, vol. II, pp. 616-617)。

今之國際法與國內法均採此一主義；惟其效果則不容混淆。例如被敵國佔有之私人船舶，再被本國軍隊截回後，是否當然回歸原所有人？曾被征服而再經奪回之領土，當地原有之法律是否當然恢復生效？敵國佔領軍所判定之罪刑應否予以廢止？這都是國內法問題。國際法則僅注意恢復原狀主義之國際效果；茲分四點說明如左：

㈠戰時在敵國軍事佔領下之本國領土和人民，在法律上仍隸屬於本國主權，一旦敵國佔領軍終止佔領——例如自動撤離、被當地猝合軍或當地本國軍隊或本國之盟軍所擊退——，則該領土及其人民當然立即重隸於本國的合法管轄之下；自終止佔領之時起，該地所發生之一切具有國際重要性的事件，均改由合法主權者對第三國負責，而不再像被佔領期間由佔領國負責。

㈡恢復原狀主義對軍事佔領當局在佔領期間所作涉及該佔領區及其人民與財產之合法行為，不發生效果。換言之，佔領國「在佔領期間」依國際法有權實施之行為仍屬合法行為；例如曾在佔領區徵收普通稅、變賣不動產之普通產品、處置有權沒收的國有動產等。本國取回該被佔領區後，必須承認此等行為之效力；而佔領國亦有權要求作此承認；但此等行為在終止佔領時尚未完成者，不得繼續執行。德法戰爭時，當德軍佔領法國的梅斯（Meuse）及墨特（Meurthe）兩省期間，曾有一柏林廠商於一八七〇年十月與德國政府簽約預付二、二五〇鎊價款後，獲得在該兩省國有森林中砍伐一五、〇〇〇株橡樹（oak tree）之權；接着該廠商又將此權利轉賣給別人。別人砍伐九千株後又於一八七一年三月將剩餘六千株砍伐權再售給第三人。第三人砍伐一部分後，法國即收復了該兩省領土，禁止繼續砍伐；而對該第三人之損失亦不予補償。因為法國認為第一、這樣大量砍伐超越了林政管理之正途，也超越了佔領當局的權力範圍；故德國人有無權利簽此合同，全然可疑。第二、即令有此權利，根據恢復原狀主義，其砍伐也只限於在德國佔領期間執行，而不得在佔領結束後繼續執行。一八七一年十二月十一日法德「法蘭克福和約」（The Peace Treaty of Frankfort）議定書中，曾宣示法國政府不承認任何此類補償義務(Lauterpacht's Oppenheim, vol. II, P.619)。

㈢佔領國於佔領期間，依國際法無權在被佔領區實施之行為，是非法行為；恢復原狀主義對此發生廢止之效果。因此，例如佔領國曾變賣原主權國之國有不動產，則無論買受者為誰，原主權國可以無償地收回該不動產。又如佔領國沒收依法不能沒收之公、私有財產幷予以轉賣，其結果亦同。又若其任命某職位，其任期超過佔領期間，原主權國自可予以革職。

㈣對於依和約割讓之領土、或被征服及在戰爭告終後被兼併之領土，日後再度歸回原主權國；或整個領土被征服後，重獲自由獨立之國家，均不適用恢復原狀主義。因為在此等情形下，該領土實際上已隸屬於征服國之主權，幷不只是戰時被軍事佔領；原轄國的主權已經中斷。（俞寬賜）

洗腦（Brainwashing）

「洗腦」（Brainwashing）此一名詞，起源於共黨對其囚犯或戰俘，施以精神和身體的虐待，以改變他們的政治或道德觀念為目的。

後來凡對罪犯或疑犯使用方法，使其改變意念或思想，或供認實情，這種過程也都叫做「洗腦」。為達成改變而用的方法，有刑罰、有施惠、也有宣傳、說服、辯論。這些方法單獨的，或配合的應用，效果如何，尚無可靠的資料可稽。

北韓對韓戰時被俘的美軍施行「洗腦」的結果如何？美國政府曾設一委員會調查研究此一問題。一九五五年該會作成報告書，其中指出：由於某些美國軍官的失職，以致在北韓戰俘營裏美軍的士氣敗壞，且當他們面臨韓共企圖予以「洗腦」時，往往窘於應付，致有若干人接受共黨的教條，或被共黨利用。（陳紹賢）

叛亂團體（Insurgency）

叛亂團體一詞之定義至難，學者意見各有不同，國家之實例亦復有別；若一概而論之，係指有叛亂之事實發生，但尚沒有發展到內戰中交戰團體之程度，所以叛亂者未必一定有相當組織，亦未必恪守戰爭法規，更未必佔有一定領土（常見的例案為海上叛亂）。但是外國為保護自己僑居在叛亂者影響所及的範圍以內的國民，維持一定的商業往來，多承認叛亂者為事實上的權力機構（叛亂團體）。

承認叛亂團體的法律效果很有限，目的是在使內國與叛亂團體互相遵守戰爭法規：叛亂團體在海上對內國政府所採取之軍事措施不得視同海盜行為，但叛亂團體却又不得行使國際法上交戰國的某些權利，如封鎖，捕獲等。叛亂團體的士兵受逮捕後，可以享受戰俘待遇，內國對叛亂團體的行為及對承認國所作損害，不負國際責任；至於外國承認叛亂團體，本身亦並不因此取得中立國地位，所以仍可以下令對叛亂團體施以禁運，或對政府作軍事上支援，又可以要求內國政府對所屬港口如無有效維持封鎖的實際能力，不得為紙上（命令）

封鎖。（邵子平）

相對政治罪行（Relative Politcial Crimes Delits Complexes)

所謂相對政治罪行係指政治犯罪行爲兼有普通犯罪行爲者，卽政治罪行往往不是單純的罪行，它裏面也許還包含有普通罪行，例如殺人、放火等罪在內。

究竟相對政治犯應否置於引渡之列，而有不同的主張，有些國際法學家認爲這種複雜的罪行，絕對不屬政治性，故不在庇護之列。而另一些國際法學家認爲相對政治罪行，仍然是有政治的動機與目的，故應在庇護之列，不應當引渡，除非所採用的手段特別殘忍，則屬例外。玆擧二例加以說明相對政治罪行的地位：

㈠一八九一年的卡斯底阿尼（Castioni）案件中，一位從事第西落邦（Canton of Ticino)革命運動的瑞士人，因意外的射死瑞士政府的一官員，而逃至英國。英國法院判定其爲政治罪行，而拒絕予以引渡。

㈡一八九四年的默里哀（Meunier）案件中，一位法國無政府論者在法國投擲兩枚炸彈，其中之一造成兩人死亡，而逃亡至英國，英國法院判定其罪行不屬於政治罪行，而給予引渡。(請參閱 L. Oppenheim, H. Lauterpacht: International Law. eighth edition, 1955, P.708.）

總之，相對政治罪行的決定及與相對政府犯的引渡與否，往往由引渡國視個別案件而加以決定，國際法並沒有硬性的規定。（李鍾桂）

玻璃鎭會議（Glassboro Conference ）

一九六七年六月廿四、五日，美國總統詹森與蘇俄部長會議主席柯錫金在美國新澤西州玻璃鎭（Glassboro, N. J.）擧行會談，故被叫做玻璃鎭會談（Glassboro Conference）。

此次美、俄高峯會談涉及中東問題、越南問題、防止核武器擴散問題和限制反飛彈問題等。從會後已發表的文件及紀錄，可見雙方對這些問題的觀點都有距離。

關於中東問題，詹森於六月廿五晚對全國電視廣播說，中東危機非輕易可能獲致解決的。一些單純的主張是：每一國家都有生存的權利；戰爭必須終止；在適當情況下，軍隊必須撤退。現在距協議的路程漫長。柯錫金於同晚對記者會說：中東問題的主要目標，在譴責以色列侵略，幷使它的軍隊撤退至停火線一六月四日戰爭爆發前的界線，纔能考慮到中東水道自由通行及以色列獨立國家地位等問題。

關於越南問題，詹森在同一廣播中說：「我已能在無第三者在我們（指他和柯錫金）之間的情況下，十分確切地表明我們對於他人可能採取促進和平的每一步驟，也將採取對等步驟，且將作進一步的努力。」柯錫金對同一記者會說：「會談對越南問題未獲進展，美國仍在侵略越南人民；除非美國停炸北越及從南越撤軍，越戰將無終止之日。」他在離紐約飛古巴前對記者們說：「我們（指他與詹森）對越南問題仍有很深的歧見。俄外長與美國務卿將續討論雙方的歧見。」

關於防止核武器擴散問題，詹森在同一廣播中說：「我認爲，我們已在例如限制軍備問題上獲得進展。我們已在今天下午同意由國務卿魯斯克與葛羅米柯先生於今後數日內，在紐約繼續研究這個問題。」柯錫金在同一記者會說：「我們的立場非常明顯，我們絕對反對西德擁有核武器，幷將盡一切力量，阻止它擁有此種武器。」又說：「蘇俄認爲西德有核武器，是違反早年各國在波茨坦所達成的協議，幷與歐洲一般情勢不相調和。」一按：一九六八年一月十八日美、俄雙方宣布對防核擴散條約已達成協議。

關於限制反飛彈問題，會談時詹森曾建議限制其生產。柯錫金堅持此項談判須包括對攻擊性飛彈生產的限制。他也對記者們說：「限制反飛彈問題，該是整個限制軍備問題的一部分。」

關於防止核武器擴散條約，參看「防核擴散」條。（陳紹賢）

奕謀理論 （Game Theroy）

理論在政治學與國際關係的研究範圍內，普遍的被使用，用以解釋，批評與結合已存在的原理、規則，並運用實際的材料，進而發現新的與精闢的通論。簡言之：「理論是解決具體問題之工具」。有敍述性與預測性兩種功能。無論在研究與實用上都佔重要之地位。科學的理論必須是豐饒的、連貫的、肯定的，且可由事實證明的。讀者或多或少有下棋與打橋牌之經驗，棋戰或橋戲等，玩者必然絞盡腦汁，計劃出一套策略，以便擊敗對方，爭取勝利。美國學者將奕棋與玩牌（Game）的原理適用於學術研究上，以之研究人的行爲，就成為所謂之「奕謀理論」。

奕謀理論以數字表示人的行為或為人的行為建立模式。一般言之，數學用語缺乏形容詞，無法簡易有效的造成歷史學家及社會學家所需的複雜陳述。有些學者抱怨數字模式枯燥並受限以致以簡單之方式表達現象時，問題的巧妙處與主要內容往往被破壞了。雖然有這些缺點，當我們缺乏有效的方法工具，在分析與解決問題感覺非常困難時，一個好的數學模式可以幫助我們分解。有時，我們描述行為現象，必須利用清晰的邏輯方法與分析能力，而奕謀理論所貢獻的數學推論與模式建立，是針對此需要的有效法則。

近貳拾年來，美國學者普遍廣泛的使用奕謀理論。最初是使用於數學、物理等自然科學上，後來政治學與國際關係範圍內，奕謀理論亦被用以研究衝突情勢下的政策決定。人類歷史有許多利益衝突之記載，以科學之方法研究利益衝突即構成奕謀理論之一部分，故奕謀理論可討論兩個不完全互相控制的個別決策單位之行為過程，該個別的決策單位可以是個人、團體，正式或非正式的組織，以及國家社會。奕謀理論也用以反映人類事務的心理因素，及社會與經濟狀況。

奕謀理論也就是合理選擇的理論，它協助人們在衝突與合作下行動合理化。個人欲使行動合理，首先必須要有合理的認識以採用最適當的方法達成目的，不論其目的如何，只有正確的認識達到目的的方法、行動才能合理化。為了合理的達成目的，應考慮三個問題：第一，一群不同可供選擇的對象（Alternative）第二：決定各個選擇對象後所可能發生之結果，及收益情形，以及產生此結果的原因。第三：結果或收益的優先次序，無可否認的，奕者（Player）在選擇之先，要搜集情報與資料，考慮實情以決定最有利的選擇對象，同時也應考慮各項結果與收益情況之間的關係。任何一個決策單位都會選擇收益與可期價值最高之對象。

奕謀理論還在發展階段，就其功用而論，只有零值奕謀理論的害取其輕的法則比較可靠，在非零值或合作性的奕謀中，欠缺科學性的分析，沒有統一而較滿意的方法以供運用。（張宏遠）

宣戰書（Declaration of War）

即一國為向他國表明與其作戰之理由和決心而提出之書面通知。宣戰乃國家主權意志的表現，故唯被承認有此主權行為能力之國家才能提出宣戰書（G. Von Glahn, Law Among Nations, London, 1965, P.562）。一國在對他國宣戰之前，須曾與該國就兩國間之爭端舉行外交談判、或曾依條約利用其他方法試圖和平解決而告失敗。

依一九〇七年海牙第三公約第一條之規定，宣戰書必須述明宣戰之理由。惟由於國際間繼續受中世紀「正義之戰」觀念作用的影響、及國聯盟約和聯合國憲章等條約强調「自衛」的緣故，敵對國家之一縱有向他方提出宣戰書者，亦莫不以堂皇的「正義」和「自衛」為理由，絕不會說明宣戰的眞正原因。

至於今日聯合國之國際警察行動，似可以安全理事會或大會所作有關採取執行行動之決議代替宣戰書（參閱「國際警察行動」條）。（俞寬賜）

客籍軍（Foreign Mercenary Force）

即應招募而在交戰國軍隊中服役的外國人；他們在國際法上的地位與交戰國本國軍人相同。依一九〇七年海牙「陸戰時中立國及其人民權利義務公約」第十七條之規定，此種軍人被俘時，也只能視同戰俘；不得因其為中立國人民而要求任何優待，但亦不得被歧視或虐待。（參閱「國外應募法」條）。（俞寬賜）

海牙國際私法公約

參加海牙國際私法會的主要國家，是歐陸的國家，這些國家向來就高揭「本國法主義」為統一國際私法法則的基本原則。英美法系國家，因其關於身分能力採取住所地法主義，基本原則既然不同，難與該會達成協議，至今尚未正式參加。即使在參加會議的國家之中，也有因為身分關係的變動（如離婚）所涉及的國籍等問題，而影響到各該國的基本政策，所以在面臨簽約以前，或在簽約以後，就退出離婚等公約的國家，不在少數。直至第二次世界大戰以前，經國際私法會議所制成的國際私法公約，包括一九〇二年六月十二日制訂的「婚姻公約」、「離婚公約」、「監護公約」、及一九〇五年七月十七日制定的「禁治產公約」、「婚姻效力公約」、「國際訴訟法公約」等六種。

在第二次世界大戰以後，一九五一年十月召開的第七次海牙國際私法會議，完成了國際動產買賣公約草案、外國公司法人認許公約草案、反致公約草案、解決本國法與住所地法衝突公約草案、及民事訴訟程序公約草案等。嗣後，第八次會議在一九五六年召開，再通過下列公約草案：國際買賣公約、民事合意管轄公約，關於未成年人扶養義務公約、未成年人扶養義務準據法公約等草案。至一九六〇年召開第九次海牙國際私法會議，又加訂外國判決之執行公約草案、公文書領書證明要件廢除公約草案、及解決關於遺囑之方式要件公約草案等。上述公約草案中，外國公司法人認許公約及反致公約，已經由歐洲各國簽訂批准生效。（洪力生）

海牙國籍法衝突公約

（The Hague Convention on Certain Questions Relating to the Conflict of Nationality Laws）

這個公約於一九三〇年四月十二日在海牙簽訂，一九三七年七月一日生效。批准這個公約的國家，有比利時（有保留條款）、巴西（有保留條款）、英國、愛爾蘭、加拿大、澳大利亞、印度、蒙拿哥、荷蘭（有保留條款）、挪威、瑞典、波蘭、巴基斯坦、及中華民國（有保留條款）等國。我國雖然是批准的國家之一，但是爲保護我國在國外的國民或僑胞的利益起見，對這個公約第四條的規定：「一國關於其本國國民之兼具他國國籍者，不得於該他國施以外交上之保護。」申明予以保留。海牙國籍法衝突公約有三十一個條文，共分爲六章：第一章、總則；第二章、出籍許可證書；第三章、已嫁婦女之國籍；第四章、子女之國籍；第五章、養子；第六章、總結條款。這個公約對於國籍衝突的解決或避免，有周詳的規定；對於已婚婦女的國籍衝突，子女因其父母的歸化而發生的國籍衝突，養子女因養親的收養關係而發生的國籍衝突，也規定其解決或避免衝突的方法；所以這個公約對於國際私法或國籍法的研究，實在具有參考的價值。（洪力生）

海事法典（Consulato del Mare）

十四世紀西班牙巴塞龍拉（Barcelona）的學者，以私人資格，將中世紀地中海沿岸諸城市的慣例加以整理而編訂的法典，稱爲海事法典。

海事法典不但對於平時及戰時航海通商有關的紛爭，規定各種處理的方法。並有交戰國與中立國權利有關的規則，特別偏重在中立法方面。由於海事法典的內容詳盡，所採原則妥當而公平，遂爲地中海沿岸諸國及南歐各國所普遍利用。同時對於近代國際海洋法的成立，有極大的貢獻。至今爲止，海事法典的若干原則還是海上法的重要部分。（李鍾桂）

參考文獻：

Wys, Le droit des gens et les anciens jurisconsultes espagnols, 1914, pp.125-138 ;

L. Pppenheim, International Law, 1957, P.80

海底電線（Submarine Cables）

公海自由原則的另一結果，是任何國家都可以在公海的任何部分敷設通報與通話的電線（請參閱Higgins, A.P. "Submarine Cables and International Law," B. Y. 1921-1922)。由於電線敷設愈多，保護問題就愈顯重要。早於一八八四年就有二十六個國家簽訂保護海底電線公約，其主要內容是：除爲自衞原因外，故意或過失的破壞或損毀公海海底電線的行爲，各締約國得加以處罰；船舶必須在距離敷設電線或電線被毀的浮標四分之一浬處航行；違反本公約禁止事項的船舶，由其本國法院管轄；對於違反本公約情形的任何國籍的商船，締約國的軍艦有令其停駛與查明的權力，而本公約只適用平時，戰時交戰國的行動不受限制。

一九五八年公海公約第二十六、二十七、二十八與二十九等四條款，亦詳細規定各國有權在公海海床敷設海底電纜及線管；除爲探測大陸灘及開發天然資源採合理措施外，不得阻碍保護與敷設海底電線；對原有電線應妥爲顧及與不得妨礙其修理；凡故意或過失，破壞或損害公海海底電線，使電報或電話通訊停頓或受阻，槪應予處罰（除爲自衞正當目的之外）；凡因敷設或修理此海底電線而致損毀另一電線，則應付修理費用。至於船舶爲避免損害海底電線，雖採取一切合理預防措施，仍使船舶受損，則可向電線所有人要求賠償。所以公海公約不僅保護海底電線，亦保障尊重該公約規定的船舶之權益。（李鍾桂）

海峽（Straits）

海峽係指兩塊陸地所夾住的一條細長的海水。海峽兩岸如果屬於一個國家，而其寬度不超過六浬，則視爲該國領海。海峽兩岸如果屬於兩個以上國家，而海峽的寬度不超過六浬，即視爲該兩個以上國家的領海，其界限，如無另有約定，是以海峽的中線或以海峽航道的中線來決定。如果其寬度超過六浬，則其中間爲公海。如果海峽連結二個公海而爲國際交通的要道，各國公、私船舶都享有無害通過的自由。例如加拿大卡普勃勒登島（Cape Breton Island）與大陸上新蘇格蘭（Nova Scotia）間的海峽，和南美灣尖端的麥哲倫海峽（Straits of Magellan）便是。

土耳其海峽是條複雜而地位特殊的海峽，故特加說明，它包括博斯普魯士(Bosphorus)與達達尼爾（Dardanelles）兩海峽，而連結黑海與瑪摩拉海（Marmara)。一四五三年這些海峽與海爲土耳其內水，故可禁止外國船舶通過。十八世紀俄國强迫土耳其開放前述海峽與內海給俄國商船。英、法、奧、普等國便援例取得商船之航行權。一八四一年的倫敦公約與一八五六年的巴黎條約均確認此原則，且決定黑海的中立化。一九二〇年塞佛爾條約規定普、達兩海峽與瑪摩拉海對所有各國商船、軍艦與航空器，在平時與戰時一律開放。一九二三年的洛桑條約除重申上述規定外，且禁止在海峽區設防，而由一國際委員會監督管理。一九三六年蒙特普公約取銷一九二三年對土耳其的兩項限制，規定平時任何國家商船均有自由通過權，但軍艦的通過須先通知土耳其政府。非黑海沿海國軍艦在黑海者，總噸數不得超過三萬噸，特殊情形時，可達四萬五千噸，但不得超過黑海沿海國軍艦總噸數三分之二。非黑海沿海國軍艦通過海峽時，其數目不得超過九艘，總噸數不得超過一萬五千噸，而潛水艇及一萬噸以上軍艦不得通過。至於黑海沿海國軍艦通過海峽時，不受噸數的限制，但主力艦不得有兩艘以上驅逐艦的護衞。潛水艇亦有通過權。戰時，如土耳其爲交戰國，敵國商船及軍艦不得通過。中立國商船仍可通過，但軍艦可否通過，由土耳其政府決定。如果國聯理事會認爲土耳其決定不當，可以三分之二多數撤銷土耳其的決定。當土耳其係中立國，各國商船仍然可以通過，而軍艦只有在履行國聯盟約義務或與土耳其所簽訂的互助協定義務時，才可通過。（請參閱雷崧生著：國際法原理上冊，正中書局，民國四十九年臺四版，第一七三—一七五頁。）一九四五年波茨坦秘密協定中，美、英、蘇曾決定修改蒙特魯條約。

除土耳其海峽外，國際政治上重要的海峽還有直布羅陀海峽，麥哲倫海峽與丹麥海峽等。（李鍾桂）

海盜（Piracy）

所謂海盜係指在公海上無合法許可，爲私人目的，而發生的强暴、扣留、掠奪行爲。海盜是危害公海上交通安全的國際罪行（International Crime），根據國際慣例，任何國家軍艦得在公海上逮捕海盜，不論海盜的國籍如何。所以任何國家軍艦，對於公海上有海盜嫌疑的船舶，得加以臨檢與查明，如確有海盜行爲者即可予以逮捕，而將海盜帶回軍艦本國，按國內法予以審判與懲罰。

依據一九五八年日內瓦公海公約第十五條規定：海盜指下列任何行爲：

㈠私有船舶或私有航空器之航員或乘客爲私人目的，對下列之人或物實施任何不法之强暴行爲、扣留行爲或任何掠奪行爲：

⑴公海上另一船舶或航空器、或其上之人或財物；

⑵不屬任何國家管轄之處所內之船舶、航空器、人或財物。

㈡明知使船舶或航空器成爲海盜船舶或航空器之事實，而自願參加其活動。

㈢教唆或故意便利本條第一款或第二款所稱之行爲。

同時公海公約第十六條又將海盜行爲予以擴大，規定：軍艦、政府船舶或政府航空器之航員叛變，並控制船器而犯第十五條所稱之海盜行爲者，此等行爲視同私有船舶所實施之行爲。

自從第一次世界大戰以後，有許多國際條約曾將原非海盜的行爲，視同海盜而以同一方法對付之。例如，一九二二年二月六日華盛頓條約將戰時潛水艇之未經警告，而攻擊交戰國或中立國商船者視同海盜；一九三七年九月十四日里昂條約將潛航於地中海的潛水艇視同海盜；一九三七年九月十七日里昂補充協定又將前述原則適用於飛機。因此海盜行爲不論是直接施用暴力，或僅僅是使用威脅手段，不論是既遂或未遂，都構成國際罪行。

至於懲治海盜的刑罰，普通是死刑或終身苦工，但也有許多國家判以較輕的刑罰。而海盜船及財物應如何處分，各國規定不一致，普通的原則是容許被掠船舶及財物所有權人，請求發還，而逮捕海盜者可以取得若干比例的酬金，例如英國即規定爲百分之十二·五。如果所有權人未申請或無法覓得時，才可完全歸屬逮捕海盜者。（李鍾桂）

海灣（Gulfs and Bays）

海灣是嵌入陸地的一片海，其地形上的特徵是口小而腹大。海灣沿岸屬於某個國家，而其入口狹於六浬者，整個海灣便是該沿岸國的內水。海灣入口處伸入海中最遠的尖地稱爲岬。連結兩岬作一條直線，稱爲向海線（Seaward Limit），向海線以內爲內水，向海線以外爲領海。如果海灣沿岸分屬於二個以上國家，而其入口狹於六浬者，整個海灣應分屬於該數個沿岸國，沿岸國得訂立條約，規定彼此的管轄範圍。如果海灣入口寬於六浬者，不論其沿岸國爲一國或二國以上，沿岸國只能在海灣裏取得一條領海，而海灣中央爲一片公海。

一九一〇年九月七日國際常設仲裁法院對大西洋漁捕案的裁決，却以十浬作爲海灣入口寬狹的標準：凡海灣入口十浬以下者屬沿岸國內水，十浬以上者沿岸國只取得一條領海，中央爲公海。而一九五八年的日內瓦「領海及鄰接區公約」第七條規定：所謂海灣指明顯的水曲，其內曲程度與入口濶度之比例，使其中之水成陸地包圍狀，而不僅爲海岸之彎曲處。但水曲除其面積等於或大於以連貫曲口之線爲直徑畫成之半圓形者外，不得視爲海灣。海灣天然入口各端低潮標間之距離不超過二十四浬者，得在此兩低潮標之間劃定收口線，其所圍入之水域視爲內國水域。如海灣天然入口各端低潮標間之距離超過二十四浬，應在灣內劃定長度二十四浬之直線基線，並擇其可能圍入最大水面之一線。但前列規定不適用於「歷史性」海灣。而所謂「歷史性」海灣（Historical Bays）即指有些海灣，儘管其入口寬於六浬，但自有歷史以來，便已經屬於沿岸國的內水。例如美國的德拉維爾灣（Delaware Bay），寬十浬，捷薩比克灣（Chesapeake Bay）寬十二浬等都被國際法承認爲各該國的內水。（李鍾桂）

個人（Individuals）

個人爲國際法的客體一點，一般並無爭議（例如，海盜由捕獲國直接處罰等）；爭執激烈的是：個人能否成爲國際法的主體（即主動地行使權利、負擔義務）？在實例上，到六十年代爲止許多國家（包括全體社會主義國家）仍然否認之，但在學者中已有主張其爲完整或不完整的國際法主體的。

個人在今日世界中日益受到尊重，是至明顯的趨勢：各國憲章、人權委員會、人權宣言等，足以證明。而在事實上，個人亦確實有直接爲權，義的主體的實例（至於有條約直接保護、處罰個人者，只能說明個人爲國際法之客體，參閱 Charles Rousseau, Droit International Public），例如個人根據條約得直接參加國際司法制度，如一九〇七年華盛頓條約規定個人可以上訴中美洲國際法院，歐洲二國煤鋼企業可以向共同市場法院提起訴訟。叛亂者被承認爲交戰團體後，即取得相當權、義；再若一八一五年萊茵河中流委員會與一八五六年之多腦河歐洲委員會直接享受權利、負擔義務；按照歐洲人權法院的規定，個人在某種特定條件下，亦可以對國家提起訴訟。以上均似證明個人在國際法之實際上有相當的主體地位。

在理論方面的討論，極端的反對個人爲國際法主體者認爲國際法爲國家之間的法律；但是這似乎仍然不能解釋爲何國際法必需限定於國家之間？爲何國家可以賦予國際組織以主體地位而不能以同樣權利賦予個人？（邵子平）

個人外交（Personal Diplomacy）

國家元首或內閣總理，時常從事直接的談判。這種方式的外交實例很多，例如著名的開羅會議，即是中國的蔣委員長、美國的羅斯福總統與英國的邱吉爾首相的巨頭會談；爲後世所詬病的雅爾達會議，係史大林、羅斯福與邱吉爾三人之間的會談，也是個人外交的表現，又稱爲高階層外交。除了國家元首或外長直接談判外，爲某一特定問題而派遣的特命全權大使或元首私人代表，前往商談解決問題，似亦應包括在個人外交的範圍內。

個人外交係正常外交的例外，優劣互見，不能一概而論，雖然此一方式的外交，可藉出席者地位的重要，以及其當機立斷，而可以立即解決困難處理問題，但是此種高階層會議的個人外交，往往因爲受到國際間廣大的注意，而不能避免各方的壓力，因此使談判的進行常遭受阻礙，甚至於各國元首屢礙於尊嚴與地位，不易對於談判中的問題稍作讓步或改變立場，這不僅無助於問題的解決，反而有害良好的國際關係之維持，所以尼可森（Nicolson）不贊成個人外交的方式，德孔米納(Philippe de Comines)也說：「如果兩個偉大的君主想建立良好的個人關係，不宜直接晤面，而應經由良好與聰明的大使而交往」，雖然如此，個人外交在特殊情況下卻也無從避免。（王人傑）

個人的敵性（Enemy Character of Individuals）

由於戰爭性質的改變，現代國際法的「敵人」概念，決不限於交戰國雙方的武裝部隊，而是指具有敵性（參閱「敵性」一詞）的一切個人。於是誰爲具有敵性的個人，必須加以確定。第一次世界大戰以前，國際間採行兩種對立的制度，作爲確定個人敵性之標準：一是英、美的住所制（Residence or Domicile），認爲凡居住在敵國領土或其佔領區內的個人，不論其國籍爲何（例如英、美人），均具有敵性；反之，卽令具有敵國國籍但無居所在敵境之人，均無敵性。它們的理論是：凡居住敵國或其佔領區之個人，均與當地人民一樣對敵國政府負擔納稅等義務，無異間接對敵國之戰鬥力量作實際支持。

二是法國等歐陸國家的國籍制（Nationality），認爲凡具有敵國國籍之個人，無論其居住於何地，均有敵性；反之，凡具有中立國籍者，卽或居住在敵國領土或其佔領區，亦無敵性。其理論是：國民總是具有愛國心及效忠其祖國之義務，他們雖然住在敵國，但隨時可能伺機採取支持祖國戰鬥之行爲。

然而首次大戰爆發後，二者均以對方的制度作爲補充。例如英國議會一九一五年通過之「與敵貿易法」（Trading with Enemy Act）授權內閣以命令禁止英國人與居住中立國之敵國國民或與敵國有關係的人（包括公司等法人），作商業來往。英國政府據此而將中立國內具有該法所指之性質的個人和公司均列爲「黑名單」（Black list），公開發表，以便英國國民遵照。一九三九年英國議會制頒同樣法律，對第二次大戰期間英人之國外貿易作類似規定（G. von Glahn, Law Among Nations, London, 1965, P.557）。美國於對德宣戰後，亦採相同的措施。這是英、美兼採國籍制度之證明。

同樣，法國一九三九年的命令也一方面規定：凡現在或經常居住在敵國之個人，具有敵性；他方面對中立國境內的敵國國民與敵國公司，給予比較寬大的待遇。這又是法國兼採居所制度之證明。

因此，英美及歐陸國家現在所採取者，幷非絕對的住所制或國籍制，而是某種程度的「混合制」。

不論採何種制度，交戰國對於敵軍人員及從事敵對行爲之個人，一概視爲具有敵性。海牙「陸戰時中立國與其人民權利義務公約」第十六至十八條，則從反面規定「不參與戰爭之國家的人民爲中立個人；但若其對某一交戰國犯有敵對行爲、或從事單獨有利於某一交戰國之行爲（如投效一交戰國之軍隊），卽喪失其中立性，而取得敵性。（兪寬賜）

個別中立（Individual Neutrality）

卽在國際戰爭期間，一國單獨保持中立，而不與其他中立國採取聯合行動之謂也。（兪寬賜）

原子能法案（Atomic Energy Acts）

一九四五年八月六、八兩日，美國飛機先後在廣島和長崎的上空投下原子彈各一顆，促成日本無條件投降，結束了第二次世界大戰。於是原子能的威力爲舉世所重視。美國政府爲著發展和管制原子能，提經國會通過的一九四六年原子能法（Atomic Energy Act 1946），爲對原子能的第一次立法。到了一九五四年，再制定第二次原子能法。

一九四六年原子能法的主要內容：一、獎助原子能研究與發展，以鼓勵科學和工業的進步；二、在適合安全需要的條件下，儘量傳佈有關原子能的知識；三、使原子能和平使用的利益，可爲國際所採用；四、確定政府對於分裂原料的保有與生產必須予以管制，以便對共同防衞與安全作最大的貢獻，本法幷規定設置原子能委員會（Atomic Energy Commission），以監督本法各條款的實施。

一九五四年原子能法的主要內容：一、准許私營企業參加原子能和平用途的研究發展；二、許可訂立關於原子能秘密知識交換的國際協定。這些規定的實施，本法亦賦予原子能委員會以監督的職責。（陳紹賢）

原子間諜案（Atomic Spy Case）

原子間諜案（Atomic Spy Case）最初的一件，是指一九四六年加拿大政府破獲蘇俄進行竊取原子彈秘密的間諜案。

第二次大戰結束之初，原子彈秘密爲美國所獨有。美國一九四六年的原子能法，規定原子能情報的分散，以適合國家安全需要者爲限。因之，加拿大優先獲得此類情報。但蘇俄的原子間諜活動，早已在美、加境內展開。

是年二月十六日，由於蘇俄駐加大使館譯電員高森科（Igor Guzenkor）

的密告，幷指證議員羅斯（Fred Rose）及加政府的四名科學工作人員把原子秘密資料供給蘇俄。嗣後經羅斯供認另有麥基大學化學系教職員數人為他們的間諜者。羅斯幷發表一項自白書，標題為「我曾在史達林的間諜組織中」（I was in Stalin's Spy Ring），揭發蘇俄在美國和加拿大的原子間諜活動。（陳紹賢）

原始住所（Domicile of Origin）

或稱固有住所，即人出生時法律所賦予的住所，亦即人出生時所取得的住所。例如：婚生子女，以出生時其父的住所，為原始住所；但出生在父死亡以後，則以生出時其母的住所，為原始住所。又如非婚生子女，以出生時其母的住所，為原始住所。又如父母均無可考者，以出生地為其原始住所，不知出生地者，以其發現地為原始住所。原始住所與法定住所不同之點：即原始住所為出生時法律所賦予的住所，而法定住所則為出生後，法律所賦予某種人的住所。（洪力生）

涉外民事法律適用法

這個單行法是我國現行國際私法法則的名稱，它是在民國四十二年六月六日公佈施行，共有三十一個條文，為我國第二部的國際私法單行法。「涉外民事法律適用法」的所以用「涉外」兩個字，就是表示該法各條的規定，都是解決各種涉外問題；這些問題就是學者所謂含有涉外因素的法律關係。其所以用「民事」兩個字，就是表示該法各條所規定的法律關係；如人的行為能力、婚姻的成立、離婚、親子關係、繼承、遺囑、債權、物權等等，都是包括在民法的範圍內。其規定兼及票據船舶等，在我國民商合一的制度之下，也是屬於民事特別法的範圍。此外、並未涉及他種法律關係，所以標明民事，可以概括該法的內容。其所以用「法律適用法」，就是表示該法各條的規定，都是指示適用內國法，或何者外國法的規定。並且用「法」字，比以前「法律適用條例」用「條例」兩個字，較具永久性。（洪力生）

涉外因素（Foreign Element）

國際私法是對涉外（民事）法律關係，就內外國的法律，決定適用何國法律的法則。法律關係當中，有內國法律關係、外國法律關係、及涉外法律關係等。關於內國法律關係，由內國法院適用內國法律；外國法律關係，由外國法院適用外國法律，都不發生國際私法的問題。祇有涉外法律關係，因其含有涉外因素，才發生國際私法的問題。而涉外因素則發生於三種特定場合：㈠當事人的一造或兩造是外國人、或無國籍人；所謂當事人的範圍，應該包括自然人、公司、其他私法人，及其他居於私經濟地位的公法人；㈡兩造當事人都是中華民國國民，而其系爭的標的物是在外國；如甲乙兩造當事人都是中華民國國民，因不動產的所有權發生爭執，而所爭的不動產是在外國，就發生涉外因素；㈢法律行為地在外國，或事實發生地在外國，如契約行為的要約地或承諾地都在外國，或要約地或承諾地在外國；又如在外國發生侵權行為等特定場合，都發生涉外因素。上面所列的三種特定場合，都可以發生涉外因素，都可以構成涉外法律關係，而發生國際私法的問題。（洪力生）

哥甫海峽案（Corfu Channel Case）

一九四四年十月，英國海軍曾在哥甫島與希臘半島之間的哥甫北峽，從事掃除水雷工作。十一月哥甫北峽被認為是安全的通路。一九四五年初英復在哥甫北峽掃除水雷，無任何收穫。一九四六年五月十五日英國兩艘巡洋艦過峽北駛，為阿爾巴尼亞砲台所轟擊。阿認為未經其政府特許，不可通過。而英則認為巡洋艦的過峽是行使「無害通過」權。一九四六年十月二十二日，英巡洋艦莫利夏斯號（Mouritius）與勒安德號（Leander），驅逐艦梭瑪勒茲號（Saumarez）與瓦拉虛號（Volage）由哥甫港駛出，取道哥甫北峽，駛往公海時，不幸在薩朗達灣（Bay of Saranda）外，阿爾巴尼亞領海內，梭瑪勒茲與瓦拉虛號相繼觸發水雷，死傷八十六名人員。三星期後英派遣掃雷艇數艘，未經阿政府特許，前往哥甫北峽掃雷，發現有新近敷設水雷區，當時英要求阿政府道歉與賠償其生命財產的損失，而阿政府未作滿意答覆，於是英將此爭端先送交安理會解決，再於一九四七年四月三日提交國際法院解決。結果國際法院裁定：英國的掃雷工作是侵犯到阿爾巴尼亞的領土。而阿爾巴尼亞的敷設水雷炸毀英國驅逐艦一事，應負疏失或延宕的責任，故阿政府應賠償八四三、九四七鎊。（李鍾桂）

參考文獻：

Judgment of Aps. 9. 1941. I. C. J. Reports P.106

哥秘庇護案（Colombia v. Peru Asylum Case）

一九四八年十月三日秘魯發生軍人叛亂，旋卽平定。次日宣佈美洲人民革命同盟黨的非法，十一月令該黨領袖德拉多勒（Victor Raul Haya de la Torre）投案。一九四九年德拉多勒潛赴哥倫比亞駐秘魯大使館請求庇護，哥大使當卽予以庇護。並於次日將給予庇護等情通知秘魯外交部，請求頒發通行證，以便德拉多勒離境。一月十四日哥大使復照會秘魯外交部長，謂哥政府根據一九三三年十二月二十日蒙特維德阿公約（Convention of Montevideo）規定，認定德拉多勒爲政治犯。但秘魯政府否認哥大使主張，拒發通行證。故德拉多勒繼續避居哥駐秘大使館，由哥倫比亞予以庇護。兩國在往還外交談判中，同意將此一爭論提交國際法院解決。

國際法院於一九五〇年十一月二十日判決：採取秘魯主張，認爲德拉多勒雖是政治犯，但沒有身體危險，故哥倫比亞使館沒有庇護權。判決後秘魯便要求哥使館交出德拉多勒，但哥使館認爲「沒有庇護權」不就是指「交出犯人」而予以拒絕。於是兩國再度將案件交付國際法院解決。一九五一年六月法院判決謂：「哥倫比亞有終止庇護德拉多勒的義務，但終止方法却不限於交出犯人，如何終止庇護應由有關兩國作適當政治解決，此事不屬本法院的司法權限。」故哥使館一直庇護德拉多勒，直至一九五四年哥秘兩國成立協議，德拉多勒亡命國外，而達到哥使館庇護的目的。（李鍾桂）

參考文獻：

Asylum Case between Colombia and Peru. I. C. J. Reports, 1950. P.187.

Charles Rousseau, Droit International Public, Lirairie du Recueil Siney Paris, 1953

租借（Lease）

對主權國的領土管轄權有重大限制作用的另一形式是租借，卽指一國有條件或無條件將其領土的某一部分，有限期地租借與他國，由該他國行使行政權而內國仍然保有該領土的主權。

近代晚期以來，租借多附帶有條件，趨勢是條件愈來愈詳密。例如，一九四一年，大戰中英國爲取得五十餘艘逾齡驅逐艦，將紐芬蘭、百慕達、牙買加等島上海空軍基地租與美國使用，爲期九十九年；當地政府仍有立法權，可訂定法律保障美軍基地的安全，但是美軍獲得相當審判權（亦有詳細規定）。但近代初强權時期，租界內容頗有不同；一八九八年，德國租借中國之膠州灣，俄國租借旅順大連，英國租借威海衞等等，按照條約規定，當地民衆亦由各該國管轄，例如上海公共租界於一九三〇年始有中國法院的設立，依中國法律審判中國籍的罪犯。

由於早期租借多係强權政治的結果，爲期亦長久，故有學者逕認租借爲割讓，但政治演變迫使强權國家亦不得不提早退出租界（若英國於一九三〇年歸還威海衞），故在實例上租界與割讓不同；證之今日租借的嚴格條件，租借割讓之不同已不復成爲問題。（邵子平）

租借法案（Lend-Lease Act）

一九四一年三月十一日，美國開始實施「租借法」（Lend-Lease Act）。它的要點：一、不論其他法律條文如何規定，總統如認爲對美國國防有裨益的，得隨時命令海、陸、空軍部長作必要的措施：㈠命令其所屬的兵工廠、工廠、船塢爲其他國家製造，或設法取得所需的防禦器材；㈡將任何防禦器材（包括食物、機器和勞務）出售、轉讓、借予或租給其他國家—它們的防衞爲美國國防所必需的；㈢替這類國家試驗、檢查、修理和裝備各種防禦器材，幷與其政府交換有關防禦器材的情報。二、總統得隨時在國庫尚無固定用途下，指定必需款項，作實施本法各條款及貫徹本法目的之經費。三、經總統認爲適當的國家，得依本法的規定，予以援助；其對美國的償還爲實物或財產，或任何其他直接間接的利益，依總統認爲適當者行之。

租借法原爲援助英國和中國，至一九四一年十月包括了蘇俄。到了大戰末期，實際上適用於聯合國家的全體，雖則部分國家不曾要求或接受此種援助。一九四五年八月二十一日，杜魯門總統宣告租借法的援助終止。

租借法全部支出爲五百零六億美元。其中受援額最高者爲英國，達三百一十億美元；次爲蘇俄，達一百一十億美元。英國的賬已於一九四八年與美國成立協定，自一九五一年起，分五十個年期清還。蘇俄的賬，迄未與美商定清還

辦法。（陳紹賢）

馬歇爾計劃（Marshall Plan）

二次戰後，美國爲援助歐洲各國的經濟復興，由國務卿馬歇爾（George Marshall）於一九四七年六月五日在哈佛大學發表演說，提出美國政府的這種意見：「美國須儘可能幫助這個世界回復其正常的經濟健康。缺乏此種健康，就不能有政治的安定與確實的和平。我們的政策不是爲反對任何國家或任何主義，而是反對飢餓、貧窮、失望和擾亂。」他幷聲明，這種復興歐洲的計劃，須由歐洲國家主動提出；美國的任務爲協助制定計劃，幷量力支持其實施。

英、法首先表明歡迎美國此一倡議。嗣由英、法、俄三國外長會商於巴黎，不獲結果，因蘇俄反對集體接受美援，幷阻止東歐國家參加接受美援。

迨同年七月十二日，奧國、比利時、丹麥、法國、希臘、冰島、愛爾蘭、意大利、盧森堡、荷蘭、挪威、葡萄牙、瑞士、土耳其和英國等十六國舉行歐洲經濟合作會議於巴黎，商訂一九四七年至五一年歐洲復興計劃（European Recovery Program）這計劃於取得美國同意後，十六國成立歐洲經濟合作組織（Organization for European Economic Cooperation），爲配合處理美國的經援。

杜魯門總統提請國會通過一九四八至五一年經援歐洲國家計劃及一九四七年對奧、法、意的臨時經援撥款五億二千萬美元。國會又通過經濟合作法案，以爲經援撥款的根據；幷設立經濟合作總署，以監督該計劃的實施。此項經援總額（包括歐洲以外的經援），一九四八至四九年度爲五十億美元，一九四九至五〇年度爲五十億三千萬美元，一九五零至五一年度爲二十八億五千萬美元。（陳紹賢）

馬爾頓斯（Georg Friedrich Von Martens）

馬爾頓斯是德國漢堡人，於一七五六年出生。曾任德意志格丁根（Gottingen）大學的法學教授。一八二一年逝世於法蘭克福。

馬爾頓斯的著作等身，在一七八九年出版了「歐洲近代國際法」（Précis du Droit des Gens Moderne de l' Europe），成爲十九世紀研究國際法者必讀的課本。此外他又廣泛的搜集各國之間所締結的條約，加以有系統的整理、編譯、刊印，稱爲馬爾頓斯條約彙編（Recueil de Traités），亦成爲國際政治與國際法學科的重要參考研究資料，以及成爲國際法學史上最著名的條約集。

馬爾頓斯是意志法學派的代表者，他肯定的認爲意志國際法較自然國際法爲重要；慣例、條約是構成國際法的主要淵源部分。由於馬爾頓斯與另一位法學家亦是德國教授莫塞（Johann Jocof Moser）努力的結果，使意志法學派在十八世紀爲之盛行，而至十九世紀竟然取代了自然法學派與折衷法學派的地位。（李鍾桂）

參考文獻：

Das Grobe Duden Lexikon, Vol. 5 Bibliographisches Institut Mannheim, 1966, P. 376.

L. Oppenheim, International Law. 8th edition, 1957, pp. 96-97.

逃亡成功（Successful Escape）

依照一九四九年日內瓦戰俘待遇公約第九十一條之規定，「逃亡成功」即戰俘自敵人手中脫逃而復返其本國或同盟國部隊；或離開收容國或其同盟國之領域而返回戰俘本國船舶或同盟國船舶之謂也。逃亡成功的戰俘即終止其戰俘地位，恢復自由；若再被捕時，不得因已成功的逃亡而受到任何處罰（參閱「戰俘」條）。（俞寬賜）

紙上封鎖（Paper Blockade）

紙上封鎖乃是指封鎖國紙上宣布或通知封鎖禁地，但並不派遣海軍前往該地配置，以實際力量控制該地的交通；十九世紀初葉，各交戰國所施行封鎖多半爲紙上封鎖；十九世紀初葉一八〇六年拿破崙尙用紙上命令封鎖歐洲大陸。

紙上封鎖又稱擬制封鎖（Fictious blockade），乃是相對於有效封鎖（effective blockade）而言的；它正式爲後者所取代，乃是根據一八五六年四月巴黎宣言的第四條；戰爭中封鎖，必須由封鎖國將其海軍配置於被封鎖地之附近海面，而用實力控制船艦出入，方視爲合法。（邵子平）

宮廷外交（Boudoir Diplomacy）

宮廷外交行於專制君主政治時代，蓋在當時，國家與人民均被視爲統治者的私產。例如路易十四，凱塞琳第二及菲特烈大帝均掌握了處理外交政策及和戰問題的權力，彼等不僅在名義上而且在事實上均爲「主權者」，在此等制度下，不可避免地，外交與政策便混淆不清無法分開。談判遂成爲個人的私下問題，正因爲如此，大使能獲得接受國君主之信任與歡心，遂成爲極其重要的關鍵。所以大使們以金錢賄賂朝臣，偷竊官方文件，用盡一切可能的方法贏得君主親信的支持。如果無法達成此一目的，便設法促使易受彼等影響的君主繼承者取而代之，凡此種種卑鄙手段層出不窮，這也是宮廷外交的必然現象。此種外交的典型，可以英女王派駐聖彼得堡大使哈立斯（Sir James Harris）爵士的使命爲代表，達雷宏（Talleyrand）曾譽之爲十八世紀外交最有經驗之外交家，曾謂：「彼爲當代最幹練之外交家，超越他是不可能的，吾人可能爲者不過盡其可能的仿效他罷了」。自君主立憲政體實行以來，此種舊式外交即開始式微，不過經由十九世紀以至一九一八年，認爲外交在某種特殊的意義上，係與統治君主合而爲一的理論仍然存在，德皇威廉第二便認爲在某種程度上爲其本人的外長，他起草文書，決定任免，發佈訓令，彼與俄皇往來之文書，事後充分證明其在外交的處理上所負的重大責任，此種宮廷外交需俟至民主政治發達以後才開始沒落。（王人傑）

特使（Special Envoy）

特使又名專使，是爲單一目的而任命的政府官員，多數具有臨時性大使級官階，大致可分爲政治的和典禮的兩種。前者如談判條約，簽署條約、商談特殊政治問題，出席臨時國際會議的國家代表；後者如慶賀友邦國王加冕，親王結婚，總統就職，新國獨立，弔祭友邦元首亡故等特使。無論是政治特使或典禮特使，於到達目的地時，都可以享受外交代表的特權和豁免（請參閱「外交特權與豁免」條），直至離開目的地國爲止；如有必要，亦得呈驗國書，以顯示其身份和任務。特使回國後，如所負任務已經完成，其臨時的官階和身份即不復存在。（陳治世）

航空失事賠償責任

一九二九年華沙公約第二十二條規定航空失事，承運人對于每一旅客死亡之最高賠償金額爲十二萬五千法郎（Poincaré France），折合美金八千三百元左右。一九五五年海牙議定書增加一倍，折合美金爲一萬六千五百元。

一九六六年蒙得婁協定規定航空機由美國境內起飛，或在美國境內降落者，其失事賠償金額，提高至五萬八千—七萬五千美元，爲迄今賠償額之最高者。一九七一年瓜地馬拉議定書，再予提高至九萬九千六百美元。

中華民國在大陸時期，交通部規定，航空失事賠償金額，爲六千七百銀元。來臺後，交通部參照一九二九年華沙公約規定，改訂爲三十四萬元新臺幣。（張彝鼎）

一九二九年華沙公約中關於空中運送人對旅客損害責任限額之再修正

一九二九年華沙公約第廿二條第一項規定空中運送人對每位旅客因意外事故所致之損害應負之最高賠償額爲十二萬五千金法郎（約爲美金八千三百元）。此一規定之立法意旨，在於保護需鉅資始能開辦之民航企業不致於因意外事故對旅客之賠償而導致財務上的危機或致倒閉；亦在於統一世界上雜然並陳的賠償限額，美國於一九三四年加入此公約，其後不久，即有修改上述限額之議。

一九五五年簽訂的海牙議定書修改之華沙公約，將上述限額提高一倍，至二十五萬金法郎（約爲美金一萬六千六百元），目前華沙公約有一百零四個會員國，海牙議定書有四十七國爲會員國，我國並非此二公約之會員。

一九六五年美國參議院拒絕批准於一九六三年生效的海牙議定書，其後，美國政府在一九六六年二月在加拿大舉行的「孟得婁會議」中提議 特將限額提高至十萬美元，各國代表群起反對，蓋各國認爲此一過高之限額會使保險費用鉅增，使運送人及旅客負擔更重的保險費及票價，便妨礙許多國家由政府津貼或資助的民航事業之發展；此不啻爲違反華沙公約之根本立法意旨，況且，美國代表團所提出的統計數字並不正確，多爲歪曲而且令人誤解者，與會六十多國中，只有非律賓一國在投票表決美國提議時，贊同美國，但是後來因爲律師界少數自利組織（如 Claimants' attonneys）之要求及鼓動，美國政府乃迫使其本國及外國有航線來往美國的航空公司（包括後來簽署的中華航空公司）簽訂了一項咸稱爲 Montreal agreement 的文件。此文件就涉及美國領土之航空旅客運送契約，將前述限額高至美金七萬五千元（包括法院費用及通常在美國高達求償原告所得三分之一到二分之一的「求償人律師」費用），或美金五萬八千元（不包括律師及法院費用）此一限額亦無充分且正確的依據。

一九七一年三月，二十一國在中美洲的瓜地馬拉國首都瓜地馬拉市，簽訂了一瓜地馬拉議定書，此議定書至一九七一年七月尚未生效，其中有許多富革命性的修訂，例如將前述公約中之限額提高到一百五十萬法郎（約九萬九千六百美元）不包括法院及律師費用，以及「自動增加限額」條款。（該議定書第十五（XV）條，此完全為一新的條款，增加為華沙公約的第四十二條），美國國務院認為此議定書已達到美國政府的目標。

關於修訂華沙公約中的損害賠償限額，並為一純法律問題，它牽涉到許多社會、政治、經濟上的因素，著者認為，最基本的問題是，是否民航事業目前已演進到成熟的階段。（美國代表團在一九六六年「蒙德婁會議」中要求十萬美元限額的理由是民航事業業已成熟，不再需要華沙公約之保護）。假如成熟，則「用限制損害賠償最高數額以保護民航企業」原則即告被推翻，就此問題，著者提出四項標準來決定，民航事業是否已經成熟，著者的答案是否定的，最先進的美國民航事業亦在半成熟階段，故華沙公約的立法意旨仍應適用於法院的判決及修訂一新的限額。

我國「民用航空法」，民法及其他法規中均無有關空中運送人所負賠償責任最高限額之規定，但是民法第六百五十九條似乎認可限制運送人責任之約定。（但是需有旅客對此限制之「明示同意」。在解釋上應為事前即在上機前之明示同意，此規定非常嚴格似不利運送人）著者認為一九七一年三月簽訂的瓜地馬拉議定書，因為四大因素，將難獲各國立法機關之批准或未簽字國家政府之簽署，此議訂書將最早遲至一九八〇年以後始能生效，即便生效，亦難有一百零四國為其會員國，因之適用於國際航空上之民事賠償限額仍將雜然並陳。一九二九年華沙公約所宣稱之「統一國際航空法」之理想，如果美國不尊重「保護未成熟的民航事業原則」及「統一法律的原則」勢將難以實現。（張宏遠）

被保護國（Protected States）

「被保護國」制度乃是近世強權政治之結果，保護國與被保護國二者間的法律關係（一如宗主國、屬國關係）並無一定內容；多數情形係根據條約規定，由被保護國將其處理重要國際事務之權移交於保護國：被保護國是否尚可以遣、受使節領事等均應根據條約或特殊約定而決定，但另一方面，被保護國在國際上（除處理國際重要事務之外）仍然保留有其他主權，所以被保護國（與屬國不同）一般又不被視為保護國之一部份，因此保護國作戰並不當然牽入被保護國，前者的條約並不直接對後者發生效力。

保護國既然主張有權代表被保護國處理國際事務，而按照一般國際實例；此種保護關係需要受到第三國之承認，目的是在防止該第三國在政治上對被保護國運用任何影響力。

六十年代的被保護國尚有歐洲之安道拉共和國，由法、西共同保護；在美洲，雖無正式「保護」之名稱，但按各具體關係，又有保護之實際；美國對多米尼加、海地、尼加拉瓜在某種特立情況之下擁有出兵干涉之權，各該國外交亦受相當限制。又英國對亞非各被保護國，按一九四九年法令又有 Protectorates（Aden, Nigeria. Swaziland）及 Protected States（The Malay States, Maldive Islands, The Persian Gulf States）之分，不過無實際意義。（邵子平）

「被保護領」與「被保護國」（Protectorate and Protected State）的性質不同，其與保護國（Protecting State）的關係也異。

保護國對於它所保護的一個領土，有治理的權力，但無完全的主權（Full Sovereignty）。保護國與被保護領的關係，或基於條約，或本於習慣，或來自授與，故各個被保護領的情態殊有差異。但有同一的情形，可舉過去英國的被保護領為例。英國把被保護領的領土，視同外邦的領土，所以對被保護領的居民，不當作英帝國的人民，同時却要他們遵守法令，但不輕易讓他們與外國發生關係。

被保護國的地位，較被保護領為高，因它是近似一個統一的國家，有它自己的一個統治者，負責治理該領土的內政。保護國通常只處理其對外關係，不像一般被保護領每多由若干部落聚集而成，且缺乏一個被公認為內政的治理者，致內政與外交都操在保護國之手。

二次戰後，民族自決的潮流激盪，使得許多被保護國和被保護領都已先後獨立。「被保護領」或「被保護國」這類名詞，如同「殖民地」名詞，都漸成為歷史的陳跡了。（陳紹賢）

脅迫（Duress）

脅迫係以不當的言語或其他行爲威脅當事人一造，因而使其喪失自由意志與判斷下，進行一種交易者。而條約中的脅迫，則是對從事締約的外交代表，於談判或簽訂條約時，使用恐嚇，暴力或監禁等脅迫手段，迫其簽訂條約之謂。

脅迫可分對國家代表個人的脅迫與對締約國國家的脅迫二種。就前者而論，根據一九六五年條約法條款草案第三十五條規定，對代表個人的脅迫，致使其本國同意受條約的拘束，無任何法律效力，或本國可將涉及脅迫的條款撤銷其同意。就後者而論，依前述草案第三十六條規定，凡恃違反聯合國憲章原則，對國家以武力相威脅或使用武力之脅迫，而締結的條約概屬無效。不過在原則上對締約國的脅迫，不成爲條約無效的理由，因爲國際法並未完全廢棄戰爭的制度與否認以武力解決國際爭端的合法性。所以只有非法的即違反聯合國憲章原則的武力威脅或使用武力才成爲條約無效的理由。（李鍾桂）

參考文獻：

Charles Rousseau, Droit International Public, Liraírie du Recueil Siney, Paris, 1953.

Sir Humphrey Waldock，所擬且經通過的條約法條款草案 Draft Articles on the Law of Treaties, 1965，第三十六條及其評註。

匪俄協定（Sino－Soviet Accords, 1954）

一九五四年十月俄赫魯雪夫與布加寧訪問北平，就若干經濟與政治問題與匪進行商討，於十月十一日發表「匪俄協定」。

協定說，蘇俄政府與匪僞政權「已同意，蘇聯軍事單位從聯合使用的旅順海軍基地撤離，其軍事設施將無償地移交給」匪僞政權。此項撤離與移交定於一九五五年五月三十一日前完成。

協定中另一項協議是，蘇俄在匪俄合股公司中之股分將於一九五五年元月一日前全部移交匪僞政權。其價值將由匪分若干年以一般出口貨品供給蘇俄作爲抵償。雙方已簽訂科學技術合作協議，並將交換科學情報與科學人員。

協定最後說，爲加强雙方經濟與文化關係，雙方政府同意：「在最近將來，雙方將開始建築一條鐵路從中國蘭州經迪化以達於蘇俄的阿拉木圖（Alma Ata）」。（吳俊才）

時效（Prescription）

所謂時效是一個國家，在他國的一部分領域上，或在因錯誤或不合法的方式而取得的領域上，能使用和平的方法，繼續保持其所有權，以及不受干擾的行使事實上的主權，在一段長久時間後即可取得該領域法律上的主權，此即國際法上的時效。時效必須具備下列三條件：

㈠國家必須在他國的一部分領域上，或其取得的領域上，行使事實上的主權。

㈡國家在行使事實上的主權時，必須未曾遭受干擾，即指當地人民未曾實行反抗或他國政府未曾提出抗議，反對該國在該領域上所作的實力控制。

㈢國家行使事實上的主權，必須經過一段未曾中斷且相當悠久的時期。至於時間的長短未有硬性的規定，視個別案件而決定。

例如：一九二八年常設仲裁法院對於帕爾瑪（Palmas）案的裁決，即部分以時效爲根據。由於荷蘭在西班牙的發現島嶼帕爾瑪，行使多年的實際管轄權，根據時效原則，認爲荷蘭享有所有權，美國即不得因戰勝西班牙，而要求繼承西班牙的權利－取得該島嶼。所以裁決結果，該島應屬於荷蘭。（此項裁決是由名國際法學家 Max Hufer 所作的。）（李鍾桂）

追捕權（Right of Hot Pursuit）

所謂追捕權是指一個國家的軍艦或警察船，對於在本國領海內犯法的外國船舶，有捕獲的權利。而如果該船駛出領海，向公海逃遁，該軍艦得緊追不捨，以期達到捕獲的目的。

追捕權的行使，必須具備以下的三要件：

㈠追捕開始時，該外國船須在軍艦本國的領海內。而軍艦與警察船的本身不必在其本國領海內。

㈡追捕必須繼續不斷，如果在中途放棄，便不得對該船舶再行使追捕權。

㈢追捕權只限於在公海行使，而不得在他國領海內行使，如果外國船舶碇泊在領海之外，利用小艇在領海之內從事走私的不法行爲時，此外國船即可成爲追捕權行使的對象。因爲形式上該船係在領海之外，但實質上却在領海之內從事不法活動。外國船舶之這種地位，稱爲積極的出現（constructive presence）。（李鍾桂）

參考文獻：

Gilbert Gidel: Le droit international public de lamer, tome Ⅱ .1934 P.354-355. etc.

秘密外交（Secret Diplomacy）

「秘密外交　」乃是被用來指與「公開外交」相對照的一個名詞，一般人在道義上總是對它加以譴責的，原因是在第一次世界大戰之前，歐洲列强爲了本身的利益，彼此間締結了許多秘密協定，終於導致了大戰的爆發，此種看法雖然不能說沒有根據，但是主要却是由於對外交性質的缺乏瞭解所致；通常一國外交政策的制定是秘密釐訂的，屬於政府當局之事，外交不過是執行政策的工具，因此兩者不能混爲一談，外交談判的結果或可公開，但是在其進行的過程中，則以秘密爲佳，正如拉斯基所言，「外交如同求婚，宜秘密進行，成功後再公開宣佈」，德加里耶赫（Francois de Calliéres）也認爲「秘密是外交的靈魂，保持秘密是外交家的基本條件」。譴責「秘密外交」的人認爲，如果外交的進行能夠公開，則公共輿論可以在任何階段發揮其節制的功用，避免戰爭的危險；事實上恰得其反，蓋在公開方式下進行的談判，容易爲群衆狂熱的情緒所左右，因而變質或流爲宣傳，外交原是一種討價還價的活動，如果彼此立場公開，則在公衆的注視下，便難有廻旋的餘地，達成協議的可能性也相對的減少甚至於不可能了。因此唯有「秘密」始允許有伸縮進退的餘地，而不致陷當事國於或勝或敗的窘境，難怪剛朋（Jules Cambon）說：「一旦廢止秘密，任何談判都將不可能」。（王人傑）

捕掠執照（Letters of Marque）

見「私掠船」條。（俞寬賜）

浮動領土（Floating Portion of Territory）

傳統學說將船舶擬制爲「國家的浮動領土」，藉以說明內國在公海上對其船隻之管轄權可以比擬爲對領土的管轄權。此說爲現代學說所不取，因爲：一、交戰國軍艦可以在公海搜查中立國船舶，此與中立國的權義完全相抵觸；因爲，交戰國通常不得進入中立國領土；二、若果船舶即領土之一部分，則船之四周亦應有領海，而實際上並無國家承認此說；三、商船進入外國領水；即受當地國主權管制，是否此時領土主權已經變更或大受限制？以上種種乃係說明船舶爲浮動領土說不能成立的理由。

但是仍有學者主張國家之公船（甚至私船經國家爲公事目的租用者），尤其是軍艦，應受到「浮動領土」的待遇，因爲軍艦即在外國領水以內仍然不受外國管轄。更不受外國民、刑之追訴；船長對軍艦以內事件有完全處理之權；但是此仍不能解釋何以軍艦四周並無「領海」？至於其他公船是否自始即可以享受與軍艦同等之待遇？學說實例原不一致；公船執行公務或私船受僱以執行公務者，按英國實例，不受英國法院管轄，亦不受留置；又近年以來（社會主義國家）公船從事商務者日益增多，各國對此種公船可免除管轄一點亦多所限制，如此則此種公船亦難視同「領土」了。（邵子平）

埃斯他達主義（The Estrada Doctrine）

一九三〇年九月二十七日墨西哥外相埃斯他達（Senor Genaro Estrada）就美國與墨西哥之間有關「新政府承認」的爭論發表聲明稱：「墨西哥不欲討論承認的問題—無論外國政府係合法或不合法的成立。因爲對新政府的承認，不但侵犯到他國的主權，而且亦稱成對他國內政的一種干涉。」埃斯他達的這種主張，世人稱之爲「埃斯他達主義」。

埃斯他達主義是根本的否定了國際法上的「新政府承認」問題。他認爲一國政府可以完全按照其自由意志維持，召回或更換其外交人員，或接受外國政府外交人員，以及一國可以自行決定與他國維持或斷決外交關係，這並不涉及對政府的承認。埃斯他達主義亦完全否認威爾遜主義（Wilson Doctrine）—革命新政府的承認是以能維持國內秩序與履行國際義務爲基礎的主張。所以埃斯他達主義曾引起拉丁美洲各國間的爭論。迄今爲止，美國及一些美洲國家都解釋埃斯他達主義就是事實上當然的（ipso facto）對革命政府的承認。不過這個主義並未爲國際慣例所接受。（李鍾桂）

參考文獻：

Jean l' Huillier, Ele'ments de Droit International Public, 1950. P.267；

Louis Cavare', Le Droit International Public Positif Tome I, 1961, P.330-331

准運證（Navicerts）

即交戰國派駐中立國之外交或領事代表，對預定載往某中立港口的貨物所發之證明書，以確認其非戰時禁制品，使得免於搜索與拿捕者也。此制最初由英國於一五九〇年所始創。第一、二世世界大戰期間，該國及其盟邦曾兩度廣泛使用，以配合「定量入口制」及「長距離封鎖」等手段，加强它們對德意志等軸心國家之經濟壓力；同時也用以補救入港搜索及繼續航海主義適用時所發生之流弊（參閱「入港搜索」及「繼續航海主義」）。

准運證開始原由英國適用於自美國載往荷蘭與北歐各國之貨物，即當一中立商船駛離美國港口前，託其載運貨物的出口商須向英國駐美使領館說明其貨物之名稱，數量，與成交經過，并保證無轉售於德國之意圖；再由使領館電告倫敦禁制品管理委員會，後者查明符合其管制條例時，即電覆該館，發給出口商「准運證」；待貨物裝船時，還由英國領事館派員監視。由知准運證較早僅適用於貨物。一九四〇年七月三十一日英國「樞密院報復令」（The Retaliatory Order in Council）除繼續執行此種「貨物准運證」（cargo navicerts）外，更擴大規定「船舶准運證」（Ship navicerts）及「產地與所有者證書」（Certificates of Origin and Interest）；三者均須由英國或其盟邦當局頒授，特許某船舶作一定航行，或證明某貨物非敵國所產，亦不爲敵人所有，此外還有㈠適用於郵件的「准郵證」（Mailcerts），㈡適用於空運貨物的「空運證」（Aircerts）、及㈣適用於陸運貨物的「陸運證」（Landcerts）。

迨至法、比、荷、盧等國相繼被德軍佔領後，英國的海上封鎖政策隨之益趨嚴格，凡無准運證之貨物，均被假定具有供敵作戰之目的，從而加以拿捕。反之，德國則認爲凡接受此種准運證之中立國船舶，皆仍從事非中立役務，亦予拿捕和處罰。（俞寬賜）

參考文獻：

J. G. Starke, An Introduction To International Law, London, 1963, P.452

Lauterpacht's Oppenheim, Vol. II, pp. 855-856。

託管制（Trusteeship System）

聯合國憲章第十二章爲「國際託管制度」，共十一條。（憲章第七十五條至第八十五條）。置於本制度下之領土，除原屬國際聯盟委任統治下之領土外，有㈠「因第二次世界大戰結果，或將自敵國割離之領土」；「負管理責任的國家自願置於該制度下之領土」。

聯合國對各種託管領土，不分等級，一律以達成「增進託管領土居民的政治、經濟、社會和教育之進展；并以適合各領土上及其人民的特殊情形，以及關係人民自由表達的願望爲原則，且按照各託管協定的條款，增進其趨向自治或獨立的逐漸發展。」作爲本制度的基本目的之一。這是本制度與國際聯盟的委任統治制在精神上的區別。（委任統治制）。

依聯合國與受託管國訂立的託管協定（Trusteeship Agreement）的規定，在託管地自主獨立之前，託管當局有立法及行政的全權。在此項協定中得指定託管地的全部或一部爲戰略防區。關於戰略防區的各項職務，包括託管協定條款的核准，及其變更或修正，由安全理事會行使之。

原屬託管地的喀麥隆（Cameroon），多哥蘭（Togoland）索馬利蘭（Somaliland），坦干尼加（Tanganyika），西薩摩亞（Western Samoa），盧安達（Ruanda）和納洛（Nauru）等，都已獨立。（陳紹賢）

陸鎖國與礁層鎖國（Land-Locked and Shelf-Locked States）

陸鎖國，指內陸國，即指無海岸線之國家而言。礁層鎖國，爲一新名詞。意指有若干國家雖有海岸線，但其大陸礁層，爲其他國家之大陸礁層所隔離，而不得與深海接連者是。

例如波羅的海國家之大陸礁層，爲大西洋沿岸國家之大陸礁層所隔離；歐洲大陸大西洋沿岸國家如西德、荷蘭、比利時，法國之大陸礁層，按等距離劃界原則，爲英國、愛爾蘭，冰島之大陸礁層所隔離，而不得與北大西洋北部深海接連者是。玆舉例如次：

A. 以下爲陸鎖國：

阿富汗、奧地利、玻利維亞、波扎那、蒲隆地、中非共和國、查德、捷克斯拉夫、匈牙利、寮國、賴索托、盧森堡、馬拉威、馬利、尼泊爾、尼日、巴拉圭、盧安達、史瓦濟蘭、瑞士、烏干達、上伏塔、尚比亞等。

B. 以下爲礁層鎖國：

比利時、高棉、丹麥、衣索比亞、芬蘭、東德、西德、伊朗、伊拉克、約旦、科威特、馬來西亞、荷蘭、波蘭、沙烏地阿拉伯、新嘉坡、蘇丹、瑞典、泰國、北越、葉門、南葉門、南斯拉夫等。（張彝鼎）

格羅秀斯（Hugo Grotius）

格羅秀斯是荷蘭的一位名法學家，由於他對國際法的貢獻很大，故後人尊稱他為國際法之父。

格羅秀斯於西元一五八三年四月十日在荷蘭的德爾夫特（Delft）出生。幼年即有神童之稱。十一歲進入萊登（Leyden）大學。十五歲在法國的阿勒安（Orléans）大學榮獲法學博士學位。他不僅是一位法學家，而且是位詩人外交家與語言家。最初他執業律師，不久即擔任荷蘭史官，一六一八年因捲入政治漩渦而被判終身監禁，一六二一年其妻助其出獄，逃至法國，一六三四年擔任瑞典駐法公使。一六四五年告老還鄉時，病逝於德意志的洛斯托克（Rostock）。

格羅秀斯於二十六歲即不署名地發表了海洋自由論（Mare Liberum）。四十歲流落法國時開始寫「戰爭與和平法」（De Jure Belli ac Pacis），一六二五年出版，由於內容充實，持論公正，故風行一時，各國均有譯本，影響既深且鉅。此外在一八六八年才全部出版了他另一部巨著捕獲法（Jus Praedae）。

格羅秀斯由於受羅馬法與時代背景的影響，追求那些理智所昭示以及不需國家表示同意的永恒不變的規則。他承認國際慣例存在，不過他曾區別依慣例與依自然法而成的國際法，稱前者為意志國際法，後者為自然國際法。他的所有名著裏，主要是規定自然國際法（Natural Law of Nations）的規則。（李鍾桂）

破壞和平罪（Crime against Peace）

根據一九四六年紐倫堡國際軍事法庭規約（Charter of the International Military Tribunal at Nuremberg）第六條之規定，破壞和平罪即計劃、準備、發動、或從事侵略戰爭之行為；凡為完成任何此等行為而參與一般計劃或共謀或領導、組織、教唆此等行為者，亦均屬之。

第七條規定凡作此等罪行的人，雖係以國家機關之資格或奉上級命令而為者，亦皆不得免除其責任；被告之公職縱高如國家元首或政府顯宦，亦不得成為減免其責任之理由。惟第八條規定確依上級命令而為上述犯罪行為者，得由軍事法庭基於正義之要求而酌減其刑罰。以審判日本戰犯為主要職掌的東京國際軍事法庭憲章亦有類同之條款（G. Von Glahn, Law Among Nations, London, 1965, P.706）。此種罪刑是第二次世界大戰後，經上述諸法庭判決確定的新增「戰罪」。聯合國國際法委員會(U N I L C)更以此等判決為基礎而擬訂了「違反人類和平與安全罪法典草案」（Draft Code of Offences against the Peace and Security of Mankind)（參閱「戰罪」條及「戰犯」條）。（俞寬賜）

國內法學派

國際私法究竟是國際法，抑是國內法？學者的主張，並不一致。可分為兩說：一為國際法學派，大陸學者多主張國際私法為國際法，如法國學者皮拉（Pillet），就是這個學派的代表。另一派為國內法學派，英美學者多認國際私法為國內法，如英美學者戴西（Dicey）及施多萊（Story）等，即屬這個學派。國內法學派認為：⑴從國際私法的立法過程而觀，國際私法的制定與其他國內法，並無不同，如我國涉外民事法律適用法，乃由內國的立法機關所制定；而國際私法乃由國際組織所制定，如聯合國憲章，即屬國際公法的一部。這種主張，也受到批評；因為國際私法，固然由各國主權者的自由制定，國際公法表面上雖然是各國共同合意的規約，但是非經各國主權者的認可，則不能在國內發生效力，所以美國憲法第六條第二項規定，國際公法（條約）是國內法的一部。並且國際私法的淵源有多種，不僅是國際私法的單行法一種，他如通商條約，國籍法公約等，都是國際私法的淵源，所以國際私法與國際公法立法上的不同，也不過是程度上的差異而已。⑵從國際私法的違法制裁而觀，國際私法是以內國法院為制裁機關，其方法與違背一般內國法的制裁，並無不同；而國際公法的制裁機關為國際組織，其方法為輿論、外交談判、公斷、仲裁、報復、及戰爭等；國際私法的違法制裁，既然和國內法的違法制裁相類同，所以國際私法是國內法的性質。但學者也有加以批評者，認為兩者的制裁機關及方法，雖然有不同，卻和本質問題無關，所以不能說因制裁的不同，就推定其性質也有不同。(3)就國際私法的主體而觀，國際私法的主體是私人，雖然有時國家也得爲國際私法的當事人，但是並非以國家的資格，而實在是以私人的資格爲之，國際公法的主體是國家；兩者的主體既然有不同，所以國際公法是國際法，而國際私法却是國內法。但學者亦有加以批評者，認爲國家雖然是國際公法的主體，但是晚近國際公法，除規定國際間的法律關係以外，有時也直接規定私人的法律關係，如無國籍的人權利保護，保護婦孺等問題，都是以私人爲主體，而以私人間的法律關係爲對象；兩者界限既不分明，所以不能認其性質有何不同。總之，國際私法的歷史較短，尚在演進的階段，所以關於國際私法的性質，尚未定型，因此國際私法是國際法，抑國內法？學者的主張，也不一致。（參閱「國際法學派」條）。（洪力生）

國內管轄事件（Matters of Domestic Jurisdiction）

所謂國內管轄事件係指一國對於其國內問題得排除外國或國際組織的干涉者。

「國內管轄事件」的產生，乃是由傳統的國家「主權」或「獨立」的觀念而來的。並非依國際聯盟盟約第十五條第八款的規定所倡導的。例如十九世紀末葉以來所締結的許多仲裁條約中，締約國常對於「國內管轄事件」提出保留，規定因此事件而引起的爭端不得成爲仲裁的對象。國聯盟約第十五條第八款與聯合國憲章第二條第七款皆規文規定，不得干涉完全或在本質上屬於任何國家國內管轄事件。至於何種事件是屬於國內管轄問題，則沒有明確的規定。國聯盟約規定根據國際法決定；一九四五年舊金山會議時有些代表主張由國際法院決定；而該會第一委員會第一小組則取得諒解：應由正在處理該事項的機關決定。但是聯合國憲章並無任何規定。不過一般均以：各國的軍備、政治組織、經濟與社會政策、國籍、移民、關稅法則等事項的決定，皆屬一國國內管轄事件。

雖則國內管轄事件不得受干涉已成爲公認的原則，但是依照聯合國憲章第二條第七款規定：「本憲章不得認爲授權聯合國干涉在本質上屬於任何國家國內管轄的事件，且並不要求會員國將該項事件依本憲章提請解決。但此項原則不妨礙憲章第七章內執行辦法的適用。」換言之，會員國雖無依憲章規定將本質屬於國內事件的爭端提交聯合國從事和平解決的義務，但爲其使用武力，而被認爲威脅或破壞和平，即可引起安理會根據第七章的執行行動。此乃對國內管轄事件所加唯一限制。（李鍾桂）

參考文獻：

L. Oppenheim, International Law. 1955. 8th ed. P. 114-117

國父與越飛共同宣言（Sun Yet-Sen and Joffe Joint Manifesto）

民國十一年六月十六日，陳炯明在廣東叛變， 國父爲暫避變亂計，乘坐永豐兵艦在珠江指揮應變，月餘後，帶領少數隨員離粵赴滬。十二月俄共代表越飛至滬謁見 國父，商談中俄合作問題。次年（民國十二年）一月二十六日，發表共同宣言，其中最主要者爲第一條，條文說：「一、孫逸仙博士以爲共產組織甚至蘇維埃制度，事實上均不能引用於中國，因中國並無使此項共產制度或蘇維埃制度可以成功之情況也。此項見解，越飛君完全同感，且以爲中國最急要之問題乃在民國統一之成功，及完全國家獨立之獲得。關於此項大事業，越飛君並確告孫博士，中國當得俄國國民最摯熱之同情，且可以俄國援助爲依賴也。」

此一共同宣言之意義，爲 國父明白指出，共產主義不適於中國國情，以正告蘇俄，並否定共產主義在中國實現之可能性。

共同宣言的第二條條文爲：「二、爲明瞭此等地位起見，孫逸仙博士要求越飛君再度確實聲明一九二〇年九月二十七日，俄國對中國通牒列舉之原則，越飛君因此向孫博士重行宣言：即俄國政府準備且願意根據俄國拋棄俄國帝政時代中俄條約（連同中東鐵路在內）之基礎，另行開始中俄交涉。」

此一條文，爲 國父要求越飛重申所謂廢除不平等條約之立場。（吳俊才）

國民待遇（National Treatment）

某些國家的國內法（如一九一二年的瑞士民法）與某些國際條約（如一九三三年瑞士羅馬尼亞條約）規定：在本國境內的外國人享有與本國國民同樣的待遇與地位。就外國人的這種待遇而言，即稱爲「國民待遇」。

國民待遇的內容或限度，均由國內法或國際條約詳細加以規定。通常包括通商、航海、產業、課稅等項目，有時並包括其他各種私法上的權利。不過國民待遇多數是建立在互惠的原則與基礎上。

國民待遇並非絕對的。在事實上，一個國家爲了保護其重大財政利益，爲了維持其國際收支的平衡，或爲了維護其國家的安全，不得不對外國人採取某種措施，致使外國人不能享受與本國國民相同的權利。此外，外國人在文化水準較低的國家，或依據條約的規定，有時可享受比本國國民較佳的待遇。（請參閱Charles Rousseau, Droit International Public, Librairie du Recueil Sirey, 1953.）國際法對國民待遇問題並沒有明確的規定，但就一般判例與條約中，往往採取「平等待遇」的原則。（李鍾桂）

國外應募法（Foreign Enlistment Act）

國外應募也者，即中立國人民應交戰國之招募而往該國服役。依照國際法規則，中立國除現役軍人不得前往交戰國應募，及戰前已在交戰國軍中擔任戰鬥員職務者必須予以召回外，一般國民可以個別前往交戰國應募；中立國政府並無禁止之義務。

惟美國曾於一八一八年制定法律，禁止其人民從事任何類似應募之行爲；英國亦起而效尤，先後於一八一九及一八七〇年兩度制訂類同之法律，除規定英國人民不得應募往任何交戰國之海陸軍服役外，并禁止英人建造、裝配、和派遣船舶供任何交戰國之海陸軍使用；當交戰國軍艦在英國港口時，英國任何居民不得爲該艦增加軍備；英國人也不得爲對抗任一友邦而準備或裝配船艦，以供軍事遠征。

此等「國外應募法」爲中立法規之發展開創了新紀元。（俞寬賜）

國住所（National Domicile）

住所如果以適用的範圍爲標準，可分爲國住所、準國住所、及市住所三種。國住所是在單一國內設定的住所，如在法國及中華民國所設定的住所。（參閱「準國住所」及「市住所」各條。）（洪力生）

國書

國書可分到任國書（Letter of credence）和辭任國書（Letter of recall）兩種。前者是派遣國元首介紹使館館長（請參閱使館館長條）或特使（請參閱特使條）給外國元首的正式文件；後者是使館館長卸任時，向接受國元首呈遞的辭別信。到任國書由元首署名、外交部長副署，分繕正副本各一份，副本不封口，由館長或特使初訪接受國外交部長洽定呈遞國書時間時面交；正本封口，由館長或特使覲見接受國元首時呈遞。辭任國書亦由元首署名、外交部部長副署，依照國際慣例，卸任使節不親自呈遞，僅由新任使節代呈。駐紮國際組織的常任代表到任時，也須向有關組織的行政首長（如聯合國秘書長）交存國書。我國國書除中文正副本各一份外，通常有適用的外文譯本兩份，附於中文正本之後。現在將我國使館館長到任國書格式列後。

中華民國總統〇〇〇謹致書於
〇〇〇〇〇〇〇〇閣（陛）下：茲爲維持並增進
貴我兩國間固有睦誼起見，本人特遴派〇〇〇博士（先生）爲中華民國特命全權（公）大使，駐劄
貴國。〇〇〇大（公）使才猷卓越，任事忠誠，對於
貴我兩國相互利益，以及中華民國竭力促進中〇兩國合作與友誼之至意，深所稔悉，膺斯新命，必能恪遵使命，克盡厥職，佈邀
閣（陛）下之嘉許，而副本人之厚望。尙祈
閣（陛）下惠予接納，舉凡該大（公）使代表本人或中華民國政府有所陳述時，統祈推誠相與，信任有加，是所至禱。順頌
閣（陛）下政躬康泰
貴國國運昌隆。

中華民國總統〇〇〇（簽署）
外交部部長〇〇〇（副署）

中華民國〇〇年〇〇月〇〇日於〇〇

我國使館館長辭任國書格式如後：

中華民國總統　　謹致書於
〇〇〇〇〇〇〇〇閣（陛）下：查本國駐劄
貴國特命全權大（公）使〇〇〇博士（先生）另有任用，未克親遞辭任國書，茲特命其後任〇〇〇博士（先生）代爲呈遞。〇〇〇於其奉使期間，盡力增進
貴我兩國之固有睦誼，本人殊自引慰，諒亦仰邀

閣(陛)下之讚許。順頌

閣(陛)下文躬康泰,

貴國國運昌隆。

中華民國總統○○○(簽署)

外交部部長○○○(副署)

中華民國○○○年○○月○○○日於○○

(陳治世)

國家(State)

國家是一群人民在一定地域以內所組織的主權的政治團體。故國家是由四個要素組織而成的,即人民(People)、土地(Territory)、政府(Government)及主權(Sovereignty)。常態的國家是完全主權國。所以國家與其他一般的政治團體的差別,便是國家有權限的獨立。其特性有左列三點:

(一)權限的排他性(Exclusivism),也即權限的獨立性:國家在一定的空間以內,原則上得排除外部的干涉,單獨行使其權限。

(二)權限的自律性(Autonomy):國家得自行決定其行為,不受外部的干涉、命令或指揮。

(三)權限的完整性(Plenitude):國家在其領域內行使權限,其行使的對象或範圍均無任何限制。

(參閱 Charles Rousseau: Droit International Public, Paris, 1953, P.90-92)

國家如缺乏上述三種特性之一,即不能視為完全主權國,亦不能構成完整的國際法人。(李鍾桂)

國家行為(Act of State)

國家行為係指一個國家行使主權權利之行為。一般國營事業之商業行為,並不包括在內。前者稱為 Jure imperii 後者稱為 Jure gestionis。兩者性質,迥然不同。國家行為不受任何外國之干涉,但應遵守國際公法原則。(張彝鼎)

國家利益(National Interest)

國家利益乃一國對外政策之基礎,唯甚麼是國家利益,確不易覓致一定之答覆。一般認為凡是與國家的領土完整,政治獨立及經濟繁榮主要有關的事項,便是國家利益所在,同時認為國家利益便是政府與人民的認識、期望、信念、立場及目標,認為與國家的生存、安全、發展及福利密切有關,因而國家應以全力予以維護及推進。國家猶如個人一樣,都希望自身的繁榮及安全,這是任何生物期求的合理目標,不能認為自私自利。

簡言之國家利益,不外乎國家之安全、經濟與發展。

就安全而言,國家猶如個人,首先需謀求生存之保障,特別是在國際社會中,缺乏統一有效之司法機構,生存主要依賴一己之實力,安全就顯得特別重要,故有人認為在國際政治的意義下,國家利益與國家安全是密切相關的。但是國家安全的目標亦不可定得太高,過份以權力尋求是項目標,足以導致危險。一國的防禦措施,超過了某種限度,在他國看來便是侵略,足以引發其他國家對抗侵略的反應。任何國家既無從以權力為手段而獲得絕對的安全,因此不應以此為對外政策之唯一目標。任何國家若以擴張軍備的方式企求安全,雖然沒有從事公然侵略的行動,仍然可能是作繭自縛,與安全的目標背道而馳,蓋如此必然引起其他國家的猜疑及恐懼,因而也發動其軍備計劃,在很短期內,此種刺激及反應即可能形成軍備競賽,由於競賽的結果及其引起的猜疑,所有參加競賽的國家,都會發覺較競賽前更不安全了。

經濟繁榮亦是國家利益之所在,只有國家的經濟趨向繁榮,才能享有不虞匱乏之自由,社會才能安定,才有力量支持國家之安全。國家利益中的經濟方面與安全方面雖然可以分別衡量,惟其分別推展超過了某種限度,以致於雙方失却平衡時,便可能引起嚴重問題。由政府在推動經濟福利時,不能不以一部分的資源用於軍備的維持及發展,以免安全遭受威脅,但是如一國以一切資源用以發展軍備,必然也會引起不良的經濟後果。

由此可知,國家利益並不全然等於國家安全,安全而外尚須加以經濟繁榮與發展,此外,權力如用於侵略,或因超越某一範圍致引起軍備競賽,權力也不等於安全,雖然在許多情況下,權力誠然是自保之惟一手段。

國家利益除抽象的觀念如安全和平等而外,尚包括一些具體的目標,如土地之收復、兼併、借款、合作、外援等。在追求國家利益時,受國家力量之限制,及外在因素之影響,必然會就輕重緩急加以取捨,因此國家利益又可分為主要利益及次要利益。

主要利益一般言之包括領土完整及政治獨立，亦可包括某種歷史的及基本原則的信守。某項利益是否主要？其決定標準在於國家除非在全然無望的情況下是否不惜一切從事戰爭予以維護。如答案是正面的，此項利益在該國的眼光中便是主要利益，凡是主要利益，其本上都是保守性質，它們總是包括國家業已具有的利益。主要利益中可能還包括了尚未達成的目標，惟國家總是先維護現狀，換言之，最低限度，不能喪失業已具有的主要利益。

除主要利益外，其餘的便是次要利益，由於各國願意犧牲此種利益，而不致危害國家安全與繁榮，同時又能為此接受某種代價，因而次要利益乃能成為外交談判之大部分主題。國家雖然可能在某種情況下放棄其次要利益，但是也可能因情緒、經濟及歷史的原因而不願對於次要利益作任何妥協。在某種情形下，次要利益可能暫時蒙上了主要利益的外衣，或與主要利益糾纏不分。但一般而論，由於其性質，次要利益總是外交談判的主要對象。國家放棄了某一次要利益，可能獲得了另一次要利益，甚至所得較所失為多或更重要。在考慮對外政策的時候，必須確定國家利益，依其重要性訂定優先順序。此外，國家必須衡量實力，不可期望過高，也不可分散實力，國際情勢隨時在變，國家利益也可能跟着在變，由於國家利益具有動態的性質，故各國對其利益之所在亦須隨時予以檢討。（張宏遠）

國家的自保權（The Right of Self-Preservation of States）

所謂自保權是國家為了保持生存與發展，而採取必要措施的權利。

國家自保有二重意義：對內的意義係有完全組織與發展本國的自由；對外的意義係有與他國交往及訂約的自由。

自保權亦是國家基本權利之一，為了保持生存與發展，有兩種重要的方法：

㈠充實國防：依自己的編制，組織認為必要數額的陸海空軍，維持必要數量的各種軍備。可在衝要地帶構築防禦工事，除受條約的義務之外，有完全自由。至於對鄰國不得阻止其發展，如認為超過自保所需限度，則可要求變更不安的軍事佈置或提出安全保証，否則鄰國即可使用武力以自保。如一國不能自保，則可與利害相同友邦訂立互助同盟條約，第三國在法律上不得加以阻止。

㈡經濟建設：一國可實施其認為最有利的經濟政策，開發天然富源，振興工商業，發展國內貿易，擴充國際貿易。除受條約限制外，一國有自己決定權，他國不得干涉。如有碍他國利益，他國只能請求採取變通辦法或最多採取報復手段。

雖然有些學者認為自保權的行使，會使他國遭受無謂的損失，且可作為一國侵犯他國的法律藉口。但是就近代國際法的發展，自保權已成為國家的基本權利之一。（李鍾桂）

參考文獻：

L. Oppenheim, International Law Vol. 1 , 8th edition 1957. P.297-304

國家的自衛權（Right of Self-Defense of States）

所謂國家的自衛權係指一個國家對於緊急的威脅，具有以實力防衛自己的權力。自衛的手段常常違反國際義務，但是為國際法所容許的。至於其定義很難確立，國際法有關自衛的學說有二種：

㈠英美派的自衛學說：美國國務卿韋伯斯特（Daniel Webster）於一八三八年對自衛二字所下的定義可為代表。他說：「自衛必定立即、緊迫、無選擇手段的餘地，也無考慮的時間，在此情況下對抗一種外來的壓力者，始能算是自衛。」故此派所謂外來的壓力與危害，不必在實際上已發生而行使自衛權的情勢是否已經產生，完全由國家決定。

㈡歐陸派的自衛學說：以法國的國際法學家為代表，他們認為如果國家可以自行決定自衛權的行使，則自衛權必被濫用，而成為不合法的行使。因此他們主張國家遇有違反國際法的侵略，危及本國安全時，才可採取自衛行為。故行使自衛權的情勢，是依照客觀的條件加以決定的。無論如何自衛權要在下列幾種情況下始可行使：1.有緊急或現實（指危難業已發生，且繼續存在者）的危難存在；2.該危難必須是非法的；3.該危難必須危害與威脅本國；4.無法依其他方法防止與對付該危難時。不過晚近又有「集體自衛」名詞的出現，首次用於聯合國憲章第五十一條內，主張不僅直接受威脅的國家，即其他未直接受到「緊急或現實危難」的國家亦可採取共同自衛行為。（李鍾桂）

國家的財產權（The Right of Property of States）

就國際法的財產權而言，一國領域內的土地，礦山，湖沼，河川與空間，都屬它自己所有，而可以有自由使用、受益並處分的權利，即為財產權。

一國可以在他國境內以私人資格而有財產，但它完全在所在地國家管轄權之下，故不涉及國際法。不過一國可以在本國境內有動產與不動產，如在戰時，敵國可以沒收動產，並可對不動產行使用益權，至於一國如在本國境外以國家的資格而有財產，則無論在平時與戰時在國際法上都有地位。平時，一國駐在他國使館所用房舍，如係自有，便享受租稅豁免權；國有船舶，除專用於經商者外，在他國領水內亦享受管轄豁免權。戰時，除依國際慣例豁免者外，被敵國拿捕後，都可以沒收。

生存權既然是國家基本權利中最重要者，則國家類似生存所不可缺少的資源、土地，當然可以取得，使用與處分。（李鍾桂）

參考文獻：

崔書琴著：國際法上冊，臺灣商務印書館，民國四十六年臺二版，第九十五—九十六頁。

國家的消滅（Distinction of States）

國家的消滅對國際法人地位變更最有影響，當一國消滅以後，它的國際法人地位亦隨之而消滅，而產生了國際法上的繼承問題。（見「國家的繼承」條）

國家消滅的原因有二種：

㈠、自然的原因：如人民的四散或全部移出，土地因地震而坍陷等，使國家歸於消滅。

㈡、人為的原因：此乃事實上國家消滅的原因，共分四種：

1.合併：兩國國家合併為一個國家，原來的兩個國際法人消滅，而另一個新的國際法人產生。例如：第一次世界大戰後塞爾維亞（Serbia）與蒙特內哥羅（Montenegro）合併為南斯拉夫。

2.征服：一個國家被他國所消滅，而由他國實行兼併，則被征服國的國際法人地位消滅。如一九三六年義大利征服阿比西尼亞（Abyssinia）。

3.解散：一個國家瓦解而成數個國家，則該國的原來國際法人地位消滅，而由數個新的國際法人取代。例如：奧匈政合國於一九一九年分為奧、匈、捷克等國。

4.瓜分：一個國家為幾個國家所分割，其效果與征服相似。例如一七九五年與一九三九年波蘭被俄、普、奧等國所瓜分。（李鍾桂）

國家的管轄權（Jurisdiction of States）

所謂國家的管轄權係指國家對於其領域內的一切人與物所行使的最高權力。也就是說一國可以對其管轄下的人與物行使立法權、司法權與行政權。

近代國際法認為國家有三種主要管轄權：即領域管轄權，對人管轄權與對行政組織的管轄權。

領域管轄權是國家對於其領域內的人、物及行為所行使的管轄權。國家領域包括地面、地下及上空。國家得在此一定的空間內行使法權，排除外部的干涉。

對人管轄權是國家對於特定的個人，不論其在何處，得行使一定的管轄權。國家對人管轄權的對象包括：國民、被保護人民、公司、船舶及航空器等。

對行政組織的管轄權：國家有建立行政組織的權限，有運用與防衛行政組織的權限。

一國的領域管轄權有時受對人管轄權的限制，例如：兵役義務的規定等。而對人管轄權亦受領域管轄權的限制，例如：一國國民在外國時，成為該居留國領域管轄權的限制。同時國家管轄權在下列二種情形下豁免：一為根據國際法的治外法權；一為根據條約的領事裁判權。（李鍾桂）

國家的獨立權（The Right of Independence of States）

所謂獨立權係指國家行使對內與對外權力的自由權者。

根據主權學說，一個對內可以行使管轄權，對外可以行使遣使、締約、宣戰與媾和權。當國家在行使這些權力時，必須完全依照本身的意志，毫無限制的決定其行動，而不受任何外部的干涉、控制與命令。故一國除非另有條約的規定，可以採用它所喜歡的政體，成立它認為有效率的機構，制定它覺得合宜的法律，並實行它以為有利的經濟政策。對外可建立它認為適宜的關係，可與有共同利害的友邦締結盟約。只要在國際法範圍之內，一國有絕對的行動自由，除㈠依其自己的意思而受限制者例如：為維持兩國間或一地域內的政治現狀，便等於限制在該地域或範圍內的行動自由；為促進經濟、社會與技術等方面的國際合作，而情願限制自己的自由，以求謀取更多的福利。㈡非自己的意思而受限制者。例如：戰勝國對戰敗國根據和約而所加的限制。不過無論何種限制，並不因此而喪失其獨立的地位。

獨立權亦是國際法中規定成爲國家基本權利之一種，因爲國家之所以成爲國家，必須要有獨立權的存在，才能使其權限具有獨占性，自律性與完整性，才能成爲一完整的國際法人。（李鍾桂）

國家的繼承（Succession of States）

一個國家完全消滅或喪失一部分領土之後，取而代之的國家，或取得該部份領土的國家稱爲繼承國（Successor State）與原來的國家即被繼承國之間，發生國際法上的繼承問題，即爲國家的繼承。

國家的繼承有三種學說：

㈠私法繼承說：被繼承國的權利與義務，完全由繼承國接受。此說以霍爾（Hall）爲代表。

㈡公法繼承說：繼承國不必接受被繼承國的全部權利與義務。但一切關於繼承國的新秩序及可以調和的權利與義務，則應該在繼承的範圍以內。此說以奧本海（Oppenheim）爲代表。

㈢主權更易說：原來國家消滅後，其主權隨之而消滅。故其人民與土地即屬無主物，而其他國家利用之以建立新主權，所以根本無所謂繼承，也可以完全不接受原來國家的權利與義務，此說以吉德爾（Gidel）爲代表。

至目前爲止，大多數的國際法學家採取公法繼承說，因爲國家消滅後，其國際法人地位雖然亦歸於消滅，但其人民與土地依然存在，繼承國既取得了被繼承國的人民與土地，自然繼承的範圍以此爲限。

國家繼承分全部繼承與部分繼承：

㈠全部繼承（Universal Succession）：係由一個或數個繼承國獨自分配繼承。全部繼承可從下列幾點加以分析：

1.政治的權利與義務：被繼承國的主權完全移屬繼承國。繼承國的法律與政治制度，引伸及被繼承國的全部，被繼承國的人民取得繼承國籍。被繼承國所簽訂的政治條約當然失效。而通商、引渡條約繼承國有廢止的權利。

2.地方的權利與義務：土地、河川、道路等的國際權利與義務都在繼承之例，故劃界、修路、地役等條約不因繼承而失效。

3.財產與債務：被繼承國的動產、不動產、現金、稅收與債權都由繼承國接受，而被繼承國的債務，也應當由繼承國償還。如繼承國有數個，則應依它們所得土地大小、資源富瘠與稅收多寡，作比例上的分配負擔。

4.侵權與違約的損害賠償：繼承國不負責被繼承國對私人的侵權與違約行爲。除非經法院判決由國家賠償之外。

㈡部分繼承（Partial Succession）：發生於一個國家喪失一部分土地或主權時，所以繼承較爲簡單。所引起的各種問題，可由繼承國與被繼承國磋商解決。大體說來與全部繼承所適用的原則相同。債務屬地方性者由繼承國全部償還；屬全國性者，由繼承國償還一部分；但戰債無償還的義務。被繼承國在該地的人民，原則上取得繼承國國籍。（李鍾桂）

國家承認（Recognition of States）

當國家經過新建、分裂、聯合、國內法或國際條約等方式成立，雖然它具備了人民、土地、主權及政府的四要素，但是還須要由已經存在國際法體系內的若干國家予以承認，才能取得國際法人的地位，成爲國際法主體。此一對新生國家的承認，即爲國家承認。

國家承認有兩種不同的學說：

㈠承認係宣示性者：認爲國家一誕生後，即成爲國際社會一份子，故承認只是對既存事實的確認，使之合法化而已。而並不能創造或變更新國家的權利與義務。因此既存國家應無條件的有承認新國家的義務。

㈡承認係構成性者：新國家在未承認前，不具有國家的資格，不能享受與負擔國際法下的權利與義務。故承認是創造國家的眞正效力者，既存國對新國家的承認是個別與任意行爲，且可作有條件的承認。

總之在作國家承認時，必須注意到：⑴該新生國是否已具備國家的基本條件；⑵該新生國是否誠意與有能力遵守國際法規則與履行國際義務。不過根據一九五〇年聯合國秘書長賴伊（Trygue Lie）向安理會所提備忘錄，即聲明：承認的性質實際上是混合政治與法律兩要素而成的，因此各國根據一個情勢的個別認識，或自由判斷而決定給予承認與否。（請參閱 Oscar Svarlien : An Introduction to the Law of Nations, 1955. P.99, As quoted by

Quincy Wright in AmericnJournal of International Law Vol. 44. 1950 P.548 ）

凡經過明示或默示的承認之後，新國家即由事實存在變成法律存在。即取得國際法主體地位，可要求國際法上的權利與履行國際法上的義務。同時亦具有回溯既往的效力，與不能撤銷承認的效力。（李鍾桂）

國家間相互作用之方式（The Forms of Interaction Among Nations）

國際社會中國家與國家之相互作用綜合起來，構成國際政治，為使這些繁多而性質不同的關係易於瞭解起見，這些相互作用之方式約可歸為競爭、衝突、協調，與合作四大類。

㈠競爭：競爭是相互作用的一個方式，即當事的一方，在達成某種目標中，作超越他方之努力。競爭很容易演成衝突，當一方用威力阻止他方實現其目的之際，衝突每易發生，除非這種競爭，有很明確的規則，强制的執行，競爭總要釀成衝突的。

甲、乙雙方，可能在某些關係上是競爭的，而在另外幾件事上則是合作的。譬如，兩個商人可以合作改進他們貨物之運送、分配貯藏設備，及其他互助事宜，但同時，他們在售價和廣告上，互相競爭，來吸引彼此的顧客，從社會的立場來說，他們可視為「競爭過程中的合作」。國與國之間情況亦復如此，彼此為增加競爭實力，往往亦做某種程度之合作，特別是在對抗共同之對手方面，而且在對抗之狀態下，有時亦能互通有無，以增加實力。

軍備競爭，通常含有競爭與衝突二者在內，當敵對之一方設法超越對方時，其目標是相對之力量而不是絕對力量，一個國家總是努力阻止他國建立軍備，同時，增强自己的軍備。一般言之，國家與國家之間，「競爭」可能少於「衝突」，部分原因，可能是國際社會之間，缺少共同的標準和有效之法律，以保持競爭於常軌。

㈡衝突：衝突亦是一種相互作用之方式，即一方以力量—不一定是物質之力量—加諸他方。無論個人或團體，當彼此間難以覓致「合作」或「競爭」的方式時，每而發生衝突。在國際關係中，「衝突」尤較其他數種方式為普遍。衝突之原因很多，主要是因為價值之觀點不同，與利益發生了抵觸。

㈢協調：協調是介於「衝突」與「合作」兩者之間的行為，當彼此間的歧異，或潛在的紛爭，不形成衝突時，其相互作用，就是協調。容忍與妥協，為協調的兩種形式，因為社會上任何實際的企圖，彼此歧異，是不可避免的，如果把衝突容忍到最低限度，必須有相當協調才行。

在國際社會裡面，協調行為似較在國內社會更為重要，蓋以國際衝突的結果，每易導致戰爭之故，惟其工作亦較國內為難，因為國際社會中間，忍耐力較小，解決紛爭之機構，亦缺乏效力。

㈣合作：在國際間競爭時常轉變為衝突，長期衝突而所求無成，則每導致協調，一個條期之協調，若對立之見解或利益改變，或竟需要共同行動以達成其利益，則走向合作的關係。在國際社會中，因為有其他相互作用的方式存在，所以合作方式，更顯得必要，惟其如此，亦更顯得困難。但是，國際間仍有很多國際合作。一般言之，在非政治性事件中，不含有國家權力關係，合作尤為普遍，其含有權力或政治性的事件而互相合作者，大多為若干國家有一共同目標，對付他們共同的敵人。（張宏遠）

國家領域（State Territory）

所謂國家領域是指國家領有的範圍，也就是國家管轄所及的範圍。通常包括下列各項：

㈠眞實的國家領域（Real Parts of State Territory）：

1.領土：地球表面的一部分屬於國家主權之下，也就是國家在地球上所占有的土地稱為領土。它包括地上的附着物與地下的資源。

2.領水：可分二種：

(1)內水（Interior Waters；Inland Waters）：即在領土內或領土旁的水，不屬於海洋的水，在其上的航行權完全屬於本國。

(2)領海（Territorial Sea；Territorial Sea）：是領土沿海的一帶海水，海岸國有管轄其領海的權力。一九五八年日內瓦領海及鄰近區域公約，第一條即規定：「國家之主權伸張到領土及內水之外，到沿海岸一帶的海水為止。這一帶海水為領海。」

3.領空（Territorial Air）：是領土與領水上面的空間，國家對領空亦有管轄權。

㈡虛構的國家領域（Fictional Parts of State Territory）：除眞

空領域之外，還有屬國家管轄的虛構領域：

1.本國外交使節與領事在駐在國的辦事處與住宅。

2.公海上本國國籍的軍艦、公船與私船。

3.公海上或外國領海內本國的軍艦與其他公船。（李鍾桂）

國家管轄權的衝突

一個國家遇有涉外法律關係，如果只有該國的法院有管轄權，而其他國家的法院並無管轄權，則不發生國際私法上國家管轄權的衝突問題。但是，如果二國以上的法院都有管轄權，則發生國家管轄權的積極衝突；又如任何國家的法院都無管轄權，則發生國家管轄權的消極衝突。現在各國多藉締結條約或公約，以解決國家管轄權的衝突。至於一國對於涉外法律關係有無管轄權，當依內國法律（即法庭地法）決定之。管轄國家決定以後，究應由管轄國何地何種何級法院管轄，自當依管轄國的司法法規定之。（洪力生）

國際人格（International Personality）

「國際人格」一詞是一部份學者從國內法中借來的法人、人格觀念而應用於國際公法，擬制了國際法人、國際人格的概念；前者與國際法主體觀念略有不同，例如個人（自然人）可為主體但非法人（雷崧生說似相反），故不可能有國際法人之人格。一般所謂國際人格是專指國家在國際法上的地位。

主張此觀念的學者，對「人格」一詞之瞭解方式有二，一派（若英Lawrence、法(Fauchille）主張從國家的基本權利上去了解國家作為國際社會一員的地位，但是他們對於這些基本權利之名稱、分類、內容却無一致意見：Lawrence以為有獨立、財產、管轄、平等、外交等五權；一九四八年波哥大憲章列數：自由發展權，完整領土權，自衛權等等。因為這種觀念之混淆，所以Jellinek．Brierly都主張放棄此種說法。另一派（若雷崧生、勞特帕特）主張：所謂「國際人格」即是國家作為國際社會一員的各種特質（Qualities）若生存、獨立、平等、責任、交往、自衛、管轄等各項，但他們在內容、名稱數目上亦未必一致。

以上諸種基本權利或特質，多是就國家而言，是否國際組織亦有此種權利（或特質），也即探詢國際組織是否是國際法人的問題？也是學者有爭論問題之一；個人顯然不能擁有以上諸種國際法上基本權利（或特質）。近年另一部份學者等僅有「主體」觀念，並不討論擬制的「人格」「法人」的觀念。（邵子平）

國際太空法學會（International Institute of Space Law）

早在一九五二年在德國Stuttgart舉辦第三屆國際航天學會議時，便開始醞釀設立一討論太空法律問題的國際性組織，到一九五八年第九屆航天學會議在海牙開會時，才設置一常設法律委員會The permanent legal Committee）次年在倫敦召開的第十屆航天學會議又將之改組為目前的國際太空法學會（International Institute of Space Law）。

國際太空法學會的宗旨有六：⑴應國際航天學聯盟主席之請向其提供顧問⑵在太空法方面，與適切的國際組織與各國研究機構合作⑶推動促進航天學、太空旅行與太空探測之社會科學方面的工作⑷刊印會議結論、報告書及其它出版物⑸頒授獎賞⑹舉辦太空科學之法律與社會學方面的會議與研討會，及從事研究並提出報告。

太空法學會的會員是終身職，須經董事人或其它會員三人之推荐，由董事會（The Board of Directors）票選，會員必須有下列資格之一：⑴世界各地法學院國際法、航空法，或太空法的教授⑵國際組織，專門機構的法律顧問，或各國政府的國際法顧問⑶各地法庭的法官或法律⑷從事太空活動（如太空工業或保險業）之商業機構的律師，以及⑸有關太空科學方面的社會學專家至一九七一年六月一日止，該學會擁有四十八個不同國家的三六四個會員，該學會的決策機關為董事會（The Board of Directors）共有董事十五人，其中一人為主席，二人為副主席，一人為秘書，一人為司庫（The Treasurer）其它十人為董事，十五位董事係選自各個大洲的不同國家，他們在學會的年會中不代表其國家，而是因其個人的表現，考慮其對太空法的興趣與知識，及依能否足以代表世界各種不同法系而定，他們的任期為三年，每年須退休三分之一，董事會每年集會兩次，即春秋各一次。

太空法學會的財政來源依賴外界的補助與餽贈，以及本身出版物的收入。

根據規約，國際太空法學會每年在國際航天學會議期間舉辦一次太空法國際研討會（International Colloquium of space Law一九六〇年起至一九七一年止的十四次太空法研討會中所討論的題目，重要的大約有⑴一九六七年太空法律原則條約與一九六八年太空援救協定的解釋⑵太空器的法律地位與登記⑶月球與其它天體的法律地位⑷在各種天體上的活動與其自然資源的開採⑸太空活動的責任問題⑹電訊（如各種系統、直接廣播等）的問題⑺軌道與月球實驗站⑻保護地球環境的法律問題，下一屆研討會將在一九七二年十月於維也納舉行，討論題目包括：⑴地球資源調查衛星的法律問題⑵太空電訊法最近趨勢⑶解釋與引用太空損害責任公約所引起的問題，各屆太空法研討會的紀錄都在每次會期結束後六個月內刊印出來。

一九六九年的第一屆太空法教學研習會（The First Symposium on Teaching of Space Law）曾發表一篇世界各國太空法教學情形的調查報告，報告中指出許多國家已進行太空法的教學，一九七一年在布魯塞爾舉行的第二屆研習會決定呼籲教育當局注意在各大學、研究機構，及各種法律與技術學校中，教授太空法的特別課程，且要求世界各國制訂相似的太空法課程的標準。

另外，國際太空法學會也收集必須的資料，每年編印一份世界太空法書目（The world-wide Bibliograpgy on space Law）的期刊，該學會也編纂一本航天學上有關的法律詞彙，一九七一年且將之編入由國際航天學研究院所刊行的航天學詞典之內。（張彝鼎）

國際民主婦女聯合會（Woman's International Democratic Federation）

所謂國際民主婦女聯合會（W.I.D.F）係一九四五年十一月創立，總部原設於巴黎，一九五一年為法政府所逐，遷於東德柏林。最高機關為代表大會，約四年召開一次。最近一次係一九六三年六月於莫斯科召開，據報導約有二千代表參加，號稱代表兩億餘會員。其常設機構有國際民主婦女聯合會理事會，每年開會一次。理事會選出國際民主婦女聯合會執行局及秘書局，並指派財政管制委員會。執行局主席現為卡登（Eugenie Cotton）；秘書長為約瑟維姬—潘達妮（Rosa Jasovich-Pantaleón）。經常刊物為「全世界婦女」（Women of the Whole World）原為月刊，一九六六年後改為季刊。

國際民主婦女聯合會為國際共黨外圍組織，與世界和平理事會有密切關係。按照其章程，聯合會的宗旨是不分種族、國籍、宗教、和政治信仰聯合全世界婦女，以①反對戰爭、壓迫與不幸，並建設一個進步、自由、公正與和平的將來；②維護婦女權利，獲得與男人完全平等的地位；③保護孩童；④確保和平、民主與國家獨立；⑤在平等基礎上，促進國家間經濟、科學與文化的合作。

在其各種活動中，國際民主婦女聯合會按時慶祝國際婦女節（三月八日）與國際兒童節（六月一日）；並以此為主題組織各種委員會與會議。

由於匪俄衝突，聯合會也分裂為兩派—親俄派與親匪派。（吳俊才）

國際民航組織（International Civil Aviation Organization, ICAO）

總部在加拿大蒙特婁。一九四四年十一月，美國政府邀請五十二國代表參加支加哥舉行的國際民航會議，簽訂民航公約，同時通過一個臨時協定，先成立一個臨時國際民航組織。一九四七年四月四日，國際民航公約完成生效條件，民航組織正式成立。該組織經與聯合國成立協定，而於一九四七年十月三日成為聯合國專門機關之一。

民航組織成立的宗旨在使國際民航進一步的發展而有助於建立並維持國家間與人民間友誼與了解；締約國政府間訂立某些原則，俾國際民航得在安全而有秩序的情況下向前發展，國際空運事業得以建立在均等機會的基礎上而健全地、經濟地加以經營。

凡簽署並批准支加哥國際民航公約的國家均為會員國。新會員國加入，只需通知美國政府加入公約即可，但二次大戰中的軸心國家則需經核准始能成為會員國。截至一九六六年止，該組織共有一一〇個會員國，中華民國亦為會員國之一。

民航組織的主要機關為大會、理事會及秘書處。大會由每一會員國的代表組成，定期會議每年舉行一次。由理事會召集，特別會議由理事會召集或任何十個會員國請求，隨時舉行。理事會為常設機關，由大會選二十七個會員國組成，凡對空運佔有首要地位的國家或對國際民航設備貢獻最大的國家應給予適當代表權，同時也要顧及世界所有主要地理區域。秘書長由理事會任命，其他職員由秘書長依大會所訂章程就會員國國民中委派。

除總部設蒙特婁外，另設六個區域辦事處與各該地區會員國聯絡。

該組織為配合聯合國發展計劃，在一九六五年曾向八十個國家提供技術協助，在三十八個國家中駐有技術協助團，並對有關國家提供一二二名獎補助金

。（許秀賢）

參考文獻：

朱建民著：國際組織

Eyvind S. Tew, ed; Yearbook of International Organization, 11th edition, 1966.

國際民商法

是國際私法的一種名稱，這個名稱是比國學者羅蘭（Laurent）所提倡，羅氏在一八八一年所著的國際民法一書中所討論的要點，就是現今國際私法中所研究的重要內容。瑞士學者梅立（Meili）的著作，更進一步採用「國際民商法」的名稱。從國際私法的研究範圍觀之，並不僅以討論民法為範圍，有時也論及民事訴訟法等法律的適用問題，且國際私法的性質是一種適用法，與民商法規定權利義務的實體問題有不同；所以這個名稱並非妥當，因而採用的國家很少。（參閱「法律衝突論」、「外國法適用論」、「國際私法」、及其他國際私法名詞各條）。（洪力生）

國際地役（International Servitude）

所謂國際地役係指一個國家根據國際條約使其領域管轄權受到某種永久性有利於他國的限制。根據一九一〇年九月七日國際常設仲裁法院對英美大西洋漁業案的裁決，將「國際地役」視為當地國一部分管轄權的明示轉讓。從國際地役的定義可看出：

(一)、國際地役是根據國際條約而設定的。

(二)、國際地役是對於屬地管轄權的限制。

(三)、國際地役是具有永久性的。

又從國際地役的性質可分成下列四類：

(一)、積極地役（Positive Servitude）：一國依條約在他國領域上行使某種管轄權。例如：在他國領域內取得駐屯軍隊、利用河川、經營鐵路、從事漁捕等權利。

(二)、消極地役（Negative Servitude）：一國依條約禁止他國在其領域上從事某種活動。例如：禁止他國在一定地方設立要塞。

(三)、軍事地役（Military Servitude）：為達到軍事目的而設立的國際地役。例如：一國依條約在他國取得駐軍權、或禁止他國在一定的地方設立軍事設施。

(四)、經濟地役（Economic Servitude）：為達到經濟目的而設立的國際地役。例如一國依條約取得外國領海的漁捕權，外國內河的航行權，以及外國鐵路建設權。

由於國際地役是附着於領域的一種權利，故該部分領域主權變更時，國際地役不因此當然消滅。只有下列三種方法使國際地役歸於消滅：

1. 供役國與地役權國兩造同意廢止。
2. 地役權國聲明放棄。
3. 兩國合併，或地役權國兼併地役所在的領土。（李鍾桂）

國際地球物理年（International Geophysics Year）

科學理事會首次涉及衛星的研究，是由於國際地球物理年特別委員會（Comite special de l'annoe geophysique International 簡稱 CSAGI）一九五四年的建議而起的，該委員會乃是國際科學聯合會理事會為了計劃和執行國際地球物理年（International Geophysical year 簡稱 IGY）的方案而設的，國際地球物理年的執行期間為一九五七年七月一日至一九五八年十二月三十一日。

國際地球物理年方案在一九五二年剛成立時，其執行計劃就包括使用垂直探測火箭（vertical sounding rockets）來測量大氣上層的性質，與從事磁場的測度，至一九五四年止法國與美國相繼宣佈計劃由各地區發射四十八枚相當大的研究性火箭與一〇〇枚小型火箭，並鼓勵其它國家參加這些特別計劃，到了一九五四年又有一個新的建議，就是在進行國際地球物理年時，利用人造地球衛星研究大氣上層與近地球太空，這項建議是由國際無線電科學聯合會與國際測地學暨地球物理學聯合會根據美國科學家們的意見，向特別委員會提出的，特別委員會於一九五四年十月四日在羅馬舉行的第二屆會議接受了這項建議，並請各委員國討論小型衛星的發射，衛星所携帶的科學儀器，及相伴而生的新問題，比如能源供應、遙測、導向等問題，美國與蘇聯政府各在一九五五年七月二十八日與一九五六年九月正式宣佈各該國家決定計劃在國際地球物理年內發射衛星。

國際地球物理年火箭與衛星會議在華盛頓召開期間，蘇聯就在一九五七年十月四日發射了旅伴一號（Sputn k I）衛星遂正式揭開了世界上史無前例的太空計劃的序幕，不久蘇聯又在同年的十一月三日發射旅伴二號（Sputnik Ⅱ）衛星，次年一月三十一日美國的第一顆衛星探險家一號（Explorer I）也成功的上了軌道，其後又在同年的三月十七日放射前衛一號（Vánguard I）衛星，到一九五八年七至八月的第五屆國際地球物理年特別委員會召開時，美國又發射了兩顆探險家衛星，蘇聯也將旅件三號（Sputnik III）衛星發射上軌道，第五屆的特別委員會中，與會的科學家們試圖簽訂一項國際太空合作協定，以交換衛星資料，但因爲蘇聯出席者的不合作而告流產。雖然困難重重，在國際科學聯合會理事會的主持下，畢竟使太空探測與太空研究開了端，否則，更沒有機會交換科學資料，或將各國從事太空研究的科學家聚集一堂。

在蘇聯代表的建議下，第五屆特別委員會決定將國際地球物理年延長一年，即直到一九五九年年底爲止，但延長一年的名稱，由國際地球物理年改爲一九五九年國際地球物理合作（International Geophysical Cooperation-1959），國際地球物理年特別委員會亦在一九五九年六月底解散，而由國際測地暨地球物理學聯合會所設的國家地球物理委員會（International Geophysical Committee IGC）所代替。（張彝鼎）

國際共產情報局（Cominform）

國際共產情報局（Cominform）卽 The Communist Information Bureau。二次戰後，史達林爲恢復其領導各國－尤其是歐洲各國的共產組織，於一九四七年十月召集保加利亞、捷克、法國、匈牙利、意大利、波蘭、羅馬尼亞和南斯拉夫的共產組織領袖們，集會於華沙，決議成立共產情報局，以調整各國共產組織的活動。此新組織名稱的採用及其總部設於南斯拉夫首都貝爾格萊德（Belgrade），都是出於史達林的策略，旨在減少西方國家的注意。

史達林利用情報局作控制東歐各國的工具。一九四八年狄托反對史達林的控制，於是俄、南交惡。是年南斯拉夫被情報局所開除。該局的總部遷設於羅京布加勒斯（Bucharest）。

史達林死後，一九五六年俄、南重修舊好；共產情報局也宣告解散。此後，蘇俄集中利用早先成立的華沙公約組織，作爲控制東歐鐵幕國家的工具。（陳紹賢）

國際私法（International Private Law）

是關於處理涉外民事法律關係的一種法則在學問上的名詞。關於國際私法的名稱，學者的主張不一，很難得到一個理想的名稱。這個名稱是德國學者薛福納（Schnaeffner）所首倡，當十九世紀中葉，薛氏在其所著「國際私法沿革史」一書，就用這個名稱。至今這個名稱仍爲我國及其他國家的學者所採用，但是它也有不妥當的地方：第一是因爲用「國際」兩個字，容易和國際公法相混，並且國際私法是國際法抑是國內法，至今仍是學者爭論的問題，如果用「國際私法」的名稱，則其性質應爲國際法，但英美學者却多主張國際私法是國內法；第二是用「私法」兩個字，容易使人認國際私法是私法的性質，但是各國的國際私法的範圍，並不一致，也有包括涉外民事法、國籍法及民事訴訟法（管轄權問題）在內者，就不應該稱它爲私法；國際私法是公法抑是私法，至今也是學者爭論的問題。英美的國家稱國際私法爲「法律衝突論」，就是說對於涉外的民事法律關係，解決其應適用內國法或外國法的一種法則而已。我國的涉外民事法律適用法、日本的法例，都是國際私法的單行法，德國是把它制定在民法施行法中。國際私法的範圍，通常以國際民法（涉外民事法律）爲限，但就廣義上說，國際商事法，甚至民事訴訟法上有關涉外關係的規定，也都包括在內。（參閱「法律衝突論」、「法律選擇論」、「外國法律適用論」、「私國際法」、及其他國際私法名詞各條）。（洪力生）

國際私法的法系

各國國際私法的規定雖有不同，對於重要的法律關係，多已依據同一的原則而制定。如關於不動產物權，依其所在地法；關於法律行爲的方式，依行爲地法；都是各國所共採的原則。又如關於能力、親屬、繼承等屬人法律關係，或依當事人的本國法，或依當事人的住所地法；又如動產物權，或依物的所在地法，或依動產所有人的本國法或住所地法；這些都是各國所採的不同原則。如果將各國現行的法制，比較其國際私法規定的異同，大別可分爲下列兩個法系：㈠英美法系：英美諸國的國際私法是基於習慣法，而與歐陸國家不同。並且英美國家往往因爲地方法域的不同，而其所適用的法律也有出入，所以英美諸國是採住所地法為屬人法，也與歐陸各國的採用本國法為屬人法有別。又英美諸國比較重視動產與不動產的區別，關於不動產的法律關係，絕對適用所在地法，因此屬地法的適用範圍，也較廣泛。這個法系以英美兩個國家為主要，南美洲的阿根廷與巴西諸國，及歐洲的丹麥與挪威等國都是屬於這個法系。㈡大陸法系：大陸法系包括法義法系與德國法系。法義法系的國家，都是採用屬人法為原則，屬地法為例外；其所採用的屬人法，依當事人的國籍而定，係採單純的本國法主義，這是法義法系與其他法系最顯著的區別；這個法系以法國與義大利為主要，此外，比利時，荷蘭、西班牙、葡萄牙及墨西哥等國，也是屬於這個法系。至於德國法系的國家，也是採用本國法主義的屬人法；這點固然與法義法系相同，但是德國法系並不以屬人法為唯一的原則，有時因為保護內國交易的安全，或其他原因，而對本國法主義，也加以相當的限制，這是德國法系與法義法系的不同。雖然這兩個法系的採用本國法主義，有程度上的不同，但是，都是屬於大陸法系。德國法系以德國為主要，此外，奧國、瑞士、及中華民國等國，也是屬於這個法系。（洪力生）

國際法（International Law）

國際法是國際社會構成份子（members of the international community）在其相互關係上必須遵守的規則。由國際法的定義可瞭解它具有左列幾個特點：

㈠、它是國際社會各份子公認的法律規則，而不是由一個權力高於國家的團體所制定的。

㈡、它所規律的範圍，是國際關係的全部，即包括平時、戰時與中立時期國際法人之間權利與義務的關係。

㈢、它祇包括國際間公認「必須」遵守的規則，而不包括學者以為國際間「應該」遵守的規則。（請參閱崔書琴著：國際法，臺灣商務印書館，民國四十六年修訂臺灣二版，第一頁。）

國際法名詞的採用，較近代國際法的產生為晚。十六世紀以前稱國際關係的規則為自然法（Natural Law）。一六二五年荷蘭法學家格老秀斯（Hugo Grotius）稱這些規則為萬民法（Jus Gentium），但萬民法原指適用於全體人類的法律，故用以稱國際法，顯然不恰當。迨至一六五〇年英國法學家蘇契（Richard Zouche），採Jus inter gentes一語，很能表達國際法的意義。這個拉丁名詞本來就可以譯成英文International Law二字，然而直到一七八〇年英國哲學家邊沁（Jeremy Bentham）才正式第一次採用。自此以後，國際法（International Law）名詞就沿用至今。目前國際法學家的習慣，是將International Law與Law of Nations兩名詞毫無軒輊地交換使用。（李鍾桂）

國際法人（International Persons）

國際法人即是國際法的主體。它可以享受國際法上的權利，亦可以負擔國際法上的義務。但每一種國際法人所享受的權利與所負擔的義務並不完全相同。凡具有完全能力享受國際法上的權力與負擔國際法上的義務主體，是完整的國際法人；而僅具有部分能力享受國際法上的權利與負擔國際法上的義務主體，是不完整的國際法人。

關於國際法的主體，有二種極端的學說：

㈠、古典學派學者認為國際法的唯一主體是國家，除此之外，並不存在任何別的國際法主體。所以國際法只是規範國家與國家間關係的法律。

㈡、實證學派學者則認為國際法的唯一主體是自然人，因為歸根究底自然人的意識才是一切法律的基礎。

第一學派忽略了國際社會的現實；而第二學派忽視了國家在國際法發展的現階段中所占的重要地位的事實。故晚近國際法的趨勢，其主體不但包括完全主權國、部分主權國、國際組織，而且甚至連個人在某些限度範圍內，亦屬國際法的主體。（李鍾桂）

國際法自然法學派（Naturalists）

自然法學派的學者否認以條約或慣例為淵源的國際法，而認為所有國際法僅是自然法的一部分。這一派的領袖是浦芬多夫（Samuel Pufendorf, 1632-1694）：他是德國海德堡（Heidelberg）大學首任自然法國際法教授，其最著名的著作即一六二七年發表的「自然法及國際法」（De Jure Naturae et Gentium），他將自然法分為個人自然法與國家自然法兩種，而認為除了自然國際法之外，並不存在具有眞正法律效力的意志國際法（Voluntary Law of Nations）。此外還有德國的托馬昔斯（Christian Thomasins, 1665-1728

），法國的巴伯拉克（Jean Barbeyrac, 1674-1744）、瑞士的伯萊瑪基（Jean Jacques Burlamagui, 1694-1748）等自然法學者，皆與浦芬多夫採取同樣見解。

自然法學派的勢力在十七世紀時期最大，但其後，此派的地位便由歷史法學派所取代。（李鍾桂）

國際法折衷法學派（Grotians）

折衷法學派又可稱為格老秀斯學派。此派學者的觀點是介於自然法學派與歷史法學派之間。他們認為自然國際法與實證國際法同等的重要。不過仍舊維持格老秀斯對自然法與實証法所作的區別。這派的代表學者是渥爾夫（Christian Wolff, 1679-1754）：德國哈勒（Halle）與瑪堡（Marburg）兩大學的自然法與國際法的教授。他主張世界上既然有許多國家共存，這些國家應構成世界國家（World-State），其地位優越於個別國家。其一七四三年的「依科學方法的國際法」為代表作；瑞士的瓦泰爾（Emerich de Vattel, 1714-1767），係一名外交官與法學家，將渥爾夫的國際法思想廣泛的介紹給歐洲外交界，並加以通俗化。其一七五八年的「國際法」（Le droit desgens）著稱於世。不過十九世紀以後折衷法學派逐漸不為國際法學家所採納。（李鍾桂）

參考文獻：

L. Oppenheim, International Law. 8th editun 1955, P.98-99

國際法與國內法一元論（Monistic Doctrine）

對於「國際法的根據」和「國際法與國內法的關係」問題採取客觀論者，例如：Scelle Kelsen 等認為國際法與國內法並非二個獨立與毫無相關的法律體系，而且一個法律秩序的二種部分，其關係不是平等、平行的，而是階層（hierarchy）的。所以人類社會的法律規範不論其為國際法或國內法，是一元的。同時在淵源、主體與性質上，兩者並無不同。

㈠、兩者的淵源相同：均是慣例與成文的規則。

㈡、兩者的主體相同：均為個人。不過在國際法裏，只有某幾種個人的行為被認為是國家行為，即其行為的效力可以及於國家。

㈢、兩者的性質相同：均是對於法律的主體發出一種命令，不受主體的支配，而為主體所必須遵守。

總之，國際法與國內法雖然形式不同，但實質相同。為了使兩者和諧一致，國家要忠實履行其國際法上所負擔的義務，要以國內法去補充國際法。同時國家為着享受其在國際法上的權利，往往也非用國內法去加以規定不可。所以國家不得以國內法決定國際權利與義務，亦不得藉口國內法的缺乏，以逃避國際義務。故晚近國際法的趨勢是儘可能減少國際法與國內法的衝突。這也就是「國際法國內法一元論」，簡稱「一元論」。（李鍾桂）

國際法與國內法二元論（Dualistic Doctrine）

對於「國際法的根據」和「國際法與國內法的關係」問題採取主觀論者，例如Triepel, Anzilotti 等認為：國際法與國內法係屬於兩種獨立、平行而絕不相同的法律秩序：

㈠、兩者的淵源不同：國際法的淵源是在國際社會裏成長的慣例與國際法主體間締結的條約；而國內法的淵源是在國內成長的慣例與立法機關制定的議會法。

㈡、兩者的主體與範圍不同：國際法的主體是國家，它是規範國家與國家之間的規則；而國內法的主體是個人，它是規範個人與個人，或個人與國家間的規則。

㈢、兩者的性質與制裁力量不同：奧本海（L. Oppenheim）說：國際法是屬於契約性或同意性質的法律，存在於國家與國家之間；而國內法是大部分用立法程序制定的法律，有一個最高的權力在自然人之上，加以强制執行。由此可見國際法與國內法無從發生衝突，兩者的效力亦互不相干。換言之，國際法如未獲得國內法的接受，不能為國內法院所採用，也不能拘束國內法的主體；而國內法亦同樣不能創立或變更國際法。如果國際法與國內法發生衝突時，法院只適用國內法，而非國際法。因此達到「國際法國內法二元」的結論，簡稱「二元論」。（李鍾桂）

國際法歷史法學派（Positivists）

歷史法學派又名實證法學派，或意志法學派。此派學者肯定實證國際法或意志國際法的存在，承認以慣例與條約爲淵源的國際法，並認爲這種國際法遠較自然國際法爲重要，而更有的學者根本否認自然國際法的存在。此派大多數的學者是繼承蘇虛（ Richard Zouche, 1590-1660 ）的衣缽。其領袖是賓克雪克（Cornelis Van Bynkershoek, 1673-1743）：他是荷蘭法學家，他認爲國家的公共同意是國際法的眞正基礎，而條約及國際慣例則是國家公共同意的表現方式。其著名且有價値的論文，是一七〇二年的「海洋主權論」（De Dominio Maris）及一七三七年的「公法上諸問題」（Quaestionum Juris Publici）。此外德國的莫塞（Jahann Jakob Moser, 1701-1785），搜集許多的史料，對實在國際法貢獻良多，著有「最近歐洲平時及戰時國際法之研究」、德國的馬爾頓斯（Georg F. Von Martens, 1756-1821）；是德國哥丁根（Gottingen）大學的法學教授，著作等身，而以一七八九年的「歐洲近代國際法要論」爲代表作。並且又編有國際法學史上最著名的條約彙編（Recueil de Traite's）或稱之爲「馬爾頓斯條約集」。

十九世紀以來，幾乎所有的國際法學家都屬於歷史法學派。（李鍾桂）

國際法學協會（The International Law Association）

一八七三年九月，世界國際法學者在歐洲蓋特 Ghent 開會，決定成立國際法學會 The Institute of International Law 。並決議成立一國際法改進及編纂協會(The Association for the Reform and Codification of the Law of Nations)。此協會于一八七三年十月在比京布魯塞爾開會成立。在一八九五年比京開第十七次會議時，改用國際法學協會名稱(The International Law Association)簡稱 ILA。

協會成立後，迄一九七二年止，共開會五十五次。其重要貢獻如次：

一八七六年在布萊梅開第四次會議時，關于國際匯票法規原則之草擬。

一八八三年在米蘭開第十一次會議時提出禁止販賣奴隸，及海上撞船與執行外國判決之原則。

一八九二年在都林(Turin)開第十五次會議時，提出領海管轄權原則。

一八九五年在比京開第十七次會議時，提出國際仲裁原則。

一九〇一年在倫敦開第二十次會議時，決議海上保險原則，及司法互助問題。

自一九〇三年第二十一次會議後，每次會議議題增多，對戰時國際公法及海商法貢獻甚多。此外

一九一二年在巴黎開第二十七次會議時，提出航空法。

一九三〇年在紐約開第三十次會議時，提出商標法。

一九三六年在巴黎開第三十九次會時提出國際支付中黃金條款問題。

一九五〇年在丹麥京城開第四十四次會議時，提出海床問題。

一九五二年在瑞士魯塞 Lucerne 開第四十五次會議時，提出國際性公司法及國際貨幣等問題。

一九五八年在紐約開第四十八次會議時，提出原子能問題。

此後幾項會議中，包括重要問題更多，不勝枚舉。

一九七三年爲國際法學會及國際法學協會成立一百週年紀念，定于八月三十日、三十一日兩日在比京布魯塞爾開一百週年紀念會。（張彝鼎）

國際法學派（國際私法）

國際私法的名稱，既然冠以「國際」兩個字，而其性質究竟是國際法、抑是國內法？學者尙無定論，可分爲兩說。一爲國際法學派，認國際私法爲國內法，如法國學者皮拉（Pillet），卽屬這個學派。另一派爲國內法學派，認國際私法爲國內法，如美國學者施多萊（Story），卽屬這個學派。歐陸學者多主張國際私法與國際公法同爲國際法；而英美學者多主張國際私法爲國內法的一種。國際法學派以法國的學者皮拉爲代表，他們認爲：凡是規定國家間的公益，而以國家爲主體者，爲國際公法；凡是規定國家間的公益，而以私人爲主體者，爲國際私法。所以凡是關於國家主權領土的衝突問題，就是屬於國際公法討論的範圍；而關於國家私人間的能力、婚姻、財產等衝突的問題，就是國際私法討論的範圍；不論是公的法律關係，或私的法律關係，都是和國家間有關係，所以兩者都是屬於國際法討論的範圍。國際法學派雖有其主張的理由，但其立論却受學者所批評，而認有未安。國內法學派認爲，國際私法的立法，係由國內的立法機關所制定，與其他國內法的立法過程，並無不同，如我國涉外民事法律適用法的制定，與其他國內法的制定相同；非如國際公法的基於國際社會的公認或制定，如聯合國憲章就是國際公法的一部。且國際私法的執行，是基於一種國內法律的權力，非如國際公法的基於國際社會的共同約束。又

國際私法的施行對象，是私人間的法律關係，而國際公法則以國家間公的法律關係爲對象；所以國際私法實在是國內法，而非國際法。不過，國際私法雖爲國內法的一部，其與國際法却有非常的密切關係，而非其他國內法與國際公法的關係可比。（參閱「國內法學派」條）。（洪力生）

國際爭端（International Disputes）

所謂國際爭端，依據一九二七年常設國際法院對蓮花案的判決，認爲：兩個以上的國家，對於某特定權利或某特定事實的主張不一致，或對於某一事實的法律觀點或利害關係的衝突，稱爲國際爭端。不過爭端是否存在，應由客觀立場予以判斷。

國際爭端大體可分爲二類：

(一)法律性爭端（Justiciable Disputes）：凡牽涉當事國權利與義務，而當事國所提出的要求均根據國際法規則，並且爭端雙方認爲可按法律標準，作有效解決者。例如：國際法院規約第三十六條第二項規定，法律爭端包括：(1)條約的解釋。(2)國際法上任何問題；(3)凡事實之存在，如其成立足以構成國際義務者；(4)因爲違反國際義務所應賠償的範圍或性質。

(二)政治性爭端（Nonjusticiable Disputes）：亦是由當事國之間利益的衝突而發生的，但無法按法律標準作有效的解決者。也有學者認爲：凡非法律性爭端，都可以視爲政治性爭端。（請參閱William, Sir John Fisher, "Justiciable and Other Disputes" A. J. Jan. 1932.）

大凡法律性爭端是依循仲裁或司法途徑，根據實證法予以解決；而政治性爭端則依循外交或政治途徑予以解決。（李鍾桂）

國際河川（International Rivers）

國際河川係指河川之流行於二個以上國家的領域或其邊界之上者。例如多瑙河(Danube)流行於德、奧、匈、南斯拉夫、保加利亞、羅馬利亞等國。

國際河川法律地位的演進分下列幾個階段：

(一)十八世紀末葉，國際河川視爲沿岸國家的內水，沿岸國不但禁止非沿岸國船舶航行，並且沿岸國之間亦相互妨害：上流的國家阻碍河水下流，下流的國家亦拒絕上流國家船舶的通過。

(二)十九世紀初期，特別是一八一五年的維也納會議，一方面規定萊因河的法律地位，另一方面決定有關國際河川的一般原則。此後即形成下列的二原則：

1.不論沿岸國或非沿岸國在國際河川上享有航行自由權。
2.組織國際機構，以共同管理國際河川。

(三)二十世紀，尤其自第一次世界大戰後，對國際河川的自由航行原則再予以確認。同時在一九二一年所召開的巴塞龍拉（Barcelona）會議中確定了：

1.國際利益水道應一律開放。
2.對他國船舶不得予以歧視。
3.由沿岸國共同維持河川的航道。

但是以上三項規定原則上只在締約國之間生效，它們不適用於軍艦。同時沿岸貿易權得保留給該沿岸國享有。（李鍾桂）

國際空中業務協定（又名兩項自由協定）
（International Air Services Transit Agreement；Two Freedoms Document）

一九四四年十二月七日，有三十三個國家根據一九四四年國際民航公約（Convention on International Civil Aviation）第二十二章第九十六條規定，簽訂了一個「國際空中業務協定」也即兩項自由協定，對於定期的國際航空線締約國給予下列兩項自由：

(一)、航空器有不降落而過境的特權或自由；

(二)、航空器有非營業性降落的特權（Stop for non-traffic purposes, or escale noncommercial），例如修理、加油或氣候變化迫使降落。

所以根據第一項自由，締約國之一的航空器可以飛越其他締約國的上空。根據第二項自由，締約國之一的航空器可以在其他締約國着陸，而作修理或加油等純粹技術性工作，但不得從事於裝卸客、貨等商業性的活動。由於此協定所賦予的兩項自由不是基於國際慣例，而是基於國際條約，且以「互惠」爲原則，故其效力僅限於締約國之間。（李鍾桂）

參考文獻：

Oscar Svarlien, An Introduction to the Law of Nations, 1955,

P.218

國際空中運輸協定（又名五項自由協定）

（**International Air Transport Agreement; Five Freedoms Document**）

一九四四年十二月七日，有十九個國家根據一九四四年國際民航公約第二十二章第九十六條規定，簽訂了一個國際空中運輸協定，也卽五項自由協定，賦予締約國航空器享有下列五項自由：

(一)、航空器不降落而過境；

(二)、航空器非營業性降落；

(三)航空器卸下來自航空器登記國的旅客、貨物及郵件；

(四)航空器裝載前往航空器登記國的旅客、貨物及郵件；

(五)、航空器裝載前往與卸下來自任何締約國的旅客、貨物及郵件。

根據第一、二項自由，締約國航空器得飛越其他締約國上空而不降落與只作加油或修理純技術性工作的降落。根據第三項自由，締約國之一的航空器有以本國爲起點的直接運輸權。根據第四項自由，締約國之一的航空器有以本國爲終點的直接運輸權。而根據第五項自由，締約國之一的航空器則有以其他締約國爲起、終點的間接運輸權。此五項自由，僅是在締約國之間生效，而建立於國際條約與互惠原則的基礎上。（李鍾桂）

參考文獻：

Oscar Svarlien, An Introduction to the Law of Nations, 1955, P.219

國際航天學聯盟（International Astronautical Federation）

爲說明方便起見，本節先敍述國際航天學聯盟本身，至於該聯盟所設置的兩個最主要的機構，卽國際航天學研究院與國際太空法學會，則另專列兩節，分別討論之。

國際航天學聯盟（International Astronautical Federation 簡稱IAF）是一九五〇年創立的一個非營利性的國際科學團體，由各國有關火箭學、航天學及和平使用與探測太空的學會或研究機構組成，所以這是一個結合有關航天學方面的學者的組織，尤其是豐富的太空工程與太空物理學經驗，進而促進與鼓勵了太空社會科學、太空教育，與太空法律等學科的發展。

該聯盟的宗旨依其規約規定如次：(1)爲和平目的促進航天學的發展；(2)鼓勵航天學技術及其它資料的傳播；(3)經由大衆通訊的媒介，引起公家對航天學的注意及支持；(4)鼓勵國際及各國研究機構、大學、商業機構及專家對於航天學研究及其它有關計劃的參與；(5)有關航天學及和平使用太空的自然科學與社會科學部分成立研究機構及委員會，以進行有關的活動；(6)召開國際性的航天學會議、研究會、研討會，及其它科學會議；(7)與有關航天學及和平使用太空的自然科學、工程學和社會學的政府間與非政府間的國際組織合作。

國際航天學聯盟的會員有三類：國家會員、團體會員，與候補會員，同一國家參加該聯盟的團體會員數目不受限制，但只允許一個團體會員有投票權，會籍的申請由行政局審查然後交全體大會多數決批准，該聯盟目前共有三十六個國家的五十八個團體參加，所代表的個人約有六萬五千人之譜。

該聯盟的決策機構是大會（General Assembly）由投票會員（Voting members）的代表組成，關于大會的決議案，每一投票會員只能投一票，其餘會員的代表可以出席大會的全體會議，並參與討論但沒有投票權，大會在每年舉行的國際航天學會議（International Astronautical Congress）期間集會一次。該聯盟的行政機關是行政局（The Bureau）其成員有由大會每年選出的主席一人與副主席四人上屆主席一人，附屬機關的主席若干人，及總顧問一人，惟後兩者沒有投票權。行政局每年集會兩次，分於春秋兩季舉行，該聯盟的總部設於巴黎，其財政來源有會員的會費，每屆國際航天學會議所收的報到費的一部分，出版物的收入，所接受的補助款與餽贈等。

該聯盟爲了協助計劃與組織各項活動及促進目標的完成，設置了若干單位，其中最重要的兩個當推國際航天學研究院（International Academy of Astronautics）與乎國際太空學會（International Institute of Space Law），所以本章另特列兩節專門討論這兩個單位的組織與活動，除外，所設的單位還包括若干常設委員會（Standing Committee），特別委員會（Ad HOC Committee）及工作小組（Working Groups）。

國際航天學聯盟最主要的活動是組織每年召開一次的國際航天學會議（International Astronautical Congress）每年的會議地點不同，由地主國的會員出名邀請，任何個人只要對航天學有興趣，不論他所屬的團體是否爲聯盟的會員，均可出席，每屆會議的方案，由該聯盟的大會指定一個國際方案委員會（International Programme Committee）來決定，這種航天學會議自一九五〇年開始每年舉辦，至一九七一年止共舉行過二十二屆，這些國際航天學會議的主要特色是多學科的性質（multidisciplinary nature），基於非政府的立場上，提供交換意見與情報的機會，參加者不但來自各種與航天學有關部門的工作人員，也來自航天學發展程度不同的國家的人員。最近一次的航天學會議是第廿二屆，於一九七一年九月舉行，其辯論主題是：應用太空技術以滿足人類的基本需求，如糧食，教育，免於污染的自由，全體大會討論的題目如次：氣象、大氣、海洋污染、教育、太空機構之設立、太空運輸問題、生物航天學、科學太空船的設計、太空飛行的推進系統、材料與結構、航天動力學等。其中最特殊的一項是有關青年火箭試驗的安全問題並擬召開第一屆國際航天學聯盟青年會議。

將來國際航天學聯盟所籌組的航天學會議，將視未來太空發展的需要情形，修正或增加其會議的方案內容。（張彝鼎）

國際侵權行爲（International Delinquency）

一個國家因爲故意或過失侵害他國或他國人民的權利的行爲，即構成國際法上的國際侵權行爲。故其可能發生的範圍很廣，例如在平時：非法干涉他國、侵犯他國領域、侮辱他國元首或外交代表、强迫外僑入籍、侵犯外僑的身體、榮譽、或財產等。在戰時：對敵國採取非法的戰爭手段、侵犯中立等，皆屬於國際侵權行爲，國家必須負直接責任。

依據國際判例，國際侵權行爲成立的要件有二：

㈠它必須是國家機關的行爲。

㈡它必須違反國際法規。

發生國際侵權行爲的國家即損害國，應在精神上與物質上作補救與賠償。如被損害國認爲它不能獲得滿意的賠償與補救時，可將該項爭端以仲裁或司法解決等和平方法予以解決，甚至它可用戰爭或次於戰爭的手段，强迫損害國履行國際義務。（李鍾桂）

參考文獻：

雷崧生著：國際法原理上冊，正中書局，民國四十九年臺版，第九十九頁；

L. Oppenheim, International Law Vol. II. 7th edition edited by H. Lauterpacht, 1952, (New Impression 1955) P.137-138 ; 612 ;562

國際原子能總署（International Atomic Energy Agency, IAEA）

總部設於維也納。根據一九五六年十月廿六日在紐約聯合國總部簽訂而於一九五七年七月二十九日生效的國際原子能總署規約（Statute of the International Atomic Energy Agency）而成立。一九五七年十月一日至廿三日首屆大會在維也納舉行，國際原子能總署活動開始。該總署雖亦與聯合國成立協定並與聯合國構成密切的關係，惟並非爲聯合國的專門機關。依其與聯合國之協定，總署得按年向聯合國大會提出常年報告，必要時，亦得向聯合國其他主要機關提出報告。

其宗旨是：「應設法加速並擴大原子能對世界和平、健康及繁榮之貢獻。總署應就其所能確保由其本身或經其請求或在其監督或管制下提供之協助，不致用以推進任何軍事目的」。

其會員國現有九十六個，中華民國亦爲其會員國之一。

其組織有大會（General Conference）、理事會（Board of Governors）、幹事長（Director General）及其他辦事人員。

大會由全體會員國代表組成，每年舉行經常屆會一次；特別屆年經理事會或過半數會員國請求由幹事長召集之。理事會由二十三個理事國組成，此二十三個理事國分爲三類：第一類理事國係在原子能技術方面最進步的國家，純由職能標準與兼顧地域標準產生者，各五國，均由卸任理事會指定之。第二類理事國係原料生產國與技術協助供給國，前者由卸任理事會指定二國擔任之，後者指定一國擔任之。第三類理事國十國，由大會選擧之，選擧時應顧及地域公匀分配。第一、二兩類理事國任期一年，第一類理事國無不得連任下屆同類理事國的限制，第二類理事國則不得連任下屆同類理事國；第三類理事國任期二年，亦不得連任下屆同類理事國。如此安排在使原料生產國與消費國保持平衡，而原子能技術方面最進步的五國永遠充任理事國。幹事長爲總署的行政首長，由理事會經大會核准任命，任期四年。

該總署不斷地對於會員國提供技術協助，其項目包括訓練、科學家及專家之交換、設備之提供等。一九六三年該總署與義大利成立協定，設立一所「國際理論物理學中心（International Centre for Theoretical Physics）」。該總署於一九六八年十一月十五日向聯大第二十三屆常會所提之常年報告中，提出該總署大會第十二屆常會所通過的兩項決議案：其一、請理事會檢討總署規約第六條，並向總署大會第十三屆常會提送報告書，對於理事國如何適當反映下列事項之方法加以研究：①總署許多會員國，包括發展中國家在內，和平使用核能之進步及發展；②理事會理事國之公勻地域分配；③理事會必須繼續具有總署執行機關之作用。其二、請總署幹事長發動研究總署應採取何種程序以履行其在核爆炸和平使用方面所負之任務，並請總署理事會檢討此種研究之結果，並向總署大會第十三屆常會具報。按聯大第二十三屆常會所通過之二四五七（貳叁）號決議案規定，請總署幹事長在提送大會第廿四屆常會之總署報告書中說明上述各項決議案所涉及各事項已獲之進展。（李偉成）

參考文獻：

朱建民著：國際組織；中華民國出席第二十三屆常會代表團報告書；

Peaslee, International Governmental Organizations, 2nd Edition, Yearbook of International Organizations, 1966-67, 11th Edition

國際責任（International Responsibility）

國際法上的國際責任主要係指國家的國際責任。即當國家違反國際法規則，不履行國際法上的義務，而非法損害他國或他國人民時，則該國得負補救與賠償的責任，此謂國際責任。國際責任的制度乃是根據國際法的不成文法規，不是依條約的規定而存在的。

國際責任可分二種：一種是直接責任（Direct Responsibility）：指國家對於其本身的行為，損害到他國或他國人民時負直接責任。所謂本身行為，大體言是政府機關，或重要官員，與其他官吏或個人奉政府命令或經由政府授權及特許的行為。另一種是間接責任（Indirect Responsibility）：指國家對於非其本身的行為，如果損害了他國或他國人民時，負間接責任。所謂非其本身行為，乃是政府機關的官吏在職權範圍之外，未奉政府命令，亦未獲得政府特許的行為，或個人的行為等均屬之。

引起國際責任的事實，通常包含三個要素：

㈠、該事實必須違反國際法上的義務，對他國或他國人民發生了眞正的損害。

㈡、該事實必須是國家不合法的「作為」或「不作為」的過失。

㈢、該事實必須是國家可能預料得到或可能預防的。（李鍾桂）

國際貨幣基金（International Monetary Fund, IMF, or FUND）

總部在華盛頓特區。貨幣基金設立的目的，在使世界上不同國家的人民，能夠按照一定的匯率，任使兌換所需的貨幣，促使國際貿易的暢行無阻。一九四三年加拿大、中國、法國、英國、美國的財經專家們在華盛頓幾度商談，提出以新的合作方式解決國際匯兌問題的具體建議。一九四四年四月，國際貨幣基金專家聯合聲明公布並分送各盟國。五月，羅斯福總統向四十四個聯合國與協約國發出邀請，參加七月一日在柏萊登森林舉行的聯合國貨幣金融會議，國際貨幣基金同意協定產生。一九四五年十二月二十七日貨幣基金正式成立。一九四七年三月一日開始匯兌交易。該組織經與聯合國成立協定，於一九四七年十一月十五成為聯合國專門機關之一。

基金的宗旨在：1.促進國際貨幣合作；2.便利國際貿易的擴大與平衡發展；3.促進國際匯兌的穩定；4.協助建立多邊支付制度，消除匯兌限制；5.財源供會員國調整其國際收支的失衡；6.縮短會員國國際收支失衡時間及減輕其程度。基金的活動限於應會員國的請求。其資源只是用以協助會員國外匯偶爾短絀，提出一部供其交換以應急需，而不能用作復興開發的資本。基金由會員國認攤，每一會員國各派有一定攤額。

基金的會員國分基本會員國與加入會員國兩類。其會員與國際銀行會員一致。截至一九六六年止，該組織共有一〇三個會員國，中華民國亦為其會員國之一。

基金的主要機構有三：董事會、常務董事、總經理及其他職員。基金的全部權力賦予董事會，由每一會員國指派董事、候補董事各一人組成。每年集會一次，每一董事得投之票數大體上與其基金攤額成正比，規定每一會員國的基本表決權為二百五十票，基金攤額每增十萬美元，多增一票。常務董事為二十人，其中五人由基金攤額最大的五會員國指派，其餘由其他會員國選舉，負指導基金一般活動之責，行使董事會委任的一切權力。總經理由常務董事選聘，遵照常務董事的指示指導基金的一般業務，並為基金業務人員的領袖。

截至一九六六年五月一日止，該組會就十六種不同的貨幣作基金匯兌交易，其總額相當於一二二億美元。（許秀賢）

參考文獻：

朱建民著：國際組織

Eyvind S. Tew, ed., Yearbook of International Organization, 11th edition, 1966.

國際勞工組織（International Labour Organization, ILO）

總部設於日內瓦。一九一九年四月十一日創立，原為國際聯盟系統內一個自主機關。一九四四年五月十日在美國費城舉行第二十六屆國際勞工組織大會，通過費城宣言（Declaration of Philadelphia），闡述國際勞工組織的宗旨，附於其憲章之後。現行憲章係一九六二年經大會修正，一九六三年生效。一九四六年國際聯盟解散後，與新成立的聯合國簽訂協定，改隸於聯合國的系統。

國際勞工組織創立之目的，在改善勞工情形及生活水準，並增進經濟及社會的安定，促進社會正義，作為世界永久和平的建立。由政府、勞工、僱主各派代表研商關於工資、工作時間、保護童工、女工、傷殘撫卹、同工同酬以及承認結社自由的國際規定。其會員國限於國家，截至一九六六年止，該組織共有一一五個會員國，中華民國亦為其會員國之一。

國際勞工組織有三個主要機關：會員國代表大會、理事會及國際勞工局。大會是勞工組織最高權力機關，至少每年集會一次，每一會員國得派代表四人，二人代表政府，雇主及勞工代表各一，每一代表都有單獨投票權。主要任務在通過國際勞工公約與國際勞工建議書。理事會為執行機關，由四十八理事國組成，其中二十四代表政府，十二代表雇主，十二代表勞工。代表政府的二十四個理事中，十個由十個主要工業國家會員國委派，另十四個由上述十個會員國以外出席大會的政府代表選出。主要任務是監督勞工局及各委員會的工作。勞工局為常設事務機關及活動中心，其任務為搜集並提供資料，依據大會決議協助各國政府草擬勞工立法及出版刊物，辦事人員約一千二、三人。在各洲各重要國家首都設有分局及辦事處。勞工局近年的主要工作計劃有社會政策、勞資關係、技術發展、生產力、勞工行政、職業訓練、社會安全、人權等。

該組織參與聯合國對落後地區技術協助擴大計劃（U. N. Expanded Program of Technical Assistance to Underdeveloped Areas），近年來為配合該項計劃，該組織曾協助一百多個國家從事充分與有效的利用人力資源，並提高其生產效率與改善工作環境。（許秀賢）

參考文獻：

朱建民著：國際組織

Eyvind S. Tew, ed., Yearbook of International Organization, 11th edition, 1966.

國際開發協會（International Development Association, IDA）

國際開發協會總部設於華盛頓特區。該協會是國際復興開發銀行的姐妹組織，起緣於美在該銀行所提的一項方案，經該銀行理事會一九五九年年會同意，並經該銀行常務董事會草擬國際開發協會協定（Articles of Agreement of the International Development Association）。一九六〇年一月一日起，該協定交由國際復興開發銀行會員國批准，至同年九月廿四日協定生效，該協會遂告正式成立。按國際開發協會協定第六條第七項規定，該協會亦於其成立之同時，成為聯合國專門機關之一。

該協會之目的為提高低度發展國家之生活水準，提供資金促進該等國家的經濟發展；增進其生產力。該協會資金貸予之條件，不僅較一般貸款較有彈性，且接受貸款國家在償付方面其負擔亦較輕。

該協會之會籍對國際復興開發銀行會員國公開，截至一九六六年止該協會共有九十六個會員國，中華民國亦為其會員國之一。

該協會的組織有：㈠董事會（Board of Governors）由各會員國指派其國際復興開發銀行的董事（Governors）及候補董事（Alternate Governors）組成，每年集會一次，其表決方式係採取比重投票制度（a system of weighted voting）；㈡常務董事（Executive Directors）除由有關會員國指派其國際復興開發銀行的常務董事擔任之外，其選任的常務董事亦比照該銀行之辦法產生；㈢總經理（President）及其他各級職員均按協定（第六條五款）由國際復興開發銀行的總經理及各級職員兼任。

自一九六〇年十一月至一九六六年底止，該協會計對卅六個國家提供一〇〇項貸款，共總額達一六・四九五億美元。（李偉成）

參考文獻：

Peaslee, International Governmental Organizations, Vol. Ⅱ, 2nd Edition, 1961;

Eyvind S. Tew, Yearbook of International Organizations, 11th edition, 1966;

Yearbook of the United Nations, 1966.

國際復興開發銀行（International Bank for Reconstruction and Development, IBRD, or World Bank）

一九四五年十二月二十七日成立，總部設華盛頓特區。

一九四四年四十四國在美國紐罕普什爾的柏萊登森林舉行聯合國貨幣金融會議，擬定國際復興開發銀行協定。該協定在一九四五年十二月廿七日經二十八國批准接受而生效，國際銀行乃宣告成立。一九四六年六月二十六日銀行開始營業，一九四七年十一月十五日，成爲聯合國專門機關之一。

國際銀行創立的宗旨在：1.協助會員國的復興開發；2.促進私人對外投資，必要時自行直接放款；3.促進國際貿易的長期均衡發展與國際支付平衡的維持。

銀行的法定股本原爲美金一百億元，現增爲美金二百四十億元，分爲十萬股，只有會員國始得認購，且凡會員國均須認購，基本會員國所認股份最低額爲九萬一千股，銀行需留足夠的股份，供其他會員國認購。美國認購最多，超過總數的三分之一。會員國所認股份，只需繳納百分之二十，其餘百分之八十須在銀行直接貸放或參加貸款或擔保私人放款發生義務而認爲必要時，才開始收集。

一九四五年十二月三十一日以前簽字於銀行協定的會員國爲基本會員國。依銀行所定條件取得會員國資格者爲加入會員國。共產集團只有南斯拉夫是會員國。截至一九六六年止，該組織共有一〇三個會員國，中華民國亦爲其會員國之一。

國際銀行的機構設董事會、常務董事、總經理及其他各級職員。董事會操銀行的一切權力。由每一會員國選派董事及候補董事各一人組織之，每年集會一次。會員國投票權分二種：基本投票權每會員國二百五十票；另外，按其所持股數，每　股增一票。常務董事共二十人，由持有最多股份的五會員國各派一人以及由董事會在其他會員國中選舉十五人所組成，負責銀行的一般業務，行使董事會授予的各項權力，每月至少集會一次。總經理由常務董事選聘。總經理爲執行長，依常務董事的指示，處理銀行一般業務，負責組織及任免各級職員。

截至一九六六年三月卅一日止，該銀行共進行了四四九項貸款，其總額達九三・六二億美元，接受其貸款的有七十九個國家及地區；其中貸予非洲地區爲一二・二二億；亞洲與中東地區爲三一・四〇億；澳亞地區爲五・二〇億；歐洲爲二〇・三一億；西半球爲二四・四九億。該項貸款的三分之二以上用於發展有關國家的電力與運輸，其餘則用於一般工業、農業、森林、通訊、教育及給水方面之改善。（許秀賢）

參考文獻：

朱建民著：國際組織。

Eyvind S. Tew, ed., Yearbook of International Organization, 11th edition, 1966.

國際運河（International Canal）

運河係人工開鑿的河川，原則上爲國家領域的一部分。國際運河有通洋運河與不通洋運河的差別。前者係屬國家的內水，然而由於其對國際經濟與交通上的重要，成爲國際條約規定的對象，而開放給世界各國使用。此項規定並非使該運河脫離當地國的管轄，僅是對當地國課以義務，令其允許外國船舶在該運河上自由航行而已。例如：蘇伊士運河（Suez canal）是於一八六九年開鑿的，在埃及本土。經過一八八八年君士坦丁堡（Canstantinople）條約規定成爲國際運河：

㈠、各國軍艦與商船，不論戰時或平時，均可通過運河。

㈡、軍艦通過運河時，必須遵守下列規定：

1.不得停留在運河內。

2.交戰國軍艦應從速通過，不必要時，不得在運河兩端港口停留二十四小時以上。

3.兩敵國軍艦通過運河時，必須有二十四小時以上的間隔。

4.交戰國軍艦不得在運河或其港口內卸軍隊及軍火等，非絕對必要時，不得補充糧食。

(三)、運河中立化：運河兩岸不得建立軍事設施；運河不得成為封鎖或攻擊的對象；在運河內及運河兩端港口內以及其三浬以內的地區，不得有戰爭行為。

通洋運河除蘇伊士運河外尚有巴拿馬及基爾運河等。至於不通洋運河純屬一國內水，如我國由杭縣至天津的運河便是。（李鍾桂）

國際慣例（International Custom）

國際法最古老而重要的淵源就是國際慣例。所謂國際慣例，即國家相互之間，對於某種特定的情形，往往採用某種特定的行為，而成為習慣。這種習慣為國際社會所共同遵行，經過相當時期以後，各國開始明示或默示的承認該習慣具有法律上的拘束力，也即成為國際法的不成文法規。國際慣例有左列三項特性：

(一)、它通行於國際社會；

(二)、它具有法律上的拘束力；

(三)、它不斷的在演進。

國際慣例成立的要件有二：

(一)、實質要件：一種行動必須是重複而相同，且為國際社會多數份子所繼續採用的，才可成為國際慣例。

(二)、心理要件：在執行該項行動時，有履行法律義務的心理。也即深信必須採用與遵守不可，始能成為國際慣例。（請參閱Charles Rousseau, Droit International Public, Librairie du Recueil Sirey, Paris, 1953.）

至於國際慣例構成的要素，是由國家的國內或國際行為演進而成的：

(一)、國內行為：1.國家行政機關行為，如外交文書等。2.國內法規，如海口、領海等的國內法律等。3.國內判例，如捕獲法院的判例等。

(二)、國際行為：1.條約：指對既存國際慣例加以整理或確認。2.國際判例：國際法院或仲裁法庭的決定。（李鍾桂）

國際電訊衛星財團組織（International Telecommunications Satellite Consortium; Intelsat）

自從一九五七年第一顆人造衛星發射後，利用軌道中衛星作為通訊工具的觀念，遂由理論階段迅速發展到實用階段。尤其是同步或同軌道衛星系統（Synchronous or Geostationary orbit Satellite System）的「俯視」範圍更是廣袤，包括了幾個世界上最重要的政治經濟中心以及遙遠而人跡罕到的地區。

國際電訊衛星財團組織（International Telecommunications Satellite Consortium 簡稱 INTELSAT）是由一九六四年六月在倫敦簽訂的兩項互有關連的臨時協定（The Interim Arrangements）所創設的。這兩項協定包括一項政府間協定和一項特別協定。政府間的協定稱為「有關設立環球商業通訊衛星系統臨時協定之協定」(The Agreement Establishing Interim Arrangements for a Global Commerical Communications Satellite System)，僅供各國政府簽署，規定有關衛星系統的原則與基本的組織安排，另一個協定稱為「特別協定」(The Special Agreement)，則由各國政府，或其指派之該國通訊團體（entities）所簽署，規定該衛星系統基本的技術安排與財政安排，該協定另外又附有一項「補充仲裁協定」（The Supplementary Agreement on Arbitration），規定有關法律爭端的解決，這些臨時協定任由國際電訊同盟的一四〇個會員國中有七十九國簽字或加入這些臨時協定，另外又有十二個國家準備加入，南斯拉夫是唯一參加該財團組織的東歐國家。

政府間的協定首先揭櫫聯合國大會第一七二一（拾陸）號決議案所述的「……衛星通訊之方法，應在實際可行範圍內，立即以普及全球不分彼此為基礎，供諸世界各國……」，同時又說：「衛星通訊應以允許所有國家均能使用此一環球系統之方法組織之。」基於此種認識，各會員國政府在這兩國臨時協定中，應允設立一個單一性的環球商業用通訊衛星系統，以作為一項提供擴充電訊至世界各地的通訊網的一部分，這種世界性單一系統的設立有其技術、經濟與社會理由，技術上來說，單一系統可以有效的使用與管理有限的頻率譜，可以避免各相互競爭系統的重覆與干涉，可以改進操作效率；可以減少不同太空系統與其它電臺的技術與操作困難，由經濟的觀點來說，單一系統可以提供一有秩序的組織以改進與擴充各國的太空或地面通訊設備，以免浪費有限的資源，最後，就社會的立場來說，單一系統可以增進各國彼此所希望的教育與文化交流。

政府間協定設立了一個臨時通訊衛星委員會（Interim Communication Satellite Committee 簡稱 ICSC），其職責在於環球通訊系統「太空部門」（Space Segment）的設立與操作，該委員會是國際電訊衛星財團組織的決策機關，特別協定的任何簽字國只要在該衛星系統內的投資額占有百分之一點五或以上就能成為該委員會的委員國，至於投資額少於百分之一點五的簽字國只要結合其他投資額低於此數的簽字國的投資後，超過百分之一點五，也可以共推一代表出席委員會，臨時通訊衛星委員會的投票方法是依投資額的分配而行的，每一代表所投的票數可以相等於其投資額，或其所代表的聯合投資額，至一九七一年一月十五日止，該委員會共有十八個委員國代表四十九個簽字國，特別協定雖然規定委員會的決議應採取全體一致的原則，但事實上，除了一些重要的決議案外，任何決議只要有代表們投票總額超過任何一至少代表百分之十二點五股權的投票數，即可通過，重要決議的對象包括：太空通訊種類的選擇，設立同意使用衛星通訊的地面臺站的一般標準，認可預算，設立使用衛星通訊的費用標準，決定增資攤派，認可合同；批准有關發射衛星的事宜，決定加入臨時協定的財政條件等。

臨時協定另外又規定由美國指派的通訊衛星公司（The Communication Satellite Corporation 簡稱 COMSAT）依臨時通訊衛星委員會的一般政策及特別決議，執行有關太空通訊的設計、發展、工程、創設、操作與維護工作。

至一九七一年一月十五日止，國際電訊衛星財團組織共有五顆衛星供作太空通訊使用，而且這五顆衛星全部射進同轉赤道軌道（synchronous equatorial orbit）如以地區來區分，這五顆衛星的名稱及分佈如下：

⑴太平洋地區：該地區的太空通訊由 INTELSAT III(F4)衛星供應，小部分由 INTELSAT II(F4)衛星供應，前一顆衛星是在一九六九年二月發射的，地點在東經一七二度與一七六度之間；後一顆則在一九六七年九月發射。

⑵印度洋地區：一九六九年二月在太平洋上空發射的INTELSAT(F3)太空船，隨後被轉移到印度洋地區上空，自一九六九年七月之後，便在印度洋地區服務，該衛星的位置在東經六一．四度附近。

⑶大西洋地區：該地區的太空通訊由 INTELSAT III(F6)和(F7)兩顆衛星供應，這兩顆衛星分別在一九七〇年的一月十四日和四月二十二日發射（F.6）在東經三三三度至三三五度之間，（F7）則在東經三三八度至三四五度之間，INTELSAT III系統的太空飛行器設有一二〇〇個電話電路，四個電視頻道（包括彩色與黑白電視），這些衛星所提供的電路可用做無線電傳真，無線電打字及高速資料傳遞等。一九六七年發射的 INTELSAT II 系統衛星的內容量有二四〇個電話電路，係作為支援大西洋地區通訊之用的。

使用 INTELSAT 太空通訊系統的地面站臺是由各國自己控制的，或二三國共同控制的，至一九七一年一月十五日止，使用 INTELSAT 衛星天線共有五十一個，分佈在三十個國家的四十三個地面站臺，經臨時通訊衛星委員會通過批准使用 INTELSAT 衛星，但尚未作業的天線共有十二個，分佈在十一個站臺。

INTELSAT IV衛星系統的前八個衛星已於一九七一年一月二十五日發射升空，其服務地區在大西洋，將有七年壽命，容有三千至九千個傳聲電路（Voice circuits）。由於國際電訊衛星財團組織的成長，以目前各會員國的計劃來看，在一九七二年底，已有五十一個國家的六十九個地面站擁有八十五個天線。（張彝鼎、張宏遠）

國際電訊聯盟（International Telecommunication Union, ITU）

總部設於日內瓦。該聯盟係根據一九三二年十二月九日國際電訊公約(International Telecommunication Convention）將原有的國際電報聯盟與國際無線電聯盟合併而成。一九三四年一月一日國際電訊公約生效，其後曾經多次修正，現行公約經一九六五年十一月十二日蒙得婁(Montreux）會議修正，一九六七年一月一日生效。該組織經與聯合國成立協定，而於一九四九年一月十日成為聯合國專門機關之一。

國際電訊聯盟的目的在維持並擴展國際合作以改進各種電訊並求合理使用；促進技術設備的發展與最有效之運用，以改進電訊業務的效率，增進其效用，俾公眾得以普遍利用；協調各國行動，以達成上述共同目的。

任何國家、領土、或領土羣均得申請為會員。現有一二九個會員，中華民國亦為會員之一。

國際電訊聯盟的組織有：全權代表會議(The Plenipotentiary Conference

）、行政會議（Administrative Conference）、行政理事會（Administrative Council）、總秘書處（General Secretariat）、國際頻率登記委員會（International Frequency Registration Board）、國際電報電話諮詢委員會（International Telegraph and Telephone Consultative Committee）及國際無線電諮詢委員會（International Radio Consultative Committee）。

該組織近年來除配合聯合國發展方案予新興及開發中國家以電訊方面的技術協助外，並為配合外空探測負起了新的使命。一九六三年十月至十一月間，該組織召開一項太空無線電訊會議，決議以每秒六仟兆週（6,000Mc/s）之頻率，即約佔整個無線電頻譜百分之十五分配予各種外太空活動之用。（李偉成）

參考文獻：
朱建民著：國際組織。
Yearbook of International Organizations, 1966-67, 11th Edition.
Peaslee, International Governmental Organizations, 2nd Edition, Vol. 2

國際賠償（**International Reparation**）

國家違反國際義務所負國際責任的後果，即是國際賠償。但是國際責任制度下的賠償不具有懲罰性（Punitive），而僅有補救性（Compensation）。至於賠償的方法分下列兩種：

㈠、物質上的賠償（Reparation）：

1. 恢復原狀。
2. 金錢支付。
3. 仲裁法庭或賠償委員會可判令賠償國償付自損害發生之日以來的利息。

㈡、精神上的賠償（Satisfaction）：

1. 對於被害國的道歉、向國旗致敬等。
2. 對於被損害者的紀念或安慰，或對於其家屬的弔唁或撫卹。
3. 對於加害人的懲戒或處罰。

由於賠償的目的在於恢復原狀所以：

㈠、賠償額不得少於損害額，應包括：被害人未受害可能獲得的盈利、利息，以及精神損害。

㈡、賠償額不得多於損害額：賠償的對象，原則上，僅限於直接損害，不包括間接損害。

總之，加害國的國際賠償，是以被損害者的損害大小為標準，而不以國家責任的輕重為標準。（李鍾桂）

國際聯合會（亦稱國際聯盟）（**The League of Nations, 1920-1946**）

該組織亦稱國際聯盟，簡稱國聯。自一九四六年四月十九日起已不復存在，其總部原設於日內瓦。設立國聯之倡議始於一次大戰期間；首先是民間團體倡導，而後政府着手計劃，民間團體如英國之「國際聯合會促成會」（Leauge of Nations Society），美國之「促進和平聯盟」（Leauge to Enforce Peace），均鼓吹建立一項國際組織，以保障國際和平及安全。一九一八年一月八日，美國總統威爾遜（Thommas Woodrow Wilson）在其所提十四點原則（Fourteen Points）中，主張成立一個一般性的國家組合（a general association of nations），來「共同保證大小國家的政治獨立與領土完整」，為國聯的設立勾出了藍圖。一九一九年一月二十五日，巴黎和會在威爾遜堅持下，終於通過設立國聯的決議。於是，國聯盟約（Covenant of the League of Nations）與對德和約同時進行草擬，而盟約亦成為和約的一部分。一九二〇年一月十日，盟約因凡爾賽和約生效而生效，一月十六日，國聯理事會由威爾遜召集在巴黎舉行首屆會，十一月十五日，國聯首屆大會在日內瓦召開。

國聯創立之目的按一九一九年一月廿五日巴黎和會的決議，乃是為促進國際合作，保證國際義務的履行，提供對于戰爭的防範。

國聯會員國分創始會員國及選入會員國兩種。創始會員國有兩類：一類是對德凡爾賽和約或對奧聖日耳曼和約的簽字國（美國、厄瓜多爾、漢志除外）計二十九國；另一類是盟約附款第二部分所列被邀請的國家，該等國家均為一次大戰中的中立國，其加入須於盟約生效後兩個月內，以其接受邀請的聲明書送存國聯秘書處。此類國家計十三國，兩類共計四十二國，均為其創始會員國。選入會員國可經兩種途徑：一是完全自治國家、自治領或殖民地能確保其遵守國際義務並履行國聯關於軍備的規定，其入會申請經大會三分之二的同意，得加入國聯爲會員國；另一途徑是經大會或某些會員國認爲某一國家已具備加入條件，而邀請其加入，該國無須自行申請，只須表示接受，即可由大會通過該國爲會員國。在國聯的歷史中，先後共有二十一個選入會員國。

組織有：㈠大會（The Assembly）由全體會員國的代表組成，每一會員最多得派代表三人，惟僅有一個投票權。其會期按盟約規定，應依所定時期或隨時遇事機需要舉行會議，惟按一九二〇年第一屆大會決議，應於每年秋季舉行常會。大會得處理國聯行動範圍內或涉及世界和平的任何事項。盟約個別列擧的專屬職權有：以三分之二的同意通過新會員入會；以過半數選出非常任理事國；以三分之二的同意制定非常任理事國的選擧辦法；決定會費分配比例；以及勸告會員國覆核已經不適用的條約。此外並與理事會（The Council）合作行使下列職權：經理事會決議及大會過半數的核准，增加理事國的名額；經理事會全體與大會過半數的通過始得完成盟約之修正案；理事會須得大會過半數之贊成始得任命秘書長；大會與理事會分別選出國際常設法庭的法官。㈡理事會由常任理事國與非常任理事國的代表組成。常任理事國按盟約規定由「主要協約國參戰國」(The Principal Allied and Associated Powers) 擔任，雖未指明何國，惟間接指美、英、法、義、日五國；非常任理事國原定四國，由大會以過半數選出，任期三年。在國聯成立之初，因美國未能加入，故其常任理事國只有英、法、義、日四國；一九二六年德國、一九三四年蘇聯入會，並成爲常任理事國，使常任理事國先後增爲五國、六國。一九三三年日本、德國、一九三七年義大利先後退盟，一九三九年蘇聯被開除，常任理事國最後只剩下英、法二國。非常任理事國席位一九二二年增至六席，一九二六年增至九席，一九三三年增至十席，一九三六年增至十一席。一九二六年以後，經大會以三分之二的多數特許西班牙與波蘭兩個非常任理事國得連選連任，遂使該兩國取得半常任理事國的地位。按盟約規定，理事會應隨時視事機需要擧行會議，並每年至少開會一次。一九二四年以前理事會的會期不定，一九二四年定爲每年三、六、九、十二月各擧行一次，一九二九年改爲每年一、五、九月各擧行一次。在國聯存在的二十六年中，理事會共擧行過一〇六屆常會。理事會除了與大會合作行使的職權之外，其專屬職權有：核准秘書處人員的任用並決議遷移國聯之會址；制定國際常設法庭規約；擬定減縮軍備的計劃；遇有侵略發生或有侵略威脅時，籌謀保持會員國領土完整與政治獨立的方法；遇有會員國不實行仲裁裁決或法庭判決時，籌謀辦法使之發生效力；遇有會員國漠視盟約和平解決爭端的規定而從事戰爭時，建議各有關會員國政府協助陸海空軍，作爲維護盟約之用；驅逐違反盟約的會員國出會；遇有會員國與非會員國或非會員國之間發生爭端時，提出其認爲公允的條件邀請非會員承受會員國的義務，以解決爭端；規定委任統治條款，審查受任統治國的常年報告。

一九四六年四月八日至十八日，國聯最後一屆大會通過最後一項決議，宣佈該組織之結束。自一九二〇年一月十六日開始活動，至一九四六年四月十九日結束，共存在了廿六年零三個月。國聯之失敗，或因制度上的缺陷，或由於大國逃避其領導的責任；儘管如此，其失敗的經驗，對未來國際社會亦不失是有意義的教訓。（李偉成）

參考文獻：
朱建民：國際組織。
雷崧生：國際組織。

國際銀公司（International Finance Corporation, IFC）

總部設華盛頓特區。國際銀公司爲一獨立法人，而與國際銀行有密切關係，其資金亦不與國際銀行者相混。國際銀公司的議案自一九五一年起即爲經社理事會與大會所討論事項。國際銀行於一九五四年響應聯合國大會的決議，起草國際銀公司同意條款，次年四月一日同意條款，經國際銀行常務董事通過，分送各會員國考慮。一九五六年七月二十四日滿足同意條款的生效條件，公司業務開始。一九五七年二月二十日成爲聯合國專門機關之一。截至一九六六年止，該公司共有八十一個會員國，中華民國不是該公司的會員國，共產集團國家無一國參加該公司。

國際銀公司的宗旨以鼓勵會員國境內，尤其是發展較差地區內，私人生產企業的生長而促進經濟發展，因此擴充了國際銀行的活動範圍。公司是一個投資而非貸款的機構，其投資對象限於私人生產企業，不能接受政府擔保的投資，亦不得投資於政府所有、經營或參與管理的事業。有資格申請供給資金的企業，須在會員國領土內，會員國反對其領土內企業供給資本者，公司亦不得對其投資。

公司的會員國僅限於國際銀行的會員國，而國際銀行的會員國却不一定是公司的會員國。公司的法定股本為美金一億一千萬元，分為十萬股，祇有會員國才能認購。公司的股本經董事會通過得隨時增加。基本會員國認購有一定數額，其他會員國認購數額由公司決定。以美國認購最多。

公司的管理部門由董事會、常務董事與總經理一人組織之。董事會為公司一切權力中心，每年集會一次，與國際銀行董事會聯合舉行。會員國的投票權分二種：1.基本投票權二百五十票。2.按其所持股數，每股增一票權。常務董事會負責監督公司一般業務之執行。國際銀行的董事與常務董事為公司的當然董事與常務董事。銀行的總經理則當然兼任公司常務董事會主席。總經理由常務董事會主席薦請常務董事任命之，為公司工作人員的首長，處理公司的一般業務，負責組織、任免各級職員。

截至一九六六年止，該公司對亞、非及拉丁美洲地區三十四個國家之工業發展，投資了約一・五五億美元，投資的工業包括鋼鐵、造紙、水泥、紡織、化工、食品製造及電器材料等。（許秀賢）

參考文獻：

朱建民著：國際組織；
Eyvind S. Tew, ed., Yearbook of International Organization, 11th edition, 1966

國際警察行動（International Police Action）

聯合國及其他符合聯合國憲章所定宗旨與原則之國際組織，為恢復與維持國際和平或制裁侵略而採取之軍事措施，特稱「國際警察行動」；此種行動在國際組織與被制裁者間所引起之衝突，可稱「非戰爭的敵對行為」（Non-war hostilities）或「非戰爭的武裝衝突」（Non-War armed conflicts）。聯合國在韓國等的軍事行動即其例也。

此一制度之發展，為戰時國際法帶來許多新的問題；蓋因傳統的習慣和條約規則—包括一九四九年日內瓦四公約，均無拘束國際武裝部隊之規定。從而這種部隊在從事警察行動時應否受現有戰爭法之拘束，或拘束之程度如何？均成問題。同時，被制裁者既是違反條約義務的侵略者，那麼當其與國際武裝部隊衝突期間，是否應適用戰爭法的全部規則——包括有利於它的、抑或僅適用對它加以拘束和限制之規則？也是問題。有人認為此時國際武裝部隊得自由選擇和廢棄某些現行戰爭法規則。不過一九五一至五三年韓國武裝衝突時，雙方均遵守一切習慣及條約的戰爭法規，「國際法學會」（Institut de Droit International）一九五九年第四十九屆會議之「重新考慮戰爭法原則委員會」（Committee on Re-consideration of the Principles of the Law of War）也主張此時衝突雙方應無歧視地適用全部戰爭法規（G. von Glahn, Law Among Nations, London, 1965, P.549）。還有學者認為較合理的辦法是倣照流產了的「歐洲防衛共同體」（European Defence Community）制度，凡對某國際組織一以上會員國具有拘束力之戰爭法公約，其所定諸規則均對該組織之國際警察部隊有效。（R. R. Baxter, "Constitutional Forms and Some Legal Problems of International Military Commend," 29 A. J. I. L.（1952）, pp. 355-356）（俞寬賜）

國籍（Nationality）

國籍是個人隸屬於某一個國家的標識。也可以說，國籍是人民對國家的隸屬關係；這種關係因為各國法制及學說的不同，所以沒有統一的說明。英美學派稱國籍為人民對於國家盡永久忠順（Allegiance）的關係，基於這種關係，人民對於國家應該盡種種義務，而同時得受國家保護，及享有種種權利。德國學派稱國籍為人民對於國家的服從關係，此說係受德國學者主張國家主權說的理論所影響。法國學派稱國籍為人民對於國家訂定契約的關係，此說因受法國學者盧梭民約論的影響。近代國際法學者，多以第一說為解釋國籍意義的通說。凡具有某一個國家國籍的人民，稱為該國的國民（參閱中華民國憲法第三條）。

人民取得某國國籍，有生來取得與傳來取得兩種：㈠生來取得的國籍稱做固有的國籍（參閱國籍法第一章固有國籍），各國國籍法對於生來取得的國籍，其立法例並不一致，要分為三種：⑴有採血統主義 (Jus sanguinis) 者，即子女出生時的國籍，應從其父母的國籍；如我國的國籍法第一條第一款至第三款的規定是，又如日本、德國、及瑞士等國的國籍法，也採這種主義為原則。⑵有採出生地主義（Jus soli）者，即以子女出生的地點而決定其國籍；如美國、英國、及南美不少的國家，都採這種主義為原則。我國國籍法第一條第四款的規定，也兼採這種主義。(3)有採併合主義者，卽兼採上述兩種主義，以定其固有國籍，這種主義又可分爲兩種：(甲)以採血統主義爲主要的原則，而兼採出生地主義爲補則者：這種主義在原則上依血統主義，以定子女的固有國籍，但亦兼採出生地主義；如外國國民在內國所生的子女，倘符合一定的條件，亦認取得內國的國籍，卽取得出生地國的國籍；我國國籍法第一條、及義大利國籍法第一條第三款，都是採這種主義。(乙)以採出生地主義爲主要的原則，而兼採血統主義爲補則者；如美國憲法本來是採出生地主義，但是後來的補充法律，多又兼採血統主義。近代各國爲顧及自己國家的利益，及保護其國民的利益，多採併合主義。(二)傳來取得的國籍或稱做取得的國籍(參閱國籍法第二章國籍之取得)，如因婚姻、認領、收養、歸化、回復、領土變更所取得的國籍是。(洪力生)

國籍不變原則（**Rule of Continuity of Nationality**）

被害人在請求某國國家向加害國作外交保護與國際干預時，必須具有該國國籍，且直到法庭判決或混合賠償委員會裁決時爲止，不得變更其國籍。換言之，該被害人必須繼續爲索償國（Claimant State）的國民。如果在索償過程中，被害人因爲婚姻或領土變更等原因而變更其國籍，則索償國便可以中止外交保護權的行使。

此項原則曾載明於一九三〇年海牙國際法編纂會議的預備委員討論根據第二十八號裏。其原文規定：「國家對於其本國人在他國境內所忍受的損害，除被害人於遭受損害時爲其國民，直到索償請求被裁判時，仍爲其國民外，不得對於該項損害請求金錢上的賠償。」(請參閱雷崧生著：國際法原理上册，正中書局，中華民國四十九年臺四版，第一一〇頁。)

由於法庭與賠償委員會在解決索償問題時，往往費時很久，在此段時期內，可能發生被害人死亡，被繼承或索償權的轉讓問題，所以將國籍不變原則稍予放寬，只要求自損害發生時起，至賠償要求提交法庭或賠償委員會之日止，被害人須具有同一國籍，以便利法庭與賠償委員會的工作進行。(李鍾桂)

國籍的回復

凡會爲內國國民，而由於自願歸化爲外國國民，或由婚姻等原因而喪失國籍者，經內國許可後，得回復其原有(內國)國籍，這稱做國籍的回復。我國國籍法第十五條及第十六條的規定，是採回復國籍的制度，並且對於回復國籍的條件，也加以規定。國籍法第十五條規定：「依第十條第一項第一款之規定喪失國籍者，婚姻關係消滅後，經內政部之許可，得回復中華民國國籍。」可見因婚姻喪失國籍者，其回復國籍的條件有二：一是婚姻的消滅；二是內政部的許可。又國籍法第十六條規定：「依第十一條之規定喪失國籍者，若於中國有住所，並具備第三條第二項第三、第四款條件時，經內政部許可，得回復中華民國國籍；但歸化人及隨同取得國籍之妻及子喪失國籍者，不在此限。」可見因歸化喪失國籍者，其回復國籍的條件有四：(一)在中國有住所者；(二)品行端正者；(三)有相當之財產或藝能，足以自立者；(四)經內政部之許可者。凡因歸化喪失國籍者，如具備上列四條件時，得回復中華民國國籍，但應注意該條但書的限制規定。(洪力生)

國籍的喪失

因一定的事由將已有的國籍喪失者，稱做國籍的喪失。國籍的喪失原因有婚姻、認領、歸化等種。(一)婚姻：依我國國籍法第十條第一項第一款規定：「中國女子爲外國人妻，自請脫離國籍，經內政部許可者，」喪失中華民國國籍。依此規定，中國女子與外國男子結婚，是否從其夫籍，可聽自便；如果不經自行呈請脫離者，仍得保留中國國籍。(二)認領：凡非婚生子女取得國籍後，如經其外國之父或母認知(領)者，則依親子同籍的原則，而喪失其固有國籍。例如：依我國國籍法第一條第一項第四款規定：凡生於中國地的子女，父母均無可考或均無國籍者，均屬中華民國國籍。嗣後經其外國之父或母認知(領)者，喪失中華民國國籍，依我國國籍法第十條的規定，也是採用親子同籍的原則，而於同條第一項第二款規定：「父爲外國人，經其父認知者。」又同條同項第三款規定：「父無可考，或未認知，母爲外國人，經其母認知者；」則喪失中華民國國籍，但依上述兩款規定喪失國籍者，以中華民國法律爲未成年，或非中國人之妻爲限(參閱同條第二項)。(三)歸化：卽內國人自願歸化外國，因而喪失內國國籍。各國國籍法爲防止弊害起見，多設有一定條件，以爲歸化而取得外國國籍或喪失內國國籍的依據。我國國籍法第十一條也規定：「自願取得外國國籍者，經內政部之許可，得喪失中華民國國籍；但以年滿二十歲以上，依中國法有能力者爲限。」再者，各國國籍法所以許可其國民喪失國籍者，一是可以避免國籍的衝突，一是尊重個人的意思。但是，國民是構成國家的要素之一，如果任其自由脫籍，毫無拘束，則將危及國本，因此各國對於國籍的喪失，都加以限制。我國國籍法第十二條是一般限制的規定：「有左列各款情事之一者，內政部不得爲喪失國籍之許可：一、屬服兵役年齡，未免除服兵役義務，尙未服兵役者；二、現服兵役者；三、現任中國文武官職者。」其立法意旨在防止假籍喪失國籍，以達免服兵役的目的。又同法第十三條係特別限制的規定：「有左列各款情事之一者，雖合於第十條、第十一條之規定，仍不喪失國籍：一、爲刑事嫌疑人或被告人；二、受刑之宣告執行，未終結者；三、爲民事被告人；四、受强制執行，未終結者；五、受破産之宣告，未復權者；六、有滯納租稅或受滯納租稅之處分，未終結者。」以防止奸宄之徒，將假籍喪失國籍，爲逃避犯罪的途徑。（洪力生）

國籍的消極衝突

或稱無國籍，即一人無任何一國國籍所發生的衝突。國籍的消極衝突，可分爲生來的國籍消極衝突及傳來的國籍消極衝突兩種：前者是出生時就無國籍，如採出生地主義國家的國民，在採血統主義國家所生的子女，就是無國籍人，即發生生來的國籍消極衝突；後者是因出生以後的事由，如因婚姻、歸化等事由，喪失固有國籍，而未取得新國籍，就構成無國籍，即發生國籍的消極衝突。例如、乙國女子與甲國男子結婚，依乙國國籍法，不以取得新國籍爲條件，當然喪失乙國國籍，但依甲國國籍法，外國女子爲甲國男子之妻者，又非當然取得甲國國籍，因此該女子就是無國籍人。又如甲國國籍法規定，外國人如欲歸化取得甲國國籍者，應先脫離原有國籍，如當事人於脫離原國籍後，未取得歸化許可前，則爲無國籍人。上述兩例，就是因婚姻及歸化的事由，而發生傳來的國籍消極衝突。我國涉外民事法律適用法第二十七條第一項規定：「依本法應適用當事人本國法，而當事人無國籍時，依其住所地法，住所不明時，依其居所地法。」就是規定發生國籍的消極衝突時，如何適用當事人本國法的解決方法。（洪力生）

國籍的積極衝突

或稱雙重國籍或重國籍，即一人有二以上的國籍所生的衝突是。國籍的積極衝突，可分爲生來的國籍積極衝突與傳來的國籍積極衝突兩種：前者是由出生而取得二以上的國籍，如採血統主義國家的國民，在採出生地主義國家所生的子女，就取得雙重國籍，而發生國籍的積極衝突；後者是因出生以後的事由而取得二以上的國籍，如因婚姻、認領、收養、歸化等事由而取得雙重國籍，即發生國籍的積極衝突。我國涉外民事法律適用法第二十六條規定：「依本法適用當事人本國法，如當事人有多數國籍時，其先後取得者，依其最後取得之國籍定其本國法。同時取得者，依其關係最切之國之法。但依中華民國國籍法，應認爲中華民國國籍者，依中華民國法律。」就是規定發生國籍的積極衝突時，如何適用當事人本國法的解決方法。上述條文的中段規定：「……同時取得者，依其關係最切之國之法。」爲其本國法。這種規定是採納多數國際私法學者的主張，認爲當事人同時取得多數國籍時，則就多數國籍中，以其與當事人關係最切之國爲其本國，即以關係最切之國之法，爲其本國法。但是如何定其關係的深淺？學者認爲有下列標準：㈠當事人在多數國籍中之一國有住所者，即以有住所地國爲其本國，因爲住所是人的生活中心地，有住所之國，即與當事人最有密切關係，因而以當事人多數國籍中，有住所之國爲其本國；㈡如果當事人在多數國籍的國家中，都未設有住所，則視其在何國設有居所，即以其有居所地國爲其本國。此說以住所或居所爲確定同時取得多數國籍的解決方法，頗切合情理，所以此說爲多數學者所主張；我國涉外民事法律適用法，也採納這個學說的主張，而規定在第二十六條的中段，立法頗爲新穎，並且切合實用。（洪力生）

條約（Treaties）

條約即是兩個或兩個以上國際法主體之間所締結的一項或兩項以上具體且發生一定法律效力的書面協議，用以創造、變更、維持與終止締約主體間權利及義務的關係者稱爲條約。

根據一九六九年維也納條約法公約（Draft Articles on the Law of Treaties）第二條第一款第A項規定：「條約係兩個以上國家間所締結，而受國際法拘束之任何國際書面協定，不論其載於一項單獨文書或兩項以上相互有關之文書內，亦不論其特定名稱爲何，概屬之。」所以條約雖然有各種不同的名稱，例如有：Convention, Pact, Protocol, Agreement, Accord, Covenant, Charter, Final Act, Statute, Exchange of Note, Declaration, Additional Articles, Concordat, Compromis d'arbitrage等，但就其效力而言，並不因其所用名稱的不同而有差異。一九三一年常設國際法院在德奧關稅制度案件中（Austro-German Custom Regime Case）發表諮詢意見說：「就國際協定之義務性質而論，一般皆公認可採取不同的名稱。」足見凡是條約，締約主體就有必須遵守的義務。（李鍾桂）

參考文獻：

Briggs, Law of Nations, Cases, Documents and Notes, 1952. P.836

條約的分類（Classification of Treaties）

條約有許多分類法，茲將較有學術價值的幾種條約分類列舉如下：

㈠、契約條約與立法條約(Contractual Treaty and Legislative Treaty)：前者係指規定具有交易或交換性的法律行爲。締約國所履行的義務與所享受的權利不相同，甚至完全相反者，例如同盟、通商、割讓等條約。後者則係規定客觀的一般行爲準則，締約國的權利與義務完全相同者，例如國聯盟約與聯合國憲章等。

㈡、雙邊條約與多邊條約（Bilateral Treaty and Multilateral Treaty）：前者係指兩個國際法主體所締結的條約。後者則指三個以上國際法主體所締結的條約。

㈢、規律條約與處分條約（Executory Treaty and Executed Treaty）：前者係規定若干國際行爲的規則，在某些特定場合，締約國有履行的義務。例如同盟通商等條約是。後者則係規定對於事務的處置辦法。處分以後，原來的情勢不致再度發生；處分的結果却仍然存在。例如割讓、劃界等條約是。

以上三種分類，由於條約內容較確定，界限較分明，故容易加以分類。不過將條約加以分類，並不具有特殊的意義，亦無何等實益。（李鍾桂）

條約的失效（Voidance of Treaties）

所謂條約的失效係指條約雖未期滿或解除，但因某一個成立要件的消滅，而使條約終止其效力者。

條約的失效有四種情形：

㈠、締約國的消滅：雙邊條約中，締約國之一消滅時，所訂條約原則上均告失效，除少數處分條約，由繼承國繼承之外。

㈡、條約目的完成與消滅：除處分條約外，條約的目的完成即義務一經履行，條約即歸失效。而條約目的消滅則是當然使條約失效的原因。

㈢、條約在事實上不能履行：條約客體的消滅與條約義務在事實上無法履行，條約自當失效。

㈣、條約在法律上不能履行：條約訂立時合法，但生效後，由於國際法規則的變更，而與該國際法規則相抵觸者，條約即失效。

除前述四種情形外，在國際實例上，認爲導致締約的環境不存在時，條約亦失效。例如：一九三三年美國與比利時換文中，雙方認爲一九一八年美比軍事刑事犯管轄權換文協定，已因導致締約之環境不存在而失效。（李鍾桂）

參考文獻：

Hackworth, Digest of International Law. Vol. II. 1943. P. 302.

條約的加入（Accession of Treaties）

所謂條約的加入係指一個國際法主體參加一個自己未經談判或簽字的條約，接受該條約的拘束，而成爲該條約的締約者之法律行爲。

加入是國家雖未簽署條約，而可在某種情況下參加成爲締約國的傳統方法。不過在原則上第三國須得到原締約國的同意或依條約中的「加入條款」，始可加入條約。例如晚近有許多多邊條約，希望增加締約國的數目，爲便利加入起見，而在締約時，即有一項「加入條款」(Accession Clause)的規定，將該條約開放給其他非締約國，明定加入的條件及程序。如一八五六年的巴黎宣言，一九二九年及一九四九年的日內瓦公約等。

至於加入的時間，有三種不同的說法：⑴、條約生效後始可加入：如一九二八年非戰公約第三條規定。⑵、條約簽字後即可加入：如一九三一年日內瓦限制製造分配麻醉品公約第三十條規定。⑶、條約另定加入的時間：如一九三三年十月十一日日內瓦禁止販賣婦孺公約第七條規定：條約生效前即得加入。除加入國會作保留外，加入國一經加入即享受與負擔和原締約國同等的權利及

義務。但在情勢變遷或特殊重大原因時，經其他締約國同意，得撤回其加入。（李鍾桂）

條約的批准（Ratification of Treaties）

批准是一個國家對其全權代表所簽字的條約草案，所做的最後而正式的確認與核准行爲。所以條約的批准係指締約國的主管機關，對其外交代表所簽訂的條約，正式加以確認，使其能發生拘束力的行爲。

在原則上，簽字是條約成立的要件，而批准則是條約生效的要件，未經批准的條約往往對簽字國不發生法律上的拘束力。

批准是國際法上的一個古老原則，由於過去交通不便，條約完全靠代表獨力判斷而締結的，所以爲協調政府與代表起見，以批准作爲決定條約是否生效或保留的依據。而現代所以要經批准手續的原因有三：(1)締約是國家重要的法律行爲，關係國家利害甚鉅，故應給締約國於簽字後再作愼重考慮的機會。(2)當前是民主政治和代議制度發達的時代，政府應聽取國內輿論對已簽字條約的反應，並完成國內法規定的締約程序。(3)締約國可藉批准確認外交代表有無越權或違反訓令或非自由意志表示同意等事項。因此批准制度即成爲國際法的共認原則。

條約經過明示或默示的批准後即發生拘束力，確定力與不可撤銷性的效果。不過關於行政協定、緊急性條約、戰時協定與過渡性等的次要條約，往往可以免除批准的手續。所以批准的手續至目前爲止已趨簡化。（李鍾桂）

條約的保留（Reservation of Treaties）

所謂條約的保留係指一國於簽署、批准、加入、接受或贊同條約時所作的片面聲明，旨在使條約中若干規定對該國適用時，不發生法律效果，或發生不同的法律效果。（見一九六九年條約法公約第二條第一款第D項規定）。就保留的定義可知保留含有限制的意義：限定條約適用的範圍；以及排除的意義：完全拒絕條約中某幾項條款的適用。

國際法學家多認爲多邊條約除條文中明示禁止外，應允許締約國對特定條款提出保留。因爲保留制度有其存在的必要：(1)締約當時所漏列的意見，如不影響條約重大原則，允許一方提出此類意見，予以保留。而較重行商議以致影響整個條約爲便利；(2)加入國對條約內容可能持有異議，因此允許該加入國提出保留，以便利其加入；(3)爲促進國際合作，使利害不一致的國家藉保留而能同意締結較多的國際條約。所以在國際實例上，國際條約附有保留者居多數。

「保留」可以在條約的談判或簽字前提出、或在簽字時、批准時或加入時提出。無論保留在何時提出，在原則上，保留不得違反條約的宗旨及原則，同時必須是條約條款中無明文禁止保留者（此乃一九五一年國際法院對一九四八年的預防與懲罰滅絕種族罪公約Convention on the Prevention and punishment of the Crime of genocide所提出對條約保留的諮詢意見。）（李鍾桂）

條約的修改（Revision of Treaties; Amendment of Treaties）

條約既然是兩個或兩個以上國際法主體，爲了建立，變更，維持或消滅彼此之間法律關係，而可作爲規範國際社會的法律，與釐定國際關係的正常工具，似應具永久性。但是條約一經締結之後，由於情勢的改變，往往使條約的實現與履行成爲不可能，則應將不適用的文字，或條款加以修改，才能使國際關係正常化，使條約繼續生效。

對雙邊條約而言，只要締約一方提議修改，他方即必須接受，否則即可廢約。而多邊條約，由於締約國較多，極易發生條約修改的問題，且修改時亦不如雙邊條約容易。通常在締約時即規定在何時與何種情況下可提議修改，及修改的程序如何，例如通常只要締約國三分之一的聯合要求即可。而後經由國際組織或召開國際會議，擬定正式而具體的修約方案，作爲修約提出的依據，凡經全體締約國或多數締約國同意接納，則可修改條約。

國聯盟約第十九條規定：「大會可隨時請國聯會員國重行考慮已不適用的條約，以及國際情勢，以免危及世界和平。」此即表示國聯大會可建議會員締約國對無法適用的條約予以修改。足見「修改」對條約意義的重大了。因此條約的尊嚴與條約的修改均居重要地位，可穩定國際關係。（李鍾桂）

條約的起草（Drafting of Treaties）

所謂條約的起草係用精確的字句作成文書，以正確地表達條約談判後所同意的結論或決議。

起草工作通常多由各國代表團指派一專家組織委員會或小組擔任。起草後條約即可提交各國外交代表正式簽字。

國際協定原先不一定以成文的形式爲之。例如以動作或以口頭的方式所訂的條約，其效力相等於書面協議。意大利的國際法學家安茲洛蒂(D. Anzilotti）即於一九三三年東格陵蘭島案件（Eastern Greenland Case）中，以常設國際法院法官個人的身份發表意見說：「國際法向未要求協定的生效，必須載於紀錄」。因爲國際法並未規定成文形式爲條約成立的要件。不過在通常情形下條約仍採取成文形式，因爲締約乃是一項重要的法律行爲。在一九二八年泛美會議所通過的條約公約（Convention on Treaties）第二條即規定「書面方式爲條約的主要條件」。

至於條約的結構部分，國際法亦無特殊的規定。一般說來，包括三部分：即序文、正文（包括實質條款與程序條款）與結語。在起草條約時往往均採取此三部分作爲條約的結構部分。（李鍾桂）

條約的效力（Effect of Treaties）

條約經過談判、簽字與批准等的程序以後，便開始發生效力。條約在原則上，其效力只及於締約國，因爲締約國既爲條約的參加份子，就必須誠意履行條約的各項規定，受各條款的拘束。因此條約對締約國的全部領域發生效力；行政機關有公佈條約的義務；立法機關不得制定與條約衝突的國內法，且有義務負責制定爲實施條約的新法律；而司法機關得適用經批准，公佈後的條約。但條約並不直接對個人給予權利或課以義務，只對締約國的國家發生效力。至於締約國元首或政府的更迭，或政體的變更，在原則上則不影響條約的效力。

根據國際法的原則，條約對第三國無利亦無損（Pacta tertiis nec nocent nec prosunt），故條約效力不及於非締約國。但是在例外情形下，條約對非締約國亦發生一定的效果，只要全體締約國有意給予非締約國以權利，且表明於條約中，而經非締約國明示或默示的接受者。例如：國際交通條約、保護少數民族條約、有些最惠國待遇條款、有些和約及國際組織組織法等均給予非締約國以權利。相對的，規定客觀法律狀態的條約，尤其是建立政治或領土關係的條約，非締約國有承認該法律狀態的義務。例如：國際地役條約、國聯盟約及聯合國憲章等，均對非締約國課以義務。所以條約的效力往往使非締約國享受新的權利或負擔新的義務。（李鍾桂）

條約的登記（Registration of Treaties）

根據國際聯盟盟約第十八條規定「國際聯盟任何會員國嗣後所締結的條約或國際協定，應即送秘書處登記，並由秘書處從速公佈。條約或國際協定在未登記前不發生效力。」與聯合國憲章第一〇二條的規定「本憲章發生效力後，聯合國任何會員國所締結的條約與國際協定，應盡速在秘書處登記，並由秘書處予以發表，此項條約或國際協定，如未依本條登記，會員國不得向聯合國任何機構加以援用。」每一會員國有將其所訂條約送交秘書處登記的義務。

「登記」規定之所以產生，乃是在第一次世界大戰期間，列強間所訂立的許多秘密條約，被一些革命政府所發表，引起各國朝野人士對秘密條約的不滿與痛恨。因此爲了防止秘密條約的締結並公開條約的內容起見，而有登記的規定。所以登記對條約本身並無任何褒貶或矯正的意思。

由於國聯盟約十八條中「條約未登記，不發生效力」的規定曾引起國際法學家的爭辯。因此在聯合國憲章第一〇二條中即規定「條約未登記，不得在聯合國任何機構援用之」，而確定「登記」不是條約「成立的要件」，亦非條約「生效的要件」，僅是在聯合國內的「對抗要件」。（李鍾桂）

條約的解除（Dissolution of Treaties）

條約的解除係指條約期限尚未屆滿，或條約內無期限的規定，而締約國同意終止條約的效力者。

條約的解除可分明示的解除與默示的解除兩種：

㈠、明示的解除：又分

1.取消（Rescission）：由締約國訂立新約，而聲明終止舊約。

2.放棄（Renunciation）：僅享有條約上權利而不負義務的締約國，得放棄其權利，而終止該條約。

3.廢止（Denunciation）：凡條約中有廢止條款者，任何締約國可根據該條款通知其他締約國廢止條約。如無廢止條款者，要求廢止的締約國，於獲得其他締約國同意後，亦可廢止條約。

4.退出（Withdrawal）：多邊條約締約國之一，可依條約規定，通知其他締約國，退出該條約。該條約對退出的締約國而言，終止其效力。

㈡、默示的解除：即兩締約國，以同一問題締結一個新約，而未明言取消舊約，但是舊約的效力，即因此而告終止。所以默示的解除又名代替（Substitution）。（李鍾桂）

條約的解釋（Interpretation of Treaties）

條約的解釋是指締約國于履行條約時,發現有含糊不明的字句或條款，或同等效力的文字發生歧義，或兩項條款前後衝突時，給予一個確定的意義，藉以決定某一行爲的法律性質者。

國際法對於條約的解釋，並未有任何明確的規定。初期的國際法學家如格老秀斯等即採取羅馬法的一般解釋原則，以解釋條約；瓦泰爾則提出一些「解釋的定理」；而近代的國際法學家只列舉一些普通的解釋原則。例如：解釋條約時，應着重於條約的精神、不得包含欺詐的成分、應合乎條約本身的目的與國際法規則、以及應基於善意和互信的原則。由於條約的解釋工作極爲複雜而微妙，故不能以概括的幾項原則規定即可解決。例如：哈佛大學國際法研究條約法公約草案稱：「條約解釋的工作，不僅要發見或推知締約時的意思，有時簡直是賦予條文一個意義。所以條約的解釋乃係一種司法性質的工作。」同時一九二〇年常設國際法院規約與一九四五年國際法院規約第三十六條，均將條約的解釋列爲任意强制管轄的第一項。

一九六九年維也納條約法公約第卅一條，第卅二條，及第卅三條，對于條約的解釋，訂有若干原則性規定但各國政府及學者尙有不同意見。

至於條約解釋的方式：或由締約國就某一字句或條款再締結補充協定，以決定雙方同意的解釋，或提交國際機構依司法途徑解決，或由締約國行政機關或司法機關解釋並適用條約。（李鍾桂、張彝鼎）

條約的滿期（Expiration of Treaties）

條約的滿期情形有二種：

㈠、期限的屆滿：條約的條文中明定有效期限，於期限屆滿時自動終止條約的效力。除條約中另有特別規定外，期限的屆滿無須通知。例如一九三六年五月二十五日倫敦海軍條約第二十七條規定：「本條約應繼續生效至一九四二年十二月三十一日止。」此外有某些條約規定期滿以前一年或六個月，如不通知修改或廢止，條約得繼續生效，而生效的期限與原定年數相等，此項規定稱爲條約的「自動延期」（Automatic Renewal）。例如一九四六年中美友好通商航海條約第三十條規定：「本約有效期限五年，期限屆滿前一年，締約一方如未通知他方有意終止生效，本約應繼續生效，直至締約一方隨時通知一年以後終止生效。」故該約至今因雙方未通知而繼續生效。

㈡、解除條件（Resolutive Condition）的實現：條約規定若有某種事實或情勢發生時，效力即告終止，如一旦該種事實或情勢發生，條約的效力，便依照該項規定而終止。此種事實或情勢即稱爲條約的「解除條件」。如兩國締結同盟條約，規定：第三國接受某項要求後條約即告終止。第三國接受該項要求即爲解除條件。故一旦第三國接受該項要求，該同盟條約即告終止。（李鍾桂）

條約的履行保證（Securing Performance of Treaties）

條約締結之後，締約國應採取一切必要的措施，强迫締約國遵守並履行條約的規定者，爲條約的履行保證。

條約履行保證的方法可分下列七種：

㈠、宣誓：此乃最古老的方法，締約國深信違反誓言的一方，必爲神所懲罰。故自九世紀至十七世紀的條約，例如：一五二六年馬德里條約等均以宣誓來保證條約的履行。

㈡、質押：締約國以人，動產，或不動產作質，來保證條約的履行，例如：一七四八年的 Aixla-Chapelle 和約即以英國的兩名貴族作質。

㈢、優先權：應用私法上的「優先權」制度以保證條約的效力。例如：一九一九年凡爾賽和約，戰勝國對德國的財產及資源，享有優先權。

㈣、佔領：締約國佔領其他締約國領土的全部或一部分，作爲被佔領國履行條約義務的保證。例如：一九一九年凡爾賽和約，協約國得佔領萊因河以西德國領土，作爲條約履行的保證。

㈤、財政擔保：締約國中的債權國得以債務國或賠償國的某種稅收，作爲償付賠款與償債條約的履行保證。例如：一九〇一年的辛丑和約，即以中國關稅與鹽稅的收入，作爲四億五千萬兩賠款的擔保。

(六)、第三者的保證：在中世紀的條約，常由第三人如教皇或國王予以保證。近代則由第三國或國際組織保證條約的履行。例如：一九二五年的羅迦諾公約，即由英、意保障法、比、德三國在萊因河的邊界。

(七)、監督：締約國爲保證條約的履行，依條約的性質，設立特別機構，用以監督條約規定的執行；有軍事、行政、財政及司法等監督機構的設置。例如：一九一九年凡爾賽和約設立「軍事監察委員會」。（李鍾桂）

條約的撤銷（Cancellation of Treaties）

所謂條約的撤銷係指條約未期滿或解除或失效，但因締約國的違約，國際法人地位的變更或戰爭等情勢的發生，而使條約終止其效力者。所以撤銷的情形分下列三種：

(一)、締約國的違反條約：大多數國際法學家認爲締約國違約時，其他締約國卽當然可取得撤銷條約的權利，至少亦可解除條約下的義務。不過對於並非違反條約重要部分時，只可撤銷違約部分。同時是否違約則應提交國際法院或仲裁法庭判明，才可成爲撤銷條約的依據。

(二)、締約國國際法人地位的變更：締約國國際法人地位的改變，往往使其締約權改變。假如一完全主權國降爲部分主權國，其締約權必爲之減少，故此時所締結的條約，可由代其行使締約權的國家分別予以撤銷。

(三)、締約國間的戰爭：締約國之間發生戰爭時，雙邊政治性的契約條約當然撤銷；而雙邊政治性的處分條約，繼續有效；雙邊經濟性條約則停止效力。已撤銷的條約，在戰後的和約中，可作再度生效的規定，稱爲「條約的恢復生效（Redintegration）。交戰國所參加的多邊條約，對非交戰國繼續生效。至於戰爭法規條約則對交戰國適用。（李鍾桂）

條約的簽字（Signature of Treaties）

條約簽字的意義是指締約主體的外交代表談判達成協議時，卽將其所得到的結論或決議，以精確的字句作成正式文書，由各全權代表簽字，用以表示締約主體的同意，使該項文書成爲正式條約。

簽字的方式通常是在談判後所作成的文書，由各全權代表於其上草簽（Tnitialling），一俟請求本國政府後，再約定日期舉行簽約儀式。若爲雙邊條約則在約本上輪流簽署代表姓名；若爲多邊條約則通常依英文國名首字字母次序簽字。簽字後並加蓋私印，以證實代表的簽字。

至於簽字的效力，就對簽字國而言發生左列的效力：

(一)、須經批准的條約，應儘速送交國內批准機關決定是否批准。

(二)、在批准機關決定之前，簽字國不得作任何足以損減條約義務的行爲。

(三)、簽字國可以反對他國對條約的重要規定提出保留的要求。

(四)、和約於簽字後，交戰雙方卽有停止戰鬥的義務。

(五)、無須經過批准的條約一經簽字後立卽發生拘束力。

所以簽字後往往立卽產生一定的效力。但此等效力非由條約本身發生的，而係來自國際慣例與誠實信用原則。（李鍾桂）

第一次全非人民會議（First All-African People's Conference）

全非人民會議是一個非官方代表的集會。一九五八年十二月八日至十三日在阿克拉舉行第一次全非人民會議，三百多位政治和工會的領袖，代表二十八個獨立國家和地區。此外並有來自加拿大、中共、丹麥、印度、蘇聯、英國和美國的觀察員。此一會議是由當時八個獨立非洲國家—衣索比亞、迦納、幾內亞、賴比瑞亞、利比亞、摩洛哥、突尼西亞和阿聯組成的籌備委員會所召集的。與會國家除上述八國外，尚有安哥拉、巴蘇陀蘭(Basutoland於一九六六年十月四日獨立，改稱賴索托王國Kingdom of Lesotho)、比屬剛果、喀麥隆、查德、達荷美、法屬索馬利蘭、象牙海岸、肯亞、莫三鼻給、奈及利亞、北羅德西亞、尼亞薩蘭、塞內加爾、獅子山、南非、西南非、塔干伊加、多哥蘭、烏干達、尚西巴。籌備委員會推舉肯亞的勞工聯盟秘書長姆鮑亞(Mr. Tom Mboya)爲大會主席：

會議的目的爲：

一、鼓勵民族主義領袖們來組織政治性的獨立運動。

二、爲非洲的非暴力革命運動制定策略，恩克魯瑪指出非洲政治領袖從事的政治發展分爲四個階段：

(1)、獲得獨立。

(2)、鞏固獨立。

(3)、已獲得自由的非洲國家團結起來，建立一個國家社會。

(4)、社會和經濟的重建。

大會進行辯論的主要課題爲(1)整個非洲大陸人民儘速獲得政權；(2)避免西非洲的「巴爾幹化」。除在全會中討論外，分別組成了五個委員會，進行辯論五個問題：卽(1)帝國主義和殖民主義；(2)種族主義；(3)邊疆和聯邦；(4)部落主義和傳統制度；以及(5)建立一個永久性的組織。大會對於以上五個問題通過了一些決議案。

大會鼓吹泛非洲主義，宣佈其最後目標在建立一個非洲國協，並決定將全非人民會議置於永久性的基礎上，在阿克拉成立秘書處，其目標爲：(1)促進非洲各民族間的團結和諒解；(2)加速使非洲從帝國主義和殖民主義統治中獲得自由；(3)動員世界輿論來支援非洲人民的人權；(4)在非洲各民族中啓發一種社會意識來促使非洲合衆國的實現，並由該秘書處每年召集一次會議。（楊逢泰）

第一次非洲獨立國家會議（First Conference of Independent African States）

一九五七年三月六日，英國在西非洲的殖民地黃金海岸(Gold Coast)變成了獨立的迦納（Ghana），泛非洲主義的思想復活，而且進入了一個新的時代，因爲迦納總統恩克魯瑪（Kwame Nkruma）是此一運動的奉行者。依照他的說法，「非洲國家拯救之道，惟有非洲國家的政治聯合」。

恩克魯瑪希望以迦納爲基礎來建立一個非洲合衆國。他的理論根據是非洲殖民地獨立奮鬥的片斷性。他認爲如果西方國家實施經濟控制，這些新獨立國家更加不能抵禦新殖民主義和帝國主義，但是對於一個統一的非洲，新殖民主義不復構成新非洲的威脅。

原來一九四九年在新德里舉行亞非國家會議以後，聯合國內便出現了亞非集團。迦納獨立後，埃及的納瑟和恩克魯瑪都競爭亞非集團非洲部分的領導權。一九五八年一月亞非人民團結會議在開羅舉行，恩克魯瑪亦於是年四月十五至二十二日在阿克拉召開第一次非洲獨立國家會議，恩克魯瑪在大會上發表了一篇「不要干涉非洲（Hand-off-Africa）的演說」。參加阿克拉會議的爲當時八個非洲獨立國家（南非除外），其中祇有迦納和賴比瑞亞屬於黑色非洲，其他五個是阿拉伯的回教國家，卽埃及、突尼西亞、利比亞、蘇丹和摩洛哥。另一國家—衣索比亞不願孤立，也在非洲政治中正式登台。

會議的目的是：㈠、討論共同利益的問題；㈡、制定和協調旨在加速互相諒解的方法；㈢、考慮保衛與會國家獨立和主權的方法，以及協助非洲屬地獲得自治的方法；㈣、計劃文化交流和互相協助的組織。

恩克魯瑪在開幕典禮的歡迎詞中，指出這是歷史上第一次非洲獨立國家的代表集會，討論加强友誼和合作的途徑。他呼籲大國們解決他們的歧見，讓非洲國家決定他們自己的命運。在外交上，非洲國家應遵循積極的不結盟政策。在經濟方面，應盡最大努力來發展經濟，促進貿易。

大會通過了十一項決議案。其中八項是有關政治問題，一項是有關經濟問題，一項是有關文化交流，一項是有關行政機構。

有關政治方面的決議案爲：

㈠聲明若干外交方面的根本原則，包括忠於聯合國憲章，以和平方法解決一切國際糾紛，大國不得利用集體防禦安排以圖特殊利益等。

㈡與會國家應避免捲入足以危害他們利益和自由的任何行動。

㈢在外交政策方面根本上應求見解的統一，非洲獨立國家應表現「非洲性格」（African Personality）。

㈣要求殖民國家：(1)採取迅速的步驟來實現聯合國憲章和非洲人民獨立的願望；(2)對其控制中的領土不得採取鎭壓和獨斷的統治行動，(3)立刻停止一切歧視。

㈤要求與會國家政府：(1)對於在獨立奮鬥中的各民族給予一切可能的援助；(2)提供設備來訓練和教育屬地中的人民。

㈥敦促法國承認阿爾及利亞人民獨立和自主的權利，撤退軍隊，與阿爾及利亞解放陣線（Algerian Liberation Front）立卽進行和平談判。

㈦要求大國停止製造核子武器，和停止核子試驗，要求聯合國保證非洲國家在討論裁軍問題的國際會議中能有公平出席的代表。

㈧對巴勒斯坦和西南非問題表示關切。

有關經濟問題的決議案包括下列建議：

㈠建立一個聯合經濟研究委員會。

㈡制定有關外國投資的共同政策。

㈢妥善利用非洲礦藏資源。

㈣建立非洲共同市場的可能性。

在文化方面，大會決定了幾項交換人民和資源的建議，要求締結促進文化合作的協定。最後，在行政機構方面，大會決定將與會國家在聯合國的常任代表組織起來，作爲協調共同問題的非正式的永久機構。（楊逢泰）

第一國際（First International）

第一國際係「國際勞工協會」（International Workmen's Association）之通稱，爲馬克斯（Marx）和恩格斯（Engels）所創，在一八六四年九月廿八日倫敦國際工人集會上正式成立，一八七六年在美國的費城會議中正式撤銷。

根據俄共的說法：「由於馬克斯、恩格斯和首批無產階級革命者—馬克斯主義者的緊密核心的加入，使第一國際能夠在國際工人運動中佔極重要的地位…第一國際開創了國際無產階級爲社會主義而進行的群衆鬥爭，爲世界工人共產主義運動奠定了基礎。」（蘇俄歷史百科全書，莫斯科，一九六五年，第六卷，一三頁）

顯然，這對第一國際的重要性評價過高。即使在當時，英國的大部分工會和歐陸興起的工人運動的重要部門都對它敬而遠之。實際上，第一國際除了抵制所謂「破壞及反罷工的人」（Strike Breaker）從外國進口外，並未獲致任何實質的成就，對較大國家之工人運動的成長與理論發展也無眞正的影響。不過它所舉起的旗幟，確曾刺激西班牙、意大利、比利時、荷蘭和斯堪的納維亞的社會主義勞工組織的出現與成長。（Encyclopaedia Britannica, Chicago: London; Tononto, William Benton, 1958. Vol. 12, P.509）

第一國際每年或兩年一次的代表大會變爲辯論的講壇。一八七一年三月，當巴黎公社（Paris Commune）成立，馬克斯在一本小册子中以第一國際的身份解釋說，巴黎革命政府的政策與他本人的原則相同。這引起了兩方面的激烈反對，英國工會不願意做暴動的共犯，而無政府主義者則認爲馬克斯對公社的解說是篡奪行爲。

第一國際在一八七二年海牙（The Hague）代表大會上分裂爲馬克斯主義者（Maxist）與巴枯寧主義者（Bakuninist）。後者，實際上控制大多數黨員，但由於全屬巴枯寧主義者的意大利分部於會前與第一國際決裂，在代表大會上遭到失敗。於是，巴枯寧主義者創立其「無政府主義國際」（Ananchist International），並採用「國際勞工協會」爲正式名稱，該國際於西班牙內戰（Spanish Civil War，一九三六—三九）結束時完全瓦解，但在此之前，對南歐洲與拉丁美洲之工人運動發生不小影響，對美國、澳洲、荷蘭與斯堪的納維亞之工人運動亦具有若干程度之影響。馬克斯則將其第一國際殘存部分挪到紐約市，此時第一國際已近乎滅亡。

（吳俊才）

第二次全非人民會議（Second All-African People's Conference）

第二次全非人民會議於一九六〇年一月二十五日至三十一日在突尼西亞的首都突尼斯舉行，一百八十位左右代表，來自三十個非洲國家，包括葡屬非洲和南非聯邦在內，此外英國、美國、西德、印度、中共、希臘和南斯拉夫等均派觀察員參加，突尼西亞總統包格巴（President Habib Bourguiba）在開幕典禮時，呼籲非洲人消滅人爲疆界，將整個大陸統一起來。敦促非洲人非至必要不使用武力，而用和平方法爭取獨立。

大會的主題仍然是「獨立」和「團結」，並且警告新殖民主義—經濟上依賴前殖民國家—的危險、與會代表譴責法蘭西國協（French Community）和歐洲經濟社會（European Economic Community）爲新式帝國主義的例證；強調非洲決定不捲入冷戰。

關於非洲國家間的合作，大會同意建立一個全非工會同盟，一個運輸公司，一個全非投資銀行，消滅關稅壁壘以促進非洲國家的經濟發展。在社會和文化方面，大會同意設立機構，提供資金訓練學生和技術人員；舉行全非青年節和各種運動競賽；交換教師、學生、技術人員和醫生。最後，與會代表決定大會的秘書長應該是專任職務，幾內亞駐迦納的駐節公使狄亞羅（Abodoulaye Diallo）再度當選爲秘書長。（楊逢泰）

第二次非洲獨立國家會議（Second Conference of Independent African States）

一九五八年四月第一次非洲獨立國家會議曾決定第二次非洲獨立國家會議應於兩年內在衣索比亞的首都阿廸斯阿貝巴舉行。

一九六〇年六月十四日至二十四日，當時獨立的非洲國家喀麥隆、衣索比亞、迦納、幾內亞、利比亞、摩洛哥、蘇丹、突尼西亞、多哥和阿拉伯聯合共和國等十國在衣京集會，剛果（雷堡市）、奈及利亞、索馬利亞和阿爾及利亞臨時政府亦給與正式會員國的地位，被邀請的來賓中尙有北羅德西亞、南羅德西亞、肯亞、烏干達、塔干伊加、南非和西南非的民族主義領袖。衣皇塞拉西(Emperor Haile Selassie)在開幕典禮中致詞，強調在貿易和運輸方面促進合作的重要性，敦促建立非洲開發銀行。

迦納代表建議成立若干組織，包括獨立國家社會、經濟合作和發展委員會、文化委員會、科學研究委員會、關稅同盟等。

大會的主要課題是支援非洲的獨立運動，強調非洲國家在國際外交中應扮演更重要的角色。

大會的決議案有：

(一)要求法國與阿爾及利亞臨時政府談判停火，呼籲繼續給與阿爾及利亞解放陣線外交和物資支援。

(二)要求與會國家杯葛南非的貨物、關閉通往南非的港口和機場，壓迫英國國協採一切可能步驟將南非排斥於國協之外。要求阿拉伯國家切斷南非的石油供應。

(三)要求殖民國家爲非洲屬地制定獨立時間表。

(四)要求英國政府立刻採取步驟解散羅尼聯邦(Federation of Rhodesia and Nyasaland)

(五)決定爲非洲爭取自由的鬪士建立一個特別基金。

(六)譴責在非洲進行核子試爆。

(七)警告非洲國家提防經濟的新殖民主義。

關於非洲國家合作方面，大會建議成立非洲經濟合作委員會、非洲開發銀行、非洲商業銀行以及其他促進非洲經濟團結的機構。此外大會並建議設立教育文化和科學合作的各種委員會。

關於獲致團結的方法，討論中大會發生了歧見。迦納外長在評述「山歷克利宣言」(Sanniquellie Declaration)時稱：迦納、幾內亞和賴比瑞亞所同意的「非洲國家聯盟」，在事實上宣言所用的是「社會」(Community)而非「聯盟」(Union)，但其涵義爲一政治聯盟。他强調「非洲團結的觀念是一種信仰」，「只有憑藉完全的政治聯盟，非洲國家纔能免於牽累。」可是奈及利亞的首席代表認爲：「在此時組成非洲聯盟的觀念尙未成熟…我們覺得此一提議太激烈，太具有野心，因此不可能有長久的利益。」所以奈及利亞代表團建議，以建築國際公路，交換資料，促進貿易與人民的自由往返等方法來打破非洲「人爲的壁壘」，作爲非洲團結的初步行動。(楊逢泰)

第二國際(Second International)

自第一國際解散後，馬克斯派(Marxist)和巴枯寧派(Bakuninist)之間傾軋如故，但馬克斯思想較巴枯寧思想更爲歐洲人所歡迎，故能獲得普遍發展。當時德國因拉薩爾之努力，勞工運動勃起。馬克斯派與拉薩爾派合作，成立「德國社會民主黨」(German Social-Democratic Party)，且在會議中取得多數席位。同時，英法之工會運動亦應時而興，至一八八九年，在巴黎曾舉行兩次社會主義大會，一爲法國改良派，一爲馬克斯主義者，後者有美、法、德、俄、奧、荷、比等國代表參加。兩者爲共同抗拒無政府主義，實施合併，宣佈成立「社會主義國際」，此即「第二國際」。

第二國際成立後，即通過一項章程，給予各國附屬黨以極大的獨立性，因此獲得比第一國際較多的皈依者。由於當時幾乎遍及全歐各國的勞工運動在幅度上和經驗上皆已成長，且能自立，故第二國際的眞正影響力也許比第一國際小。然而，由於那一時期內各國社會主義運動和勞工運動彼此之間的接觸頻繁，全歐社會主義和工人黨皆視第二國際之會員身份爲工人利益眞正代表的證明，故能以不承認或開除其會員身份爲威脅以阻止某一國內之各工人團體的分裂，且有時强使一國內之各工人團體合併爲一。

第二國際先後開過九次大會，參加者計有廿餘國之代表。像第一國際一樣，第二國際也成爲國際社會主義各種傾向的辯論之所。十九世紀末年，德國出現一新人物伯恩斯坦(Eduard Bernstein)，彼謂時代進步，馬克斯主義應隨之而修正，此即所謂「修正派」(Revisionist)，與以考茨基爲代表的「正統派」(Orthodox Maxist)相互抗衡，不久又產生了以列寧和盧森保(Rosa Luxemburg)爲代表的新極左派。

第一次世界大戰前夕，第二國際通過一項「反戰」議案，幷號召在戰爭爆發時，應「變帝國主義戰爭爲國內戰爭」，推翻本國政府，實現社會主義革命。一九一四年大戰發生，各國社會主義政黨皆支持其本國政府，各國工人亦熱烈爲保護其祖國而戰，第二國際亦因之一度宣告解體。

戰爭結束後，社會主義者力圖重整旗鼓，但是愛國者與和平主義者之間的仇視，無法克服。由德國社會主義右派英國、比利時、荷蘭、瑞典和丹麥社會主義與工人黨所支持的愛國份子重建了第二國際。受德國左派、英國獨立勞工黨（Independent Labour Party）等之支持的和平主義者於一九二〇年在維埃納的一次會上組成另一個國際。（吳俊才）

第三次全非人民會議（Third All-African People's Conference）

一九六一年三月二十五日至三十一日，代表三十多個國家的政治和工會領袖二百零七人，在開羅舉行第三次全非人民會議。

大會的決議案包括下述五個問題：

(一)非洲殖民地的自由獨立；

(二)各種新型的殖民主義；

(三)重組獨立運動。

(四)文化、經濟和社會的發展。

(五)非洲的統一和團結。

有關非洲殖民地的獨立問題，大會建議設立全非自由基金委員會，來研究非洲國家在爭取獨立過程中所需的經費；要求所有殖民國家的政府從非洲撤退；並敦促非洲的自由鬥士加強他們的奮鬥。

關於重組機構問題，大會建議在政治方面：(1)消滅所有歧視和反動的機構，(2)改組司法和行政機構；在經濟方面：(1)管制進出口、投資和生產以符合國家經濟的利益，(2)改良農業，(3)建立貨幣和國家銀行，(4)加强商業和交通的聯繫以便有利的合作；在文化和社會方面：(1)革新教育以建立可信的非洲歷史，(2)在運動、藝術教育和國家重建方面組織青年的活動；在經濟和社會發展方面；(1)建立非洲投資銀行，(2)建立非洲運輸公司，(3)簽訂多邊的關稅和外匯協定，(4)承認工會的合法權利，(5)建立共同的研究機構以促進可信的非洲文化，(6)建立非洲團結學會，提供獎學金和促進文化交流。

關於非洲統一問題，大會建議成立下述機構：

(一)非洲協商會議，由代表非洲獨立國家國會的委員們組成之，必須定期集會，以制定非洲國家的共同政策。

(二)非洲國家理事會，負責研究和執行協商會議的建議。

(三)專家委員會，負責釐訂共同的經濟政策，以鞏固非洲的政治統一。

(四)非洲軍事委員會，負責研究和組織一個聯合防禦系統。

(五)文化委員會，負責制訂有關教育和文化交流的政策。（楊逢泰）

第三國際（Third International）

一九一九年元月俄共（布爾什維克）邀請各國社會黨前往莫斯科舉行會議，三月決定成立「共產國際」（Communist International，簡稱 Comintern），列寧的支持者季諾維耶夫（Grigory Zinoviev）當選主席。此即第三國際。

當時列寧創立共產國際之目的：(一)、發動歐洲各國工人階級起而革命，使蘇俄免於孤立；(二)、通過此一組織使歐洲社會主義黨派，遵循俄共之組織原則與路綫，聯合互助，以推行世界革命。自布爾什維克奪得政權之後，其主要目標是赤化德國與中歐，並以當地之蘇俄使館直接提供經濟援助和指揮之責。當時在德國策動者爲越飛，但德國暴動因受政府鎭壓，終告失敗，斯巴達卡斯團（Spartacusbund）領袖李卜克內西（Karl Liebknecht）與盧森保（Rosa Luxemburg）於暴動中被殺。同時，匈牙利暴動亦告失敗。而最大的失敗則在波蘭。一九二〇年列寧派紅軍進攻華沙，擬組織波蘭傀儡政府，結果蘇俄工農紅軍爲波蘭之畢蘇斯基所擊潰。庫西寧（Kuusinin）在芬蘭所發動之暴動，亦遭逢同一命運。

一九二〇年，共產國際舉行第二次大會，季諾維耶夫在檢討其一年工作後，認爲共產國際並未發揮革命作用，僅僅作了一些宣傳工作。他將「革命失敗」歸咎各地共黨缺少良好組織與鐵的紀律，且特別指出，彼等未服從共產國際之命令與指揮。在此次大會上，通過了「廿一條」（21 Stringent Conditions），作爲各國共產黨加入共產國際的必需條件。廿一條係爲防止和平主義領袖之加入，並使可以加入的群衆直接納入莫斯科領導之下；而其中最主要者乃是要使各國共黨接受共產國際執行委員會（E. C. C. I.）之控制，而該委員會實際係由俄國政治局所控制；易言之，要使各國共黨成爲俄共之支部。列寧並在大會上發表「共產主義幼稚病」之演說，指示各國共黨，應熟諳狡猾、偽裝、欺騙、機動等各項策略。

蘇俄利用「廿一條」爲枷鎖，按照布爾什維克之方式，培育各國共產黨。

一九二一年共產國際舉行第三次大會時，歐洲局勢日益穩定，托洛茨基乃向各國共產黨表示應準備長期鬥爭。

一九二二年共產國際舉行第四次大會，各國共黨未如俄共（布）所預期，俯首聽命。季諾維耶夫表示「廿一條」未能完全實現；直到史達林獲得獨裁地位後，「廿一條」始完全實現。

一九二四年共產國際舉行第五次大會，此時列寧已死，俄共（布）內鬨甚烈。始則史達林聯合季諾維耶夫、加米涅夫等反對托洛茨基之「左派」，其後季諾維耶夫加入托派，而史達林則聯合布哈林、李可夫等與之對抗。一九二六年冬，季諾維耶夫與布哈林與托洛茨基均被排出俄共（布）政治局，史達林以布哈林為共產國際名義上之領袖。

一九二八年共產國際舉行第六次大會，此時史達林權威已立，成為「世界革命最高領袖」。此後，各國共黨在布爾什維克化口號下，完全馴服於蘇俄權力，成為蘇俄外交政策之工具或第五縱隊。在大會中，布哈林仍為共產國際主要發言人，但一年後，布哈林以「右派」罪名被排斥，此後共產國際先後由莫洛托夫與庫西寧主持。

一九三五年七月共產國際在莫斯科舉行第七次大會—即最後一次會議，當時有鑒於局勢之惡劣，決議成立國際反法西斯統一戰線。

第二次世界大戰發生，史達林為爭取美援，於一九四三年宣佈解散「共產國際」。（吳俊才）

第三勢力（Third Force）

自二次大戰後，即發生所謂東西冷戰，所有世界各國紛紛集中於美國與蘇俄所領導之集團下面，其不願加入兩大集團中者，則以中立主義或不結盟主義相標榜，於是隱然結成為一集團，而從中投機取巧，或向兩方索求利益。此等標榜中立或不結盟國家雖自身並無左右東西間爭執之實力，但在聯合國投票時，則常具舉足輕重之票數，使東西兩方均不能不設法拉攏。因此所謂亞非中立集團遂在國際政治上產生極大力量，儼然以第三勢力自居。

然而所謂第三勢力者，固不僅此而已也。當二次大戰結束之始，英國工黨取代保守黨地位而執政，因見美、蘇兩國頓成世界超等强國，大有中分天下之勢，心殊不甘，於是頗願建立第三勢力，以相抗衡。然形格勢禁，英相艾德里卒不能不倒向美國方面，接受其領導，以共同防堵蘇俄之威脅，而完全放棄其第三勢力的野心。

法國戴高樂將軍在戰時頗受英、美當局之冷淡待遇，且其人素有英雄思想，而戰後又鬱鬱不甚得志，故早懷報復之念。惟當時亦因形格勢禁，不能不接受現實，服從美、英之領導。迄之一九六二年十月古巴事件以後，由於蘇俄公然向美國屈膝，美、蘇逐漸走向冷和之局；同時美總統甘迺迪方欲乘勝實現其「大西洋社團」（Atlantic Community）之大計劃（參閱甘迺迪大計劃條），意欲使美國成為美、歐兩洲之眞正領導者。而此時法國業已擺脫阿爾及利爾戰爭之包袱，漸已恢復國內之經濟繁榮。故戴高樂趁此時機，希圖分道揚鑣，建立為介於美、蘇兩大之間的第三勢力。

戴高樂的大計劃——戴高樂為達成其第三勢力的野心，首先必須採取行動，以破壞甘迺迪之大計劃，然後始能進行其他工作。

第一步——戴高樂深知甘迺迪意欲透過英國之加入共同市場，而使美國對西歐經濟進行控制，於是戴氏堅決拒絕英國加入共同市場之要求。首先法國採取拖延政策，迄至一九六三年一月十四日，戴高樂遂正式聲明法國不能接受英國的申請。同月十七日，法外長墨維爾又在六國代表會議時，正式拒絕英國加入。由於德國出面調停，同月二十日，六國再度集議，法國依然維持其立場，卒致否決英國加入共同市場之要求。

第二步——法國為增强其在歐洲說話地位起見，竭力拉攏西德艾德諾，經是年一月二十二日戴艾會談結果，遂簽定空前未有之法德同盟條約。此項條約之簽訂，不但使數百年來之法德世仇，一筆勾消，且造成法德軸心的新結合。于是戴高樂建立第三勢力的野心，又邁進一大步。

第三步——拒絕參加美國所倡議的北約共同核子部隊，實為戴高樂第三勢力成功的最重要步驟，因為戴氏認為法國如無單獨核子武力，則勢將永久淪為美國核子雨傘下之附庸。因此戴氏一面拒絕參加共同核子部隊計劃，一面即急起直追，發展其自身的核子武力。法國拒絕參加美國的共同核子武力計劃以後，使美國在外交上遭受嚴重打擊，雖然美國亦聲明此種既定政策不因法國的拒絕參加而有任何改變，但其後竟因此而陷於無法實現之境地。

自法國戴高樂採取上述三項行動以後，美、法關係即經常陷於緊張惡化狀態。迄一九六三年十一月二十二日，美總統甘迺迪被刺身死後，戴高樂曾有意與美國謀關係之改善，但迄無效果，而自一九六四年一月二十七日，法國與共匪建交以後，戴高樂更躊躇滿意，決意與美國抗衡。於是戴高樂在其宣佈與共匪建交之同時，更提出所謂東南亞中立化之主張，其目的更在打擊美國在東南亞之地位，以增高其第三勢力之說話地位。然而法國國力實屬有限，畢竟難與美、蘇兩大超强國分庭抗禮，尤其近年來，法國內部問題日形嚴重，戴高樂威望漸趨低降，使其第三勢力之迷夢難以如願以償矣。（鄧公玄）

參考文獻：

Facts on File yearbook, 1963

第五縱隊（Fifth Column）

所謂第五縱隊，係指一種間諜組織，其性質與特務隊及便衣隊相似。

一九三六年西班牙內戰期間，佛朗哥將軍率領四個縱隊進攻馬德里時，潛伏在馬德里城內之便衣隊及特務人員乘機在城內發動暴動，並開城響應佛朗哥將軍。此後，由此一事件引申，凡隱蔽在本國內之敵國間諜與特務人員，均被稱爲第五縱隊。

第二次世界大戰後，自由世界之各國共黨，無論其爲合法或非法地位，一律在蘇俄策動下，秘密進行推翻本國政府之工作，故世人稱彼等爲蘇俄派駐各國之第五縱隊。（吳俊才）

第四國際（Fourth International）

全名爲「世界社會主義革命黨」(Socialist Revolution World Party)，又稱「第四國際」，俗稱「托派」（Trotskyist）。

一九三四年三月，托洛茨基發表「第四國際與戰爭」一書，提出「第四國際」之組織，一九三八年九月正式出現，以反對俄共的「第三國際」。俄共指稱，它結合了各色各樣的托洛茨基派的團體、以及一九二八—三八年間因反列寧活動而被共產國際開除的，各別的修正主義份子而組成的。一九四〇年托氏被刺身亡，其組織延續迄今。在英國、美國、法國、日本、錫蘭、印度、阿根庭等皆有其組織。中國之托派全名爲「中國革命共產黨」。

其政綱要點爲，聯合全世界無產階級實行社會主義革命，以馬克斯主義及列寧革命經驗爲指導，以托洛茨基不斷革命論之方法，建立社會主義社會，以無產階級革命消滅史達林式官僚主義。俄共則指責：「實際上，破壞世界共產主義運動，宣傳反共思想，同蘇聯以及其他社會主義國家進行鬥爭才是第四國際領袖們的主要任務。」（「蘇聯歷史百科全書」，莫斯科，一九六五年，六卷，一五〇頁）

第四國際從其產生時起，內部就存有矛盾和鬥爭。一九五三年發生分裂，而使第四國際內產生了兩個相互敵視的派別。一個在巴比洛（M. Pablo）下以「國際書記局」的名義活動，另一個在美洲分部領袖克隆（D. Kennon）領導下以「國際委員會」的名義活動。據俄共稱，這兩者的歧見在於他們反社會主義陣營和國際共產運動的鬥爭方式和方法不同。後者，主張公開實行反俄和「反共」路線，前者則不然。（同前）

十年後，第四國際於一九六三年在意大利召開第四國際再統一的世界代表大會，成立聯合書記局。在形式上，大會使前述兩派大多數力量作了一次原則上的團結，但各方面仍保持自己不同的觀念。（法瑞爾與韓生合著「第四國際的再統一」，原載「國際社會主義觀察」，一九六三年秋，一三一頁）

事實上，第四國際並沒有因此而統一。目前，較具影響力的派別至少有四個。茲按其影響力之大小，分列於後：

㈠第四國際聯合書記局，成立於一九三八年，一九五三年因分裂而消失，一九六三年世界再統一代表大會上再度產生。其領導機關是「國際執行委員會」，總部設在歐洲。主要刊物有：「國際社會主義觀察」（ International Socialist Review）（在紐約出版）；「國際季刊」（Quatrieme Internationale)(在巴黎出版）；「世界展望」雙週刊，法文版在巴黎出版，英文版在紐約出版。

㈡第四國際「國際委員會」，一九五三年分裂時分出，自認是真正的「革命馬克斯主義者」，總部亦在歐洲。主要刊物有：「第四國際」在倫敦出現，從一九六三年代替「勞工觀察」。

㈢第四國際「國際書記局」，因其最著名之領導人叫裘恩・波沙達士（Juan Posadas），故一般稱它是「波沙達士運動」。在拉丁美洲具有影響力，於彼處設有「拉丁美洲局」，另有「歐洲局」。主要刊物有：「國際季刊」(Cuarta International)；「拉美洲馬克斯主義者觀察」，「紅旗」。

㈣巴比洛運動，一九六三年巴比洛份子隨「國際書記局」與其他托派組織合併組成「聯合書記局」。後來，有人指責巴比洛所採取的是與蘇俄官僚妥協的「右傾方針」，巴比洛即脫離第四國際聯合書記局。按：巴比洛，即密契爾・拉勃提斯（Micheal Raptis）的筆名，希臘人。（吳俊才）

第四點計劃（Point Four Program）

一九四九年美國杜魯門總統就職演說詞的第四點中有這樣的說：「我們必須發動一種勇敢的新計劃，使我們的科學和工業的進步，對於世界落後地區的改善與發展，有所裨益。」

於是美國政府依此提示而訂立的計劃，就叫做「第四點計劃」(Point Four Program）。此計劃有技術的與財政的兩方面。對落後地區的技術援助，由美國政府供應費用；財政援助則由美國私營企業，如電力、運輸、交通、水利、灌溉和工業等，作大規模的長期投資。

第四點計劃的性質類似不列顛國協的科倫布計劃（Colombo plan），也與聯合國的技術援助計劃大體相同。（參看「科倫布計劃」條）（陳紹賢）

莫斯科四國宣言（Moscow Four Power Declaration）

一九四三年一月，美總統羅斯福與英國首相邱吉爾舉行卡沙布蘭加（Casablanca）會議，事前亦曾邀請蘇俄史太林前往參加，但史氏未予同意。一九四三年八月，羅邱再舉行魁北克(Quebec)會議，又考慮美、英首長應與蘇俄首長舉行會議。美、英乃再度邀請史太林出席會議，並聲明如史氏不能出國，可由三國外長先行集議。史氏接受三國外長會議之提案，但主張會議應在莫斯科舉行。羅斯福接受史氏之意見，遂決定三國外長於同年十月十三日在莫斯科召開。

會前，美國政府決定盡力使英、蘇兩均同意中華民國參加四強協議之計劃。而關於戰後和平之維持，則主張建立一個國際機構。美國雖深知蘇俄勢將反對中華民國參與四強之列，但羅斯福與國務卿赫爾則認為中國不論在戰時或戰後，均將為世界最重要國家之一員，盟國決不能排除中國於強國之外。

美、英、蘇三國外長於一九四五年十月十三日在莫斯科開幕，至十月三十日閉幕，會中除討論有關歐洲問題外，並涉及世界安全問題。會畢共同發表一項重要宣言。美國國務卿赫爾主張此項宣言應由中國參加，經蘇俄外長莫洛托夫及英國外相艾登表示同意，中國接獲邀請後，遂由我駐俄大使傅秉常代表簽字。此項宣言亦稱為「一般安全宣言」（Declaration of General Security），其要點如次：

㈠美、英、中、蘇四國將繼續維持其在作戰時之聯合行動，並將共同維繫戰後之和平與安全。

㈡四國對共同敵人之投降與解除武裝等有關事項，當採取共同行動。

㈢四國當採取必要之一切措施，以防止敵人接受之條款，發生任何違背行動。

㈣四國承認在可能的最早時期，建立一般性之國際組織，以維持國際和平與安全。

㈤四國為保持國際和平與安全起見，當互相商議，以便採取共同行動。

㈥四國在戰爭結束以後，不得在他國境內使用武力。

㈦四國將於戰後促成一項確實可行的限制軍備之一般協定。

由於上項四國宣言之簽定，中華民國遂正式成為世界四強之一，其後雖再加上法國而成五強，但我國所以能躋於現代大國之林，實由我全國軍民焦土抗戰之結果，與法國之賴友邦挽救而後復國者，實不可同日而語。然而蘇俄蓄意與我為敵，既阻我參與會議於前，復支援中共叛亂於後，卒致大陸淪陷，使我不能發揮五強之聲威。（鄧公玄）

參考文獻：

Facts on File Year book, 1943

莫斯科第一屆遠東勞工代表大會（The First Congress of the Toilers of the Far East）

一九二二年元月二十一日在莫斯科召開，二十七日結束，又稱：「第一屆遠東民族代表大會」。與會代表之人數與熱誠皆遠遜「東方民族代表大會」。

在共產國際第三次代表大會期間，消息傳來，列強將於一九二一年年底之前於華盛頓召開會議，以討論海軍裁軍與遠東一般問題。共產國際執行委員會企圖加以對抗，欲在華盛頓會議之同時，召開一個東方革命運動的代表會議，藉以顯示東方反抗帝國主義者之計劃的力量。首先提議者似為一日本共產黨員（Sen Katayama）和中國之張太雷，其邀請書即為張所擬寫。書中，呼籲東方力量與俄國無產階級所發動的世界解放鬥爭相結合，自謂共召開會議之目的在團結東方的勞動者以對付新的危機。

大會由季諾維耶夫（Zinoviev）主持。在他的辯論中，其重點在於日本。他以爲：日本握有解決遠東問題的鎖鑰，馬克斯曾說過，沒有英國參加的歐洲革命將是一個茶杯中的風暴，在遠東沒有日本參加，也是一樣。季諾維耶夫肯定地預測，除非在日本和美國發生無產階產革命，遠東的戰爭是無可阻止的。顯然，當時俄共的首領們仍相信馬克斯主義的教條，以爲工業化和殖民政策的日本較農業的、半殖民地的中國容易革命成功。

會議結束時通過一項對遠東勞動者的宣言。代表們聲言，要對侵略者進行鬥爭。（吳俊才）

常設中央鴉片局（Permanent Central Opium Board, PCOB）

總部設於日內瓦。根據一九二五年國際鴉片公約（International Opium Convention）而於一九二八年設立。原有國際聯盟理事會指派八個委員組成。指派委員時，應注意其專門技能及公平獨立之態度可取得全世界之信任；並須計及委員應爲出產國、製造國及消耗國中具有熟諳麻醉藥品知識之人；其任期五年，但得連任。該局的目的是監督締約國各種麻醉藥品之製造、存儲及消費，並得監察國際貿易，以達成麻醉藥品有效的國際管制。按一九三一年限制製造調節分配麻醉藥品公約（Convention for Limiting the Manufacture and Regulating the Distribution of Narcotic Drugs），又於一九三三年成立麻醉藥品監察局（Drug Sugervisory Body），該局共有委員四人，由國聯諮詢委員會、常設中央鴉片局、國聯衛生委員會及國際公共衛生局，各委派一人組成。自聯合國成立後，依一九四六年議定書之規定，聯合國經社理事會之麻醉品委員會及世界衛生組織分別取代上述諮詢委員會及國聯衛生委員會與國際公共衛生局之職務。即該局委員四人之中，由世界衛生組織委派二人，由經社理事會之麻醉品委員會及常設中央鴉片局各派一人。一九六一年三月卅日，由七十三國全權代表會議在紐約簽訂一項麻醉藥品單一公約（Single Convention on Narcotic Drugs 1961），以代替除一九三六年「取締非法販運危險麻醉藥品公約」之外一切有關麻醉藥品之多邊條約。該約於一九六四年十二月十三日生效，規定設立一個國際麻醉藥品管制局（International Narcotic Control Board），以便接替常設中央鴉片局及麻醉品監察局所擔任之職務。管制局由經社理事會選出十一個委員組成，其中三人應具有醫學、藥理學或藥學經驗，並由世界衛生組織所提至少五人名單中選出，其餘八人係由聯合國會員國及非會員國之締約國所提出之名單中選出。按經社理事會第一一〇六（肆拾）號決議案，管制局於一九六八年三月二日執行職務。按聯合國大會於一九六八年十二月十九日第二四三四（貳拾叁）號決議案，請秘書長與麻醉品委員會及國際麻醉品管制局合作，並與有關政府諮商，擬訂計劃，以制止麻醉品原料之非法或無管制生產，並將所擬計劃經由經社理事會遞送大會第二十五屆會。（李偉成）

參考文獻：
王秉成著，麻醉藥品之國際管制；
中華民國出席聯合國大會第二十三屆常會代表團報告書；
Keesing's Contemporary Archives, 1969.

常設使館

外國使節辦理外交事務的常設機關，便是常設使館。上古時代，西洋國家爲了便利談判，往往派遣代表，接納使節，甚至成立使館，但都屬臨時性質，既無長期存在的館舍，又無常駐外國的代表，所以沒有常設使館制度。十三世紀時，威尼斯等共和國互派使節留駐對方首都，以處理彼此有關的事項，開了常設使館的先河。十五世紀時，彼等任命代表駐紮西班牙、英國及法國，並且簽訂專約，訂明涉及使館設立的事項。其時英、法、德、西等國，亦互派使節常駐對方首都。十七世紀後期，法王路易十四派遣常任使節多人，其他國家亦多仿傚，常設使館制度於是逐漸確立。常設使館的設置，雖然是國家行使使館權的結果，却須事先取得使館地國政府的同意。常設使館有大使館、公使館之分，使館人員有館長、館員（請參閱使館館員條）之別。使館任務大致如下：一、維持並促進接受國與派遣國的友好關係；二、觀察接受國的政治、軍事、經濟、文化、科學、工業、農業、輿論等，並搜集、整理、分析此等資料，向派遣國政府報告；三、保護派遣國政府及人民在接受國內財產及權益；四、監督派遣國在接受國的領事館與其他政府機關；五、宣揚派遣國國策、政令和文物。常駐國際組織總部所在地的會員國代表團，亦相當於大使館的地位。例如中華民國法令規定，中國駐聯合國代表團相當於大使館，其首席代表的階級爲大使。（陳治世）

現在地法

是指當事人現在地的法律而言。依國際私法規定，現在地法往往用來解決居所的積極衝突和消極衝突。如我國涉外民事法律適用法第二十七條第三項上段規定：當事人有多數居所時，依其關係最切之居所地法，但何以定關係最切之居所地法？多數學者則主張，當事人於多數居所國中之一國有現在地者，爲其關係最切之居所地法，以解決居所的積極衝突。又依同條同項下段規定：當事人居所不明或無居所時，依現在地法，以解決居所的消極衝突。（洪力生）

現款徵發（Contribution）

即交戰國在佔領區向地方政府或當地居民徵收現金之謂也。（參閱「徵發」一詞）。昔日對此種徵發無普遍適用之規則。一九〇七年海牙陸戰法規矯正了此項缺點。依該法規第四十九及五十一條之規定：(一)現款徵發不得過苛，而只能以供佔領軍之需要爲限，庶幾使佔領軍得以償付實物徵發或充當地行政費用等；

(二)此項徵發必須依總司令（Commander - in - Chief）之書面命令爲之，幷由他負責；不得和其他徵發行爲一樣，僅由佔領當地的指揮官（A Commander in a Locality）舉辦之；

(三)此項徵發必須儘可能依照當地政府原定稅則與稅率課徵，不得對當地居民有歧視行爲；

(四)必須發給徵發收據。

海牙法規幷未進一步規定佔領國徵發現金後應否償還或由誰償還。以往的實例係由被佔領國政府償還，期使全國人民平均負擔戰爭的消耗，減輕被佔領區人民的負擔。（俞寬賜）

船舶（Vessels；Ships）

何謂船舶，國際法並未給予一個明確的定義，它似乎可解釋成：專供於水中或水面航行的工具。船舶大體上可分爲兩種，一爲公船，一爲私船。茲詳述如下：

(一)、公船：乃船舶之用於國家公共目的者。而原係私人所有，但全部爲國家徵用，並置於國家所派官員管理之下的私船，亦均視爲公船。公船的資格，通常以所懸的旗幟證明。而最後的證明文件就是本國政府所發給的委任狀或直接聲明。公船又可分兩類：

1.軍用船舶：包括各型作戰艦與補助艦。

2.非軍用船舶：包括一切用於非軍事目的的船舶，如探險船，科學工作船與國營商船等是。

公船必須具備下列兩條件：

1.公船行動由國家控制與負責，但不必爲國家所有。

2.公船用於公共的目的，即用於行使國家管轄者。

(二)、私船：乃船舶之用於廣義的商業或私人目的者。而不論其爲國家、公共團體或私人所有。

依據一九五八年日內瓦公海公約第四、五、六三條的規定：各國無論是否沿海國均有權在公海上行駛懸掛本國國旗之船舶。凡船舶有權懸掛一國國旗者即具有該國國籍。船舶得受其所屬國的保護及監督，而其所屬國所締結的條約，對該船予以適用。船舶除其所有權確實移轉或變更登記者外，不得於航程中或在停泊港口內更換其國旗、變更其國籍。凡懸掛兩國以上國旗航行的船舶，視爲無國籍船舶，不能享受國際法的保護。

在公海上的軍艦可以享受接近權、緊追權及逮捕海盜權。而一國對其私船可以行使保護管轄權、行政管轄權、刑事管轄權及民事管轄權。總之，一國對於其在公海上的公船與私船，有完全的，排他的管轄權。爲確保海上安全起見，各國應爲本國船舶採取下列各項的必要辦法：

1.信號的使用、通訊的維持與碰撞的防止；

2.船舶人員的配置，及船員的勞動條件；

3.船舶的構造，裝備及適航能力。

（請參閱一九五八年二月二十四日至四月二十七日在日內瓦舉行之聯合國海洋法會議所通過的公海公約第十條規定。）（李鍾桂）

船舶的敵性（Enemy Character of Vessels）

關於船舶的敵性，可分五點說明之：(一)凡屬敵國國有之船舶，如軍艦、改裝商船、國有商船等，以及懸掛敵國國旗的一切私有船舶，均具有敵性——即令私船之眞正所有人爲內陸閉鎖的中立國國民，亦不例外。

㈡懸掛中立國旗幟之船舶固然以不具有敵性爲原則，但必須該船舶確係在中立國註册而眞正享有懸掛該中立國旗幟之權利。因此，中立國旗僅爲判斷敵性的初步標準；如有懷疑，須進一步查明實情。例如依某中立國國內法之規定，無權懸掛其旗幟之船舶而却懸掛之，則此船舶幷不因此而取得中立性。

㈢中立國船舶如有左列情形之一，卽取得敵性：甲、直接參與敵對行爲，乙、接受敵國政府派駐船上人員之指揮或控制，丙、完全爲敵國運輸軍隊或傳遞情報，丁、武力抵抗交戰國軍艦之合法臨檢、搜索、或拿捕（以上規則見一九〇九年倫敦宣言第四十六及六十三條），戊、戰時受敵國特許而經營平時所不能經營之貿易（參閱「一七五六年規則」條及美、英、日等國實例），己、其全部或部分所有人爲具有敵國國籍之自然人或法人。

㈣敵國國有船舶在戰時絕不能因轉讓給中立國或中立人民而喪失其敵性；

㈤具有敵性之私船可否因轉讓而喪失敵性，英美與歐陸國家實例不同：後者認爲只有開戰前的合法轉讓，可使其取得中立性；英美則認爲只要轉讓確具誠意，且不在航程中或在被封鎖港內完成手續，亦未保留於戰後收回或贖回之權利，無論開戰以前或以後之轉讓，均可使其取得中立性。未獲批准的倫敦宣言第五章，亦認爲開戰前後之轉讓，在一定條件下應推定爲已取得中立性（參閱 Lauterpacht's Oppenheim, vol. II, pp. 284-287）。（俞寬賜）

琉球與釣魚台

一八七九年日本占據琉球，其後一度與清朝政府商議願將宮古八重二羣島讓與中國，但雙方未獲協議，清廷也不了了之，琉球從此被日本占去。日本占據琉球後，又進一步想占據中國大陸與日本間的一些小島以及臺灣，釣魚臺列嶼就是在這種情況下被日本占去的，現將日本占據的經過，根據日本官方記載，敍述於下，與日本占據有關的重要日方文書，也全文譯出。由於當中經過頗爲瑣屑，所以先將日本官方自述占據的經過譯出，以便有一個整體的概念，然後再將重要文書按年代先後刋出，並加必要的說明。

據日本外務省編纂的「日本外交文書」第十八卷（自明治十八年一月至十二月，卽一八八五年一月至十二月）中所載之「久米赤島、久場島及釣魚島編入版圖概略」中之記載，日本竊據的經過大致如下：

散佈在沖繩縣及中國福州間的久米赤島（自久米島未申之方向約七十里，距中國福州約二百里），久場島（自久米島午未方向約一百里，距八重山羣島之石垣島約爲六十多里），釣魚臺（方位與久場島相同，然較遠十里），上述三島不見屬清之證跡，且接近沖繩縣所轄之宮古、八重山島，加以有關建立國標之事已由沖繩縣令（知事）上書總理大臣，早在明治十八年（一八八五）十月九日時已由內務卿山縣有朋徵詢外務卿井上馨，外務卿仔細考慮的結果，認爲上述三島嶼乃是接近中國國境的蕞爾小島，且當時中國報紙盛載日本政府占據鄰近臺灣的中國屬島，催促中國政府注意。基於上開理由，建立國標，開拓這些島嶼之事，須俟後日，伺機行事。十二月五日，內務外務兩卿乃諭令沖繩縣知事，勿急於國標之建立。明治廿三年（一八九〇）一月十三日沖繩縣知事復呈報謂；上開島嶼向爲無人島，亦無他國設定管轄，近因水產管理之必要，乃由八重山島役所呈請內務卿指定管轄。明治廿六年（一八九三）十一月二日沖繩縣知事又以管理收產建設航標爲由，呈報內務、外務兩卿，請將上開島嶼劃歸沖繩縣管轄，並設立國標。因而內務卿乃於明治廿七年（一八九四）十二月廿七日提出內閣議決，並事先與外務卿取得協議。明治廿八年（一八九五）一月廿一日經閣議通過，並由內務、外務兩卿諭知沖繩縣令，謂有關設立國標事宜已獲核准。

値得注意的是日本明治廿六年（一八九三）十一月二日沖繩縣知事再度申請設立國境標記（卽正式劃歸日本）時，日本官方仍不答覆。直到明治廿七年（一八九四）十二月二十七日，日內務大臣始行文外務大臣，要求將此事提交內閣會議議決，這個文件頗爲重要，因此將其譯出於下：

（朱書）

祕別第一三三號收文日期：（明治）廿七年十二月廿八日在久場島、釣魚島建設管轄標樁之事，如另書甲號，由沖繩縣知事提出申訴。關於本件之另書乙號已於明治十八年（一八八五）時由鈞座及貴部（外務部）協議，並發下指令（指暫緩進行此事令），可是由於今昔情況已殊，因此（本人）懇望與鈞座取得協議而以另書提出內閣會議。　此致

外務大臣子爵陸奧宗光

內務大臣子爵野村靖上

這個文件中最値得分析研究的是「今昔情況已殊」一話，究竟是指甚麼事情

。這話如和當時中日關係來看，就不難了解。在日本昭和廿七年（一八九四）清廷因朝鮮問題對日宣戰，但到十月陸海軍均失敗，在九月底慈禧太后已傾向和議，十一月初請各國調停，十一月中又派天津海關稅務司德璀琳赴日本試探和平，被日本拒絕。此時中日戰事大勢已定，日本穩操勝算，因此其內務部與外務部才認爲「今昔情況已殊」，可以逕行竊釣魚臺列嶼，劃入版圖，不必顧慮清廷態度。顯然基於這種了解，在明治十八年（一八九五）一月十一日外務大臣函覆內務大臣，同意其竊佔釣魚臺列嶼各島的提議，同月二十一日本內閣通過此項提議。

日本內閣通過決議決定竊佔釣魚臺列嶼後，同年四月十七日中日雙方簽訂馬關和約，在和約第二條日本竊佔臺灣的條款中，又明文規定：「(、中國將管理下開地方之權……永遠與日本……二、臺灣全島及所有附屬各島嶼」。在這種情況下，中國如對日本竊佔釣魚臺列嶼的行爲提出異議，在法律上已不具任何意義，因爲在地質構造上，該列嶼與臺灣島及其附屬島嶼相同，日方顯然可以認定該列嶼是臺灣附屬島嶼，包括在和約割讓範圍內。事實上，清廷可能也是基於這種了解，所以未對日本竊據釣魚臺列嶼的行爲，提出異議。

由上述的說明，我們有相當理由可以主張，釣魚臺列嶼雖是在日本簽訂馬關和約前開始竊佔去的，但此種行爲在某種程度中，可認爲係因馬關條約中的割讓條款而確定其法律根據。換句話說，日本學者認爲其取得該列嶼主權係根據對無主土地的先占，但我們却有相當理由可以認爲其取得主權至少部分是根據馬關條約的割讓，這點有較詳細說明的必要。

日本學者認爲日本對釣魚臺列嶼的領土取得是根據先占一點，有二個問題值得研討：第一、先占的對象必須是無主土地，釣魚臺列嶼在一八九五年以前是無主土地嗎？日本官方與學界的資料中，對這點並未舉出積極證據，而根據作者前述之「三國通覽輿地圖說」，日本學者却有認定此列嶼是屬中國。此外，如果該列嶼確是無主土地，那麼日本在一八八五年就可以去實行「先占」，還需要顧慮中國的態度嗎？總之，日本要趁甲午戰役勝算已定時才來實行先佔一事，就可說明日本當時對該列嶼是否係無主土地一點，也無把握，足見其可以實行所謂先佔的對象就值得懷疑。

第二，日本現在所舉出它實行先佔的行爲，是內閣的決議，顯然是內部行爲，而目前我們所看到的日方資料，僅僅指出有這個決議，全文從未見到過，這種內部不公開的行爲有對外效力嗎？並且在內閣決議後次年（明治廿九年即西元一八九六年）日皇所頒佈的冲繩縣管轄範圍中，完全沒有提到所謂尖閣羣島（即日方對釣魚臺列嶼的名稱）隸屬冲繩之事，現將該敕令全文翻譯於下：

朕茲裁可冲繩縣之郡編制並佈之

御名御璽

明治廿九年三月五日

內閣總理大臣侯爵伊藤博文

內務大臣　芳正顯正

敕令第十三號（官報三月七日）

第一條　除那覇首里兩區之區域外，冲繩縣劃爲左列五郡

島尻郡　島尻各村久米島慶良間諸島渡名喜島粟國島伊平屋諸島鳥島及大東島

中頭郡　中頭各村

國頭郡　國頭各島及伊江島

宮古郡　宮古諸島

八重山郡　八重山諸島

第二條　各郡之境界或名稱如遇有變更之必要時由內務大臣決定之

附則

第三條　本令之施行時期由內務大臣定之

由上述資料及說明可知，日本即使曾對釣魚臺列嶼實行所謂先占，其所作所爲也不完全符合國際法上的條件，例如，著名的國際法學家勞特派特改編的奧本海「國際法」上就寫到：「有效的先占必須具有二點重要事實，即占有與管理。⑴占有——先占國必須眞正的占有這塊土地。爲達此目的它需要將此領土置於其支配之下，並具有得到此土地主權的意圖。這只能以在當地殖民並件隨着一些正式行爲，並宣告此領土已在其占有之下且意圖將領土置於其主權之下。這種行爲通常包含一個公告或在當地升旗……⑵管理——在依上述方式占有土地後，占有者應在合理期間內建立某種管理（制度）以顯示此領土係由新占有者治理」。日本除了所謂內閣決議（全文其「日本外交文書」中也未刊登）外，並無其他公告、殖民或其他行爲，這種先占恐難完全符合國際法上的要件。所以日本竊據釣魚臺的法律根據，似乎應該至少是部分依據馬關和約中的臺

灣屬島連同割讓之規定。

日本占據臺灣及釣魚臺列嶼等地後，何時將釣魚臺列嶼改名爲尖閣羣島並將其劃歸琉球，並不清楚，查閱「日本外交文書」，日本「法令全書」及有關冲繩的記載或有關文書，都未提到劃歸琉球日期。經查閱日本地理與地質方面的典籍，似乎到明治三十一年（西元一八九八年）才出現「尖閣羣島」一詞來表示釣魚臺列嶼。至於在日本竊據臺灣及釣魚臺列嶼時代，釣魚臺列嶼是在那個行政區域一點，據大正四年出版的「大日本地誌」中的記載，是劃歸冲繩縣。另外查閱日本有關地圖（雖有不少日本地圖，根本未將該列嶼印出）的結果，似可確實認定是歸冲繩縣管轄，例如昭和四年（西元一九二九年）出版的「最近調查大日本地名辭典並交通地鑑」一書中所附冲繩地圖之「管內一覽」部分，明白標出包括尖閣列島久場島，及魚釣島三名稱。另外日本竊據臺灣時的行政區劃中，似乎並未包括釣魚臺列嶼，例如，昭和十九年（西元一九四四年）出版的「臺灣年鑑」中，明白標出臺灣本島極東是臺北州基隆市棉花嶼東端東經一二二點零六度，極北是臺北州基隆市彭佳嶼北緯二十五點三七度。

不過我們必須注意，在行政上釣魚臺列嶼固然是劃在琉球，但據日本人自己的記載，這個地區却是臺灣漁民經常活動的地區。例如，日本大正四年（公元一九一五年）日本臺灣總督府殖產局編纂的「臺灣の水產」刋物中，自己供認「尖閣列島漁場……爲以臺灣爲根據地的鰹漁船…最重要遠洋漁場之一」。並且該刋附有漁場圖，明白將魚釣島劃入臺灣之「眞鰹漁場」範圍。

由於在日本占據臺灣及釣魚臺列嶼期間，將釣魚臺列嶼劃入冲繩範圍，因此一九四五年美軍占領琉球時卽根據日本的行政區劃，也將釣魚臺列嶼劃入占領範圍。最近美國已與日本簽約要將琉球「歸還」日本，其條約中所附地圖將釣魚臺列嶼也包括在內，這點引起中華民國政府與人民的極大憤怒。美方所作此荒謬舉動，其主要根據是當一九四五年美國自日本取得琉球之「行政權」時，是包括釣魚臺列嶼在內，因此「歸還」時也應包括在內，中國如有任何權利主張，可以在「歸還」後，逕行與日本交涉，與美國無關。

日本方面的論點也相類似，日方認爲琉球管轄範圍在日治時代包括釣魚臺列嶼，並且美國承認日本對琉球有剩餘主權，一九四五年美方自日本取去的只是「行政權」，因此「行政權」一旦歸還，日本卽恢復其主權，包括釣魚臺列嶼在內。

日美這種觀點，經詳細分析之下，却有幾個重大的漏洞，卽它們將琉球問題及釣魚臺列嶼問題孤立起來，認爲是美日二國間之事，與中國無關，並且忽視了有關的國際協定，這個問題牽涉甚多，因篇幅所限，只能簡單敍述。

第一，日本將釣魚臺列嶼劃歸琉球（冲繩）管轄一事，據本文前述之資料判斷，是在中日馬關和約（西元一八九五年）後係其國內行爲，自不得拘束中國在收回失地時的權利，否則一個侵略國在竊佔它國領土後，只要變更當地管區，對方就不能收回失地，天下難道有這麼不通的道理嗎？

第二，我們有相當理由主張釣魚臺列嶼是日本在侵占臺灣時一併占去的，因此依據一九五二年四月二十八日簽訂的中日和約第四條，日本承認一九四一年十二月九日以前的中日條約失效，馬關條約當然也包括在內。在這情形下至少日本竊據釣魚臺列嶼的部分根據已不存在，這點與琉球其他各島日本不根據馬關條約就竊佔去的情況不同，所以美國「歸還」琉球給日本時，對於釣魚臺列嶼自不應與琉球其他各島一併待遇。

第三，自日本佔據臺灣後，臺灣漁民就長期使用該嶼及附近漁場，戰後也是如此，這點日本方面也不得不承認，假如，一九七〇年九月十八日日本「讀賣新聞」自己報導臺灣漁民在尖閣羣島（卽釣魚臺列嶼）一帶「侵犯領海」與「不法上陸」是「日常茶飯事」。

第四，根據一九四五年七月廿六日中美英三國發佈的波茨坦宣言，其中規定日本領土限於「本州、北海道、九州、四國，及吾人所決定其他小島之內」。所以美國要「歸還」琉球給日本，自應與參與制定波茨坦宣言的中華民國政府商議，以規定那些島嶼應「歸還」，那些應由中華民國收回或作其他處置。

自日本方面有關釣魚臺列嶼的資料分析，我們可以得出下列幾個結論：

㈠釣魚臺列嶼在一八九五年以前從未成爲琉球羣島的一部分。

㈡日本在一八九五年竊佔臺灣的馬關條約，有密切關係，雖然作者所搜集到的這方面資料還不夠充分。

㈢日本所謂依據國際法上「先占」原則取得釣魚臺列嶼主權一點，不論在事實上與法律上都有相當大的漏洞。

㈣至少有些日本資料顯示釣魚臺列嶼在一八九五年以前是屬於中國管轄。

（張彝鼎、丘宏達）

琉球歸日(Okinawa Restored to Japan by U.S.A:Ryukyu)

美日雙方經長期談判，於一九七一年六月十七日簽訂一項條約將琉球群島給與日本。條約主要內容如下：

第一條：自本條約生效之日起，美國將根據舊金山和約第三條之規定所得有關琉球群島之一切權益讓與日本，同時日本對琉球群島將可主張屬地及屬人之全部行政、立法與司法之權利及義務。

第二條：美國與日本所簽訂之一切條約、協定，包括一九六〇年簽訂之相互合作與安全條約自本條約生效日起適用於琉球群島。

第三條：根據一九六〇年相互合作與安全條約及其有關協議之規定，自本條約生效之日起，日本同意美國使用在琉球之設施與基地。……

該條約於一九七一年十一月十日在美國參議院經八十四對六票投票通過，在日本下院於十一月廿四日經二八五對七三票通過。在上院於十二月廿二日經一三一票對一〇八票通過，完成雙方之立法手續於一九七二年五月十四日午夜起生效。

唯關於琉球羣島之法律地位及範圍中華民國持有異議，並於一九七二年五月九日發表聲明如下：

中華民國政府對於琉球羣島之地位問題，向極關切，並曾迭次宣告其對於此項問題之立場。

玆美國政府已定於本（六十一）年五月十五日將琉球群島交付日本，且說將中華民國享有領土主權之釣魚臺列嶼亦已包括在內，中華民國政府特兩度將其立場鄭重昭告世界。

對於琉球群島，中華民國政府一貫主張，應由包括中華民國在內之第二次世界大戰期間主要盟國，根據開羅會議宣言及波次坦會議宣言揭櫫之原則，共同協議處理，美國未經應循之協商程序，片面將琉球交付日本，中華民國至表遺憾！

至於釣魚臺列嶼，係屬中華民國領土之一部分，此項領土主權主張，無論自地理位置，地質構造，歷史淵源，長期繼續使用以及法理各方面理由而言，均不容置疑，現美國將該列嶼之行政權與琉球一併「交還」日本，中華民國堅決反對，中華民國政府本其維護領土完整之神聖職責，在任何情況下，絕不放棄對釣魚臺列嶼之領土主權。（張宏遠）

中華民國政府對于琉球聲明（Ryukus）

中華民國外交部關於琉球群島與釣魚臺列嶼問題的聲明：

中華民國政府近年來對於琉球群島之地位問題，一向深為關切，並一再將其對於此項問題之意見及其對於有關亞太區域安全問題之顧慮，促請關係國家政府注意。

玆獲悉美國政府與日本政府卽將簽署移交琉球群島之正式文書，甚至將中華民國享有領土主權之釣魚臺列嶼亦包括在內，中華民國政府必須再度將其立場鄭重昭告於全世界：

㈠關於琉球群島：中、美、英等主要盟國曾於一九四三年聯合發表開羅宣言，並於一九四五年發表波茨坦宣言規定開羅宣言之條款應予實施，而日本之主權應僅限於本州、北海道、九州、四國以及主要盟國所決定之其他小島。故琉球群島之未來地位，顯然應由主要盟國予以決定。

一九五一年九月八日所簽訂之金山對日和約，卽係以上述兩宣言之內容要旨為根據，依照該和約第三條之內容對琉球之法律地位及其將來之處理已作明確之規定。中華民國對於琉球最後處置之一貫立場為：應由有關盟國依照開羅宣言及波茨坦宣言予以協商決定。此項立場素為美國政府所熟知，中華民國為對日作戰主要盟國之一，自應參加該項協商。而美國未經此項協商，遽爾將琉球交還日本，中華民國至為不滿。

㈡關於釣魚臺列嶼：中華民國政府對於美國擬將釣魚臺列嶼隨同琉球群島一併移交之聲明，尤感驚愕。

該列嶼係附屬臺灣省，構成中華民國領土之一部分，基於地理地位、地質構造、歷史聯繫以及臺灣省居民長期繼續使用之理由，已與中華民國密切相連，中華民國政府根據其保衞國土之神聖義務在任何情形之下絕不能放棄尺寸領土之主權。因之，中華民國政府曾不斷通知美國政府及日本政府，認為該列嶼基於歷史、地理、使用及法理之理由，其為中華民國之領土，不容置疑，故應於美國結束管理時交還中華民國。現美國逕將該列嶼之行政權與琉球群島一併交予日本，中華民國政府認為絕對不能接受，且認為此項美日間之移轉絕不能影響中華民國對該列嶼之主權主張，故堅決加以反對，中華民國政府仍切盼關係國家尊重我對該列嶼之主權，應卽採取合理合法之措置，以免導致亞太地區

嚴重之後果。（張彝鼎）

商務代表

商務代表是為促進國際貿易關係而派遣的人員，如經其本國政府正式任命，具有官階，常駐接受國內，從事商業貿易情報的搜集、市場調查、工業新樣品的羅致、物價比較、以及其他關於涉及派遣國貿易的活動，商務代表是列入派遣國在接受國的使館館員名單內，送請接受國外交部登錄，具有商務參事或商務專員的身份，可依接受國慣例享受某種程度的外交特權與豁免（請參閱「外交特權與豁免」條）。此類商務人員，如為工商金融界領袖，以私人身份赴外國接洽商品交換、貸款、技術合作等事項，亦係商務代表的一種，但因其未經政府任命，無官員地位，所為屬私的性質，所以不具有外交代表的身份。如其能享受外交特權與豁免，祇是出於有關國家的禮讓，不是由於習慣。這種代表，若因其表現優越，後經政府遴派為官方代表，負責談判或簽訂貿易協定，則其地位和外交代表者相同。（陳治世）

商務住所（Commercial Domicile）

住所以適用的場所為標準，可分為商務住所及民事住所兩種。商務住所是為維持商務關係所設立的住所。外國國民因從事商業，得在他國設立商務住所。至於是否商務住所設在敵國者，即認其具有敵性，適用於任何國人，為國際公法應行研究的題目。（並參閱「民事住所」條）。（洪力生）

副大使（Deputy Ambassador）

按照國際通例，使節的階級以特命全權大使為最高，大使之下，便是特命全權公使，在大使和公使之間，並無副大使級的外交代表。但美國政府為了處理在越南的政治、外交、經濟、軍事、技術援助等繁雜事項，特於一九六四年七月，派遣副大使一人，以襄助其駐越大使。美國現在的駐越機構，除大使館和美軍總司令部外，還有新聞處、國際開發處、和平工作隊、武官處、軍事顧問團、以及農業、勞工、科學等參事處。按美國現行命令所定，該副大使不僅是駐越大使館的副館長，而且是上述各機構總體的副主管。因此，他的職務和地位，比一般大使館內的公使和參事遠為複雜和優越。他不是館員，而是館長的副手，他在外交團（請參閱外交團條）的優先地位（請參閱優先地位條），列入大使級，不屬於公使級，他可以享受的外交特權和豁免（請參閱外交特權和豁免條），相當於大使級的外交代表。（陳治世）

麻六甲海峽問題（Strait Malacca）

麻六甲海峽位於馬來半島尖端與蘇門答臘之間，東南端約起於北緯二度，東經一〇四度之處向西北成喇叭狀伸延，約在北緯五度處進入印度洋上之安達曼海，全長約五百英里，寬度由廿五至一百英里不等，深度由廿五至一一三公尺之間，其最淺處係在東南方新加坡港入口處。新加坡本身為一小島，鄰近有四十餘個小島，全部面積為二百廿四點五平方哩，北面與馬來半島相隔寬一點五英哩之柔佛海峽，但有長堤相連接，南岸與蘇門答臘形成新加坡海峽——全長六十哩，寬由一至十一哩不等。海峽常因强烈氣流形成强風，危害航行，海峽南岸水道，小島星羅棋佈，亦不適於航行。但由於此一海峽為溝通東方與西方之捷徑，近兩千年來為貫聯南中國海與安達曼海間之唯一孔道，極具交通運輸、經濟和軍事上價值，一向為世人重視且暢通無阻，但近月來忽然成為列强所熱烈爭論的國際問題之一，溯其源由，日本可說是為始作俑者。

緣第二次世界大戰後，日本經濟飛躍發展，尤其在航運、貿易、資源獲得和投資等方面，在在與麻六甲海峽發生極密切關係，日本石油輸入的百分之九十，其他一切需要的百分之九十八（註一），均須通過麻六甲海峽，日本使用該海峽，超過全部使用該海峽總量的五分之一，所以說麻六甲海峽有如日本的生命線，實不為過。一九六八年日本曾派遣勘測船探測該海峽的海床及險境，一九六九年春間再度花費卅三萬美元進行勘測並建議在海峽航道的危險處設置燈塔。一九七〇年十至十二月間繼續與沿海峽三國從事聯合勘測，發現該海峽由於强烈海流引起劇烈變化，沿線有三十七處不適於廿萬噸級油槽輪航行的險處，這個調查報告，原來預定在一九七一年五月發表，但是由於有關國家意見分歧，一直未予公佈。

在同一期間——一九七一年七月聯合國所屬的專門機構——政府間海運協商組織在倫敦集會，日本代表建議麻六甲海峽的航行工作，應該組織一個國際機構負責管理，並建議該海峽改為單向行駛，以策安全，立刻引起海峽三個國家，馬來西亞、印尼和新加坡的極大反感，對於上項建議，一概拒絕，其理由是這些建議一經實施，將使這個海峽國際化。

一九七一年十一月十六日，馬來西亞、印尼和新加坡發表聯合聲明，宣佈三國將共同管理麻六甲海峽和新加坡海峽的事務，以確保海峽航行的安全。明確宣佈，這兩個海峽不是國際性海峽，而是內陸水道，反對所謂國際管理，麻六甲海峽應該用以維護海峽沿岸國家的權益。這個聲明引起世界各國的關切和重視，於是關於麻六甲海峽問題的爭論，於焉揭開序幕。

蘇聯是麻六甲海峽問題第一個採取外交肆應的國家。一九七二年三月三日蘇聯駐日本大使特羅雅諾夫斯基會晤外務省次官森治樹，轉達蘇聯政府認為麻六甲海峽是國際海峽的見解，徵詢日本的意見，並請求支持。日本基於其商業、航運和經濟上的利益，沒有理由不予支持，因為如果印馬星對海峽採取封鎖措施的話，日本國內的石油供應，就發生極端嚴重的問題。印尼外長馬立克於三月五日在雅加達表示：『俄國人可以隨心所欲的說話，但是我們對於麻六甲海峽有我們自己的看法』。馬來西亞外交部的發言人也在三月六日發表談話稱：『麻六甲海峽不是一個國際性水道』，因此排除了蘇聯希望使之國際化的要求。『鄰接這一個戰略性水道的國家，應當有對此海峽控制之權。』『但是馬來西亞為了航行自由起見，承認任何國家均可自由使用這個海峽。』

同一時間，蘇聯駐節在沿海峽三國的大使，也啣命分別和駐在國當局進行交涉，申述蘇聯對海峽問題的觀點與意見。蘇聯猶未為足，復於三月十五日派遣其曾任駐聯合國代表團副代表之孟第列維洙為巡迴大使，遄赴印尼之雅加達，其後轉赴新加坡和馬來西亞等地展開外交活動，孟某於三月十七日曾與印尼外交部之政務司司長賈傑丁·格萊德會談三小時，同月廿日再度與印尼外長馬立克會談七十分鐘。孟某於三月廿三日晚由新加坡飛抵吉隆坡向馬來西亞政府當局解釋蘇聯對此一連接印度洋與太平洋的麻六甲海峽的立場，廿四日會晤馬來西亞外交部秘書長蔡通及其他高級官員。綜觀蘇聯方面對於此次麻六甲海峽問題的外交活動，鮮有報導，有關孟某的行踪、會談經過及結果如何，亦隻字不加透露，準此推斷，蘇聯此次外交活動，似無成就可言，可視為蘇聯外交上之一敗衄，不過麻六甲海峽問題，目前仍然在繼續磋商階段，而且各有關方面也表示：

一、否認這一次的談判陷於僵局之說，甚至否認曾經談判，既未談判，何來失敗，只承認是交換意見。

二、交換意見，有助於各方觀點的闡明，和對該問題今後更進一步的討論。

三、基於多方面的展望，有關方面咸表示盼望此一爭端，提交由明年舉行之海岸法會議中，獲得解決。

四、蘇聯方面曾獲得印尼方面的保證，在海洋法會議之前，對麻六甲海峽不採取任何行動。

麻六甲海峽問題爭執的關鍵，為領海和公海之爭，如果認為海峽係屬公海，那麼各國便享有通行的自由，否則便是沿海峽國家的領海範圍，外國船隻的航行，應該獲得主權國家的允許。事實上，近代各國對於領海範圍的寬度，主張紛歧，爭論不決，由三海浬起至二百海浬不等，莫衷一是，一般說來，海洋或海權國家，或技術進步國家多主張三海浬，北歐斯堪的納維亞各國，則多主張四海里，地中海沿岸國家，印度、海地及宏都拉斯等國主張六海浬，主張十二海浬的有蘇聯、保加利亞、羅馬尼亞、瓜地馬拉及哥倫比亞等國，主張二百海里者多為南美各國，如厄瓜多爾、智利、秘魯、巴西及墨西哥等國，國際間由於各國領海寬度不同，發生爭端事件，層出不窮，前此雖曾召開多次國際會，幾經討論，迄仍未獲得定論。聯合國國際海淨法會議曾於一九六〇年三月十七日至四月廿六日在日內瓦舉行，美國和加拿大曾共同提議自一九七〇年起，各國領海寬度定為六哩，外加六哩為專有漁權，表決結果，以一票之差，未能獲得三分之二的多數被否決，不能列為國際法的一部分。不過那次會議，雖然對領海問題，沒有獲得協議，但是却通過了一項『領海暨鄰接區公約，公海公約，公海捕漁暨維護生物資源公約接受由國際法庭解決有關爭端之義務之議定書』，建立一項接受國際法庭來解決領海爭端的觀念，總算不無小補。

丹麥外交部國際法顧問索里遜曾在一九五八年二月廿四至四月廿九日舉行的海洋法會議上（計有八十六國參加）發言表示：㈠對於謀求一項限制三海浬領海的國際協定底可能性，表示懷疑。㈡認為伸延領海範圍的寬度是必要的。㈢他強調領海限制的鄰近地區和海洋國家採取措施保護生物資源權利，兩者具有密切關連性，頗足以代表當前對領海問題的一般看法。

麻六甲海峽沿岸的三個國家——馬來西亞、印尼和新加坡，這一次對於麻六甲海峽問題的主張和意見，彼此之間，亦大相逕庭，各異其趣。茲綜述大要如下：

馬來西亞方面：

馬來西亞副總理兼內政部長伊斯邁一九七二年二月間訪問印尼，綜合其前後發表談話：

一、麻六甲這一狹窄海峽，對於馬來西亞和印度尼西亞及新加坡的安全具有重大意義。

二、馬來西亞將堅持它和印尼所採的共同立場：麻六甲海峽並非如蘇聯所聲稱的是一條國際水道。

三、蘇門答臘和馬來西亞之間的水道不應國際化，因為這樣將危及他們的安全。

四、馬印兩國隨時準備阻止交戰國家的船艦通過，不過除非通過的船隻存心不良，否則還是容許自由通航。

五、伊斯邁也曾表示，有很多方法可以强制執行對海峽的控制，但不願作更進一步的說明。

六、馬來西亞外交部秘書長蔡通在一九七二年三月廿四日表示，馬來西亞反對蘇聯所建議的亞洲安全體系，麻六甲海峽國際化和三海浬的領海等主張，所有這一類建議應該來自本地區而不應來自外界，其言外之意，抨擊蘇聯干涉該地區情事，至為顯然。

印度尼西亞方面：

綜合印度尼西亞對於麻六甲海峽問題的意見，主要為除與馬來西亞的論點原則上相同以外，尚有下列各點：

一、所謂『海峽』實際上是沿岸國家所屬的海域或是『領海』或『內海』問題，不在於沿岸國家對於過往船隻通過的限制，而在於一些過往船隻避不遵守沿岸國家制訂的規章，如果有關國家，承認和尊重我們的主權，麻六甲海峽問題，就得到解決。

二、這個海峽，對於我們來說非常重要，如果一艘龐大油輪突然爆炸，數千數萬噸的原油浮游海面的話，沿岸的印尼和馬來西亞的漁民，即將無生計可言，因此印馬兩國同意負起海峽安全的責任。

三、任何國家的軍艦船隻，將其通過時間，事先通知印尼和馬來西亞以後，即可以獲得通過。

四、印尼對於非印度洋國家在印度洋進行軍事活動所引起的事態，甚為關切。印尼也絕不認為若干大國的軍事戰略利益，應該受到國際大家庭的合法利益相同的考慮。

新加坡方面：

新加坡對於麻六甲海峽問題的主張和意見，可以該國外交部長拉加拉南一九七二年三月十七日對國會發表的演說為代表，其重點為：

一、連結印度洋和南中國的海峽，應該成為各個國家自由通航的水道。

二、討論麻六甲海峽和新加坡海峽問題，不應該被列强用來進行『冷戰』，而應視為屬於航行水道的問題。

三、麻六甲海峽和新加坡海峽的法定地位問題，不應個別或單獨的加以處理，而現在就海峽的地位作任何決定，都不免為時過早，而應該跟散佈於全球各地對貿易和交通關係重大的全部一百一十四處海峽，一併進行考慮。

四、如果列强國家急於爭奪這兩個海峽的話，那就要被關閉，縱使不是永久，也是一段長時間，此一歐非、西亞、遠東間的重要通道，我們相信各個國家，應該不受差別待遇地獲得通行。

五、雖然各方都承認無害通行，但是新加坡對於印尼和馬來西亞認為海峽不是國際水道一點，不作更進一步的申明或單獨行事。

六、世界上所有的海峽，包括麻六甲海峽和新加坡海峽，正當的解決辦法，應該在聯合國已定期舉行的海洋法會議上，在較大的範圍內，基於共同的意見和協議，進行解決，而任何解決，又應該出諸世界海權國家間的相互協議。

基於上述分析，印馬兩國對於麻六甲海峽問題的意見和主張，大致接近，新加坡則顯有歧異之處。印尼外長馬立克一九七二年三月十九日曾向蘇聯、日本及新加坡提出保證，印馬將不會關閉麻六甲海峽，並稱：『對我們有麻六甲海峽的立場，曾有一些誤解，新加坡政府認為我們要關閉此一海峽，我在新加坡停留期間，已向新加坡政府說明此事，我們祇希望調節麻六甲海峽的使用，因此，我們必須對我們所提出的十二海浬主權要求，獲得國際的承認。』

至於新加坡和印馬兩國對於麻六甲海峽和新加坡海峽觀點歧異的原因，最主要者係由於：

一、地理情勢不同，新加坡純粹為一島國，雖蕞爾彈丸，但為世界五大海港之一，航運中心，轉口及商業中心，此一國家之存在，乃決定於其本身的地位價值；反之馬來西亞十一邦中，亦有七個邦與海峽毗連，印尼的最大島嶼—蘇門答臘北岸亦綰轂麻六甲海峽及新加坡海峽之一岸，若說新加坡和海峽的關係是點的關係，也是整個新加坡立國所繫，則印馬與海峽乃線或面的關係，是局部的關係，對於擁有三千多個島嶼，人口一億二千萬的東南亞未來之强，其比重之低微，更無足論矣。

二、由於上述地理情勢的差異，新加坡之生存，端賴自由通航，自由貿易以及轉口運輸和行政上的有效服務，所以在從經濟的依存關係言，新加坡和印馬兩國對海峽的利害關係，是完全異趣的。

三、基於立國政策上的歧異，印馬一向以東南亞大國自居，印尼資源豐富，人口衆多，領土遼濶，前途發展未可限量，反之新加坡區區小島，除依賴均勢，維持中立賴以生存外，別無其他選擇，故其對麻六甲海峽和新加坡海峽問題的意見有異於印馬兩國者在此。

麻六甲海峽問題主要爭論，已如上述，此外曾發表意見和主張者，計有非律賓、澳洲、美國、法國和共匪，其情形如次：

非律賓支持印馬主張，反對海峽國際化。

非律賓外交次長英格斯一九七二年四月十三日在新加坡參加東南亞國家協會外長會議時表示。

一、印尼和非律賓對於島觀念的統一立場是不承認在國際航海中，有所謂國際海峽，除了無害通行之外，其他通過海峽的船隻，都要受安全、海關和治安法規及衞生、水利保護防汚染措施的管制。

二、這種對於麻六甲海峽的協定，加上關於使用和管制麻六甲海峽的其他可能安排，將使我們在未來不受大國敵對的禍害。

澳洲表示關切。

澳洲國防部長費本於一九七二年三月十七日對國會宣稱：

一、連結印度洋和太平洋的麻六甲海峽，應享有最自由通航的權利，同時澳大利亞也了解每一個國家均有權充分利用它自己的資源。

二、澳大利亞是每一個依靠海上航行、海上貿易和海軍的國家底觀點來看這個海峽。

三、關於蘇聯所提麻六甲海峽應予國際化這個主張，則要靠聯合國來解決。

美國堅持應該而且必須擁有通過、潛航和飛越麻六甲海峽的自由。

美國是極度關切麻六甲海峽問題的國家之一，不過美國政府對於這個問題態度愼重，只有一九七二年四月六日參謀首長聯席會議主席穆勒海軍上將，發表一次談話，認爲無論印尼和馬來西亞對於領海主權的要求如何，美國應該而且必須擁有通過、潛航和飛越麻六甲海峽的自由。麻六甲海峽是美國所處理的棘手問題之一。但是希望和印馬當局能夠經由協商獲得解決。

其他美國官員亦有認爲印馬兩國對於領海的要求，提出過於急促，類似這個問題，將在一九七三年召開的海洋法會議中加以討論的。亦有認爲印馬對於領海的要求，乃是他們這些國家倡導東南亞中立化的自然結果。

法國支持印馬意見。

一九七二年三月十四日法國副外長里普高斯基在馬來西亞發表談話，表示法國支持印馬兩國對於具有戰略地位的麻六甲海峽不得國際化的立場，他認爲每一個國家均擁有自己決定自己政策事務的權利，不容外國干涉。法國相信國家獨立的觀念，應遠離强國集團，法國對於東南亞中立化，也表示支持。

關於麻六甲海峽問題，一九七二年三月曾引起高潮。蘇俄駐日大使於三月三日訪問日本外務省，聲明麻六甲海峽爲國際航道，各國可自由通航，要求日本對馬來西亞、印尼與新嘉坡主張的共管，聯合提出抗議。印尼與馬來西亞都認爲其領海範圍爲十二海浬，而麻六甲海峽的最狹處，尙不到廿四英浬，按照此一領海的原則，此一航道自將置於此兩國管轄之下。

麻六甲海峽介於蘇門答臘與馬來半島之間，是印度洋與太平洋的交通孔道。印馬兩國所顧慮者，首先爲其本身的安全。蓋英國已從遠東撤退，美國亦將退出越南，其所遺留下來的權力眞空，兩國都極不願有第三者來塡補。而蘇俄正在印度洋擴充實力，兩國內部又都有輕度的共黨分子困擾，是以兩國當政者都深以爲憂，都認爲有控制海峽的需要。其次，從貿易的利益上着眼，控制海峽，無異是把西方、遠東及澳洲的海運掌握在兩國手裏。

新嘉坡對海峽的態度，並未像印馬那樣堅持。因爲一百多英里長的新嘉坡海峽，是與麻六甲海峽緊緊相連，星洲又是地狹人稠，缺少資源，一切都靠貿易來維持。一旦受到印馬兩國的擠壓，其貿易前途自將窒息。其外長拉加拉南便曾表示，海峽應讓全世界國家一體自由使用，不得有所歧視。一九七一年十一月十六日印、馬、星三國發表的一個聯合聲明中，新嘉坡對印尼與馬來西亞認爲「麻六甲海峽和新嘉坡海峽不是國際海峽」一事，只說明已瞭解他們的立場。

蘇俄要求麻六甲海峽國際化，其用心至爲明顯。爲擴增其在印度洋的海軍力量，蘇俄堅持這一海峽必須自由開放。一九七一年年底的印巴之戰，蘇俄艦隊便自其太平洋基地海參威，經麻六甲海峽開赴印度洋，爲印度助威。假如繞道行駛，無疑要增加很多時間。此外，蘇俄與新嘉坡於一九六六年簽訂了貿易協定，此一海峽益增其對蘇俄之重要性。

對日本而言，麻六甲海峽實際上等於是日本的一條輸油管。日本每年使用麻六甲海峽的次數，超過全部使用次數的五分之一。現在約有三十五艘二十萬噸以上的日本超級油輪，從中東運油通過海峽返回日本。日本需要的石油，百分之九十以上都要經過這裏。如果這些油輪繞道更南的龍目海峽，每年便需多花一億日圓以上，由於超級油輪愈來愈多，增加的支出也將更爲龐大。現任首相田中角榮，一九七二年三月在通產省大臣任內時，便曾說過麻六甲海峽是日本的生命線；前任外相福田赳夫亦認該海峽爲國際航道，因爲日本只承認三海里以內爲領海範圍。

日本曾於一九六八年派出勘測艦，以探測麻六甲海床的危險區，一九六九年春，日本在此所花的勘測費用已超過三十三萬美元，並建議在危險地區裝置燈塔以便航行。事實上，麻六甲海峽的爭議，也是由於日本浚深該海峽的建議而起。日本的大油輪無法使人不想到海峽的安全問題，此等油輪失事，一定影響到印馬兩岸漁民的生計。這就是爲甚麼印馬兩國要二十萬噸以上的油輪繞道行駛的原因。

在海峽爭論中，共匪的態度頗值得注意。共匪曾一再指責蘇俄勾結日本，試圖將麻六甲海峽國際化，更加暴露其侵略擴張的野心。言下之意，似在支持印馬兩國的立場。據外交觀察家分析，共匪與馬來西亞沒有「邦交」，印尼已於一九六七年與之中止關係，但其支持印馬的主張，自有陰謀在內。蓋過去幾年來，蘇俄一直在設法取得印馬兩國的信心，期使它們參加包括打擊共匪在內的亞洲集體安全體系。匪僞現在從中分化，自可獲利；實則共匪對於自由世界的紛爭，無不從中挑撥煽惑，加以利用。一九七一年一月，共匪「新華社」便曾發表近十篇報導，就美國與中南美洲國家的領海權爭執，極力破壞美國與這些國家的關係。「新華社」曾誣指美國漁船爲「海盜漁船」，在拉丁美洲國家二百海浬「領海」內「掠奪拉丁美洲國家的財富」。

國際法上正式承認的領海界限爲三海浬，此一範圍是以往昔巨砲之最大有效射程而定，早已不合時宜。許多國家爲其自身的利益計，紛紛自劃界限，情況異常混亂。美國主張締結一項國際條約，規定領海界限爲十二海浬，同時可以自由通過及飛越國際海峽。但即使以十二海浬爲界限，仍會在若干國際海道中引起特殊問題，像英倫海峽、直布羅陀海峽、紅海入口、巴拿馬運河、日本海、及麻六甲海峽等，都會造成領海重疊，有礙國際航海和飛越上空的自由。一般希望一九七三年舉行的國際海事會議，能夠建立起國際性的海洋機構，以處理相互有關的問題。

附

麻六甲海峽：在蘇門答臘與馬來半島之間，全長約五百英里，最狹處二十四英里，最寬處約一百英里，最淺處僅十五英尺。每天通過此一海峽的船隻在一百艘以上，大部分爲油輪。

一九六八年，馬來西亞、印尼與日本曾作初步測量，顯示海峽某些地方的深度與航海圖上所記載者頗有出入：在某一點上航海圖上寫的是九十六英尺深，實際上只有四十九點八英尺；另一點上航海圖上寫的是四十九點八英尺深，實際上只有四十三點八英尺。另有二十個地方，航海圖上沒有註明深度，但其深度不夠，有礙巨輪航行。

一九七六年，十五萬噸的「東京丸」曾在此擦到船底；一九六九年一艘日本油輪與美國商輪在此互撞沉沒；一九七一年六月，兩艘二十一萬噸的油輪，在新嘉坡以南的地方，先後在十五小時之內，擦到水下障礙物。（張彝鼎）

麥加錫主義（McCarthyism）

麥加錫主義（McCarthyism）是美國一班號稱自由主義者對故參議員麥加錫（Joseph McCarthy）生前的反共措施表示反感的名詞。

麥加錫參議員（1909－1951）美國威斯康辛州人，一九四六年首次當選聯邦參議員後，鑒於國際共黨滲透美國政府及社會的嚴重性，爲了保衛美國的安全，特就他的職權所及，進行調查共黨在美的秘密活動。歷時數年，經參議院有關委員會分會調查發現的共諜案件甚多。因牽涉的範圍廣大，且他的做法有時過於操切，致損及若干公職人員的聲譽，引起參議院內部之不滿。一九五四年該院通過對他的譴責案。美國部分輿情對於他的忠勇爲國，竟遭責難，表示遺憾。（陳紹賢）

猝合軍（Levies En Masse）

意即某地區居民在敵軍迫近時爲抵抗侵襲而倉促聚合的民軍。此種組合，有時出於當地政府之臨時號召；有時則因當地政府實際已不存在，而由居民自動聚合，以便合力攀槍抗敵者。

依一九〇七年海牙陸戰法規第二條之規定，這種群衆雖未暇組織成軍，也無負責的指揮官及可資識別的明顯標誌，但只要他們公開携帶武器、幷遵守戰爭法規及慣例以從事戰鬥，仍可享受正規陸軍之權利；如果被擄獲，敵人不得加以殺害，而須給予戰俘待遇。（俞寬賜）

通行證（Safe - Conducts）

通行證是交戰國一方發給其敵國國民的書面文件，允許他們爲特定目的而往指明地點，例如前往被圍攻的城市從事某種談判，或使持有人能經該交戰國或其占領區而返回本國。第一次世界大戰期間，奧地利駐美大使敦巴博士(Dr Dumba)及德意志駐美大使伯恩斯多夫伯爵(Count Bernstorff)曾先後於一九一五及一九一七年持英國通行證經過英國港口返國（Lauterpacht's Oppenheim, 7th ed., London, 1958, Vol. II, P. 537）。

個人通行證幷不當然包括他所携帶之物品，除非通行證上有肯定的明文規定。此外，交戰國也可將通行證頒發給敵國船舶或具有敵性之貨物，使其能駛回或被載往一定地點。

個人持有通行證即享不可侵犯之權利；貨物或船舶有了通行證，在交戰國境內及其占領區可以避免被詰問和拿捕的危險。惟此等證件均不得轉讓。通行證如有一定有效期間，持有人須於期滿前完成旅程，除有不可抗力之原因外不得任意延誤；通行證如無時限或有時限而尚未屆滿以前，倘持有人濫用其所獲之保障，或有軍事上的緊急需要時，發照國得予取銷。

交戰國之頒授上述通行證，可以是交戰國雙方或它們負責任的指揮官、或交戰國與中立國之間協定的結果；也可以是沒有此種協定的片面行爲。後者不屬於國際法範圍（ Lauterpacht, op. cit, pp.536-7 ）。（俞寬賜）

教廷外交

教廷與各國發生外交關係是很特殊的現象，根據一九二九年二月一日義大利與教皇間成立的拉特朗協定（Accords de Latran），教廷固然有與外國互換使節並締結教廷條約權力，但是其不得參加世俗爭端及與此有關的國際會議則甚明顯。除非爭端國一致呼籲教廷從事和解時，教廷才可以出面。因此有人對於教皇近年來所從事的外交活動諸如訪問聯合國並對大會演說，與美國總統會談、接見蘇聯外長，採取具體措施改善教廷與東歐國家之關係，設法調停越戰等表示不滿，認爲與拉特朗協定精神相違背。目前梵蒂岡教廷在六十八個國家派駐有大使、公使及代表，而五十六國在教廷亦派駐有使節。此外，教廷尚與十幾個重要的國際組織建立關係，並在聯合國、文教組織、糧農組織、國際原子能總署等機構派有觀察員，重要的國際會議亦多參加。教廷派駐外國的使節稱爲 Nonce（大使級）或 inter - nonce（公使級），其地位依照一八一五年及一九六一年維也納會議的規定分別爲第一級及第二級之外交代表，但在天主教國家內，通常教廷大使具有外交團團長的地位。教皇與外國所締結的條約稱爲教廷條約（Concordat），主要係涉及主教的任命，教會的地位，宗教教育的推行或宗教儀式等問題，有人懷疑此種教廷條約係屬國際條約，但是國際慣例及國際判例均認爲其的確是一種眞正的條約。（王人傑）

添附（Accretion）

添附是一個國家對於其領域旁新成長的土地，無須經過任何形式，即可設定主權者。由於土地是因新形成而增加的，不屬無主土地，且往往早已在一國管轄之下，故添附不是原始取得領域的方式。

添附的種類有二：

(一)、人爲的添附：即以人力的方式，使國家領域旁新添一片土地。如荷蘭在沿海處排去海水築成堤岸，使原有的海底成爲陸地。但如在界河一岸從事人工添附，必獲對岸國同意。

(二)、自然的添附：又可分爲四種：

1.冲積地（Alluvion）：河、湖兩岸及沿海地帶，由於水中沙泥堆積與沉澱，使河、湖兩岸增大，或使沿海地帶向海生長，即構成冲積地，當然屬於岸上國所有。

2.崩附地（Avulsion）：由他處崩脫而附着於此處的土地，則此塊崩附地當然屬於被附着的國家。

3.三角洲與島嶼（Delta and Islands）：即在河口因砂石堆積而成狀似三角形的土地。島嶼如出現於公海上，任何國家可視爲無主土地實行先佔；

如出現於領海，則屬領海國所有；如出現於國際河流之中，則視河流界限而定，或全屬一個沿河國，或分屬兩個沿河國。

4.河道的遷徙與乾涸：河道逐漸的遷徙，使河的一岸喪失土地，而他岸則增加土地，屬添附的一種。此外河流突然改道所遺留的乾涸河床，亦使土地增加。但是如果河流乾涸，航線不易確定時，兩岸國家的國界，便以河床的中線爲準。（李鍾桂）

貨物的敵性（Enemy Character of Goods）

依傳統的習慣法規則：凡有敵性的私船所載之貨物，若無反證，一概推定爲具有敵性；貨主具有敵性者，其貨物亦即具有敵性。一九〇九年倫敦宣言第五十八及五十九條亦作如此規定。惟因個人敵性之標準向無普遍承認的國際法規則，於是隨貨主而異的貨物敵性問題也就沒有統一的解決標準了。

法國等歐陸國家以貨主之國籍爲唯一決斷標準。因此，敵性商船上的貨物屬於敵國國民者具有敵性；屬中立國國民者無敵性；並不問貨主之住所在敵國或中立國（Lauterpacht's Oppenheim, Vol. II, P. 283-4）。

另一方面，英、美等國則以貨主之本人住所及其商業住所（Commercial Domicile）爲判定貨物敵性之標準：㈠居住在敵國的人所有之貨物，一律具有敵性。依此，則凡住在中立國的敵國國民之貨物無敵性，住在敵國之中立國國民的貨物都有敵性；甲方交戰國國民住在乙方而戰爭發生後仍留住乙方者，他的貨物被甲方（即祖國）視爲有敵性，可以拿捕；却被乙方（即其敵國）認爲無敵性，不可拿捕（Lauterpacht, p. 283）。㈡敵國土地所產之貨物恒具敵性；因此，中立國人民若在敵國有田地，則雖不住在敵國，但該田地所產之貨物仍具有敵性。㈢設在敵國之商業住所，其財產恒具敵性。因爲此種住所之目的在就地從事貿易，其財產與業務構成當地國家資源的一部份，故此種商店之財產應視當地國家之敵性或中立性而判定其是否具有敵性。循是以論，則一中立國國民雖不住在敵國，但他在敵國設有商號，該商號之財產仍有敵性。反之，住在敵國之敵國國民雖在中立國設有商業住所，其財產仍具有敵性。

敵性貨物若在航程中被賣給中立國人民，可否喪失敵性？各國實例有別：法國認爲只要經證明確爲誠意的轉讓，則雖係開戰後所爲，亦可取得中立性。美、英認爲凡開戰前在航程中的轉讓，須視當事人是否預料戰爭爆發而定：若當事人幷非預知戰爭之爆發，而其轉讓確係出於誠意，則應依所在地法律決定所有權是否已轉移，從而判斷貨物有無敵性。反之，若當事人預知戰爭即將爆發而在航程中轉讓貨物，須待中立購買者實際取得貨物以後，才能使該貨物失去敵性；如係由中立者賣給具有敵性之個人，則縱然依所在地法律，該貨物仍屬中立者所有，交戰國亦得予以拿捕和沒收。至於開戰以後在航程中轉讓敵貨，英美認爲無效，換言之，此種貨物在其到達目的地以前，仍具有敵性，可予拿捕和沒收。倫敦宣言第六十條之規定亦同。（俞寬賜）

接近權（Right of Approach）

內國船舶在公海上一律受本國的管轄，故本國軍艦有權可以加以臨檢與搜查（Visit and Search）。但是軍艦在公海上對於任何他國船舶，爲了公安（防止海盜）或搜查戰時禁制品，如覺得可疑，可以行使接近權。

接近權包括：㈠查明旗幟：軍艦升旗或放空槍要求來船升旗，否則可向其船首前放槍一次；㈡若來船仍然不予理會，則軍艦可以升旗表示或放空槍一、二響命其靠近；此時軍艦可遣送軍官一人上船查閱文件、或命商船船長攜帶文件上艦接受查覈，此爲臨檢（Visit）㈢若臨檢仍不能令軍艦艦長滿意，軍艦可派軍官及海員數人上船搜查（Search），不過商船人員除開啓櫥櫃外並無其他協助義務；搜查人員應注意避免損害與恢復原狀，搜查後並應在商船航海日誌上提出搜查紀錄。

軍艦方面若無充分理由而擅自臨檢外國商船，應負賠償責任。又一般所謂「接近權」，是否包括「臨檢」與「搜查」，學說上並不一致，英國學者肯定之，而法美學者多否定之。（邵子平）

動產隨人的原則（Mobilia Personam Sequuntur; Movables Follow the Person）

因爲動產往往分散在各方，不適宜於適用各別不同的所在地法，並且動產係屬人法的性質，所以應該適用動產所有人的住所地法。英美法系國家，有少數立法例或判例是採動產物權，應該適用所有人的住所地法；其所持的重要理由：⑴動產容量較小，方便隨身携帶，往往沒有一定的所在，所以不能依所在地法；⑵動產的所在地容易變動，所以適用所在地法，實有不妥；⑶動產往往沒有一定的所在地，如果適用所在地法，將會發生困難，損害當事人的利益，難保交易的安全。施多萊（Story）雖然主張動產應該適用所有人的住所地法，但是後世的學者也多加以批評。也有少數大陸法系國家的國際私法，採用動產所有人的本國法，因為動產沒有固定的所在，如果要適用所在地法，則其所適用的法律，時常變動，所以應該採動產所有人的屬人法，為動產物權的準據法；並且動產的價格有較不動產為貴重者，是與所有人本國的經濟，有密切的關係，所以應該適用動產所有人的本國法。但是，適用所有人的本國法，也和適用所有人的住所地法，受學者相似的批評。晚近多數國家的國際私法，係採物的所在地法，為動產的準據法；因為動產的所在地，往往受所在國領土主權的支配，而所在地法關於物權的規定，又多涉及當地的公益，當事人服從所在地法的規定，不僅是情勢所必需，並且最足以保護其私人的法益；所以我國涉外民事法律適用法第十條第一項，也從多數國家的立法例而規定：「關於物權，依物之所在地法。」不論是動產或不動產，都是適用物的所在地法為原則。（參閱「物的所在地法」條）。（洪力生）

既得權（Vested Rights）

國際私法上的既得權，就是依內國國際私法認為有管轄的法律所合法取得的權利，而在他國認其為有效成立的意思。英美學者、施多萊（Story）、戴西（Dicey）、卞爾（Beale）、及法國學者皮拉（Pillet）等人，都是近世主張既得權的有力學者。皮拉把法律衝突的問題，分為兩種：一是權利取得問題，就是關於權利的取得、變更、喪失的準據法問題；一是既得權問題，就是關於權利依有管轄權的法律所合法取得以後，在他國的效力問題。例如：有法國國籍的夫妻，已在法國離婚，後來在義大利發生離婚的效力問題，如果這對法國籍的夫妻是依照法國的法律而合法離婚，（這是取得權利問題），雖然義大利的法律是禁止離婚，但是義大利的法院卻應該承認這種離婚為有效。因為該夫妻在法國的合法離婚，已構成了一種既得權。如果當事人已經合法取得的權利，或合法有效成立的法律關係，只因為變更當事人的住居地、國籍、或變更物的所在地，就不顧其原來所依據的法律，而否認其所合法取得之權利，或已成立的法律關係，頗不公允。所以現今各國有將既得權的原則，規定於國際私法者，如德國民法施行法第七條第二項規定：「外國人已屆成年或具有成年人之行為能力者，縱因其取得德國國籍，而依德國法律應為未成年，其成年人之行為能力不因而受影響。」又如瑞士居民法第七條第六項規定：「瑞士國民在外國，依該外國法律已有效成立之婚姻，在瑞士亦屬有效，但有詐欺而規避瑞士法律關於婚姻無效之規定者，不在此限。」但是，適用既得權的原則，如果是漫無限制，就容易被濫用，發生詐欺而規避法律的弊端，反而妨礙法律的安定，所以既得權需要具備兩種要件，始能有效成立。這兩種要件就是：㈠須依取得權利地國法律為有效的合法取得：既得權既然是權利取得後的效力問題，其本身如果不是依取得權利地國的法律合法取得，在他國當然沒有承認其效力的道理。所以凡是因偷竊、未經法定時效，不法贈與或移轉等所取得的權利，如依取得地國法律，為不法取得的權利，不能認為既得權；因為在取得地國尚且不認為有效力，在其他國家更沒有承認其效力的道理。㈡取得權利地國的法律、須為內國國際私法認為有管轄權的法律：例如、有日本國籍的夫妻兩人，已在日本依日本法律合法結婚，後來在中國法院發生婚姻是否有效的爭訟，依我國涉外民事法律適用第十一條規定：婚姻成立之要件，依各該當事人之本國法。該日籍當事人既然依照日本法律結婚，而日本法律就是我國國際私法認為有管轄權的法律，所以我國法院應該承認其婚姻為有效成立。再者，既得權原則上雖然被尊重，但為顧及內國的公安或重大利益，亦有兩種限制：㈠既得權有違反內國的公安或公共秩序或善良風俗者：例如、子國法律認堂兄與堂妹結婚為有效，丑國法律則認為這種結婚有礙風化而加以禁止；有堂兄妹甲乙兩人在子國結婚後，甲在丑國主張已在子國與乙為有效的合法結婚，而向丑國法院提起夫婦同居的訴訟，丑國法院將以其違反內國的善良風俗，而駁回之。㈡在外國取得的權利為內國法制所無者：例如子國法律規定，動產不能作為抵押標的，凡是依他國法律取得的動產抵押權，不得在子國主張其既得權。（洪力生）

既得權之尊重

國際投資為二十世紀國際公法主要課題之一，其中牽涉既得權，既得權如何保障，有下列諸說：

一、國際法上，國家得依各種措施，剝奪其國民之財產，干涉其財產之享有及行使。其國民之財產權益，若為所謂「國際應予承認或保護，而其享有人不致不經裁判而任意被剝奪（Deprived arbitrarily without justice）」之權益即所謂「確定的權利（vested right），或既得權益者，受有「正當法律程序」（Due Process of Law）及其他憲法上之保障，除非眞正爲「警察處分」有緊急必要，或爲策進「國民全體之福利」（general good）所需仍不能依「事後法」（Ex post facto Law）剝奪或干涉其財產之使用收益，可謂係現今諸法治國家所共採之法則。著名之美國憲法「第十四次修改條款」（Fourteenth Amendment）對於財產權之保護規定，便是其著例。西德憲法亦宣明所有權及繼承權受有憲法之保障（第十四條第一項）。國家雖得將其徵收，但只限於爲公共福祉（Wohl der Allgemeinheit），始得爲之，並應遵守規定補償之方法及金額之法律；至於補償金額則應「依正當方法衡量全體與當事人雙方之利益」（Unter gerochter Abwägung der Interessen der Allgemeinheit und der Beteiligten）而定之。關於補償金額有爭執時，被徵收人並得向普通法院提起訴尋求救濟（第十四條第三項）。而中華民國憲法亦設有財產權之保障規定謂，「人民之財產權，應予保障」（第十五條），「除爲防止妨礙他人自由，避免緊急危難，維持社會秩序，或增進公共利益所必要者外，不得以法律限制之」（第二十三條）。而「私人財富及私營事業」，只限於可「認爲有妨害國計民生之平衡發展者，始得以法律予以限制（第一百四十五條一項）。上列憲法上保障固僅係國內法之限制，但其觀念已反映於國際條約。一九四八年之美義友好通商航海條約（Treaty of Friendship, Commerce and Navigation between the United States and the Italian Republic）第五條第二項規定：「締約國一方之國民，公司及其他法人之財產，在他方之領土內，非經法律之正當程序（Due Process of Law）並迅速給付相當而有效之補償（just and effective compensation），不得予以徵收云云」便是其著例。

國家之干涉行爲之自由之限制及違反該限制時其責任之成立，涉及所謂「國際法與國內法之界限（Limit between International Law and municipal Law）問題。國內法之免責規定固不能援用以免除國家之國際法責任，他面，國家對其國民財產權之剝奪或其行使等行爲所受上述限制卽屢受國內法限制，其在國際法上仍有極其廣汎之自由。尤其對於其國民之財產實行徵收或國有化，應屬其「內國管轄」（Domestic Jurisdication, domaine reseve）者爲然。惟此自由在性質上尚非絕對，當可另依條約或協定，予以限制，只是此例外限制之情形，迄今幾未發生，乃屬週知之事，玆無庸贅述。國家對於國民所有之財產享有如此處置或干涉之自由而其國民至多能依其國內法，循國內程序獲得救濟而不能逕依國際法尋求救濟。其所以如此，如常設國際法庭在泛維志鐵路公司（Panevezys-Saldutiskis Railway Cose）一案之判決（一九三九）所云實因國際法上尚無使該國民提訴之制度而然。外國人在國際法上，並不享有比國民更廣汎或與國民相等之財產取得數。外國人一經取得財產後，國家對其財產實行徵收、國有化，警察處分及其他措施時，必須具備國際法所定之條件始可。國家對於外國人財產之干涉受有如此限制，亦可謂因外國人之本國得依外交保護權對該國，抗議提訴干涉而外國人之財產權，則依之享有國際法律保護然也。既得權之法律觀念係就此對於外國人財產之國際法律保護觀點產生，只是尚未確臻成熟而已。

由於「既得權」概念愈益成長，終於在國際法上成立「既得權尊重之原則」（Principle of respect for acquired rights）。而一般國際法學者似已承認此原則之存在。惟仍應注意「既得權」之概念，尚未經明確之定義而其權利本身亦尚未有有系統之分類。既得權之國際法概念可以稍呈模糊狀態，而其分類迄未分明，實應歸因於向有一種因循看法認爲，私人之財產權，除非條約或具備某種國際法拘束力之契約另有規定，否則，應受國內法之支配，而其本身欠缺特定之國際法意義，因而造成混淆。此種看法顯有誤謬。國家固係國際法上最重要之主體，而其重要性當非國際組織及其他國際法主體所可比。國際法上不法行爲通常係因國家權益不法被侵害而發生。但個人之財產權益被侵害，所以亦爲國家責任成立之事由，實因其被視同國家權利被侵害而然。個人之財產權既非國際法上之權利，對其不法侵害不卽爲對爲對國際法上權利之不法侵害，自有擬制爲國家權利被侵害之必要。如日內恩（Jennings）教授就「國家契約」（State contract）所云，以往「在傳統國際法上個人尚非主體」（Not a subject of traditional international law）因此，在國家與個人之間，不能因兩者間契約而成立如國家與國家之「相互義務」（Reciprocal obligations）。在國際法上，爲保護個人之權益，須有「爲保護之國家」（protecting state）介入，經其介入而將國家與個人間之契約義務移置於該國與「爲保護之國家」間，而將其變成該兩國之一方對於他方之義務。由是而發生「由契約範域移進國際法上不法行爲之範域」（Transformation from the realm of contract to the realm of tort or delict）之現象。傳統國際法理論上，國家未履行其與個人所訂立契約之義務，亦未必卽引起國家責任問題。惟觀諸晚近國際實際之發展，頗有所謂「國際法範域擴張」(expandinng scope of internation low ）之趨勢，尤其因「經營特許權」（Concessionary rights）之撤銷而發生之國際法問題，屢借「法律一般原則」上所謂「經營特許權」之「公私混合契約」（Mixture of public and private character of concessionary agreement）或國際法庭在一九五二年英伊石油公司一案判決所引用擬制條約之當地國與特許權人之本國間之「默示契約」（implied contract ）等特殊觀念以謀解決並求私人財產權之國際法救濟。此種嘗試雖未克完全成功，但足以表示私人財產權亟需受有適宜之國際法保護，既得權，若能充份承認其有國際法上存在意義確有助於此國際法上保護之功能，爲此既得權固需有國際法上之根據。克肯海姆教授關於個人在國際法上地位問題，主張「間接主體」（Sujet mediat）說，似有助於既得權之國際法根據之闡釋。克教授因未承認個人當然有國際法主體地位而逕受國際法之保護，但力主個人在國際法上得經國家及其他國際法上有主體地位之團體，「間接獲得授權」（Autorise'par l'intermediaire ）而成爲國際法主體。並基於此間接主體之觀念而試立其財產權爲國際法上既得權之根據，而所謂「既得權尊重之原則」（Principle of respect of acquired right ）卽以該權利觀念爲中心而建立。

二、要明瞭既得權之國際法性質，固先須解明其概念，範圍等基本問題。爲此等問題之研討，個人爲國際法上間接主體之看法，頗可作爲依據，已如前述。個人基於其國際法上間接主體之地位享有之權利，仍須由其本國爲其主張，但在實質上仍不失爲該國個人之權利，而其本國之權利主張之範圍亦胥視該受保護人實際上所具有權利之內容如何而定。他面，自該個人之本國爲其行使外交保護權時起該國卽行使其權利，個人既不能拋棄其權利，亦不能將該權利轉讓第三者。蓋該國自行使外交保護權時起，在國際法上，可謂其就該個人之權利主張其國家權利也。因國家權利主張之範圍爲個人權利內容所限定，研析該個人權利之分類及範圍時，當應注意其與國家權利主張範圍之牽聯。

在國際法上，向無禁止國家不得限制或禁止外國人在其領土內取得財產權之慣例。國家爲保護其重要資源，自有禁止或限制外國人取得特定之重要財產，包括動產及不動產之權利。其實，限制或禁止有戰略性或經濟上重要性之物質，或鑛、土地及其他特定之不動產爲外國人所有，已爲各國相沿適用之立法原則，玆就吾國法律言。土地法第十七條列舉農地、林地、漁地、牧地、狩獵地、鹽地、鑛地、水源地及要塞軍備區域及領域邊境之土地，爲「不得移轉、設定、負擔或租賃於外國人」之土地。其第十八條並規定，「外國人在中華民國取得或設定土地權利」，應受相互原則之限制。又依鑛業法第五條第一項，限於中華民國國民始得取得鑛業權，外國人受限制不能取得鑛業權，但另依其第五條第三項，須俟中華民國國民設定礦業權後，始得依「合組股份有限公司經營鑛業」之方式入股。

外國人只能在此限制內獲得財產權，而「既得權」，則就其在此限制內所取得財產權發生。按權利依其能否克服法律之變動，卽因時間之推移所發生之「法律動態衝突」（Coflits mobiles）而繼續存在，分爲「既得權」與「非既得權」兩大類。私人之權利若因其據以成立之法律，由於新法律之制訂實施而被廢止，卽失其效力者，爲「非既得權」，因廢棄該權利之法律克服其依成立之舊法而導致該權利被廢棄。私人之權利，經「合法、有效取得」（Legally and validly acquired）後，卽使其依以取得之法律被廢止，仍能續存，並受新法律之保護者，爲「既得權」。學者謂，「既得權」，不顧其「產生之現實狀態」（Status quo in which it came into existence ）有所變動，而仍然續存，亦卽此意。既得權，在本質上，必須具體而有確定性，人之「抽象的能力或素質」（Abstract faculties and qualities ）欠缺此性質，不能爲「既得權」。基於此觀念，可謂「既得權」應爲具有經濟利益之財產權益。但並非一切財產權，均能爲「既得權」。蓋「既得權」必須爲具體而確定之權利，而財產權可能僅屬「期待」（Expectation）而未臻具體確定者也。營業狀況或顧客關係，在法律上，可謂具有財產價值，但因其爲內容不具體而範圍又不確定之財產權利，不屬「既得權」。關於此，常設國際法庭在奧斯卡鎮一案（Oscar Chinn Case ）之判決（一九三四年）謂：「有利之營業狀況及顧客關係」（Good-will）爲變移不定之狀況（Transient circumstances），其變動，「不可避免」，故不具備「純正既得權」（Genuine vested rights）之性質。

三、個人依其間接主體地位具備財產權及其在居住國之一般身份權。前者固包括不動產所有權、動產所有權、有體財產權、無體財產權等。屬於後者之權利有身體自由，居住遷徙之自由等自由權暨就業權等。一般身份權具有政治性及精神性，欠少經濟性及金錢價值，在國際法上只逕行引起違反與國民平等待遇及其他外國人待遇標準問題，不須介有「既得權之保護」觀念，即可構成國家責任。對此，財產權有經濟性，具備特定之金錢價值，往往需要藉「既得權之保護」觀念，以決定國家對於外國人財產實行徵收，或警察處分等措施，是否因違反該觀念而被認爲國際法上不法行爲而應就其負擔國際法責任。而其爲國家之補償義務及補償標準之決定，可做爲基本觀念，亦要爲國際判決所提及並爲一般國際法學者所承認。由是可知，國際法上，個人之既得權確屬存在，但理應限指財產權。

國際法上既得權，雖限於財產權，亦即限於具備可以金錢估定之特定價值之財產之權利，但該財產權之標的，其範圍是否受有限制，迄今尚有概括主義與限制主義之爭。動產、不動產等「有體物」（Tangible goods）均得爲該財產權之標的，固不成問題，向無爭論。但無體財產是否亦包括在其範圍內，則學者間意見仍有分歧，衆說紛紜。雖有採取限制主義而認爲該財產權之標的應限於動產、不動產等有體財產者，惟現今有力學說趨採概括主義，主張除有體財產外，無體財產亦得爲該財產權之標的。亞瑪多（Amador）說：「（得爲既得權之）財產權不限於動產物權。不動產物權及其他對於有體財產之權利（Rights in rem to intangible goods），並包括如有經濟內容之契約權利（Contractual rights whose content is economic）亦均屬其範圍內」；換言之，「任何種類之權利及利益（Rights and interests of every kind），包括工業財產權及著作權（Industrial, Literary or artistic property）在內，均得爲該財產權」。日內恩（Jennings）教授，則由確證「既得權尊重之原則」，進而主張關於可作「既得權」之財產權之範圍，應採概括主義。日內恩教授贊成亞瑪多在一九五九年以「特別報告人」（Special Rapporteur）對於聯合國國際法委員會所提出「關於國際法責任之第四次報告」（Fourth Report on International Responsibility）內所主張關於「既得權尊重之原則」之國際法上地位之見解。亞氏在該報告內有云：「尊重具有財產權性質之私人權利，係關於待遇外國人之國際法原則之一。關於此原則之傳統的見解亟需予以修改，固爲衆所共認。但國際法發展之現況言之，其存在並有效力，已不可否認」。日內恩教授即支持亞氏之此見解並據國際判例指出，既得權尊重之觀念，屬於國際公法之一部分，係爲常設國際法院及其他許多有權威之國際機構所贊許之看法，現已幾無庸爭論。日內恩教授而又謂：「既得權不限於狹義之財產之概念，固包括基於契約或經營特許權協定之權利」。最後，引伸奧康尼爾（O'connell）教授關於既得權概念所作之闡釋，可藉知概括主義愈益普遍。奧教授先指出，「既得權」在國際法上取代「財產」（Property）一詞，意謂私人權利，限於財產權，始得「既得權」。「既得權」一詞可不如財產含有複雜之國內法上技術爲觀念，應予使用以免徒滋紛擾。並謂，「既得權」應有確定性，所謂「不確定剩餘權」（Contingencies）或「期待不動產權利」（Expectancies），則因其不確定性，未便視其能爲「既得權」。最後，其所作「既得權」之定義，顯係依概括主義，其定義之內容如次，即：凡是正當依國內法賦予自然人或法人而具備可估定之金錢價值之權利，則不分其爲有體權利或無體權利，概屬既得權。

四、既得權制度之存在理由

既得權制度存在於國際上，雖經被確認，並有其獨特之作用，但其作用，頗受限制。因爲如日內恩教授所說，既得權之概念，其內容並不能「先驗的」（a priori）確定，屢須依司法判例予以確明。而該權利在性質上，亦尚有「問題性」（of a question-begging charater）。只是因爲爲既得權之私人財產權，其取得享有須依特定國家之法律而已。其所以爲既得權而引起國際法問題，係因爲其有所謂「國際法與國內法間之連環」（Link between international law and municipal law）可作爲基礎而然。雖然如此，其仍有相當之存在意義，實有其理由。按運用既得權之概念，既可藉知何種權利國際法應予保護，何種權利國際法不需予以保護，兩者之間互有分際。私人之特定權利係屬前者之範疇，若因國家之不法措施而蒙受損害，該私人若爲他國國民，則大致引起國家責任問題。特就國家繼承之觀點言，私人財產權先依特定國家之法律成立，由該私人取得享有，旋因他國依法律欲變更其權利關係，或剝奪其權利而收歸爲該國之所有。於焉，引起既得權之保護問題。另一方面，並因兩個國家之法律前後相繼適用而發生「法律之衝突」（Collision of Law）問題。若法律之適用不能溯及既往，則該私人之財產權，既係已依法取得之權利，固應受保護。恩卡克伯（Kaeckenbeck）謂：「既得權尊重之原則」，可謂「法律不溯及既往原則之另一個側面」（The other side of the principle of non-retroactivity of Law），尚屬正確。由此可獲在國際法上既得權應受保護之法律基礎，並藉此而知一國國民之財產權被他國侵害以致發生國家責任之事由存在。至於有此重要存在意義之「既得權尊重之原則」在國際法淵源之分類中，應佔何一位置，爲明瞭既得權制度之存在理由，固有言及之必要。羅梭（Rousseau）教授指出，「既得權制度萌芽於民法之基本原則中，旋經國際判例反覆援用及承認，終於發育生長而位列法律一般原則之一」Elevé àlahauteur d,un principe général du droit）。因此，依羅教授之意，「既得權尊重之原則」應屬法律一般原則。若是，則該原則爲國際法上從屬淵源，在適用次序上，次於國際條約及國際慣例，而僅有彌補其「漏洞」而補充適用之作用。斯說是否妥適，似有疑義。稽諸國際判例，似未必貶置其於法律一般原則之從屬淵源地位。而在國家責任引起法律爭執時，該原則亦屢次當然而不附條件地被援用以確定私人財產權被侵害時，有何種狀況即可能引起國家責任之界限。謂其爲國際慣例之一，比諸謂其爲法律一般原則之一，更恰當，可無庸疑。其在國際慣例中，當尚不能如「條約應予遵守」（Pacta sunt Servanda）原則，關於國家承認之要件之國際法原則等爲具備强行性之基本國際慣例，但其可爲普通國際慣例之一，理應不成問題。尤以在國家繼承上，「既得權之理論」（Doctrine of acquired rights）爲極少數「已穩固建立而幾未被爭執」（Firmly established and admits of least dipute）之一。誠然，在國家繼承，「依國際法之通常原則，私有財產應爲受讓國所尊重，由是，就在被轉讓領土因割讓而發生之主權變動，對於私有財產，不發生影響。」又著名之一九五八年阿美石油公司一案（Arabian American oil Company Case），簡稱「阿拉姆克案」（Aramco Case）之國際仲裁判決謂，國家在其領域內，具有賦予其在經營特許協定未終止前不予撤銷之效力之法權，此法權即係基於主權而發生，於國家繼承發生保護作用。

四、既得權之性質，爲研討「既得權尊重之原則」之內容及其與國家責任之成立之關係，亟需予以解明。基於上面之討論，既得權之性質，可分如次數端予以析述。

㈠、既得權有財產權性質

如奧康尼爾教授等學者所指出，「既得權」在國際法上爲「財產權」之代名詞，其範圍不逾越財產權，必須爲可以金錢價值估定之權益，方可。可以「一般身份地位」（Statut juridique général）一詞所綜約之親屬權利、自由權利、就業權利等，則因其只有身份性、人格性等抽象性質而難以金錢估定其價值，應不能認其爲既得權。

㈡、既得權兼有國內法性與國際法性兩種性質

「既得權尊重之原則」固爲國際法原則，而且可謂國際慣例之一，有當然不附條件適用之效力。而爲其核心之「既得權」當係國際法上之權利，只是因其淵源爲國內法，仍不能完全脫離國內法，如其喪失其依以成立之國內法之根據，既得權亦不能依國際法而被主張。日內恩教授等學者指出其置基於「國際法與國內法之關聯」，亦即此意。由是可知其性質並非單純之國際法性，兼有國內法性。

㈢、既得權有時間動態性

專從國家責任觀點看既得權，有私人曾先依以取得「財產權」之國家法律與國家旋而依以剝奪或處置其財產之法律，在時間觀點上，因前後就同一私人財產適用而發生衝突。此衝突並非空間性，而是時間性。亞瑪多指出，其在國際私法上佔有「特殊地位」（special places），諒或鑑於此而然。但就國家責任觀點言，逕謂其有時間動態性，較妥。因爲其問題係因該權利依以成立之舊法被新法廢止以致造成損害而發生故也。至於亞氏所採「既得權係由不溯及既往理論派生」（Derivation of theory of non-retroactivity）之看法，似稍有失確。蓋「既得權」爲「既得權尊重之原則」之核心，而「不溯及既往」，則於適用該原則時，所伴隨之射影觀念也。

㈣、既得權屢有公法私法混合性質

討論既得權之性質時，應注意就「經營特許權」（Concessionary right）所發生既得權之「公私法混合性質」（Mixed private and public character）。在通常情形之下，既得權爲外國人之私有財產權，具有私法性質。在此既得權中，「經營特許權」，尤與外人投資有密切之關係，而外人投資往往與鐵路事業以及其他具有「公業」（Public utilities）性質之事業甚有關涉。一因該投資事業有長期性及發展經濟性；二因該投資事業與當地國人民之福利有極密切之關係，該外人投資之對象脫離純粹私人營利事業之範圍而滲入公共事業分野。外人投資雖屬外國人之私有，但因其在國際社會上所發生之作用上有公的性質，如晚近奧康尼爾、莫斯拉（Mosler）等學者所指出，其既與

「政治秩序」（Political order）有密切關係，難免有公法與私法混合之性質。外國人依有如此公法混合性質之投資所取得享有之經營特許權，自帶有公私法混合性質。因而對其適用「既得權」之概念時，固應注意「既得權」帶有公私法混合性質，與一般「既得權」比較，實有特殊之處。奧康尼爾指出，由於該「既得權」有此特殊之混合性質，若對其適用「既得權尊重之原則」，自必發生該「既得權」不得廢棄之特殊觀念。

五、國家責任，概括國家就外國人財產權造成損害之一切情形，均可能因其違反「既得權尊重原則」而成立，不限於「嚴格意義之徵收」（Outright expropriation）一者。凡是其財產權屬於既得權之範疇而因國家所實行之措施而致其行使、享有受干涉（Interference with exercise and enjoyment of acquired rights）者，國家責任均可因而成立。具體言之，國家剝奪外國人財產或對其實行國有化，固屬國家責任成立事由之著例。除此之外，國家如有如次數種對於外國人既得權「干涉」情形之一，均可成立國家責任。即：(1)其所有之動產被廢棄時，對其不支付應由政府信託基金支付之終身定期金；(2)迫令其接受政府不履行契約之要求；(3)剝奪其貨物處分權；(4)依行政措施使其不能行使財產權等。「既得權尊重之原則」，既得國際慣例，固可作為決定使國家因其對於外國人財產作各種「干涉」負擔國際法責任之依據，違反該原則，固為國家責任成立事由之一。「既得權尊重之原則」，其內容約略可分為如次兩點。第一、既得權不能依法律之溯及既往適用而侵害之。第二、既得權應依國際法原則及公平原則予以尊重及保證。「既得權尊重之原則」，雖為國際法上原則，但尚非絕對之原則（Absolute dictum），或許不足以阻止國家徵收外國人之財產或干涉外國人財產權之享有及行使。侵害「既得權」之行為，若違反所謂「文明國家之公序以及法律上平等（Juridical equality）之原則」，應視為促成國家責任之不法行為。在本節特就「徵收及國有化」及「契約之廢棄及其義務之不履行」兩種比較重要之問題，研析國家因干涉外國人享有、行使其既得權，依「既得權尊重之原則」應負擔國際法責任之情形。

六、國家徵收外國人財產或將其收歸國有，在何種情形之下，始因違反「既得權尊重之原則」而應負擔國際法責任？此係一個比較微妙之問題。國家對於外國人財產實行國有化或所謂「一般徵收」措施時，如具備如次條件者，原則上不至於負擔國際法責任，即：(1)必須該措施係為「公共目的」（public purpose）或「公共利益」（public interests）而實行；(2)必須對於外國財產所有人給付補償，未因有差別待遇之情形而致該外國所有人蒙受損害；(3)必須國有化或「一般徵收」措施之實行，未欠缺正當理由而發生「失常」（Irregularities）之情形，以致外國人之財產蒙受損害。國有化或所謂「一般徵收」欠缺上列條件之一時，始可有援引「既得權尊重之原則」而使實行國有化或所謂「一般徵收」之國家負擔國際法責任之理由。對此，在普通徵收，國家實行其措施，若有觸犯「既得權尊重之原則」之情形時，應負擔國際法責任。亞瑪多於一九六〇年為聯合國國際法委員會所起草之國家責任公約修改草案第七條第一項規定：「國家徵收外國人之財產者，如其所採取措施不遵守受損害之財產所有人（Affected holder thereof）取得財產時生效之國內法律之規定，則應就其徵收負責任」，亦即此意。在此規定內「取得財產生效時之國內法律」一段，所指情形如何？字義不十分清晰，尚需予以闡析，以資明瞭普通徵收觸犯「既得權尊重之原則」之情形。在徵收國尚未實行徵收前頒訂法律，而外國人依該法律先已在該國取得財產權者，此係該當情形之一。外國人在他國已依該他國法律取得財產，而後該財產因搬送或貿易運送至該國，被置於該國，旋經該國對其實行徵收者，此係該當情形之二。外國人在此兩種情形依以取得財產之法律，便是上引公約草案規定中「取得財產時生效之國內法律」。「既得權尊重之原則」對於國家責任之成立，於國家繼承，尤具意義。茲特就其涉及國家繼承之觀點再闡論如次。國家繼承國際法，基於沿用已逾一個世紀之「私有財產之尊嚴」（Sanctity of private property），亦即「既得權應予尊重」之觀念而設有一個法則謂，繼承國不得干擾其所合併吸收之領域內之私有財產。據奧康尼爾教授之研究，此法則之成立實應歸功於美國長久循沿之一個判例，該判例有謂：歸併於美國之領域內之私有財產不因該歸併行為而被「廢棄」（Had not been abrogated by the act of incorporation），甚且於該歸併行為後並受美國憲法有關財產權規定之保護。惟為詳確「既得權尊重之原則」，就國家繼承，對於國家是否應因徵收外國人財產而負擔國際法責任之問題，如何影響，需要分別普通徵收與一般徵收及國有化，予以研討。如奧教授所指出，觀諸晚近基要工業之國有化事件，國家責任却不因其觸犯「既得權尊重之原則」而成立。至於普通徵收則或可謂繼承國更之權限應不比國家在普通情形所具有徵收權限狹小。惟即使因領土主權之變更而致被歸併領士引起社會上及經濟上之變化，該原則仍有就徵收條件及補償金額等觀點，發生抵制徵收之作用，繼承國可能因觸犯該原則而負擔國際法責任。換言之，「既得權尊重之原則」，雖無阻止繼承國徵收外國人在被其歸併領土內之財產之效力，但該國之是項徵收，基於「既得權尊重之原則」應具備如次條件。第一、繼承國據以徵收之法律，其規定之內容必須「確定且明晰」（Specific and express）。第二、受理徵收案件之繼承國法院，應斟酌以「不溯及既往之原則」爲「解釋原則」（Rule of interpretation）之觀念，而於外國人財產被徵收時，如在法律適用上有混淆不當等情形，則應作嚴格解釋，以利外國人既得權之維持。第三、繼承國不得超過必要之範圍而干涉外國人之享有行使其財產權。至於外國人之財產，要得就如此情形，依「既得權尊重之原則」受國際法之保護，必須該外國人取得其財產合乎誠實原則，方可。唯有如此，該外國人始能就其財產享有既得權。由是可知「既得權尊重之原則」只限於外國人財產權可認爲「既得權」者，始有保護其免因繼承國之徵收而致其權益徹底的、任恣的被損害之作用而已。該原則，雖有策使繼承國就徵收行使其裁量合乎「不偏狹」（Impartiality）之標準之功能，但不能使外國人之財產享有徵收之豁免。基於上面之討論，可謂「既得權尊重之原則」，於國家繼承對於國家責任之成立，亦僅發生有限度之作用而已。

七、國家不履行其與外國人所訂立之契約，包括具備被認爲「公私混合法契約」或爲所謂「準國際法協定」（Quasi-international law agreement）之「經營特許協定」（Concessionary agreement）時，是否應即被認爲國際法上不法行爲而就其負擔國際法責任，向有爭議。現在一派有力之說法謂，對其可適用「契約神聖」（Sanctity of contract）之原則，國家不履行該契約時，可依以確定其爲國際法上不法行爲而成立其國際法責任。稽考其意，「契約神聖之原則」爲諸文明國家民法所共認之原則，可視爲法律一般原則之一，既無有關之國際慣例，除條約另有規定外，自可依該原則視國家之不履行契約爲違反該原則之行爲。因而爲國際法上不法行爲，可作爲成立國家責任之事由，甚且有如鄭昊博士等學者，强調國際法上「誠實原則」應伸展其適用範圍之餘，概括該原則爲「誠實原則」之一部分，違反該原則，即係違反「誠實原則」，視同國家因違反「誠實原則」而成立國際法上不法行爲，並負擔其國際法責任。至於對於「經營特許協定」之違反能否準用條約法上「條約應予遵守」之原則，於此，尙無庸特述，姑不詳提。另一方面，外國人基於該契約所具備之權利亦可能因準據法之變更，該契約被終止，而致被喪失。在此情形，契約之終止及外國人喪失其契約權利既因準據法之變動所致，尙難謂其違反「契約神聖」或「契約應予遵守」等原則而使國家負國際法上不法行爲之責任。但「既得權尊重之原則」，就此觀點，對於國家不法行爲及其國際法責任之成立，又有某種重要之關係。按準據法之變動既在外國人依原有準據法取得其契約之權利以後發生，依準據法使其喪失，有法律溯及既往之情形，當係違反「既得權尊重之原則」。因其違反「既得權尊重之原則」，故成立國家之國際法上不法行爲及其國際法責任。

一九五九年阿拉姆克一案（Aramco Case）之國際仲裁判決，可謂係就法律之溯及既往適用所引起「國家契約」之廢棄或義務不履行而適用「既得權尊重原則」依以確定國家責任之著例。依該判決，國家欲「行使其主權」Exercise of its soueregnty）而廢棄其與外國人所訂立契約，尤其欲廢棄經營特許協定或不履行該協定時，在國際法上，往往却受該協定之拘束而不能予以廢棄，而外國人又依該協定享有「不可撤銷之權利」（Irretractable rights）。外國人之如此權利具有既得權之性質，國家如新訂法律依以廢棄該協定，撤銷外國人之該權利，當構成法律之溯及適用，「明顯地侵害」Clear infringement）既得權，即不合乎法律不溯及既往適用之觀念，自因違反「既得權尊重之原則」而應負國際法上之責任。亞瑪多於其一九六〇年所訂之國際法責任公約修改草案第八條列擧契約之不履行構成「影響既得權之措施」（Measures affecting acquired rights）之情形而國家就其應負國際法責任之情形如次。即：(1)契約所定義務，其不履行，未克依國家之「公共利益」，「經濟上必須（Economic necessity）等理由使其正當化或有「拒絕審判」之情形者；(2)契約或經營特許協定受國際法或具有國際法性質之法律原則之適用而國家不履行該契約所定之義務者等。意即國家不履行契約無正當理由或即使有正當理由，若該契約在法律適用上有第二種情形者，均構成對於既得權之侵害，依「既得權尊重之原則」，應負擔國際法責任。

八、「既得權尊重之原則」以既得權爲其中心觀念。而所謂「既得權」，則限於財產權亦即外國人依其所謂國際法上間接主體之地位所享有之財產權。關於該財產權標的之範圍，現今國際法趨採概括主義，不限於不動產、動產等有體財產，即使專利權、商標權及其他無體財產權，亦包括在內。既得權，除有財產權性質外，並兼備國內法與國際法兩種性質，且有時間動態性。

依「既得權尊重之原則」，財產權利旣依特定國家法律正當成立，國家不得於事後干涉而予以損害。其運用與法律不溯及既往之原則互有關聯，固不待言。而其就國家繼承時國家責任之成立，尤有重要意義，事爲衆所共認。但應注意者，「既得權尊重之原則」，其對國家責任之成立所具備之作用，尙受有限制。例如徵收國有化或所謂「一般徵收」，即使觸犯此原則，尙不致因而即成立國家責任是。至於國家與外國人訂立之契約，則其義務之不履行，甚且廢棄，依該原則以成立國家責任之可能性更少。在普通契約，限於其準據法變動時，國家依新準據法不履行或廢棄該契約者，構成法律之溯及既往適用，依「既得權尊重之原則」，國家應負國際法責任。至於經營特許協定，則其廢棄，已不是單純之法律之溯及既往適用，所謂「明顯地侵害」既得權，因而成立國家責任。（劉甲一、張彝鼎）

區域安全制度（Regional Security System）

一九四五年舊金山會議制訂聯合國憲章時，對區域安全組織問題，討論頗多。各國鑒於國際聯盟的集體安全制度脆弱，對維持世界和平幾無貢獻，特於憲章中確定安全理事會負維持國際和平與安全的主要責任，并設「區域辦法」專章（Chapter VIII Regional Arrangement），明定區域安全制度的要旨：

(一)聯合國憲章不得認爲排除區域辦法或區域機關（Regional Agencies）用以應付關於維持國際和平與安全，而宜於區域行動的事件。但此項辦法或機關及其行動，以與聯合國的宗旨和原則符合者爲限。

(二)締結區域辦法或設立區域機關的聯合國會員國，將地方爭端提交安全理事會以前，應依該區域辦法，或由該區域機關，力求其能達成和平解決。

(三)安全理事會對於依區域辦法或由區域機關尋求地方爭端的和平解決，這不論是由關係國主動，或由安全理事會提交，都應鼓勵其發展。

(四)安全理事會對於職權內的執行行動，在適當情形下，應利用此項區域辦法或區域機關。除特別規定外，如無安全理事會的授權，不得依區域辦法或由區域機關採取任何執行行動。

(五)爲維持國際和平與安全，依區域辦法或由區域機關所已採取或正在考慮的行動，無論何時，應向安全理事會充分報告。（陳紹賢）

偷掠行爲（Marauding Acts）

凡在戰場上對軍隊、傷兵、病兵、或屍體之財物——包括手錶、金錢及其他飾物或衣服等——所作之刼掠行爲，均稱偷掠行爲；這種行爲是戰罪的一種，無論行爲人是平民或軍人，均得由交戰國加以處罰（參閱「戰罪」及「戰犯」條）。（俞寬賜）

連結因素（Connecting Factors）

即據以連結涉外案件與其應適用某國法律的基礎。國際私法的功用，在爲涉外案件決定其應適用何國的法律。此一程序，在使涉外案件與一國的實體法發生連結。不過，一宗涉外案件所以與某一國家的實體法發生連結者，係因案件之事實中，某一種事實或幾種事實的存在，使該案件與某國實體法之間，發生最密切的關係。例如，日本人某甲在英國設有住所，在法國訂立遺囑，死後在德國遺有不動產，向我國法院提起涉外繼承的訴訟。在此案件的事實中，可用以決定準據法者，則有某甲的日本國籍，其在英國的住所，在法國的行爲地，在德國的物的所在地，及在我國的法庭地。這些事實，學者稱其爲「連結因素」或「連結點」（Points of contact），亦即據以連結涉外案件與適用某國法律的基礎。（洪力生）

情勢變遷原則（The Principle of Rebus Sic Stantibus）

所謂情勢變遷係指條約締結以後，客觀環境若發生締約當時未曾預料到的重大且根本的變化時，條約的效力即可因此而終止者。

情勢變遷原則本是羅馬法中的一個古老觀念，其主要意義是「假如事情維持不變的狀態」（If the things remained unchanged），換言之條約的生效與締約國履行條約的義務是在客觀情勢與環境沒有變化的條件下。

對於情勢變遷原則的運用，可分三種不同的主張：(1)根據「自保權」原則者認爲：如履行情勢變遷後條約的義務，會影響一國重大利益、安全及發展時，得引用此一原則片面廢除條約的效力。(2)根據契約神聖原則者認爲：條約既經締結後，即不得片面或任意廢止，縱然情勢發生變化，亦不得引用此原則廢約。(3)係折衷前二種主張者認為：客觀條件及環境發生重大變化時，締約一方可向其他締約國要求廢止或修改該約。如遭拒絕時，應提請國際法院判明可否援用此原則，才予以適用。故第三種主張較合宜。

由於許多締約國均常引用情勢變遷原則，故將其適用範圍限於：因情勢變遷，而使條約無存在的必要者；動機消滅者；條約義務的履行可能危及締約國安全者；以及締約國之一參加另一較一般性立法條約，而二者義務相衝突者。以防武斷的適用情勢變遷原則，而損及條約的穩定性。（李鍾桂）

規避內國法

或稱為內國法的詐欺。凡為便利達成某種目的，故意避免內國法的規定，而移往他國，藉以適用外國法，稱為規避內國法。這種規避行為，不但在內國法上可能發生，即在國際私法上，也時常發生。不過，在內國法，當事人是直接規避法律。而在國際私法上，則當事人如果要規避甲國法，而適用較有利於己的乙國法，就必須先在乙國建立連繫因素，然後才可以達到目的，如變更當事人的國籍、住所、或行為地等，學者對這種問題，有稱為「連繫因素的虛偽創立」（Fraudulant creation of points of contact）者。（洪力生）

停戰協定（Armistices）

意即交戰國雙方政府或軍隊為停止敵對行為而簽訂之協定。以其適用之範圍而別，此項協定又分下列兩種：一是「全面停戰協定」（General armistices），即由交戰國雙方的政府、最高統帥、同盟國聯軍總司令、或正式任命的外交代表所簽訂，規定全面停止敵對行為之協定，其效力擴及於海、陸、空軍全體及一切戰場；發生重大的政治後果。這種協定的簽訂，通常是由於㈠一方業已戰敗、或軍力消耗殆盡，必須休戰；㈡一方國內發生困難，必須先行解決；㈢雙方有意言和、或媾和談判已在進行，無需繼續敵對行為；或㈣其他政治目的。例如一八七一年一月廿八日德法全面停戰協定第二條明文宣稱，他們簽訂該協定的目的在使法國政府能夠召開國會，以便決定是否繼續戰爭、或接受何等和平條件。第一次世界大戰末期奧、匈、土、德等國則因無能繼續戰鬥而分別要求與同盟國簽訂全面停戰協定。全面停戰協定通常須經正式批准，但經雙方明白同意免除者例外。

二是「局部停戰協定」（Partial armistices），即由負責某一戰場或某一戰區的司令官所簽訂，規定僅適用於該地區或某一殖民地、或某一軍種（如全體艦隊）之停戰協定，其效力并不及於海、陸、空軍全部。這種協定的簽訂，雖不一定完全為政治目的，但對整個戰局具有重大影響。除約中明白規定外，通常不須經過批准程序。

至於停戰協定之內容，則由交戰雙方商訂。通常必須規定停止敵對行為及其有效之日期與地域；有的協定并進一步在兩軍之間劃定中立地帶，以防停戰期間發生戰爭；有的還規定雙方人民交往的辦法，或其他拘束雙方行動的條件。

停戰協定中若無明確規定，則雙方在停戰期間能否從事戰備行為，乃是頗多爭論的問題。惟一般說來，協定簽訂後，交戰國立即通知有關軍隊或官署，使其立即或如期停止敵對行為，并保持各自戰綫上的現狀。但在戰綫以外，則可從事任何進攻或防禦準備，如招募或訓練新兵、調動軍隊、購買或製造軍火與軍器、構築砲台等防禦工事。

停戰協定之開始生效，昔日因交通阻隔，廣濶的戰鬥面積，使軍隊不能同時獲悉協定內容，故可使各地軍隊隨路程之遠近而分別規定停止敵對行為之日期。今則各軍均有無綫電通訊設備，自可同時開始執行。生效後，如果任一方有違約行為，則視情節輕重而由對方採取不同的制裁措施：㈠若違約情節并不嚴重，可提出損害賠償之請求或處罰違約者（海牙陸戰法規第四十一條）；㈡若情節嚴重，則宜佈廢止協定（第四十條）；㈢若嚴重而又情勢緊急，他方得不作通知，逕自開戰（第四十條）。

至於終止生效之情形亦有三種：即㈠協定本身若有效期條款，則自期限屆滿之日午夜失效；㈡協定中如無期限規定，但允許預先通知作廢，則任一方得於預先通知後再開戰（第卅六條）；㈢交戰一方有嚴重違反停戰協定之行為時，他方得廢止之（第四十條）。（參閱「休戰協定」及「媾和條約」條）。（俞寬賜）

梵諦岡城、教皇國（State of the City of Vatican）

教皇國於西元八世紀時為查理曼大帝與其父所立，與其他各國同為一國家，擁有義大利北部土地；但其權威與政治上重要性則係來自教皇爲一教元首之身份，在此時期教皇國爲一完全之國際法主體。

一八七〇年義大利民族國家形成，合併教皇國，並於次年由國會通過所謂「保障法」（Law of Guarantee），由義大利單方面承認：教皇享受國家元首待遇，有民、刑豁免權，亦可與外國交換使節（稱Nonce及inter - nonce）及訂定教約（Concordat）自負國際責任；但是又規定：教皇並非梵諦岡城之所有權人，僅享有利用之權利，城內亦應適用義大利法律，城內犯罪應由義法院全權管轄。此一國內法規定雖然後來未受到任何教皇的承認；但教廷與來往各國在實際上均援用之。因此之故，學者對教皇國之法律地位頗有聚訟，有否認其爲國際法人、有承認之者，亦有認其爲準國際法人者，是爲「羅馬問題」（Quetio Romana）。一九二九年拉特朗條約以後，雖對雙方權義關係作一明確規定，但學者對教皇國之地位問題仍有爭執。

梵諦岡城國佔地僅一〇八英畝，人口約一千人，是否可滿足一般國家成立之人口、土地等要件，甚屬可疑；又有學者以爲梵諦岡城國僅處理宗教事務，故不承認其爲「國家」，亦頗有國家不與它發生外交關係者。梵諦岡城國未參加國際聯盟及聯合國。（邵子平）

救護船（Hospital Ships）

即在戰時以救護及運輸傷者、病者、及遇難者爲專責之船舶。依一九四九年日內瓦「改善傷病兵待遇公約」之規定，無論交戰國政府建造的「軍用救護船」或其本國紅十字會及其他救濟團體或私人所有而經該交戰國許可參與救護工作之救護船，均須有特別標誌（白色外表幷加紅十字）及懸掛其國旗和白底紅十字旗，且容積須在二千噸以上；由交戰國於開始使用前十天將船名及其外形通知敵方。此種船舶應受敵方之尊重，幷免於拿捕；當其在中立國港口時亦不得被視爲軍艦。中立國紅十字會或其他救濟團體或私人所有之船舶經其本國許可而置於交戰國控制下之救護船，其地位相同；惟須懸掛交戰國國旗。交戰國如將商船改裝爲救護船，則在戰爭延續期間不得再改變其用途。

救護船不得從事作戰或妨碍敵方作戰之行爲，不得使用密碼通信，亦不得載運不必要的軍需物質；否則即喪失其應得之權利。敵國雖不得拿捕此種船舶，但得臨檢，指定其駛離航綫、控制其通訊工具、派員登船監督其遵守有關法規、於緊急必要時幷得作爲期七天以下之扣留。

用於救護目的之航空器亦受上述公約之同樣保護。（兪寬賜）

無任所大使（Ambassador at Large）

無任所大使具有特命全權大使的官階和地位，經其政府當局正式任命，領受大使級的官俸，和一般常設駐外大使比較，幾乎沒有差別。所不同的，祇是沒有駐外的固定住所，所以名爲無任所大使或巡迴大使。外交事務繁忙的國家，爲了便利迅速處理偶發的國際事件，平時派定專人，給予大使級的官階和待遇，在國內候機待命，當緊急的國外問題來臨、常駐國外的使節不能到場或不宜於處理的時候，便派巡迴大使以專使身份前往適當的地點，集中時間和精力，負專責，和有關國家的代表商談，等到工作完了或任務達成後，他又留守本國首都，待命行事，設置此種大使的優點，是經常有專人迅速應付緊急事件，無需臨時物色人選，其缺點則爲現有的巡迴大使，不一定是處理某些國際偶發事件的適當人選，他如果長期無事可做，便有尸位之感，在政府方面又未免浪費公帑，所以絕大多數國家不派此種大使。美國杜魯門總統曾派Philip C. Je ssup 爲巡迴大使，詹森總統曾派W. Averell Harriman爲無任所大使，乃是美國外交事務特別繁雜的緣故。（陳治世）

無害通過權（Innocent Passage）

在沿海國領海範圍以內，按照國際慣例（Custom，但一部分學者僅認它爲一種習尙Usage，所以「無害通過權」對沿海國無法律上拘束力云云），其他國家的商船有無害通過權（又稱無冒犯性的航行 Inoffensive navigation），係指他國商船在平時有要求和平地通過的權利，是「公海自由」原則的擴大（或尙剩）適用。（最新規定請參照一九五八「關於領海及鄰接區的公約」）。

所謂「無害」又包括不作走私、間諜等行爲；所謂「通過」又兼及必要的停泊（但非沿海貿易Cabotage）；商船無害通過權包括：領海國無權向商船徵稅，要求繳（修燈塔等）費，除非該商船拋錨停泊（有反對說）或進港。沿海國對領海有獨佔的管理權，是無疑問，但是它是否對作單純通過的商船有警察、檢查的權利？大陸國家似多反對，海權國家如美、英（一八七八年通過英國領海管轄法，受到許多學者批判）的肯定主張尚未得到一般國家的承認。對於進口停泊的商船，若其有影響船外的事件發生，應受領海國的管轄，關於純粹商船內部的案件，法國等及部份學者主張領海國無權過問（但亦有反對說），許多商約訂定由商船內國領事管轄。

軍艦有無害通過權否？學說不一，實例則在通常情形下默許之。但兵船無害通過國際航道中他國領海部分，則似是國際習慣法。依 Corfu 案判決，兵船通過時不得「掃雷」，不得採取戰鬥態勢，亦不可集中多數軍艦。再外國軍艦無權任意進入本國港口，此是定論。（邵子平）

無條件投降（Unconditional Surrender）

二次大戰發生後，美國自始卽欲置身事外，然在心理上與歷史淵源上，美國實不能不竭力支持英國。迄至一九四一年年底，日本偷襲珍珠港，迫使美國實行參加大戰。一九四三年一月間，美總統羅斯福、英首相邱吉爾、及法國戴高樂將軍等會於北非之卡薩布蘭加，以決定共同作戰之基本方略。在此次會議時，共同商決下列原則：

「同盟國家與軸心國家作戰到底，非至敵人無條件投降決不終止。」

「戰後解除軸心國家之武裝，使侵略戰爭不致再度發生。」

除上述基本原則外，同時又決定「先打敗德國，然後打敗日本」的戰略。

美、英兩國首長之決定上項基本作戰方略，在當時也許是澈底消滅軸心國家的表示，其動機原未可厚非；但是事後證明此種「無條件投降」的要求，則是釀成二次大戰後緊張局勢的遠因。

納粹國家在盟軍澈底轟炸以後，早有向盟國投降之傾向，但由美、英堅持無條件投降之故，遂不能不作困獸之搏鬥，卒致使蘇俄得以乘機控制東歐及東德，造成歐洲爾後的眞空狀態。日本亦然，當納粹德國崩潰之後，亦早欲向美國投降，惟因美國堅持「無條件投降」之故，惟有不顧犧牲，作戰到底，卒致接受無條件投降之事實。然而因美國爲欲使日本「無條件投降」，故不惜在雅爾達會議時，出賣中國利益，竟與蘇俄簽定「雅爾達密約」，以引誘蘇俄出兵滿洲。職是之故，遂使蘇俄得以入侵滿洲，更由蘇俄之入侵滿洲，而造成中共匪幫由東北侵入華北，由華北而竊據整個大陸之惡果。

由上述事實觀之，卡薩布蘭加會議決定之「無條件投降」，實爲戰後二十餘年來東西冷戰之基因。已故羅吉斯（Will Rogers）說：「美國從未輸却一次戰爭，但也從未贏得一個和平」；其言正是爲此而發。（鄧公玄）

參考文獻：

C. O. Lerche Jr.: Foreign Policy of the American People, Chap. 6, Part III.

無國籍（Statelessness）

或稱消極的國籍衝突，卽一人並不具有任何國籍。一人出生則無任何一國的國籍，或出生後喪失其固有國籍，而未取得新國籍，都構成無國籍。無國籍人不僅受不到其本國的保護，並且不能享受公法上的權利。又就國際私法言之，當事人無國籍時，則適用其本國法，也發生困難；所以各國往往採用國內立法或召集國際會議，以制定法律或公約，避免或減少發生無國籍的弊端。前者如我國國籍法第一條第四款規定：生於中國地，父母均無可考或無國籍者，屬中華民國國籍；後者如一九三〇年海牙國籍法衝突公約第七條規定：「一國之法律規定發給出籍許可證書者，除非領得證書之人，已有另一國籍，或已取得另一國籍，此項證書對之不應有喪失國籍之效果。」都是避免或減少發生無國籍的規定。一九五三年聯合國國際法委員會第五屆會議時，曾通過一個「取消未來無國籍狀態公約」（Convention on the Elimination of future Statelessness）草案，和一個「減少未來無國籍狀態公約」（Convention on the Reduction of future Statelessness）草案，而將這兩個公約草案送交各國政府及有關國際組織，徵求意見。這兩個公約草案也是爲避免或減少發生無國籍而制定。

國籍的衝突或稱國籍的牴觸，卽一人有時竟然無一國籍，或有時竟然有二以上的國籍所生的衝突或牴觸是。國籍的理想原則是：「一人不可無國籍，又不能有二以上的國籍。」但是，因爲各國國籍法所採的主義不同，以致發生國籍的衝突或牴觸。國籍的衝突分爲兩種：㈠國籍的積極衝突，或稱雙重國籍或重國籍，卽一人有二以上的國籍所生的衝突。㈡國籍的消極衝突或稱無國籍，卽一人無一國籍所生的衝突。不論是國籍的積極衝突或國籍的消極衝突，在適用當事人本國法時，其解決的法則屬于國際私法的範圍。（洪力生）

集體中立（Collective Neutrality）

即在戰爭期間，若干國家依它們戰前所締之條約或戰爭發生後所決議之政策而共守中立之意。此種中立之動機在藉諸國之合作，以達到避免捲入戰爭漩渦或防止戰爭擴大和延長之目的。例如丹麥、挪威、瑞典等北歐國家，在第一、二次世界大戰爆發後均曾召開國際會議，期以共同圓滿維持中立。只是它們最後仍不免被德軍攻佔。（俞寬賜）

集體安全（Collective Security）

為藉聯合行動抵禦侵略確保相互協議各國之安全的一項政策。也是一項國際原則，按此原則，任一國家破壞和平，即破壞全體之和平，而對任一國家之侵略行為，即對一切有權和有責任援助受害國家並抑止侵略之國家的侵略。此一概念與藉助國際安全機構以謀求和平一事有密切關係。

國際聯盟成立之宗旨之一，即為保障各國和平與安全，以維持公道避免戰爭。一九三六年八月，國聯秘書長宣佈「和平不可分割」原則，此即集體安全原則。

二次世界大戰期間（一九三九—四五年），在國際會中，有人提議，使集體安全成為現代國際安全組織體系與聯合國憲章的基本原則之一。各聯合國會員有義務結合自己的力量以支持國際和平與安全，為「公共利益」使用武力（「憲章序言」）。為使聯合國能迅速有效行動，各會員國把採取集體安全措施之一切責任付託予聯合國安全理事會。（吳俊才）

集體屠殺（Genocide）

Genocide（集體屠殺）一字，為希臘文 Genos 與拉丁文 Caedere 的結合，係於一九四五年由李姆金(R. Lemkin)為控訴德國戰犯而創造的。意指侵略軍在佔領區內有計劃地大規模殺戮平民，或國內暴政屠殺異己的種族或宗教人民。

一九四八年十二月九日聯合國第三屆大會通過一項禁止集體屠殺公約（Genocide Convention）。規定：凡大規模殘殺宗教、民族或政治集團的行為，皆屬非法；本公約的簽訂國應依其本國憲法程序，制定法律，使本公約生效；本公約有效期間十年，屆時如不聲明退出，則仍繼續有效，每期五年。（陳紹賢）

黑人意識（Négritude）

巴德摩爾（George Padmore）所解釋的「泛非洲主義」（Pan-Africanism）和第一次非洲獨立國家會議中所用「非洲性格」(African Personality）都是政治的概念；這兩個名詞包含着某種遵循和追求的模式。而都是非洲人高度團結願望的表象。南非的種族隔離政策喚醒了非洲人完全的團結意識；在聯合國中的投票態度為非洲國家達到某種目標的工具；可是就非洲大陸所發生的問題—如剛果（雷市）而言，非洲國家又區分為急進的，溫和的和保守的三種。

「黑人意識」（Négritude）是處理非洲人靈性中更為微妙的問題。這是法語系非洲知識份子所鑄造的名詞，英語系的非洲民族主義者說：「你首先必須尋找一個政治的王國，所有其他的一切將會得心應手」。可是法語系的知識份子最初並沒有設想到「政治王國」（political kingdom）他們所探索的是泛非洲主義的「文化境界」（cultural frontiers）。因此，在一九三○年到一九四六年止，倫敦是泛非洲主義的政治運動中心，而巴黎是泛非洲主義的文化運動中心，自一九四六年後，這兩個支流逐漸滙合，到一九五八年時，已合成為一個主流。

塞內加爾總統桑高(Leopold-Sédar Sénghor)當年在巴黎時，閱讀了許多新世界黑人所寫的詩文，他開始思考非洲黑人的文化價值，而意識到「非洲遺產」的重要性。他在巴黎時結識了一位來自海地的黑種詩人茜賽瑞（Aimé Césaire)。他們兩人深深的感覺到，在直接認眞的處理政治問題之前，必須先恢復對非洲文化價值的信念，而予以重新估價。

茜賽瑞拒絕資本主義和共產主義社會的價值，抗議黑人為劣等種族的議論，他認為非洲黑人能表現某種更豐富更深奧的東西，也就是他們能夠表現內在的天才，而茜賽瑞稱之為「黑人意識」（Négritude）；所謂「黑人意識」是指黑人思想中某種共同的優美品質，它代表黑色人種新的自覺，新獲得的信心以及和非黑色人種迥異的那種卓越人生觀。換言之，作為非洲人有一種驕傲，這種文化的民族主義（cultural nationalism）與政治的民族主義（political nationalism）是一個錢幣的兩面。

桑高在第二次世界大戰後轉而注意到政治問題，他希望在「法蘭西社會」(

French Community)中能夠實現「黑人意識」，他逐漸瞭解：獨立和主權是達到此種地位的必須目標。桑高也明白的拒絕馬克斯主義作為非洲國家建設（state-building）的哲學，他根據人文主義者的立場，認為馬克斯主義是與「黑人意識」的精神是完全不相容的，他也以同樣的方式拒絕西方的資本主義，桑高受耶穌會修士戴夏廷（Pierre Teilhard de Chardin）的影響頗深，所以他提倡社會主義者的人文主義（socialist humanism），重視文化，志在維護倫理精神和人文的原則。按照他的看法，非洲社會主義與其說是從事經濟發展，毋寧說是從事人性的發展。馬克斯主義忽略了精神價值，將人置於冷血無情的唯物論和宿命論的控制下，因而桑高認為非洲社會主義應表現宗教的價值。（參閱「泛非洲主義」和「非洲性格」）（楊逢泰）

黑色九月（Black September）

巴勒斯坦游擊隊所組織之恐怖集團中，有稱『黑色九月』者，原由於約旦王處決巴游份子而起。又在一九七二年九月慕尼黑世界運動大會期間，該組織滲透至運動會宿舍內，襲擊以色列運動員，擊斃及擊傷以色列運動員若干人更引起世人注意。其後黑色九月之活動在歐洲、非洲、亞洲各地，參加劫持飛機及其他恐怖行為，構成恐怖性之激烈活動。一九七二年聯合國第二十七屆大會中，曾討論此項國際性恐怖行為。（張彝鼎）

開戰（Commencement of War）

開戰卽戰爭開始之意，古希臘、羅馬時代，國際間常以正式宣戰之方式表明敵對關係的開始；中古時期仍多沿襲其例。但自十六世紀以後，這種習慣被打破了。格羅秀斯（H. Grotius, 1583－1645）雖曾提出「戰爭須經宣告而開始」的原則，但國際間并不予以遵守。因此，自一七〇〇至一八七〇年間便發生過一百零七次不宣而戰的敵對行為（G. von Glahn, Law Among Nations, London, 1965, P. 561）。十九世紀末葉以後，宣戰之例復見，惟一般言之，仍以不宣而戰為常規。一九〇四年日本襲擊蘇俄在旅順的軍艦以後，國際間才積極謀求補救國際法上無開戰規則的缺點。

首先，國際法學會（International Law Association）於一九〇六年通過決議，主張國際間在提出宣戰書或最後通牒以前不得開始戰爭；而且自宣戰書之提出至實際戰鬥之開始，尚須距離一段時間，以防突襲。翌年第二屆海牙和平會議復正式制訂「敵對行為開始公約」（Convention No. III Relative to the Opening of Hostilities），規定非經宣戰或提出以宣戰為條件的最後通牒，戰爭不得開始（第一條）（參閱「宣戰書」及「最後通牒」條）。

不過由於批准該公約之國家很少（廿八國），以致締約國與非締約國之間及非締約國相互間仍得不宣而戰。迨至國聯盟約、廢戰公約、及聯合國憲章先後簽訂，各國戰爭權利之行使遂大受限制，雖欲從事戰爭者，也不願冒違約之名。所以宣戰實例又漸少見；代之而起者，仍是以敵對行為為開戰的方法。

戰爭開始之時，交戰國相互間及其與中立國間之權利義務關係立卽發生劇變；因此，戰爭起點之決定，至為重要，玆就三種情形說明如次：

㈠經正式宣戰而開始之戰爭，以宣戰之日期或宣戰書上指明之日期為戰爭的起點；至於實際敵對行為是否緊接在宣戰之後或在宣戰後若干時日才開始，則非所問。

㈡對於由敵對行為引起，事後始由受害一方宣戰，或在實際戰鬥進行相當時日以後才宣戰之戰爭，學者們一般認為其法律上的開戰日期亦應以宣戰書提出之日或宣戰書指明之日期為準（Glahn, P.363）。

㈢無宣戰之戰爭，其法律上的開始日期如何決定，尚多爭議。奧本海（H. Oppenheim）認為應以交戰國的主觀意向為決定之標準：卽若採取首一軍事行動的國家有作戰之意思，則該軍事行動卽為戰爭之起點；若採取首一行動者之本意只在實行强制或報復，并無作戰之意思，但忍受該行動之他方視為戰爭狀態業已發生而予以武力抵抗，則戰爭之起點仍應回溯至首一軍事行動之時。

日本一九四一年十二月七日偷襲珍珠港，美國國會於翌日對日宣戰。美國紐約地方法院於一九四六年審判「彭良案」（Louise C. Bennion v. New York Life Insurance Co.）時，認為美日戰爭始自美國國會宣戰之日——卽十二月八日；但巡迴上訴法院認為始自日軍偷襲珍珠港之時（十二月七日）；最高法院也於一九四七年支持上訴法院之判決，拒絕復審。上訴法院之所以如此判決，一是以美國總統一九四一年十二月八日要求國會宣戰時之演說為基礎；因為他在演詞中曾要求「國會宣佈自日本於十二月七日星期天無故和卑怯地襲擊珍珠港時起，戰爭狀態已在美國與日本帝國之間存在。」二是以侵略者的主觀意向為判斷，它（上訴法院）認為：一國以從事戰爭之意向而攻擊他國，他國被攻擊而予以反抗，於是遂產生了戰爭狀態，無需任何正式宣戰形式

。(41 A.J.I.L. (1947), pp. 680-689)。(俞寬賜)

開羅會議　(Cairo Conference)

第二次大戰時，美總統羅斯福與英首相邱吉爾計劃與蘇俄史太林舉行三國首長會議，但史太林要求在德黑蘭開會。邱吉爾乃向羅斯福建議，美、英兩國應先在開羅舉行會議，以便在與俄會議之前消除彼此歧見。羅斯福為避免蘇俄疑忌起見，遂電邀俄國派外長莫洛托夫前來參加，但史太林拒絕此請。

先是美國政府深知中國在戰時與戰後之重要性，主張中國參加美、英、蘇三國外長宣言，於是簽定四國「安全宣言」(Declaration of General Security)。因此，當蘇俄拒絕參加開羅會議後，羅斯福即致電中華民國主席蔣中正，邀請於一九四三年十一月二十二日以前，前往開羅舉行三國會議。事前，羅斯福總統並未得邱吉爾同意，故邱氏深感驚訝。蓋開羅會議原為美、英兩國軍事會議，今乃變而為中、美、英三國會議，而其討論之議程亦有擴大也。

會議於十一月二十二日開始，二十五日閉幕，其主要議題為反攻緬甸與在戰後處置日本等問題。在此次會議中羅、蔣意見融洽，邱吉爾殊不能發生影響，結果除解決軍事問題外，並同意發表開羅宣言。

開羅宣言—在宣言中，中、美、英三國同意制裁日本並懲罰其侵略；主張使日本將其從中國掠奪之東北與臺灣、澎湖羣島歸還中國；並聲明於相當期間內，予朝鮮以獨立地位。當三國代表討論宣言內容時，英國主張不提朝鮮問題，經我國代表力爭，美國代表贊同，英國始勉強首肯。宣言全文如次：

羅斯福總統，蔣委員長，邱吉爾首相偕同各該國軍事與外交顧問人員，在北非舉行會議業已完畢，茲發表概括之聲明如下：

三國軍事人員，關於今後對日作戰計劃，已獲得一致意見。我三大盟國決心以鬆弛之壓力，從海空各方面加諸殘暴之敵人，此項壓力已經在增長之中。

我三大盟國此次進行戰爭之目的，在於制止及懲罰日本之侵略。三國決不為自己圖利，亦無拓展領土之意思。三國之宗旨，在剝奪日本自從一九一四年第一次世界大戰開始後，在太平洋上所奪得或佔領之一切島嶼。在使日本所竊取於中國之領土，例如東北四省、臺灣、澎湖羣島等歸還中華民國。其他日本以武力或貪慾所奪取之土地，亦務將日本驅逐出境。我三大同盟稔知朝鮮人民所受之奴役待遇，決定在相當時期使朝鮮自由與獨立。

根據以上所認定之各項目標，均與其他對日作戰之同盟國目標一致，我三大盟國將堅忍進行其重大而長期之戰爭，以獲得日本無條件投降。

除上述正式宣言外，當時羅斯福總統曾以廢除日本天皇制度問題相詢，蔣委員長表示此次戰爭之禍首為日本軍閥，應首先予以打倒，至於日本國體問題，應留待戰後日人自行解決，並表示在此次戰爭中勿造成民族間永久錯誤，羅斯福總統對蔣委員長意見深為尊重，對日本天皇問題未予提及，此事對日本戰後之安定所關極大。由此足證　總統蔣公睿智之一斑。(鄧公玄)

參考文獻：

The American People's Encyclopedia

Facts on file Yearbook, 1943.

最後通牒(Ultimatum)

即一國斷然向他國提出通知，表明終止就兩國爭端進行和談及提出最後的絕對要求，限期答覆；并說明對方若不如期接受這種要求，即決心採取和平以外的手段。此項手段可以是開戰、佔領對方領土、平時封鎖、或其他報仇等的強制措施。如果言明所要採取之手段是戰爭，則這種最後通牒就是有條件的宣戰書。

最後通牒限期答覆之時間久暫如何？一九〇七年海牙第三公約沒有規定；惟通常很短，例如一九一四年奧地利要求塞爾維亞四十八小時答覆；同年德國給比利時之通牒并未容許考慮；一九四〇年，德國更於派兵侵入比利時後才提出通牒。

依聯合國憲章第二條之規定，一切國家——無論是否為會員國——均負有和平解決國際爭端及不得使用武力或以武力為威脅之義務。因此，從純法律觀點而言，今日任何國家在任何情形下均不得向他國提出最後通牒，其理至明。(俞寬賜)

最惠國待遇條款(The Most Favored Nation Clause)

所謂最惠國待遇條款係指締約國之一，給予第三國某種權利時，其他締約國即可以當然享受同樣權利，而不必另締條約者。

最惠國待遇條款最早出現於一六五四年英國與瑞典的通商條約，以此保護對外貿易。此後美國為實現其保護貿易政策，堅持採取有條件的最惠國待遇條款。但至一九二三年美國採無條件的最惠國待遇條款，藉以保障商業交易上的平等，消除歧見，促進國際繁榮與和平。所以近代條約內所附的最惠國待遇條款，大多數採取無條件特定相互的方式。片面一般性的最惠國待遇條款已成歷史陳跡。

最惠國待遇條款通常見於通商、航海、商業及關稅等經濟利益的條約中，其主要的意義，不是要特別優待某特定外國國民，而是要保障該外國國民不受歧視；不是給予締約國完全相等的待遇，而是給予締約國以平等交易的機會。所以有人主張「最惠國待遇條款」應稱為「平惠國待遇條款」（Equally favored nation clause）。（請參閱 J. B. Condiffe, The Reconstruction of world Trade, 1940, P.266 ）。

「最惠國待遇條款」的效力，就時間言，沒有回溯力，就適用範圍言，不適用於國境交易、特惠關稅、沿岸貿易與開放性多邊經濟條約。（李鍾桂）

華沙公約（Warsaw Pact）

一九四九年四月，北大西洋公約機構簽字，一九五四年十月二十三日，美、英、法等成立巴黎協定。蘇俄原擬加以破壞，於同年十一月十三日照會所有與俄有外交關係之歐洲國家及美國，建議召開全歐會議，討論建立集體安全體系而被美、英、法等拒絕。為求對抗計，乃於十一月二十九日至十二月二日，在莫斯科糾合俄、波、東德、匈、保、阿等八國舉行所謂歐洲國家保障歐洲和平與安全會議，宣稱在巴黎協定被批准時，上述各國在組織武裝力量及其司令部一事上，決心採取共同措施。一九五五年五月五日，巴黎協定被批准生效。蘇俄等八國，於同年五月十一日至十四日在華沙舉行第二次會議，締結八國「友好合作互助條約」，通稱華沙公約，六月生效，有效期間二十年，但必要時，彼此默認可延長至三十年，會議並決定成立締約國武裝部隊總司令部。

條約於十四日上午十時簽訂，全文分十一條。其大意略謂，締約國如被攻擊，各國相互援助，建立聯合司令部，統率根據締約國各方協議撥歸其指揮的各國武裝部隊；任何國家不論制度如何，均得參加本條約；全歐條約如成立，本條約即失效。

華沙公約組織機構為：

㈠政治協商委員會─由每一締約國派一政府成員或一特派代表參加，以「實行本條約所規定的締約國之間的磋商和審查由於本條約的實施所引起的問題」（公約第六條）。政治協商委員會主席，由各締約國代表輪流擔任。委員會下設：①常設委員會─由各締約國派代表組成，負責擬定關於外交政策問題的建議；②聯合秘書處。

㈡武裝部隊聯合司令部─統率根據締約國協議撥歸其指揮之各國武裝部隊。根據聯合防衛的要求和這些國家的協議，聯合武裝部隊駐於締約國領土上。總部設於莫斯科，各締約國首都設有地區本部。總司令，通常由蘇俄派任，各締約國國防部長或其他高級軍事人員兼任副總司令，負責指揮撥歸聯合武裝部隊之各該國武裝部隊。

此外，並設有外長會議，一九五九年四月在華沙舉行第一次會議，其後有關該會議的報導極少。

按華沙公約原為赫魯雪夫的構想，欲藉此加强對東歐附庸之控制。一九六二年起，阿爾巴尼亞即未再出席華沙公約各項會議，實際上等於退出公約組織。一九六六年羅馬尼亞獨立化，一九六八年捷克自由化，皆使華沙公約基礎動搖。捷克事件（一九六八年八月二十二日）後，九月阿爾巴尼亞正式宣佈退出華沙公約，並說，由於俄、波、東德、保、匈等國軍隊對捷之侵略表明，「華沙條約已遭到了最粗暴的踐踏，已從一個防禦帝國主義侵略手段變成一個進攻巳自己成員國的手段」。（吳俊才）

華盛頓三原則（Three Rules of Washington）

華盛頓三原則是在一八七一年五月八日英、美兩國締結華盛頓條約，同意將阿拉巴馬及其他類似的案件，交付仲裁，並訂立三原則，作為仲裁的依據。此三項原則，即稱為華盛頓三原則。

華盛頓三原則的內容如下：

㈠、中立國如有理由相信某一艦船有意與該中立國的友邦作戰，則須以「應有注意」(due Diligence)阻止其在該中立國境內裝配或武裝。在其境內施以全部或部分改造而企圖上述作戰者，亦須以同樣的注意阻止其駛離。

㈡、中立國不得允許交戰國利用其港口或領水作為作戰的基地或作為增加或補充人員，軍火、軍器或其他軍需的地方。

㈢、中立國須在其港口及領水，並對於其管轄範圍內的任何人，以「應有的注意」預防上述義務的破壞。

所以根據此三原則，中立國得防止交戰國在其領域內裝配或武裝艦船，並禁止其駛離，即成爲國際法的一般原則。此三原則本是美國所主張的，但至第二次世界大戰時美國却放棄了此原則，於一九四〇年將五十艘驅逐艦讓予英國。所以英國首相邱吉爾在其回憶錄中說：美國此一行爲完全違反中立，可成爲德對美宣戰的理由。（李鍾桂）

間接反致

即對於某涉外的法律關係，依法庭地的國際私法規定，應適用某一外國法律，而依該外國的國際私法規定，又應適用第三國的法律，但依該第三國的國際私法規定，仍應適用法庭地法，法庭地的法院就以其內國法判決之的意思。例如：父子甲乙兩人都是阿根廷國民，在英國設定住所，嗣後在英國死亡；關於其在中華民國所有的不動產繼承，其繼承人某乙向中華民國法院提起訴訟，依我國涉外民事法律適用法第二十二條的規定，繼承應依被繼承人死亡時的本國法，即應適用阿根廷的法律，而依阿根廷的國際私法規定，又應用被繼承人的最後住所地法，即應適用英國的法律，但依英國的國際私法判例，又認爲應適用不動產所在地法，即仍應適用中華民國法律；因我國涉外民事法律適用法也採用間接反致，所以我國法院最後乃依中華民國的內國法（繼承法）解決之。（洪力生）

間諜（**Espionage**）

凡「以秘密行爲或假託僞冒，在交戰國一方之作戰範圍內收集、或意欲收集情報，以圖傳達於交戰國他方者」，均爲間諜(Art. 29, The Hague Convention No. IV）。他們可以是士兵、軍官、或平民；亦可遵照上級指令行事，或基於愛國動機，自己行動。

一國從事戰爭，必須獲悉關於敵方武力、意圖、及軍事活動等之情報。因此海牙第四公約順應國際慣例而允許交戰國利用間諜及「戰時叛逆」（Treason of War），以獲取此等情報。換言之，交戰國利用間諜，乃是合法的手段。可是個人從事間諜活動却被受害國視爲不合法的行爲者，被捕時非但不能要求戰俘待遇，而且俘獲國有權處以極刑；只是處罰前須經審判（公約第三條）。間諜若係軍人，且已於完成任務後返回本軍，則他對以前的間諜行爲不再負責；倘日後被敵軍捕獲，仍應享受戰俘待遇（第三十一條）。反之，間諜如像平民，則於完成任務，返回本國後被捕時，敵軍仍可處罰。

公開收集或傳達情報之人，與間諜之秘密行動迥異，故不應被視爲間諜。例如着制服之軍人因欲收集情報而進入敵軍作戰地帶活動；及不論軍人或平民，凡公開乘坐飛機、車、馬、或步行以傳達書信或維持聯絡者，均非間諜（第二十九條）。（俞寬賜）

報仇（**Reprisals**）

報仇是一國爲了對抗並矯正他國的不法行爲，而對該他國所採取的强制行爲。報仇行爲的本身，單獨來看，係一種不法行爲，然而由於報仇的目的在對抗他國的不法行爲，所以可視爲正當。在行使報仇行爲時，必須具備下列五個條件：

㈠、必須有一侵權行爲發生在先，而報仇須針對此已發生的不法行爲而實行，不得損害第三國的權益。

㈡、實行報仇以前，須採用其他和平方法試圖解決。在和平方法證明無法解決問題時，才可訴諸報仇。

㈢、實行報仇以前，須對對方發出警告。

㈣、報仇行爲的嚴重性須與對方侵權行爲的嚴重性，保持一合理的比例，而不得超過此限度。

㈤、報仇行爲得在對方國際侵權行爲停止，或對方答應補救，也即達到其特殊目的以後，予以停止實行。

國際法上的報仇分平時報仇與戰時報仇。平時報仇是强制解決國際爭端的一種方法；而戰時報仇則是作戰時一方因爲他方不遵守戰時國際法而採取的對抗手段（此在戰爭法中詳述）。平時報仇的手段有：平時封鎖、禁運、沒收、扣船、抵制、拿捕、轟擊、以及佔領等。（李鍾桂）

報復（**Retorsion**）

報復是一個國家以相同或相類似的行爲，對付他國的不禮貌，不友誼或不公平的行爲者。

一國雖然其行爲完全合乎國際法，亦未違背條約，但對另一國而言可能構成不禮貌，不友誼或不公平的行爲。在此情形下，另一受此不利影響的國家，即可使用類似的手段—也即報復的方式，以尋求解決，直到此種行爲停止爲止。報復的方式不必與原行爲完全相同，只要類似，且不違背國際法原則，皆在許可的範圍之內。至於報復行爲是否應當採用，何時始可行使報復，以及禮貌與不禮貌，友誼與不友誼、公平與不公平的界限如何，皆無一定的原則與標準，完全視個別爭端的情形而決定。

實際上導致報復行爲者，有下列各種情形：排斥外貨、徵收過度入口稅、禁止移民入境、或實施苛刻的護照條例，予外僑以差別待遇或禁止外僑從事某種職業、以及對外國法庭拒絕給予司法的協助等。由於這些行爲均屬國內管轄範圍，除條約另有限制外，國際法並不加以禁止。故可因此而採取相類似的報復行爲。例如：十九世紀英國航海法規定：英國獨占在美洲殖民地的海運業，美國曾提開放要求爲英國所拒絕，故一八一八年美國國會於四月十八日通過報復英國的法律。一八二二年英國讓步，允許美籍船舶在指定殖民地港口，作某幾項特殊貨物的轉運。美國終於停止報復行爲的行使。因此報復亦成爲强制解決國際爭端的有效辦法之一。（李鍾桂）

單一國（Unitary State）

單一國僅是一個單純的政治組織，其政治權力集中於中央，其國民具有單一的國籍，其領域施行單一的法律制度，中央政府代表國家與其他國家交往。它是國際法上的完整國際法人。例如：中國、法國、比利時、荷蘭、丹麥、意大利、挪威、西班牙、瑞典、日本及泰國等，均屬於單一國。（李鍾桂）

猶太民族主義（Zionism）

猶太民族主義（Zionism）是一種信念—認定猶太人需要和必能在巴勒斯坦（Palestine）建立猶太民族一個獨立自主的國家。在一九四八年他們達到此目的之前，這種運動—猶太人回聖地建國的運動，歷經長久的年代。尤以十八世紀末年至十九世紀初年之間，由赫茨爾(Theodor Herze)倡導的這種運動，及其激起的反運動，更引起世界的注意。

赫茨爾是個歸化的猶太人。他出生於匈牙利，在奧國維也納從業新聞記者，深信猶太人如無自己的國家，就無安全之可言。他的理論與實證，受到散居各國的猶太人贊成與反對的不同反應。反對的多數是取得國籍的猶太人，他們認爲他們在所居留的國家中，幷無不安全的感覺。

以色列共和國雖已成立逾廿年，猶太民族主義的運動還是存在。但它的目標已改爲促進以色列國的安全、繁榮和强大。（陳紹賢）

軸心國（Axis Powers）

所謂「軸心國」（Axis Powers)是指第二次大戰中與聯合國作戰的德、意、日等國家。

軸心國的形成，初爲德、意的締盟，次爲日本的參加，後來東歐若干國家加入。

一九三六年十月間，希特勒與慕索里尼會於柏林，成立結盟的協議。一九三九年五月，該協議强化爲德、意同盟條約。次年九月，該同盟擴大爲德、意、日的軍事聯盟，即所謂柏林公約。之後，匈牙利、羅馬尼亞、保加利亞、斯拉伐克（Slovakia）和克羅西亞（Croatia）參加該公約。

參加柏林公約的意、匈、羅、保、斯、克等國也加入一九三六年德、日成立的反共協定。此外，西班牙、丹麥、芬蘭、僞滿和南京僞組織也加入該協定。但西班牙等的加入，幷不構成爲「軸心」的份子。（陳紹賢）

殖民主義（Colonialism）

殖民主義一詞意指：帝國主義者用武力或政治經濟的收買方式，佔據落後國家，進而控制它的政治、經濟、文化、阻撓它的進步發展，壓搾它的人民，使成爲帝國主義的殖民地。在共黨的宣傳中，殖民主義乃是帝國主義的結果，這兩個術語的含意大致相似，俄共在一九五三年版「蘇俄大百科全書」中說，在資本主義歷史過程中，殖民主義政策的性質與殖民地的作用發生了根本的變化。在帝國主義時期中，宗主國家利用殖民主義獲取最大限度利益，諸如原料、銷售市場、投資範圍、軍事戰略基地。而身受殖民主義殘酷剝削的土著人民於是更堅決地起而鬥爭以謀解放。因此，在資本主義總危機期間內，殖民地從帝國主義的後備軍一變而爲無產階級革命的後備軍。（「蘇俄大百科全書」一九五三年，第二十二卷三一頁）。

共黨主張以民族解放戰爭消滅資本主義。史達林的戰略是：「在社會主義和帝國主義的主要交戰中，如果說歐洲和美洲是前方，那麼擁有原料、燃料、糧食和廣大人力資源的無主權國家與殖民地就應視爲帝國主義的後方和後備軍。要贏得一場戰爭，不僅要在前方獲得勝利，而且要使敵人的後方、後備軍起而革命。因此，祇有無產階級能夠把自己的革命鬥爭同無主權國家與殖民地勞動群衆的解放運動相結合共同反抗帝國主義力量，爭取無產階級專政，世界無產階級革命的勝利才可確保。」

「有兩個可能：我們成功地在帝國主義大後方—東方殖民或半殖民國家—鼓起革命，以加速資本主義的崩潰；或者，我們放過機會，使帝國主義力量增强，我們運動的力量削弱。」(Joseph Stalin, Marxism and the National and Colonial Question, New York, International Publisher, 1934, P-115, 148)然而史達林堅持，並不是每一個民族解放運動皆可得到共黨的支援，祇有那些足以削弱進而推翻帝國主義的民族解放運動，才是史達林願意援助的對象；相反的，縱然是民族解放運動，但與無產階級運動的利益相衝突，當然談不上援助。

目前，共產黨人指美國爲殖民主義首腦國家，其對落後國家的各種援助，乃是殖民主義的作法；至於蘇俄自己的殖民地，則被說成是「社會主義大家庭」中的一員，不是殖民地。（吳俊才）

溫伯頓號案（The Wimbledon Case）

一九二一年三月，蘇俄與波蘭作戰時，英籍輪船溫伯頓號，由法國公司租賃，載運軍火，前往但澤市（Danzig）。可是德國不允許溫伯頓號輪船通過基爾運河（Kiel Canal）。德國所藉的理由是：德國想維持其對蘇波戰爭的中立地位。於是英、法兩國與德國之間即發生爭端。英、法等國即根據一九一九年的凡爾賽和約（Treaty of Versailles），將此項爭端提交常設國際法院審判。

一九二三年常設國際法院判決認爲：基爾運河自從被凡爾賽和約開放成爲國際交通要道以後，已經不再屬於德國的內水，而成爲天然的海峽。交戰國軍艦的通過，尚不妨礙運河的中立，何況溫伯頓號爲一艘運貨商船，故德國不得阻碍該船的通過基爾運河。除非德國自已是交戰國之一時，才可拒絕敵國商船與軍艦的通過。

所以溫伯頓號案，完全係根據媾和條約授予國際法院以管轄權的一個實例。（李鍾桂）

參考文獻：

P. C. I. J. Publications, ser. A. No. I, Hudson, cases (19-36) P.474.

沈克勤編著：國際法，臺灣學生書局，民國五十三年增訂版，第一四四頁。

勞役徵發（Requisition in Services）

即佔領軍迫使當地居民提供勞務之行爲，包括强迫他們充當司機、獸醫、或埋葬死屍、搬運傷兵、搬運供應品和行李、修補遭戰爭破壞的道路、橋樑、房舍等，以利佔領軍之需要。惟此種徵發必須具備三項條件：

㈠佔領軍從事勞役徵發時，應遵守一九〇七年海牙陸戰法規第五十二條之規定（參閱「實物徵發」）；

㈡不得强迫佔領區居民參與軍事行動以對抗其本國。不過何謂「參與軍事活動」？其意義尙有爭議。不少學者認爲參與道路、要塞等的建築，亦在禁止之例。交戰國的實例則對「軍事行動」（Military operations）及「軍事準備」（Military preparations）加以區別；認爲可以强迫佔領區居民參加後項工作，包括協助建築軍用要塞或道路及其他戰備工作。第二次世界大戰時，在荷蘭等國之德國佔領當局，曾藉此種區別而迫令佔領區人民爲其建築海岸防禦及建造軍艦。前此，第一次世界大戰期間佔領法，荷之德軍及佔領加尼西亞（Galicia）的俄軍，更曾强迫佔領區居民在後方建築要塞及戰壕。

㈢佔領當局不得將佔領區居民遣往佔領國本土以强迫他們工作。第一次世界大戰時，德國曾將數千比利時及法國男女遣往德意志，幷强迫他們工作；以致遭受整個文明世界之譴責。第二次世界大戰期間，德國再採相同措施，將各佔領區之人民大批遣往德國，使他們爲德國之工業和農業從事强迫勞動，不但不給予溫飽，而且常施苦刑。戰後紐倫堡軍事法庭（International Military Tribunal at Nuremberg）判定這種行爲構成主要戰罪（Principal war

Crimes ）之一。

一九四九年「日內瓦戰時保障平民公約」（The Geneva Convention on Protection of Civilians in time of war ）第四十七、四十八、及五十一條針對上述各種情勢，明白規定三項徵發規則：一是禁止以任何動機强將被佔領區的居民遣往佔領國或任何其他國家；同時也禁止將佔領國國民徙往被佔領區，以防其取代佔領區之原有人口；二是禁止佔領國强迫十八歲以下居民服勞役；十八歲以上者也只能被徵從事佔領軍所必需、或當地人民食、衣、住、行和健康所必需之工作；不得被迫在佔領區以外服勞役；亦不得參與佔領國軍事行動。三是被徵發者應享受公平的工資；其工作亦須符合其體力和知識才幹。（俞寬賜）

進步聯盟（Alliance for Progress ）

二次大戰後，美國對外援助，多以歐洲及亞洲爲對象，因當時拉丁美洲各國比較安定之故。但古巴爲卡斯楚（Fidel Castro）赤化後，中南美各國皆在共產黨滲透顚覆的指針之中，同時拉丁美洲各國多數皆爲貧窮所威脅，社會不安，隨時有投向共產主義之危機，於是使美國不能不移其目光於西半球以內之危機。

一九六一年，甘迺迪於就職總統時，對拉丁美洲即提出「進步聯盟」之號召。他主張由美國以二百億美元之資金，在十年之內，使拉丁美洲各國從事於社會、政治與經濟各方面之改革。在其第一次國情咨文中云：「我們的目標是一個自由繁榮的拉丁美洲，使拉丁美洲各國與人民可獲得經濟與社會的進步，令其得與其文化、智識和自由各方面的貢獻相配。……」拉丁美洲原不願接受附有改革條件之經濟援助，同時亦多不願在多邊條約之下進行。但在同年年底，各國在烏拉圭首都 Punta del Este 召開「美洲國家組織」（OAS）會議時，除古巴外，所有各國皆接受甘迺迪建議的一項公約。

「進步聯盟」在心理上，不論對美國或拉丁美洲各國，皆有極重大之衝激，但事實上，直至甘迺迪之死（一九六三年十月），此項計劃之執行，並不如當初之理想。其原因如次：

㈠、甘迺迪死得過早，實無法獲得任何重要結果。

㈡、甘氏所提出之援助資金，雖爲數不小，然對拉丁美洲已形惡化的情形，實微不足道。且原來以爲由此可以拋磚引玉，吸引私人之踴躍投資，而事實上私人資金並未源源而來。加以政府方面之資金亦須移作某種短期性的開支，因爲拉丁美洲國家之財政多受主要出品落價之影響。

㈢、由於華府對「進步聯盟」的目的與優先發生疑惑，換言之，美國政府之目的對於究竟係在於改革社會制度，抑或在於補救當前貧窮，或者在於增進經濟生產，以及是否在於促進國家間經濟合作，或者係在抵抗共產主義之滲透，尚無確定之認定。旣然優先尙難確定，則自不知果將如何着手。

㈣、此外亦有若干誤解與陷阱之存在。誤解之產生，在於不知援助資金是否可以立刻支出，抑或必俟社會改革實現之後。而陷阱之存在，蓋由於不知究竟應否援助反動的或非法的政府。停止經濟援助，固將使無辜的貧民受苦。而如果繼續援助，則不啻爲獎勵非法之變亂。此種情形，在阿根廷與秘魯政變後，尤使美國深感困擾。

現進步聯盟之工作雖繼續進行，但在客觀上，其成效固顯然有限。不過無論如何，此項理想實值得讚揚。因爲至少可使拉丁美洲各國在心理上稍有依靠，是以產生抵抗共產主義侵略之希望也。（鄧公玄）

參考文獻：

Peter Calvocoressi : International Politics Since 1945, P.P. 448 - 450.

Facts on File Year Book, 1961.

裁定（Adjudication ）

所謂裁定即一個國家依據司法判決或仲裁裁決，而在某一地方建立其管轄權者。此種領域取得的方式，有時僅有確認旣成事實的效果。如一九二八年四月四日對於帕爾瑪（Palmas ）案件的裁決是。（李鍾桂）

參考文獻：

L. Oppenheim. H. Lauterpacht, International Law. Vol. I Eighth Edition 1957, P.546.

Charles Rousseau, Droit International Public, Librairie du Recueil Sirey, Paris, 1953

貿易執照（Licence to Trade）

即交戰國發給本國人民或敵國人民，允許他們在戰時經營一定貿易之執照。其方式或由交戰國政府發給，或由海陸軍司令依其政府之授權而發給，對貿易之地區及性質均作明確規定。持照人可在規定範圍內與他人訂立契約及在發照國法庭提起有關這種契約的爭訟。持照人與發照國人民從事特許貿易時，所使用的船舶應豁免拿捕或沒收，惟此等船舶須依指定的航線行駛，及於指定期限內完成航程；如無不可抗力之原因而離開航線或誤期，發照國即可撤銷其執照。持照人如有其他違反執照所定事項或欺詐時，亦可遭受撤消貿易執照的同樣處分。

此項執照如係記名式的，持照人不得轉讓使用；但可視特許貿易之實際需要而委託代理人。

國際戰爭爆發後，交戰國人民相互間的貿易及其他商業活動是否完全禁止，須依交戰國國內法而定。如果一方或雙方交戰國國內法均有禁止之規定，則其是否例外地發給貿易執照，完全由交戰國自行裁定。（俞寬賜）

場所支配行爲的原則（Locus Regit Actum）

就是法律行爲的方式，如果依照行爲地法所規定的方式而爲者，即在他國，也能合法成立而發生效力的原則。行爲地法的適用，以關於法律行爲的方式者爲最多，所謂場所支配行爲的原則，就是從這種情形，演進而來。（參閱「法律行爲的方式」條）。（洪力生）

强制規律（Jus Cogens, Peremptory Norms）

一九六九年聯合國維也納條約法公約第五十三條規定：

『條約與國際公法中强制規律 Jus cogens 抵觸者無效』。

對于强制規律之解釋爲『整個國際社會所承認之法律，不允許任何國家不遵守者』。

但如新的强制法成立時，可代替舊的强制規律。在起草人之解釋中，認爲禁止侵略，與禁止販賣奴隸等，可認爲國際法中之强制規律，但並未具體列舉規定。因此强制規律爲一種國際法內之原則，至其具體內容，則由國際行爲中演進確定之。（張彝鼎）

搜索（Search）

即交戰國軍艦對中立船舶之貨物及桶、箱等載貨容器所作之實際檢查行爲。其終極目的與臨檢相同，即在確定中立商船有無載運戰時禁制品、從事非中立役務、或破壞封鎖；惟二者之實質則有區別：臨檢通常僅調閱中立私船之文件，搜索則在進一步查明實際情形是否與文件所載者完全相符。臨檢結果，倘已發現該船有被拿捕之理由，自不必再經搜索；但若無被拿捕之明顯理由，但有重大嫌疑，則須繼之以搜索。因此，搜索是臨檢的延續。

搜索由執行臨檢之軍官及其隨員在中立船長陪同下進行，但不得使用武力；同時尚須留意自己的動作，以免損壞中立船舶或其貨物。如須開鎖，應要求中立船長照辦；倘遭拒絕，則可立即拿捕其船舶。因爲依照國際法規則，船長拒絕協助搜索或拒絕搜索鎖閉部分，均即構成拿捕之充分理由(Lauterpacht's Oppenheim, II, P.853)。

搜索完畢後，尚須將移動了的物品復置原位。此時搜索軍官若認爲一切懷疑均已冰釋，則將搜索經過記入中立船舶之記事簿後放行；反之，如發現有被拿捕之理由、或仍有重大嫌疑，均可予以拿捕，解交捕獲法庭審判。審判結果如無被捕理由，則拿捕者須賠償中立船舶之損失（參閱「臨檢」與「入港搜索」條）。（俞寬賜）

訴訟管轄權（Contentious Jurisdiction）

基於爭端當事國的同意，得以司法解決（Judicial Settlement）的途徑，解決國際爭端，也即承認國際法院的管轄權。常設國際法院（Permanent court of International Justice）與國際法院（International court of Justice)的管轄權分爲二種，一爲訴訟管轄權，另一爲諮詢管轄權。

所謂訴訟管轄權，即法院可以受理當事國提起的訴訟，且其判決書具有拘束力者。根據法院規約第三十四條規定，訴訟當事者限於國家，個人不得利用法院。同時法院的訴訟管轄權也必須建立在爭端當事國的同意基礎上。大體上可分二種：

㈠、自願的管轄權（Voluntary Jurisdiction）：爭端當事國在爭端發生之後，臨時締結特別協定賦予國際法院以管轄權者。所以任何國家除自身表示同意以外，法院不享有强制管轄權。

㈡、强制的管轄權(Obligatory Jurisdiction)：爭端當事國在爭端尚未發生以前，業已締結協定或條款，賦予法院以管轄權者。故一旦爭端發生後，兩爭端當事國不須另訂特別協定，任何一方可以片面地向國際法院提出訴訟，他方必須承認法院的管轄權。强制管轄權又可分爲兩類：

1.協定的管轄權(Conventional Jurisdiction)：依條約中特殊條款的規定，將解釋方面與調解失敗的爭端，交付國際法院作司法解決。

2.任擇强制的管轄權(Optional Compulsory Jurisdiction)：按照國際法院規約第三十六條第二項的規定：「本規約會員國，得隨時聲明關於下列四種法律性爭端，承認法院的强制管轄權，不須另訂特別協定：

(1)條約的解釋。

(2)國際法的任何問題。

(3)任何事實的存在，如其被確認，便構成國際義務的違反者。

(4)因違反國際義務而應予賠償的性質及其範圍。

此項條款由於法院會員國或當事國可以接受亦可不接受，故具「任擇」的性質，但旣經接受之後，法院對該國卽享有强制管轄權。因此法院規約第三十六條第二項的規定，稱爲「任擇强制管轄條款」(Optional Compulsory Jurisdiction clause)。但此條款的效力受下列幾項限制：

(1)僅對接受同樣義務的國家發生作用。

(2)接受國得限制本條款的適用時間。

(3)接受國可以某一國或數國的接受，作爲其接受條件。

(4)允許接受國將某幾類爭端保留在任擇强制管轄權之外(如有關國內管轄事件的爭端；接受本條款之前所發生的爭端；爭端當事國已同意採用司法解決之外的和平解決辦法的爭端。)(李鍾桂)

斯堪地那維亞國際私法公約

挪威、芬蘭、瑞典、丹麥、氷島等斯堪地那維亞聯合(Scandinavian Union)國家，自一九三一年至一九三四年之間，先後訂立下列國際私法公約：㈠一九三一年訂立的婚姻、離婚、監護公約；㈡一九三一年訂立的扶養義務公約；㈢一九三二年訂立的審判管轄、强制執行公約；㈣一九三三年訂立的破產程序公約；㈤一九三四年訂立的繼承公約。上列各種公約，都是採住所地法主義爲屬人法則，恰與海牙國際私法公約的採用本國法主義爲屬人法則，互成對比。(洪力生)

越戰越南化　(Vietnamization of War)

根據美國新聞處資料，尼克森提出『越戰越南化』政策：

有關越戰越南化一問題，美國尼克森總統，有幾項說明。玆擇錄其要點如次：

當一九六九年一月廿日尼克森第一屆總統就職的時候，他說：『主要的國際難題，是塑造美國在世界上的新角色，在跟我們友人創造性的合作關係中分攤責任，以及對我們的敵對者則爲化對抗爲談判。但是當一九六九年一月，我們在此路途上出發之初，我們是面對着中南半島上似乎永無止境戰爭的冷酷現實。

——五年間在越南的美軍不斷增多，使我們核准的兵力標準達於五十四萬九千五百人。

——一九六八年間美軍的戰鬥死亡，平均每星期達兩百七十八人。

——美軍在中南半島每月出動的戰術空軍爲三萬三千架次，包括在南越的一萬八千五百架次。

——一九六八年內美國每月征召額平均逾三萬人。

——一九六九年中期，南越農村人口約有百分之四十是在政府控制下，百分之五十爲雙方爭取的對象，以及百分之十則爲對方所控制。一如敵人一九六八年的總攻勢所顯示出的，六百萬的城市人口決不能免於攻擊。

——當時，越南經濟在戰爭負擔的壓力下，被百分之三十五至四十的通貨膨脹率所破壞，而無克服此一問題的計劃，更談不到提供長期的經濟發展。

——當時，越戰加於美國的額外費用，一年達兩百二十億美元。

——當時，並無降低美國介入的愼密計劃，亦無美國兵力水準能夠減少的建議。誠如當時的國防部長在一九六八年九月間所說：「在越南我們尚未達到五十四萬九千五百人的水準。我們決意朝着此標準建立軍力。我們無意降低此水準——不論是在明年七月或可預見之將來的某一時日。」

——當時，擴大後的巴黎和談剛開始，而唯一已獲解決的祇是程序問題。

在會議桌上並無結束衝突的談判建議。

——當時，對此衝突的意見歧異，使國內結構大受損傷，而人數越來越多的美國人力促或是擴大戰爭或是立即擺脫等的極端解決辦法。』

尼克森又說越南化已大有進境：

『——過去三年間，美國軍隊着着減少，撤回的我國軍隊已逾四十萬。一九七二年二月一日核准的美軍兵力水準是十三萬九千人。我於一九七二年一月十三日曾宣佈進一步的撤軍，到一九七二年五月一日時，將使我國軍力減到六萬九千人，即是本屆行政當局所承繼的兵力水準已減少了百分之八十七。

——在一九六八年內，美軍的戰鬥死亡平均每星期為兩百七十八人。在一九七一年內，戰鬥死亡已降低到每星期二十六人，而在一九七一年的下半年內，每星期為十一人。本屆行政當局期間所發生的美軍傷亡，將近百分之六十發生在一九六九年內，包括本屆行政當局的最初六個月期間的百分之四十——是在我們的計劃尚未落實之前。雖然越南軍在戰爭中擔任的角色業已大增，但是他們的傷亡亦比一九六八年的水準為低。

——一九七一年內美國在中南半島出擊的飛機，每月平均為一萬一千架次，包括在南越的僅一千五百架次，這跟一九六八年的數字各別比較，降低了約百分之七十和九十。

——一九七一年內美國每月平均征召人數，減少到七千五百人，是一九六八年數字的四分之一。

——於一九七一年內，越南陸軍從一九六八年的八十萬人，擴增至一百一十萬人，每有一次美軍參加的主要戰鬥，便有二十次越南軍單獨進行的主要戰鬥。則年底時，美國軍隊已主要地轉移為防禦和基地警戒的任務。

——在鄉間，於一九七一年將終時，約有百分之七十三的農村人口在越南政府控制之下，雙方爭取的人口為百分之二十四，仍在敵人手裏的人口僅為百分之三。加上現在安全的城市人口六百萬，則在越南政府控制之下的總人口已超過百分之八十。

——越南的經濟改革已把通貨膨脹率減低到每年為百分之十五，已將八十萬英畝以上的田地發放給佃農，奠定了遠程經濟發展的基礎。

——戰爭的額外費用不斷降低，本會計年度的總數為八十億美元，比三年前的費用幾乎減少了百分之六十五。

這是我們越南化政策的一個紀錄。這政策現在已經有效地結束了美國地面戰鬥的責任。我們的其他活動正在移交給越南軍隊。我們正在結束美國在此戰爭中的介入，同時使不希望受外來勢力支配的人們執行其自己的防衞成為可能。』

關于談判，他說：

『我們極願看到為了亞洲人和美國人而結束此一衝突，因此自一九六九年以來我們推動專注的秘密談判。三十個月內的這些談判的紀錄，以及我於一九七二年一月二十五日所宣佈的廣泛的和平計劃，强調了我國越南政策基本的一面：我們的第一優先以及我們所寧願的解決辦法，始終是一個以談判解決衝突的方案。

我們和南越始終共同地準備作寬仁的解決。我們向來希望越戰越南化計劃的穩定成功，以及越南自給自足的遠景，會導致對方進行談判。我們的目標一直是要使河內相信，它在會議桌上的遠景比戰場上為佳。

我們從開始便知道，談判有重重的巨大障礙。北越人把談判視為達到勝利的另一條路線，而不是跟對手的折衷妥協。他們認為談判是軍事鬥爭延續的另一手段，而不是溝通兩種立場差距的努力。

北越人也還指望，藉助終久會使美國國內支持瓦解，並使越南政治結構分崩的軍事壓力，而能達成他們的目標。

越戰越南化計劃增大中的動力，顯然使我們的敵對者面臨一個逐漸强大的和自給自足的南越遠景。但是，河內仍選擇繼續戰鬥，而不尋求談判解決。我們全面性的建議，給他們一個公平的機會，來在南越進行政治力量的競爭。然而他們堅持它們那種明顯地不能予以接受的要求，要我們保證達成共黨的接收。

尋求和平的單方面主動。共方和其他方面都曾建議一長串美國應採取的措施，以發動有意義的談判。這些建議我們幾乎都採納了。但是我方每次採取一行動，祇是促成對方提出新的要求。

——是這樣的：一九六八年的實施停炸並同意擴大巴黎和談，是以和談會有眞正的談判為假設。但從未有過眞正的談判。

——是這樣的：美國不僅同意撤軍的原則，並且實際開始撤退美國軍隊。所得的反應是要求更大量的撤退。

——是這樣的：美國繼續撤退，而現在已把我們四分之三以上的軍隊撤回國內。所得的反應却是我們應當撤退全部軍隊。

——是這樣的：我們已同意撤退全部美軍，作爲全般解決的一部分。所得的反應却是我們應當無條件撤退。

——是這樣的：我們提議整個中南半島立卽停戰，以使地區內的所有美國軍事活動得以終止。對此一建議迄未有任何肯定的反應。

尋求和平的公開主動。除了這些種種的單方面措施之外，我們曾公開提出一連串愈益廣泛的提議，以求戰爭的全盤解決。

我於一九六九年五月十四日提議所有外來軍隊撤離南越，並容許南越人經由國際監督下的選擧，自由選擇他們的前途。

阮文紹總統於一九六九年七月十一日提議，包括民族解放陣線在內的各黨派，自由參加選擧，並由一個混合組成的選擧委員會處理選擧事宜。

我於一九七〇年四月二十日發表了公平政治解決的各原則：

——必須反映南越人民的民意，並容許他們在無外力干預下決定他們自己的前途。

——應當反映南越境內現有政治勢力的關係。

——我們決依從任何協議的政治過程所產生的結果。

一九七〇年十月七日，在抱持着激勵眞正談判的希望中，我提出了全盤解決的廣泛建議。

——整個中南半島實施國際監督下的就地停火。

——召開中南半島和平會議。

——所有美國軍隊依照作爲全盤解決的一部分而在商定的日程上撤離南越。

——依據我四月二十日說明的原則爲基礎，南越求得政治解決。

——立刻無條件釋放所有戰俘。

尋求和平的秘密主動。我們決心不錯過任何——公開的或秘密的——機會，以談判來獲得一個解決方案。當本屆行政當局初期，在巴黎的全體會議上歷經十個月而無進展以後，我決定開闢一條私人的和秘密的途徑，俾使雙方能夠坦白地會談，而無公開辯論的壓力。

在阮文紹總統的充分瞭解和同意下，我的國家安全事務助理季辛吉博士前往巴黎跟北越人秘密晤談，自一九六九年八月到一九七一年九月，前後凡十二次。其中七次他同時會見成爲河內政治領導之一員的黎德壽和巴黎會談的北越代表團團長阮春水部長。另外五次是他會晤阮春水部長。

我們對這些會晤所採的色調和精神，是經過細心設計的，以期建立一個求得協議的範疇。我們未曾作過不是接受便是拒絕的硬性建議。我們强調我們的興趣在於一項他們會眞正願意遵守的解決方案。隨着談判的進行，我們順從他們所表示的廣泛解決的意願，設計了我們的建議。下列依時序的記述足可說明。

——一九七一年五月三十一日，我們提議美軍全部撤退，以換取戰俘的交換和中南半島的停火，而讓其他突出的問題留待中南半島各方之間隨後自行解決。

——北越人在他們的答覆中，堅持政治問題必須納入任何解決方案中。

——因此他們於六月二十六日提出了他們自己的九點計劃，其中要求去除越南共和國政府作爲任何解決方案的一部分。爲了加速談判，我們同意擱置我們五月三十一日所建議的途徑，並且討論政治和軍事問題。事實上，我們接受了他們的九點計劃作爲談判的基礎；從此以後，美國的每項建議，在程序上和題目上都依照北越的計劃。

——五天以後，卽七月一日，對方在巴黎和談會議上公開提出另一套建議——民族解放陣線的七點計劃。若干問題在實質上相同，雖然方式互異。但是每一計劃中有若干點並不列在另一計劃中。民族解放陣線的計劃，以有關南越的問題爲焦點，而北越的秘密提議，係跟整個中南半島有關。

——我們因此面對着秘密途徑中的一項秘密建議，和公開談判中的另一不同的公開建議。我們於七月十二日問北越，他們希望我們針對那個計劃？他們回答說他們希望我們反應他們的秘密建議。我們照做了，並且在我們的答覆中，納入秘密九點中所未包含的公開七點中的若干方面。

——在七月十二日，以及又在七月二十六日，我們逐項檢查九點中的各點，以尋求溝通我們立場的差距。我們尋求商定雙方均能簽字的一種原則協議，然後向公開的談判提出，作爲最後協議詳細談判的基礎。

爲追求此一目的，我們於八月十六日提出了新的八點建議。

——我們提議在協議日期後的九個月內，撤退所有美軍和盟軍。我們建議完成的日期爲一九七二年八月一日，倘若協議在一九七一年十一月一日簽字的話。

——我們提出明確的建議，以迎合北越和民族解放陣線利害攸關的若干政治原則爲依據，保證越南有公平的政治進程。這些建議包括㈠美國在越南選舉中完全中立；㈡接受選舉的結果；㈢限制對南越的外國軍援，祇要北越願接受類似的限制；㈣南越連同其他中南半島國家均採不結盟政策，以及㈤依南北越商定的條件實現統一。

——我還提出我個人的保證，在原則協議簽字後，立即請求美國國會同意爲中南半島進行爲期五年的重建計劃。

——於九月十三日的次一秘密會議上，河內拒絕了我們的建議。他們引述兩大理由。第一，他們說完全撤退以前的時隔（九個月）太長，並且我們對完全撤退所下的定義不明確。第二，他們認爲我們的政治原則不適當而予拒絕。他們再度要我們更換阮文紹政府。

我們仔細考慮這兩個問題，並且跟阮文紹總統密切磋商。我們於十月十一日傳達給北越代表一個新的建議，以再次嘗試打破僵局。我們提議跟黎德壽，或任何其他合適的北越政治領袖，連同阮春水部長，於十一月一日舉行一次會議。他們提出在十一月二十日舉行會議的反建議。我們接受了。

在預定會議之前三日，即十一月十七日，北越代表通知我們，黎德壽不能出席會議。我們答以我們準備於任何時間會見黎德壽，或河內領導階層的任何其他人員，連同阮春水部長。

從那時以後，對於我們十月十一日的建議迄無反應，亦無舉行會議的提議。此一事實最後促使我公佈我們的建議。我們應當向美國人民報告我們的立場。

爲了尊重這些秘密會談的機密性，我們在這些月裏已付出了相當的代價。因爲北越代表自己一貫地公開惡罵我們，對於民族解放陣線的公開建議不作任何反應，雖然他們曾要求我們反應他們的秘密建議，而且我們已照做了。這種宣傳戰術在美國公衆的了解和實際狀況之間製造了嚴重的差異。使某些美國人相信他們的政府未做所有應做之事來達成一項經由談判的解決方案。

我方繼續保持沉默，將祇是使國內對我們談判立場和努力的困惑永存不滅。此外，我們公開和正式地許諾一種新的計劃，亦可消除河內可能有的、我們是否願意支持我們秘密建議的猶豫。

我們的八點建議。阮文紹總統和我於一月二十五日公開提出新的八點和平建議，並且在兩天之後，在巴黎的和平會談上，提出了此一建議的細節。其主要成份規定在協議後的六個月內，必須實現下述各點：

——所有美國和盟國軍隊完全撤出南越；

——整個中南半島交換所有戰俘；

——整個中南半島停火；

——南越進行新的總統選舉。

此建議亦要求尊重一九五四年的日內瓦協議，和一九六二年有關寮國問題的協議；中南半島各方自行解決存在於它們之間的問題，包括北越軍隊的角色；實施協議所需的國際監督；以及可能涉及一次國際會議的國際保證。我還重申我們願意爲包括北越在內的中南半島從事重建計劃。

我們建議中有關越南總統選舉的條款，值得給予特別注意。

——由代表南越所有政治勢力——包括民族解放陣線——組成的一個獨立團體，來籌劃和實施選舉。這個團體將於協議簽字之日開始工作。

——選舉前一個月，阮文紹總統和陳文香副總統將辭職。參議院議長將擔任選舉責任以外的政府行政責任，選舉責任則仍屬獨立的選舉團體。

——選舉將由國際監督。

——在選舉之前，美國所有軍隊將撤出越南。我們將保持完全的中立，不支持參加選舉的任何候選人。我們將依從選舉的結果，或越南人民自己設計的任何其他政治程序所產生的結果。

因爲有些因素可能證明出要比其他因素更難於談判，所以我們表示在其他問題仍予繼續談判之際，願意先着手執行軍事上的某些方面，因此，我們準備於原則協議簽字後，開始軍隊的撤退和立即交換戰俘，並且祇要全般解決方案中的其他方面達成了最後協議，這個過程將在規定的六個月期間內完成。

另一種變通辦法我們依然是願意的，如果我們去年五月間的秘密建議，僅解決軍事問題，而把政治問題留待另行解決。在此辦法下，我們會於六個月內撤退所有美國和盟國軍隊，以交換中南半島全面停火和釋放所有戰俘。

抉擇在於河內。

我們的和平計劃是嶄新的，廣泛的和有彈性的。自九月間的上次秘密會議以來，我們已基本上完全迎合河內在軍事問題上的所有建議，僅僅有關要我們撤退裝備和停止援助南越的建議除外。我們和南越人曾提出了每種合理的方法，以確使政治過程對各黨派均將是公平的，以及現任政府將無不當的利益。以往的原則聲明現在均已確實闡明。我們已設計出我們的方案以迎合對方所曾聲明的要求；並且我們在我們的交換意見中明白表示，我們依然準備聽取他們額外的提議。我們建議中的新成份如下：

——美國以及和越南共和國結盟的其他國家，提出六個月完全撤退的一定日期，以作為全般協議的一部分，或軍事問題的單獨協議。

——這些撤退將在其他外來軍隊撤退之前和新總統選舉之前實施。

——阮文紹總統的秘密答應他於新總統選舉之前一個月退職，是無先例的；而他的公開發表此一提議的意願，在其本身上就是一個重大的政治事實。

——我們準備接受對越南軍事和經濟援助的限制，如果北越將接受限制它自其盟邦獲得的每年將近十億美元援助的話。

——我們準備要求國會為中南半島提供一項為期五年的重建計劃。

我相信秘密談判的紀錄和我們的新和平建議，絕對清楚地表明出我們以往和現在均準備締結一種公平的解決方案。不容歪曲的現實是，北越迄今堵塞了所有可能的門徑。他們不僅一直繼續堅持要我們無條件撤退，並且在我們撤退之際，也一直堅持要更迭南越當前的領導。除了那一種會事先保證共黨統治南方的政治過程之外，他們未曾提出任何其他的政治過程。

依我們的看法，祇有一個未決的基本問題——我們將跟我們的敵人同謀來推倒我們的友人嗎？我們會做對方在軍事或政治上從未能成功的事而為越南人民規定一個前途嗎？這是我們永不會做的。

祇要對方繼續堅持要以在我們的協助下使他們接收南越的那種瞞不住人的方式作為解決方案，談判就繼續地不可能成功。反之如果他們願意在南越政治舞台上作公平的競爭，則他們會發現我方坦然迎合他們的懸慮。』

關于戰俘問題，他說：

『本屆行政當局寄予注意，或為積極努力之對象的一項單獨問題，莫大於中南半島上我國戰俘之苦況。

我國武裝部隊人員約一千五百人，以及美國平民約四十人，仍舊在北越和其同盟者所控制的領土上遭受拘禁或失踪。對方把戰俘拘禁於違反人道原則以及北越同意的日內瓦戰俘條約的境遇中。敵人拒絕同意國際視察它的戰俘營。它拒絕對國際紅十字會，或其他公正的團體，提供它所拘留的戰俘的完整名單。此外，它對於在南越、寮國和高棉拘留的戰俘，從未提供名單。它一向剝奪戰俘和家族間正常郵件來往的權利。

對方終於在一九七一年底放行了大量的信件。這些信件中包括前所未有的首次證明，我們被拘禁在越南的有些人員仍然活着。我們雖然歡迎此一發展，但是這件事亦顯明表示出河內如此長期的不透露這些人仍然活着的事實，使美國家族極度痛苦，是殘忍的和不必要的。

不透露共黨拘禁的所有我國人員的姓名，不宣佈總人數，不可能有任何軍事意義。他們的苦況和他們家族的痛苦，方使河內及其同盟者控制他們為人質有了價值。國際法和行為規矩的要求是明顯的。共黨違反全球承認的標準。他們的政策樹立了一個冷酷的先例。

本屆行政當局在多方面採取了行動來處理此一問題。我們的基本立場是，應當在人道的基礎上處理此一問題，而跟衝突中的其他軍事和政治問題無關。就如我在一九七〇年十月七日的和平創議中所說：

「立即的釋放所有戰俘，是一件簡單的人道行為。但是此舉的功用不止於此。它能有助於建立誠意，達成進展的意向，從而改善談判的遠景。」

我國戰俘的苦境，已引起最廣大的關切。國會中有多次的聽證和決議。國際紅十字會曾宣佈它的關切。聯合國採納了一項強烈的決議，要求遵行日內瓦條約，並特別提議應把傷病嚴重的戰俘，及已遭長期拘禁的戰俘，移送到中立國家拘留。許多政府已公開提議提供此種中立的拘留，祇待雙方的同意。我們遺憾北越對這些人道的動議未能給予建設性的響應。

除了我們所採取的各項正式主動而外，南越當局在我們的支持之下，也已採行了一長列的片面步驟，以求儘早使所有的戰俘獲得釋放。在過去五年當中，他們在南越境內已釋放了四千多名戰俘，其中大約二百五十人已返回北越。僅祇在過去一年半當中，南越當局卽已主動採取了下列舉措：

——在一九七〇年七月八日，南越釋放了六十二名北越的傷患戰俘使他們重返北越，此外還釋回了廿四名在南越水域獲救的北越漁民。

——在一九七〇年十月八日，南越政府贊同美國所提出的立即全部釋放被雙方所扣留的戰俘的建議。

——在一九七〇年十二月十日，它建議釋放拘留中的所有北越戰俘，以交換拘留在南越以外的所有美國和自由世界的戰俘以及南越戰俘的獲釋。

——在一九七一年一月二十四日，它又釋放三十五名北越戰俘。

——在一九七一年一月二十六日，南越當局建議遣返所有的傷病戰俘，並要求對方採取相同的行動。

——在一九七一年四月八日，南越建議把傷病戰俘以及已遭長時間拘留的戰俘移送到一個中立國去拘禁，這項建議於同一天獲得美國政府在巴黎和談中表示支持。

——在一九七一年四月廿八日，南越表示願意把五百七十名傷病戰俘遣返北越，並且把拘禁已達四年或更久的一千兩百名北越戰俘移送到一個中立國去拘禁。

——在一九七一年十一月一日，阮文紹總統就職之日，南越當局宣佈釋放爲數約三千名的越共戰俘。

我們曾加强這些主動的建議：諸如太空人鮑曼和郵政部長布勞德等特使曾出國尋求對於戰俘給予適當待遇的支持；一九七〇年十一月間，我們也曾在山西進行了一次戲劇性的營救嘗試。

我們曾試探各種可能的途徑和一切可以使得這些戰俘重獲自由的方法。我曾不止一次地重申我的親口承諾。一九七一年九月廿八日我在接見戰俘暨作戰失踪人員家屬代表時，曾經告訴他們：

「我一直把獲得我們的戰俘以及作戰失踪人員的釋放，列爲總統優先處理的一項事務。」

「我可以向你們保證，每一種談判的途徑，包括若干一直不便透露的私人途徑，都已探求過，並且正在探尋，未來還要繼續探尋……」

不管對方到目前爲止的行爲如何，本屆行政當局將繼續利用各種方法以迫使被俘的所有美國人員能得到適當的待遇和儘早獲得釋放。我曾說，相當數量的美軍將留在南越，直到我們被囚禁的人員獲得釋放爲止。

於此同時，我們將繼續爲結束中南半島衝突的負責任解決方案而努力，這項方案將使得該地區的人民有自由決定他們自己前途的機會，並使我們所有的將士儘快地重回他們各自的家園。』

關于越南自衛能力，他說：

『一般人的注意力自然地都集中在美國部隊的撤離，戰鬥責任的轉移給南越部隊以及美國介入的因此減少等方面。不過，這祇是越戰越南化的一面而已；另外還有心理上、政治上和經濟上以及軍事上的各層面。

越戰越南化計劃就其最廣濶的意義而言，它意味着建立安全和贏得廣大農村地區的擁護；發展有責任感的政治機構；收拾爲戰火所毀的經濟並且導向長遠的發展。在這些努力上所獲致的成就將決定南越的前途。

當大部份美軍部隊從越南撤退已順利進行之時，我們可以發現留駐在越南的美軍並未受到北越爲增强其兵力和發動新攻勢所作的各種努力的妨害。我們將繼續跟其他在越南派有部隊的國家，卽澳大利亞、韓國、紐西蘭和泰國密切合作。鑑於南越的防衛能力不斷增長，這些國家也正在撤退他們的部隊。

一九七一年的若干進步可以追憶到一年以前在寮國南部對敵人巢穴的搗毀，一如兩年以前在柬埔寨進行的同樣行動，靠了這些行動因而使越戰越南化計劃得以在一九七〇年加速進行。

去年我曾經囘憶一九七〇年春間，美國和南越部隊對柬埔寨境內北越基地採取聯合行動的目的和結果。他們已大大地減少了美軍的死傷，使敵人蒙受物質和人力上的損失，終止了敵方可以免於遭受攻擊的庇護所的構想，瓦解了敵人的補給路綫和它的戰略，確保了繼續實施美國部隊的撤退計劃，以及爲南越武裝部隊爭取到了時間和帶來了信心。

一九七一年二月初，南越部隊的進軍寮國南部（卽藍山七一九行動）跟前一年的掃蕩柬埔寨境內庇護所的作戰行動，在多方面具有相同的作用。

——兩次作戰行動在性質上都是屬於防禦性的，南越部隊祇是在北越部隊多年來在不虞報復的情況下向南越發動攻擊的盤踞地區對北越部隊進行追擊。

——兩次掃蕩行動的目的，都在於切斷敵人的交通，破壞敵人的補給，因而挫折了後來若干月中敵人發動攻勢的可能性。假如沒有這些行動，共黨必將在一九七〇年和一九七一年期對南越及美國部隊任意地發動重大攻擊。

——這兩項行動所產生的最顯而易見的影響，可以從以後若干月敵人在南越軍事活動的減少、越戰越南化的加速進行，以及美軍的加速撤離等等事實中測度出。同時自從這兩次掃蕩行動以後，美軍的死傷數字已告銳減。在柬埔寨作業前六個月當中，美軍作戰死亡人數，平均一星期多達九十三人，在其後的六個月中，每星期爲五十一人。在藍山七一九行動之前美軍陣亡人數，平均每星期四十四人，其後這個數字降到每星期平均二十六人。

在柬埔寨和在寮國這兩次作戰行動之間的一項主要差異反映出越戰越南化的成功。一九七〇年的柬埔寨境內掃蕩作戰行動是包括美國戰鬥部隊參加作戰的。「藍山七一九」行動則不一樣，它是完全由南越地面部隊獨立執行的，美軍祇限於擔任一個支援的角色。南越部隊曾經在崎嶇地形、惡劣天氣下發動好幾個師的作戰行動以對付存着充份準備的敵軍。

「藍山七一九號」作戰行動標誌着重大的進步，三年以前，南越部隊僅在南越的各個人口稠密中心或其周圍跟敵軍展開戰鬥，現在它們可以不需要美國地面戰鬥部隊或顧問人員的支援，在偏遠的庇護地區對付敵人的威脅，同時使它們自己的領土保持安靜。我曾經在我四月七日對全國發表的演說中，列舉了入寮作戰所產生的影響，當時我曾宣佈，美軍撤離的速率即將增加，到十二月一日，將有十萬名美國部隊從南越撤退回國。

從那時起，南越的趨向仍然十分積極。美軍死傷人數繼續減少，在一九七一年內，我們繼續加快美軍的撤退速率。敵人在南越的攻勢活動退落到很低的情況，廣大農村地區的情況繼續顯示出長足的進步。

在未來的若干個月份之內，可以預料敵人將對越戰越南化構成最大程度的挑釁。際此年初歲首，各種跡象顯示，敵人會準備重大的攻勢，特別是在南越北半部。當美軍的撤離而使我們在南越的兵力減少到最低的水平之際，河內仍將企圖污辱過去三年的紀錄，並且動搖一般人對於南越人已能自衞的信念。

我們的友邦必然會遭受某些孤立的挫折，不過這些挫折將不致歪曲日益自足和安全的全盤景象。我們和南越人民對於他們應付北越挑釁的能力具有無限的信心。

到一九七一年年底，美國所擔任的地面作戰任務已經有效地完成。這一年在朝着我於四月七日所闡明的目標穩健地前進，當時我曾這樣說：

「從我們到目前已獲的進步而言，以及根據今晚的這項宣佈，美國在越南的介入即將結束。南越人能夠接替他們本身防務的日子已經在望。我們的目標是美軍全部撤離越南。我們能夠並且將在必要時經過越戰越南化計劃達到上述目標。』

此外，他解釋說：

『在衝突中的任何一方面，和越戰越南化的任何一項措施，都沒有比爲生活在廣大農村的南越所作的一項即使未爲人知，却是毫不寬假的奮鬥來得更爲重要，這就是一般所稱的綏靖計劃。

綏靖計劃涉及鄉村地區情勢的各個層面——人身的安全、民情的歸向、以及雙方面的軍事、行政和政治效率的對比。一項成功的綏靖努力，可以使得村民重返他的田園，改進他的農作，並且使他相信可以在安全中收穫和銷售他的農作物。

過去一年當中，南越當局曾面對過一項極爲嚴重的挑戰：它們一面要進行綏靖計劃，同時還要擔負起由於美軍和它盟國部隊迅速撤離而加諸於它們的日益增加的戰鬥責任。在多數地區，這項挑戰都能應付裕如。

爲了衡量鄉村方面的進展，我們於一九六九年定出足以衡量顯示已予控制的各種要素的複合標準。我們嚴格衡量的基本標準是一個村莊是否已有足夠的防衞，以及一位執行職責的官員是否不分晝夜地都駐於該處。本屆行政當局就職以來，我們已從華府派出若干小組前往南越進行實施考查，並且從當地發回各種報告。

在一九六九年中，報告顯示，大約祇有百分之四十的農村人口在南越當局的控制之下，百分之五十爲雙方所爭取，另外百分之十則在對方的控制之下。到一九七〇年年底，這些百分率已分別變爲百分之六十五、百分之三十和百分之五。

我們本不指望綏靖計劃在一九七一年內能如前述速率推行。剩餘的雙方爭奪地區都是對方盤據已久的地區，共黨在這些地區建立組織已達二十年之久，敵人在該等地區的各基地和滲透路綫十分接近農村人口集中地方。然而，南越政府在一九七一年對農村人口的掌握竟由百分之六十五增加到百分之七十三。到年底時，在四十四個省份中，祇有六個省份，政府控制的人口不及百分之六十，而一九七〇年十二月間，却有十五個省份不及此數。政府在二十個省份中，已能控制百分之八十的人口，對照一年以前，祇有在九個省份中，達到這個比率。

南越總人口——包括六百萬城市居民和八百萬農村居民——已有百分之八十在政府的有效控制之下。

儘管在綏靖計劃方面獲致了全盤的實質上進展，但也免不了有某些挫折。在最接近北越和寮國境內敵人集結地區的最北部七個省份中，越南政府在其中五個省份所確實控制的農村人口的百分比已形下降，我們希望在北部地區新近增組的一個師和政府最近所採取的其他步驟將能挽回這種下降的趨勢。

現在有更多的南越人民較之過去十年中的任何時間可以接受政府的保護和服務。大多數人都曾參加全國性和地方性的選舉。稻米產量已昇高到前所未有的最高水準。由於一項重大的土地改革計劃實施的結果，已有八十五萬餘英畝的土地分配給二十七萬五千多農戶。

尤其最具意義的是，政府已有充份的信心，把將近六十萬件武器交給那些在地方團隊即國民自衞隊內服務的農民，一個未能取得人民信任的政府，決不敢來武裝它的人民。

就憑這些行動，越南政府確乎已愈來愈贏得人民的擁戴，而一個政府能採取這些行動，也的確值得人民的擁戴。』

『我在去年度的報告中曾經指出政治上的發展對南越的前途至關重要，而隨着軍事努力的日就結束，其重要性亦將隨之增加。對於當時將緊接舉行的總統和下院議員選舉，我曾經說過：「一九七一年在南越的政治發展方面，將顯示有重大幅度的開展。

過去這一年的結果是多種多樣的。在南越的某些地區政治自由和發展仍待加强，同時各個非共的政治力量的團結繼續尚待考驗。

但這一切不應遮掩若干基本事實。在短短的幾年當中，南越在漫天的戰火中在建立民主方面已獲致了令人矚目的進步。南越在過去四年間已從早先的動盪不安的情勢中，樹立了基本的政治安定。憲法正證明出是有效的，參與政治的進程正在擴大中。

自從一九六六年制憲大會以及一九六七年的總統和國民大會選舉以來的這段期間，已經發生了一貫的政治演進。投票和候選人的人數在過去五年中的歷次全國性和地方性選舉中都出乎意料的多，儘管共黨聲言，將擾亂選舉和攻擊那些公職候選人。村長和村民代表的選舉已完成了百分之九十五，而省市級議會的選舉已全部竣事。

這種趨勢在一九七一年八月南越下院議員的全國性選舉中表現得更為明顯。競選活動相當活躍，百分之七十八的合格選民都前往投票。在一年前的參院選舉中，反對黨的候選人遙遙領先，批評政府的團體獲得重大勝利，因而大大地增强了他們在立法機構中的代表權，這項事實證明了這些競爭的公平合理。

國際間的注意力曾經一度集中在一九七一年南越總統的大選上。我們曾希望這次選舉能夠展開活潑有力的競爭。我們相信一次競爭激烈的大選較之一次在沒有反對者競選之下所獲得的勝利，將可導使南越政治居於更强固的地位。我們有義務透過公開或私下的方式來表達我們的這種觀點。我們曾經强調過我們的觀點，那就是在大選上必需有一個以上的候選人，我們曾苦心孤詣地鼓勵阮文紹總統的對手們出來競選。

不過在南越政治發展的現階段，一次競爭激烈的大選胥視私人的動機和個人的考慮而定。南越缺少一些具有推舉可予取代的候選人的能力，並且是組織健全的政黨。人身攻擊的交互作用以及去年的環境，導致未能產生一次競爭激烈的選舉。有些觀察家認為阮文紹總統利用政府的權力，所以應當對造成這種不競而選的形勢負上主要責任。另一些人則認為對手們故意地使阮文紹總統難堪而不參加競選，因為他們預料到參加競選決無勝算。

我們對那次大選竟無競爭的對手，表示失望，但是我們拒絕那些主張我們應該直接進行干預或斷絕對南越援助的意見。在美國介入的最後階段，我們決心避免再行助長我們當初所以介入的那種情勢。

因此，我們寧可對這次沒有競爭的選舉表示失望，而無意插手南越的政治局面，以避免造成重大的錯誤。最後分析的結果，總算是越南人——不管是支持或反對政府者——的光榮，他們在保持政治安定和憲政結構完整的情況下，已渡過了一個苦痛而動盪的夏天。儘管存在有這些問題，南越的政治發展的確跟北越形成一個鮮明的對比，因為在北越根本就沒有眞正的選舉。』

『健全的經濟對於越南的政治安定和政府的生氣具有極度重要性的。去年我曾詳述南越當局在遏止多年來使它受害無窮的惡性通貨膨脹所作的成功的努力。這種努力在一九七一年仍在繼續進行。南越當局並且採取了進一步的行動，以奠定長程經濟發展的基礎。

想到必需要支持建立一支龐大的軍事力量，而且要彌補由於大批美國部隊撤離所呈現的脫節現象的這兩種情況，那末一九七一年的成就是非常引人注意的。

——國內的稅收增加了百分之廿五。

——物價上漲不到百分之十五。

——稻米、木材、漁業及紡織業的產量續有增高。

——生產紡織品、合板、電力、塑膠產品以及麪粉的新工廠不斷出現。

阮文紹總統於十一月十五日在他向國會發表就職後的首次演說中，將經濟發展，以及經濟上最後臻於自給自足的境界作為主要的國家目標。他宣佈了將增加儲蓄和投資、提高國內的租稅稽征、鼓勵輸出、推行工業化以及爭取外國的私人投資等等廣泛的經濟改革計劃。這項計劃還包括越幣的一次重大貶值，這是一項艱辛而必要的步驟。

在全國半數的健壯男子需要致力軍事工作，而安全費用對國家經濟又形成可怕的負擔情況下，來推動經濟計劃的快速前進，當是一件需要極大勇氣的舉措。越南人民急切盼望它們的友邦在它們的經濟發展的努力中給予協助。

我們曾經希望卽時予以響應，把一九七二年度的若干援助基金轉用於支援越南的經濟開發。國會方面對援外款項的不智的削減已妨礙了這項努力。在明年度的預算中，我將特別要求一筆款項供作發展越南經濟之用。

南越繼續需要美國的支持，以彌補政府稅收和國防費用所形成的巨大差額。由於南越國內發展的漸上常軌以及經濟和稅務改革的結果使稅收大爲提高，則未來幾年之內，美國的這種形式的援助將可減少。不過，祇要南越繼續地被迫要把它的國家努力大部分用在抵禦來自北越的侵略上，我們就不可寄望會出現立竿見影的成就。

南越飽受戰禍已歷三十五年之久。它仍是一個國民所得不足一百五十美元的貧窮國家。不過它有着豐富的潛力和勤奮的人民。一旦戰爭告終，他們將充份利用這些資源。我們隨時準備協助所有的越南人從事和平的發展。』

『過去三年間，越南每一年都顯現出加速的進步。不過，我們對尚待解決的某些問題的頑强性及其份量也決不發生錯覺。

——打破談判的僵持局面。一項經由談判產生的解決方案仍然是結束衝突的最快速和最合乎人道的方法。它掌握着戰事卽將爲亞洲人和美國人以及寮國、柬埔寨和越南而結束的眞正希望。不過，歷時三年的片面行動、秘密會談、談判建議以及越戰越南化的進展都未能誘致雙方來到會議桌上跟我們共同來謀求解決衝突的途徑。我們已經把衆多問題歸併成一個簡單的重要問題：南越的政治前途究竟由外來的人强加諸於它呢？還是由南越人民自己來塑造？對方始終在這個政治問題上一步不讓。不過我們仍將在任何可能的議壇上繼續我們的努力。

——被俘人員的歸還。不論是作爲全盤解決的一部分或是透過其他方式，我們將確使被拘留於中南半島各地的美國戰俘獲得釋放。對方不斷利用這個問題來操縱美國人民的情緒。河內的做法顯示出它將利用我們的人員作爲討價還價的抵押品，以搾取最大的利益。祇要它們繼續扣留住我們的人員，美國部隊就將繼續地留駐在南越。我們將追求每一個光榮的途徑，直到我們成功地使這些戰俘跟他們的家人重新團聚爲止。

——完成防衞責任的轉移。去年我們已有效地結束了美國在南越所擔任的地面戰鬥的任務。南越部隊承擔起這個重任，並且已經着着地分擔起其他的作戰責任。剩餘的問題包括以空軍和後勤支援移交給南越部隊的完成；改進北方各省的綏靖情勢；建立更具凝聚力的非共政治勢力；以及着手南越的長期發展計劃。

可以預期到在未來的歲月裏必將有若干重大的考驗。祇有靠南越人民的堅强意志力來應付這些挑戰。當我們完成越戰越南化計劃之後，我們將繼續需要美國人民的諒解，以完成我們所一直進行的努力，來彌補我們所受的犧牲，並對建立一個更穩固的和平作出我們的貢獻。

越戰停火談判，在一九七二年美國大選前後已是高潮迭起。

這次和談之忽呈突破，主要是導源於美國與北越之間於十月中達成的所謂九點協議。先是四月間，白宮顧問季辛吉啣命訪莫斯科，其時布里玆涅夫暗示，如果美方恢復中斷已一月有餘的巴黎和談，則北越與美國會作認眞的商討。會談不久卽在巴黎美琪飯店重開，但北越態度頑强如故。七月間，季氏再度前往中國大陸匪區，周匪恩來亦曾提出有如布某之建議。在八月的美國與北越秘密談判中，雙方便曾首次就越戰停火作重點討論，其後季辛吉卽飛赴西貢，會見阮文紹總統，研商共同策略。

九月下旬，季辛吉與北越的黎德壽，曾連續會談兩天。其間，李氏的助理海格少將曾有西貢之行。會談的眞正突破，是在十月八日。當日季辛吉到達巴黎近郊的一座別墅，與黎某展開第十九次秘密商談。會談進行中，黎某要求休息兩小時，恢復後，北越卽提出停火計劃。據美國記者報導，北越的計劃，已接近尼克森總統五月八日廣播演說的觀點。季辛吉乃將其主要內容電告白宮，請尼克森總統作「緊急考慮」。九日的會議曾應季辛吉的要求，兩次延擱，以等待白宮的答覆。以後會談卽加速進行，經過兩度長達十六小時的研商，才產生了九點協議草案，定名爲「在越終止戰爭及恢復和平協定。」

北越希望這項協議草案能在十月廿六日簽署，幾經波折，最後才同意在十月卅一日簽字。美方的季辛吉沒有直接拒絕簽約日期，但他一再堅持，除非取得有關各方的同意，美國不能簽署這個協議。到廿六日，北越的河內電台突然把協議的內容全部公佈，還附帶發表一項聲明，概述雙方秘密會談始末。北越共黨政權的陰謀，首在報復尼克森總統今年一月透露美與北越秘密接觸的詳情，其次是迫使尼氏在大選前依北越的條件結束越戰，第三是離間美國及其盟邦——特別是越南的感情。

自九點協議公開以來，美越之間的歧見始終未曾消除，各方批評亦烈。美國專欄作家史卡特認爲，這個方案使美國負起重建北越及中南半島的重擔，而北越則不必向其被摧毀的國家賠償。美國將放棄支持阮文紹反共政府，轉而承認河內政權及其在越南奪得之土地控制權。蘇俄和中共的顧問可以繼續留在北越，美國顧問則需離開中南半島。北越軍隊被准許留在越南境內，且北越有權予以補給。據史卡特獲得的資料估計，美國爲了重建北越，便須付出約五十億美元。

阮文紹總統率直反對這項協議，越南政府人士在仔細硏究協議內容後，也覺得其中確有很多地方都不能接受。比如協議中沒有適當條款，以保證北越軍隊自越南、寮國、高棉地區撤出；也無有效措施，以確保共黨堅定承諾結束全中南半島的戰爭；協議沒有規定南北越間非軍事區的重建，也未規定北越遵守停火線；至於由三方面人員組織一個協調機構，以監督越南的新選擧，無異是成立一個共黨操縱的聯合政府，以逐步吞噬越南。

美方加速軍援越南的結果，使越方增加坦克車五十九輛，人員裝甲車一百輛，大型運輸機卅二架，戰鬥轟炸機二百一十架，直升機二百八十架。越南空軍已成爲當今世界上第三大力量，擁有飛機，超過一千八百五十架之多。

美國與北越同意，北越在越南的部隊只作部分撤離。據推測美方讓步的主要理由，是換取阮文紹總統留職，因北越曾一再堅持阮文紹總統下台。美國私下敦促北越作象徵性的撤軍，特別是靠近非軍事區南部的三萬五千名北越軍，以示友好姿態。本月八日，又有消息指稱美國同意北越軍分三地區整編：其一是沿寮國邊界至越南極北的狹長地區，其二是中央高地的寮國與高棉邊界地區，其三是湄公河三角洲。

河內始終未承認有其部隊在越南境內。據美方情報單位估計，北越軍在越南者有十萬人至十四萬五千人，西貢政府估計爲三十萬至四十萬人。越南堅決主張，北越必須公開保證，撤退其在越南境內的所有部隊。

在美國與北越的協議草約中，有成立所謂「全國和解與協調委員會」字樣，其用字意義模糊，性質含混不清。美國和越南都深感不安。這個機構指定應由共黨份子，中立派人士及西貢政府人士三方面的人員來組成，其主要職責是在越南由兩個政府治理期間（兩個政府是：西貢政府及越共臨時革命政府），辦理新的選擧事宜。北越解釋這是一個「政府性」的機構，但爲阮文紹總統所反對，美國主張這是一個「行政性」的機構，其意義似更易混淆。

由三方面的人士來成立一個機構，原是法國的設計。早在兩年多以前，法國卽在推動此一構想，由於此一想法很能符合共黨份子「聯合政府」的陰謀，遂爲北越所接受，並期使之實踐。此一機構一經成立，越共叛亂份子卽與越南政府列於同等地位，越南局勢卽不言可喩。是以阮文紹總統堅決要求北越放棄聯合政府的企圖，深得越南國會與人民的支持。

美國和越南都希望在停火宣佈生效時，卽有監督機構在現場監察；同時要求在越南停火之際，在高棉與寮國亦須實施停火。北越沒有表示過要在高棉和寮國停止戰鬥行動。而國際監督部隊的組成及其任務的執行，似有多種困難。加拿大、印尼、波蘭與匈牙利等四國，已暫時同意派出五千二百人的國際監督部隊，但這些部隊必須在停火前派送到越南的兩百個地區，四個主要港口，以及非軍事區。除了監督停火之外，這支和平軍還要監督計劃中的越南選擧，和平軍的一個小組也將派往河內，以督導美軍俘虜釋放的工作。戰俘的釋放，將在停火後六十天的撤軍期內分兩批執行。

自一九七二年十二月中旬起，美國恢復轟炸北越，並求恢復和談，早日和平解決越戰問題，其後雙方於一九七三年一月簽訂停戰協室。

附一 越戰傷亡統計

（一九六一年一月一日至一九七二年十月廿一日）

美國	
作戰陣亡	45,884
作戰受傷	303,475
失踪	1,154
戰俘	545
非戰鬥死亡	10,281
越南	
作戰陣亡	157,917
作戰受傷	417,167
平民死亡	425,000
（估計）共黨死亡人數	900,000

資料根據：美國時代週刊

附二 美國與北越九點協議草案

下面是由河內電台一九七二年十月廿六日片面宣佈的所謂越戰九點和平協議草案

內容摘要）：

一、依照一九五四年日內瓦協定，美國承認越南的獨立、主權、統一及領土完整。

二、在簽約後廿四小時內，越南停火。美國終止對北越轟炸及港口佈雷。自越南撤退美國部隊及「外國」部隊。禁止在越南境內有外國軍隊及顧問，除更換已損壞之武器外，不得向越南輸送新武器。

三、交回所有戰俘，換俘須與美軍撤退同時進行。

四、在國際監督下，越南進行自由而民主的選舉。建立一個由三方面人士所組成的「國家和解與協調委員會」，以聯合監督停火，整編武裝部隊及組織選舉。

五、「經由和平的方式」逐步達成越南的統一。

六、由越南、越共、北越及美國四方面成立一個軍事委員會。由越南及越共雙方成立一個軍事委員會。設立一個國際委員會，以監督停火。在三十天之內，召開一項國際「保證會議」。

七、相互尊重高棉與寮國之國家權利。不得干入這兩個國家的事務，同時從高棉與寮國撤退所有外國部隊。由高棉與寮國自行解決其國內事務。

八、美國與北越之間，建立一項「新的、平等的，彼此有利的關係」。美國將協助北越及整個中南半島的戰後重建。

九、協議於簽字後即生效，由有關各方「嚴格實行」。

簽約日期：北越提出，美方於十月十八日停炸，十月廿六日在巴黎簽字，美國希望於十月廿二日停炸，十月卅一日簽字，但仍有若干細節須在簽字前予以澄清。

尼克森總統越戰和談目標：

（一九七二年五月八日電視廣播）

一、遣回全部戰俘，清理作戰失踪人員。

二、中南半島全面停火。

三、越南一千七百萬人民有權決定他們的將來，而不違反他們的意志，強迫他們接受一個共產黨政府或聯合政府。

越南總統阮文紹的停火條件：

一、北越共黨必須在美軍與盟軍撤出越南時，同時撤出其所有在越南的部隊，並摧毀其所有的基地。

二、北越必須遵守日內瓦協定，不滲透和侵犯越南。他們必須承認在中南半島有四個國家，而非他們的所謂三國。

三、北越必須放棄一個變相聯合政府的要求。

四、越南的任何政治解決，必須由越南人民自行決定。

附三

越南共和國是越戰中的受害者，阮文紹總統一直堅決表示，越南並不反對而且贊成早日停戰，以解生靈塗炭之苦。但是，越南政府堅持三個基本原則：

第一、全部北越軍應撤出南越。按：北越軍自今(一九七二)年三月大舉南侵以來，有十四個師已經傾巢而出，在南越作戰者至少有十四萬五千人。

第二、應該依照一九五四年日內瓦協定，在北緯十七度建立非軍事區。按：非軍事區原來的目的，就是在保證雙方互不用兵；但這一規定早已因北越出兵南下而名存實亡。

第三、籌議中將組織的「全國和睦委員會」，絕非「三方面聯合政府」，而祇是一個獨立的機構，其作用在籌劃選舉。

越南這三個基本條件，主要的目的就是不承認所謂「就地停火」，不接受由共黨強加之於越南人民的所謂三方面「聯合政府」。這是很合理的，也可說是最低的條件。如果這三個條件不能達到，則不僅越南共和國無以自保，過去的犧牲付之東流，就是中南半島未來的和平也絕無保障。（張彝鼎）

附四　美國封鎖北越

一九七二年五月八日美國總統爲了阻止北越利用其得自蘇俄之新式遠程大炮，重型戰車，及精密武器下令宣佈封鎖北越港口，尼克森聲明要點如下：

一、通往北越港口的一切進入航道將佈置水雷，以阻止進入這些港口和阻止北越從這些港口進行海上活動。

二、美國部隊已奉令在北越的海上及其所稱的領水內採取適當的措施，以阻遏補給的運送。

三、鐵路及其他所有交通線將予以最大程度之切斷。

四、對北越境內軍事目標的海空攻擊將繼續進行。

尼克森總統發表是項聲明後，即由軍機投下具有定時裝置之特種新式水雷，尼克森這次下令封鎖北越，主要實對蘇聯而發，因爲北越軍所使用之重武器均係蘇聯所供應，所以在宣佈佈雷之時，另有照會致送蘇聯，措詞甚强：如謂：「在越南並無蘇聯軍士受到威脅，但却有三萬美軍受到威脅」。又說：「我們料到你們會協助你們的盟友，你們自然也應料到我們將採取相同之立場，但讓我們，也讓所有之大國，爲了自衞而不是爲了侵略鄰國而來協助我們的盟友吧！」，並警告說：「若我們不能達成和平，責任實在你們身上。」

尼克森之是項行動，自然爲反共國家所贊揚，亦必爲共產國家，特別是共匪與蘇聯所指罵，蘇聯政府於五月十一日發表聲明要點如下：

一、「美國總統今年五月八日發表的談話中宣佈，他已下令，在越南北方各港口的通道佈雷以阻止船隻進入這些港口，加强對越南民主共和國領土的轟炸，特別是從空中襲擊鐵路和其他交通線，由此可見，美國企圖切斷越南民主共和國同其他國家已有的經濟、貿易和其他聯繫，使越南民主共和國無法獲得對本國人民，對抗擊侵略的援助以及向和平居民供應的糧食和其他物資」。

二、「美國在越南的冒險活動不論以甚麼樣揑造的口實來掩飾，這種活動的眞正目的是明顯的，這不是爲美國『換回面子』，而是要挽救正遭致明顯破產的臭名昭著的『越南化』政策。這不是讓越南人有可能通過談判解決自己的事務，而是美國對西貢反人民的僞政權實行軍事支持」。

三、「誰也沒有授權美國限制任何人在公海上航行的自由。美國採取的措施是對公認的航行自由原則的最粗暴的踐踏：蘇聯人民認爲，美國採取的威脅在越南民主共和國沿岸航行的蘇聯和其他國家船隻的航行自由和安全的行動是不能容許的，蘇聯將從這裡作出相應的結論，美國政府將對其非法行動可能造成的後果承擔全部責任。

四、「解決越南問題唯一現實的途徑，是尊重越南人民在沒有任何外來干涉和壓力的情況下自己解決自己命運的權利，如果美國眞正願意這樣做，那麼它就應當回到巴黎的談判桌邊來，蘇聯政府堅決要求立即取消美國採取的封鎖越南民主共和國海岸和破壞其陸上交通線之措施，停止美國對越南民主共和國的侵略行爲，尊重國際航海和貿易自由的權利。

五、「忠於社會主義國際主義原則的蘇聯人民聲援英勇的越南人民的鬥爭，已經給了並還將給予他們以必要的支持。」

蘇聯之聲明，無異虛張聲勢，除象徵性由海參威派了部分軍艦潛艇至南中國海外，始終未取採取更有力之行動，而且亦未取消對尼克森訪蘇之邀請，反之對共匪則加以責怪，認爲越戰之升高，是受共匪改善對美態度之影響，否則美國不敢輕以升高越戰。另一方面，美國之行動在國內又引起反戰高潮，但是在越南對阻止北越大舉南進確發生了實際之效果。（張宏遠）

游擊隊（Guerilla Forces）

即在敵軍控制區域內，以打擊敵軍或破壞交通及軍事設施等爲目的而從事反抗活動的非正規部隊。此種部隊常由敗殘軍人及當地居民組成；由於他們缺乏公開迎戰的武力，因此其活動常是分散和秘密的；甚至不着制服，也不配帶明顯的標誌。第二次世界大戰期間，在日本控制下的中國淪陷區及由德、義等佔領着的許多歐洲國家領土上，游擊隊均極活躍。

游擊隊的法律地位未曾獲得確切承認，因爲第一、他們由於行動秘密及無明顯標誌等的緣故，多不符合一九〇七年海牙陸戰法規所定戰鬥人員的要件。第二、舊觀念認爲某一領土完全被敵軍佔領之後，便喪失了繼續鬥爭以求恢復原地位之希望，居民不應再起來反抗。因此，佔領軍常將從事反抗活動的當地居民視同「戰時叛逆」而處以極刑。

德國曾於一九三八年六月十七日宣佈凡不屬其敵國正規軍隊而對抗德軍作戰者，被俘時一律處以死刑。第二次大戰期間。它遂適用此項規定，將法、希等被佔領國之游擊隊處決；其中包括法國二萬九千六百餘人、希臘七萬人、及比利時七千五百人。

其實依現代戰爭之性質而言，交戰國一方領土之被佔領，只是暫時的現象。蓋因其政府被迫撤離國土後仍可在其盟邦繼續執行職務；廣大領域也許迅速被敵方摩托化機械部隊所佔領，然散處各地的人民仍有合法反抗之餘地。因此上述舊觀念不能符合事實。

一九四九年日內瓦戰俘待遇公約雖有新的趨勢，但仍僅承認有組織的游擊隊取得合法地位。——其第四條規定：敵方佔領區內有組織的反抗運動份子，如果㈠有人統率幷爲其部屬之行爲負責；㈡有確切明顯的標誌，可由遠方識別；㈢公開攜帶武器，且㈣行動符合戰爭法規，則於被捕時有權享受戰俘待遇。至於個別從事游擊活動之人，該公約幷未承認其有戰鬥人員的地位。（俞寬賜）

準國住所（Quasi-National Domicile）

住所如果以適用的範圍爲標準，可分爲國住所、準國住所、及市住所三種

。準國住所是在複合國的各法域所設定的住所，如在美國各州所設定的住所。（參閱「國住所」及「市住所」各條）。（洪力生）

準國際私法（Quasi-International Private Law）

是解決國內各州或各地方法律衝突的法則。這是因爲在採聯邦制度或多數法域等特殊情形的國家；各州或各地方的法律，往往有其不同，如美英諸國是。某種民事的法律關係，在同一國家內，也發生法律的衝突問題，爲解決這種衝突的問題，而規定應適用何州或何地的法律之法則，學者稱之爲準國際私法。（洪力生）

準據法（Proper Law）

所謂準據法，就是對於某種涉外民事法律關係，指示在內外數國法律中，應該適用那一個國家的法律之準則，這在國際私法學上就稱爲準據法。凡是國際私法各條條文所規定的法則，大都可以稱爲準據法，但其內容却因其所規定的法律關係不同，而有不同。例如我國涉外民事法律適用法第一條第一項規定：「人之行爲能力，依其本國法。」可以說本國法就是人之行爲能力的準據法；如果發生關於涉外行爲能力的爭訟，就應該適用當事人的本國法解決之。又如同法第十條第一項規定：「關於物權，依物之所在地法。」也可以說所在地法就是物權法律關係的準據法；如果發生涉外物權的爭訟，就應該適用物的所在地法解決之。（洪力生）

當地補救原則（Rule of Local Remedies）

所謂當地補救原則即被害人在請求其本國政府向加害國作國際干預與作外交保護之前，必須已經儘量地利用了加害國當地的補救方法。如仍舊無法獲得公平的補救時，才可向其本國政府請求保護。而國家在考慮接受其被害人的請求時，如發現該個人尚未儘量利用加害國的當地補救方法，則要責成該被害人先去利用加害國的當地補救辦法。此一原則爲國際判例與國際條約所確認。

不過當地補救原則不適合於下列各種情況：

㈠、有關國家以條約明文規定不適用此原則。

㈡、當地法院有下列各種情形而無法利用：

1. 當地法院拒絕或阻撓外國人利用法院。
2. 當地法院司法程序有重大缺陷。
3. 當地法院腐敗，聽命於行政機關或由軍人掌握。
4. 當地法院顯然地排外或仇外。
5. 上訴的結果，明知還只是原判的重複。
6. 當地國大赦特赦頻繁。
7. 判決顯然不公平。

㈢、少數民族保護問題：即少數民族在條約上所享受的權利遭受損害時，可直接向國際機關提起訴訟，不必利用當地法院請求補救。（李鍾桂）

當事人意思自主原則（The Doctrine of Autonomy of the Parties）

這個原則，通常被認爲十六世紀時法國學者杜茂林（Dumoulin）所提倡，嗣後多用於涉外契約關係；即涉外契約關係，依當事人的合意定其應適用的法律。現在多數的成文法典國家，多採用當事人意思自主的原則，英美法系國家亦有採用之者。我國涉外民事法律適用法第六條第一項規定：「法律行爲發生債之關係者，其成立要件及效力，依當事人意思定其應適用之法律。」也是採用這個原則。因法律行爲而發生之債，可分爲單方行爲與雙方行爲兩種。前者如捐助行爲，後者即爲契約行爲。一般地說，因單方行爲而生之債，究屬少數。因此，法律行爲而生之債，係以契約行爲爲主要。依我國現行法的規定，凡涉外契約關係，其成立要件及效力，係以當事人自己意思所選定的法律爲準據。至於當事人意思不明時，涉外民事法律適用法第六條第二項及第三項另設有數種不同的標準，以決定契約的準據法。

涉外契約關係，依當事人意思定其應適用之法律，所謂「當事人的意思」，可分爲三種：㈠當事人明示的意思（expressed intention）：即依當事人的合意，對涉外契約關係，明白表示應適用何國的法律。一般地說，凡契約由律師或法律專家協助訂立者，多明白規定其應適用的法律。例如：近年來，美國氰胺公司投資與我國台灣糖業公司合作，成立台灣氰胺公司時，雙方當事人合意，關於投資契約適用中國法律。又美國莫比油公司及聯合化學公司投資與我國石油公司合作，成立慕華化學工業股份有限公司時，雙方當事人合意，關於投資契約適用美國紐約州法律。㈡當事人默示的意思（tacit intention）：即當事人對涉外契約，並無明定其應適用的法律，而由契約的內容或文句，推知當事人對於契約準據法的默示的意思。例如：英國人某甲與德國人某乙訂立契約，並未明定應適用何國之法律。但因該契約關於「不可抗力」的用語，係用"Act of God"及"the Queen's Enemies"後者是英國法的專門用語，在德國法中卽全無意義，所以從該契約，卽可推知當事人默示的意思，在選用英國法（見Martin Wolff, "Private International Law, 1950. P. 427.）。又按國際習慣，在某證券交易所或商品交易所進行交易者，卽認定其表示應適用該交易所的規章、習慣、及該地的法律。（見E. Rabel, The Conflict of Laws", Vol. II, 1950, P. 387.）。(三)當事人推定的或假設的意思(presumed or hypothetical intention）：當事人對涉外契約，既未明定其選定的法律，又無從知悉其含蓄的意思時，法官卽應確定該涉外契約的準據法。而法官確定該契約準據法的方式，大約可分為兩種：(1)準據法個別確定方式：這種方式，是指法院應為個別契約，尋求其應適用的法律。其根據又可分為兩說：(甲)當事人「假設的意思說」：此說係假定當事人於訂約時，在意念中有一種法律存在，可是未予明示或默示，而法官卽在就當事人意念中的這一種法律，加以確定。可以說，法官確定契約準據法的憑藉，不是當事人明示或默示的意思，而是當事人假設的或推定的意思。這種藉探求當事人「主觀的」意思，以定契約準據法的方式，往往也稱為「主觀說」（Subjective theory）。現在德國及瑞士等國尙採用這種「主觀說」。(乙)契約「最眞實的關係說」：此說認為當事人的意思既然不明，卽無所謂當事人的意思，因為假設的意思，究非實在的意思；因此，法官應就此類契約，審查種種的事實，藉以發現與契約牽連最大的國家，卽以該國的法律，為契約的準據法。由於此種方式係以契約的客觀事實為依據，所以又稱為「客觀說」（Objective theory）。不過，主觀說與客觀說的立論雖有不同，而實際上兩說所採的方式，却難嚴加區別。(2)準據法一般確定方式：此種方式，指當事人意思不明時，以成文法規或判例，樹立某些標準或規則，以為確定契約準據法的一般根據。就其性質，也可分為兩類：(甲)非確絕性的規則：在英國，由於準據法說（Proper law theory）的發展，曾經建立若干「推定」（Presumptions）或「非確絕性的規則或推理」（Prima facie rules or inferences）。例如：契約訂立地，通常可視為確定契約準據法的標準。不過，各種推定則可為其他較强的事實所推翻。可見「非確絕性的規則」，僅在充法官的參考，以為裁判的起點或輔助。(乙)硬性的一般規則：很多國家，在當事人意思不明時，則以法律明文規定某些標準，為確定契約準據的根據。例如，有的國家的法律，則明定行為地、當事人的共同國籍或共同住所地等，為確定契約準據法的根據。在採這種立法方式下，法官則少自由裁量的機會。

我國涉外民事法律適用法第六條第二項規定：「當事人意思不明時，同國籍者依其本國法，國籍不同者依行為地法，行為地不同者以發要約通知地為行為地，如相對人於承諾時不知其發要約通知地者，以要約人之住所地視為行為地。」又同條第三項規定：「前項行為地，如兼跨二國以上或不屬於任何國家時，依履行地法。」以上規定，乃於當事人意思不明時，另設若干標準，卽當事人的共同國籍，行為地，發要約通知地，要約人的住所地及履行地等五種；依一定的適用次序，藉以確定契約的準據法。（洪力生）

萬國郵政聯盟（Universal Postal Union, UPU）

總部設於瑞士伯爾尼（Berne）。為聯合國各專門機關中歷史最悠久者。一八六三年十五個歐美國家參加巴黎的國際郵政委員會，決議將當時已存在的若干雙邊郵政協定劃一。一八七四年第一屆國際郵政大會在瑞士伯爾尼集會，通過國際郵政公約。一八七五年公約生效，創立郵政總聯盟。一八七八年伯爾尼公約修正，改稱萬國郵政公約，郵政總聯盟亦更名為萬國郵政聯盟。萬國郵政聯盟經與聯合國成立協定，於一九四七年七月一日成為聯合國專門機關之一。

郵聯的宗旨在改進郵政業務，並在郵政範圍內促進國際合作的發展，因此每一會員國同意以最好的方法傳遞貼有其他會員國郵票的信件。一八七八年的萬國郵政公約，郵聯成為一個「開放的聯盟」，任何國家只須片面聲明卽可加入。此制實行了七十年之久，到一九四八年第十二屆大會修改公約，申請加入的國家至少須經郵聯會員國三分之二同意，截至一九六六年止，該組織共有一二八個會員國，中華民國亦為其會員國之一。

郵聯由大會、執行理事會、郵政研究諮詢委員會及萬國郵政公署所組成。大會是由每一會員國派代表一人或數人組成，必要時得請由其他會員國代表團兼代。通常五年舉行會議一次。執行理事會由二十七個理事國組成，每年集會一次，於大會休會期間主持郵聯工作的推進。理事國由大會依公平的地區配額推選，所推選出的代表應係合格的郵政人員。郵政研究諮詢委員會爲一九五七年奧太瓦大會新創立的一個常設機構，負責郵政技術、業務、經濟三類專題的研究，郵聯會員國均爲當然委員國。萬國郵政公署爲郵聯的中心機構，歸瑞士聯邦政府監督，作爲各郵政聯絡、諮詢及交換情報的樞紐。對於各郵政間往來各種國際郵務帳目，如經有關郵政聲請代爲居間結算，應以清理帳務所名義負責辦理。

自一九六三年起，爲配合聯合國技術合作方案，萬國郵政聯盟遂着手主持並直接推動郵政合作計劃。萬國郵政大會截至最近一次於一九六九年在東京舉行爲止，共經十六屆大會。（許秀賢）

參考文獻：
朱建民著：國際組織。
Eyvind S. Tew, ed., Yearbook of International Organization, 11th edition, 1966.

萬隆會議（Bandung Conference）

亞非會議第一次會議係在印尼萬隆召開故又稱萬隆會議。

第一次亞非會議於一九五五年四月十八日召開，會期六天。時值韓戰方酣，法國在越南新敗，尼赫魯、蘇加諾等紛向共匪討好。會議發起國家爲可倫坡集團印度、印尼、緬甸、錫蘭及巴基斯坦等五國。參加第一次亞非會議的國家有廿九國，計亞洲廿三國，非洲六國。在與會國家間，分爲三派：一爲附匪派、一爲反共派、一爲中立派。

第一次亞非會議，在爭吵聲中，不歡而散，結果只通過了重重複複的十原則，被稱爲「萬隆十原則」，其要點爲：㈠尊重基本人權、尊重聯合國憲章之宗旨與原則。㈡尊重一切國家的主權和領土完整。㈢承認一切種族平等、一切大小國家的平等。㈣不干預或干涉他國內政。㈤尊重與承認一國家單獨的或集體的自衞權。㈥不用集體防禦安排爲一個大國效勞，任何國家不對他國施加壓力。㈦不以侵略行爲或侵略威脅或使用武力來侵犯任何國家的領土完整或政治獨立。㈧以和平方法解決一切國際爭端。㈨促進相互利益與合作。㈩尊重正義與國際義務。其實，這些原則聯合國憲章早有規定，匪俄共黨政權，從未遵守。不過，匪代表周匪恩來當時作了這些虛僞承諾，對於部份國家，尤其是非洲國家，的確發生了若干欺騙作用，因而打開了後來共匪向非洲滲透的門戶。

自萬隆會議之後，共匪一直打着亞非會議的旗號，企圖操縱亞非國家，組織包圍西方的「統一戰綫」。及至匪與印度邊界糾紛發生，匪軍大舉侵印，暴露出其侵略面貌，提高了許多中立國家的警覺。

尼赫魯爲國際中立首腦之一，匪與印度反目，不僅失去了贊助者，同時也把它一再鼓吹的「萬隆精神」破壞無遺。在此情勢下，第二次亞非會議只好長期擱淺。

共匪爲使亞非會議死灰復燃，暗中唆使共尾巴國，在第二次「不結盟會議」中，提出召開第二次「亞非會議」的建議，會中即決定於一九六五年三月在阿爾及利亞首都舉行。不料阿國發生罷工，致專爲亞非會議而建築的會場—「國際宮」無法如期完成，於是會期延至六月底。到了六月，會場完成。十九日拂曉阿國突然發生政變，副總理兼國防部長包米迪尼推翻了總理班•貝拉，於是各國藉安全問題要求再度延期。亞非會議二次延期後，共匪終陷於無法出席會議的不利境地，故而宣稱，會議的先決條件，必須譴責美國「侵略」越南，同時並應保證會議成功，如會議不能達到目的，即應再予延期。而包米迪尼堅欲召開，認爲縱然無共匪參加，會議亦應照常舉行，同年十月廿七日，共匪正式宣佈抵制該會，拒不出席，終使共匪煞費苦心策劃的亞非會議第二次會議歸於流產。（吳俊才）

義法學派（國際私法）

是國際私法的學派之一。十九世紀中葉，義大利學者馬志尼（Mancini）所提倡的「本國法主義」，嗣後也曾盛行於法國，所以稱爲義法學派。十八世紀末葉，法國的法則區別說已認屬人法爲原則，屬地法爲例外，而十九世紀初法國民法的編訂，又以當事人本國法爲屬人法，這種思潮湧入義大利，頗爲學者所推崇。義大利學者馬志尼，因鑒於當時義大利民族尚未統一，不能具有國際公法上主體的資格，所以馬氏自一八五一年以來，就力倡民族統一的學說，主張凡是同一的民族，應當適用同一的法律，因而產生本國法主義的學說。一八六五年制定的義大利民法，其法律適用部分，（第六條至第十二條），就是以馬氏所主張「本國法主義」的原則爲根據。一八八〇年比利時學者羅蘭（Laurent）著有國際民法論一書，就是以馬氏學說爲張本。這派學者的基本觀念，在認許多法律都是表達「人格」(Personality)的產物，而人格乃依國民性而定，所以法律又是國民性的表達。人格與國民性是不可分離，既然承認外國人的國民性，原則上就應該適用其本國法。因此，這個學派把一國的法律分為兩種：第一種是有關「私人利益」的法律，如關於身分、能力、親屬、繼承的法律關係，都應該適用當事人本國法的原則。並且認適用當事人本國法，是基於國際法上的義務，而非國際禮讓。第二種是有關「公共秩序」的法律，對於一國領土內的人民，無論內國人或外國人都有拘束力，但在領土以外，即使對本國人也沒有拘束力。也可以說，這個學派對法律的適用，是着重於屬人法，即適用當事人本國法，唯對於有關公益的事項，始適用屬地法。不過，這個學派嗣後又認為，關於契約的法律關係，則可由當事人「自由意思」決定其應適用的法律。連前二原則，遂成為國際私法上的三大原則。

義法學派的學說，非但推翻了荷蘭學派所提倡的「屬地法主義」，並且也推翻了薩維尼以「住所地法」為屬人法的主張；對大陸法系的國際私法影響很大，至今大陸國家仍採當事人本國法為屬人法；所以這個學派對國際私法的貢獻，實非淺鮮。但是，這個學派以本國法主義的屬人法為至尊的原則，未免過於武斷，而在事實上及理論上都缺少根據。因為就「法律關係」的全部而觀，適用本國法不過是法律適用的原則之一，他如物權的所在地法，法律行為的行為地法，都是不同的原則，所以這個學派與事實不合。其次，所謂「公共秩序」或「公益」，含義抽象，因為這種藉口，則易捨本國法而適用屬地法，終使本國法至尊的原則，失其意義。再者，英美國家向來就以「住所地法」為屬人法，但是從來沒有人主張其係違反國際法。所以這個學派認為，適用當事人本國法，是基於國際法上的義務；在理論上也有其缺點。

迨至十九世紀末葉，法國學者皮拉（Pillet）乃就法律的「社會目的」加以研究，藉以發見一種確定內外國私法適用範圍的原則；皮氏認為：一種法規的目的如果在於保護「個人利益」，就是屬於「永續性」法規，即具有域外效力，也就是屬人法。另一種法規的目的，如果在於保護「一般利益」，或「社會利益」，就是屬於「一般性」法規，僅具域內效力，也就是屬地法。例如：關於不動產法規，其社會目的在保護一般利益，所以適用屬地法；又如關於婚姻的法規，其社會目的在保護夫妻的個人利益，所以適用屬人法。皮氏固然對義法學派的屬人法主義多所修正，而有其新穎的主張。但是，要就一切法律嚴格區分為保護個人利益的法律，與保護社會利益的法律，卻非易事，所以有的學者批評皮氏的學說，難免重蹈法則區別說的覆轍。（參閱「英美學派」及「德意志學派」各條）。（洪力生）

義勇艦隊（Volunteer Fleet）

即由愛國團體在其政府許可下購船組成，以便於戰時自動供政府作戰之用的補助艦隊。一八七七年，蘇俄因有與英國開戰之可能，國內曾組織此種艦隊，船長由政府任命，水手也都接受軍事訓練，平時，艦隊所屬各船懸掛商旗，兼營商業及為政府運轉軍隊或從事其他服務工作；戰時，它們改懸海軍旗，完全供政府使用。

義勇艦隊與「改裝商船」不同，後者須於戰時被改裝為軍艦後始受政府直接控制；前者則無論戰時或平時，均在政府直接管理之下；並可於戰時被視如正規海軍及合法的作戰者。惟其不得任意改懸商旗；否則，其作戰資格便有問題。例如一九〇四年日俄戰爭時，俄國黑海義勇艦隊中之彼得堡號（Petersburg）及史木倫斯克號（Smolensk），分別於七月四、六日攜帶武器而懸掛商旗，通過俄軍艦所不得通過的博斯福魯斯（The Bosphorus）及達坦尼爾（The Dardenelles）海峽到地中海，再經蘇彝士運河到江海，然後改懸海軍旗，在印度洋對中立船舶行使交戰者之權利。彼得堡號以「載運戰時禁制品」為理由而捕獲英國商船「麻拉甲號」（The Malacca），并準備將其解往蘇俄某港口。英國立即抗議，指出：依現行條約，蘇俄軍艦根本不得出黑海，今其義勇艦隊既以商船資格駛出黑海，即不得冒稱軍艦，干涉中立商務。俄國遂釋放了麻拉甲號（Lauterpacht's Oppenheim, Vol. II, pp. 263-4）。（俞寬賜）

塞內加爾河沿岸國家組織（Organization of Riparian States of the River Senegal）

塞內加爾總統桑高（Leopoled Sedar Senghor）於一九六三年三月八日至九日訪問幾內亞，建議塞內加爾沿岸四國，即幾內亞、馬利、茅利塔尼亞和塞內加爾—"在非洲團結的體系內，建立一個區域性的經濟集團"。因為塞內加爾河的三個支流經過幾內亞、馬利和茅利塔尼亞，水資源頗為豐富，如果予以開發可以有助於四國的經濟發展，而桑高的此一建議另有幾項政治目的。第

一、促進幾內亞和塞內加爾的關係，兩國在一九六一年六月曾訂有貿易，支付及財政協定，第二、改善馬利和塞內加爾的關係。原來在一九五八年十二月塞內加爾、蘇丹、達荷美和上伏塔四國同意建立一個聯邦沿用古代在西蘇丹的馬利帝國爲名，而稱爲「馬利聯邦」，其後達荷美和上伏塔兩國因來自象牙海岸的壓力和內部的問題而改變了初衷。塞內加爾和蘇丹遂於一九五九年四月組成了聯邦。一九六〇年六月，馬利聯邦分裂，變成了塞內加爾和馬利（蘇丹仍沿用馬利爲國名）。一九六三年六月，兩國同意恢復經濟關係。第三、是改善馬利和茅利塔尼亞之間的關係。

一九六四年二月，幾內亞、馬利、茅利塔尼亞和塞內加爾四國的專家在達卡（Dakar）開會。是年八月四國代表根據專家意見，同意建立一個「開發塞內加爾河國際委員會」，秘書處設在塞內加爾的聖路易士（St. Louis）。一九六五年二月三日此一國際委員會和秘書處正式成立。塞內加爾的桑高總統、馬利的凱達總統和茅利塔尼亞的大達總統均參加開幕典禮，惟幾內亞的杜瑞總統沒有參加。杜瑞之所以不願與三國密切合作是由於他希望避免幾內亞法郎和法郎的發生關係，卽使此項關係是間接的。

雖然幾內亞沒有積極參加，可是「開發塞內加爾河國際委員會」的工作最後導致四國政府於一九六七年十一月同意在塞內加爾河流域進行五項聯合工程，包括在馬利的日瓦那（Joina）地方建立一個水壩，作爲水力發電和灌溉之用。

一九六八年二月十六日四國代表在達卡開會，同意成立「塞內加爾沿岸國家組織」，四國元首於三月二十四日在幾內亞的拉貝（Labé）正式開會批准了此一組織的章程。此一國際組織具有四個主要機構：㈠四國元首會議，每年至少開會一次；㈡部長會議，每年至少開會兩次，這是一個創新、執行和監督的機構，向四國元首負責；㈢國際立法會議，由每一會員國派遣五位國會議員所組成，爲一諮詢性的機構；㈣執行秘書處設於達卡，其下設立三個秘書處，負責開發塞內加爾河流域的資源。

一九七〇年十一月二十二日，發生「葡萄牙傭兵攻擊幾內亞事件」，幾內亞和塞內加爾兩國交惡，一九七一年十一月，塞內加爾河沿岸國家組織解體。一九七二年三月十一日馬利、茅利塔尼亞和塞內加爾三國總統宣佈成立「塞內加爾河開發組織」（Organization for Development of Senegal River）（楊逢泰）。

塞內加爾河開發組織（Organization for Development of Senagal River）

一九六八年二月間，幾內亞、馬利、茅利塔尼亞和塞內加爾四國成立了「塞內加爾河沿岸國家組織」（Organization of Riparian States of the River Senegal），其目的在開發塞內加爾河及其三個支流的資源。

一九七〇年十一月二十二日發生外國傭兵攻擊幾內亞事件，是日早晨，幾內亞的柯那克里電台（Radio Conakry）宣佈：從葡屬幾內亞和鄰國的傭兵企圖佔領柯那克里。當晚幾內亞民主黨（Parti Démocratique de Guinée—）的政治局宣佈，有三百五十名歐洲和非洲的傭兵在「葡萄牙殖民主義」旗幟之下，進攻幾內亞的企圖已被擊退，發生此一事件之後，幾內亞總統杜瑞一再指證在幾內亞的鄰國葡屬幾內亞和塞內加爾的境內正在準備對幾內亞的攻擊，幾內亞政府並要求塞內加爾引渡在塞內加爾境內的傭兵，塞內加爾予以否認並於一九七一年一月二十三日召回駐幾內亞大使。一月二十六日進一步宣佈幾內亞駐塞內加爾大使爲不受歡迎的人物。

塞內加爾河開發組織因幾內亞和塞內加爾兩國交惡而於一九七一年十一月間解體。

一九七二年三月十一日，馬利國家解放軍事委員會主席脫拉奧里上校（Col. Moussa Traore），茅利塔尼亞總統大達（Moktar Ould Daddah）和塞內加爾總統桑高在茅利塔尼亞首都諾克少（Nouakchott）開會，宣佈成立「塞內加爾河開發組織」，總部設於達卡，在最初兩年內，由大達總統擔任主席，馬利的工業發展和公共工程部部長（Ministry of Industrial Development and Public Works）恩桃（Robert N'daw）爲部長會議主席。（楊逢泰）

違反人道罪（Crime against Humanity）

這是第二次世界大戰後與「破壞和平罪」同時確定的一種新戰罪。依一九四六年紐倫堡軍事法庭規約第六條第二項C款之規定：違反人道罪卽「戰時對任何平民所加之謀殺、滅絕、奴役、驅逐、或其他各種不人道之行爲，或基於政治、種族、或宗教理由所加予平民之迫害；此種迫害是否違反迫害地國之法律，則非所問。」(G. von Glahn, Law Among Nations, London, 1965, pp. 706, 710 - 713 ）。凡計劃、指導、執行此等罪行之人，雖係以國家機關之身份或奉上級命令而行事，均不得減免其責任，應由法庭審判和處罰。

此類戰罪既爲傳統國際法所未規定，則其審判與處罰是否有背「罪刑法定主義」及「法律不溯既往」原則，自不無疑問（可參閱「戰罪」及「戰犯」條）。（俞寬賜）

違禁物資（Contraband）

「違禁物資」（Contraband）這個名詞有平時的和戰時的兩種含義。平時的違禁物資，如基於國際協定，對鴉片及其他毒品禁止運銷；或由於國內立法，禁止外國的酒類或肉類等入口。戰時的違禁物資，概指中立國秘密供應參戰國的物資。

一九〇九年在倫敦舉行的國際海軍會議（The International Naval Conference），通過一項宣言（Tne London Declaration），把戰時違禁物資分爲兩種：一、絕對的違禁物資（Absolute Contraband），如武器、彈藥和軍需品等；二、有條件的違禁物資（Conditional Contraband），如糧食、食品和用具等，表面上爲一般平民之所需，但也可供戰爭之用。對此第二類違禁物資，當時制成詳細清單，後來因「倫敦宣言」不獲各國的批准，此項清單也就不得見諸實施。

在一、二次世界大戰中，違禁物資的名單幾乎無所不包。依國際公法，交戰國對中立國的商船得予檢查，對違禁物資得予沒收。韓戰時聯合國決議譴責毛共爲侵略者，幷要求各國予以戰略物資禁運的制裁。但各國每自以其「戰略物資」爲「非戰略物資」，而運售中國大陸，致此項制裁決議幾同具文。（參考「戰時禁制品」條）。（陳紹賢）

勢力範圍（Sphere of Influence）

「勢力範圍」（Sphere of Influence）這個名詞，應用於一個國家在其國外的地區，具有政治或經濟或二者俱備的影響力或控制權。這個受外國勢力影響或控制的地區，就是該外國的勢力範圍。

列强的勢力範圍，有的是在未甚開化的落後地區，有的是在國力微弱的文明國家。前者如非洲之曾被瓜分；後者如中國之曾被劃分勢力範圍。二十世紀初葉，英國和俄國分別控制波斯的權益，美國以金元外交和礮艦政策對付拉丁美洲若干國家，都是視各該國爲其勢力範圍。現在東歐國家，除南斯拉夫和阿爾巴尼亞之外，都還是蘇俄的勢力範圍。蘇俄甚至使用武力入侵，以維持其在東歐的勢力範圍。一九五六年它摧毀匈牙利革命，一九六八年它鎮壓捷克的民主自由運動，都是較爲顯著的事實。

自從俄軍入侵捷克之後，俄共的眞理報和蘇俄總理柯錫金先後聲稱，共產國家的主權是集體的主權。這種說法，意指捷克幷無單獨的主權；蘇俄以武力干涉捷克的內政，是爲維護共產國家集體的主權。當時美國國務卿魯斯克曾公開駁斥此種理論。

從國際法的觀點看，一國的主權，不因外國在其境土內取得勢力範圍而虧損。但實際上，在外國領土上具有勢力範圍的國家，每運用它的權威，去增進它的勢力。如遇境內騷動事件發生，往往乘機擴大其控制的權力，甚至把勢力範圍的地區變爲其保護領（Protectorate）或併吞地（Annexation）的，歷史的事例不少。現代國際關係已摒棄勢力範圍的觀念，認爲那是侵犯別國的自由及其領土與政治的完整。（陳紹賢）

塔什干會議（Tashkent Conference）

印度與巴基斯坦間，因克什米爾（即克什米爾與查謨之簡稱）問題，爭端時起。在英國統治印度時，克什米爾原爲一土邦，一九四七年英國允許印度獨立時，將印度劃分爲印度與巴基斯坦兩個自治邦，但對克什米爾歸屬問題未作決定。一九四七年十月印巴間在克什米爾發生武裝衝突。一九四九年七月劃定停火線，雙方皆控有地區。但問題並未獲得解決，紛爭不已。

一九六五年九月，印度與巴基斯坦間再度發生武裝衝突。事件發生後，蘇俄總理柯錫金突以斡旋人姿態邀請印度總理夏斯屈與巴基斯坦總統阿育汗至蘇俄塔什干會晤。會議於一九六六年元月四日開始，十一日結束並發表「印巴聯合聲明」或稱「塔什干宣言」。

聲明要點爲：

㈠決定恢復兩國間正常的和平與友好關係；

㈡重申根據憲章，不使用武力，以和平手段解決問題；

㈢討論查謨與克什米爾問題時，應考慮大陸和平與印巴兩國人民的利益；

(四)雙方停火，並於一九六六年二月二十五日前，撤回至一九六五年八月五日前所佔據的原來陣地；

(五)雙方不鼓勵反對對方的宣傳，外交使團恢復正常活動，並進行遣反戰俘工作；

(六)雙方將繼續舉行最高級和其他等級會議，以討論有關兩國問題。

聲明最後，特別表示對蘇俄領導人感激之情。

這一會議終使印度與巴基斯坦武裝衝突暫告停火。而蘇俄從這次會議與會議結果中，獲利最大。第一，印巴雙方皆甚感激，在不致與印度疏遠的情形下，增加了其對巴基斯坦的影響力；第二，獲得各方面（中共除外）之讚美；第三，為蘇俄乃至柯錫金贏得一些國際聲譽；第四，表現出蘇俄對亞洲的關心，排斥了中共所提「蘇俄不是亞洲國家」的言論。（吳俊才）

『資本主義包圍』（Capitalist Encirclement ）

一九一七年俄共取得政權之後，尤其在第二次世界大戰之前，特別强調所謂「資本主義包圍」理論。列寧在一九二三年蘇俄憲法序文中說：「自從蘇維埃共和國成立時起，世界上的國家就分為兩個陣營，即資本主義陣營與社會主義陣營。」而社會主義「新社會」却被含敵意的資本主義國家所包圍。俄共政權强調這一事實和理論，固然，部份是出於自身的不安全感，而其最主要的原因，則是製造理論上的藉口，以對其人民實施恐怖與高壓政策，要人民忍苦、犧牲，來實行快速的工業化和農業集體化計劃。

根據馬克斯的理論，當一國的「剝削階級」消滅之後，「國家」就應該「萎縮」，故「資本主義包圍」又可於「剝削階級消滅」後引用為蘇俄「國家」存在的理由。

第二次世界大戰後，蘇俄已漸成為兩個主要大國之一，在蘇俄邊境週圍許多國家中已建立共產政權，因此，「資本主義包圍」的含意已非昔比。但是，在蘇俄的宣傳中，仍把北大西洋公約一類非共產國家的防衞組織，指為「資本主義包圍」的延續。（吳俊才）

頓巴敦橡樹園會議（Dumbarton Oaks Conference ）

第二次大戰至一九四四年時，民主國家的形勢轉好，勝利在望。美國總統羅斯福徵得中國、英國和蘇俄的同意，於是年八月在美國首都華盛頓約頓巴敦橡樹園舉行中、英、美、蘇四强及其他四十二國代表的會議，討論戰後建立一個一般性的國際組織，以維持國際和平與安全。這個會議就被稱為頓巴敦橡樹園會議（Dumbarton Oaks Conference ）。

這個會議至是年十月七日方告結束。此時它完成了一項戰後國際組織的提案，即聯合國憲章草案，共十二章。其中以安全理事會為聯合國維護世界安全與和平的主要機構，其職權較國際聯盟的理事會為大，并以中、法、英、美、俄五國為安全理事會的常任理事國。關於安全理事會的投票方法問題，此次會議不獲解決。

這個問題的最後解決，是在一九四五年六月廿五日舊金山會議(San Francisco Conference)通過的聯合國憲章中。—憲章第二十七條，「二、安全理事會關於程序事項之決議，應以七理事國（已修改為「九理事國」）之可決票表決之。」「三、安全理事會對於其他一切事項之決議，應以七理事國（已修改為「九理事國」）之可決票包括全體常任理事國之同意票表決之……」。這種規定，是在是年二月英、美、俄的雅爾達會議秘密達成了原則上的協議。（參看「否決權」條）（陳紹賢）

罪刑法定主義（Nullum Crimen Sine Lege ）

所謂罪刑法定主義係指任何行為的處罰，以行為時的法律明文規定者為限。因為刑法不得溯及既往。

雖然罪刑法定主義，是現代文明國家所普遍承認的法律原則，不過由於此主義原為專制君主時代為防止濫用司法權，與保護個人權利而成立的。而國際社會並非一專制君主制，故司法權濫用的可能性不大。因此第二次世界大戰結束後，聯合國以破壞和平罪和違反人道罪而處罰戰犯，雖曾引起激烈的爭論—即此種處罰戰前及戰時的行為，有無違反罪刑法定主義。但多數的國際法學家認為：如堅持罪刑法定主義而使侵略戰爭的責任者逍遙法外，則足以破壞世界和平與危害國際安全；如因此而不予違反人道罪者以懲罰，則等於藐視人性的尊嚴與剝奪了人類的基本自由與權利。同時戰犯的行為早為現代各種條約，如一九二八年的廢戰公約等所禁止，只是對如何處罰並未加以規定而已。因而聯合國的這項處罰規定，不能認為完全違反「罪刑法定主義」。（李鍾桂）

參考文獻：

L. Oppenheim, International Law, 1955. Vol. II, P.579:

H. Lauterpacht, International Law and Human Rights, 1949. P.35-37.

過早的承認（Premature Recognition）

過早的承認不僅違反當事國之利益，抑亦破壞國際秩序，尤其強權大國根據一己的政治動機常有利用過早承認（或不予承認：美國至一九三三年始承認蘇聯）以達成其特殊的目的，過早的承認一般可被解釋為干涉內政；所以適時承認之標準至為重要。

十九世紀尤其神聖同盟以來，拒絕承認一切推翻正統君主統治的新國家或新政府。此一原則受到以英美為首的「有效原則」的對抗而最後終為一般國家所放棄；所以外國承認的標準為新國家（政府）有效建立（控制）國家之時；新國家從母國分裂出來後而決定性地擊敗母國的鎮壓或母國確實無力再克服反叛時，或者母國本身承認時，均可認為是第三國適當承認的時機（一九〇三年巴拿馬從哥倫比亞分裂出來，美國立予承認，通說皆指為干涉）。新政府有效控制一國之絕大部份土地或人民時，亦可視為應受承認之時；英美在一次大戰前，又常解釋「有效」政府為受到人民支持因而要求該新政府以相當之證明（如公民投票，關此，請比較「托巴主義」條）。不過，此一條件在一次大戰以後，已遭放棄，學者對此點有不同意見者。此「有效原則」是否亦適用於其他種類之承認（如新土地；又在交戰團體的承認，有效非唯一標準），無定說。

（鄧子平）

解放政策（Policy of Liberation）

美國為對抗共產主義侵略，自杜魯門主義之提出，即採取所謂「防堵政策」（Policy of Containment）。迄一九五二年美國總統大選時，共和黨提名歐戰中之名將艾森豪為總統候選人，而杜勒斯實為其外交政策之顧問。當時美國人對「防堵政策」所遭受的挫折，表示普遍的不滿，於是杜勒斯乃提出所謂「解放政策」的響亮口號。

「解放政策」與「防堵政策」恰恰立於相反地位，蓋防堵在於消極性的抵禦，防不勝防。例如美國對西歐與中東雖已遏止蘇俄的野心，但不意蘇俄却支援中共匪幫盤據中國大陸，一九五〇年六月更發動韓戰，咄咄逼人，使美國不能不重新考慮其政策。

所謂「解放政策」者，不但要阻止共產勢力的擴張，而且要從共產黨已經擴張到的位置上，使其權力「向後捲回」（Rollback）。換言之，即是主張把共產黨在東歐及亞洲的某些被佔領的與附庸性的地區，予以解放出來。同時杜勒斯認為對蘇俄此種作法可以獲致決定性的勝利，在每一個階段的捲回行動中，都同時可以造成一個短程性的勝利，最後當共產黨被迫處於每況愈下的地位時，莫斯科當局自當被迫而自動投降。

其次，解放主義者又主張採取一種新的大戰略，美國應放棄其防禦態勢，選擇在俄弱美強的地方實行向蘇俄挑戰，使所有共產擴張的周邊固一律予以逐退。而且美國不應等待蘇俄採取了行動之後，才被動為之應付，而應主動的採取必要之行動。當然，美國不宜實施所謂「預防性戰爭」（Preventive war），但一切非暴力性的攻擊，却應作最大限度的使用。例如美國應使用經濟壓力以顛覆共產政權，鼓勵並補助在鐵幕後的抵抗運動，並加強宣傳攻勢，以促鐵幕內人民的革命行動。

解放的目標，東歐附庸國家當然是第一個目標。附庸國家對莫斯科原存有反抗意識，如美國能逐漸加強其壓力，即可能觸發一種連鎖反應，使克里姆林宮應接不暇，逐漸喪失其對東歐的控制。而且凡是在東歐可以發生的作用，在蘇俄本身也同樣可以發生作用。

其在軍事政策方面，也應有所改變，美國不應再打有限的局部戰爭，而應集中力量專作嚇阻之用。換言之，只要蘇俄敢於再行挑釁，縱使不過是小型的侵略，也應立刻予以「巨型報復」（Mass Retaliation）。要之，美國應利用美國優勢——尤其是在核子武器與空權方面——作為強迫建立永久和平的主要因素。此種軍事上的新觀念，遂又發展而成所謂國防上的「新貌」（New Look）。

可是當艾森豪就任總統後，杜勒斯雖然成為其有名的國務卿，不意在一九五三年春間，蘇俄獨裁者史太林却忽然宣告死亡，於是蘇俄內部發生嚴重的問題，其對外侵略的野心因而受到極大的打擊。因此蘇俄乃向西方國家低聲下氣，發動和平攻勢，運用「和平共存」（Peaceful Co-existence）的口號，欺騙西方國家。同時更於一九五五年，在日內瓦與西方國家召開高峯會議，並簽訂韓戰停戰，及越戰停戰的協定，蓋使西方國家相信，蘇俄在史太林死後，業已放棄其擴張冒險。職是之故，杜勒斯所倡之「解放政策」遭受輿論之抨擊，甚至其執行「防堵政策」之堅定立場，也受到左派人士之反對。

其後經過數年之國際演變，杜勒斯遂不得不放棄其所倡之口號，一切回復到美國傳統的觀念，此眞美國莫大之損益，同時亦爲蘇俄宣傳攻勢之顯著勝利。（鄧公玄）

參考文獻：

C. O. Lerche jr.: Foreign Policy of the American People, Part VI, Chap. 12.

媾和條約（Treaty of Peace）

卽交戰國間爲正式終止戰爭狀態及恢復和平關係而締結之條約。其形式恒爲書面文件，由有關國家之元首或政府，以主權行使者的身份簽訂；它是正常和最受採行的結束戰爭之方式。其他如停火或休戰協定等，在法律上幷無正式終止戰爭狀態之效力。因此一九四八年阿拉伯與以色列之戰爭，一九五〇年的韓戰，甚至第二次世界大戰時德國與其敵對國家間的戰爭狀態，迄一九六八年仍然存在(G. von Glahn, Law Among Nations, London, 1965, P.577.）。

和約談判的開始，可依交戰國一方之直接提議，或由中立國受託或主動斡旋或調停而發動，經雙方以照會方式交換初步意見幷商定議和地點後，始派代表正式談判。談判地點可在中立國或在交戰國之一境內舉行。在後者情形下，交戰國他方之代表享有不可侵犯權利。爲便利談判之進行起見，雙方可先簽訂停戰協定，有時還簽訂「初步媾和條約」（Preliminary of Peace），規定正式和約的原則及簽訂之手續等。

近代之世界大戰，規模擴及全球，其和約締結之方式頗爲複雜：有由同一戰爭之各交戰國個別簽訂者；如第一次世界大戰的「中德和約」（一九二一年五月二十日）及「美德和約」（同年八月廿五日）；第二次世界大戰的「中日和約」（一九五二年四月廿八日）等是也。有由戰勝國之一以外交途徑與其他戰勝國協商後，簽訂對某一敵國之多邊和約者，如一九五一年九月八日舊金山對日和約是也。亦有由多邊和約規定加入條款，讓未簽字之交戰國加入和約者；如一九四七年二月十日對義大利和約（第八十八條）是也。

和約的內容，可以包括經締約國協議之任何條款，以解決它們間的任何問題；通常的主要規定有：

㈠終止戰爭狀態：大都規定俟和約獲各締約國批准生效之日起終止此種狀態，例如前述舊金山對日和約及台北中日和約（第一條）均如此規定。和約如無此項明文規定，則戰爭狀態被認爲自和約簽字之日終止。

㈡關於領土規定：包括劃界、割地、佔領區之交還等。根據昔日實例，戰勝國雖多依保持佔有主義而兼併其於戰時所佔領之敵國領土，但這種原則現代已被修正，和約通常以明白割讓條款對此種兼併事實予以規定（參閱「保持佔有主義」條）。

㈢賠款（參閱「賠款」條）。

㈣關於戰前條約之地位，和約有列舉何者應予恢復生效者，有留待締約國雙方另以協議規定者，亦有由戰勝國片面決定後，通知戰敗國照辦者。第一次大戰後之凡爾賽對德和約（一九一九年六月廿六日）兼採前二者；一九四七年同盟國與義大利之和約，則採取第三種方式。和約若對此等問題保持緘默，則一般認爲：同盟等政治條約均應失效；凡因戰爭而停止生效的一切條約，應自和約生效之日恢復生效。

此外，除其本身有明白的相反規定外，媾和條約自依法生效之時起，還產生下列一般性的主要效果：

㈠恢復交戰國間的平時關係，卽凡國際間之一切正常的平時權利與義務關係，立卽在原交戰國間回復生效，包括交換外交代表與領事及開始人民間的貿易和其他相互交往。至於戰時被視爲合法的行爲——如船舶的拿捕、領土之佔領、對方要塞或軍隊之攻擊、徵發與徵用……等，則均不再合法。

㈡保持佔有主義之適用（見「保持佔有主義」條）。

㈢赦罪，卽交戰國一方及其軍隊或平民在戰時所作之不法行爲，一概獲得他方之赦免，媾和前尚未處罰的「戰罪」（war crimes）不予追究，個人因犯戰罪而被捕者，須予釋放（已被判決而在服刑者例外）。交戰國故意違反戰爭法而犯國際侵權行爲者，亦被寬宥。往昔觀念甚至認爲：凡由此等戰罪行爲所引起之損害，在媾和後亦不得要求賠償；惟第四海牙公約第三條已改變此種原則，規定仍得要求賠償。

此項赦罪效果與戰時的普通民刑犯罪及借債無關。戰俘在被俘期間犯謀殺罪者，仍得於媾和後加以審判和處罰；其債務亦得追訴。

㈣釋放戰俘：傳統國際法規則認爲媾和後，戰俘地位即告終止；因此交戰國應儘速釋放和遣返戰俘。一九一九年凡爾賽和約第二一四條及一九二九年日內瓦公約第七十五條均作如此規定；一九四七年對義和約第七十一條亦規定：義籍戰俘應依義大利與收容國間之安排，儘速獲得釋遣。倘待遣返之戰俘，固已隨媾和而終止其戰俘地位，然而在被帶至前綫交給其本國政府之前，他們仍須繼續服從收容國之軍事紀律。

但當第二次世界大戰隨德、日、義之無條件投降而停止敵對行爲以後，歷時數年，主要交戰國間始締和約，在此數年中，國際間雖已無恢復敵對行爲之可能性，但戰俘却繼續被禁錮；這種現象極爲輿論所詬病。因此一九四九年日內瓦戰俘待遇公約改變了上述原則，規定「在交戰國間停止積極敵對行爲後（非媾和後），戰俘應即獲釋放與遣返，不得遲延」（第一一八條）。所謂「積極敵對行爲之停止」當非指普通休戰的暫時停火，而是指全面投降或指戰敗國無法恢復戰鬥時的休戰而言。

同時，第一一八條還規定：休戰協定若無釋俘之規定、或交戰國間未能就釋俘事宜達成協議，則每一收容國應就立即釋放及遣返戰俘，制訂計劃并執行之。

遣俘所需之費用及戰俘本人在第一一九條下之開支及准其攜帶物品所需之費用等，昔日的和約通常規定由戰俘本國負擔（例如上引一九四七年對義和約第七十一條第二款）。一九四九年日內瓦公約第一一八條則規定：由收容國與戰俘本國均攤。

但犯可追訴之罪（indictable offences）而刑事程序尚未終結之戰俘，得被拘留至此項程序終結，必要時并扣留至處罰完成爲止；已判刑者亦同（第一一八條）。此云可追訴之罪，旨在使其與紀律犯罪（disciplinary offences）相區別；有犯後一罪名的戰俘，不得因處罰程序未結或服刑未滿而被扣留（第一一五條）（凡爾賽和約第二一八及二二九條亦類同）。被扣留戰俘之姓名，應由交戰國相互通知（新公約第一一九條）。

最後，關於和約之執行及其保障，應和其他條約一樣適用一般誠信規則。

不過和約具有特殊的環境和條件，例如被佔領區之待撤退、戰債賠償之待付、割讓土地之疆界待劃定、……等，這些工作常需簽訂詳細執行協定及任命人員。故近代和約有時規定戰勝國於戰後繼續對戰敗國部分領土作軍事佔領，以爲戰敗國履行和約的保證。如凡爾賽和約規定盟國佔領德國萊因河。此種佔領與戰時佔領有相異之處，也有相同之處。前者如佔領國在被佔領區之權限，通常較戰時佔領爲小，且可由條約加以規定（如一九一九年六月廿八日之萊因河協定）。後者（相同之處）包括佔領國不能改變被佔領地之主權；但得在當地實行徵發及要求被佔領國負擔佔領費用；亦得採取必要措施以維持佔領軍本身之安全。（俞寬賜）

圓弧法（Méthode des Arcs de Cercle）

此爲國際公法上劃定領海外線的辦法之一。

此法爲美國學者Boggs所倡（發表於American Jounal of International Law 24, 1930 第五四一頁以下），亦有人稱爲Boggs法；按照此方法，應該以海岸上的起算點（請參考「低潮點」條），以一定的海里（按各國的海里又有不同，國際海里爲一八二五公尺）數作爲半徑向外海作圓弧，然後連結此無數圓弧的最外點而成爲領海的外線。此法的優點在便利航海：在海上航行船隻可隨時在航海地圖上測定自己的準確位置，然後以此位置爲中心用同樣半徑作圓弧，若果圓弧與海岸線相交，則該船已進入沿海國的領海範圍以內。（邵子平）

參考文獻：

American Jounal of International Law 24, 1930, P.541 以下。

楊格計劃（Young Plan）

第一次大戰後，關於德國賠款的清付，初有道威斯計劃（The Dawes Plan）。但它於一九二四年實施之後，顯現德國的財力無法償付每年的巨額賠款，且逐年積欠增加，絕無清償之望。一九二九年盟國組織一個委員會由楊格（Owen D. Young）主持，負責研究改訂德國清償賠款的計劃。次年該委員會提出的計劃，簡稱爲「楊格計劃」（The Young Plan）。

該計劃擬定德國的全部賠款爲二百六十三億五千萬美元，按五十八年又六個月，分期交付。每年的交付額約四億七千三百萬美元，分爲兩部分—其一爲無條件部分（Unconditional part）佔年總額三分之一；其二爲可延付部分（Postponable part），佔年總額三分之二。并規定按年應交的賠款，由德國征收運輸稅款及由國家預算中撥付。此計劃於是年一九三〇年經盟國接受，以之頂替道威斯計劃。

楊格計劃，甫付實施，德國即感受經濟萎縮的影響，而宣告一九三一年至三二年會計年度，爲延期償付期間。不久希特勒取得政權後，反對賠款計劃，拒付積欠的賠款。（陳紹賢）

圍堵政策（Containment Policy）

美國運用國際條約組織，對於世界共產主義主要國家，採行圍堵政策，係由杜魯門總統創始，而完成於杜勒斯任國務卿時代。其重要條約如次：

一、北大西洋公約組織 NATO
二、中部公約組織 CENTO
三、東南亞公約組織 SEATO
四、美澳紐條約 ANZUS
五、美日安全條約
六、中美協防協定
七、美韓條約
八、美菲條約

以上各條約，多與圍堵政策有關。東南亞公約各國參加越南戰爭，亦係執行圍堵政策，越南戰爭結束後，此項圍堵政策，可能發生若干變化。（張彝鼎）

毀滅（General Devastation）

即交戰國對其敵境某城市、村莊、或區域予以全部破壞之意；是一種殘酷的作戰手段。依國際法規則：「除非在戰爭上有迫切需要」而又無較溫和的辦法可資採用時，「毀滅」應被毫不容疑地絕對禁止（參閱 Article 23 (g) of the Hagul Regulation of 1907）。至於何者爲戰爭上之迫切需要，應視每一實際情形而定：例如佔領區的居民結合成猝合軍，全面攻擊佔領軍，後者爲了自保，當可採用毀滅全區的嚴厲措施。當一交戰國採取此項措施時，必須盡可能收容被毀滅區內的無辜居民——包括強迫他們進入集中營，以免死亡。第二次世界大戰期間，德國參謀總長 Jodl 下令焚毀挪威數省房屋時，曾命撤退當地的居民；可是他另一方面又曾下令完全毀滅莫斯科及列寧格勒（Leningrad）等城市而拒絕其投降。一九四六年紐倫堡國際軍事法庭（International military Tribunal at Nuremberg）在審判其罪狀時，曾對前者特別加以考慮，而對後者則裁定爲戰罪；因該法庭規約第六條明白規定：無軍事上的需要而肆意毀滅城鎮或村落，乃是一種戰罪（參閱Lanterpacht's Oppenheim, Vol. II. pp. 415-7）。（俞寬賜）

禁運（Embargo）

凡禁止外國船隻進入本國港口，或扣留外國船隻於本國港內，都可叫做 Embargo，故此字的廣泛譯義爲「禁止外國船隻出入口」。國家處於戰爭狀態下，對外國船隻的航行，有時作如此的妨碍。此種事件在現代已少發生。

現代對此名詞的使用，每有一定的界限，如 Trade Embargo（禁止貿易）、Gold Embargo（禁止黃金出口）、hostile embargo（扣留敵國船隻）和 Civil embargo（扣留本國船隻），都有它的特定意義。

就這名詞的特定意義看，可簡譯爲「禁運」。現代國際間所謂「經濟制裁」（economic sanction），如美洲國家組織（O A S）對卡斯楚古巴及聯合國安理會對史密斯羅德西亞的經濟制裁，都有「禁運」（Embargo）的規定。（陳紹賢）

綏靖主義（Apeacement）

綏靖主義一詞蓋起於第二次大戰前夕，當納粹德國在希特勒瘋狂領導下，方向其鄰邦進行侵略企圖時，其最無理而最裸露的侵略行爲，厥爲對捷克斯拉夫要求割讓「蘇台德區」一事。先是希特勒挑撥捷克境內蘇台德區內之日爾曼人，要求脫離捷克統治而實行自治，於是希特勒乃又藉口向捷克政府立刻割讓此一軍事要地，否則，德國即將進兵捷克，以武力解決。

捷克原爲反對德國最力之國家，曾與蘇俄及法國訂有同盟條約，蘇台德事件發生時，蘇俄聲明如法國亦能履行同盟義務，蘇俄當與德國宣戰。但是時法國政府僅能實施局部動員，以防守馬奇諾防線，殊無對德作戰決心。

英國首相張伯倫爲避免戰爭起見，尤其蓄意犧牲捷克利益。一九三八年九月二十九日，各國在慕尼黑（Munich）召開會議，德國希特勒、意大利莫索里尼、法國達拉第及英國張伯倫等皆出席參加。由張伯倫首先提議接受希特勒之無理要求，於是希特勒立刻派兵佔領蘇台德區。當張伯倫返抵倫敦時，彼高擧其雨傘，洋洋得意，謂彼已携帶光榮和平而歸，英國亦爲之狂喜。不意至明年（一九三九年三月十五日）希特勒竟正式併吞捷克整個國家。

由此一事件遂引起國際間一致之公憤與抨擊，而張伯倫、慕尼黑、遂與「綏靖主義」三者遂成爲國際間同義異音之字樣。（鄧公玄）

參考文獻：

S. N. Dhar: International Relations and World Politics Since 1919, pp. 271 - 280

奧德—奈塞線（Oder-Neisse Line）

奧德—奈塞線（Oder - Neisse Line）乃二次大戰後，在德國與波蘭間暫定的國界線—在斯克辛（Szczecin）（以前叫做斯德丁—Stettin）流入波羅的海的奧德河與由捷克發源北流的奈塞河相匯爲分界。

一九四五年八月二日，英、美、俄的波茨坦協定承認此一界線。此線以東原屬德國的領土，由盟國管制委員會（Allied Control Council）交給波蘭政權暫時接管。這塊領土佔一九三八年德國領土面積五分之一弱，德國人口七分之一強，德國耕地四分之一。英、美、俄三國曾聲明波、德邊界將作最後的劃分，但波蘭認定該線爲永久的界線。一九五〇年七月六日波蘭政府與東德共產政權訂立協定，宣告該線爲兩國的永久界線。西德和英、美都不承認該項協定。一九五五年七月六日東德與波蘭重申該線爲永久的分界。英、美聲稱波茨坦會議有一項協議，那就是波、德的新邊界以波蘭准許人民自由選擧爲條件。（陳紹賢）

經濟合作暨發展組織（The Organization for Economic Co-operation and Development, OECD）

一九五八年依羅馬條約成立共同市場，一九六〇年依斯多哥爾摩條約成立歐洲自由貿易組合，歐洲經濟合作顯然分裂爲兩壁壘——一爲「內六」（the "Inner Six"），一爲「外七」（the "Outer Seven"）。一九六〇年一月巴黎擧行特別經濟會議，指定四人研究保障歐洲經濟合作最有效方法，並考慮如何修改歐洲經濟合作組織，經四人提出報告並於夏秋兩季政府間會議考慮後，於一九六〇年十二月十四日廿國簽訂「歐洲經濟合作暨發展組織公約」。廿國爲奧國、比利時、加拿大、丹麥、法國、西德、希臘、冰島、愛爾蘭、義大利、盧森堡、荷蘭、挪威、葡萄牙、西班牙、瑞典、瑞士、土耳其、英國及美國。加拿大及美國原爲歐洲經濟合作組織之準會員國，現則爲經濟合作暨發展組織之完全會員國。一九六三年日本亦加入。

經濟合作暨發展組織之目的乃在推行下列三類政策：一、求取會員國內最高之經濟成長與就業以及生活水準之提高，同時維持財政穩定以期有助於世界經濟發展；二、有助會員國及非會員國內經濟發展過程中經濟之健全擴張；三、基於依照國際義務之多邊不歧視的基礎上，有助於世界貿易之擴展。爲達到上述目的之主要方式是會員國相互之間以及向組織提供有關情報，不斷諮商，研究、參與共同計劃，密切合作。

經濟合作暨發展組織之主要機構爲理事會，由會員國部長或常任代表出席組織之行動，均出自理事會。理事會除成立執行委員會外，尚可視需要情形，成立附屬機構，包括各種委員會，例如：經濟政策委員會、經濟及發展檢討委員會、發展援助委員會、技術合作委員會、發展中心、貿易委員會等。（程建人）

隔離（Quarantine）

「Quarantine」一字，通常解釋作「關口的防疫措施」。在本世紀中，此一字義已被推廣應用對侵略行爲之「隔離」。

二次大戰爆發後，在美國參戰前，羅斯福總統爲援助民主國家抵抗納粹德國與法西斯意國的侵略，但爲避免美國違反中立的地位，特聲明侵略正像癘疫，必須予以「隔離」，無使蔓延。他向國會提出「租借法案」（Lend - lease Legislation），向人民呼籲美國應爲「民主國家的兵工廠」（Arsenal of Democracy），都認爲是對侵略作「隔離」措施。

一九六二年，美國的偵察機在古巴上空被擊落，惹起美、俄關係極度緊張時，甘迺迪總統也使用「隔離」措施，以處置那一危機。

古巴自卡斯楚取得政權之後，他勾結蘇俄，對內實行共產主義，對鄰邦進行滲透活動。於是美、古關係惡化，至一九六一年一月兩國斷絕邦交。美國爲自身和西半球的安全，曾訓練古巴的革命組織，企圖幫助他們去推翻卡斯楚政權。次年四月，該組織發動豬灣登陸的進攻，原爲華府默許的軍事行動，但白宮臨時改變支援計劃，以致慘敗。此一事件，使美國的國際聲望受到嚴重打擊。蘇俄乘機趕運攻擊性飛彈入古，幷爲它秘密建立若干發射基地，造成對美背後威脅的形勢。

美國迫得實行對古上空偵察，攝取了蘇俄飛彈和基地的證據。是年十月間，美國的一架U2偵察機在古巴上空被俄製飛彈擊落，激動了美國人民的公憤。甘迺迪宣告對古巴實施「隔離」措施——凡開赴古巴的船隻，須受美艦的檢查，經證實無帶武器或軍隊，纔予放行；如果載有武器或軍隊，則須回航，否則不得不予扣留。這是他用「隔離」之名，行「封鎖」(Blockade)之實，以避免對「封鎖」的法律責任。

當時美國動員三軍，顯示決心不惜一戰。赫魯雪夫表示退却，命令俄艦回航，撤回在古的飛彈設備和軍事人員，保證不再運入，以換得美國不進攻古巴的承諾。（陳紹賢）

會議外交（Conference Diplomacy）

第一次世界大戰以來，在正常外交之外，一種新的外交方式逐漸在國際政治上扮演重要的角色，這便是以多邊協商的方式來處理國際問題。而此種以國際會議進行談判的方式稱爲會議外交。會議外交的完成，通常均先經由有關國家政府當局交換意見，對所欲達成之目標及討論的基礎預作協議，否則，此種會議外交便難望有成。正常外交乃是外交運用的主幹，而會議外交則不能缺少正常外交的協助。通常有關國家派遣一個代表團與會，代表團中設有首席代表一人，團員數人甚至數十人，其中可能包括外交官，專家各色人等，視需要而定。

二十世紀以來，由於國際關係中技術問題需要各國共同合作以求解決的必要性日增，因此爲此而召開的國際會議也日多，如近年來爲原子能的控制與運用而召開的會議便是。不過這種會議外交，由於程序繁瑣而曠日持久，其間更因各代表團常事先向新聞界表明其立場及意見，因此癱瘓了外交的彈性，阻礙了協調的可能性，每使會議難以達成有建設性的協議，更何況有許多代表，常利用會議攻擊其他代表團的主張與弱點，而使會議變質終至流產，這是會議外交的短處，不過由於國際社會份子日增，需要共同磋商的問題日多，會議外交不可避免地漸被採用。（王人傑）

領空（Territorial Air Space）

一九一九年巴黎航空公約規定『各國對於其領土與領海以上的空氣空間，享有絕對性及排他性的主權』。一九二八年泛美會議在古巴京城夏灣拿開會時所訂定之航空公約，亦採用了此項原則。其他各國亦有以國內立法，宣布是項原則者，惟對於絕對性一詞，間有採用完整性字樣者，其意義則同樣確立對領空之主權觀念。（張彝鼎）

領事委任文憑

要合法的行使領事職權，必須先具備兩個條件，一是派遣國的任命，一是接受國的同意。關於領事的任命，各國均依國內法的規定。其任命機關及其行使方式雖有不同，而聽任各國自由決定的情形則屬一致。一般而論，領事之由國家元首或由政府首長或由外交部長任命，常視被派人員級位之爲總領事，領事或爲副領事及領事代理人而定，有時亦需考慮所派人員之爲職業領事或名譽領事而有不同的派任機關。國際法對於此未加以規定。據一九二八年哈瓦那領事公約第六條規定：「領事委派之方式，派任之資格及其等級與類別，應依關係國家國內法之規定」。領事委任文憑（Lettre de provision）便是派遣國發給領事以便其在接受國行使領事職務之任命證書，雖然名稱不同，有稱爲 lettre patente 或 Commission consulaire，然其意義則一。通常領事委任文憑內載領事全名、領事類別與等級，領館轄區及領館設置地點。依據慣例，該項委任文憑須爲每次任命而頒發，即使在同一國度，領館轄區變動，亦必重新發給領事委任文憑方始有效，如果關係國家事先訂有專約，則領事委任文憑的內容或格式，必須符合現行專約之規定。（王人傑）

領事特權與豁免

關於領事特權與豁免的問題，向有許多不確定的地方，學者的意見因此也很紛歧，不過有兩個原則却是較爲肯定：⑴領事特權與豁免，在非基督教國家裏，通常比在基督教國家中要廣泛；(2)職業領事比名譽領事享有較多的特權與豁免。雖然如此，互惠原則才是規範領事特權與豁免的公認基礎。但一般而論，其特權與豁免可以分爲四點來加以論述：(一)不可侵犯權：(1)人身不得侵犯。此係指逮捕與監禁之豁免，但此種豁免並非絕對的，僅是禁止不合理之逮捕而言，如果接受國有正當的理由，則可對外國領事採取限制的手段，並立即通知其派遣國；(2)財產不得侵犯。包括領館與領事居所及檔案之不可侵犯；(二)管轄權之豁免：司法慣例通常拒絕給予領事個人行爲以管轄上的豁免，豁免僅限於領事的職務上行爲而已；(三)稅捐豁免：稅捐豁免僅限於直接稅之豁免而已，通常係基於協定或立法的互惠原則，至於關稅豁免，限於首次領館所需傢俱及車輛；(四)其他豁免：包括免除出庭作證，徵用之權，並有秘密通訊權。凡此特權與豁免，僅限於領館官員而已。領事特權及豁免的開始與終止，及領事在第三國的地位，可比照適用於外交人員的規則，在原則上，凡享有領事特權及豁免的人員負有尊重接受國法律規章的義務。（王人傑）

領事證書（Exequatur）

領事的派遣既然必須經接受國的同意方爲有效，則獲得其執行職務所在地國家的政府的承認，勢屬必要。領事證書便是接受國對外國領事給予確定承認的表示，因而賦予其執行職務權力的文書。史托威爾（E. C. Stowell）曾謂：「領事證書的眞實性質即是接受國與派遣國間的契約，其目的在允許領事享受其職務的便利及爲兩國的利益而使用」。欲取得領事證書，通常需先遞送領事委任文憑，或由外交部送達領事行使職權所在國的本國外交代表轉代申請領事證書，或由其他方法達成此目的亦可。領事證書頒發之主管及其形式，如同領事委任文憑一樣，亦聽憑各該國國內法之規定。接受國有權對外國拒絕頒發領事證書，而且無需將拒絕的理由向對方說明。不過處理不當，却易於引起對方的報復。惟第一次世界大戰後，戰敗國拒絕接受領事的權利受到和約的限制，而協約國對於戰敗國則未授予相同的權利。根據現代領事條約的一般規定，頒發領事證書不得收費，惟取得該項證書之手續則耗費時日，因此通常認爲權宜的辦法是在領事證書未送達之前，領館館長經本國政府之指示並得接受國同意，得先執行其職務，一九二八年哈瓦那公約第六條二項規定：「在領事證書未送達前，經領事之使館聲請後得給予暫時承認」，同意的方式可以書面或口頭通知爲之。（王人傑）

領海三海浬令（Territorial Sea, Three Mile Limit）

中華民國二十年，行政院第二十一次院會決議：

『領海範圍定爲三海浬，緝私界程定爲十二海浬。』

上項領海三海浬令，經國民政府公布。

海浬之計算，照現行國際標準爲一八五二公尺，亦即緯度一度之六十分之一。按此標準計算，主張領海三海浬者，其領海爲緯度一度之二十分之一。又主張十二海浬者，其領海爲緯度一度之五分之一。

我國在滿淸時代，有關外交文獻中，對于領海寬度，常以十華里計算。如按現行國際標準計算，三海浬約等于九華里六。

其他國家領海主張如次：

二百浬者：巴西、阿根廷、智利、厄瓜多爾、秘魯、薩爾瓦多、尼加拉瓜、巴拿馬、烏拉圭。

五十浬者：冰島。

十二浬者：哥倫比亞、衣索比亞、瓜地馬拉、印尼、馬來西亞、伊拉克、約旦、沙烏地阿拉伯、委內瑞拉、蘇俄及其他共黨政權。

九浬者：墨西哥。

六浬者：希臘、海地、印度、伊朗、以色列、義大利、黎巴嫩、利比亞、葡萄牙、西班牙。

五浬者：高棉。

四浬者：挪威、瑞典。

三浬者：中、美、英、日等廿七國。

（張彝鼎）

領館

領事制度之建立，可追溯至古希臘時代，其時有所謂 Proxenus 之設，與近代領事相仿，負有保護派遣國民利益之責，並爲公證職務及協助商業活動之開展，偶而亦從事外交任務，享有某種程度之特權與豁免。古希臘學者品達（Pindar），蘇西地德斯（Thucydides），西蒙（Cimon）等人均曾擔任過此種領事職務。唯希臘的 Proxenia 制度至羅馬時代而告中斷，繼之而起者則爲

Patronage 制度。在該制度下，Patronat負責照料對羅馬效忠的外國城市之利益，是爲此類城市與羅馬的中間人，西塞祿（Cicero），凱撒（Caesar）均曾擔任此類職務。在羅馬時代，「領事」（Consul）此字卽被使用。唯係指行政長官而言，與今日「領事」意義相差懸殊，中古時期中葉，威尼斯、比薩、熱諾亞、馬賽、巴塞隆納等城市的外商，爲處理商業糾紛，亦常就地選擇一、二人爲 juges consuls 或 consuls marchands，其後漢撒同盟各城市及地中海沿岸各商業城市亦紛紛仿效此制。十字軍東征，此制遂盛行之於東方；是爲本國商人與當地政府之聯繫者，稱之爲 baile 或 consul。領事制度自十二世紀確立以來，經十三世紀，十五世紀而普遍實行，唯任命本國國民爲領事，始於十六世紀，前此則由各城市商人自行選出或就當地著名人士中遴選任命之，一般而論，領事職務限於在其轄區內，處理貿易及航運事項；辦理行政與公證職務，並保護派遣國及其國民之權益，至其轄區大小則由接受國與派遣國協議決定，一經商定後，則派遣國非經接受國同意不得任意變更。（王人傑）

領館員

領館館長獲頒領事證書後，卽可從事館務的處理。不過館務的推展，必得有僚屬襄助，始能順利進行。在原則上，派遣國得自由委派領館館員，視實際需要與領館重要性而定。因此，接受國除在例外的情況下，必須承認領館內有派任及雇用領事人員及雇員的權力，通常此種同意是表現在該國與派遣國簽訂的領事協定中，特別是在對設置領館的同意上。雖然派遣國得自由委派館員，但需要受下列條件的限制：⑴受任爲領館館長或領事的人員，具有派遣國與接受國的雙重國籍者，必須獲得接受國的明示同意；⑵領館館員人數無明確協議時，接受國得依實際情況，拒絕接受超過合理及正常範圍的人數；⑶接受國於必要時得隨時通知派遣國，宣告該領館任何館員爲不受歡迎的人物，並拒絕承認其爲領館員。領館館員可分爲兩類：⑴領事人員（Consular Officials）卽承辦領事職務的領事官員；⑵領館雇員（employes of the consulate）卽擔任行政或技術工作的人員，或屬於事務員類的人員。根據我國駐外使領館組織條例第四條規定：總領事館設總領事一人，領事一人或二人，助理副領事一人至三人。第五條規定：領事館設領事一人，副領事一人或二人，助理副領事一人或二人。第六條規定：總領事館領事館各設主事一人至四人。第十四條規定：使領館報經外交部核准，得就地遴用本國或外國國籍者爲雇員。（王人傑）

領館館長的級位

領事制度雖然可遠溯至常設使館設置以前，依照國際間的通例及一九六三年維也納領事公約，各國領館館長分爲四級，⑴總領事⑵領事⑶副領事⑷領事代理人。一般地說，總領事係被指派爲數個領館區之主管，因而可管轄數個領事，例如美國駐加拿大溫尼伯總領事，管轄了曼尼托巴（Manitoba），撒克其萬（Saskatchewan）及亞柏達（Alberta）三省的領務，總領事或者是一個大領館區的主管，而在沒有派遣具有監督權的總領事地區，則由使館館長對其管轄下的領事官員行使一般性的監督權。領事則通常被派任在較小的區域或者是城鎮或是港口。至於副領事，則是總領事之助手或是有領務性質的領事，因此當處理有關的一切職務時，得享有領事地位，彼爲領事所指派並得到其本國之同意而後有效。領事代理人係有領事性質之代理人，經本國政府之同意，由總領事或領事任命，在某市鎭或其他領館區，行使某些領事職權，領事代理人並不獨立於指派領事之外，因此不得直接與本國通訊，蓋指派領事係替領事代理人向本國政府負責的，此外有所謂 proconsul，是在領事出缺或生病時，暫代其職（Locum tenens）而已，不得視爲領事，在英國領事制度中，Proconsul 則僅處理領事之公證事項而已。（王人傑）

維也納甘赫會議（Vienna Conference）

一九六一年六月三、四兩天，美國總統甘迺迪與蘇俄部長會議主席赫魯雪夫會談於奧地利首都維也納，簡稱爲維也納會談（Vienna Conference）。

是年一月甘氏就職之後，他所宣示的對外政策，有所謂：循談判的途徑，求改進美、俄關係；先經兩國外交官員達成初步協議，然後舉行高峯會談。

爲甚麼在這種初步協議未達成前，突於六月舉行甘、赫會談呢？主因有二：一、蘇俄增强援助寮共，使寮共地區成爲北越滲透越南與泰國的基地，東南亞局勢更形危險；二、一九六一年一月古巴卡斯楚共黨政權宣告與美絕交後，蘇俄加强對古軍事援助，顯有在美國背後設置一攻擊基地的跡象。美國朝野對此危機已有警覺。

維也納會談的結果，如見於甘、赫發表的聯合公報，只提到對寮國問題，兩人有同一看法—確認應在一種有效停火下，支持一個中立與獨立的寮國。對其他各種問題，都有爭辯，但無結果。

會談對雙方的願望而言，幾乎完全落空。但有一些影響，不可忽視。赫魯雪夫原要乘美國受窘、古事件的困擾，期藉會談脅迫甘氏給以某些承諾。這種妄想，當時就被甘氏堅定果決的反應所否定，使赫某不得不重行考慮對美冷戰的戰略。會後不久，他宣告對東德簽訂「和約」展緩舉行。這可能是會談的一種影響。

甘氏却要藉會談去表明美國的立場與決心，以防止赫某因錯覺或誤算而導致戰爭。當時的收效如何？無從估量。不過，到了次年（一九六二年）十月古巴飛彈危機發生時，甘氏斷然宣告對蘇俄開往古巴的船隻，實行隔離（Quarantine）措施，以表明美國決心不惜一戰。這段事實與他在維也納的說話若合符節。赫某面臨「隔離」而退却，終達成雙方的妥協，解除戰爭的危機。這也可推原於維也納會談的一點影響。（參看「隔離」條）。（陳紹賢）

維也納外交關係公約

維也納外交關係公約係聯合國外交往來及豁免會議的產物，爲該會議於一九六一年四月十四日所通過，並於四月十八日加以簽署。爰聯合國大會於一九五九年十二月七日通過決議案一四五○（十四），決定召開國際全權代表會議，審議外交往來及豁免等問題，並擬將其工作成果訂爲一項國際公約，因此是項會議乃於一九六一年三月二日至四月十四日，在奧地利維也納的 Neue Hofburg 舉行，參加的國家共有八十一國之多，聯合國的專門機關如國際勞工組織，世界糧農組織、教科文組織及國際原子能總署與乎政府間組織如阿拉伯國際聯盟，亞非法律諮商委員會，應大會邀請均派有觀察員列席會議，會議由著名的國際法學家 Alfred Verdress 擔任主席。會議的結果擬訂有：維也納外交關係公約及關於取得國籍之任意議定書，與關於強制解決爭端之任意議定書，上列公約及議定書於一九六一年四月十八日聽由各國依其中規定簽署，至一九六一年十月三十一日止在奧地利聯邦外交部簽署，其後至一九六二年三月三十一日止，在紐約聯合國會所簽署，各國並可依其中規定加入該項公約暨議定書，並送交聯合國秘書長存放。本公約於一九六四年四月二十四日起生效，計至一九六六年五月底以前，至少已有五十七個國家批准或加入本公約，其中包括有英、蘇、日、西德，巴西與阿拉伯聯合共和國。（王人傑）

維也納領事關係公約

聯合國大會於一九六一年十二月十八日通過決議案編號爲一六八五（十六），決定召開國際全權代表會議，審議領事關係問題，並擬將其工作成果訂爲一項國際公約及其認爲適當的其他文書，因而據此聯合國領事關係會議遂於一九六三年三月四日至二十二日在奧地利維也納 Neue Hofburg 舉行，由奧籍 Stephan Verosta 擔任會議主席，參加會議的國家共有九十二個國家，而玻利維亞、瓜地馬拉及烏拉圭三國政府則僅派觀察員列席會議，此外，經聯合國大會邀請而派有觀察員列席者，計有聯合國專門機關及有關政府間組織，如國際勞工組織、世界糧農組織、國際原子能總署、歐洲理事會。會議的結果擬訂了維也納領事關係公約及關於取得國籍之任意議定書與關於強制解決爭端之任意議定書，上列公約與議定書係於一九六三年四月二十二日通過，而自一九六三年四月二十四日起聽由各國簽署，至一九六三年十月三十一日止在奧地利共和國聯邦外交部簽署，其後至一九六四年三月三十一日止在聯合國會所簽署，本公約及議定書須經批准，並聽由各國依其中規定加入。依據本公約的規定，職業領事的地位與外交官的地位相若，因此吾人不得視本公約爲一尋常的習慣法的編纂而已，其爲一種領事法規的漸進發展至爲明顯，因此對於這方面國際法的發展深具重要性。（王人傑）

複合國（Composite State）

複合國通常包含二個或二個以上的政治團體。其政治權力分配於分子國，而分子國之間的關係或是平等的，或是不平等的。至於複合國與其分子國在國際法上的地位，全視其權力分配的方式而定。茲將四種複合國分述於后：

㈠、君合國（Personal Union）：又名身合國。是二個或二個以上國家所組成的國家聯合，其分子國無論對內或對外均獨立行使其權限。君合國的特點有二：

1.分子國共戴一君，純粹依據兩國的王位繼承法偶然結合而成，並非根據任何國際條約的國際行爲。故其結合是暫時的性質。

2.各分子國仍然保持其原有的權力，而爲完全獨立的兩個國際法主體。

君合國的實例，如一八一五年至一八九〇年之間，荷蘭與盧森堡所構成的君合國。於一八九〇年荷蘭女王威廉米娜(Wilhelmina)即位，因盧森堡的繼承法不承認女王爲君主，所以兩國間的君合國關係，也告解除。

(二)、政合國(Real Union)：又稱物合國。是二個或二個以上國家所組成的國家聯合。政合國雖然也是由分子國共戴一君，但是它與君合國有下列三點重大的差別：

1.政合國是依據分子國的國內法或國際的法律行爲(如條約)，並非王位繼承法偶然符合而成立的。

2.政合國有共同的政治機構以處理一定的對內或對外事務。分子國雖然可部分行使其對內主權，而全部喪失其對外主權，故各分子國失去其國際地位，而它們所組成的政合國，却爲一個完整的國際法人。

3.政合國的組成往往基於地理上的鄰近關係。

政合國的實例是以一八六七年至一九一八年的奧匈帝國最爲著名，奧地利與匈牙利於一八六七年簽訂協定，組成政合國。由兩國議會各派代表組織立法機關以監督、負責、管理奧匈政合國的外交、軍事與財政等的特別內閣。

(三)、邦聯(Confederation)：邦聯是許多利害關係相同的國家，以國際條約爲基礎，而組成的國家聯合。邦聯有一較簡單的共同機構，是由各分子國的外交代表所組成的，但此機構的權限有限，對於分子國人民沒有直接管轄權。而邦聯各分子國仍然是完整的國際法人。

邦聯的實例是以一八一五年至一八六六年的日耳曼邦聯加以說明：日耳曼邦聯是一八一五年的維也納協定所設立的，其目的在保障日耳曼三十八個國家的獨立與安全。邦聯的機構是由各分子外交代表所組成的代表會議(Diet)，對外享有宣戰、媾和、締約、派使等權，對內則有和平解決各邦爭端與干涉各邦革命等權。

(四)、聯邦(Federation)：聯邦也是許多利害關係相同的國家所組成的國家聯合。其組織是根據分子國之間所締結的國際條約與聯邦的憲法。聯邦機構的權限很大，可以直管轄分子國的人民，聯邦的分子國不但放棄其對外主權，亦放棄其對內主權的一部分，所以各分子國不再是國際法人，而聯邦本身則爲一完整的國際法人。不過在第一次世界大戰以前的德意志聯邦憲法規定，聯邦內的分子國不但可以互相派使，且可與外國交換使節。故各分子國具有不完整的國際法人地位。

聯邦的實例很多，如：歐洲的瑞士、蘇俄；美洲的美國、墨西哥、阿根廷、巴西、哥倫比亞、加拿大；以及澳大利亞、南非等均爲聯邦。(李鍾桂)

複數法域

法域就是法律的效力所及的領域。在複合國，如採聯邦制度或其他特殊情形的國家，往往有多數法域存在，如美國及英國等國，其國內各州或各地方所適用的民事法律，都有不同，即係複數法域的國家。我國涉外民事法律適用法第二十八條規定：「依本法適用當事人本國法時，如其國內各地方法律不同者，依其國內住所地法，國內住所不明者，依其首都所在地法。」以解決當事人的本國法採複數法域所發生的困難問題。此外，與複數法域對稱者，爲單一法域，在單一國，往往只有一種法域，即在一國均領域範圍內，都是適用同一法律，如我國係採單一法域的國家，而中華民國民法則可適用於全國各地。(洪力生)

實物徵發(Requisitions in Kind)

即指交戰國軍隊在佔領區要求供應各種軍需物資—如糧秣、布匹、交通工具等之行爲而言。(Lauterpacht's Oppenheim, Vol. II, P. 409)。徵發之方式係由佔領當局決定實物種類與數量，通知地方政府向各居民分派。依海牙陸戰法規第五十二條之規定；此種徵發須附合三項條件：

(一)實物徵發得向地方政府或居民爲之，但僅能以佔領軍之眞正需要爲限，而不得以滿足該交戰國其他軍隊或後方之一般需要爲目的；同時亦應顧及當地之負擔能力。第一次世界大戰期間，德國完全忽視此項原則。強向在其佔領下的比利時及法國徵發大量食物，以供佔領軍及德國之一般需要；第二次世界大戰時，更在佔領區內搶走不少私產，甚至加以變賣。

(二)此項徵發只能由當地司令官爲之，而不得由士兵或軍官個人爲之；

(三)此項徵發必須付給現金；如其不能，亦須發給收據，然後儘速予以償付。惟各被徵實物之價格則由司令官秉公決定，而非由居民自己開價。第一次世界大戰後，各混合仲裁法庭曾先後判定德國佔領軍之徵發行爲，因未於合理時間內付給適當補償而違反國際法（e. g. Goldenberg eons v. Germany : Special Arbitral Tribunal Between Roumania and Germany）。魯斯特（Phillippe Rust）幷曾因從事徵發而不付給補償或發給收據，以致於一九四八年被法國常設軍事法庭（French Permanent Military Tribunal at Metz）判定違反海牙規約第五十二條（war crimes trials, vol. 9 (1949), P. 71）。實物徵發既須支付補償，則國際法上「敵國私有財產應免於沒收」之規則自亦獲得確證。（參閱「徵發」條）。（俞寬賜）

實際管理（Cession of Administration）

實際行政權移交給他國，而內國保留對該領土的理論上的主權，是爲實際管理。

例如一八七八年至一九一四年土耳其帝國之塞普魯斯島由英國管理而土國僅保有名義上的主權。再如一八七八年至一九〇八年土國的二省Bosnia-Herzegovina由奧匈帝國負責行政。

以上二例中，負責行政國對於各該土地境內一切事務享有並行使實際上的主權，所以有許多學者以爲此即割讓，而實際上上述二地後來也確爲奧匈、英二國非法兼併。勞特帕特主張：依照常設國際法院一九三七年十月八日在Lighthouses in Crete and Samos）案中判決，雖然二島享有廣泛之自治權，但在一九一三年土耳其仍然是二島的主權國，因此仍有權可以頒發或延長對該二島所作的特許狀（Concessions）。因此土耳其此種名義上的主權，仍有實際上的法律效果云云，但自治與他國管理又有不同，是否可以類此適用，亦成問題。（邵子平）

奪回（Liberation）

即戰俘被其本國軍隊或同盟國軍隊救回之意；是終止戰俘地位的一種方法（參閱「戰俘」條）。（俞寬賜）

賓克雪克（Cornelius van Bynkershoek）

賓克雪克是荷蘭的法學家。一六七三年出生於荷蘭的米德堡城（Midolelburg）。一七四三年死於海牙。

賓克雪克是意志法學派的代表者。他認爲國際法的根據是國家的公共同意，而國際慣例與條約則是公共同意的表示。所以他强調國際慣例與條約是構成國際法的重要部分，其次才是理性。

賓克雪克雖然對國際法並未作有系統的論述，但是他的國際法問題的專論，特別是「海洋主權論」（De Dominio Maris）與「公法上諸問題」（Questionum Juris Public），論及外交官特權，先後於一七〇二年與一七三七年出版，都是具有極高價值的論文，對後世影響很大。例如：他主張領域控制的界限，以武力的射程爲準。由於當時大砲的有效射程爲三浬，故一國的領海是以三浬爲限，後經世界各國公認，而成爲國際法的正式規則。（請參閱崔書琴著國際法，上册，臺灣商務印書館，民國四十六年臺二版。第十一頁、二十五頁。）所以賓克雪克的學說已成爲國際法的淵源之一。（請參閱：Pas Grosse Duden Lexikon, Vol. I, Bibliographisches Institut Mannheim, 1964. P. 592）（李鍾桂）

蒲芬多夫（Samuel Pufendorf）

蒲芬多夫是德國法學家，於一六三二年出生於德國的多夫其敏次（Dorf-chesnnitz）。他是自然法學派的領袖，亦是德國海德堡大學的首任自然法與國際法教授，以後他又充任瑞典倫德（Lund）大學的法理學教授。一六九四年逝世於柏林。

蒲芬多夫最重要的著作是一六七二年發表的「自然法與國際法」(De Jure Naturae et Gentium）。他認爲自然法可分爲個人的自然法與國家的自然法，後者即爲國際法。他否定具有眞正法律效力的意志國際法。除了自然國際法之外，根本不存在實證法的國際法。此外蒲芬多夫尙於一六八二年出版了De officio Hominis et civis juxta Legem Naturalem Libri duo、與Elementorum Jurisprudentiae Universalis Libri Duo二書，後人皆用其他文字予以翻譯。（請參閱崔書琴著國際法上册，臺灣商務印書館，民國四十六年臺二版，第三十一—三十二頁。）他著名的弟子德國哲學家托馬西烏斯（Christian Thomasius），即深受其影響，亦成爲自然法學派的代表者之一。（李鍾桂）

參考文獻：Pas Grosse Duden Lexikon, Vol. 6, Bibliographiches

Institut Hannheim, 1967, P. 579

漁捕權

一國漁捕權依漁捕地點位置不同而有其大小。所謂漁捕亦包括固定漁捕（Sedentary Fisneries）如採珠、珊瑚、海綿。

一國在領海有排他的漁捕權，換言之，亦可以以漁捕權給予他國國民，依英蘇一九三〇年條約，英漁人可在蘇俄北岸三至十二海里區域內漁捕；葡、希二國會允許他國人民自由進行漁撈。此原則亦適用於領海海峽，按照多數學者說法，亦適用於領海海灣（海灣口不超過十浬者，或說十浬以上）。

沿海國對鄰接區內生物資源、生產力的保持「有特別利害關係」，是一九五八年聯合國所通過「捕魚及養護公海生物資源公約」中明白承認的，根據此條約沿海國有權參與鄰接區內之管理，可以訂定養護措施，要求與來此捕魚的他國舉行有關談判。

各國在公海區域原則上有自由漁捕權，各國對本國漁船可以訂定管理規章，亦可以放棄對某地區的漁捕權而禁止人民前往。按照一九五八年上述公約：即無他國競爭，一國對在公海捕魚之國民亦應該於必要時就養護資源一點訂定規範。若果有二國以上在某公海區域內漁捕，其中任何一國即可請求，其他國家應即共同舉行談判。至於漁捕，國際間現有雙邊與多邊二種條約：如一九四九年大西洋西北區漁捕公約；又日、美、加於一九五一年提議北太平洋公海漁捕公約。專門性的約定如一九四六年的捕鯨公約等等。（邵子平）

斡旋（Good Office）

所謂斡旋係為了防止戰爭的爆發，或終止已發生的戰爭，由第三國作媒介，促成爭端當事國舉行談判者。

斡旋時，斡旋國並不參加談判或發表意見，只是自動的，或經由爭端當事國一方的請求而提出的。待爭端當事國談判開始後，斡旋的工作即告結束。所以爭端當事國不得視第三國的斡旋為一種不友好的行為，而斡旋國所作的忠告；如爭端當事國之一，表示不接受，則斡旋工作即得停止。同時斡旋亦不具有中止、延緩、或阻碍動員或其他備戰措施的效力。不過斡旋乃是國際法上公認以和平解決國際爭端方法之一。

在歷史上斡旋的實例甚多。例如：一九〇五年美國即出面斡旋日俄戰爭，而締結樸資茅斯和約；一九二九年法國曾斡旋中蘇關於中國東北鐵路的糾紛；一九三三年西班牙斡旋秘魯與墨西哥間的爭端；一九三九年荷蘭女王威廉米娜（Wilelmina）與比利時王利奧普爾（Leopold）第三，試圖以斡旋方法，避免第二次世界大戰爆發，而未能成功。（李鍾桂）

種族隔離（Apartheid）

「Apartheid」是在南非洲通用的荷蘭語，為種族隔離（Racial Segregation）之義。

十七世紀中葉，南非成為歐洲國家的殖民地時起，黑白種族開始隔離。一九四八年南非共和國的民族黨（National Party）取得政權後，實施此種政策，更加積極。它本著「白人優越」與「種族純淨」的觀念，提經國會通過的法律，使得佔全人口百分之七十九的非白種人，在政治權利和生活各方面受到歧視。當時已實行黑白分校，並限制土人進入城市。一九五三年，南非政府宣告，土著黑人參加罷工為犯罪行為。又將土人教育的主管權，由各省移歸聯邦政府的土人事務部。該部提經通過一種法律，明定凡相信種族平等的教師都不合格任用。

南非的合衆黨（United Party）曾是個主要的反對黨。它支持種族隔離的原則，但不贊同政府實施該政策的若干方法。

聯合國大會於一九五二年開始辯論南非的種族隔離問題。大多數認為該政策違背人權，且構成對和平的威脅。經成立一個三人委員會，進行調查這個問題。南非政府拒絕該委員會入境調查。該委員會發表一項報告書，譴責種族隔離的設施，期望南非政府改變政策。該政府不予接受。此後每年聯大辯論本案時，南非代表團往往退席，以為抵制。（陳紹賢）

遣歸（Repatriation）

交戰國將其所俘獲之戰俘送返他們的本國，稱為「遣歸」。依一九四九年日內瓦戰俘待遇公約之規定，遣歸分為「戰時的」與「戰後的」兩種。戰時遣歸係於戰爭尚在進行期間，經收容國與中立國組織混合委員會決定後，將戰俘送回其本國。這種戰俘多為傷者、病者、及被俘過久者；他們回國後不得再擔任現役軍人工作（第一一七條）。

「戰後遣歸」係於交戰雙方成立媾和條約或實際停止敵對行爲以後，各將其於戰時所捕獲之戰俘送返其本國。因爲戰爭既告結束，戰俘地位即應停止，故當事國應於短期內開始遣送戰俘（第一一八條）。

一九四九年東會日內瓦的專家們，在議訂戰俘待遇公約時，原假定每一個戰俘都企盼儘快返回其本國，可是一九五〇至一九五三年韓戰後的遣俘工作，却遭遇了相反的問題：被聯合國軍收容的北韓軍隊及中共「志願軍」俘虜中，却有成千成萬由於思想問題而拒絕返回原來的國土；聯合國統帥部遂允其所請，任由他們自行選擇去處。結果有一萬四千餘中共志願軍俘虜，於一九五四年一月廿三日如願以償地被遣送到了臺灣；其他不願返北韓的戰俘，則在被釋後留住南韓。這就是「志願遣俘」(Voluntary Repatriation of Prisoners of War)或稱「非强制遣俘」（Non - forcible repatriation）。

戰俘在被俘期間如果在思想上改變觀念，尙在戰時即希望背棄本國而歸順收容國，那麼他應否繼續以戰俘身份被拘留？國際紅十字委員會曾一再主張這種戰俘應予釋放（G. von Glahn, Law Among Nations, London, 1965, pp. 599 - 600）。（俞寬賜）

蒙羅維亞集團（Monrovia Group）

布拉薩市集團和卡薩布蘭加集團之間日益增加的敵意促成了一九六一年五月的蒙羅維亞會議，原來賴比瑞亞總統杜伯曼(William V. S. Tubman)希望由與兩集團均無聯盟關係的賴比瑞亞來發起一次會議，以調和兩集團的歧見而和解合作。

一九六一年五月八日至十二日在賴比瑞亞首都蒙羅維亞召開首次全非洲國家高階層會議。除南非與戰亂中的剛果（雷堡市）外，其餘非洲國家均被邀請，但卡薩布蘭加集團拒絕參加，蘇丹亦因茅利塔尼亞與會而拒絕參加，實際上參加者爲廿國，除布拉薩集團十二國外，尙有利比亞、突尼西亞、賴比瑞亞、奈及利亞、多哥、衣索比亞、獅子山國、和索馬利亞等八國，這些國家因而有蒙羅維亞集團之稱。

會議結果主張促進經濟統一和政治合作，並贊同維持國家主權。

在蒙羅維亞會議中，非洲的政治家宣佈了下列五項原則：

㈠承認非洲國家間，無論其面積和人口如何，主權絕對平等。

㈡每一非洲國家皆有生存的權利，任何國家不得藉任何理由企圖併吞另一國家。

㈢一個國家願意與另一國家合併，任何國家均不得予以阻止。

㈣所有國家均須尊重不干涉其他國家內政的原則。

㈤每一國家必須尊重其他國家的領土完整。

大會亦以爲在此時非洲國家間在文化、科學、經濟方面合作，而不主張在目前或任何可見的未來期間作「政治上的統一」。因此會議指定一個委員會在達卡開會，研討關於經濟、技術、科學、教育各方面合作的機構問題。大會對於卡薩布蘭加集團的國家未出席表示深切的遺憾，希望他們參加以後的會議，而奠定了拉哥斯（Lagos）會議的基礎。

在蒙羅維亞所決定的達卡會議，於一九六一年七月十七日至二十四日舉行，只有衣索比亞未出席，其他蒙羅維亞集團十九國的經濟專家決定了一個建議案，準備提交拉哥斯會議予以討論。

一九六二年一月二十五日至三十日當時非洲二十九個獨立國家中二十個國家的政治首腦在奈及利亞首都拉哥斯舉行了一個歷時五天的會議。

地主國奈及利亞發出了二十八份請柬，即蒙羅維亞集團十九個國家、卡薩布蘭加集團六國、剛果（雷堡市）、蘇丹和塔干伊喀等共二十八個國家。迦納、幾內亞、馬利、摩洛哥和阿聯藉口蒙羅維亞片面制定議程而拒絕參加。此外利比亞、突尼西亞亦未參加。利比亞與蘇丹則因大會籌備會拒絕邀請阿爾及利亞的臨時政府，而宣布退出會議。

會議由奈及利亞總督阿齊克威（Dr. Azikiwe, Governor-General）擔任主席，阿氏批評卡薩布蘭加集團的政策，衣皇塞拉西 (Haile Selassie) 發表了一項調停性的演說，强調兩集團的政策在許多方面是具有共同基礎的。

與會的二十個國家在當時非洲獨立國家中佔三分之二强，論人口他們的人口總和在非洲人口總和中亦佔一半以上，聲勢的浩大非其他非洲國家集團所能望其項背。此一會議已爲非洲國家團結和最後的統一指正了一條正確的途徑。會議結果，決定建立一個區域性的關稅聯盟。對外實行一種共同的關稅政策，分期建立一個非洲大陸與馬拉加西的共同市場。以期經由經濟合作逐漸走向政治統一。會議中並通過賴比瑞亞所提「非洲與馬拉加西國家組織」。（Inter -

African and Malagasy States Organization）的憲章草案，分送與會各國審查，然後交付一個委員會準備提交下次國家或政府首長會議討論。該項憲章應闡明非洲合作之目的與原則及設置永久性的機構，包括國家或政府首長會議、部長會議及秘書處等。

一九六二年五月及六月，參與大會的各國外長集會研討修正拉哥斯憲章，一九六二年十二月二十日外長們再度在拉哥斯會議，簽署了此項憲章。

憲章規定設立以下三個機構：

㈠國家元首大會（The Assembly of Heads of States）每兩年至少開會一次，表決權相等，任何決定需要三分之二的多數。

㈡會員國理事會（Council of members）。

㈢秘書處。

蒙羅維亞集團有意建立一個共同市場，包括關稅同盟、投資基金、支付同盟等，此外並擬設立非洲衞生組織、良好的交通網和促進文化合作等。一九六一年九月阿必尙會議時商議建立一個熱帶非洲無線電同盟（Tropical African Radio Union）。（楊逢泰）

歐洲太空研究組織（The European Space Research Organization, ESRO）

二次大戰後，美國與蘇俄發展太空科學頗有成就，而歐洲國家則限於財力及資源，無法大力從事此項研究，有鑒於此，先則有著名科學家倡導，繼而有歐洲主要國家之贊同，一九六〇年十二月，十二個歐洲國家在歐洲核子研究組織總部舉行政府間會議，討論歐洲國家合力從事太空研究，決定成立歐洲太空研究預備委員會，十二國爲：奧國、比利時、丹麥、法國、西德、義大利、荷蘭、挪威、西班牙、瑞典、瑞士及英國。一九六二年六月十四日，上述國家除奧國及挪威，共十國在巴黎簽訂建立歐洲太空研究組織條約。一九六四年三月廿日條約生效，組織正式成立。

歐洲太空研究組織之目的在提供及促進歐洲國家間完全爲和平用途而從事之太空研究及技術合作。其方式爲會員國間太空科學及技術情報之交換、人員之交換、科學研究及有關技術活動之推行、建立有關之設備，包括設計、建造及發射探測火箭、衞星等。

歐洲太空研究組織之主要機構爲理事會，另有總監一人。理事會決定此一組織之科學、技術及行政政策，同意研究計劃，決定預算，任命總監以及採取達到本組織目的之必要措施等，由各會員國至多兩位代表組成，每年至少集會兩次，理事會並可設立必要之附屬機構。總監爲此一組織之主要行政官員及法律上之代表，每年向理事會提出報告，出席理事會各項會議，并由理事會授權之科學、技術、行政及秘書人員協助工作。此外組織條約並成立歐洲太空技術中心（European Space Technology Centre）及資料中心（Data Centre）。另有發射場（Esrange）及太空研究機構（Space Research Institute）之設立。

歐洲太空研究組織理事會向歐洲理事會每年提出年度報告。（程建人）

歐洲太空研究組織是歐洲國專爲和平目的，促進合作研究太空而在一九六二年設立的區域性國際太空組織。該組織的設立哲學、結構與活動均明白表示其設立目的是科學性質的。其實，歐洲各國促進合作太空的開始，最早是在一九五九年四月的意籍教授 Edvard Amaldi 與法籍教授 Pierre Auger 有關人造地球衞星的會談。次年六月卽在巴黎成立一歐洲太空研究研習小組（Group d'Etudes Europeenne pour la Recherche Spatiale 簡稱 GEERS），其目的在考慮成立一調查歐洲聯合研究太空的籌備委員會。該籌備委員會成立後，遂立卽展開調查工作，由其調查研究的結果，遂於一九六〇年十一月二十八日在日內瓦附近的梅林（Meyrin 卽歐洲原子研究中心的所在地）召開一政府間會議，出席者共有十一個歐洲國家的科學家，工程師及科學行政官員。會議於十二月一日閉幕時，這十一國（比利時、丹麥、法國、德國、意大利、荷蘭、挪威、瑞典、瑞士、英國、西班牙）簽署一件梅林協定（the Meyrin Agreement），設立一研究歐洲合作研究太空之可能性的籌備委員會（a Setting-Preparatory Commission to Study the Possibilities of European Collaboration in the Field of Space Research），該籌備委員會簡稱爲 COPERS。

COPERS 的主要職責是草擬歐洲太空研究組織公約草案，以及與其它各有關太空研究的組織間協定草案。其後於一九六二年二月在巴黎，五月在羅馬各舉行一次委員國代表會議，作進一步的討論，一九六二年的六月十四日終於由比利時、法國、德國、意大利、荷蘭、西班牙、瑞典、瑞士與英國等簽署一項「設立歐洲太空研究組織之公約」（The Convention for the Establishment of a European Space Research Organization）。這項ESRO公約經各國政府批准之後，於一九六四年三月二十日正式生效。

歐洲太空研究組織的宗旨爲提供與促進歐洲國家間合作研究專以和平爲目的之太空科學與技術。該公約又規定ESRO的職責爲：⑴設立與建造探測火箭彈頭（Payloads，或譯爲載荷）、衛星、與太空探測物體，其儀器由會員國或該組織本身供應；⑵獲取發射工具與安排發射；⑶提供接收、蒐集、簡化，與分析資料的方法；⑷支援方案所需的研究與發展；⑸促進各國科學家與工程師之接觸，交流與進修；⑹於會員國間傳遞情報；⑺與會員國之研究機構合作，並協助它們之間的工作；⑻與各會員國簽訂使用其火箭及衛星發射的合同。

該組織設立一由會員國代表組成的理事會（Council）另設總監（Director-General）一職。理事會之下設有三個委員會：科學技術委員會（the Scientific and Technical Committee，簡稱STC），行政財務委員會（The Administration and Finance Committee 簡稱AFC），及發射方案顧問委員會（The Launching Programmes Advisory Committee，簡稱LPAC）。巴黎總部的總監之下分設三位主任（directors），各主科學、技術與行政業務。其後由於業務加重，又於一九六六年改組爲四個主任，即除保留行政主任外，另三位主任重組爲三位，各主管方案與計劃（programmes and planning），歐洲太空研究暨技術中心（European-Space Research and Technology Centre，簡稱ESTEC），及歐洲太空作業中心（European Space Operations Centre，簡稱ESOC）。後二個中心各設在荷蘭，及德國境內。

歐洲太空研究組織的財源是由各會員國認捐來的。其攤派標準是按各會員前三年之平均淨國民收入計算的，但最高不得超過總額的百分之二十五。認捐標準得每三年由理事會的三分之二多數決定之。按公約規定，該組織頭八年的經費不得超過三億六百萬美元（其會計單位係依當年一美元可購得純金〇點八八八六七〇八八克爲準，故一會計單位略等於一美元），頭一個三年經費爲七千八百萬美元，第二個三年爲一億二千二百萬美元，但有關財政的議定書的但書規定，理事會可依照科技的重大發展以全體一致的方式，來調整頭八年的經費。一九六九年至一九七一年的經費已調整到一億七千二百萬美元。一九七〇年時各會員國的認捐百分比最高的三國依序爲德國（22.93%），英國（21.44%）及法國（19.60%）。

該組織的太空活動可大分爲兩類，一是科學方案的執行，一是應用方案的執行。

㈠太空科學方案的執行

公約中列有歐洲太空研究組織的科學方案的綱領。依公約規定，該方案包括發射探測火箭，小型淺太空（即近地球）軌道衛星，小型的太空探測物體，大型衛星，及大型太空探測物體。自一九六四年以還，分別在瑞典的Kiruna發射場，在意大利、挪威與希臘等地的歐洲發射場，以及澳洲的Woomera發射場，一共發射了一百四十枚探測火箭。這些探測火箭都携有由歐洲科學團體所建議的科學實驗器材，其彈頭部分或由歐洲太空研究暨技術中心，或由歐洲的企業公司製造。除了發射計劃本身的科學價值外，其執行使該組織的工程師及私人企業的工程師們解決了許多基本技術問題。

其實，該組織的主要活動在於衛星計劃的執行。此一計劃中，該組織與美國太空總署（NASA）合作建造小型的低軌道衛星。自一九七一年底爲止共發射了五顆衛星。⑴ESRO-II（IRIS彩虹女神）衛星：於一九六八年五月發射進入軌道，是爲研究太陽天文與宇宙光而設計的，這些實驗泰半仍進行得令人滿意；⑵ESRO-I（Aurorae 極光）衛星：於一九六八年八月進入軌道，是爲了研究兩極的電離層與極光現象而發射的。該衛星圓滿達成任務，於一九七〇年元月重入地球大氣層；⑶HEOS-I 衛星：是該組織的第三顆衛星，於一九六八年十二月發射，是屬於一顆非同轉軌道（eccentric orbit）衛星。遠地點高達二〇〇・〇〇〇公里之外，其任務爲調查太陽活動最頻繁時間的星際太空與電磁層。至一九七一年二月止，該衛星的七項試驗，只有五項尚在進行中；⑷ESRO-Ib（Boread北風神）衛星：是在一九六九年升空的，所携帶的儀器和ESRO-I Aurorae）衛星相同，但軌道稍有不同。該衛星提供了寶貴資料以供與ESRO-I 衛星比較之後，即令重返大氣層，在地球軌道中，只逗留了三個月而已；⑸HEOS-A2衛星：與HEOS-I衛星相似，一九七一年底發射，供研究宇宙光在太陽系內的散佈，與直接測量星際磁場與分子構造，及電磁層與星際太空界限的性質。其後在一九七二年三月又發射了TD-IA衛星，這是該組織的特別計劃，由九個會員國提供財政支援，也是歐洲太空及綜合性試驗的最大太空計劃。其任務包括：研究各星球，及其它銀河系或超銀河系的光源，測量太陽的光源，以及研究最原始的分子。

(二)太空應用方案的執行

太空應用方案的發展比太空科學的方案要晚。一九六六年的歐洲衞星通訊會議（ The European Conference on Satellite Communications 簡稱 CETS ）同意委託歐洲太空研究組織研究通訊衞星，同時，歐洲國家瞭解協調歐洲各種太空組織工作的重要性，遂召開歐洲太空會議（ The European Space Conference 簡稱 ESC ），以集結歐洲所有國家的力量發展太空技術的應用。歐洲太空會議的首要任務便是劃定與促進一和諧而平衡的太空方案，包括科學，應用，與發射三方面的活動。是以，太空應用方案遂與歐洲太空會議的關係不可或分。應用方案的基本觀念，組織、執行與財政，就由歐洲太空會議作政策性的審查，而技術的研究則委託歐洲太空研究組織來執行。

一九七〇年七月歐洲太空會議的第四屆部長會議決定開始實施一項太空應用方案，這項方案包括兩項同時執行的計劃，即電訊計劃與空運管制計劃。同時，也同意開始進行氣象衞星的初步研究。(1)電訊計劃的基本目的，是經由一顆或更多的同轉衞星提供一個輔助地面公用電訊網的太空通訊系統；另外也可以提供兩個電視節目以取代與擴充目前的歐洲電訊網（ Eurovision network ）。但是，完全的作業系統必須到一九七八年或一九八〇年才能供應服務，目前的計劃是爲這一項所需的技術作軌道試驗，並計劃在一九七五年發射一顆新衞星，或改裝已發展或發展中的衞星。(2)空運管制計劃是一項歐洲與美國的聯合計劃，目的在緩和歐美間交通密度高的地區，如北大西洋的空運管制問題。計劃中是利用通訊衞星作導航、定位，及飛機與地面管制站的直接通訊的聯絡工具。預計在一九七四年底前可以完成初步試驗，一九八〇年前設立一完全的作業系統。（張宏遠）

歐洲太空發射器發展暨建造組織

（The European Organization for the Development and Construction of Space Vehicle Launchers, ELDO）

一九六〇年十二月，歐洲十二國集會討論合力從事太空研究時，決定在成立歐洲太空研究預備委員會之外，另成立一組織，負責發展推送衞星進入外太空之火箭的工作。適逢一九六〇年英國放棄發展 Blue Streak 爲軍事武器，法國亦正完成一可發送輕量人造衞星之火箭，因此兩國決邀請有意之歐洲國家共同建造一三節火箭，以期發送一噸重之人造衞星進入太空。一九六一年十一月倫敦集會，次年三月廿九日，六個歐洲國家，即比利時、法國、西德、義大利、荷蘭及英國、另加澳大利亞，簽訂了建立歐洲太空發射器發展暨建造組織條約，另有丹麥一國爲觀察員。條約於一九六四年二月廿九日生效。

歐洲太空發射器發展暨建造組織之目的乃在發展及建造太空發射器及適於實用以及供應未來使用者之裝備，此等發射器及裝備，僅供和平用途。其方式爲協調並輔助會員國有關技術之發展及應用，並使組織工作所得之結果由會員國自由利用。

歐洲太空發射器發展暨建造組織之主要機構爲理事會，另設秘書長。理事會決定此一組織之科學、技術、財政及行政之一般政策、任命秘書長、決定預算、決定研究、發展及建造計劃、及其他重要措施。理事會由各會員國兩代表組成，每年至少集會兩次，可設立必要之附屬機構。秘書長爲此一組織之主要行政官員及法律上之代表，每年向理事會提年度報告，出席理事會一切會議，並得一技術主任、一行政主任秘書處及其他理事會授權之科學、技術及行政人員之襄助。

此一組織與歐洲太空研究組織有特別密切之合作安排。（程建人）

此組織在技術方面，並與美國合作，俾提早發射太空器，進入太空。（張彝鼎）

歐洲太空發射器發展暨建造組織公約

歐洲各國瞭解歐洲獨立太空計劃基礎，端視有無將重型彈頭（ pax load ）射入軌道的發射器的能力，而發展此種發射器的經費相當龐大，歐洲又沒有一個國家能獨立建造，於是集合各國人力與資源才是上算的途徑。

一九六〇年四月，英國政府決心停止發展軍事用途的藍光飛彈（the blue streak missile ）時，曾要求歐洲各國表明是否有意成立一目的在聯合建造以藍光飛彈爲第一節的重型衞星發射器的歐洲組織。一九六一年一月，英國政府向歐洲各國政府正式提出更詳細的技術問題。法國表示接受英國的建議後，主張使用法國火箭爲計劃中之太空器發射器的第二節。隨後，遂由英國或法國政府聯合邀請比利時、丹麥、西德、意大利、荷蘭、挪威、西班牙、瑞典、瑞士的代表集會討論設立一歐洲組織，以發展一個太空發射器。

設立歐洲太空發射器發展暨建造組織公約（The Convention for the Establishment of a European Organization for the Development and Construction of Space Vehicle Launchers ）簡稱ELDO）於一九六二年四月三十日由澳大利亞、比利時、法國、西德、意大利、荷蘭、英國等七國簽署。該公約在一九六四年二月二十九日生效時，歐洲發射器發展暨建告組織便宣告成立。除了原七個簽署國爲當然會國外，另有丹麥和瑞士二國派有觀察員參加。

歐洲發射器組織的宗旨有四：⑴發展與建造太空發射器，及適合實際應用的裝置；⑵此類發射器及裝置僅供和平應用之用；⑶該組織工作成果公開給各會員國；⑷謀求促進各會員國有關此一方面活動的技術發展的協調，及協助各會員國使用其在工作進行中所獲得之技術。

除了第一次的方案外，任何會員國如對其它方案無意參加時，可以不必付出財政支援，且不影響其會員國資格。

歐洲發射器發展的主要組織爲理事會（ council ）與秘書處（secretariat）。理事會由每一會員國各派代表二人組成，在會議中可由許多顧問相隨協助。理事會負責該組織科學、技術、財政與行政事務的一般政策。爲便利履行其職責，理事會設立兩個常設委員會，一是財政委員會，一是科技委員會；另外又可視實際情形的需要，設立特別委員會，由各委員會各派一人出席。秘書處設秘書長一人，副秘書長一人，兼任該組織未來活動主任（ director of future activities ），另外又有助理秘書長二人，一兼任技術部門主任，一兼行政部門主任。秘書處職員至一九七〇年已增至專業性人員二一八人，秘書人員一七五人。

一九七〇年六月十二日完成發射，發射器前，歐洲發射器發展組織的方案稱爲初步方案（ the initial programme ）。初步方案可分爲兩部分，即發展方案（ the development programme ）與建造方案（the construction programme）。

㈠發展方案

初步方案的目標是建造三節的 Europa I（歐洲一號）發射器，以及一系列的衛星試驗器。第一節是英國的藍光（Blue Streak）火箭，第二節是名爲 Coraile 的法國火箭，第三節由西德供應 Astris 火箭，意大利負責建造衛星試驗器（ Satellite Test Vehicle ），包括其中的電子裝置，荷蘭擔任遙測聯繫（ Telemetry Links ）的發展工作，比利時擔當發展與建造導向站的儀器設備的責任，澳大利亞則提供發射場，及支援其在 Woomera 的設備，以供發射完整的發射器之用。一九六六年七個會員國的科學部長集會檢討初步方案，咸認爲 Europa I 與 Europa II 發射器均將於一九七〇年七月之後，在該組織在法屬幾內亞新建的法國發射區內的發射基地發射昇空。

至一九七〇年止，發展方案可分爲三個階段：⑴第一階段包括第一節火箭的三次試射，全爲英國的藍光火箭，這三次分別在一九六四年六月、十月、一九六五年三月試射，三次均十分成功；⑵第二階段爲發射的三節發射器Europa I，這包括一九六六年五月與十一月成功發射的F-4與F-5發射器，以及一九六七年部分成功的F-6/1與F-6/2發射器；⑶第三階段也是發射一系列的整節 Europa I 發射器，包括一九六八年十一月發射的F-7，一九六九年七月的F-8，以及一九七〇年一月的F-9，三種發射器部分成功而已。

㈡建造方案

建造方案目前是由比利時、法國與德國支援建造，其目標是生產在初步方案下發展成功的發射器。 Europa I 與 Europa II發射器是爲了配合歐洲科學性與應用性衛星的條件而設計的，F-13 與 F-14 兩個發射器被指定在 Symphonie 計劃中使用，歐洲發射器發展組織已經與負責 Symphonie計劃的法德工業集團訂立合同生產這兩種發射器。F-15 與 F-16 的第一節和第三節火箭的引擎亦在進行生產中，F-17 與 F-18 的計劃亦正在採取初期步驟中。

目前，Europa III發射器是以發展能將一七〇公斤重的彈頭送入同軌道爲目標，以符合歐洲電訊衛星的初步要求。計劃在一九七九年初作第一次正式作業的 Europa III發射器，其能力則增至將七〇〇公斤重的同轉應用衛星送上軌道，以發展歐洲的商用衛星。一九七〇年五月，該組織理事會決定了Europa III 發射器的大樣，該發射器由兩節火箭組成，第一節火箭是根據以往各方案發展所得的舊式技術建造，第二節火箭則使用高級的液體技術，即使用液態氧與液態氫爲燃料。Europa III 發射器籌劃期間，可分爲兩個齊頭並進的兩個階段，目前均由比利時、法國、西德支援，第一階段是釐定計劃，以供將來着手發展方案時作爲決策基礎；第二階段是進行第一節火箭推進系統發展前的工作，第一節火箭生產技術的準備，以及技術上第二節火箭發展前的工作。

歐洲發射器發展組織對於參加美國太空總署（NASA）的超阿波羅方案（The Apollo Programme）曾作多次的研究。比如在歐洲太空會議（The European Space Conference, ESC）的主持下，該組織就曾做過兩次有關將彈頭由低軌道遷至同軌轉軌道的牽引系統（Tug System）的研究，完成後，曾分別在巴黎總部與華盛頓提出研究報告。除此之外，也研究過有關太空運輸系統的技術方案。

歐洲發射器發展組織將來從事的活動與發展形態，端視對下列兩個問題的態度。第一是否參與美國超阿波羅方案；第二是否採納一九七〇年七月歐洲太空會議的第二次決議案，即是否成立一個單一的歐洲太空組織，以取代現有的歐洲太空研究組織（ESRO），歐洲發射器發展組織（ELDO），歐洲衞星電訊會議（CETS），及歐洲太空會議（ESC）等四個歐洲國際太空組織。歐洲國家如參加超阿波羅方案，則其財政絕不能允許它發展自己的發射器，所以如要參加，頂多也是由歐洲發射器發展組織擔任聯繫工作而已；但依目前情形判斷，該組織可能仍繼續建造 Europa I 與 Europa II 發射器，以及發展與建造 Europa III 發射器。不論是否參加超阿波羅方案，歐洲各國很可能成立一個統一的組織，以專門負責歐洲所有的太空活動。總而言之，不論這兩個問題如何解決，歐洲國家是決不會放棄發展自己的發射能力的努力。（張宏遠）

歐洲自由貿易組合（The European Free Trade Association, EFTA）

歐洲自由貿易組合之建立，主要由於二個原因：一、一九五八年六國歐洲經濟集團之成立。二、一九五八年底，歐洲經濟合作組織會員國間談判成立自由貿易區域之失敗。一九五九年一月，歐洲經濟集團六國間首次減低稅率，使該集團外之其他國家認爲有設法求取類似利益之必要，於是是年六月，奧國、丹麥、挪威、葡萄牙、瑞典、瑞士及英國七國在斯多哥爾摩集會研商，同年十一月廿日簽訂歐洲自由貿易組合條約。嗣後芬蘭及利西頓斯坦兩國亦成爲組合之準會員國。

歐洲自由貿易組合之目的乃在促進組合區域各會員國內經濟之擴張、完全就業、生產力之增加、資源之合理使用、財政之穩定及生活水準之不斷改進；確保會員國間在公平競爭情形下進行貿易；避免區域內會員國間原料供應之顯著不均；及協助世界貿易之合諧發展及擴張以及其障礙之逐漸消除。其方法爲：以十年爲期逐漸減低會員國間稅率；對農產品作雙邊協定之安排；各會員國仍可自由確定其對組合外其他國家之稅率，其他貿易障礙之自由化。

歐洲自由貿易組合之主要機構爲理事會，由各會員國代表組成，一國一票，其責任爲行使條約賦予之職權；監督條約之適用；考慮會員國是否須採進一步行動以達到此一組合之目的以及與其他國家、集團或國際組織建立更密切之關係。理事會可視需要設立機關、委員會或其他機構以協助工作之進展。歐洲自由貿易組合無議會之組織，惟理事會同意每年向歐洲理事會諮商大會提出年度報告，同時歐洲自由貿易組合會員國參加歐洲理事會諮商大會之代表，往往先集會討論歐洲自由貿易組合有關事宜。（程建人）

歐洲共同市場（European Common Market）

歐洲經濟會社（European Economic Community）通稱爲「歐洲共同市場」（European Common Market）是由法國、西德、意大利、荷蘭、比利時和盧森堡於一九五七年三月簽訂的羅馬條約，經六國分別批准生效，於次年正式建立的。

歐洲共同市場設立的目的，在促進六國相互間及六國與其他國家間的貿易，以增進經濟繁榮。它的主要方法爲分期減低六國相互間的關稅—以關稅同盟爲過度，去達成自由貿易的目標。

共同市場成立以來，成效漸著，如見諸六國間關稅的遞減，工業產品限額的廢除，共同對外稅率的實施，資金與勞工的自由移轉，以及共同運輸政策與共同農業政策的確立，在在促進了各該國的生產效率、資金增加及經濟成長。且因六國在大體上已構成一經濟單位，六國人民往來於六國之間已無需護照；互通電話，也無須照國際電話付費。他們的生活方式與消費習慣也發生相互影響，而漸趨於一致。

共同市場對外發生的影響，其較爲顯著的，如一九六二年美國甘迺迪政府的「大計劃」（Grand Design）中，以「大西洋合夥關係」（Atlantic Partnership）的構想，企求六國共同市場容納英國和其他歐洲國家，構成一個與美國發生貿易關係的單元。但戴高樂法國否決英國加入共同市場，甘迺迪的此項計劃歸於落空。歐洲自由貿易協會（European Free Trade Association)中英國以外的國家有意參加六國共同市場的，也都裹足不前。

中南美洲國家已各有共同市場的設置，非洲國家和亞洲國家也各有共同市場的倡議。凡此，在意識上都是受了歐洲六國共同市場的影響。（陳紹賢）

歐洲安全（European Security）

一九七二年十一月歐洲國家與美國與加拿大共三十四國，在芬蘭京城赫爾辛基召開歐洲安全會議之預備會議。參加國家有：

㈠東歐華沙公約各國（蘇聯、波蘭、東德、捷克、羅馬尼亞、匈牙利、保加利亞。）

㈡北大西洋公約國家包括美國、加拿大及西歐各國（英國、西德、法國、義大利、比利時、荷蘭、盧森堡、丹麥、挪威、冰島、葡萄牙、土耳其、希臘。）

㈢東西集團以外之歐洲中立國家（阿爾巴尼亞未參加，參加者有瑞典、芬蘭、瑞士、奧地利、南斯拉夫等。）

會議研討在一九七三年內召開歐洲安全會議，決定歐洲安全及相互裁減軍備等有關問題之具體辦法。

會議中提出之其他有關問題包括：

㈠承認歐洲國家之現在疆界。（Status qus）

㈡研討布萊滋涅夫主義之有限主權主張之應否存廢。西方國家多主張廢止。

㈢旅行自由及新聞交換等問題。

㈣歐洲經濟、文化合作等。此問題應與其他有關國機構聯系問題。應聯系之機構如 ECE(聯合國歐洲經濟委員會)、OECD (Organization for Economic Cooperation and Deve opment) GATT(General Agreement on Tariff and Trade)以及 UNESCO(國際文教組織等)。（張彝鼎）

歐洲原子能聯營（The European Atomic Energy Community, EURATOM）

建立此一集團之條約其談判及簽訂，與歐洲經濟集團條約之談判與簽訂同時。自一九五五年起，法國、德國、義大利、比利時、盧森堡、荷蘭六國開始研討成立一發展及利用原子能之共同組織，一九五七年三月廿五日在羅馬簽訂建立歐洲原子能聯營條約，次年一月一日正式成立。

歐洲原子能聯營之目的乃在造成核子工業快速建立及成長之必須條件，以期有助於會員國生活水準之提高及與其他國家商業往來之發展。其方式爲發展研究，傳佈情報，建立保護公共健康的安全標準，投資並鼓勵聯合企業，負責礦物及核燃料之供應，作安全控制使原料不作意外用途，對特殊分裂性物質之占有，建立一特殊化物質及裝備的共同市場，以及爲核能作和平用途而與其他國家及國際組織合作。

歐洲原子能聯營的主要機構與歐洲經濟集團的主要機構幾乎完全相同。兩集團之大會及法院，實爲同一大會及同一法院。經濟暨社會委員會也爲同一機構。理事會雖非同一理事會，除歐洲原子能聯營理事會權力稍較廣泛外，其餘規定相同。至於委員會，則歐洲原子能聯營委員會組成較小，僅五名，同時由於其工作之特殊技術性質，乃有連絡代表，科學技術委員會及其他有關委員會之設立。（程建人）

歐洲核子研究組織（The European Organization for Nuclear Research）

一九四九年十二月，歐洲統一運動者在羅桑擧行一歐洲文化會議，與會者建議成立一平時和平適用核子科學之機構。此一意見，爲一九五〇年聯合國教科文組織所採納，一九五一年十一月，聯合國教科文組織安排一歐洲八國專家會議，此一會議建議成立一常設核子研究機構，一九五二年二月十五日，比利時、丹麥、法國、西德、義大利、荷蘭、挪威、瑞典、瑞士、南斯拉夫等十國在日內瓦簽訂條約成立歐洲核子研究理事會(European Council for Nuclear Research—般稱爲CERN取其法文縮稱)。一九五三年七月一日，上述十國另加英國及希臘，簽訂成立歐洲核子研究組織條約，奧地利及西班牙兩國日後亦相繼加入，南斯拉夫則退而爲觀察員。條約於一九五四年九月廿九日生效。

歐洲核子研究組織之目的乃在提供歐洲國家在純科學及基本性核子研究以及本質上有關研究上之合作，此一組織與軍事需要工作無關，其實驗及理論工作之結果將予公佈或者以其他方式使大衆獲得。其具體方式爲建立一國際實驗室，組織並贊助在該組織內外核子研究之國際合作。

歐洲核子研究組織之主要機構爲理事會。此外另有主任一人，理事會決定此一組織之科學、技術及行政政策，同意研究計劃、決定預算、任命主任等，由各會員國至多兩位代表組成，每年至少聚會乙次，各國有一票投票權。理事會並設立附屬委員會，現有：一、執行委員會，二、財政委員會，三、科學政策委員會等。主任爲此一組織之主要行政官及法律上之代表，每年向理事會提出報告，出席理事會各項會議，由理事會授權之科學、技術、行政及秘書人員協助工作。歐洲核子研究組織職員在一千人以上，多數爲科學家及技術人員，預算每年超過一億瑞士法郎。

成立歐洲核子研究組織條約規定此組織應與聯合國文教科組織合作，也可與其他組織和機構合作。此一組織與歐洲原子能集團及歐洲經濟合作組織之核子能機構，建立了密切之合作關係。此一組織曾公佈許多研究結果，容納不同國家之科學家，並安排有關會議。（程建人）

歐洲理事會（The Council of Europe）

一九四九年初，比利時、丹麥、法國、愛爾蘭、義大利、盧森堡、荷蘭、挪威、瑞典、英國等十國集會，商討歐洲國家間統一問題，是年五月五日，簽訂了歐洲理事會規約，成立歐洲理事會。嗣後次第有希臘、氷島、土耳其、西德、奧國、塞普勒斯、瑞士及馬爾他等國加入，連前共十八國。會址設在斯特拉斯堡（Strasbourg）。

歐洲理事會之目的乃在求取會員國間進一步之團結以保障並實現會員國共同具有之理想與原則，以及促進會員國經濟與社會之進步。其方式乃是經由理事會之機構，討論經濟、社會、文化、科學、法律及行政事宜、以及對人權及基本自由的維持與實現，達成協議和採取共同之行動。規約明白規定國防問題，不在理事會權限範圍之內。

歐洲理事會之機構有三：一、部長委員會（Committee of Ministers），二、諮商大會（Consultative Assembly），三、秘書處。其中部長委員會，由各會員國外交部長組成，部長無法出席時，可由代表出席，一國一票，委員會爲歐洲理事會之執行機構可考慮採取促進歐洲理事會目的之行動，包括締結條約或協定以及由政府對特定事宜採取共同行動等方式，委員會亦可向會員國政府提出建議，並要求會員國政府復告對該項建議所採行動之情形，但無拘束力。委員會中組成份子，均代表各國政府之官方意見。委員會可視情形需要，成立諮詢及技術委員會。諮商大會由各會員國國會選舉或指派之一四七位代表組成，各會員國分配代表數如次：法、德、義、英各十八位，土耳其十位，比、希、荷各七位，奧、瑞典、瑞士各六位，丹、挪各五位，愛爾蘭四位，盧、氷、塞、馬各三位，每一代表均可由代替人代爲出席、發言及投票。諮商大會爲歐洲理事會之評議機構，可討論規約規定權力範圍內有關事項，並將結論以建議方式向部長委員會提出。亦可就有關事項作成不對部長委員會而發之決議。大會代表不代表會員國政府意見，經常反映歐洲輿情。

歐洲理事會曾締結包括人權、社會、文化、專利、法律、公共衞生、國際旅行等方面多種協定，其中一九五〇年在羅馬簽定之歐洲保護人權及基本自由公約影響極大，此外理事會亦安排各種特別會議，包括歐洲地方當局會議、歐洲議會及科學會議、歐洲教育部長會議及歐洲司法部長會議等。同時許多歐洲國際組織亦向歐洲理事會之諮商大會提出年度報告，大會可加討論、批評、以及表示意見。（程建人）

歐洲經濟合作組織（The Organization for European Economic Cooperation, OEEC）

此一組織爲經濟合作暨發展組織之前身。

一九四七年六月五日美國國務卿馬歇爾在哈佛演講表明美國願意支持歐洲復興方案後，英法兩國乃邀請歐洲十四國在巴黎集會討論，成立了歐洲經濟合作委員會，一九四八年三月委員會第二次集會，四月十六日簽訂歐洲經濟合作公約，成立歐洲經濟合作組織。參加十六國爲英國、法國、奧國、比利時、丹麥、希臘、氷島、愛爾蘭、義大利、盧森堡、荷蘭、挪威、葡萄牙、瑞典、瑞士、土耳其等德國及西班牙日後也先後加入。美、加成爲準會員國，南斯拉夫爲觀察員國家。

歐洲經濟合作組織之目的乃在會員國彼此間經濟關係上密切合作以儘速謀求及維持毋需外來特殊援助之經濟活動的滿意水準。其首要工作乃是對聯合復興方案之研究及執行，也就是美援的劃分，運用及監督。

歐洲經濟合作組織之主要機構爲理事會，由各會員國代表一人組成，代表或爲部長，或爲高級官員，部長級會議一年舉行三至四次，高級官員會議則一月舉行三至四次。理事會可作組織權限內之一切決定，包括組織之政策及行政、預算、高級職員之任命、組織規程、設立委員會、部門或其他機構。（程建人）

歐洲經濟集團（亦稱歐洲經濟社會組織）

(The European Economic Community, EEC, Common Market)

一九五一年歐洲煤鐵聯營成立後，法、義、德、比、荷、盧六國合作良好，爲期進一步完成歐洲統合之努力起見，一九五五年後六國又集會研討成立一關稅聯盟及一發展與利用原子能之共同組織，一九五七年三月廿五日在羅馬簽訂建立歐洲經濟聯營條約及建立歐洲原子能聯營條約。一九五八年一月一日兩集團正式誕生。

歐洲經濟集團（即通稱爲共同市場者）之目的乃在藉共同市場之建立及會員國間經濟政策之逐漸一致，以促進集團內經濟活動之和諧發展、不斷平衡之擴張、益增之穩定、生活水準之加速提高以及會員國間更密切之關係。其方式爲消除會員國間進出口貨物之關稅及量之限制，對第三國建立共同稅率及共同商業政策，廢除會員國間人員、勞務、資本等流動之障礙，開創共同農業政策、共同運輸政策，建立體系確保共同市場內無畸形之競爭，協調會員國經濟政策及補救支付不平衡，設法使有關國內法一致以便利共同市場工作之推行，設立歐洲社會基金以改進勞工就業機會及生活水準，建立歐洲投資銀行以開闢資源便利集團之經濟擴張，結合集團之海外屬地，共謀貿易、經濟、及社會之發展。

歐洲經濟集團之主要機構有四：一、大會(the Assembly)，行使條約賦予之審議及控制之權力，由會員國人民代表組成，德國、義大利、法國各卅六名，比利時、荷蘭各十四名，盧森堡六名，均由各國國會由國會議員中指派。大會每年有年會，並可舉行特別會議。大會公開討論委員會提出之年度一般報告，可通過譴責動議迫使委員會辭職。一九五八年後六國之歐洲煤鐵集團、歐洲經濟集團及歐洲原子能集團大會合而爲一。二、理事會(the Council)，由會員國政府代表組成，其職能在確保會員國一般經濟政策之協調及行使集團之決定權力，對於若干重要問題採重量投票方式，德、法、義各四票，比、荷各二票，盧森堡一票。三、委員會(the Commission)，由會員國政府協議指派九人組成，均依個人能力選出獨立行使職權，委員會爲執行機構，在確保條約規定及此集團機構依照此條約規定所訂規定之實行，提供建議或意見。參與理事會及大會之準備工作，及理事會賦予職權之執行。委員會負責集團事務之一般管理，受理事會之一般指導。四、法院(the Court of Justice)，在確保解釋及適用此條約時遵守法律與正義，共七名法官，由會員國協議指定，任期六年，可連任，出任法官之資格，除具獨立性外，並須在其所屬國具有出任最高司法職位或公認法學家之資格。一九五七年後歐洲六國三集團之法院亦合而爲一。此外條約明文規定者尚有經濟暨社會委員會，爲對理事會及委員會諮商之機構，代表職業工會及類似利益團體等，由一二一名組成。（程建人）

自一九七三年一月起，歐洲經濟集團組織擴大，除原有法國、西德、義大利、荷蘭、比利時、盧森堡外，另增加英國，愛爾蘭，丹麥三國。

英國國會在討論加入共同市場案時，在審查會中，採逐條表決方式，一般認爲係自一二一五年 Magna Carta 以來之影響英國整個國家最重要之文獻。

（張彝鼎）

歐洲共同經濟組織擴大

一九七三年一月二十二日，歐洲共同經濟組織由原有的法國、西德、意大利、荷蘭、比利時和盧森堡等六國擴大爲九國，新增加者爲英國、愛爾蘭、丹麥，擴大組織簽約典禮於是日假布魯塞爾愛格蒙宮擧行，各國代表都表示爲共同組織的更加團結而努力，英首相希斯亦致詞認爲：「這個典禮是一個結束的標幟，也是一個開始的標幟，它是一個分裂的結束，這分裂曾經打擊歐洲達幾個世紀之久，它是另一階段的開端，在這一階段裡將建造新的和更團結之歐洲，這是我們這一代人的任務」。

條約簽署之後，新的歐洲共同經濟組織，將於一九七三年一月一日正式成立，成立之後，它將成爲世界最大勢力之一，其人口總數約爲二億五仟七百餘萬人，已超過美蘇兩國之人口，其國民生產毛額亦僅次於美國，但其對外貿易額則居世界之冠，約占全數貿易總量之百分之四十以上。

歐洲共同經濟組織之擴大，事實上是英國携帶着他的歐洲自由貿易區和部分國協夥伴，和歐洲共同市場及其雅溫達協定的贊助會員國相結合。這個組織規模之龐大，其所掌握天然資源與人力資源之豐富、市場之廣大，文化基礎之深厚，都不是其他區域組織所能匹敵，這個組織的趨向和行動，都必然對於世界發生重大影響。

這個組織的擴大，乃因兩次大戰後，世界權利重心外移，歐洲力求團結，期以重振舊大陸十八、十九世紀聲勢之作用。

但是該組織亦有其弱點，卽外界的，尤其是來自東方的壓力愈大，則組織的團結意識愈深，團結之行動進展愈快，倘若外界的壓力愈小，或愈不易發覺，則內部不協調的問題將愈多而進展將愈緩，加以各自過去都有光輝之歷史與文化，要其為全體而犧牲自己的一部分主權或利益，談何容易？雖有「聯邦」和「邦聯」之倡議，如何實現，尚有待今後之發展。

再者該組織之有關各國在軍事上迄今仍仰賴美國所提供之核子保障，誠然，要分派大量資源以發展戰略武器系統，是經濟上之重大犧牲與浪費，也是經濟發展之重大阻礙，但是，沒有戰略性武器系統，始終難以成為獨立之超級勢力，在平時或許不會感覺其重要，但是在關鍵時期，就不能不受其影響了。（張宏遠）

歐洲煤鐵聯營（The European Coal and Steel Community, ECSC）

一九五〇年五月，法國外長休曼宣稱，為歐洲之統合及世界之和平，法國建議法德兩國將煤及鋼鐵之生產，置於一共同組織之高級當局下，其他歐洲國家亦可加入此一組織。計劃中之組織，除管理局外，尚有議會、法院及部長會議。此項宣佈後，法國乃邀請若干歐洲國家共同會商此一計劃之細節，並就此起草一項條約，比利時、德國、義大利、盧森堡、荷蘭應邀參加，英國則未接受邀請。一九五一年四月十八日，集會六國簽訂建立歐洲煤鐵聯營條約，一九五二年七月二十五日生效。

歐洲煤鐵聯營之目的乃在化除締約國間歷史上之對抗，代以重要利益之結合，經由一共同市場來擴展締約國之經濟、發展就業及改進生活水準。其方式為確保共同市場之正常供應，消費者之同等機會、可能最低價格之維持、促進生產之擴張、改良勞工之生活水準、發展國際貿易、以及生產質與量之改進等。條約特別規定各國與共同市場原則不符之若干措施，應予廢止或禁止，包括進出口稅及量的限制、某些差別待遇、津貼或國家補助、市場劃分或剝削消費者之限制措施等。

歐洲煤鐵聯營之主要機構有四：一、管理局（the High Authority），為負責促使本條約目的得以實現之機構，由九人組成，依個人能力選出，任期六年，獨立行使職權不接受任何國家或組織之訓令。管理局可作決議（完全具有拘束力）、建議（僅原則上具有拘束力）及意見（無拘束力），管理局之決議效力可直達締約國國內企業，因而被認為具有超國家之性質。管理局附設有諮商委員會（the Consultative Committee），由理事會任命同數之生產者、工人、消費者及經營者組成，對管理局有諮商及抑制作用。二、大會（the Common Assembly），為行使條約所賦監督權力之機構，締約國議會指派議員由七十八人組成，其中法國、德國及義大利各十八名，比利時、荷蘭各十名，盧森堡四名。大會每年召開乙次，必要時可召開特別會議。大會公開討論管理局向其提出之一般報告，可通過譴責案迫使管理局全體辭職。此一大會於一九五八年後為歐洲議員大會所接替。三、理事會（the Council）由各締約國政府代表組成，通常視討論問題由各國有關部長出席，主要之職能在調合管理局及各締約國政府間之措施，作為兩者間之聯絡機構。四、法院（the Court of Justice），其主要之職能乃在確保現條約及其執行規則之解釋與適用遵受法治。法官共七名，由締約國政府依個人能力任命，任期六年，可聽取政府、理事會以及從事煤鋼事業之企業對管理局決議或建議之申訴。大會為對管理局政治控制之機構，法院則為對管理局法律控制之機構，法院類似大會之情形，亦於一九五八年後為歐洲經濟聯營之法院所接替。（程建人）

敵性（Enemy Character）

敵性是交戰國採取「破壞」及「限制」措施時，鑑定對象之標準。因為每一交戰國為了達成戰爭的目的，有權採行許多不利於敵人和敵產之行為。例如拿捕、拘留、沒收、破壞等。於是何為敵人或敵產，則須首先鑑定此種人與財產是否具有敵性。

一般認為凡屬交戰國他方之國民及其財產都有敵性。凡屬中立國之國民及其財產則皆無敵性。實際上，此一原則已有很多重要的例外。因為在若干情況下，敵人與敵產不一定具有敵性，而中立國國民及其財產却反是；甚至就某些目的而言，交戰國本國的國民及其財產却可能具有敵性（Lauterpacht's Oppenheim, Vol. II, pp. 268 - 9.）。

國際法上的敵性問題并未獲得完全解決。第一次世界大戰以前，英、美法院曾立下許多規則，但其他國家——尤其法國等大陸國家却採行不同的主義。一九〇七年第二次海牙和平會議雖曾就此問題達成三點協議（見第五公約第十六至十八條）；倫敦宣言也寫下一些有關規則（第五十七至六十條及四十六、

五十五、五十六、六十三條），作爲全體海權國家實踐之共同基礎；但個人及其財產之敵性究應依國籍抑或依住所以爲判定，則此二會議均未獲致協調。待第一次世界大戰爆發時，上述海牙第五公約及倫敦宣言亦未得到一致批准；致使諸交戰國各循自己的習慣，并且在新環境的驅使下作了許多重大改變。第二次世界大戰期間，它們更強調這些新的發展。（俞寬賜）

敵性傳染原則（Principle of Hostile Infection）

意即在載運戰時禁制品的船舶上所發現之非戰時禁制品，如與禁制品屬於同一主人，則牠們與戰時禁制品一樣具有敵性，得被交戰國一併沒收。

此項原則爲英、美等國之傳統主張；一九〇九年倫敦宣言第四十二條及各國捕獲庭均予採納——例如義大利一九一六年五月六日，英國高等法院一九一七年三月十四日及翌年一月十一日、一九四三年五月十三日、一九四五年七月廿六日、德國柏林最高捕獲法庭一九一七年十月十一日及翌年一月卅一日、法國捕獲法院一九二〇年五月六日等之判決，均曾適用此項原則。（參閱「戰時禁制品」條）（俞寬賜）

敵後突擊隊（Commandos）

即交戰國藉空運或其他方法滲入敵軍後方——包括敵國本土及其佔領區——，以打擊敵軍、蒐集情報、或破壞交通、建設、及其他重要軍事目標等之部隊。他們雖常以突襲等猛烈手段從事活動，但都是有組織的武裝部隊，而且穿着制服；因此他們有權享受正規戰鬥員的待遇；即令在單獨從事活動時亦然。

第二次世界大戰期間，德國統帥部曾於一九四二年十月十八日頒佈命令，規定凡德國所遇在歐洲或非洲從事後方突擊之敵國部隊，無論其爲着制服之士兵或破壞小組，亦不論其有無武裝、或其是否由飛機或船艦滲入、或乘降落傘着陸者，均予殺絕。後來，無數敵後突擊隊及其他類似人員均被德軍依此命令而處死。因此紐倫堡國際軍事法庭（The International Military Tribunal at Nuremberg）及許多其他軍事法庭判定若干發佈、傳達、和執行上述命令之德國將領和軍官觸犯戰罪，予以處罰。（參閱 Lauterpacht's Oppenheim, Vol. II. pp. 259-260）（俞寬賜）

敵國船舶之拿捕（Seizure）

其意即當戰爭持續期間，交戰國爲據有敵國財產及削弱敵國戰力，而由其軍艦對在公海或雙方交戰國領水內之敵國船舶及船上具有敵性之貨物與人員實行捕獲。這是國際法所承認屬於交戰國的一種權利。茲分數點析言如左：

一、拿捕之對象爲敵國公私船舶及其所載敵貨與敵國人員。但依一九〇七年海牙「關於海戰時限制拿捕權公約」第四條之規定，凡負有宗教、科學、慈善、醫護等使命之船舶，從事沿岸捕魚及地方貿易之小船和交換戰俘之船舶等，在其不參加敵對行爲時，均可豁免拿捕。至於郵船，雖有若干國際條約規定豁免戰時拿捕——如一八九〇年八月三十日英法郵政公約(Postal Convention)及一八四三年十月十四日英荷郵政公約等——但幷無普遍適用的豁免規則。上述海牙公約第一條規定：交戰國（及中立國）船上之公私郵件均不可侵犯；船舶被扣留時，拿捕國應於最短期間將此等郵件滲遞。惟信件和郵袋之豁免權，不包括㈠來自或寄往被封鎖港口者；㈡不包括商品、公債、股票、證劵等；㈢在交戰國領海或港口內仍可予以檢查。

二、從事拿捕者可以是交戰國軍艦、潛艇或航空器；惟以軍艦爲常。交戰國軍艦行使拿捕權之方式有二：一是派遣艦上官員一人，率同水手數名登艦，予以接管，二是令其下旗隨行。被拿捕者如爲敵方私船，應即由接管人員或由原船人員依軍艦之命令，駛往屬於拿捕國的最近港口，交給捕獲法院（Prize Court）審判。

如遇災難或被捕船舶不能航行，可經中立國許可後暫駛往附近中立港口（在港內享治外法權），俟情況許可時再駛往前述港口。只有被捕船絕對無法航行時，始可由法院於聽取適當證言後作缺席裁判。

三、行使拿捕權的空間通常爲公海及交戰國雙方之領海或港口。在實例上各國多認爲在河川和湖泊等船舶可以航行之水面亦可行使此權。至於在船舶不能航行之水面，亦有認爲可對敵船行使拿捕權者，惟此時被捕之敵國私船應視爲敵國陸上私產，不得沒收。

四、行使拿捕權的時間：就其開始的時間而言，舊例認爲戰爭肇端時固可行使此權在戰爭尚未開始時亦可先行阻止在該國港內之敵國商船離去，以便於開戰時加以拿捕。惟自十九世紀中葉開始形成之新慣例則認爲：各交戰國在開戰後尚須給其敵船一段「恩惠期」，使其順利駛離。因此，一九〇七年海牙「關於海戰時敵國商船法律地位公約」規定㈠對於開戰時在本國港內之敵國商船，應盡可能令其立刻或在一定時限內離去，并發給通行證，令其直駛原目的地或指定其駛往一定港口；開戰前離開其最後寄航地、并於開戰後未知開戰事實而駛入本國港口之敵國商船亦同（第一條）。㈡其因不可抗力而未能依限駛離或於開戰前離開其最後寄航地而在海上航行之敵國商船，且不知開戰之事實者，雖可被拿捕或徵發，但不得被沒收；倘予以拿捕，應於戰後發還；倘予以徵發，則應付給補償。船上貨物亦同（第二、三條）。㈢上述規定對於在構造上可改裝為軍艦之敵國商船則不適用。雖然如此，第一、二次世界大戰期間，德、義及英、法等國均仍自開戰後即行使拿捕權。

次就行使此項拿捕權之終止時限而言，自以交戰國雙方成立和約之日為準。惟近代之戰爭，往往於雙方停止敵對行為後遲不締和。因此，交戰國自協議停戰至正式締和期間，可否從事拿捕，則是問題。大多數學者主張停止行使此權，而停戰協定亦多採取此種主張。惟若停戰協議中并無規定，則各國所持態度相異：英、法等國判例認為應予停止；德、義等國判例則主張繼續行使拿捕。

五、拿捕之效果隨被拿捕者為敵國公有或私有船舶而異：敵國國有船舶一經拿捕，捕獲國即可據為己有，而押往捕獲國某一港口或加以破壞。船上敵貨即予沒收，必要時亦可立即加以破壞；船上人員則被扣押為戰俘。但對敵國無軍事價值之個人，不必久拘。船上如有中立貨物，是否與船舶同一命運，則各國實例有異：英國持肯定態度，故予沒收；美國態度則相反。

私有敵船被拿捕後，其地位相當於陸戰中被佔領的敵國領土，船舶及其上之官兵、水手與貨物，均即暫時置於拿捕國權威之下，并服從拿捕國之紀律。待送交捕獲法院判定拿捕合法後，拿捕國始可將其據為己有；并將船上敵貨加以沒收；但屬於中立國人民之貨物及屬於船長、水手等之私人物件應予發還。

六、關於被捕敵國私船之破壞問題：敵國私船被拿捕後，既須經捕獲法院判決始可由拿捕國據有，則拿捕國顯然不得未經判決即予破壞。惟一般說來，學說與實例容許於特殊情形下——如因該船舶本身之機件損壞或無燃料，而不能繼續航行、該船舶有即將被敵國奪回之可能，該船舶妨碍拿捕者之軍事行動、或拿捕軍艦本身既無法派遣人員接管、又不能押解該船舶時，予以擊沉或破壞。破壞時須先將船上人員與文件等置於安全地方（如執行拿捕之船上）；以作法院判決拿捕合法與否之根據。對於船上貨物如不能和文件與人員一樣處理，而必須加以破壞；事後此項破壞又被判為合法時，則拿捕國對於其中之中立貨物亦無補償責任。

依英、美、法、義、日等國一九三〇年倫敦海軍條約第廿二條及一九三六年倫敦議定書第二規則，從事拿捕者如為潛水艇，在破壞敵船時應遵守與軍艦相同之規則；倘其於破壞敵船時，將船上文件及人員置於該船之小救生艇上，則該等小船是否能被視為安全地點，須視當時之海上氣候、風浪、與陸地之距離或有無他船在旁從事拯救等而定。

七、敵國私船之贖回：被捕敵國私船之船長與拿捕者間如能達成協議，國際法并不禁止前者於被捕後或抵達港口而未付審判前出錢贖回。此時船長出具贖票，註明贖金，交軍艦執存；軍艦則以贖票副本交被捕船舶作為通行證，使其依票上協定之路綫前往指定港口時，途中不會再被拿捕。軍艦得扣留船舶官員一人作保證償付贖金之人質。該軍艦本身事後若被敵國軍艦拿捕，則該人質即獲自由，贖票亦即失效。

不過許多國家以國內法對此一自十六世紀成長的贖回實例加以禁止。例如英國一八六四年「海上捕獲法」（Naval Prize Act）第四十五節即規定除樞密院命令中有特別規定外，禁止接受或償付贖金。

八、捕獲物之喪失：被捕敵國船舶如果脫逃成功或被拿捕者自動放棄、或被其本國軍艦奪回（recapture），均使原拿捕國喪失該一捕獲物。此項喪失如係因被捕敵船本身脫逃成功，則原船主即恢復對該船之所有權。如果被捕船舶之船員已被拿捕者扣留，而船舶本身被拿捕者放棄後為其本國另一船舶或中立船舶所取得，原船主能否恢復所有權，則非國際法所問，須由國內法規定。在奪回情形下，國際法認為該船即變成奪回國之財產。至於該奪回國是否將之發還原主，亦由國內法定之。各國在這方面的實例互異：英國依上述一八六四年海上捕獲法第四十條規定：只要該船不曾被敵國改裝為軍艦而使用，則無論是否曾被敵國捕獲法院判定拿捕合法，一律發還原主；惟船主須依英國捕獲法院之判決，繳納相當於船價八分之一至四分之一的拯救金（Prize salvage）。美國只發還尚未被敵國判決沒收者；其拯救金由美國法院裁定。法國則均予發還；其拯救金視其是否在被敵艦拿捕後廿四小時內奪回而定，如果是，則為船價的三十分之一；如否，則為十分之一。

最後值得說明的是：中立國人民之船舶若掛敵國旗幟，則亦取得敵性，交戰國得予拿捕和依上述同樣程序加以沒收。這對無海上旗幟的內陸國人民極不公平。所以一九二一年四月廿日的巴斯隆納宣言（The Barcelona Declaration）主張承認內陸國有權享有「海旗」（見AJIL, 18 (1924), Supp. pp. 167-8.）。至於掛中立旗幟而染有敵性之船舶亦可遭遇與敵國船舶相同之命運。（參閱 Lauterpacht's Oppenheim, Vol. II, pp. 474 - 497及「中立船舶之拿捕」條）。（俞寬賜）

鄰地主義與腹地主義（Doctrine of Contiguity and Doctrine of Hinterland）

歐洲國家在二十世紀中葉以前，為了在非洲等區域取得殖民地，而以領域的管轄權是根據地理的鄰近性—也即以兩個主義：一為鄰地主義；一為腹地主義作為藉口。茲分述兩主義於左：

㈠、鄰地主義：即先佔國得以防衛、安全為理由，取得鄰近無主土地的領域權。

㈡、腹地主義：即先佔國佔領海岸以後，則獲得其無主腹地的領域權。

由於以上兩主義的理論與領域有效佔領的原則不符：因為先佔國並未對鄰近的無主土地與無主腹地，作有效的實際佔有與管理，故不得藉口為了保障其已佔領地域的完整性、安全與防衛，而擴大其佔有的範圍。因此這種誇大的主張完全沒有法理的根據，而被許多學者所不採納，並否認其合法性。（李鍾桂）

參考文獻：

Lindley, The Acquisition and Government of Backward Territory in International Law, 1926, P. 234-235;
Twiss, The Law of Nations, 2 vols. 2nd ed. Vol. I, 1884, § 124, § 131;
Oppenheim, International Law, 1957, Vol. I, 8th ed. P. 560.

鄰接空間（Contiguous Airspace）

所謂鄰接空間係指領空外的空間，即公海上空者。

許多國家為了確保國防安全起見，對於領空外的空間，提出了類似「鄰接海面」的主張，得行使一定的管轄權。例如：美國於一九五〇年曾公佈一項命令稱為「航空器的安全控制」（Security Control of Air Traffic），主張在鄰接空間行使一定的管轄權，以確保國家安全。依此命令，任何航空器（包括外國籍者），倘欲進入美國，須於飛至美國領空外的一定範圍以內，雖然仍然在公海上空時，就必須向美國當局報告其位置及飛行目的。換言之，此項命令等於規定美國的管轄權，可及於一部份公海上空，也就是等於相類似「鄰接海面」制度的「鄰接空間」主張。不過美國將此種空間稱為「防空警戒區」或「防空檢驗區」（Air Defence Identification Zones）簡稱（ADIZ）。至於此種空間的範圍亦在上述命令中硬性予以規定：在美國大西洋方面，自海岸起算有二百浬；在美國太平洋方面，自海岸起算有七十五至一百浬，或任何航空器飛至距美國海岸一小時至二小時航程之內者均屬之。此外一九五一年加拿大亦有同樣命令的頒佈。美、加這兩項命令並未引起他國的抗議。所以這種國內立法能否為國際法承認「鄰接空間」的基礎，至今尚無從加以斷定。（李鍾桂）

鄰接區（Contiguous Zone）

或稱保護區（Protective Zone），係指領海以外之相鄰接之一定區域的海面，領海國可在此區域內行使一定權限。依聯合國統計，一九五二年承認此制度者有四十一國，不承認者有十六國。新成立國尚乏表示意見機會。鄰接區的寬度若何。並無定說，一九五八年日內瓦「關於領海及鄰接區的公約」規定「自測定領海寬度之基線起算，不得超過十二海里」。

設定鄰接區的源起，在領海國為了補助它在領海區範圍以內管轄權之不足應付領海以外的不法行為：美國禁酒法案的加强實施促成一九二四年美英訂定新約，規定所謂「一小時航程區」，即在來船在航行到岸的一小時區域以內，美國得登英船檢查：是否有私運酒精飲料情形。後來，美國與十六國家先後訂定類似條約。除此以外，「為防止在其（領海國）領土或領海有違反其海關、財政、移民或衛生規章之行為」（前述之一九五八年條約），領海國亦得在鄰接區的公海範圍以內行使必要管制。

又為保護領海國領海以內的漁捕業，又有主張領海國得在鄰接區海面上訂定規章、執行監督，如一九四五年九月美國的宣言即是；此點雖未得到一般承認，但在一九五八年聯合國捕魚及養護公海生物資源公約中，有類似的規定，對沿海國的權益作相當保障（請參考「漁捕權」條）。（邵子平）

德拉哥主義（Drago Doctrine）

干涉而合法的主張中，有爲保護本國國民之目的一項，但內國人購買外國所發行公債，是否亦在該外國不能清償時內國可以使用武力索取債金？一九○二年美、德、意三國聯合干涉委內瑞拉封鎖委海口，即以保護三國國民債權爲口實而主張干涉之合法。

阿根廷外相德拉哥主張公債之發行乃債務國之主權行爲，所以它的性質與普通債權不同。再者債務之清償實有賴於債務國之政治與經濟安定與發展。此爲債權人購買公債時所明知而自願負擔相當風險者。德拉哥指令阿駐美使節向美國提出照會，主張國家不得爲壓迫他國清償公債而行使干涉，否則此種行爲在美洲實與門羅主義不符云云。

此主義受到弱小國家支持，強權及部份學者（如勞特帕特）有反對之者；美國並未直接答覆阿照會，但一九○七年海牙和平會議時，（美代表Porter提出）通過「限制使用武力索取契約債的公約」，世稱Porter公約（中國已簽字該約），其第一條規定訂約國政府不得以武力爲其國民向另一外國政府索取到期應爲給付之契約債，除非：

㈠債務國拒絕或無視仲裁之提議；或

㈡接受提議後，又故使「仲裁合同」（Compromis）不能訂定；或

㈢仲裁後，不遵從仲裁裁決。（邵子平）

德黑蘭會議（Teheran Conference）

德黑蘭（Teheran）者，伊朗之首都也，二次大戰時，美、英、蘇三國首長於一九四三年十二月一日，在此舉行會議，故稱德黑蘭會議。當時美國總統羅斯福，英國首相邱吉爾及蘇俄獨裁者史太林皆親自出席，此蓋三國首長爾後進行一連串會議之開端。

此次會議之主要目的，厥在協商如何共同擊敗納粹德國，而舉世聞名之諾曼底（Normandy）登陸計劃即在此決定，同時又決定此項計劃必須於一九四四年五月執行，藉以解除蘇俄所受之威脅。

該會議除上述之重大決議外，並決議對南斯拉夫游擊隊予以軍械與給養上之支援，俾能牽制德國。其次又決議設法使土耳其參加盟軍方面之作戰。惟其後土耳其始終未放棄其中立立場。

關於戰後世界和平之保障，三國同意使所有大小國家共同參加一項國際組織。對伊朗方面，三國又發表特別聲明，允許繼續給予該國以經濟援助，因其受戰爭影響甚大。尤其對伊朗所給予盟國運往蘇俄各項補給之貢獻，表示莫大謝意。而最後則更由三國聲明對伊朗之獨立，主權與領土完整一致予以保證。次年盟國依德黑蘭會議所決定之軍事計劃卒達解放西歐國家之目的，其歷史意義之重大，蓋可想見。（鄧公玄）

參考文獻：

The American People's Encyclopedia. Vol. 18.

德意志學派（國際私法）

是國際私法的學派之一。德意志學者在十六世紀，就已經繼承法則區別說。迨至十七世紀，即盛行荷蘭學派的學說，而採法則三分說，即分法規爲人法、物法、及混合法三種。迨至十九世紀，學者輩出，如伊西霍（Eichhorn）、薛福納（Schaeffner）、華西特（Waechter）、薩維尼（Savigny）、巴爾（Bar）、紫特爾曼（Zitelmann）諸氏，都是當時的著名學者。一八三○年伊西霍即提倡既得權說，認爲內國有時適用外國法的理由，在於謀求國際貿易的發達，藉以保護當事人的既得權利。在當時德國學者中，對國際私法有新穎而特殊貢獻者，首推歷史法學派領袖的薩維尼。薩氏是國際私法的革新家，著有「現代羅馬法系統論」一書，其第八卷係研究法律場所的效力，並倡法律關係本座（Seat）說。薩氏認爲：一切法律關係各有一定的本座，而其本座則因法律關係的性質而有不同，所以國際私法對於種種法律關係，即以其本座地的法律爲應適用的法律。例如身分繼承的本座在其住所，所以應該適用住所地法；物的本座在其所在地，所以應該適用所在地法；契約的本座在其履行地，所以應該適用履行法。但是薩氏對上述的本座說，卻主張兩種例外的情形，如有下列例外情形之一者，即使依本座說應適用外國法，仍不適用外國法：㈠違反內國強行性質的法律：因爲基於政治上經濟上或道德上的理由，屬於強行性的法律，應該絕對適用內國法，如禁止重婚的法律，就是屬於這種強制法，如果外國法有違反這種強制法者，仍不適用之。㈡內國所不承認的法制：例如奴隸制度，縱使依本座說，應適用外國法，而承認奴隸制度，但內國如不承認奴隸制度時，仍不適用外國法。薩氏雖然以內外國法平等爲原則，但是兩種例外的

主張，卻為各國國際私法所採用，以限制外國法的適用。我國涉外民事法律適用法第二十五條，日本法例第三十條，德國民法施行法第三十條，則規定：外國法之適用，如違反公共秩序，或善良風俗，或立法目的時，不適用之；英美判例，則認為外國法如違反內國公安或公共政策者，不適用之，都是採用薩維尼兩種例外的主張。並且薩氏所主張的內外國法平等原則，及法律關係本座說，曾風行歐洲大陸，為各國學者所崇奉，可見薩氏在國際私法上的偉大貢獻。

巴爾是承繼薩維尼的學說，而能補其不足者。巴氏雖然推重「法律關係本座說」，但較薩氏富於自然法的思想。所以巴氏主張就「法律關係」所由構成的要件，觀察事物的自然性質，以定適用何種法律。也就是說，以「法律關係」所由構成的種種要件，如當事人的國籍、住所、居所、物的所在地、法律行為地、及法庭地等為基礎，依「事物的自然性質」，以定內外國法的適用。例如、身分能力應依當事人的本國法，巴氏係研究事物的自然性質，以為與當事人所屬的本國的法律，最有密切關係，且最易遵守，所以主張適用當事人的本國法。巴氏的主張，與薩氏以身分能力的本座在住所地，而主張應適用住所地法的學說不同，所以巴氏的主張可以補薩氏學說的不足。

紫特爾曼是十九世紀末葉德國學者，紫氏也是承繼薩維尼的思想，而倡導新說。紫氏的特殊見解在於主張建立「超國家的國際私法」，以便藉若干統一的原則，補救現行各國「國內國際私法」的不足。紫氏以為國際私法就是研究某一「法律關係」應該適用何國法律的問題，也就是當事人一方對他方有無可以主張的「權利」問題。因此，就以「權利」為對象，研究其性質，以定其適用的法律。所以依紫氏的主張，國際私法就是規定當事人的權利的法則。但權利之中，有受屬人主權保護者，有受屬地主權保護者：(1)凡受屬人主權保護的權利，依屬人法，即依本國法。如身分、能力、親屬等問題是。(2)受屬地主權保護的權利依屬地法，即依所在地法。如動產、不動產等物權是。由此可見紫氏是從國際私法中研究國際私法的基本原理，依據國際私法上「限定國權」的原則，以促成國際私法的進步，而為研究國際私法闢一嶄新的途徑，這是紫氏對國際私法的貢獻。不過，國際法上雖然承認國家主權含有屬人主權與屬地主權兩面，但是至今尚無明確決定兩者界限的原則，所以有的學者認為，紫氏依據這種理論所主張的國際私法原則，難儘合理，而加以非議者。（參閱「英美學派」、「義法學派」各條）。（洪力生）

調查（Investigation；Inquiry）

調查、係指兩個國家因事實問題發生歧見時，為了確定事實的客觀眞相，以便爭端的和平解決，而可以組織國際調查委員會，實行調查。不過國際調查委員會的調查報告，只限於事實的陳述，不作任何建議或裁決，所以並不拘束爭端當事國的自由行動，同時涉及國家重大利益或國家名譽的爭端，亦不適用調查制度（此乃一九〇七年海牙和平解決國際爭端公約的規定）。

調查之成為國際爭端和平解決方法之一，乃始於一八九九年第一次海牙和會，由俄國提議者。而此一制度首次應用於赫爾漁民案（The Dogger Bank Case; or The Hull Case ）；即一九〇四年日俄戰爭時，俄波羅的海艦隊，取道北海駛赴遠東，十月二十一日遇英國漁船隊，誤認為日本艦隊加以砲擊，結果英漁船一艘沉沒，數艘受損害，二人死亡，三人受傷。英政府要求俄國道歉，並懲罰開砲的負責者。但為俄國所拒絕，英國輿論譁然，有主張對俄宣戰者，法國因此出面調停，主張調查開砲前後事實眞相，為英、俄雙方所接受。於是由英、俄、美、法、奧五國海軍軍官各一人組成國際調查委員會，於一九〇五年二月提出報告，雙方和解；英國放棄道歉要求，俄國賠償六萬五千鎊。

調查制度在兩次世界大戰期間屢次為國聯所利用，此後聯合國亦常運用此一制度，逐漸使調查制度演變成為：提出具體解決爭端方案，從事實地調查的一個單獨解決國際爭端的和平方法與整個國際安全體系的重要一環。（李鍾桂）

參考文獻：

Charles Rousseau, Droit International Public Approfondi, Dalloz, 1961, P.269-270.

調停（Mediation）

調停是為了防止戰爭於未形，或為結束已發生的戰爭，由第三國自動的，或由爭端當事國之一請求第三國出面，促成爭端當事國接觸，而舉行談判者。

調停的第三國，有時包括兩國以上者，其目的在引導爭端當事國間談判的進行，此外，調停國在調停時，可以提出一些建議，作為談判的依據，以促使談判的成功。

根據一九〇七年海牙和平解決國際爭端公約的規定：爭端當事國不得視第

三國的調停，是一種不友好的行爲；調停不具有拘束爭端當事國的力量，一旦爭端當事國拒絕接受調停時，調停工作即告停止；調停僅具勸告性質，沒有中止，延緩或阻碍動員或其他備戰措施的效力。在同一公約中尙有所謂特種調停（Special Mediation）的規定；即兩爭端當事國可各委托第三國，由該兩個第三國直接談判，以促成爭端的和平解決。但此種委托以三十日爲限。

調停制度晚近有二種趨勢：

㈠調停制度有時用於結束內戰：如一九三六年西班牙內戰，英、法兩國曾提議調停而未果。

㈡調停有時不由第三國，而由個人擔任：如一九三六年泛美條約規定調停由個人擔任之。

總之，調停亦係和平解決國際爭端方法之一。（李鍾桂）

參考文獻：

Charles Rousseau, Droit International Public Approfondi, Dalloz, 1961, P.266-267.

調解（Conciliation）

調解係指爭端當事國將爭端提交一國際委員會，由該委員會調查事實，查明眞相，並提出含有解決辦法的報告書者。不過調解的報告書並不具有仲裁或司法解決的拘束力。

調解制度成立於一九一九年，此後卽有迅速的發展，而被認爲是解決政治爭端最適宜的方法，此制度的運用，完全根據條約，成立一個常設調解委員會，通常由三至五位委員組成。而其職權在作事實的調查，並提出含有解決辦法的報告書。至於調解委員會的程序則與調查委員會的程序相同。討論不公開，報告書以多數表決通過而不必發表。雖然調解的報告書對爭端當事國不發生拘束力，但是調解往往被規定爲仲裁或司法解決的初步。例如：一九二四年意大利瑞士條約規定，兩締約國間的一切爭端，必須經過調解的程序。此外國聯盟約第十一條與第十五條，聯合國憲章第六章都明文規定採取「調解」作爲和平解決國際爭端的有效方法之一。

雖然自從第一次世界大戰結束之後，各國間締結了許多調解條約，成立了無數常設調解委員會，但是國際爭端提付委員會調解的實例不多，主要是因爲國聯與聯合國的存在，以及仲裁與司法解決的普遍化，使調解漸失其重要性。（李鍾桂）

潔手原則（Clean Hands Principle）

被害人在請求其本國政府作外交保護時，其本身必須未曾違法，此一原則稱爲潔手原則。

被害人在下列各情況下，不得請求外交保護：

㈠被害人本身違犯當地國法規，例如參加革命或叛亂運動。

㈡被害人本身違犯國際法規則，例如作奴隸買賣或侵害他國中立。

㈢被害人隱蔽其外國人身份，作不實的損害報告，或申請外交保護過遲，例如多數學者主張在被害十年或二十年之後，再提出的賠償要求不予受理。（參閱 Charles Rousseau: Droit International Public, Paris, 1953, P.367-368.）

潔手原則係平衡法中的原則之一，卽謂請求平衡法救濟者，必須潔手(He who comes into equity, must do so with clean hands）（參見，高柳賢三、末延三次編著：Anglo-American Law Dictionary, 1961, P.-78.）（李鍾桂）

潛水艇（Submarines）

卽潛入水中從事作戰活動的艦艇；是一種主要屬於攻擊性的新式武器，由德國於第一次世界大戰期間開始廣泛使用，對凡被發現在英法海峽、地中海、北海、或大西洋東部等「戰區」之商船——包括交戰國及中立國的——一律擊沉。

由於潛艇之構造與性能特殊，無法遵照國際法規則在公海上對商船行使臨檢、拿捕、和救助商船遇難人員，因此許多國家在首次大戰期間卽主張潛艇的攻擊對象應限於軍艦。戰後、英、美更在一九一九年華盛頓會議中提議廢棄此一武器；但未獲其他國家同意(G. von Glahn, Law Among Nations, London, 1965, P.608）。

一九二二年二月，五個主要海軍國家乃再度召開華盛頓海軍會議，簽訂了歷史上第一件關於潛艇戰爭的條約、規定：

㈠潛水艇發現商船時不得立卽予以擊沉；如環境確有特殊必要，亦須先將船上水手及乘客等置於安全處所；

(二)潛水艇須與軍艦遵守相同規則；

(三)締約國任何人倘有違反該約情事，則不論其是否依政府或上級命令而為，均以違反戰爭法及海盜行為論處；幷得由發現其犯罪之國之民事或軍事法庭予以審判。

惟後因該約未獲批准生效，美、英、法、意、日等國一九三〇年四月廿二日之「倫敦海軍條約」第二十二條重申上述第一、二項規則，及强調商船除拒絕停駛或積極反抗臨檢與搜索者外，潛水艇不得予以破壞或擊沉。在此約於一九三六年底效期屆滿以前，各締約國為使第二十二條成為永久規則及擴大其適用範圍，復於同年十一月六日簽訂「倫敦議定書」（The London Protocal），聽任他國加入。英、法、蘇、保加尼亞、羅馬尼亞、南斯拉夫、土耳其、希臘、埃及等國即在它們的「里昂協定」(The Nyon Arrangement, Sept. 14, 1937）中確認該議定書之內容為「明示的國際法規則」。

至第二次世界大戰爆發時止，加入倫敦議書的國家已有德、蘇等四十八國；它們一致認為潛水艇擊毀商船及不顧船上人員安全等之手段，乃是海盜行為，嚴加譴責（G. von Glahn, P. 609），但在大戰期間，德國却恢復其潛艇政策；英、美等國也在太平洋對日本商船採取類似措施。

一九四七年紐倫堡國際軍事法庭審判德國海軍總司令Doenitz時，認為該國在海上劃定戰區及任意擊沉該區域內之中立船舶，違反了上述倫敦議定書；因此裁定他觸犯戰罪（Glahn, P.610）。（俞寬賜）

慕尼黑事件（Munich Incident）

慕尼黑（Munich）係德國城市之名，依照德文讀音為München，故亦有譯為明興者。慕尼黑之所以著名于世界，實因一九三八年九月二十九日至三十日，在此舉行之一次國際會議而來。當時納粹德國在希特勒（Hitler）獨裁領導下，要求捷克斯拉夫割讓蘇台德區，各國為息事寧人計，乃在慕尼黑召開會議，由德國希特勒，英國首相張伯倫（Chamberlain），意大利獨裁者莫索里尼（Mussolini），法國總理達拉第（Daladier）出席。由英國首相張伯倫提議接受希特勒之蠻橫要求，同意由德國立刻佔領此一軍事要區。由於英、法畏懼戰爭，蓄意犧牲弱小國家之領土，不惜向侵略勢力低頭之故，遂益增長柏林羅馬軸心國家之兇焰。因此希特勒與莫索里尼皆得寸進尺，張牙舞爪，卒致成第二次世界大戰爆發之導火綫，使整個世界皆遭受空前之損失。而追源禍始，則實因慕尼黑會議對侵略者之綏靖姑息而來，而慕尼黑與姑息主義（Appeace-ment）一詞遂為同義字矣。（鄧公玄）

參考文獻：

S. N. Dhar: International Relations and World Politics since 1919, pp. 271-280

履行地法
(Lex Loci Solutionis: The Law of the Place where Performance or Paymento of a Contract by its Terms to be Performed)

就是指契約或債的履行地的法律。法律行為發生債的法律關係，其成立要件及效力，應該適用我國涉外民事法律適用法第六條的規定，以資解決。可是近代國際交通發達，交通工具的速度很快，當事人的法律行為，有時是兼跨數國的地域，始行完畢，有時當事人的行為是發生在不屬於任何國家的地域，是則應適用何國的法律為其行為地法？就發生問題，該條第三項特規定：「前項行為地，如兼跨二國以上或不屬於任何國家時，依履行地法。」以濟其窮。該項就是規定，以適用債或契約的履行地法，為債或契約的成立要件及效力的補充準據法。（洪力生）

綠色革命（Green Revolution）

一九七〇年諾貝爾和平獎金之受獎人為倡導綠色革命的農學博士包勞格Dr. Norman E. Borlaug氏。包勞格博士為美愛荷華州人。自一九四四年起在墨西哥西北部之雅規谷 Yaqui Valley 一片沙旱熱的平原試驗小麥及玉米的增產工作。經過二十幾年之研究，在該地所產之小麥由每公畝十五布雪 Bushels 的產量增加到每公畝六十Bushels約等於原產量的四倍。其主要成功處在於小麥與燕麥接種，並利用適當的灌溉及化學肥料。現在此種麥種已推廣到美、亞、非三洲，包括巴西、智利、墨西哥、印度、巴基斯坦及中東、北非等地區。其他如美國西南部各州，瓜地馬拉、哥倫比亞、厄瓜多爾、肯亞、衣索比亞、羅馬西亞、土耳其、阿富汗、伊朗、伊拉克、突尼西亞、阿爾及利亞，摩洛哥，甚至阿根廷等國均在採用此新麥種。此項綠色革命對於解決世界人口爆炸問題，有很大幫助。聯合國農糧組織亦參加贊助。綠色革命遂被認為對於世界和平最有貢獻之運動。

一九七二年包勞格又增加了玉米之蛋白成份，此項運動，仍在繼續發展中。（張彝鼎）

參考資料 Dialogue, Vol. 5, 1972, NO. 1.

蓮花號案（Lotus Case）

一九二六年八月二日午夜，法國船蓮花號與土耳其船波茲庫特(Boz Kourt)號在公海上相碰撞。波茲庫特號沈沒。土耳其人共死亡八名。但蓮花號仍舊依照其預定的航程，於八月三日駛入土耳其的君士坦丁堡（Constantinople）。該地的檢察官將碰撞時在蓮花號上值班的航員法國人德蒙（Demons）與波茲庫特號的船長哈山貝（Hassan Bey）扣留，送交刑事法院審判，而該刑事法院審判結果，於九月十五日判處兩人徒刑與罰鍰。

法國政府認為土耳其政府對於法國船員德蒙在公海上的行為沒有管轄權。故應釋放德蒙，至少應移送法國法院審判。經商議結果，兩國於十月十二日同意將此項爭端提交常設國際法院審判。常設國際法院根據公海上船舶，人員及貨物的管轄權，是由旗幟國行使；沒有一國可在公海上對外國船舶加以管轄；同時國際法對公海上的撞船事件亦無明白的規定，而視各國海洋法規以作決定。所以一九二七年九月七日，該法院判決，認為土耳其政府處罰法國船員德蒙以八日的監禁與二十二土鎊的罰鍰的行為，並不與任何國際法的規則相衝突。（李鍾桂）

參考文獻：

P. C. I. J. Publications (1927) Ser. A. No. 10; M. O. Hudson, World Court Reports, Vol. II, P.23

締約的談判（Negotiation）

談判係指締約的雙方或多方表示一致意思，在彼此之間成立一項特定關係的程序，而經由締約主體的互相諒解，讓步與自由同意而獲致協議者。

十八世紀中葉以前，條約多數由國家元首直接從事談判，至十九世紀亦不乏其例。但現今條約很少由國家元首親自擔任談判。凡雙邊條約的談判，通常由一國外交部長與他國常駐該國的外交代表或特派代表在首都舉行，或雙方派遣代表在第三國舉行。而多邊條約的談判，通常採用國際會議的方式，即視會議的目的與召集國的邀請與意向而決定國際會議的組織，經召集國或國際組織與被邀請國磋商決定會議時間、地點後，各參加國代表即於指定時地聚集。代表們首先互相校閱全權證書，或組織一委員會，專司審查全權證書的職責。至於會議主席，往往由地主國的外交部長或首席代表擔任。國際會議通常將討論事項先交給幾個委員會審查，研究並提出報告，經全體一致或多數表決贊同後，起草可經過參加各國同意各點的總議定書，再由各國代表加以簽署，會議即告結束。（參閱雷崧生著，國際法原理上冊，第三〇三－三〇四頁）

從事締約的外交代表，在談判時必須能自由表示其同意，行動不受任何外力干涉，無受騙或錯誤的情形發生，同時條約內容必須合法與可能，才能生效。（李鍾桂）

賠款（War Indemnity）

即戰敗國依和約規定對於戰勝國在同次戰爭中所耗之戰費及所忍受之損失而提供的金錢賠償。和約規定賠款之意旨，或者為了懲罰戰敗國，或者因戰勝國欲以勒索致富，或者二者兼而有之；當然也可能僅在補償戰勝國之戰費而已。

賠款之範圍與數額以往任由戰勝國決定，並無標準可循；以致要索甚鉅。一八七一年德國在法蘭克福和約（Peace Treaty at Frankfort）中強迫法國負擔五十億法郎，即其一例。十九世紀末及二十世紀以來，學者們頗主張此種賠款應以該戰爭之實際費用為限，并考慮戰敗國之經濟能力。在實例上，一九〇五年的日俄和約甚至沒有要求蘇俄賠款。一九一九年對德和約第三部分雖然苛刻規定德意志應負責因它及其盟邦發動侵略而使「諸同盟與協約國」政府及人民在第一次世界大戰中所忍受的一切損失（第二三一條）；并設立「賠償委員會」（Repatriation Commission），負責決定賠款額達一三二億金馬克。但後來經過一九二四年八月十六日倫敦協定，一九三〇年一月廿日海牙協定，及一九三二年七月七日洛桑（Lausanne）協定而減至三億。

第二次世界大戰後的新趨勢是：戰勝國之賠償請求普遍趨於緩和，有的甚至僅以恢復其在戰時被非法刼走的各種財產為主，也有完全放棄賠償請求者。例如一九四七年對義和約中，諸盟國（除蘇聯外）之賠償請求僅限於變賣在它們境內的義大利財產而已（第七十四條）；而義大利則同意歸還其自任一聯合國領土搬走之財產（第七十五條）。就奧地利而言，一九四九年六月的盟國外長會議還議定不向奧國索取賠款——但同意㈠南斯拉夫有權沒收在其境內的奧國財產，及蘇聯得於六年內自奧國索取一億五千萬美元賠款。一九五一年九月八日舊金山對日和約，雖在原則上認爲日本應付賠款，但除列舉日本某些財產、權利，與利益得由戰勝國沒收、變賣、或支配外，戰勝國以其無賠償能力而放棄一切關於戰費或損失的賠償要求（第十四條）。一九五二年四月廿八日中日和約中，中國更完全放棄了此種請求。（俞寬賜）

暴動者（叛亂者）（**Insurgent**）

「暴動者」或「叛亂者」（Insurgent）這名詞，依Florence Elliott & Michael Summerskill合編的「政治字典」（A Dictionary of Politics）之解釋，它與「土匪」、「忠臣」、「黨同伐異者」、「反抗者」、「革命者」和「恐怖份子」等名詞屬於同一範疇，不過它與那些名詞有差別的，就是它本身沒有可讚美或可譴責的含義。概括地說，凡使用暴力去破壞既定秩序的人，都是暴動者或叛亂者。

這個名詞既無善惡分明的意義，那麼，判斷個別或集體暴動者或叛亂者是善是惡，就須先認清其所要破壞的既定秩序是多數人民擁護的，抑是反對的。如果是受擁護的，則暴動叛亂者就是以人民爲敵；反之，則他的或他們的行動就是表達人民的意圖。（陳紹賢）

徵發（**Requisition and Contribution**）

徵發者，即戰時佔領當局爲軍事上之需要而强迫佔領區人民供給實物、住所、勞役、或現金等的行爲；此種國際慣例係隨「以戰養戰」之原則演生而成。

自有戰爭以來，便有所謂「以戰養戰」（War must support war）之原則，其意卽每一交戰國得以可能的手段，將戰爭延續之負擔轉嫁給敵國，在中世紀以前，交戰國常依此項原則而將其所能得到之敵國公有和私有動產與不動產一概沒收。但到十七世紀末葉以後，由於事實經驗證明這樣對待佔領區人民之結果，反使佔領軍無法取得充分的給養，交戰國遂漸漸改以徵發代替沒收。到了十九世紀，佔領軍司令於徵發之時，常發給收據或以現金補償，期以防止濫徵、重徵，或使被徵發之個人得於締和後向其政府索取損害賠償。到同世紀末期，這種慣例正式形成；不過在徵發數量方面，佔領軍司令可以任意決定，毫無限制；當地人民之負擔能力如何，亦非其所問。

一八九九年海牙陸戰法規雖承認「以戰養戰」的原則，但認爲「養戰者」應爲敵國而非敵國人民；因此，非有軍事上之必需者，不得向佔領區人民從事徵發；徵發時必須償付現金；無法發給現金時亦應發給收據（Lauterpacht's Oppenheim, Vol. II, pp. 408-9）。

徵發之方式有二：一是佔領當局直接向佔領區人民爲之；二是由佔領當局令飭佔領區地方政府舉辦。（參閱「現款徵發」、「實物徵發」、「勞役徵發」、「住所徵發」諸條）。（俞寬賜）

戰犯（**War Criminals**）

凡觸犯戰罪之人，即稱戰犯（戰罪之意義與種類見「戰罪」一詞）。國際法承認交戰國一方有權將違反戰爭法規的他方人員作爲戰犯處罰，旨在使雙方遵循一定的規律，以緩和戰爭的殘酷程度。不過依傳統習慣而言，戰犯的審判常在戰時爲之，即當戰爭尚在進行期間，交戰國捕獲對方戰罪行爲人時，得予審判和處罰；戰爭一旦結束，即不再追究這種戰罪行爲，期以重建和平關係。至今這種習慣已有重大改變：其中包括㈠戰罪名目增加，㈡負戰罪責任的主體，由直接行爲人擴大到計劃、指導其行爲者，甚至國家元首；㈢戰後審判，及㈣戰犯由戰勝國指名，着令戰犯之本國政府交出人犯幷提供犯罪事實資料。此等新趨勢始自第一次世界大戰以後。玆說明其演進情形：

一九一九年一月廿五日「預備和會」（Preliminary Peace Conference）創設「十五人委員會」，負責就德國及其盟邦違反國際法的事實進行調查。該委員會在其報告中，明白認爲這些國家的高級官員，甚至包括國家元首，均不能逃避責任，幷建議設立「國際法庭」（International High Tribunai），適用廣泛的國際法原則，對他們加以審判。結果經多數國家之決議及凡爾賽和約第二二七條之規定，設立五人法庭，以「嚴重違反國際道德與條約神聖」(Supreme offense against international morality and the sanctity of treaties)之罪名，審判前德意志皇帝。條文中雖未用「戰犯」一詞，但實際係以其為一戰犯而追訴之。惟由於德皇戰後已在荷蘭獲得庇護，而荷蘭政府拒絕引渡給「同盟及協約國」（The Allied and Associated Powers），致該條文歸於失敗。

凡爾賽和約第二二八條還規定：戰後德國新政府承認「同盟及協約國」有權將被控違反戰爭法者提交軍事法庭審判；如經判定有罪，應依法處罰；而此種犯人須由同盟國指名，由德國政府負責交出，以便審理。第二二九條簡單規定審判程序。第二三〇條規定由德國提供有關犯罪及其責任之全部文件及情報。

同盟及協約國遂依此而提出一份八九六人的戰犯名單，但由於德國堅決反對交出這些犯人，同盟國乃依雙方妥協之結果，於一九二〇年五月七日，向德國政府另提一份四十五人的名單，交由「萊比錫德國最高法院」（German Supreme Court at Leipzig）於一九二一年五月廿三日開始審判；惟同盟國如對該法院之判決不滿意時，仍保留再審權。結果僅十二人實際接受審判，其中僅六人被判有罪，其徒刑自六年至四年不等。名叫鮑里特（Lt. Boldt）的潛艇指揮官被判刑四年後，竟越獄脫逃；同盟國并未追究，亦未繼續推動審判工作。對土耳其戰犯之審判，原亦規定於一九二〇年八月十日的和約中，後來同盟國却在一九二四年七月廿四日宣佈予以赦免。

第二次世界大戰期間，由於軸心國家過份違反戰爭法，各受害國紛紛表明要在戰後澈底懲罰戰犯：其中包括羅斯福與邱吉爾於一九四一年十月廿五日就軸心國殘害人質而發表之聲明，及歐洲六國在倫敦的流亡政府於一九四二年一月十三日集會通過之有關戰後懲罰戰犯的決議（中國與蘇聯曾有觀察員列席此項會議）等，羅斯福於同年（一九四二）十月七日警告戰犯將在他們犯罪地國國內法院受審判；邱吉爾亦於同日在英下議院宣佈組織「聯合國調查戰罪委員會」（A U.N. Commission for the investigation of war crimes），并警告一旦休戰時，被指名的戰犯即須被交出；他們如果逃到任何中立國，亦將要求它們予以引渡。法國臨時政府一九四四年七月十五日更警告德國，不得對法國國民從事最後的殺害；一九四五年七月廿六日才公佈的美、英、蘇波茨坦宣言（Declaration of Patsdam），亦鄭重宣布將嚴懲一切戰犯，包括虐待戰俘之人在內。

戰爭結束後，美、英、法、蘇即於一九四五年八月八日，在倫敦簽訂「歐洲軸心國家主要戰犯追訴及懲罰協定」（Agreement for the Prosecution and Punishment of the Major War Criminals of the European Axis），規定設立「紐倫堡軍事法庭」（International Military Tribunal, Nuremberg），由各締約國任命法官及助理法官各一人組成，隨後又有十九國加入此一協定。

該法庭於一九四五年十一月廿日開始審理，至翌年（一九四六）十月一日宣判。依該法庭規約第六條之規定，屬於該法庭管轄範圍并由戰犯個人負責之戰罪行為極為廣泛，除傳統的戰罪——包括對被佔領區平民之殺害、虐待、放逐、服勞役，對戰俘或海上人員實行殺害或虐待，殺害人質、掠奪公私財產、肆意摧毀城鎮或鄉村、及其他非軍事所必需之蹂躪行為等之外，還新創「破壞和平罪」及「違反人道罪」（均見各該名詞之解釋）。行為人雖以國家機關資格或奉上級命令而觸犯此等戰罪，亦不得豁免其刑責。

同樣，「遠東國際軍事法庭」（International Military Tribunal for the Far East）規約亦規定同樣戰罪，以審判日本戰犯；該法庭由中華民國等對日作戰諸國的法官十一人組成，經盟軍太平洋最高統帥美籍麥克阿瑟將軍（General Douglas MacArthur）宣告成立後，即於一九四六年六月四日開始審判，至一九四八年十一月四日宣判。

此等審判曾招致許多批評，其中值得說明者有四：第一，戰後同盟國簽訂協定而規定新的戰罪，據而審判和處罰戰前或戰爭期間所作之行為，有背「罪刑法定主義」。蓋因罪刑法定主義認為行為之處罰，應以行為時有法律明文規定者為限；任何刑法不得溯追既往。不過在同盟國看來，為了使人類在第二次世界大戰期間所受之慘痛犧牲不致白費，使戰後新秩序得以重建，及使未來任何新的殘忍侵略者有所警惕，必須懲罰這些戰犯，而不能拘泥於罪刑法定主義；而且大戰以前的廢戰公約及許多戰爭法規，實際已含有禁止侵略戰爭及維護人道之旨意，只是對破壞和平或違反人道的戰犯，應如何予以處罰，尚無具體規定而已。因此同盟國於戰後審判此等戰犯，不能視為毫無法律根據。

第二、各國際軍事法庭之組成份子無中立國法官，以致有人批評戰勝國之所謂正義，僅係一種復仇的方式而已。不過支持此等軍事法庭的人認為：以被控諸戰犯惡行之可怖及其慘無人道之殘忍作風，即令有中立國法官，他們亦必同意重懲德、日等國戰犯，以警傚尤而免他們的國家將來遭受同樣的危害。

第三、還有人認爲此等法庭應包括德、日等戰犯本國之法官。其實第一次世界大戰後「同盟與協約國」將戰犯交由萊比錫德意志最高法院審判之先例，使同盟國不敢再作類似嘗試。

第四、由於諸軍事法庭僅審判戰敗國之戰犯，而不追究同盟國戰鬥人員在同一戰爭中所作之戰罪行爲；在審判期間雖曾有人一再向法庭指控此等行爲，法庭亦悍然拒絕調查，以致被批評爲一面倒的審判。不過依照各該法庭之規約，它們的管轄權幷不包括調查和處罰同盟國戰犯；而同盟國成立此等軍事法庭及有效審判和處罰戰犯之目的，又屬在創立司法先例，作爲未來戰爭的警惕（G. von Glahn, Law Among Nations, London, 1965, PP. 702-9）。

實際上，這些國際軍事法庭所審判者僅爲德、日等國之重要戰犯。其他大多數戰犯都依莫斯科協定而分別由各佔領國的軍事法庭或被轉交犯罪地國，由當地法院依法院所在地國之法律加以審判和處罰；所有被判刑者均無上訴權。例如日籍戰犯Yamasnita將軍被麥克阿瑟所任命的美國軍事委員會判處死刑後，曾向美國最高法院上訴，但被駁回。

至一九四八年十一月底止，被捕受審戰犯共七、一〇九人（各國及紐倫堡與東京等法庭）；其中三、六八六人被判刑，九二四人宣告無罪。被判刑者有一、〇一九人爲死刑，三三人自殺，二、六六七人爲徒刑。另有二、四九九人未結案，其後各國續有發現戰犯而分別加以審理者；至一九六四年止，在西德一國即有五、五〇〇人接受審判，一千案尚待處理（Glahn, P. 709-710）。（俞寬賜）

戰爭（War）

傳統意義的戰爭，係指二以上國家互相爲了擊敗對方以實現自己的國策而依國際法規則進行之武力鬥爭。分析言之，其性質有四：

㈠這種鬥爭發生在主權國家之間（包括宗主國與其屬國之間），因此它與個人私鬥及一國之內戰均不相同，惟內戰之叛軍如果被合法政府或外國承認爲交戰團體時，亦可被視爲戰爭。

㈡這種鬥爭係由交戰國以海、陸、空軍的武裝力量進行，而其打擊之對象亦以對方之武裝部隊及其設施爲主；平民之生命、財產、和自由，原則上應獲尊重。惟由於現代立體戰，總體戰，和經濟戰的發展，武裝部隊與平民及軍用與民用設施之區別已經很難。

㈢這種鬥爭之目的，在於擊敗對方，以求實現本國之政策。爲了達成此種目的，乃須運用各種打擊敵人的手段和方法。

㈣這種鬥爭須依國際法規則進行。不但交戰雙方爲打擊敵人而採取之海、陸、空軍措施必須符合國際法，而且交戰國彼此間及它們與中立國間的權利義務關係，均須受國際法之支配。

聯合國等國際組織爲制裁侵略而採取之集體安全行動，雖亦可使用海、陸、空軍武力，但其宗旨在恢復及維持和平，而非爲實現某特定國家之政策。故不得被視爲傳統意義之戰爭。

在十九世紀及其以前數百年間，「從事戰爭」被視爲主權國家之合法權利，是國家用以保障自己權益及改革法律秩序的合法手段；因此，國際法幷不禁止戰爭。

迨至十九世紀末葉，由於軍隊規模日大，武器之殺傷效能不斷增强，國際間才開始設法限制戰爭，諸如一八九九及一九〇七年海牙和平會議簽訂之各種公約及美國與其他國家締結的許多「白里安條約」（Bryan Treaties）等，都是同一目的。國聯盟約進一步規定其會員國在某些情形下不得從事戰爭（見其序言），凡違背盟約義務而從事戰爭之會員國即應受國際聯盟制裁（第十六條）；後來蘇聯進攻芬蘭（一九三九年）及義大利侵略衣索比亞（Ethiopia）（一九三五年），均使此種規定獲得適用。他如一九二五年的「羅迦諾互相保障條約」（Treaty of Mutual Guarantee, Locarno），一九二七年國聯大會及翌年第六屆泛美大會的決議等，亦明白禁止侵略戰爭。一九二八年「廢戰公約」（General Treaty for the Renunciation of War）各締約國更「以它們各自人民之名義，鄭重宣佈譴責以戰爭解決國際爭端，及放棄以戰爭爲實現國家政策之工具」（第一條）。

然而由於國際間缺乏適切的方法和機構對被禁止之戰爭加以澈底防止和制裁，以致上述諸條約之效力不免大受影響。今之聯合國憲章遂針對此種缺點，除規定各會員國必須以和平方法解決國際爭端，俾免危及國際和平、安全、及正義外，更明文禁止它們在其國際關係上使用武力或以武力威脅，或以與聯合國宗旨不符之任何其他方法，侵害任何國家之領土完整或政治獨立（第二條第三、四款）；同時幷要求未加入聯合國之國家也遵守這些義務（第二條第七款）

。遇有使用武力威脅或破壞和平，或侵略行為發生時，安全理事會即可採取集體安全行動加以制裁（憲章第七章）。因此，有些樂觀的學者相信聯合國必能防止戰爭，從而在他們的國際法教本中刪除戰爭法與中立法部門。

其實，在聯合國憲章之下，戰爭爆發的可能性仍舊很大。因為第一、它明白承認各會員國享有從事個別或集體自衛戰爭之「天賦權利」（Inherent right）（第五十一條）。雖然在理論上，安理會得於此時負起制裁侵略及防衛被攻擊國家之責任，以恢復及維持和平，但那必需全體常任理事國之一致同意始能採取行動；否則，戰爭必然繼續進行。第二、和平是否受到威脅或已被破壞，侵略行為是否存在，及應否採取恢復和平的行動，亦皆需該理事會全體常任理事國之一致同意。然而在思想分裂和利益矛盾的世界現勢中，這種同意顯然不易達成。第三、即令在此等情形下全體常任理事國能獲致協調，其決議之執行尚須各會員國自願提供適當的軍事力量。在這種武力交給安全理事會使用之前，戰爭仍無法遏止。

戰爭既不能澈底被消除，那麼戰時國際法當然仍為研習的主題。（俞寬賜）

參考文獻：

G. von Glahn, Law Among Nations, London, 1965, Chapter 27;

R. W. Tucker, "The Interpretation of War under Present International Law," 4 International Law Quarterly (1951), PP. 11-38;

H. Lauterpacht, "Resort to War and the Interpretation of the Covenant During the Machurian Dispute," 28 A. J. I. L. (1934), PP. 43-60

戰爭是國際社會久已存在之現象之一，同時也是各國用以保障自己發展自己的一種手段，雖然現行之國際法則及國際組織都在努力阻止戰爭之發生，但是戰爭仍然是國際社會中存在之現象，難以根除。自古以來，絕大多數之文明人都譴責戰爭，認為戰爭不人道，不合理，不道德。但也有少數人士認為戰爭不僅可拯救人性之墮落，且可促進文明之發展。其中最嚴重的要算宋巴特（Sombart）氏有關戰爭的建設性學說，他認為歷史中充滿了戰爭的記錄，同時歷史中亦表現了人類文化的繼續進步，由是武斷的加上因果關係，認為需要乃成功之母，所以認為戰爭是促進新奇創造的主因。墨索里尼在義大利百科全書（Enciclopedio Italiana）中也曾說過：「祇有戰爭提高了人的能力至最高度，凡有德性敢面對戰爭的民族才是高貴的民族」。

戰爭既為人類久已存在之現象，因此研究戰爭之論著亦史不絕書，在中國春秋戰國時代孫武子所著之兵法，迄今還是有關戰爭之名著，在西方馬奇維里所著之「戰爭的藝術」（Art of War）歐洲人亦仍奉為經典，晚近軍事思想家克勞賽維茲曾說：

「戰爭不祇是一個政治行為，也是一個政治工具，戰爭是政治關係之延續，而以其他方式進行」。

二十世紀戰爭的主要特點是它的範圍，影響及效果，較以往的戰爭尤為廣泛及深遠，「總體戰」已是一般人熟悉的名詞，最足以說明當前戰爭之特色。雖然大多數人譴責戰爭，但是戰爭仍時常發生，海爾（Norman Hill）教授在「現代世界政治」中，指出下列事實，顯示歷史上戰爭的頻繁。

時期（年）	戰爭次數
一四八〇—一五五〇	三十二
一五五〇—一六〇〇	三十一
一六〇〇—一六五〇	三十四
一六五〇—一七〇〇	三十
一七〇〇—一七五〇	十八
一七五〇—一八〇〇	二十
一八〇〇—一八二五	十八
一八二五—一八五〇	二十三
一八五〇—一八七五	二十七
一八七五—一九〇〇	二十
一九〇〇—一九四一	二十四

第二次世界大戰之後，人類怵於戰爭之可怖，建立了維持國際和平與安全之聯合國，但是基本上國際社會仍然建立在國家主權平等之原則之上，因此乃不能根除戰爭之現象，雖然沒有爆發全面核熱大戰，但是地域性之有限戰爭仍時有所聞。以下分段述之：

一、國家戰略（national strategy）

國家戰略是一國的長程計劃，透過這種計劃，一個國家應用其國力以求達到其目標，就其廣泛之意義而言，國家戰略對於和平與戰爭都同樣可以應用，國家戰略實包括幷使用着所有一切的國家權力因素：即政治的、經濟的、心理的和軍事的都在內。而且也還要利用其他的國家權力因素如地理位置和精神狀態等。雖然國家戰略可具有相當之彈性，並應能夠適應各種不同的處境，但就其本質而言，國家戰略都是相當穩定的，只要其結果足以幫助達到其最後目標，則其性質也就殊少改變。

二、有限戰爭（ limited war ）

有限戰爭這個名詞的意義極爲廣泛，通常所謂的局部性侵略（local Aggression），傳統性戰爭，（conventional war）及有限核子戰爭 limited nucleal War ）等都應該包括在內。有限戰爭的特點即爲交戰國家自願在戰爭的某一方面或多方面，保持着某種限制——例如目標、兵器、位置、參加者等等，根據所加限制程度之不同，一個有限戰爭的範圍、熱度、和長短也就可以有很大之差異，但是「有限」這個名詞却並不暗示着說一個有限戰爭是僅爲小型的戰爭。甚或僅爲不重要的戰爭，它固然可能僅爲小型兵力在相當狹小的地區中所作的武裝衝突，而且也更可能僅只是使用傳統性兵器的戰爭，但是它也可能使用極大的兵力，並且在廣大的地區中進行。甚至於還照樣可以使用核子兵器，所以究竟在甚麼條件之下，有限戰爭才會轉變成全面戰爭，是很難加以精確測定的。不過從根本上而論，在一個有限戰爭中，是不會對於所有一切可供使用的資源，都加以無限制使用的。除非有一個交戰國認爲其國家生存已經受到直接和立即的威脅，並決心放棄所有一切的限制，否則其上限（upper limit）是不會被超過的。

三、全面戰爭（general war）

全面戰爭就其現代的意義而言，又可以稱作全面核子戰爭（general nuclear war）或總體核子戰爭（total nuclear war），在這種戰爭中，雙方都將使用其所可能動用之一切工具，它的特點有二：一是一切的限制都被取消了，二、雙方都將對對方的本土作核子打擊，全面戰爭是一種特殊的鬥爭狀態，只有當國家安全受到直接和立即性的威脅，而且也更無其他的手段可以達成國家目標時，才會不得已而使用之。它可能是由有限戰爭發展而成，或者是以一種突然的核子交換打擊爲其起點。一般而論全面戰爭將要分兩個階段進行，第一個階段是全部實力之投入，第二個階段，雙方就企圖對敵人貫徹其意志，並鞏固和擴張其在第一階段中所獲得的任何利益，使戰爭依照其自己的條件結束。（張宏遠）

戰爭狀態（State of War）

意即敵對國家間之交戰關係。依傳統觀念而言，這種狀態應自宣戰或最後通牒被拒絕之時開始存在（參閱「開戰」）。惟在今日國際社會裡，各國或者由於不願昭然違背它們在聯合國憲章及其他國際條約下「不得從事戰爭」之義務，或者爲了防止第三國宣佈中立以妨碍它們的敵對行爲，或者爲了避免使武裝衝突擴大成大規模戰爭，通常都不採取宣戰或提出最後通牒之措施；甚至當它們實際從事武裝敵對行爲時，仍不承認有任何「戰爭狀態」存在，而將其行爲之性質描寫爲一種「非戰爭的敵對行爲」或「非戰爭的武裝衝突」（Non-war Hostilities or Non-war armed conflicts）。例如英、法等國一九五六年十至十一月在蘇彝士運河區域對阿聯使用武力時，英國掌璽大臣(British Lord Privy Seal）即曾於同年十一月一日宣稱：「女王陛下的政府不認爲他們當前的行動構成戰爭……當前幷無戰爭狀態，而僅有「衝突狀態」（A State of Conflicts）（J. G. Starke, An Introduction to International Law, London, 1963, 5th ed., P. 394）。

戰爭狀態之存在與否，固然主要取決於敵對國家之意向（intent），如果衝突開始前，當事國既未宣戰，亦無以開戰爲條件的最後通牒；衝突進行期間雙方又否認其具有戰爭之性質，則自法律以言，戰爭狀態不得被視爲業已存在。不過當這種衝突之規模擴大時，第三國倘承認衝突雙方爲交戰國或宣告中立，則戰爭狀態亦可成立(Starke, P.398）

苟衝突當事國有意表明戰爭狀態之存在，則依一九〇七年海牙第三公約第二條之規定，它們應立即將此種存在之事實通知中立國。其方式可以是外交照會或電報；或逕告知第三國駐各該交戰國之使領館；第三國須於接獲這項通知後才能開始履行中立義務。惟若第三國依其他方法確已獲悉戰爭狀態存在之事實，則亦不得以未得此項通知爲詞而予以否認。（俞寬賜）

戰俘（Prisoners of War）

凡戰時因軍事上的理由落入敵人手中而被拘禁和失去自由的個人，均稱戰俘。關於戰俘待遇的法規，有着相當悠久的發展歷史：古代戰爭中，他們非被屠殺，即被賣充奴隸；第十六世紀以後，屠殺與奴役的辦法雖已漸歸消滅，但他們仍被視爲罪犯，成爲個人報仇和勒索巨款的對象。到十八世紀，交戰國始改變此種觀念，承認其拘留戰俘的目的，在於禁止他們返同其本國軍隊繼續參加戰鬥；因此應當給他們適當待遇。一八七五年美國與普魯士友好條約，首創新規定，一方面禁止對戰俘使用脚鐐與普通監獄，另一方面規定須給他們相當於一般軍隊的給養，并使他們禁閉在可以運動和適合衞生的地方（第廿四條）（Lauterpacht's Oppenheim, Vol. II, P. 368）。影響所致，十九世紀的習慣規則便認爲戰俘應享受和拘留國自己軍隊相同標準的待遇。一九〇七年海牙有關法規第四至二十條，對此等規則詳加編纂，規定戰俘應享合乎人道的待遇。但第一次世界大戰證明這些規定仍不充分，乃有一九二九年日內瓦戰俘待遇公約（Geneva Convention on the Treatment of Prisoners of War），全文九十四條。第二次大戰的經驗，使各國認爲尙須更進一步保障戰俘；於是又有一九四九年八月日內瓦第三公約之簽訂，全文一四三條；已於一九五〇年十月廿一日開始生效（G. von Glahn, Law Among Nations, London, 1965, P. 596）。茲就其重要規定說明如次：

一、該公約適用之範圍甚廣，其中包括㈠凡經宣戰的戰爭、㈡締約國間可能發生的一切其他武裝衝突、㈢某締約國領土之部分或全部被他國佔領、及㈣締約國與非締約國間之戰爭等；但後者須以非締約國也接受該公約之條款爲前提（第二條）。

二、被俘後可享受戰俘待遇之人：陷入敵手而有權享受該公約所保障之待遇者包括㈠海、陸、空軍人員，㈡民兵，㈢被承認或未獲承認的義勇團隊人員，㈣合法的猝合軍與客籍軍份子，㈤新聞記者等奉命與軍隊前進之個人，㈥交戰國商船及民用航空器的官兵與水手和駕駛員，㈦在某些情形下，被佔領國昔日武裝部隊之兵員及佔領區人民從事有組織之反抗運動者，㈧元首、閣員及政府其他高級官員等（第四條）。他們自被俘至釋放或遣送返國爲止，享受本公約所定之權利，且不得自行放棄這種權利之全部或一部。

三、戰俘待遇可分十二點說明：㈠在法律上說，戰俘係由處於俘獲國或收容國的「國家權威」之下，而非被某部隊或某軍事單位所拘留；從而有關戰俘待遇之責任亦由該國政府負擔。該國如將戰俘移往他國，該他國必須是本公約簽字國，并具有履行其條款之誠意與能力；移去後，若該他國不能履行本公約重要條款時，原收容國得索同戰俘，該他國不得拒絕（第十二條）。

㈡戰俘無論何時均應享受人道待遇；任何肢體之切斷、科學之實驗，除醫學上合理而有利於戰俘本人者外，不得爲之；并禁止以戰俘爲暴力、脅迫、侮辱、報仇、或滿足公共好奇心的對象（第十三條）。

㈢戰俘之身體與榮譽，在任何情形下均須予以尊重。女性戰俘應獲享適合其身份而不亞於男性之待遇。男女戰俘均仍保留其在私法上之完全能力（第十四條）。

㈣收容國有義務免費提供戰俘必需之給養和醫療；除基於官階、性別、年齡、健康狀況、和職業資格等理由外，不得因種族、國籍、宗教、或政治意見而給予不同待遇（第十六條）。

㈤戰俘被詢問時，應說明其姓名、官階、出生日期、部隊編號等；否則不能享受應享的權利。收容當局要求戰俘出示上述各項之身份證時，戰俘不得拒絕；收容當局亦不得予以沒收。更不得以身體或精神之酷刑或脅迫，向戰俘詰問關於其本國的任何情報（第十七條）。

㈥戰俘的物品，除軍器、馬匹、軍裝、公文外，凡屬自用者——包括鋼盔、防毒面其、果腹的食物、取暖的衣服、証章、勳章、其他珍品等，仍應歸其所有。惟戰俘之銀錢及珍貴物品可由收容當局出據代爲保管，待其被釋放時發還（第十八條）。

㈦戰俘除傷、病甚重者外，應儘速撤出戰爭危險地區（第十九條）。

㈧收容國可拘留戰俘并指定不得逾越一定界限，但除衞生或安全理由外，不得禁閉之（第廿一條）。

㈨戰俘的飲食、住屋、床鋪、被褥、衣、鞋、襪子等，均應合於衞生，并不得禁止吸烟；更不得以限制食品的方法，作爲集體的紀律處罰。戰俘營地應設立日用品及香烟的販賣處，其價格不得高於當地市價；盈餘應作促進戰俘福利之用。此外，還應設立防疫、病房、體檢、沐浴、洗濯等設備（第廿二至三十條）。

㈩戰俘有信仰宗教及擧行禮拜儀式之自由（第卅四條）。他們除戶外體操外，尙得從事教育與娛樂上的活動（第卅八條）。

(十二)對士兵階級而身體健康的戰俘，收容國得使其作工；准尉階級者只能作監工；軍官階級之戰俘只能隨其所願擔任適合其身份之工作，不得被强迫作工（第四十九條）。戰俘可以擔任之工作，除他們營地之行政、裝設、修理等外，還得包括農業、商業、工藝、家庭執役、生產原料之工業、非軍用之運輸、公共工程、公用事業等（第五十條）。但他們不得被迫從事危險的工作（如搬移地雷）或屈辱之工作（第五十二條）；戰俘工作之條件和保障，不得低於當地同類工人所享有者（第五十一條）。

(十三)戰俘得以其中階級最高和資格最老的軍官、或由全營於每六個月以秘密投票選舉一人爲代表，作爲他們與收容國軍事當局、中立保護國、國際紅十字委員會、或與其他團體接洽之代表；收容國對此項代表有批准與罷黜之權（第七十九條）。代表在行動及郵、電方面享有若干便利（第八十一條）。

十四 戰俘的對外關係：日內瓦公約規定戰俘每人有權每月至少發信兩封及郵片四張；收容國應以最快方式傳遞，不得以紀律理由而延擱或扣留（第七十一條）；此項郵件在發信國、收容國、和中途國，均享受免費待遇（第七十四條）。戰俘如久未接獲家書、或無法寄發家書時，有自費拍發電報之權利（第七十一條）。他們還有收受食品、衣服、藥品、書籍、樂器、球具、禮物等郵包之權利（第七十二條）；這些郵包之運費由收容國與沿途各國分擔；收容國幷不得徵收進口稅、關稅或其他稅（第七十四條）。

十五 戰俘與收容國之關係：戰俘隸轄於收容國某負責軍官的直接權力之下；幷應向他行敬禮（第卅九條）。他們若對拘留情形不滿時，得直接或經由其代表或中立保護國，向收容國軍事當局提出請願（第七十八條）。

戰俘有遵守收容國法令規章之義務；若有違反，該國軍事當局或軍事法庭，有給予紀律處分與司法處分之權利（第八十二條）。惟此種處分應與該國自己軍人犯同樣行爲時相同；連帶處罰、體罰、暗室監禁、或其他虐刑，應予禁止（第八十七條）。對戰俘之處罰，在原則上雖可適用收容國之法令規章，但戰時國際法規則應優於收容國國內法令之規定，兩者抵觸時，仍須以戰時國際法爲準。對戰俘實行司法處罰程序以前，收容國應先將被審判者之姓名、官階、部隊編號、拘留地點、罪名、可適用之法律條文、法院名稱、開庭時間及地點等，通知中立保護國（第一〇四條）。審判時，戰俘有自己或借助同營戰友、律師、證人、翻譯等，以行辯駁之權利（第一〇五條），也有依法上訴及請願之權（第一〇六條）。戰俘若被判處死刑，收容國須將判處詳情通知中立保護國；並在通知後六個月內不得執行（第一〇一條）。

紀律處罰的罪名包括逃亡未遂、敎唆逃亡、協助逃亡、逃亡時換穿便服、破壞公物、僞造文件等行爲（第九十二及九十三條）。此種處罰分罰金、停止特別權利、勞役、禁閉四種。其中罰金不得超過戰俘半月所得；最嚴厲者則可禁閉或每日兩小時勞役。禁閉不得在普通監獄執行；其執行地點應合於衞生（第九十七條）；且須使受禁閉者每日至少有兩小時戶外體操之自由；禁閉期間雖不得收受包裹及銀錢，但仍得收發信件及讀書寫字（第九十八條）。

此外，一九四九年日內瓦第三公約，爲了進一步保障戰俘，還規定每一交戰國應設立「戰俘情報局」（Information Bureau for Prisoners of War），幷在某中立國設一「戰俘情報總署」（Central Prisoners of War Information Agency）。各交戰國的軍事單位應盡速將其所俘獲之戰俘姓名、國籍、身份、出生地時、父母姓名、家屬通訊地址、戰俘本人通訊地址等通知「戰俘情報局」，再由後者經由中立保護國或「戰俘情報總署」轉告有關國家及戰俘家屬。情報局亦應從管理戰俘的各機關搜集有關每一戰俘上列各項目及其遷移、釋放、遣返、逃亡、疾病、死亡等之消息，作成記錄卡；並負責查覆有關戰俘之詢問，及搜集和送返戰俘之銀錢、珍貴物品、重要文件等（第一二二條）。情報總署主要職務在傳達關於戰俘的各項消息（第一二三條），由有關國家提供工作的便利及財政的協助；它與各國戰俘情報局之郵件免費，其電報也至少享受減價的優待（第一二四條）。

十六 戰俘地位之終止：戰俘如果逃亡成功、或經當事國交換、釋放、遣歸、奪回、或進入中立國，即可終止其戰俘地位，恢復自由（參閱「中立國庇護」、「收容國」、「中立保護國」等條）。（兪寬賜）

戰鬪人員（Combatants）

即戰時參與戰鬥之人員，包括交戰國之海、陸、空正規軍及國際慣例或條約所容許之非正規軍——如國民軍、志願軍等。不過依一九〇七年海牙陸戰法規第一條及一九四九年日內瓦戰俘待遇公約第四條之規定，不屬正規軍之國民軍和志願軍須具備下列四條件，始可取得戰鬥人員之地位：

(一)有一指揮官負責其部屬之行爲；

(二)有由遠方得以識別之明顯標誌；
(三)公開携帶武器；
(四)遵照戰爭法規及慣例從事戰鬥。

戰鬥人員在戰場上是敵軍攻擊和殺害的直接目標；如果被俘，即有權享受國際法所規定的戰俘待遇。戰鬥人員因投降、受傷、或病、溺而喪失作戰能力時，敵軍亦不應對其作戰，而當以戰俘視之。（兪寬賜）

戰時協定（Cartels）

即交戰雙方在戰爭爆發之前或戰爭進行期間，爲繼續維持、或特許建立某些非敵意關係而締結之協定。此種非敵意關係包括雙方之間郵務、電報、電話和鐵道交通及雙方國民貿易等之繼續進行，戰俘之交換，傷者與病者之待遇，及其他交往等。這種協定通常由雙方派代表談判和簽字後生效，不必經過批准程序，但其所定之一切權利與義務，雙方應誠信遵守（參閱 Lauterpacht's Oppenheim, Vol. II, P. 542）。（兪寬賜）

戰時叛逆（War Treason）

即在某交戰國控制區內——包括其軍區、佔領區、或後方任何地方——所作有害於該國而有利於其敵國之一切行爲（平民敵對行爲及間諜活動例外）（Lauterpacht's Oppenheim, Vol. II. P. 575）；例如(一)刺探幷傳遞情報給敵方、(二)爲敵軍提供補給品（如軍器、馬匹等）及投效金錢、(三)爲敵人之軍事活動提供援助、(四)企圖引誘當地國之軍人脫逃、投降或刺探情報、(五)試圖賄賂當地國官兵或士兵，以便爲敵國之利益而工作、(六)釋放敵國戰俘、(七)參與謀害當地國之武裝部隊或其成員、(八)爲敵人之利益而破壞軍用火車或船隻、摧毀交通綫和傳播媒介、破壞戰爭物資、(九)故意誤導軍隊行徑、(十)爲敵人作送信快差、及(十一)掩護敵國人員等（G. von Glahn, Law Among Nations, London, 1965, pp. 701-2）。

從事此等行爲之人，可以是敵國官員、平民、或佔領區之居民。敵國軍人從事此等行爲時若着原有軍服，則非戰時叛逆，而是從事合法的作戰活動；反之，行爲時若有喬裝情事，則和其他平民戰時叛逆一樣，通常被處死刑。一九〇四年日俄戰爭時，兩名日本軍官穿着中國平民服裝，在俄軍控制區企圖炸燬一座鐵橋，結果被俄軍依戰時叛逆罪處死（Glahn, P. 720）。（兪寬賜）

戰時禁制品（Contraband of War）

戰時禁制品即凡能增加作戰能力而被任一交戰國禁止運往其敵國之物品；這種物品一旦經交戰國列單公告，中立國船舶即不得載運。否則，如果它在公海或交戰國領水上被交戰國軍艦發現，即不論屬誰所有，皆遭拿捕。茲說明此項禁制品之種類、載運、拿捕、與處罰如下：

一、戰時禁制品的分類問題：戰時禁制品的第一要素是它能增加敵國作戰的力量；因此其分類問題自應以每一物品之能否用於作戰目的爲標準。早時，格羅秀斯（H. Grotius）將貨物分爲三類：即(一)只能用於作戰者，如軍火；(二)絕不能用於戰爭者，如化粧、奢侈品等；(三)戰時與平時均可使用者，如金錢、船舶等（Lauterpacht's Oppenheim, Vol. II, P. 800）。十七世紀起，各國多採這種解說，幷紛紛簽訂雙邊條約，試圖對第三類物品中何者應列爲禁制品與否，加以詳確規定。但這些條約彼此幷不統一；無條約拘束的國家更視每次戰爭環境之不同而自定何者應爲禁制品。同時，交戰國與中立國之間，由於利益衝突，彼此態度完全相反：前者希望擴大禁制品之範圍，後者則主張縮小。一七八〇及一八〇〇年的武裝中立運動，曾致力限制此種物品之數量與種類，但未成功。這樣分歧的結果，使一八五六年的「巴黎宣言」（Declaration of Paris）僅提及「戰時禁制品」之名而未說明其含義。在一九〇九年的「倫敦宣言」中，列國雖就何者應爲戰時禁制品問題獲致協議（第廿二至廿九條），可是他們不予以批准。第一、二次世界大戰的事實更表明此一問題不可能得到一勞永逸的解決。因爲不但物品本身的用途隨時間與空間的影響而變更。對甲國或在數十年前無用者，對乙國或在數十年後却極有用；而且同一國家在作戰時和在中立時的利害關係亦極矛盾，從而對同一物品究應屬於禁制品與否，亦隨其爲交戰國或中立國而持不同態度。

十九世紀的國際實例趨於將戰時禁制品區別爲「絕對的」與「相對的」兩種，前者指專供作戰用的貨物，相當於格羅秀斯的第一類；後者指可用於作戰、但非專用於作戰的貨物。上述倫敦宣言曾採納此種國際趨向而於第廿二條列舉十一種絕對戰時禁品，包括各種軍器、火藥、紮營用具、軍艦、軍用服裝、裝甲板、船舶及其零件、專用於製造或修理軍器軍火之工具等；其第廿四條則列舉十四種相對戰時禁制品，其中包括糧食、金銀紙幣、電訊器材、燃料及滑潤油、飛機及航空器材、馬鞍馬韁、望遠鏡、航海器材，并規定這兩類物品均不必再經通告，即可分別被視爲絕對或相對禁制品；締約國得自由增減其中物品，但須將此種增減事實通知其他締約國（如在平時）或全體中立國（如在戰時）。至於完全不能用於戰爭之物品與材料則應視爲自由物品（FreeArticles），不得宣告爲戰時禁制品。倫敦宣言認爲這種物品應包括棉花、羊毛、橡皮、生鐵、紡織、印刷機器、鐘錶、寶石、瓷器、紙張等十七種（第廿八條）。

倫敦宣言未獲批准的原因之一即它不能切合事實的變遷。例如棉花原被列入自由物品，但因其爲製造炸藥的主要材料，以致在第一次大戰時，被德國及協約國先後宣告爲絕對禁制品；同樣，橡皮的軍事價值日增，結果也由自由物品而被改爲絕對禁制品。其他如飛機、金銀紙幣等，也都由相對禁制品而列爲絕對禁制品。英國外務省一九一六年四月十三日發表的戰時禁制品貨單，更明白取消了絕對禁制品與相對禁制品的區別。其理由是㈠敵國大部分居民已直接間接參加戰爭，軍隊與平民實無法辨別；㈡所謂相對禁制品實際上已皆在敵國政府控制下，完全供其政府及軍隊使用。

第二次世界大戰更是全民的總體戰，結果不但使絕對禁制品與相對禁制品的區別難以維持，而且自由物品也幾乎完全成了絕對禁制品。因此，現在這種物品的分類已無實用價值了。

二供敵作戰的目的：戰時禁制品的第二要素是它具有供敵作戰之目的。換言之，它必須是被載運往敵國本土或其佔領區、或交給敵國軍隊以備作戰之用，至於中立國船舶載運之方法如何——直接的、迂廻的、或間接的——均非所問。反之，沒有敵方目的地的任何物品，均不構成戰時禁制品，從而交戰國亦不得拿捕。此外，專供救濟病者和傷者而用之物品，雖被載往敵國，交戰國亦不得視爲戰時禁制品；但如有軍事上之急需，得給予補償後徵用之。專供船舶航行用的物品，如燃料、信號槍、防禦海盜的武器及專供船員與乘客使用的物品等，亦均不得視爲戰時禁制品。

三拿捕與處罰：拿捕戰時禁制品是交戰國的權利。不過學說與國際慣例認爲這種行爲必須遵守兩項原則：㈠只能在公海及交戰國雙方領水上爲之，倘在中立國領水進行拿捕，即爲侵犯中立；㈡須於中立國船舶正在載運禁制品時爲之。所謂「正在載運」，指離開啓程港至卸下禁制品爲止；對於已卸下此種物品而在返航途中之中立船舶，交戰國軍艦不得再行拿捕。

戰時禁制品及載運此種物品之船舶被拿捕後，應由「捕獲法庭」（Prize Court）審判及裁定應否或如何處罰，至於處罰的方法除「禁制品得予沒收」的原則，業經各國公認外，對船舶及同船上的其他貨物究應如何處理，則國際實例與學者之主張相當紛歧。大致說來：可分爲兩派：第一、英美規則認爲：戰時禁制品所有人在同一船上如有非禁制品，則二者一併沒收；船舶與戰時禁制品如屬同一主人、船主（船長）知道所載運者爲禁制品而仍予承運、或船舶爲了載運禁制品而僞造文書，則船舶與禁制品一併沒收。第二、歐陸國家之規則是：戰時禁制品如佔全船貨物之大部分，則船舶也被沒收。

因此，倫敦宣言調和兩派之說，規定㈠如禁制品就價值、重量、容量或運費而言，佔全船貨物的一半以上，船舶即可沒收（第四十條）；㈡屬於禁制品所有人的其他貨品一併沒收（第四十二條）；㈢船舶如不被沒收，船長應將所載禁制品交給交戰國加以破壞，并自認損失運費；交戰國應將交付禁制品之事實記入獲釋船舶之航海記事簿後，任其駛離（第四十四條）；㈣拿捕者於捕獲法庭審理期間出庭及保管船舶與貨物等所需之費用，得判令該船負擔（第四十一條）。

惟載運戰時禁制品之處罰，須以該中立船知道開戰及宣告禁制品貨單之事實與內容爲先決條件。倘有不知或獲知之時已在途中無法卸下所載之禁制品，則不得被處罰，亦不負擔訴訟及保管費。但若中立船係在開戰後才駛離交戰國港口，或於中立國獲得開戰通知或於禁制品宣告若干時間以後才自中立港啓航，則它被推定已知上述事實（倫敦宣言第四十三條）。（俞寬賜）

戰略軍備限制談判（Strategic Arms Limitation Talks）（SALT）

美國與蘇聯間之戰略軍備限制談判，其談判內容包括下列各問題：

一原子武器。
二前進基地發射之中程飛彈。
三潛艇。
四重轟炸機。
五反飛彈系統。
六多彈頭（原子彈頭）飛彈。

談判地點爲芬蘭之赫爾辛基，奧地利之維也納，以及在日內瓦裁軍會議中談判。美國尼克森總統一九七二年五月間訪問莫斯科，亦曾討論此項問題。（張彝鼎）

戰場（Theater of War）

卽交戰國雙方進行戰鬥之空間。國際法學家奧本海（L. Oppenheim）將此種空間區分爲廣義的「戰區」（Region of War）及狹義的「戰場」（Theater of War），前者指交戰國雙方相互準備和執行敵對行爲之地域，後者則指實際發生敵對行爲的陸、海、空部份；戰區不一定完全是戰場，但戰場必在戰區之內（Lauterpacht's Oppenheim, Vol. II, P. 237）。在現代戰爭中，這種區別幷不明顯；例如第一、二次世界大戰時之戰場，卽幾乎和戰區一樣廣泛。

每一戰爭均隨其交戰國不同而有特定的戰場。一般言之，可成爲戰場之地方包括㈠全體交戰國之領土、領海、領空、屬國、和殖民地，㈡公海與公空，㈢無主土地，㈣以某交戰國爲共管國之一的「國際共管地」（Condominium），及㈤在某交戰國管理下的他國領域——如昔日受英國管理的賽普勒斯（Syprus）。交戰國之部分領域若已依國際條約取得中立化地位，則須置於戰場之外。

國聯時代的「委任統治地」（Mandated Territories），由於盟約規定幷非其統治國之領土，地上居民亦非統治國之國民，因此自法律而言，當其統治國爲交戰國時，這種委任統治地不應成爲戰場。惟事實上，由於此等土地在軍事、經濟、法律各方面均與該統治國關係密切，故在第二次世界大戰期間，它們多隨其統治國而成爲戰場。

今日聯合國託管地（Trust Territories）可否成爲戰場，則應視託管國使用武力之性質而定。如果託管國因遭遇外來非法武裝攻擊而自衞、或依聯合國之決議而參與執行行動（enforcement action），則託管領土可以成爲戰場——但不得征兵。蓋因聯合國憲章第八十四條規定「託管當局有義務保証託管地對於維持國際和平與安全盡其本分。爲此目的，該當局得利用託管地之志願軍、便利、和協助，以履行該當局對於安全理事會所負關於此點之義務，並以實行地方自衞……」。反之，如果託管國爲侵略目的而從事非法戰爭，則無權使其託管地成爲戰場。（俞寬賜）

戰罪（War Crimes）

戰罪卽軍人或其他個人所作與戰爭有關而於被交戰國捕獲時，依法應受處罰的任何行爲（G. von Glahn, Law Among Nations, London, 1965, P. 696）；其行爲人卽稱「戰犯」（war criminals）。傳統的戰罪主要可以分爲：㈠戰鬥員違反戰爭規則之行爲，㈡平民所作之武裝敵對行爲，及㈢一切偷掠行爲（Marauding acts）。第二次世界大戰後，又確立了兩種新的戰罪：一是破壞和平罪，二是違反人道罪。除偷掠行爲及兩種新戰罪分別另予解釋外茲說明前兩項罪名如次：

一、違反戰爭規則之行爲很多，其中包括㈠使用毒氣或其他被禁止之武器、㈡侮辱屍體、㈢攻擊或轟炸未設防城市或地方、㈣濫用休戰旗或對休戰旗開火、㈤濫用紅十字或其類似標誌、㈥軍人在戰鬥中着平民服裝掩飾其身份、㈦爲軍事目的而不當使用受豁免的建築物、㈧毒染溪流或水井、㈨强奪行爲（Pillage）、㈩强迫戰俘從事被禁止的勞役、(十一)强迫平民從事被禁止的勞動、(十二)違反投降協定、(十三)殺死或傷害已放下武器、投降、或因病傷而無能作戰了的軍人、(十四)謀殺或僱人作謀殺行爲、(十五)虐待戰俘或傷、病軍人——包括掠奪其私有物品、(十六)殺害或攻擊無害的平民、(十七)强迫被佔領區的居民提供關於敵國軍隊或其防衞工具之情報、(十八)徵發或毀壞應予豁免之建築物及其設施、(十九)純爲恐嚇或攻擊平民而肆意轟炸、(二十)攻擊已降旗表示投降的敵國船舶、(二十一)攻擊、捕獲、或刼奪醫院、博物館、教會、學校、或其他歷史紀念物、(二十二)無理毀壞敵人俘獲物、(二十三)在戰鬥中使用敵國軍服及被一交戰船艦攻擊時使用敵國旗幟、(二十四)攻擊持有通行證之個人、(二十五)嚴重違反一九四九年日內瓦改善陸軍傷病兵待遇公約第五十條及同年日內瓦改善海軍傷病兵待遇公約第五十一條之行爲，包括惡意殺害、用刑、或非人道待遇——如進行生物實驗、惡意使其身體或健康受嚴重傷害、無軍事上之需要而非法破壞或徵收其物品（財產）、(二十六)嚴重違反一九四九年日內瓦戰俘待遇公約第一三〇條之規定——如上述施予傷病兵之行爲及强迫戰俘參加其軍中服役、剝奪戰俘受公正和正式審判之權利、及(二十七)違反一九四九年日內瓦保護平民公約第一四七條——包括非法遣配、轉徙、或拘禁被保護之人、迫使被保護人參加其敵軍服役、惡意剝奪其接受公正審判之權利、拘爲人質、及無軍事需要而非法廣泛破壞或徵發平民財產等。此外，參與計謀、直接煽動、和企圖及共同違反戰爭規則者，亦構成戰罪，可予處罰。

二、平民之敵對行為：依照傳統國際法規則，作戰乃是交戰國戰鬥人員的事，平民不得參加戰鬥。因此他們如果携帶武器對敵人採取敵對行為，則當其落入敵人手中時，不但不能享受軍人之權利與優例，而且被敵人以戰犯待之；但「猝合軍」則屬例外。換言之，平民如依一九〇七年海牙公約而組成一支猝合軍，并遵守戰爭法規從事戰鬥，則他們失去平民身份而應享受猝合戰爭法規之待遇。此外，游擊隊份子亦類同（Glahn, op. cit., P. 700）（參閱「猝合軍」及「游擊隊」條）。

至於間諜，國際法一方面承認交戰國有權以間諜為作戰之手段，他方面又承認受害的交戰國對敵國軍人或平民在其轄區內所作之間諜行為視同非法作戰手段，而有權加以處罰（參閱「間諜」一辭）。這種具有雙重性質的行為，既為國際法所容許，則與嚴格的「戰罪」意義不盡相符，當屬顯然。至於戰罪之處罰，可參閱「戰犯」一詞。（俞寬賜）

獨立抗戰軍（Free Forces）

即當本國政府停止對敵作戰之後，依然在國外獨立與敵方從事有組織的作戰活動的正規軍隊。這是第二次世界大戰期間常有的現象，例如巴黎政府於一九四〇年決定停戰後，部分法國軍隊仍在法國本土以外對抗德軍作戰。

這種軍隊原則上應具有合法戰鬥人員的地位，不過第二次世界大戰期間，德軍曾下令將其所捕七千名法國獨立抗戰軍處死，幸經國際紅十字會干涉而未執行；另批原籍亞爾薩斯和洛林（Alsace - Lorraine）的獨立抗戰軍則以「逃兵」之誣控而被德軍槍斃。（俞寬賜）

獨立原則

國際法主體國家生存於世界有幾種特點（有的學者稱之為國家的基本權利，又有稱之為國際人格的特質者），其中之一就是獨立，此點亦與國家構成要素「主權」一點相通；因為主權至高無上，所以存在於其他平等國家範圍以外，因而獨立；其意義有二點：一為對內的獨立，也就是對自己國民的完全管轄權（Imperium）以及對本國領土範圍以內事務的管轄權（Dominium），理論上任何國家可以自我決定其經濟體制、生活方式；一為對外的獨立，也即是消極方面不受外來的干涉，積極方面可以依照國際法在國際上從事活動，如訂定條約、派遣或接受使節等。

但是，國家的獨立又非漫無限制：它可以受到國際法規或國際條約的限制，其道理至為明顯。國家對人管轄權有一定限制，例如內國對國民之在外國者，不能要求他做當地國法所禁止的行為，歐洲人權公約國不能任意剝奪其國民之人權，否則即可能遭受國際組織的合法干涉。國家的領土管轄權亦有其限制：例如，按照國際公法，任何國家可為其商船請求和平通過沿海國家之領海；對外國留居內國領土範圍以內的僑民，不得強迫其服（兵）役；在科福海峽案Corfu Channel Case裏，國際法院認定阿爾巴尼亞對於佈置在其領海內，有損外國權益的水雷，有通知義務。（邵子平）

衡平（Equity）

國際法中的衡平乃是正義（Justice）的一般原則。有些條約，特別是仲裁條約，或仲裁裁決認為衡平可以作為國際法的補助法源。例如：國際法院規約第三十八條第二類規定，只要經過當事國的同意，法院即可適用「公允」與「善良」原則，也即衡平原則，以裁判案件。所以衡平原則的主要作用在於緩和、補充或排除實證法的適用。然而衡平原則能否排除實證法的適用，尙為國際法學家爭論的問題。就一般學者認為：必須得到當事國的明示同意之後，才能以衡平原則替代實證法。（李鍾桂）

諾貝爾獎金（Nobel Prize）

諾貝爾（A. B. Nobel）是瑞典的一位化學工程師，生前經營化學爆炸品致富。他於一八九六年逝世前留下遺囑，將其遺產設置每年贈與一次的五種獎金。其中四種為物理學、化學、醫學或生理學和文學獎金，分別獎給世界上這幾種學術工作最傑出的人們。另一種稱為和平獎金，獎給個人或社團致力於和平工作之最卓著者。（陳紹賢）

諮詢管轄權（Advisory Jurisdiction）

諮詢管轄權，即法院除了對其所受理的案件，予以裁決之外，並可就某一法律問題，提供專家的意見，稱為諮詢意見（Advisory Opinion），以供國際聯盟或聯合國所許可的機構諮詢，如國聯的大會、理事會；聯合國的大會、安理會與經大會特許的聯合國的其他機構或專門機構（Specialized Agencies）等。

法院的諮詢管轄權在未經過前述各機構的請求不得行使，也卽法院無權自動發表意見。「諮詢意見」，顧名思義，僅含有諮詢的性質，而不具有法律的拘束力，故爭端當事國並無接受法院諮詢意見的義務，不過諮詢意見總是被請求的機構所尊重與採用。

諮詢管轄的程序裏，雖然沒有所謂訴訟國，但是關係國總是派遣顧問出庭辯論，如果關係國無本國國籍的法官時，亦可選定特派法官參加。所以就目前的趨勢，諮詢管轄的程序與訴訟管轄的程序已逐漸走向一致的道途。（李鍾桂）

現時可提供諮詢意見者，除海牙國際法院外，向有歐洲人權法庭，亦可提供有關人權問題之諮詢意見。（張彝鼎）

錯誤（Error）

所謂錯誤係指締約國雙方以假定的事實，爲決定擔負條約義務的重要原因，而事後發現此種事實並未存在者。

錯誤又可分爲兩種：

㈠單方錯誤：係指締約國的一方，以欺詐（Frand）的方式，陷他方於錯誤觀念，因爲條約的簽訂並非締約者意志的眞實表現，故在原則上應認爲無效。

㈡雙方錯誤：係指締約國雙方同陷於錯誤觀念，事後才發現，則視錯誤的輕重以作決定條約生效與否。如屬輕微錯誤，締約國往往同意以解釋條約的方法，加以改正，而不使條約完全不發生效力。如屬重大錯誤，則條約必須重行修訂，否則不能發生效力。

根據一九六九年維也納條約法公約第四十八條對錯誤的適用範圍加以限制的規定，認爲「一國得援引關於條約實體之錯誤爲理由，撤銷其承受條約拘束之同意。但此項錯誤以關涉該國於締約時假定爲存在，且構成其同意承受條約拘束之一基本因素之事實或事實情況者爲限。」但是「如關係國家自身行爲造成錯誤或原可避免錯誤，或如按情形而論，該國應知有錯誤之可能，槪不適用前項規定。」此外如特定條款或約文有錯誤時，只撤銷對該特定條款之同意，或根本不影響條約之效力。（李鍾桂）

選擇住所（Domicile of Choice）

是有行爲能力人拋棄原始住所以後，自由選擇的住所。其成立要件，在積極方面，當事人對於新取得的住所，須有移住的事實，及久住的意思；在消極方面，當事人對於其原有住所，須有離棄的事實及意思。英美法對於移住的事實，稱做親身涖塲（Physical Presence），卽當事人須親自到過某一法律單位的國家的意思。所謂久住的意思（Intent to live permanently），是指現在的意思，及不附條件的意思。例如：某甲原有住所在子國；到丑國購置房屋，打算在子國所租賃的房屋租期滿後，遷住丑國，某甲現在的住所仍在子國；又如某甲原有住所在子國，到丑國購買房屋，屢次向人表示，倘如大學畢業，就遷入丑國的新房屋，在未畢業前，某甲的住所仍在子國。當事人如拋棄舊住所以後，在未取得新住所以前，應該如何解決其住所的問題？英美判例不同：美國判例認舊住所（選擇住所）有繼續性，當事人在未取得新（選擇）住所以前，其舊住所（選擇住所）繼續存在。英國判例，則認原始住所的效力優於選擇住所，當事人在未取得新選擇住所以前，其原始住所依然存在，如拋棄舊選擇住所而未取得新住所時，回復其原始住所。（參閱「原始住所」條）。（洪力生）

聯合國（The United Nations, UN）

聯合國係根據一九四五年六月二十六日在美國舊金山市所簽訂的聯合國憲章而創立的。憲章開宗明義指出「我聯合國人民同茲決心，欲免後世再遭今代人類兩度身歷慘不堪言之戰禍，重申基本人權、人格尊嚴與價值，以及男女與大小各國平等權利之信念，創造適當環境，俾克維持正義，尊重條約與國際法其他淵源而起之義務，久而弗懈，促成大自由中之社會進步及較善之民生，……用是發憤立志，務當同心協力，以竟厥功。爰由我各本國政經齊集金山市之代表……議定本聯合國憲章，並設立國際組織，定名聯合國。」

宗旨與原則

聯合國的宗旨有四：

㈠維持國際和平及安全；

(二)發展國際間以尊重人民平等權利及自決原則爲根據之友好關係；

(三)促成國際合作，以解決國際間屬於經濟、社會、文化及人類福利性質之國際問題，且不分種族、性別、語言或宗教增進對於全體人類的人權及基本自由之尊重；

(四)構成一個協調各國行動之中心，以達成上述共同目的。

聯合國的七項原則爲：

(一)會員國主權平等；

(二)會員國應善意履行憲章下的義務；

(三)會員國應以和平方法解決其國際爭端；

(四)會員國在其國際關係上不得以與聯合國宗旨不符之任何方法使用武力或以武力相威脅；

(五)會員國應協助聯合國依照憲章所採取的行動，並不得協助聯合國正在採取防止或執行行動所制裁的任何國家；

(六)聯合國在維持國際和平及安全之必要範圍內，應保證非會員國遵行上述原則；

(七)聯合國不得干涉本質上屬於任何國家國內管轄事件，但此項規定不得妨礙對於和平威脅、和平破壞及侵略行爲所實施的執行行動。

憲章的淵源

一九四一年六月十六日，英國、澳大利亞、加拿大、紐西蘭、南非聯邦與比利時、捷克、希臘、盧森堡、荷蘭、挪威、波蘭、南斯拉夫的流亡政府及戴高樂的法蘭西民族委員會在倫敦簽署盟國間宣言，申述彼等願聯合世界上一切自由人民建立持久和平，共謀經濟、社會安全。

一九四一年八月十四日，羅斯福及邱吉爾在紐芬蘭海上發表大西洋憲章，表示英美願與各國在經濟方面充分合作，促進經濟進展及社會安全，並於納粹暴政摧毀後，保證全體人類自由過其生活，無所恐懼、不虞匱乏，承諾建立「一個較爲廣泛而永久的普遍安全制度」。

一九四二年一月一日，二十六個對抗軸心的國家代表在華盛頓簽署聯合國宣言，聲明擁護大西洋憲章的宗旨與原則，並相約以全力對軸心國作戰，決不單獨停戰，亦不單獨議和。

一九四三年十月三十日，中美英蘇四國外長在莫斯科會議，（中國由駐蘇大使傅秉常代表外交部長參加），發表莫斯科宣言，「四國政府認爲必須儘速設立一個普遍性國際組織，基於所有愛好和平國家主權平等之原則，公開於所有此等國家，不分大小，以維持國際和平與安全」。

一九四四年夏在美國華盛頓郊外敦巴頓橡園大廈舉行的會議，爲創立聯合國的一個重要步驟。橡園會議分八月二十一日至九月二十八日美英蘇、九月二十九日至十月七日中美英兩階段進行。四國所擬敦巴頓橡園建議書卽後來舊金山會議起草聯合國憲章的藍本。

一九四五年二月，羅斯福、邱吉爾、史達林在雅爾達會晤。與會的三國領袖決定儘早與盟國共同設立一個普遍性國際組織，決定一九四五年四月二十五日在美國舊金山市召開聯合國國際組織會議，請中、法同爲邀請國，凡一九四五年三月一日以前簽署聯合國宣言的國家都被邀請出席會議。中國政府同意參加爲邀請國，法國政府同意參加舊金山會議而不作爲邀請國。

一九四五年四月二十五日起五十國代表在舊金山市集會，根據敦巴頓橡園建議書、雅爾達協定及會議期間各國所提修正案，起草了憲章的一百一十個條文。六月二十五日全體一致通過憲章，六月二十六日簽字。十月二十四日當中美英法蘇及多數簽字國交存批准書後，憲章正式生效。一九四七年十月三十一日，大會決議以十月二十四日爲「聯合國日」。

憲章的修正

憲章規定大會會員國三分之二通過的憲章修正案，經聯合國會員國三分之二包括全體常任理事國批准後，對於所有會員國發生效力。

一九六三年十二月十七日，大會通過決議案，修改憲章第二十三條、第二十七條及第六十一條。修憲案已於一九六五年八月三十一日生效。對第二十三條的修正，使安全理事會的理事國由十一國增爲十五國。對第二十七條的修正，安全理事會關於程序事項的表決，須有九個理事國的可決票（前爲七），關於其他事項的表決須有九個理事國的可決票（前爲七）包括全體常任理事國的同意票。第六十一條的修正，把經濟暨社會理事會的組織擴大，由十八國增至二十七國。

一九六五年十二月二十日，大會通過決議案，修正憲章第一〇九條，以適應安全理事會關於程序事項的表決由七票增爲九票。

會員國

凡曾參加舊金山聯合國國際組織會議或前此曾簽字於聯合國宣言的國家，簽訂憲章而批准者，均爲聯合國創始會員國，此類會員國共有五十一國。

會籍係對所有愛好和平的國家公開。凡經聯合國認爲確能並願意履行憲章義務者，由大會經安全理事會之推荐以決議准許其加入。聯合國成立後加入的會員國七十六，坦干伊加與尙西巴合併爲坦尙尼亞，會籍合而爲一，故加入會員國實際爲七十五。至一九七〇年三月，聯合國共有一百二十六個會員國。

西德、教廷、大韓民國、摩納哥、瑞士、越南共和國等非聯合國會員國，均派有觀察員駐聯合國。

主要機關

聯合國主要機關有六：

大會

由聯合國全體會員國組成，每一會員國在大會中均有一個投票權。

大會得討論憲章範圍內的任何問題或事項，或憲章規定任何機關的職權，並得向會員國或安全理事會提出對於各該問題、或事項的建議，惟當安全理事會對於任何爭端或情勢正在執行其職務時，非經安全理事會請求，對於該爭端或情勢不得提出任何建議；得考慮關於維持國際和平及安全之合作的一般原則，包括裁軍的原則，並得向會員國或安全理事會提出對於該原則的建議；得討論會員國或安全理事會或非會員國所提關於維持國際和平及安全的任何問題，除正在安全理事會考慮中者外，幷得向會員國或安全理事會提出對於該問題的建議；對於其所認爲足以妨害國際間公共福利或友好關係的任何情勢，得建議和平調整，但以該事項未正在安全理事會考慮中者爲限；對於促進政治、經濟、社會、文化、教育、衞生各方面國際合作及提倡國際法的逐漸發展與制定法典，應發動研究並作成建議；收受並審查安全理事會、經濟暨社會理事會、託管理事會所送各該機關的常年報告；選舉安全理事會十個非常任理事國、經濟暨社會理事會二十七個理事國、託管理事會經選舉的理事國、國際法院法官、經安全理事會的推荐准許新會員國加入及任命秘書長。大會幷控制聯合國的財政，審查各專門機關的行政預算。

大會對重要問題的決議，應以到會及投票的會員國三分之二多數決定之，其他問題則只需過半數。

大會每年擧行常會一次，通常是每年九月的第三個星期二。因安全理事會或會員國過半數的請求，得召集特別會議。安全理事會任何九理事國或大會過半數會員國的請求，得在二十四小時內召開緊急特別會議。

安全理事會

由中美英法蘇五常任理事國及由大會選擧十個非常任理事國所組成。非常任理事國任期二年，任滿之理事國不得卽行連選。

安全理事會的主要責任是維持國際和平與安全；並得調查任何足以引起國際緊張之情勢，並提出解決辦法；應斷定和平威脅、和平破壞、或侵略行爲之是否存在，並應作成建議，以維持或恢復國際和平及安全；決定應採的執行行動；與會員國議訂供應軍隊的特別協定；准許會員國行使單獨的或集體的自衞及管理戰略防區託管領土；選擧國際法院法官；向大會推荐新會員國入會及秘書長的人選。

安全理事會關於程序事項的決議，應有任何九理事國的可決票；對於其他事項的決議，此九理事國的可決票應包括全體常任理事國的同意票，惟關於爭端和平解決的決議，爭端當事國不得投票。此同意票卽常任理事國否決權的根據。

經濟暨社會理事會

由大會選擧二十七個理事國組成，爲大會權力下的一個機關。其職權：得作成或發動關於國際經濟、社會、文化、教育、衞生及其他有關事項的研究及報告，並得向大會、聯合國會員國及關係專門機關提出關於此等事項的建議；增進全體人類人權及基本自由的尊重及維護；促進較高生活水準、充份就業及經濟社會進展；聯繫聯合國各專門機關；擬具關於其職權範圍內事項之協約草案，提交大會；召集本理事會職務範圍內事項之國際會議；應聯合國會員國的請求，供其服務。

由經濟理事會協調的政府間組織有：

國際原子能總署
國際勞工組織
聯合國糧食暨農業組織
聯合國教育、科學、文化組織
世界衞生組織
國際復興開發銀行

國際貨幣基金會
國際銀公司
國際開發協會
國際民用航空組織
萬國郵政同盟
國際電訊聯盟
世界氣象組織
政府間海事諮詢組織

上列各組織除國際原子能總署外，均為聯合國專門機關，與聯合國訂有協定。

託管理事會

由三類理事國組成：1管理託管領土的會員國；2安全理事會常任理事國而不管理託管領土者；3大會選舉必要數目的其他不管理託管領土的會員國，任期三年，俾使理事會中管理託管領土的會員國與不管理託管領土的會員國之間數目相等。其目的在增進託管領土居民趨向自治或獨立的逐漸發展。其職權為：(1)審查管理國家所送報告；(2)接受請願書並會同管理國家審查之；(3)與管理國家商定時間，按期視察各託管領土走向獨立。理事會每年集會一次，以過半數表決。聯合國原有託管領土十一處，至一九六九年只有二處尚未獨立，託管理事會的組成已不能照憲章所定維持管理國家與非管理國家數目相等。一九六九年起該理事會計第一類理事國二，第二類四，第三類無。故近年來由於託管領土多已獲得獨立，託管理事會的重要性已不如前。一九六〇年大會通過准許殖民地國家及民族獨立宣言，次年設十七國特別委員會實施此項宣言，一九六二年擴大為二十四國，稱為二十四國特別委員會。二十四國特別委員會幾乎取代了託管理事會。

國際法院

係聯合國的主要司法機關，法院規約為憲章的構成部分。非聯合國的會員國亦可以成為法院規約的當事國。國際法院的管轄分為兩種：1訴訟管轄：審訊國家對國家所提訴訟事件，並宣佈判決；2諮詢管轄：對聯合國機關所提法律問題發表諮詢意見。訴訟管轄以爭端當事國雙方的同意為基礎。

法院以法官十五人組織之。由聯合國大會及安全理事會就常設仲裁法院各國團體所提候選人名單中分別選舉，以在兩機關得絕對多數票者為當選，任期九年，得連任。法院設在荷蘭海牙。

秘書處

由秘書長及必要的辦事人員組成。秘書長為聯合國行政首長，由大會經安全理事會的推荐任命之。任期憲章無明文規定，經大會決定任期為五年。其職權可分為行政性、代表性、技術性與政治性的。其政治性職權得將其認為可能威脅國際和平及安全的任何事件提請安全理事會注意。近年以來由於大會及安全理事會的授權，秘書長的職權遠超過憲章所賦予者。秘書長下設八副秘書長，分管秘書處一部分工作。秘書處的辦事人員，由秘書長根據效率及地域分配兩個原則而委派。他們是國際官員，獨立行使職權，不受本國政府政策的影響。秘書處是聯合國的常設行政及事務機關。

聯合國總部

聯合國總部設在美國紐約市曼哈坦區。一九四五年十二月十日，美國國會一致決議邀請聯合國設永久會址於美國。一九四六年二月十四日，大會（在倫敦）接受該項邀請。一九四七年六月二十六日聯合國秘書長與美國國務卿簽訂聯合國會所協定，聯合國總部享有外交特權及豁免。（許秀賢）

聯合國中國代表權（China Representation）

中華民國為聯合國創始會員國之一，且為聯合國安全理事會常任理事國，載在聯合國憲章第二十三條。但自一九五〇年起，印度、蘇聯、阿爾巴尼亞等國先後提出中國代表權案，倡議排我納匪。茲分述歷屆聯合國大會對中國代表權問題投票紀錄及一九七一年中華民國退出聯合國經過如次：

外交部長周書楷為我退出聯合國嚴正聲明

外交部一九七一年十月二十六日中午發表公報說：聯合國大會於十月廿五日下午（臺北時間廿六日上午）就「中國代表權」問題阿爾巴尼亞案提付表決前，我出席聯合國大會代表團團長外交部周部長書楷已即發表嚴正聲明，宣佈我決定毅然退出聯合國，聲明全文如下：

參與敦巴頓橡園會議，並以召集國之一員發起金山聯合國制憲會議，而成為聯合國創始會員國及安全理事會常任理事國之一的中華民國，決定退出他自己所參與締造的聯合國。

這座聳入雲霄的聯合國大廈，刻劃著人類的痛苦回憶；聯合國的基礎原應建築在公理與正義之上。它原應發揮堅持憲章原則，保障忠實會員國合法地位，維護人類自由的精神力量，以及制裁極權暴力的道德勇氣，現在這座莊嚴的建築所象徵的聯合國，正受到暴力的破壞搖撼，隨時有倒塌的危險了！

聯合國的創立，人類曾經付出無比慘重的代價，二次大戰期間，犧牲了幾千萬人的寶貴生命，流血成渠，伏屍遍野，毀滅了無數城鎮與家園，也不知有多少孤兒寡婦曾在瓦礫灰燼中躑躅，在死亡恐怖中徬徨；而這個歷史悲劇的造成，則是由于當時握有決定人類命運之權力的政治家如張伯倫之流，缺乏政治遠見與道德勇氣，蔽于現實主義與一時之利害，懾于暴力和戰爭的威脅，畏葸苟安，以為只要滿足侵略者當時的要求，便可得到屈辱的和平，其結果遂使國際聯盟失去維護和平與制裁侵略的功用，陷于癱瘓瓦解，而侵略者之慾望，遂由吞噬一地一國擴大為吞噬整個世界，于是不久乃爆發第二次世界大戰。

歷史的事實證明了：當時張伯倫從慕尼黑所得到的，並非「光榮的和平」，實係殘酷的戰爭，歷史是人類的一面鏡子，後之視今，亦猶今之視昔。

在第二次世界大戰中，中華民國犧牲了千萬以上軍民的生命，損失了不可估計的財產。幸賴我全體軍民堅毅果決，奮戰不屈，終獲最後勝利。大戰結束，我國政府懷著悲天憫人的宏願，裹起戰爭的創傷，以德報怨，修好棄嫌，參與締造聯合國的工作，致力於重建世界之安全和平。因此，中華民國為安全理事會常任理事國之一，經明載於憲章第二十三條之中。二十六年來，我國始終一貫遵守憲章，善盡會員國之義務，對於各新興國家的人民為實現其獨立自主所作之努力，以及國際間經濟、社會、文化、教育、衛生等各方面之合作，我國無不竭力贊助促進，以期建立世界之安全和平與正義。凡此事實具在，任何人不能否認我國為聯合國忠實之會員國，故任何排除中華民國在聯合國合法地位之行為，不僅為撕毀憲章之非法行為，且亦完全否定了聯合國所賴以建立的崇高目標與神聖原則。

目前承認現實之論調甚囂塵上，以為中共應進入聯合國之藉口；但罪惡的存在是一回事，接受罪惡的存在又是一回事。聯合國的神聖職責，是要消滅罪惡的存在，決不能反向罪惡低頭，承認它的存在權利，而否定聯合國自身的存在價值。

中華民國人民及政府對中共的堅決鬥爭，對內在保衛人民之人權自由，對外在保衛世界之安全和平。今天中國大陸雖為中共暴力叛亂集團所盤據，但中華民國政府仍在其自己領土上繼續行使統治權，繼續為拯救大陸同胞而奮鬥，繼續為維護世界安全和平而盡力，所以凡主張所謂「恢復」中共在聯合國之權利以取代我國在聯合國及安全理事會之合法地位者，便不啻是支持中共繼續迫害裹脅中國大陸七億人民，以危害世界安全和平的幫兇。

二三十年來，中共所犯的罪行，實為人類歷史空前所未有，玆略舉其最顯著者：

一、中共於中國對日抗戰期間，專從後方襲擊國軍，奪取武器，並於國軍抗戰勝利之際，從蘇俄取得所接收日本關東軍之全部裝備，於是乃益擴大叛亂，以致整個大陸均為此暴力叛亂集團所蹂躪。

二、它屠殺了五千萬以上之善良大陸人民。它掠奪沒收了人民所有的一切財產，它剝奪了人民的人權和自由，使人民沒有人格的尊嚴，沒有追求幸福的權利，甚至沒有哭泣和沉默的自由。在它暴力統治之下，農民變成了農奴，工人變成了工奴，商人都被認為是剝削者和萬惡的賤民。

三、它製造紅衛兵又迫害紅衛兵，使無數的青少年和知識份子遭受殘酷的鬥爭，其倖免於死者，又被下放勞改，在飢寒交迫之中，在鞭笞踐踏之下，從事難堪的奴役。

四、它摧毀了家庭組織，强迫夫妻以及父母子女離散，使人人變成它所奴役鞭撻的孤獨牛馬；摧殘了以仁愛為本的中國文化及道德倫理；摧殘了所有宗教，教會被封閉沒收，教士與教徒被監禁迫害，它要使善良的大陸七億人民都變成殘暴而無人性的侵略工具。

五、它正在加緊殘害少數民族，尤其是藏族與維吾兒族已面臨滅絕的危機。

六、它曾派兵侵略大韓民國，與聯合國為敵，一九五一年被聯合國大會裁定為韓戰之侵略者。

七、它支援越戰和寮戰，使其擴大、延長。並支援東南亞各地共黨到處發動暴亂和戰爭。它在大陸秘密訓練各國共黨份子，遣其返本國，進行政治顛覆和武裝鬥爭。今天中共造反作亂的魔爪已伸到遙遠的中東、非洲、北美和中南美洲。

八、它大量種殖鴉片、販賣毒品，實行毒化世界，並以其販毒所得，充作在各國進行顛覆的經費。

九、它推行仇外恨外的教育和運動，推行全民皆兵運動。它發展核子武力，而且包藏一個最可怕的陰謀。此即在它認為必要時，不惜犧牲大陸一半人口，來挑起一場毀滅人類的核子戰爭。

十、它在其黨章中明確規定「反蘇修」、「反美帝」、「反一切反動派」，即反全世界所有不與它沆瀣一氣的國家。它並不諱言，目前外交戰略的改變，其作用在「擴大和加强國際反帝鬥爭的統一戰線」。大家若不健忘，當能憶及二十年前，毛澤東曾不斷高喊「向蘇聯一面倒」，後來為了欺騙亞非國家，又曾高喊「和平共處五原則」，召開萬隆會議，曾幾何時，它把豢養它的主子當做了死敵，而參加萬隆會議的國家中則有的幾乎被共黨顛覆，有的且受到中共的武裝攻擊。

總之，中共對內殘殺、迫害、對外侵略、「造反」，並且它早曾揚言要徹底改造聯合國或重新組織聯合國，事實將能證明，中共一旦被引入聯合國大廈及安全理事會之後，不僅聯合國將從此永無寧日，而且必將變成進行國際統戰以及國際顛覆的主戰場，其所握有之否決權，必將變成它製造暴亂與發動侵略之盾牌及刺殺民主國家之利刃。聯合國必將從此變成一個充滿罪惡與製造戰爭的場所。

中共是中華民國的一個叛亂集團，其在大陸的統治乃基於暴力，並非基於被統治者的同意。它對外侵略成性，聯合國為譴責中共侵略韓國罪行所通過之嚴正決議，煌煌紀錄，檔案具在，乃現在竟有聯合國會員國倡議排除中華民國之合法地位，以容納中共為會員並為安全理事會之常任理事，此何異邀請殺人犯走進法庭，奪佔法官之座席？亦何異聯合國宣告自身開始步入毀滅之路。

有人以為容忍中共進入聯合國是為了「和平」，意在藉此約束中共，此種想法實無異拿稻草綑綁老虎，不僅係幻想，而且極危險。

今天聯合國憲章已被破壞，從而聯合國成立之宗旨亦已完全動搖，我國雖力圖保衞聯合國宗旨、憲章，伸張國際公理正義及實現世界長期安全和平而不可得，乃祇有斷然退出吾人所曾艱辛參與締造的聯合國之一途。但本席願再鄭重聲明，中共不但為我大陸七億人民之公敵，不但為我國之叛逆，亦為經聯合國裁定之侵略罪犯，且中共內部的奪權鬥爭愈演愈烈，迄今仍在無政府狀態之中，其所謂「人民代表大會」早已解體，其所謂「國家主席」早已失蹤，所以它根本無民意可資假託，根本不具備一個國家的構成條件，它絕對無代表大陸七億人民的任何權利，更絕對無代替中華民國政府的任何資格。聯合國對中華民國在聯合國合法地位所作違反憲章之任何決定，均屬非法行為，中華民國政府及全民均絕對認為無效而堅決反對到底。

中華民國人民及政府，對于二十多年來堅守正義立場，予我鼓勵支持之友邦，表示誠摯的敬意與謝忱；並保證我國今後對于國際事務的處理，仍當一本當年參加締造聯合國之初衷，循守憲章所揭示之目標與原則，協同志同道合的友邦，共同為維護國際公理正義與世界安全和平而繼續奮鬥。

中華民國為維護公理正義之勇者，吾人曾多次獨立奮鬥于道義正氣之上，艱難險阻之中，深信吾人終能激發人類之良知與道德勇氣，使公理戰勝暴力，正義戰勝邪惡。

聯大第廿六屆常會審議中國代表權案情形及我宣佈退出聯合國經過之節要：

一、聯大第廿六屆常會關於中國代表權案之議題及各項提案：

聯大第廿六屆常會於本年（一九七一年）九月廿一日起在紐約舉行，除馬爾地夫一國外，聯合國會員國計有一三〇國均曾派遣代表團出席。

該屆聯大開幕前，阿爾巴尼亞等十七國於七月十五日聯名致函聯合國秘書長，要求將「恢復中共在聯合國之合法權利」一項議題列入大會議程，同時附提一項決議草案，該案除在序文部分加列「中共並為安理會五常任理事國之一」一句外，餘均與過去所提之「排我納匪」案相同。該案最初由十八國聯署，嗣後又增加為廿三國。

另美國亦於八月十七日致函聯合國秘書長，請將「中國在聯合國之代表權」一項議題列入大會議程，並於九月廿二日提出兩項決議草案，即一為變相之重要問題案，規定大會任何提議，其結果將剝奪中華民國在聯合國之代表權者為憲章第十八條所稱之重要問題。另一為雙重代表權案，即主張在不影響匪我雙方相互衝突謀求最後解決之情形下，大會確認匪方之代表權及我方繼續具有代表權，並建議由匪方出席安理會，為五個常任理事國之一。其中變相之重要問題案原由十九國聯署，雙重代表權案則由十七國聯署，嗣又分別增加為廿二國及十九國。

二、中國代表權案列入議程情形

大會總務委員於九月廿二日審議大會議程，美代表提議阿爾巴尼亞等國所提項目與美方項目合併審議，案經表決結果：⑴阿方項目以十七票贊成、二票反對、四國棄權。⑵美方項目以十一票贊成，九票反對，四國棄權分別通過列入議程。至美方兩項目合併審議之提議則以九票贊成，十二票反對，三國棄權未獲通過。嗣大會全會於九月廿四日審議總務委員會有關議程項目報告書時，阿方議題經無異議通過照列，至美方議題，親匪國家主張應予剔除，經付唱名表決結果，六十五票贊成、四七票反對、十五國棄權，通過仍應照列，惟由於阿方議題提出時間較早，故經排列先行審議，在此情形下，美方爲爭取其提案表決機會，故於九月廿九日乃將其原有兩項決議草案移在阿方議題下提出，而美方議題雖經列入議程，但已屬有名無實。

三、大會審議情形

大會自十月十八日起審議中國代表權問題，至廿五日結束，參加辯論者除我國外計有七十國（包括我國在內），其中四十五國贊成排我納匪，廿二國反對排我，另兩國立場不明。我方由外交部周書楷部長發言，列述我對聯合國締造之貢獻及共匪對內壓迫及對外從事顛覆滲透之事實。同時警告聯合國如容納中共而放棄憲章之宗旨與原則，將使聯合國本身受到無可彌補之損害。

沙烏地阿拉伯代表於九月十八日參加辯論時並對阿爾巴尼亞案提出一項修正案，其要旨在修改阿案原有排我部分，使其實質形態與美方雙重代表權案相近，依照大會議事規則規定，此項修正案應在阿案之前表決。

四、各案表決結果及我宣佈退出聯合國

民國六十年十月廿五日（星期一）大會續議中國代表權案。當日由突尼西亞及宏都拉斯兩國發言後，沙烏地阿拉伯代表繼又提出一項新決議草案，除主張恢復匪方在聯合國及其所有有關機關之權利並爲安理會常任理事國之一外，並認「臺灣島人民」應保留其在聯合國及一切有關機構內之席次，直待「臺灣島人民」在聯合國主持下舉行全民投票以決定其未來之地位，嗣由阿爾巴尼亞代表，我國劉常任代表鍇及美代表布希大使分別答辯後，沙代表以新案甫提出爲由，建議各案延至十月廿七日表決，敵方激烈反對，當經表決結果，五十三票贊成，五十六票反對，十九國棄權，未獲通過。至此本案即進入表決階段。繼十六個國家就其投票立場發言解釋後，美代表即以變相之重要問題案爲一項程序投票爲理由要求優先表決，日本及澳紐等國附議。阿爾巴尼亞及阿爾及利亞則反對，美方動議乃交付唱名表決，結果六十一票贊成五十五票反對、十五國棄權、兩國缺席獲通過，於是續就重要問題案本身唱名表決，結果以五十五票贊成，五十九票反對，十五國棄權，兩國缺席被打銷。

美國代表當即提出就阿案排我部分單獨分段表決之動議，案經反復爭辯結果，主席決定先表決沙烏地阿拉伯於九月十八日所提之修正案，爰經逐段唱名表決結果，第一段僅沙國及模里西斯兩票贊成、六十票反對、六十六國棄權（我在場聲明不參加投票）遭受打銷。第二段同樣以兩票贊成、六十二票反對、六十四票棄權而亦被打銷。沙國代表鑒於其提案顯難通過，故發言表示不再將其修正案續付表決而聲明將該案列入記錄，並保留於必要時再提。

大會嗣再就美方動議表決，結果五十一票贊成、六十一票反對、十六國棄權遭否決。我代表團以重要問題之防線未能構成，而美方分段表決之動議亦遭打銷。一切防止阿案通過之努力已盡，此時已戰至最後一刻，情勢顯難挽救，我代表團團長周部長書楷爰於阿案表決前提出程序動議要求發言，略謂變相重要問題案遭拒，顯已違背憲章，鑒於會中呈現一片紊亂而無理性之景象，我代表決定不再參加此項大會。我對多年來予我支持之友邦政府表示深切之敬意，今後我當致力於雙邊關係之加强，並與志同道合之國家爲聯合國賴以建立而遭大會破壞之理想繼續奮鬥。嗣周部長率領全團以嚴肅之態度步出會場，並即舉行記者招待會發表預先備妥之聲明，痛斥聯合國排我行爲之非法性及共匪歷年之罪行，並重申我爲聯合國宗旨奮鬥之決心。

在我代表團退出後，大會續就阿爾巴尼亞案表決，結果以七十六票贊成，卅五票反對，十七國棄權通過。至雙重代表權案在阿案通過後即無表決之必要，故未再審議。

又我退出聯合國後，甘比亞代表徇我請求於十月卅日正式致函聯合國秘書長要求將我退會聲明列爲聯合國官方文件。爰經聯合國秘書處印爲新聞發佈（press release）分發，成爲一項重要之歷史性文獻。（張彝鼎）

附一九七一年聯合國會員國名單

一、阿富汗
二、阿爾巴尼亞
三、阿爾及利亞
四、阿根廷
五、澳大利亞
六、奧地利
七、巴林
八、巴貝多

九、比利亞
十、不丹
十一、玻利維亞
十二、波札那
十三、巴西
十四、保加利亞
十五、緬甸
十六、蒲隆地
十七、白俄羅斯
十八、喀麥隆
十九、加拿大
二十、中非
二一、錫蘭
二二、查德
二三、智利
二四、中國
二五、哥倫比亞
二六、剛果（金夏沙）
二七、哥斯達黎加
二八、古巴
二九、賽普勒斯
三〇、捷克
三一、達荷美
三二、丹麥
三三、多明尼加
三四、厄瓜多
三五、薩爾瓦多
三六、赤道幾內亞
三七、衣索比亞
三八、斐濟
三九、芬蘭
四〇、法國
四一、加彭
四二、甘比亞
四三、迦納
四四、希臘
四五、瓜地馬拉
四六、幾內亞
四七、蓋亞那
四八、海地
四九、宏都拉斯
五〇、匈牙利
五一、冰島
五二、印度
五三、印尼
五四、伊朗
五五、伊拉克
五六、愛爾蘭
五七、以色列
五八、義大利
五九、象牙海岸
六〇、牙買加
六一、日本
六二、約旦
六三、肯亞
六四、高棉
六五、科威特
六六、寮國
六七、黎巴嫩
六八、賴索托
六九、賴比瑞亞
七〇、利比亞
七一、盧森堡
七二、馬拉加西
七三、馬拉威
七四、馬來西亞
七五、馬爾地夫
七六、馬利
七七、馬爾他
七八、茅利塔尼亞
七九、模里西斯
八〇、墨西哥
八一、蒙古
八二、摩洛哥
八三、尼泊爾
八四、荷蘭
八五、紐西蘭
八六、尼加拉瓜
八七、尼日
八八、奈及利亞
八九、挪威
九〇、渥曼
九一、巴基斯坦
九二、巴拿馬
九三、巴拉圭
九四、剛果（布拉薩市）
九五、秘魯
九六、菲律賓
九七、波蘭
九八、葡萄牙
九九、卡達
一〇〇、羅馬尼亞
一〇一、盧安達
一〇二、沙烏地阿拉伯
一〇三、塞內加爾
一〇四、獅子山
一〇五、新加坡
一〇六、索馬利亞
一〇七、南非
一〇八、南葉門
一〇九、西班牙
一一〇、蘇丹
一一一、史瓦濟蘭
一一二、瑞典
一一三、敘利亞
一一四、泰國
一一五、多哥
一一六、千里達與托貝哥
一一七、突尼西亞
一一八、土耳其
一一九、烏干達
一二〇、烏克蘭
一二一、蘇聯
一二二、阿聯
一二三、英國
一二四、坦尚尼亞
一二五、美國
一二六、上伏塔
一二七、烏拉圭
一二八、委內瑞拉

一二九、葉門
一三〇、南斯拉夫
一三一、尚比亞
一三二、阿拉伯酋長國聯邦

（張彝鼎）

聯合國已婚婦女的國籍公約（United Nations Convention on the Nationality of Married Women）

聯合國在一九五七年二月二十日制定已婚婦女之國籍公約，以謀避免或解決已婚婦女的國籍衝突。如該公約第一條規定：各締約國同意，不得因其國民與外國人結婚或離婚，亦不得因夫於婚姻關係存續中之變更國籍，而當然改妻之國籍。又如同公約第三條第一項規定：各締約國同意，妻為外國人，如申請歸化為夫之本國國民時，應依較簡便之歸化條件及程序，准許其歸化；但此種歸化之准許，得因國家之安全及利益，而加以限制或拒絕。我國也是該公約的締約國之一。（洪力生）

聯合國否決權（Veto Power in U.N.）

否決權一詞，原係指美國總統對國會通過之法案不予公佈之權力而言。美國總統對此項權力之行使至為慎重，故晚近以來，殊不多見。然吾人此處所稱之否決權，蓋指聯合國五強在安全理事會所享有之特殊投票權而言。

聯合國憲章條文本無否決權之規定，但由於五強在安全理事會投票時之特殊地位，遂產生對重要議案皆有單獨予否決之事實。

查聯合國之主要權力機關有二，其一為聯合國大會（General Assembly），其二為安全理事會（Security Council）。前者由所有會員國代表組織之，其所決議之案件均屬建議性質，故必須送請安全理事會作最後之決定，方能見之實行。後者原由十一個理事國組織之，現改為十五個理事國組織之，其中有五個常任理事國，由中華民國、美國、英國、法國及蘇俄代表充任之；其餘六國非常任理事國現改為十個非常任理事國由各會員國互選充任。非常任理事國之選舉，應充分斟酌聯合國各會員國對於維持國際和平與安全及其對聯合國其餘各宗旨上之貢獻，並宜充分斟酌地域上的公允以分配之。非常任理事國任期二年，但第一次選出之非常任理事國，其中應有三個（現為五個）為任期一年，凡任期屆滿之非常任理事國，不得即行連任。此種規定均無關宏旨，惟其中關於常任理事國之特殊表決權之規定，則極形重要。

聯合國成立時之憲章第二十七條云：

「1.安全理事會每一理事國應有一個投票權；

2.安全理事會關於程序事項之決議，應以七個理事國（現改為九個理事國）之可決票表決之。

3.安全理事會對於其他一切事項之決議，應以七個（九個）理事國之可決票，包括全體常任理事國之同意票表決之。但對於第六章及第五十二條第三項內各事項之決議，爭端當事國不得投票。」

由上條第三款之規定，除有關程序問題可不經全體常任理事國一致同意外，其餘一切有關實質問題之表決，則必須經中、美、英、法、蘇五常任理事國一致贊同，然後方能通過。倘五常任理事國中有一個投票反對，則縱使其餘理事國一致同意，亦遭否決。因此，遂使五常任理事國各具有一個否決權。在憲章條文中雖無Veto Power的字樣，但實際上，中、美、英、法、蘇皆有單獨否決任何議案（程序問題除外）之特權。

昔在十六、十七世紀時，波蘭的議會亦有一項規定，即一切重要議案之通過必須獲得全體議員之「一致同意」（Uranimous Consent）。此種規定似極民主，但事實上則恰與民主精神相違反。蓋一切議案如必須經全體議員一致同意，則祇要一人反對，即無法通過。其結果則每一議員均得單獨行使所謂Veto Power。其不能使議案順利通過，乃顯而易見。因其如此，所以當時的波蘭政府便陷於極端無能之狀態，因其政策常不能獲得議會一致之支持，惟有束手待斃而已。波蘭政府既無事可為，則其命運之不幸，固非偶然。今聯合國安理會雖未採全體理事國一致同意的規定，但五個常任理事國的一致同意亦足使聯合國陷於癱瘓而有餘。

自聯合國成立以來，由於東西冷戰日趨緊張，蘇俄遂利用此種否決權以反對一切為其所不贊同之議案，而民主國家方面之中、美、英、法等國，對此項特權，則絕少使用，於是遂成為蘇俄之專利品。因此，各國人士對此深滋詬病，而小國尤感不平，一九五三年第八屆大會時，曾提出修改憲章之建議，決定於一九五五年開始進行。其後經過約十年的周折，始於一九六六年通過增加安全理事會名額由十一國至十五國之數目，然其所增加者為非常任理事國，而五常任理事國依然如故，至於安全理事會之表決程序，則修正為：除程序事項外，一切重要議案均須經九個理事國之可決票，包括五個常任理事國之同意票行之。由此可知，此項修正僅增加四個非常任理事國，使會員國有參加安全理事會之較多機會，而對於五強之否決權則毫無影響。又由於民主國家均相約力求避免行使此項特權，而蘇俄則不斷濫用此項特權，迄今已達百次以上。今後如何予以限制或補救，實為關心聯合國前途者之一項艱鉅任務也。（鄧公玄）

參考文獻

聯合國憲章。

Hans J. Morgenthau: Politics Among Nations

聯合國兒童基金會（United Nations Children's Fund, UNICEF）

總部設於紐約聯合國總部內。係按一九四六年十二月十一日大會第五七（壹）號決議案的規定，終止聯合國善後救濟總署(United Nations Relief and Rehabilitation Agency, UNRRA)的活動，並運用其剩餘的財產設立聯合國國際兒童緊急基金(United Nations International Children's Emergency Fund, UNICEF)。按一九五〇年十二月一日大會第四一七（伍）號決議案，決定考慮將該基金改作永久的性質。一九五三年十月六日大會第八〇二（捌）號決議案遂決定將其改為永久的機構，並改稱為聯合國兒童基金會（ United Nations Children's Fund., UNICEF ），惟仍舊保留其原來使用之英文簡稱 UNICEF。

該基金會的目的在協助各國政府推動長期及廣泛的兒童與青少年的福利。

其組織有：執行委員會（Executive Board），由卅個政府代表組成；主席一人；副主席四人；計劃委員會(Programme Committee)；及預算委員會(Committee on Administrative Budget) 及行政長(Executive Director)

該基金會雖為聯合國的一部分，其經費並非取自聯合國經常預算，而仰賴各方公私捐助，每年預算不及四千萬美元。

其活動包括給予母子永久的健康服務；控制侵害兒童的疾病；提供營養；家庭與兒童福利；教育、假期訓練以及緊急救濟等。一九六五年曾獲得諾貝爾和平獎。按一九六八年十二月十九日大會第二四三二（貳拾叁）號決議案規定，該基金會近年來的工作重點在協助改善發展中國家內年輕一代健康、營養、教育及一般福利，並籲請各政府及其他捐輸者大量增加向該基金會之捐助，俾其每年五千萬美元之歲入目標最遲可於「聯合國發展十年」終止時達成。（李偉成）

參考文獻：

Yearbook of International Organizations, 11th edition.

中華民國出席聯合國大會第二十三屆常會代表團報告書。

聯合國教育、科學、文化組織（United Nations Educational, Scientific and Cultural Organization, UNESCO）

總部設於巴黎。

一九四二年在倫敦舉行九國教育部長會議，會中深切了解教育文化合作對國際和平的重要，奠下此組織的藍圖。經有關政府商討，由英國政府邀請，一九四五年十一月一日，四十四國出席聯教組織創立會，十六日聯教組織憲法簽字。一九四六年十一月四日，二十國依該憲法第十五條將接受文件交存英國政府，使該憲法生效，教科文組織乃正式成立。該組織經與聯合國成立協定，於同年十二月十四日成為聯合國專門機關之一。截至一九六七年止，共有一二〇個會員國及三個準會員，中華民國亦為該組織的會員國之一。

聯教組織在以教育、科學、文化促成國際間合作，以有助於和平與安全，而增進對於正義、法治及人權與基本自由的普遍尊重。

凡聯合國會員國自動取得本組織會員國資格，非聯合國會員國經執行理事會推薦及大會三分之二通過得加入本組織。聯教組織設有三個主要機關：大會、執行理事會及秘書處。大會由每一會員國派代表五人組成，只有一個投票權。大會每兩年舉行常會一次，決定本組織的政策及計劃。執行理事會由大會就出席代表中選出三十人組成，各代表其政府，大會在選舉時，應設法羅致藝術、文化、科學、教育及思想傳播有造詣而個人經驗才幹足以勝任理事會執行職務的人選。並注意文化的參差不一與地域的均衡分配。理事會每年集會兩次至三次，主要任務在實現大會所訂計劃。秘書處由行政長與辦事人員組成。行政長由執行理事會提請大會任命，任期六年，得連任。行政長向大會及執行理事會提出本組織活動的定期報告，並依照大會所定章程委派辦事人員。辦事人員的委派以才幹、效率、專門知識爲首要考慮，亦應注意地域分配的普及。

聯教組織爲配合第二個「聯合國發展十年」之計劃，曾於一九六八年十一月十九日該組織第十五屆大會通過有關「國際教育年」決議案，該組織對促進各國際機構及各會員國注意發展教育，以配合第二個「聯合國發展十年」將擔負主要責任。（許秀賢）

參考文獻：
朱建民著：國際組織；
Eyvind S. Tew, ed., Yearbook of International Organization, 11th edition, 1966
中華民國出席聯合國大會第二十三屆常會代表團報告書。

聯合國國際商法委員會（United Nations Commission on International Trade Law）

一九六六年十二月十七日聯合國大會，由于匈牙利代表提議，決定成立聯合國國際商法委員會，並規定其任務如下：

一、聯繫各種有關國際商法之國際團體，並促進其合作。
二、提倡對國際商事公約之廣泛參加並接受統一標準商法。
三、準備起草新國際商法公約，並與其他有關國際團體合作。
四、促進國際商事公約之統一解釋。
五、收集有關國際商法之各項資料，尤其關于各國立法及判例之資料。
六、成立國際機構，促進統一國際商法之發展。
七、聯繫聯合國有關機構。
八、其他有關事項。

根據上項決議，聯合國于一九六八年成立國際商法委員會。Uncitral迄一九七二年，經聯合國國際商法委員會討論之問題，包括下列：

㈠國際買賣契約。
㈡國際海上運貨及載貨證券 Bill of Lading 。
㈢國際支付包括支票、滙票、期票（本票）等。
㈣國際間銀行信用狀 Letter of Credit, L/C。
㈤國際間銀行擔保。
㈥國際商務仲裁。
㈦國際私法之適用（法律的衝突）。
㈧其他。

（張彝鼎）

聯合國發展方案 United Nations Development Programme, UNDP）

總部設於紐約聯合國總部內，並在日內瓦設有辦事處。該方案係於一九六五年十一月二十二日由技術協助擴大方案（The Expanded Programme of Technical Assistance EPTA）及聯合國特別基金會（United Nations Special Fund, UNSF）依大會第二○二九（貳拾）號決議案合併而成。

該方案的主要目的在協助低度開發國家基於其自然及人力資源建立生產的社會與有力的經濟，特別是對於該等國家其政府所請求的計劃予以策劃；協助其發展資金的集中；技術人員的訓練；並利用必要的現代技術改良其農業、工業、運輸、交通、教育制度、醫藥及社會服務等。

該方案的會員國對所有聯合國會員國、專門機關及國際原子能總署的會員國公開。

其組織有：董事會（Governing Council）由三十七董事國組成，其中十九個董事國應由發展中國家擔任；十七個董事國應由經濟較發達國家擔任，均按地域分配，第三十七董事國由各地區輪流充任。聯合國發展方案各機關間諮商委員會（Inter-Agency Consultative Board of UNDP）由執行長（Administrator）或副執行長（Co-Administrator）任主席，其委員包括聯合國秘書長、各專門機關及國際原子能總署之行政首長或其代表；聯合國兒童基金會（UNICEF）及世界糧食方案（World Food Programme）的執行幹事在必要時亦得參加該委員會。

聯合國發展方案的資金由聯合國各會員國及各專門機關會員國按年樂捐。

該方案於一九六七年內完成不少重要之工作：其中包括派遣一○、四五七名專家分赴各國服務；向一百二十餘國家及地區核授八、○二八名獎補金生，使其接受各項短期之訓練與研究；有一、○一六名各國人員曾接受有關技術與發展方面之專業訓練；並提供爲數五千一百萬美元之技術協助與器材設備。（李偉成）

參考文獻：

Yearbook of International Organizations, 11th ed.

中華民國出席聯合國大會第二十三屆常會代表團報告書。

聯合國糧農組織（Food and Agriculture Organization of the United Nations, FAO）

總部設於羅馬。糧農組織導源於一九四三年五月四十四國在美國佛吉尼亞州溫泉城舉行的糧農會議，認定：世界糧食不夠，科學技術可以生產足夠糧食。改善全體人民的健康與幸福，需要擴充世界經濟，除每個國家各盡本分外，還需全體國家協力進行。七月成立糧農過渡期間委員會，起草糧農組織的憲法。此項憲法經二十國接受後，於一九四五年十月十六日開始生效，糧農組織正式成立。一九四六年十二月十四日糧農組織與聯合國訂立的協定生效，成爲第二次世界大戰以後創立的第一個專門機關。截至一九六六年止，共有一一〇個會員國及四個準會員，中華民國不是該組織的會員國。

糧農組織創立的宗旨有四：1.提高人民的營養水準與生活標準；2.增進糧食與農產品的生產效能與分配效能；3.改善農村人口的生活；4.協助世界經濟的擴充。

會員國分創始會員國與加入會員國兩種。創始會員國共四十五國。聯合國會員國中共產集團國家只有波蘭、羅馬尼亞及南斯拉夫爲會員國。

本組織設三個主要機關：大會、理事會及行政長。大會由全體會員國各派代表一人組成。常會每兩年舉行一次，決定本組織政策及審核本組織預算。理事會由大會選舉三十一個會員國組成，代表會員國行動並向大會負責。在大會閉會期間，監督糧農組織的工作，檢討世界糧農概況，向會員國及國際組織提供改進糧農情況的建議。行政長由大會委派，任期四年，受大會與理事會的一般監督，爲本組織的行政首長。

糧農組織的主要事務，分別由計劃及預算、技術（包括畜牧、林業、水土、營養、植物生產）、經社事務、漁業、公共關係及法律事務、行政及財務等六部門處理。在北美、近東、亞洲及遠東、拉丁美洲、非洲、歐洲設有區域辦事處。

一九六二年聯合國與糧農組織，爲免除飢餓、從事糧食援助工作而成立一個世界糧食方案（World Food Programme）。一九六三年開始，一九六五年決定續辦。一九六八年，糧農組織幹事長會同聯合國秘書長在聯合國總部召開世界糧食方案認捐會議，規定一九六九年及一九七〇年兩年度志願捐助目標爲二億美元，其中現金及勞務捐助至少應佔三分之一，並決定下屆認捐會議應於一九七〇年召開。近年來，該組織對於聯合國體系下所作「增進食用蛋白質之生產與使用」之努力，曾擔負極重要之任務。（許秀賢）

參考文獻：

朱建民著：國際組織，

Eyvind S. Tew, ed., Yearbook of International Organization, 11th ed., 1966.

中華民國出席聯合國第二十三屆常會代表團報告書。

聯合國難民事宜高級專員公署（United Nations High Commissioner for Refugees, UNHCR）

國際組織主持難民救濟事宜始於一九二一年國際聯盟任命挪威北極探險家兼博物學家南生（Fridljof Nansen）博士爲國聯難民事宜高級專員。第二次大戰期間第一個掌管難民事宜的主要國際機關爲聯合國善後救濟總署（UNRRA）；救總之後擔任難民救濟工作的，爲國際難民組織（The International Refuge Organization, IRO），是聯合國大會一九四六年十二月十五日決定設立的，一九五二年二月結束。一九四九年十二月三日聯合國大會認爲國際難民組織結束之後聯合國保護難民的責任繼續存在，決定任命一聯合國難民事宜高級專員。一九五〇年十二月十四日大會通過聯合國難民事宜高級專員公署規章，公署於一九五一年一月一日設立，原定爲期三年，嗣四度經大會決議作爲期五年之延長，最近一次爲一九六七年第二十二屆大會決議自一九六九年一月一日起再予延長五年，同時決定將於一九七二年第二十七屆大會檢討公署的存廢問題。

該公署的目的在推動難民之國際保護。

該公署設難民事宜高級專員（High Commissioner）一人，由秘書長提請聯合國大會選舉，並設有一個高級專員方案執行委員會（The Executive Committee of the High Commissioner's Programme），由三十國家代表組成，由經社理事會就聯合國及各專門機關會員按廣大地域基礎選舉之。公署總部設在日內瓦，在阿爾及利亞、澳大利亞、奧地利、比利時、蒲隆地、金夏沙剛果、法國、西德、希臘、義大利、澳門、哥倫比亞（包括拉丁美洲）、黎巴嫩、阿聯、摩洛哥、尼泊爾、荷蘭、塞內加爾、坦尚尼亞、土耳其、烏干達、英國、美國設有辦事處。

該公署之活動係人道的、非政治的，普受聯合國及有關各國之重視。一九五八年十二月五日大會曾建議於一九五九年六月起舉行「世界難民年」，冀藉各國共同努力，謀求世界難民問題之實際解決。「世界難民年」已於一九六〇年五月底結束，按高專的報告書指出：「世界難民年」對於難民之國際保護，難民再定居之機會以及國際合作援助難民等已有深遠之影響。

該公署一九五四年曾獲得諾貝爾和平獎，現任高專沙都阿加定汗王子（Prince Sadrudin Aga Khan）其任期原至一九六八年十二月卅一日屆滿，但因其任成績卓著，聯合國秘書長曾向二十三屆常會建議，將該高級專員之任期再延長五年，至一九七三年十二月卅一日止，並予以同本組織副秘書長之地位與待遇，經大會無異議通過。（李偉成）

參考文獻：

Peaslee International Governmental Organizations, 2nd Ed vol. II

中華民國出席聯合國大會第二十三屆常會代表團報告書

優先地位（Precedence）

優先地位是指一人以上相聚時應居優先的位置。外交人員的優先地位，可分兩種說明，一是外交團團員（請參閱外交團條）的，二是外交人員與駐地國政府官員的。外交團團員間的優先次序，按通例，應如下：㈠特命全權大使，特命全權公使，駐辦公使，公使銜專任代辦，公使銜臨時代辦，公使銜參事，參事，一等秘書，二等秘書，三等秘書，助理三等秘書；㈡配偶的地位隨其夫或妻；㈢同級者以正式通知到任的日期次序爲次序（有些國家以呈遞國書日期爲標準，天主教國家給教廷大使最優先的地位，一九六一年維也納外交關係公約規定使館的優先地位依其執行職務的日期而定）；㈣臨時代辦，無論其爲一等二等或三等秘書，都在大公使館各等秘書之前，大使館代辦在公使館代辦之前，專任代辦在臨時代辦之前；㈤館長國書更換不影響其原有地位；使館升格，館長地位亦升；兼駐一國以上的館長，其優先地位分別決定；㈥其他人員的優先地位，按接受國外交部所定準則決定。至於外交人員和接受國政府官員間的優先地位，各國規定並不一致。現在祇以民國四十三年我外交部所定準則，作爲例說。總統公宴時，席次如下：一、總統；二、副總統、三、外國駐華大使（通常依呈遞國書先後之次序）；四、五院院長（依五院排列之次序）；五、五院副院長；六、外交部長；七、最高法院院長；八、五院所屬各部會首長及政務委員；九、本國現任大使；十、各國駐華公使；十一、參謀總長；十二總統府秘書長、參軍長；十三、其他特任官員；十四、省主席；十五、外交部次長；十六、本國現任公使；十七、立法委員監察委員；十八、各國駐華專任代辦；十九、各國駐華臨時代辦；二十、五院所屬各部次長；二十一、各國駐華使館參事以上之首席館員；二十二、各國駐華武官；二十三、其他簡任文武官員。外國駐華使節公宴中國政府首長時，座次如下：一、總統；二、副總統；三、五院院長及副院長；四、外交部長；五、最高法院院長；六、五院所屬各部會首長及行政院政務委員；七、本國現任大使；八、各國駐華大使；九、參謀總長；十、總統府秘書長、參軍長；十一、其他特任官員；十二、省主席；十三、外交部次長；十四、本國現任公使；十五、立法委員、監察委員；十六、各國駐華公使；十七、外交部參事、司長、簡任秘書；十八、其他簡任文武官員；十九、本國現任代辦；二十、各國駐華代辦；二十一、各國駐華使館參事以上之首席館員；二十二、各國駐華武官。外國駐華大使在任死亡，下列各官員參加執紼，其次序如下：一、總統代表；二、五院院長或代表；三、外交部長、各部部長或代表；四、其他各機關代表；五、各國大使、公使、代辦及館員；六、該國使館代辦、館員及故使眷屬。優先地位的通則大致如後：一、地主國常給外國官員較高座位；二、外賓的座次以其官職爲準，不問其在國內的爵位；三、官職相同者，以年資定其優先地位。（陳治世）

檀島詹阮會議（Honolulu Conference）

一九六八年七月十九日至二十日，美國總統詹森與越南總統阮文紹在夏威夷州的首府檀島再度舉行會議，商討越南問題。這仍被稱爲美、越檀島會議（Honolulu Conference）。

這會議的結果，如見於會後發表的聯合公報，有幾要項：一、關於全局停炸北越問題，公報只從側面說，兩國元首認爲北越尙未作建設性的反應。但無提及他們曾否討論全面停炸的可能性問題。二、關於「聯合政府」問題，美方聲明，如非得越南人民的同意，美國將不許以聯合政府或其他任何方式的政府，强加於越南人民。三、對增强越南軍隊的任務，雙方表明將協議一種「長期目標」，使越南部隊加强裝備，增進戰力，逐漸接替美、盟軍的作戰任務。四、對越南在和談上的地位，公報上强調，關於和談的任何最後決定，越南有其充分的權利。五、對北越可能的新攻勢，公報認爲會於今後兩月內發生，惟表明對於擊潰任何攻勢，具有信心。

會後，詹森總統對記者會說：外間傳說，美、越總統對於與越南民族解放陣線談判及停炸北越等問題，不能達成協議。「這是純粹的，絕對的造謠或虛構。在我們的討論中，絕無發生任何歧見。」

阮文紹總統也對同一記者會說：「越南政府決定對防守越南負起更多的責任。」他表示越南軍隊强大，美軍可於一九六九年開始逐步撤回。但「這種撤兵，幷非意味着美國退出越南。」又說：「民族解放陣線的人們放下他們的武器，停止暴亂，始能參加越南的政治生活，他們且須遵守越南憲法。」

此次會議之前，美、越兩國領袖——詹森總統與阮文紹主席曾於一九六六年二月六日至八日在檀島舉行會議。會議結束時，發表「檀島宣言」及「聯合公報」。前者共同聲明兩國決心防止侵略，致力於實現全體越南人民的希望，幷承諾謀求正義及穩定的和平。後者表達兩國政府同意：繼續從事尋求和平的外交努力；採取進一步的具體措施，以對抗越南的通貨膨脹；對越南農村民主制度，農業建設計劃及農村工作保護，使其快速進步；將農業技術智識自實驗站推廣到田地裏的農民；加强衛生和教育計劃；越軍與美軍間更密切的合作政策。此外，美方表達：對越南提出的高度優先地區從事特別積極努力的計劃，保證提供充分及迅速的支持；對越南提出的解決難民問題計劃，也保證予以支持。

可見這次檀島會議的重心，在於越南的經濟、金融、社會、教育和衞生等事項。它比起上述隔兩年餘舉行的檀島會議，二者的主要內容顯然不同。（陳紹賢）

臨檢（Visit）

即交戰國軍艦或飛機對公海或交戰國領海內之中立私船所作之檢查行爲，其目的在查明船舶之國籍，啓航港口與目標地，所載乘客及貨物之性質，和船舶被僱用之經過等，以探知其有無破壞封鎖，載運戰時禁制品，或從事非中立役務之事實。

在程序上，交戰國軍艦須先以呼聲、無綫電、旗號、汽笛、空槍等方法令商船停駛；倘不遵從，則可發射實彈越過其船首。如因强迫停駛而致商船被擊沉或損毀，軍艦不負責任。停駛後，軍艦與之保持適合風向及氣候要求的距離，再派軍官一、二人及水手數名乘小艇登船查閱商船各種文書，包括㈠船舶登記證（通常載明船名、大小、船主、國籍）、㈡海員及乘客名册、㈢航海記事簿、㈣艙單（載明貨物與運費）、㈤提貨單副本、㈥租船人及租約、㈦過戶單、㈧離港時海關發給之開航許可證等。

臨檢軍官如發現該船有破壞封鎖之事實或意圖，從事非中立役務，或載運戰時禁制品，或其文書不完備，甚或有塗改、僞造、藏匿、或破壞等情事，均可予以拿捕。反之，若無此等拿捕之理由，則須在其記事簿上載明臨檢經過，然後放行。（參閱「搜索」條）

環境若不容許軍艦依上述程序臨檢，亦得着由中立商船船長或其代表携帶各種文件登艦接受查閱。拿破崙戰爭時的英國及南北戰爭時的美國和若干其他國家均採行過這種方式。

臨檢乃交戰國之權利，中立國船舶不得抗拒。倘有强力抵抗或拒絕停駛情事，並可予以拿捕。至於在敵國軍艦護航下的中立船舶，更可視同敵船而拿捕之。（俞寬賜）

總體戰（Total War）

即交戰國須動員其全部力量及運用一切手段，從海、陸、空各方面進行鬥爭的現代戰爭。由於大量殺傷武器及其他新式軍備之發明、發展、和生產的結果，現代戰爭之本質已經澈底改變：戰場不但從前方擴大到後方，而且由平面變成立體；參加戰爭的國家不但數量激增，而且每一交戰國必須將其人民，物質、精神、軍事、政治、和經濟的全部力量投入戰爭。打擊敵人的方法亦極其複雜，和廣泛；影響所及，中立國也常在經濟、財政、和政治上處於極困難的地位。例如第一、二次世界大戰期間，英國採取長距離封鎖、定量配給制、及入港搜索等戰爭手段，使北歐國家受到嚴重影響（可參閱 J. G. Starke, An

Introduction to International Law, London, 1963, PP.454-459)（俞寬賜）。

雙重犯罪原則（Principle of Double Criminality）

所謂雙重犯罪原則係指請求引渡國與受請求國的現行法律，均規定某種行爲構成犯罪行爲，且處以一定刑度（test of punishment）以上者，始可予以引渡。而此所謂請求國與受請求國對於該犯罪的處罰規定必須在一定刑度以上，並非指兩國法律的處罰規定必須相同，故刑期的長短不必完全相同。

依國際法的習慣規則，並非任何犯罪行爲都可以構成引渡的理由，而是以請求國與受請求國的引渡條約所規定者爲限。十九世紀各國間所訂立的引渡條約，常列舉所有應引渡的犯罪行爲，例如：一八八九年七月十二日美英引渡條約即列舉殺人、僞造貨幣、侵占公款、詐欺、叛亂、海盜、僞證等在引渡之列。但因近代工商業發達，日常社會生活複雜，犯罪種類也日趨繁多，故無法一一列舉，只有作一般原則性的規定，因而有雙重犯罪原則的產生。如一九三三年十二月二十六日第七屆美洲國際會議所簽訂的公約即規定：可引渡的犯罪行爲須「依請求國及受請求國的法律均認爲係犯罪行爲，且規定最低應受一年以上有期徒刑的處罰者。」又哈佛大學引渡草案第二條亦規定：請求引渡的犯罪行爲須具備下列兩要件：(1)該犯罪行爲須依行爲時請求國的法律規定，應受死刑或二年以上有期徒刑的處罰者；(2)須依請求引渡時受請求國的法律規定應受死刑或二年以上有期徒刑的處罰者。所以雙重犯罰原則已爲各國所相繼採用。而成爲國際法引渡中的一項原則。（李鍾桂）

雙重國籍（Dual Nationality; Double Nationality）

又稱重國籍或重複國籍或國籍的積極衝突，即一人同時有二以上的國籍的意思。其原因或由於出生的關係，例如採血統主義爲原則的國家，其國民在採出生地主義爲原則的國家所生的子女，便取得雙重國籍。或由於出生後因婚姻、認領、收養、歸化等關係，而取得雙重國籍；如甲國男子與乙國女子結婚，依甲國國籍法的規定，係採妻從夫的國籍，即乙國女子與甲國男子結婚，而當然取得甲國國籍，但乙國國籍法則採男女平等的新立法原則，而規定爲外國人妻者，仍保留妻之國籍，即乙國女子並不因其與外國男子結婚，而當然喪失其國籍，因此這個乙國女子也就有了雙重國籍；非婚生子女也可以依其生母國家的法律規定，而取得生母國家的國籍，但經其生父認領以後，又可以取得生父國家的國籍，如生母爲甲國國民，而生父爲乙國國民時，則該子女即取得甲國與乙國的雙重國籍；由於收養關係，也可以取得雙重國籍，如甲國的男子（養親）、收養乙國的兒童爲養子，依甲國法律規定，外國人爲甲國人之養子者，取得甲國國籍，但依乙國法律規定，爲外國人養子者，並不當然喪失其原有國籍，該兒童則因收養關係而具有甲乙兩國的雙重國籍；由於歸化關係，也可以取得雙重國籍，如甲國國民未經甲國政府的許可，未喪失甲國國籍，即向乙國申請歸化爲乙國國民，則因歸化行爲而具有甲乙兩國的雙重國籍。基於上述的原因所造成的雙重國籍，其例不勝枚舉。凡雙重國籍的人，有一個國籍是內國國籍，則爲內國國民（參閱涉外民事法律適用法第二十六條後段但書的規定）。我國華僑久居於美國或其他採出生地主義爲原則的國家，其所生的子女大都具有中華民國與美國（或出生地國）的雙重國籍。（洪力生）

歸化（Naturalization）

是外國人或無國籍人，依照法定程序，申請獲准而取得某國的國籍的意思。歸化是取得國籍的原因之一。在學說上，歸化可分爲兩種：㈠小歸化，又稱一般的歸化，即外國人或無國籍人，依照法定程序，向某國政府申請歸化必須具備法定條件，如居住期間、年齡、品德、教育、及經濟等條件，始得獲准歸化；如我國國籍法第二條規定：「外國人或無國籍人，經內政部許可得歸化。呈請歸化者，非具備左列各款條件，內政部不得爲前項之許可：一、繼續五年以上，在中國有住所者；二、年滿二十歲以上，依中國法及其本國法爲有能力者；三、品行端正者；四、有相當之財產或藝能，足以自立者。無國籍人歸化時，前項第二款之條件，專依中國法定之。」惟關於上述第一款的住所條件，國籍法第四條及第五條爲顧及採用血統主義的精神，及其與中國地發生密切的關係，而有例外的規定，即有下列情形的外國人，其在中國之住所，雖未經繼續五年以上，亦得歸化：一、父或母曾爲中國人者；二、妻曾爲中國人者；三、生於中國地者；四、曾在中國有居所繼續十年以上者；但上述第一種及第二種情形的外國人，必須在中國有繼續三年以上之居所，始得歸化；至於有上述情形的外國人，除其父或母生於中國者外，亦須在中國有三年以上之居所，始得歸化。此外，外國人現在中國有住所，其父或母為中國籍，雖不具備國籍法第三條第二項第一款、第二款、第四款各條件，亦得歸化。㈡大歸化，即外國人或無國籍人有特殊功勳於某國，雖不具備上述各種條件，亦許其歸化。（參閱國籍法第六條）。許多國家允許歸化人的妻及未成年的子女隨同歸化。有些國家不承認隨同歸化的原則，有些國家是對於隨同歸化，加以許多限制。我國國籍法第八條規定：「歸化人之妻及依其本國法未成年之子，隨同取得中華民國國籍；但妻或未成年之子，其本國法有相反之規定者，不在此限。」（並參閱國籍法第九條）。（洪力生）

舊金山會議（San Francisco Conference）

自一九四五年四月二十五日至六月二十六日，五十個國家在美國加州的舊金山（San Francisco）舉行會議，制定聯合國憲章（The Charter of the United Nations）和國際法院規約（The Statute of the International Court of Justice）。所以這會議的實際是這兩個國際機關的制憲會議。因它在舊金山舉行，故被通稱為舊金山會議（San Francisco Conference）。

這個會議是由中、英、美、俄四國發起召集的。到會的國家代表，除發起的四國外，有澳大利、比利時、玻利維亞、巴西、加拿大、智利、哥倫比亞、哥斯達利加、古巴、捷克、斯洛代克、多明尼加、埃及、厄瓜多、阿比亞尼亞、法國、希臘、薩爾瓦多、瓜地馬拉、海地、洪都拉斯、印度、伊朗、伊拉克、賴比瑞亞、黎巴嫩、盧森堡、黑西哥、荷蘭、紐西蘭、尼加拉瓜、挪威、巴拿馬、巴拉圭、秘魯、菲律賓、沙烏地阿拉伯、敘利亞、土耳其、南非聯邦、烏拉圭、委內瑞拉和南斯拉夫。

在會議期間，續被邀參加的國家，有阿根廷、烏克蘭、白俄羅斯和丹麥。波蘭也被邀參加，因它的臨時政府未成立，故無代表出席，但它的創始國資格仍被保留。所以聯合國的創始國為五十一國，出席舊金山會議的為五十國。

六月二十五日最後一次大會通過全部憲章。次日，各國代表簽字。中國最先，俄、英、法及其他各國次之，美國最後。憲章簽字完畢，會議宣告終結，憲章於獲得美、英、中、法、俄五國及其他二十四國批准後，已過創始國之半數，即經宣告於一九四五年十月二十四日正式生效，聯合國成立，並定是日為「聯合國日」。（陳紹賢）

轉讓（Cession; Transfer）

轉讓是一個國家將其領域的一部分，有償或無償的讓與他國者。此種轉讓是兩國意志的重合與國際條約的存在為基礎的。轉讓的方式有下列五種方式：

㈠買賣（Sale）：如一八六七年美國以七百二十萬美金向俄國購買阿拉斯加（Alaska）一地。

㈡交換（Exchange）：如一八七五年日本以庫頁島與俄國的千島群島交換。

㈢報酬（Reward）：如第一次世界大戰期間，意大利與盟軍並肩作戰，英、法兩國以非洲的一部分土地給予意大利作為報酬。

㈣贈與（Gift）：如一八五〇年英國以伊利湖（Lake Erie）的馬蹄礁（Horse Shoe Reef）贈與美國。

㈤割讓（Cession）：如一八七一年法國割讓亞爾薩斯洛林（Alsace - Lorraine）兩省割讓給德國。

「轉讓」原則上自條約生效之日開始，且在轉讓條約生效後，轉讓行為即被認為完成，轉讓地的主權亦立即被認為業已更迭。轉讓行為如發生於兩個主權國家之間，第三國不得加以干涉。（李鍾桂）

禮讓說或稱國際禮讓說（Comity or International Comity）

此說創自荷蘭學派，嗣後為英、美學者所採用；但是當今學者多排斥之，認為此說是封建時代的遺說，缺少法理上的根據。此說的立論，認為內國法官是依國際私法的規定，而適用外國法律，並非由於該法官服從內國主權的責職，因為一國法律的效力祇限於本國的領域，而內國法官並沒有適用外國法的義務。適用外國法律是根據國際禮讓的結果，而非義務，法官有自由裁量以定取捨之權。此說所受到的批評有兩點：一是誤認外國法在內國法院適用是法律的性質，二是誤執國際禮讓的意義。所謂禮讓既然沒有定論，又不是必要；並且國際間祇有權利義務關係，而沒有禮讓的存在，以前學者的立論，凡是沒有法理上根據的主張，往往以禮讓兩字為搪塞所以禮讓說逐漸失掉它的重要性。（洪力生）

關於蘇俄參加對日本作戰密約

（Secret Agreement Regarding Entry of the Soviet Union into the War against Japan）

一九四五年二月三日至十一日，美、英、蘇三國首長，羅斯福、邱吉爾及史達林，於雅爾達會議。於二月十一日，訂立一項出賣中國的密約，以換取蘇俄之對日作戰，該密約於一九四六年二月十一日始公佈於世。密約全文如下：

「三強元首——蘇俄、美國、和英國——同議，於德國投降和歐戰結束後二或三個月後，蘇俄將參加盟邦對日作戰，其條件如後：

一、外蒙古（即「蒙古人民共和國」）現狀予以保留。

二、俄國前於一九〇四年被日本侵害之權利應予恢復，即：

㈠庫頁島南部及其鄰近島嶼應歸還蘇俄；

㈡大連商港應予國際化，蘇俄在該港之優越權益應予保障，並恢復旅順租予蘇俄為海軍基地；

㈢中東鐵路以及通達大連之南滿鐵路應由中蘇合組公司經營，並經諒解，蘇俄之優越利益應獲保障，中國保持其在滿洲之完整主權。

三、千島群島應歸還蘇俄。

認為，有關上述外蒙、港口與鐵路之協議應徵得蔣委員長之同意。依照史達林元帥之建議，美國總統將採取措施以獲得此一同意。

三强元首同意，蘇俄之要求應於日本被擊敗之後無異議予以履行。

蘇俄方面表示願與中國國民政府訂定一友好與聯盟條約以便給予中國以武裝力量之援助，達到使中國從日本桎梏中解放出來之目的。」

密約由史達林、羅斯福及邱吉爾共同簽字，由於該密約之簽訂，使對日戰爭毫無貢獻的蘇俄，從對日抗戰最久，犧牲最大的中華民國謀取到鉅大而優越的利益。（吳俊才）

又蘇俄表示願與中華民國政府訂立友好同盟條約，原為雅爾達密約之一部分，亦即雅爾達密約中之一種基本交換條件。（張彝鼎）

關稅權

關稅權係一國主權的行使；中國近代關稅之受人監督，荷、比、盧關稅同盟之在六國共同市場內擁有特殊地位；均是根據特殊條約的規定與一定國際關係之演變。此處所特別着重討論者指一國在領海上之關稅權。

國家在領海範圍以內固然有制定、實施關稅法令並且處罰犯法的權利，但是為有效執行，乃有領海以外鄰接區的制度。英國早在一七六三年即有「徘徊條例」（Hoovering Act）沒收所有在六浬以內逡巡的船隻，一八七六年又略為增潤，該條約至今有效；美國一九三五有「反走私法」（Anti-Smuggling Act）處罰在十二浬以內而不攜帶有酒類的輸入證明的船隻。南美各國亦有類似規定，抗議者亦有之。美國在禁酒時期（一九一九至一九三三）亦因擴大緝私而與外國發生衝突（請參見「鄰接區」條）。

一九五八年在日內瓦所舉行聯合國海洋會議通過「關於領海及鄰接區的公約」第二十四條謂：「沿海國得在鄰接其領海、公海區內行使必要之管制以(甲)防止在其領土或領海有違犯其海關、財政、移民……規章之行為，(乙)懲治在其領土或領海內違反前述規章之行為」。（邵子平）

關稅暨貿易總協定

（The Genenal Agreement on Tariffs and Trade, GATT）

關稅暨貿易總協定原意在國際貿易組織（The International Trade Organization, ITO）成立之前一項過渡辦法，欲知其起源，不能不略述國際貿易組織的籌備工作。一九四六年聯合國經社理事會決議召開一次貿易及就業會議以成立國際貿易組織，指派籌備委員會準備該組織公約草案，供貿易及就業會議採納。一九四七年八月籌備委員會完成草擬工作，聯合國貿易及就業會議於一九四七年十一月至一九四八年三月在哈瓦那舉行，通過國際貿易組織憲章，通稱為哈瓦那憲章，並設立國際貿易組織臨時委員會，籌備國際貿易組織第一屆會議。組成貿易及就業會議籌備委員會的各國政府在日內瓦草擬國際貿易組織憲章的同時，決定在該組織成立之前先就彼此間降低關稅稅率及減輕其他貿易限制問題進行談判。談判結果完成一項多邊條約，稱為關稅暨貿易總協定，一九四七年十月三十日在日內瓦簽字，一九四八年一月一日生效。由於哈瓦那憲章未經接受，擬議中的國際貿易組織未能成立，一九四八年後該總協定遂成為釐定貿易規則的唯一國際文件，而為世界多數主要貿易國家所接受。總協定生效之時，原有締約國二十三。

關稅暨貿易總協定為一多邊貿易條約，一九五四年至一九五五年間該協定締約國第九次會議決定設立一個常設組織以執行該總協定，一九五五年三月十日簽訂了一項貿易合作組織協定（Agreement on the Organization for Trade Co-operation）依照協定第十一條規定，該組織得經其大會通過協定與聯合國發生關係，而成爲聯合國專門機關之一。

關稅暨貿易總協定的條文雖然多而複雜，大致說來，包括下列幾項主要原則：

1.貿易進行不得有所歧視，各締約國在進出口關稅方面互予最惠國待遇。

2.給予國內工業的保護只能靠關稅稅率，而不能依賴其他商務措施，各進口限額（Quota）等——進口限額制度得用於其他目的——如恢復支付平衡之類——而且受到嚴格限制。

3.爲避免損害締約國的貿易利益，得互相諮商。

4.樹立一套制度，經由談判削減關稅及其他貿易障礙。

其會員國有八十個。中華民國已宣佈退出該總協定。

按貿易合作組織協定之規定，其組織有大會（Assembly），代表理事會（Council of Representatives），定期關稅會議（Periodic Tariff Conferences）及秘書處（Secretariat）。目前，該組織因其協定尙未生效而成立，僅由關稅暨貿易總協定之締約國任命一位幹事長（Director General），並由幹事長任用一百七八十個工作人員，組成秘書處來推動該總協定之任務。秘書處設於日內瓦。

該組織截至一九六六年，共舉行二十次大會，並於一九四七、一九四九、一九五〇—五一、一九五六、及一九六〇—六一年，舉行了重要的關稅談判會議六次。除削減關稅及其他貿易障礙、取消進口量的限制，解決貿易爭端外，近年來多致力於解決發展中國家的貿易及經濟發展問題。（李偉成）

參考文獻：

朱建民著：國際組織；

Peaslee, Intergovernmental Organizations, 2nd edition, Vol. I,

Yearbook of International Organizations, 1966-1967, 11th ed.

邊界（Boundaries）

在國家理論中，有學者以爲邊界觀念之產生，與「國家」觀念形成同其時（Herbert Krüger）；在國際法上，邊界乃是發生國際交往的主要要件，獨立的象徵。

邊界有沿用歷史傳統中的界線（例如政合國如一九〇五年瑞典與挪威分裂，即沿用從前分子國界線；殖民地獨立多沿用從前行政區的界線）的，有時有因不清晰尙有爭執的（中印邊界）；有特予劃定的界線。一般決定界線有二種方法：其一所謂「人爲的邊界」（Artificial Boundaries），例如中國的界石、柱、濠溝、城牆；外國的十字架，浮標等等均是。此外，又有所謂「自然的邊界」（Natural Boundaries），一般指森林、山脈、沙漠、河流等等，但亦有指它的政治意義的：例如義大利人認阿爾卑斯山脈，法國人認萊茵河爲他們的「自然邊界」。應注意「自然」「人爲」的區分並非絕對的分別，有時有人造森林或沙漠以爲界線的。

河流爲邊界時，因爲它有經濟利用價值，劃界問題比較複雜。有時有一河全屬一國而以河之外沿爲界；但除了特殊情形，通常在可以航行的河流，以下行最深航道爲邊界，有二航道者以二道的中間線爲界；不能航行的河流，逕以中線爲界。

關於湖泊，除有特別規定，以湖泊的中間線爲邊界。（邵子平）

繼續航海主義（Doctrine of Continuous Voyages）

中立國船舶由中立港口載運戰時禁制品至另一中立港口，最後才到達交戰國一方供其作戰，其間雖有兩次航程，但就破壞封鎖及載運戰時禁制品而言，被交戰國他方視爲一次航程，在啓程港與中途港之間即可予以拿捕，是謂「繼續航海主義」。

此項主義起源於「一七五六年規則」。因爲在該規則之下，母國與其殖民地間之貿易，在平時既不許他國經營，則他國在戰時也不得因該母國之特許而經營此項貿易（參閱「一七五六年規則」）；但在通常情形下，殖民地與外國港口間的貿易，平時則不禁止他國船舶經營，於是中立國船舶爲了在戰爭期間，從事交戰國一方與其殖民地間的貿易，乃在中途經過一個中立港口，即自殖民地載運貨物至此中立港口，再由原船或經卸下改裝後繼續運往該殖民地之母國，（由母國至其殖民地亦然），以逃避一七五六年規則。英國法院曾於一八〇六年審判威廉號船案時，針對此種逃避手段，認爲第二段航程只是第一段航程的延續，與直接經營敵國與其殖民地間之貿易無異，因此對該中立船及其所載貨物，得予拿捕幷沒收。這就是繼續航海主義之首次解說和適用。不過初期英國只將此主義適用於第二段航程與同一船舶；後來才漸漸擴大這種範圍。一八五五年克里米亞戰爭（Crimean war）時的法國及南北戰爭時的美國、一八九六年阿比西尼亞戰爭中的義大利、一九〇〇年南非戰爭時的英國、一九一二年土義戰爭中的義大利等，亦皆將此主義適用於破壞封鎖及載運戰時禁制品的處罰。其中以美國南北戰爭言，英國等的中立船舶常由較遠的中立港口載運貨物到達英屬拿騷（Nassau）或其他鄰近美國南部各州的中立港口，然後再由原船或改用其他方法載運給被封鎖的叛亂區域。美國巡洋艦遂在這些船舶開往拿騷等鄰近港口途中即予拿捕。美國法院更以它們既破壞封鎖，又載運禁制品爲理由，判定美艦此等拿捕行爲完全合法；而英國政府也幷未提出抗議（Lauterpacht's Oppenheim, Vol. II, PP. 818-9）。

一九〇九年倫敦宣言實有限制繼續航海主義適用範圍之意思。例如它規定：(一)船舶或其貨物若正前往未被封鎖之港口，則縱然尙有間接目的，當時亦不得拿捕；(二)船舶之眞正目的地若爲中立或未被封鎖之港口，則雖載有以被封鎖港口爲目的地之貨物，該船舶與貨物均不得被拿捕或沒收（第十九條）；(三)該主義可以完全適用於絕對禁制品（第三十條），但對相對禁制品則只能適用於敵國無海岸的情況下（第卅六條）；(四)相對禁制品若非在駛往敵國所有或敵國所佔領之領土或將與敵國海軍相遇的船上發現，而中途又在中立港口卸下，即不得拿捕（第卅五條）。實際上，第一次世界大戰期間各協約國幷不接受這些規定，而對相對與絕對禁制品同等適用繼續航海主義。例如英國一九一四年十月廿九日樞密院令規定：(一)凡駛往中立港口的船上所載之相對禁制品若係敵方定貨、或船上文件未載明託運人（Consignee），或雖載明而該人在敵國領土或其佔領區，則雖倫敦宣言第卅五條有相反的規定，也可拿捕；(二)如事實證明敵國政府正從某中立國或經由某中立國獲取軍用補給，則倫敦宣言第三十五條不得適用於駛往該中立國任一港口的船舶；載運相對禁制品往該中立國任何港口之船舶亦不得免於拿捕。一九一六年三月卅日的樞密院令更規定：某人若在此次世界大戰中，曾將其所進口之戰時禁制品轉往敵國領土或其佔領區，則凡此人承購或託運之貨物，一概假定具有倫敦宣言第三十條（絕對禁制品）及第卅三條（相對禁制品）所稱之供敵作戰目的（ Lauterpacht's Oppenheim, Vol. II, P.822)。凡依上述諸命令所作之拿捕與沒收行爲，均須物主自行負責，證明其貨品幷無供敵作戰之目的。

尤甚者，英國一九一六年七月七日樞密院海戰權利命令(Maritime Rights Order in Counci) 完全放棄了倫敦宣言之條款，逕以簡單辭句規定對於破壞封鎖及載運戰時禁制品的中立船舶，一律適用繼續航海主義（Lauterpacht, vol, II, P. 823)。（兪寬賜）

繼續運輸主義（Doctrine of Continuous Transportation）

此一主義係自繼續航海主義派生而來，二者在本質上無大區別，其適用與演進之情形更完全相同。如果必須對它們加以區別，則繼續航海主義係指同一船舶之兩段航程被交戰國視爲一次航程之繼續，而繼續運輸主義則係由一船舶自甲中立港口載運戰時禁制品抵達乙中立港口後，改由另一船舶或由火車、汽車等工具，從陸路運往交戰國一方供其作戰，在形式上雖有兩種不同的運輸，但實際上被交戰國他方視爲單一航程，自離開啓程港時即可予以拿捕（參閱「繼續航海主義」條）。（兪寬賜）

釋放戰俘（Release）

即交戰國將其所捕獲之戰俘予以開釋之意。依其被釋放時有無條件限制爲標準，釋放又分爲「無條件釋放」及「宣誓釋放」兩種。前者在釋放後，戰俘仍可爲其本國軍隊服役。後者係於釋放前，使戰俘作某種承諾，—如被釋後不得再對捕獲國作戰等。宣誓釋放須爲戰俘本國之法律所許可，幷經交戰雙方與戰俘本人同意後始得爲之。被釋戰俘應以個人之名譽爲保證，忠實履行諾言；其本國亦須尊重這種誓言，不得令其從事背誓的工作。違背誓言的戰俘再度被捕時，捕獲國不但不必給他戰俘待遇，且可解交法院判處死刑。（兪寬賜）

蘇日關係（Soviet Japan Relations）

蘇聯外長葛羅米柯應日本政府之邀，於一九七二年元月廿三日至廿八日之間前往日本訪問，隨即舉行第二次日蘇定期閣員會議，此項會議，已有四年半未曾召開。此次重開，頗爲國際所重視，會後發表共同聲明，重點約可歸納如下：

㈠雙方爲了達成日蘇關係之正常發展，咸認締結日蘇和平條約有其重要的意義，並同意於本（一九七二）年內，在雙方均認爲適當之時期，進行交涉。

㈡雙方對於透過日蘇經濟合作委員會，從事數項經濟開發計劃，表示滿意，並基於長期發展之立場，願意協力推行兩國間進一步的經濟合作。

日本一般人士認爲，爲了第一項所謂和平條約的締結，當然應以日本北方領土問題爲主要交涉對象，蘇聯同意交涉，卽表示蘇聯所一直所抱持「領土問題已經解決」的堅定立場，已趨緩和。而葛羅米柯此次訪日，未再提及「領土問題已經解決」更給予日人無限希望與幻想。

關於第二項所謂「基於長期發展的經濟合作」，目前已有一項包含敷設一條長達六千七百公里的大口徑油管在內的基迷尼油田共同開發計劃。而較引人矚目的，乃是日本政府表示原則上同意，在提供輸出銀行融資的長期分期付款辦法，以及取得原油的明確保證下，願意介入此一計劃，此項計劃果能付諸實施，則亞洲西伯利亞之開發，可爲蘇聯解決日感迫切之能源供給問題，同時大量蘇聯白人當可在此地區定居，對亞洲未來之前途，定會發生廣泛深遠之影響，唯日本對此亦有所顧及，一方面對蘇聯共產極權政府之信用似不能十分信任，再者亦深慮如此將引起中共之猜忌。

總之，隨着葛羅米柯之訪日對日本之外交帶來甚大之刺激，提供日本早日登上多極化時代國際政治舞台之契機。蘇聯之目的，一方面利用，日本對兩次「尼克森震驚」餘怒猶存之機會，離間日美關係，故意示好日本，提供日本另一可以發展之途徑，再一方面，則具有圍堵中共之作用，「中共認爲葛羅米柯訪日，乃是蘇聯對抗美國與中共改善關係進而圍堵中共之策略」，香港親中共之「文滙報」曾於一九七二年元月廿六日策載一篇評論認爲：

「蘇聯與日本，除了經濟之外，在政治與軍事方面亦在勾結，這是衆所週知之事，數年來，蘇聯與日本首腦聚首，公然違背我國，密商中國問題。當中共、朝鮮等亞洲國家人民正受到日本軍國主義復活威脅之際，蘇聯頭目却大事誇讚日本是亞洲的安定勢力，並煽動日本與蘇聯協力，就一連的重要問題採取共同立場，起用日本，使之協力包圍中共。」以上可見中共對日蘇接近態度之一斑。

日本與蘇聯互相接近，受整個國際形勢之影響亦必將有其限度，一方面日本提出北方領土的歸還爲日蘇和平條約之先決條件，蘇聯是否能夠完全接受，大有問題，蓋蘇聯近二百年來侵占他國領土太多，不僅涉及日本，且將涉及中國與東歐之領土問題，蘇聯自不便對日單獨讓步，以免自找麻煩，卽使對日讓步，亦必有其限度，齒舞、色丹兩島或有歸日之可能，擇捉、國後兩島一時恐尚難歸日。至於南庫頁島則更不會歸日。

再者，日本爲了尼克森訪問中共，日美關係趨於冷淡，爲了牽制而與蘇聯接近，是可以想像的，但日本並無破壞日美安保體制基本路線，以推進日蘇接近之決心。是以日蘇接近必然還有一段曲折迂迴之路有待發展。（張宏遠）

蘇印條約（Soviet-Indian Treaty）

一九七一年八月八日至十二日蘇聯外交部長葛羅米柯赴印度訪問，其間曾與印度總理甘地夫人暨外交部長會談，於八月九日雙方簽訂一項爲期廿年之和平友好合作條約，期滿後雙方若無異議可自動生效，該條約於八月九日由印度總統吉里（Giri）批准於八月十三日由蘇聯最高蘇維埃主席批准，內容要者如下：

前言：爲期擴大並加強彼此之忠實關係，雙方認爲進一步發展友好合作關係與彼此之基本利益相符合，且符合亞洲以至世界持久和平之需要。雙方決心加强世界之和平與安全，並努力解除世界之緊張情勢與消除殖民主義，雙方重申信守和平共存之原則，並深信政治、社會制度互異之國家應合作。雙方深信今日之國際問題，應依合作而非衝突之方式加以解決，雙方重申服膺聯合國憲章之目的與原則，基於上述雙方簽訂約文如下：

第一條 締約國雙方鄭重宣示持久之和平與友誼應盛行在兩國及其人民之間，彼此應尊重對方之領土完整與主權獨立，互不干涉內政。

第二條 爲了雙方人民之持久和平與安全締約國雙方宣示決心努力加强亞洲及全球之和平，終止武裝競爭，在國際控制之下全面完成傳統以及核子武器之管制。

第三條 受所有國家及人民一律平等的至高理念之指引，雙方譴責任何形式的殖民主義與種族主義，並重申雙方致力於根除上述現象。

締約國雙方將與其他國家合作達成上述目標，並支持基於正義對抗殖民主義與種族主義的民族。

第四條 蘇維埃社會主義共和國尊重印度之不結盟政策，並認爲是項政策爲維持世界和平國際安全及緩和世界緊張情勢之重要因素。

印度共和國尊重蘇聯爲加强與所有民族友好及合作之和平政策。

第五條　爲確保世界和平與安全，及雙方在國際事務方面合作在達成上述目的之重要性，締約國對關係彼此利益之重要國際問題將維持經常之接觸，如雙方政治領袖會商或交換意見，雙方政府派特使或代表團訪問，以及經由外交途徑。

第六條　由於經濟、科學、技術合作之重要，締約國將繼續加强在此方面對彼此有利之合作。並將在平等互利及最惠國待遇之原則下擴展貿易，運輸、交通方面之合作。

第七條　締約國將進一步促進彼此在科學、藝術、文學、教育、公共衞生、新聞廣播、電視、電影、旅遊及體育方面連繫。

第八條　基於彼此之傳統友誼，每一締約國鄭重宣示決不參加直接與對方爲對象之軍事聯盟。

每一締約國負有不得對他方有任何侵略之責任，並且不得允許在其領域內從事對他方構成軍事危險的行爲。

第九條　締約國不得協助任何與另一締約國從事武裝衝突之第三國。在締約國之任何一方遭受攻擊或攻擊之威脅時，雙方應立即會商以消除是項威脅，並採取適當有效之措施以確保彼此之和平與安全。

第十條　締約國雙方鄭重宣示決不公開或秘密參與任何與本條約相違背之協議。每一締約國並進一步宣示，彼此決無對他方構成軍事危害之協議存在，且將來亦不會訂定是項協議。

第十一條　本條約有效期間廿年，除非他方在一年前提出終止條約之意思，否則每五年條約自動生效。

本條約在交換批准書後生效，簽字後一個月內在莫斯科互換批准書。

第十二條　締約國對條約解釋之任何歧見，雙方將以互相尊重及了解之精神加以解決。（張宏遠）

蘇伊友好合作條約（Soviet-Iraq Treaty）

蘇聯自第二次世界大戰後，全力向中東擴張勢力，一方面因中東之地略位置極爲重要，地跨歐、亞、非三洲，且爲控制地中海與印度洋之必爭之地，另一方面中東有非常豐富之石油資源。蘇聯之策略一方面利用民族主義以打擊西方勢力，另一方面利用以、阿衝突，向此地區擴張，首先在埃及、敍利亞、葉門、蘇丹建立勢力，惟因回教國家基本反共，且感蘇聯支持不力，蘇埃關係日趨惡化，改絃更張之結果，蘇聯爲求實利，加强對波斯灣、印度洋之擴張，乃有捨埃及而就伊拉克之勢，並於一九七二年四月九日與伊拉克簽訂蘇伊友好合作條約，內容如下：

蘇維埃社會主義聯邦共和國和伊拉克共和國堅決相信在符合蘇、伊兩國國家利益之原則下，進一步發展兩國友好與各方面之合作關係，有助於尊重對方之主權，促進阿拉伯及全世界之和平，以及人類的自由與安全。

雙方相信在反帝基礎上，加强所有和平與前進努力之團結—包括增進阿拉伯諸國間之團結，是建立持久和平與安全的重要措施。

雙方基於反抗帝國主義、殖民主義、猶太民族主義及反動勢力理想之激勵，願致力爭取人類之自由、獨立與社會之進步。

雙方均認爲解決目前之國際問題，應利用合作方式，并致力於尋求有關各方面均願接受之方式。

雙方堅決持守其愛好和平之外交政策，并忠於聯合國憲章之目標和原則。

雙方爲發展及加强現存之友好、合作與互助關係，及致力增進此種關係臻於更新和更崇高之境界，雙方決定簽訂本項條約，并一致同意下列各款：

第一條　兩國鄭重宣示雙方國家及人民間之不可侵犯之友誼及各方面之合作關係，在尊重雙方主權、領土完整及互不干涉對方內政的基礎上，將繼續在政治、經濟、貿易、科學、技術、文化和其他方面，不斷的獲得發展。

第二條　兩國宣稱將採取充分瞭解的合作，以求確保及進一步發展兩國人民的福祉，并互相尊重雙方所各自擁有的天然資源的主權。

第三條　締約國雙方將繼續努力持守不同社會體系之國家和平共存政策，以緩和國際緊張氣氛，獲致普遍及全面之裁軍，以及有效控制核子武器及傳統性武器。

第四條　締約國雙方基於維護人類自由和平等的理想，譴責各種形式之帝國主義和殖民主義。

雙方將協力進行反抗帝國主義和猶太民族主義之鬥爭，以掃除一切殖民主義，新殖民主義和種族主義之勢力，以求儘速實現聯合國憲章中有關促進各殖民地和人民之獨立地位原則。雙方願互相合作，并與其他愛好和平之國家互相合作，支持所有為爭取主權、自由獨立和社會進步之人民的正義鬥爭。

第五條 簽約雙方鑒於兩國經濟技術和科學合作之重要，將進一步擴展及加强雙方之合作，發展工業、農業、灌溉、水利、石油及其他天然資源、交通、經濟以及專家和技術人材的訓練等經驗之交換，雙方將在平等互惠及最惠國待遇原則之基礎上，擴展貿易及海運。

第六條 兩國願意致力擴展雙方在科學、藝術、文學、教育、公共衛生、新聞、電影、電視、廣播、運動及其他各方面的關係和接觸。兩國人民為求在日常生活、工作和成就等各方面愈臻瞭解之故，兩國應致力促進政府間及公共機構、企業和科學機構間之合作與直接關係。

第七條 雙方鑒於為確保和平、安全及發展兩國政治合作所必需之協調行動之重要性，兩國政府高階層人士將就有關利益之所有重要性國際問題，以及進一步發展雙方相互關係之問題，定期舉行磋商。

第八條 當有威脅任何一方和平或安全之情勢發生時，締約國雙方應即刻進行會商行動。以求相互協調雙方為掃除威脅或恢復和平之立場。

第九條 為裨益兩國之安全，簽約雙方將繼續發展其為加强國防力量之行動或聯盟。

第十條 兩國鄭重宣稱，絕對不與任何其他國家或集團，採取對締約國任何一方敵對之行動或聯盟。締約國任何一方亦絕不允許其他國家利用其本國領土，作為簽約之對方國家施行軍事攻擊之用途。

第十一條 締約國雙方宣稱任何一方前已訂定之其他國際條約與承諾，與本條約無矛盾衝突之處，并不得再行簽訂任何抵觸本約之其他條約。

第十二條 本條約之期限為十五年，屆時簽約之雙方無任何一方於本約期滿前十二個月作廢除本約之表示，本約即仍繼續有效延長五年。

第十三條 簽約雙方之任何一方對本條約之條文發生疑義時，將由雙方基於友好、互敬和瞭解之精神，共同解決。

第十四條 本條約於提交各該政府批准後，在雙方政府交換批准書之日，正式生效，本條約將於最短期內於莫斯科批准。

上項條約草案於一九七二年，回曆一三九二年，四月九日在巴格達由蘇聯總理柯錫金、伊拉克總統艾默德簽訂，不久伊拉克即宣佈石油國有化，並由蘇聯協助其開發魯麥拉油田。（張宏遠）

蘇埃關係（Soviet-Egypt Relations）

埃及總統沙達特（Anwar el-Sadat）於一九七二年七月十八日在埃及的唯一政黨組織，阿拉伯社會主義聯盟中央委員會致詞中檢討了埃及自從一九五二年革命以來之發展，在談及蘇埃關係時，認為彼此看法將有歧見，特別是蘇聯未能供給埃及認為需要之武器，因此埃及作了三項決定：

㈠結束蘇聯顧問及軍事專家在埃及之任務，由埃及軍事人員接替。

㈡所有在一九六七年六月以後所建立之軍事裝備及設施將由埃及軍事人員運用，並變成埃及之財產。

㈢由蘇埃會商以決定下一步行動。

沙達特是項宣布：無意象徵蘇聯自一九五五年以來在中東建立之勢力遭受重大挫折，繼是項宣佈之後大量蘇聯人員包括約四千蘇聯顧問，一萬兩千正式建制單位人員已先後撤出埃及。蘇聯在埃及之軍事人員，據估計約有一萬七千人至兩萬人，並有大約一百五十架米格二十一及米格二十三式戰鬥機，以及可由六十五處發射台發射的二百六十個防空飛彈。

埃及驅逐蘇聯人員之理由是認為蘇聯是一個沒有作用的盟邦，既不幫助埃及收復淪入以色列之手之失地，且對埃及之行動時常加以限制，使埃及對抗以色列之行為，陷入「不和不戰」之局面。且不供給埃及認為必需之攻擊性武器，加以蘇聯人員，盛氣凌人，喧賓奪主，更加深埃及之反感，且沙達特認為蘇聯勢力在埃及，徒加大蘇聯對地中海及中東之勢力，引起美國之猜忌，並加大解決以埃衝突之困難，且影響反共阿拉伯國家之團結，因此才採取是項行動。

在蘇聯方面，對埃及之行動雖然不滿，但亦不願給予埃及攻擊性武器，原因是蘇聯認為埃及並無必勝以色列之把握，但蘇聯並不願與美國在中東進行軍事對抗。若以埃戰爭再度爆發。無蘇聯之大力支持，埃及即無勝利之把握，若蘇聯對埃及大力支持，即有可能與美國發生正面衝突，這是蘇聯所極力避免的，特別是在尼克森總統訪蘇之後，蘇聯更不願在中東與美國發生軍事對抗。

蘇聯在埃及之勢力減弱對美國之戰略態勢，亦將發生影響，季辛吉曾言：「使蘇聯人員退出埃及，乃美國外交目標之一」，美總統尼克森在一九七二年初亦曾評述：「蘇聯打入埃及，對該地區及世界之和平有複雜之影響。」埃及是項行動，使美國大有事出意外之感！且將發生下述之影響，一、由於蘇聯在埃及之軍事影響力減弱，美國當有較大之自由，依自己之願望發展其中東政策，二、蘇聯在地中海之海軍力量，及其對美國第六艦隊之威脅將受限制。三、蘇聯對印度洋及北大西洋公約之軍事威脅亦受影響。

蘇聯人員從埃及撤除，並非象徵蘇聯勢力撤出了中東，雖然近來除埃及之行動外，利比亞於格達費之領導下，堅決反共，沙烏地阿拉伯亦由保守之反共王室統治，蘇丹再度與美國為友，摩洛哥及突尼西亞由溫和份子統治，且黎巴嫩、約旦、葉門、奧曼、科威特，以及波斯灣的諸酋長國都有親西方之態勢，但是所有之阿拉伯國家一夜之間都可作一百八十度之轉變，論者曾謂：與阿拉伯國家結盟之政策，如同和沙子結盟一般。」何況蘇聯勢力近年在伊拉克有深長之發展，現正進行大約七十項援助計劃，在敘利亞亦進行着大約五十項之援助計劃，同時在阿爾及利亞亦進行着軍事援助，享有僅次於法國之影響力。同時在埃及雖然軍事人員被命令撤除，但基於兩國十七年來之長期關係，在經濟方面，在軍事武器零件方面埃及一時仍難完全擺脫蘇聯，且兩國所定為期十五年之友好工作條約仍在，因此目前仍不能把埃及算在蘇聯盟友之外，對其他阿拉伯國家未來對蘇聯之動向，仍難加以把握，但是可確定者則是蘇聯仍然將是重大影響因素之一。（張宏遠）

蘇虛（Richard Zouche）

蘇虛是英國的名法學家，一五九〇年出生於英國。他是牛津大學的民法教授，並擔任海事法院的法官。一六六〇年逝世。

一六五〇年時，發表巨著「國際法論」（Juris et Judicii Fecialis, Sive Juris Inter Gentes），採用西班牙法學家維多利亞(F. de Victoria)所創造的 Jus inter Gentes 名詞，作為國際法的名稱。他在「國際法論」一書中，將平時法與戰時法置於同等地位。他雖然不否認自然法的存在，但是他特別注重實證法，認為慣例乃是構成國際法的最重要部分。由於他對國際法的貢獻亦大，故許多法學家認為蘇虛在國際法學史上的地位僅次於格羅秀斯。因此有「國際法的第二創造者」之稱，與「意志國際法之父」之稱。

蘇虛與格羅秀斯幾乎是同一時代的法學家，由於兩者主張的不同：前者強調意志國際法，後者強調自然國際法。所以造成以後國際法學家分裂為自然法學派，意志法學派與折衷法學派三大派別。足見蘇虛對後世國際法學影響的深遠了。（李鍾桂）

參考文獻

L. Oppenheim, International Law, 8th edition, edited by H. Lauterpacht, Vol. I. 1957. P.94;96

蘇彝士運河與以阿戰爭（Suez Canal）

自一九六七年，以色列與埃及有名的六日戰爭後，埃及失利，以色列軍隊進展至蘇彝士運河東岸，與運河西岸之埃及軍隊隔河對陣，蘇彝士運河即告封閉。當時正在運河中航河之各國船舶，均停在河中，迄至一九七二年底，未能駛出。

蘇彝士運河，原為波斯灣石油，運往地中海必經之航線。自蘇彝士運河關閉後，波斯灣石油運往歐洲，必須改道繞行南非洲之好望角。因運輸期間延長，各國多建造噸位較大之油輪以減輕運費成本。另外，北歐國家（包括英國等），多開採北海大陸礁層油源，形勢為之一變。

埃及方面，對此問題所採用之方法為：在蘇彝士運河開航前，採用水陸聯運方式，由紅海北端之亞達比亞港 Adabiya 港登陸，由公路陸運至亞歷山大港入地中海。埃及方面宣稱可減少三個禮拜之運輸時間。（張彝鼎）

議會外交（Parliamentary Diplomacy）

議會外交從參與國的數量上說，與會議外交相似。但是却是指的兩件事，議會外交產生於國際組織之中，其形成與程序，與民主國家的議會相類似，國際組織如國際聯盟與聯合國的會員國，就像議會的議員一般，參與辯論與投票，在主權平等的原則下，各會員國均享有同等的發言權與投票權，因此被稱為議會外交。國際組織如聯合國雖然提供了一個中立場所，讓各國均有申述其立場，發表其對某問題的看法之機會，但是各國利益的衝突不但不能因此獲得協調，反而有促其表面化或公開化的短處，結果導致問題的複雜化，對問題的解決毫無裨益，而且各國每為了國家榮譽起見，小題而大作，致使彼此在不能失面子的情形下，不願做任何讓步，由辯護而變為譴責對方，甚至變成辱罵。不過議會外交最遭人垢病之處，則在其投票的效力上，各國為了不願得罪某一國，而決定對某問題做贊成或反對的投票，結果使問題沒有得到公正而合理的解決。由於票數的多寡，可以決定一國在此種外交方式下的勝負，故各國的外交官在此場合就從事「拉票」的工作。而拉票的進行，總是在事前已經着手，不但在會議的所在地從事活動，而且經常的透過正常外交的方式，在各駐外使館的努力下，與駐在國政府達成協議，以求獲得在議會外交上成功的保證。（王人傑）

警察權

警察（Police）一般指維持公共秩序、公共安寧與安全而言；在國際公法上偏重討論領水（內水）、領海及公海方面的警察。所以警察權的內容包括對航行的管理（也即航道、領港、燈塔、電纜、國內外船舶的移動等）、健康、防疫、海盜防止等等。

一國警察權的範圍，依領水、領海、公海又有不同：一國在其領水範圍以內有完全主權，但有與對其領土的主權略有不同；外國公船可進入他國港口，但乃基於國際禮節，領水國亦可予拒絕，公船進入港口後享有治外法權，不受檢查、甚至可以庇護政治犯。外國私船在原則上可以自由出入內國港口（港口國對其管理，請參見「無害通過權」）船隻在他國領海範圍內享有「無害通過權」，單純通過船隻，不受檢查，是對內國警察權的一種限制。

在領海國鄰接區海面上，一九五八年條約承認內國為衛生等理由又有相當權利。

內國在公海上亦有相當警察權，例如追捕，逮捕海盜向不論其國籍。有接近權（Right of Approach），即按照一定程序駛近甚至檢查，公海上可疑船隻。有所謂緊追權（Right of Hot Pursuit）即內國對於在本國領海以內犯法的外籍船隻可以持續不斷地進入公海予以緊追、拿捕，但不得進入他國領海。（邵子平）

屬人法（Personal Law）

是關於人的法律，其性質有域外效力，因其與人有密切關係，所以附隨於人，人到了什麼地方，法律便隨同而往。但是，這並不是一國法律的效力，當然及於域外，而是法庭地國在其國際私法規定適用屬人法則的結果。所以屬人法是指一國法律關於屬人法律關係的規定，追隨其人所到的地方而有效力者而言，並且是由於法庭地國的國際私法所承認，可以適用當事人的本國法或住所地法的時候，才稱為屬人法。

自十四世紀義大利學者巴塔路斯首倡法則區別說（Theory of Statutes），就主張人法與物法對立，人法以適用當事人的住所地法為原則。其後，赫白爾（Huber）、薛福納（Schaeffner）、及薩維尼（Savigny）等學者，都奉巴氏所主張的屬人法的原則；也認為能力、親屬、及繼承等法律關係的問題，應該適用當事人的住所地法。到了一八〇四年法國拿破崙法典施行以後，德國學者巴爾（Bar）就主張能力身分等法律關係的問題，其性質與所屬的本國，最有密切關係，且最易遵守，所以主張應該適用當事人的本國法。十九世紀中葉，義大利學者馬志尼（Mancini）及比利時學者羅蘭（Laurent）諸氏，就着重在民族的統一，國家的觀念，而力主關於能力、親屬、及繼承等法律關係的問題，應該適用當事人的本國法。

直至現在，各國國際私法的屬人法，仍然是指當事人的本國法與住所地法兩種。大致來說，大陸各國多屬單一法域的國家，其國際私法多採當事人的本國法為屬人法律關係的準據法，如德國、法國、義大利、奧大利、中華民國、日本、荷蘭、比利時、智利、及秘魯等國國際私法的立法例，都是採當事人本國法主義。但在複數法域或有其他特殊情形的國家，則仍採當事人的住所地法為屬人法律關係的準據法，如美國、英國、阿根廷、巴西、丹麥、及挪威的立法例及判例，則採當事人住所地法主義。（洪力生）

屬地法（The Law of the Place；Lex Loci）

又稱領土法、或領地法。在國際私法上對於一定領域內的物或行為，都應該適用該領土內的法律時，其所適用的法律，稱做屬地法；如物的所在地法（Lex loci rei sitae）、行為地法（Lex loci actus）、侵權行為地法（Lex loci delitus）、契約地法（Lex loci contractus）都是屬地法。推之如法庭地法（Lex fori）、契約履行地法（Lex loci Solutions）也都含有屬

地法的性質。（洪力生）

屬國（Vassal State）

屬國隸屬於宗主國（Suzerain State），國際實例中，隸屬關係十分複雜，依各實際情形而有不同；一般學說認為：屬國僅係宗主國的一部份，只有某些特定、有限的國際地位；所以宗主國所訂定的條約，除有明示規定以外，直接對屬國發生效力；另一方面而說來，屬國亦有時有權可以自訂條約，例如在歷史上土耳其屬國埃及，即曾自訂郵商條約，遣受使節、領事。宗主國戰爭也就是屬國的戰爭（例外如：一九一四年土耳其參加德方對抗聯軍，聯軍方面卻不認為他們與埃及因此而發生戰爭；相反地屬國亦有單獨向他國作戰而不牽涉宗主國的，如歷史上土耳其屬國保加利亞在一八八五年單獨向塞爾維亞宣戰）；宗主國一般要為屬國的行為負擔國際責任。

屬國一詞，在中國係泛稱：漢書顏注：「凡言屬國者，存其國號而屬漢朝」；在歐洲卻是淵源於中古封建時代的宗主關係，是一種國內法的法律關係；十七、八世紀時，神聖羅馬帝國與日耳曼族各邦的關係亦類此；近世重要的屬國有土耳其的近中東、東歐各國。一九一三年中俄協約，關於「外蒙古隸屬於中國之宗主權」一點，由我國承認；按宗主關係而需與三國承認者，已非國際普通習慣；請比較「被保護國」。（邵子平）

按屬國一觀念，與聯合國憲章主權平等原則相抵觸，因此在聯合國憲章之原則下，此一屬國制度已日趨式微。（張彝鼎）

護航權（Right of Convoy）

中立國商船在公海航行時，按國際習慣原則上應接受交戰國軍艦之臨檢與搜查，以證明其無意破壞封鎖、並無載運戰爭禁制品亦未從事非中立役務。但中立國商船若由中立國軍艦護航時，交戰國可否照樣臨檢及搜索？關此，至今尚無十分確定辦法。

護航權之提議乃是從瑞典而起，一六五三年英荷戰爭中，它主張：若果瑞典商船的護航軍艦艦長聲明：瑞商船並未載有戰時禁制品，則交戰國雙方不得對該商船臨檢或搜索。此項護航權至十九世紀初已為歐、美多數強權的條約所承認，惟有英國堅持反對，甚至（一八〇〇年）因此逮捕丹麥護航軍艦、商船，俄國為此發動的第二次武裝中立，以主張護航權為主要內容；但英國除了特殊情形外（在克里米亞戰爭中因共同作戰承認法國的護航權）堅不放棄原有立場，一九〇九年倫敦宣言中，英國雖然終于不再堅持，但因此宣言未獲批准，一次大戰中英國又繼續從前政策，堅持臨檢與搜索。

按此處僅英國一海權強國反對；其他國家間似仍應按照其間條約：交戰國軍艦臨檢，應先請求之於護航軍艦長，由後者遞送一切資料，交戰國軍艦長可提出疑問由對方回答，仍有不明時，卻只能由外交途徑提抗議。（邵子平）

護衛（Safeguards）

護衛是交戰國一方給予其敵方國民或財產的特殊保護，使其不致受到該交戰國軍隊的危害或擾亂。這種護衛有兩種：一是由交戰國頒發書面命令，着由其司令官負責保護敵國某國民或某財產（如博物館、圖書館、廟宇、教會等），幷由被保護的個人收執同一命令，或將此項命令貼於被保護的財產外表（如門首），使他（牠們）成為該交戰國自己軍隊不可侵犯的對象。二是由交戰國指派一或數衛兵，伴隨被保護的敵國人民或崗守於被保護的敵國財產所在地，專責保護。交戰國他方不可侵犯負此責任之衛兵，包括不得攻擊、亦不得捕為戰俘；如果他們被敵軍俘獲，敵國應予給養與善待，最後幷安全遣返其本國。

護衛與通行證及護照一樣，只有當其係依交戰國雙方之安排或依一九四九年改善傷病者待遇公約之規定而頒授者，才是國際法問題。（俞寬賜）

驅逐（Expulsion）

驅逐係指外國人的驅逐，即一個國家對於其領域內的外國人，命令或強制其退出國外之謂。國家既然可以拒絕某一個外國人入境，當然亦可以驅逐某一個已入境的外國人出境。一般認為，外僑如自願離境，居留國不得留難，除非他們尚未盡完其應盡的義務。一個國家得基於安全的理由，或其他具體、迫切而重大的理由，將外僑驅逐於國外。例如：非法入境、未曾取得合法居留、赤貧無依及犯罪刑滿等在各國國內法上均在被驅逐之列。

從本質上來說，驅逐外僑出境，只是一種行政處分，並非懲罰。所以僅由居留國政府，發出一紙命令，強迫外僑在某一期限內離去。但是如果被驅逐的外僑，並不遵守期限離去，或離去不久又非法入境，則居留國即可將該外僑予以拘禁、懲罰、或解押出境（Deportation）。

許多倡導尊重人權與個人自由的國家，爲避免行政機關專權起見，規定外僑的驅逐，必須經法院的決定或國會法案的允許。至於被驅逐的外僑本國政府，亦有權過問驅逐的理由。就目前的趨勢，有些國家以國內法限制成爲驅逐對象的外國人，而國際條約亦有類似的規定。例如：一九三三年十月二十八日「難民法律地位」條約規定締約國除爲公共秩序或國家安全必要時外，不得驅逐難民於外國。（李鍾桂）

鐵幕（Iron Curtain）

這個名詞是邱吉爾（Winston Churchill）用以描寫二次戰後蘇俄對東歐各國的控制。

二次戰後，蘇俄用武力威脅，或滲透顚覆，或「聯合政府」等策略，分別使東歐各國的共產組織取得政權，成爲它的衞星國。史達林爲鞏固蘇俄對東歐各國的控制，特注重防阻民主國家的自由思想、言論或生活方式傳人蘇俄和東歐各國，以隔絕共產集團的人民與自由國家的人民發生接觸關係。這種隔絕的情形，就像在這些國家的邊界垂下一層「鐵幕」。

東歐國家首先反對蘇俄的控制，戳穿鐵幕，而與西方國家交往的是南斯拉夫。一九五六年匈牙利革命，也爲着衝破鐵幕，但被蘇俄的武力所消滅。阿爾巴尼亞已背離蘇俄，投靠毛共。近年來，羅馬尼亞與美國及西歐國家增進貿易關係，且已與西德建交。此外捷克的自由民主化運動，在蘇俄的武力壓迫下，捷克黨政頭目雖已屈服，但捷克人民的反俄帝侵略運動，方興未艾。羅、捷兩國的現勢，更顯現鐵幕的洞孔已多。（陳紹賢）

權力均衡（Balance of Power）

「權力均衡」（Balance of Power）爲歐洲外交史上的一個名詞，意指强國集團的對立，形成一種實力相等的情勢，以防止任何霸權的出現，而確保歐洲的和平。

一八七一年至一九一四年歐洲和平的維持，主因在於德、奧、意三國同盟（The Triple Alliance）與英、法、俄三國協商（The Triple Entente）的權力均衡。第一次世界大戰以後，權力均衡的理論已成過去。以國際聯盟爲中心的集體安全制度（Collective Security System），原期對世界和平有所保障。但因國聯盟約（Covenant of the League of Nations）對制裁侵略的規定，經不起日本軍閥侵略中國及法西斯意大利侵略阿比西尼亞(Albyssinia）的考驗，致集體安全制度成爲虛文。加以英國的姑息政策鼓勵了納粹德國的侵略，而大戰爆發。

二次大戰以後，民主集團與共產集團對立，是擴張政策與圍堵政策的對立，幷非權力的均衡。但因美俄核子武器競賽，造成一種互相牽制的形勢，遂被認爲是「恐怖的均衡」（Balance of Terror）。（陳紹賢）

襲擊（Assault）

即暗然猛烈攻擊之意。它和圍攻（Sieze）與轟擊（Bombardment）一樣，也是一種合法的作戰手段。惟依一九〇七年海牙陸戰法規第二十五條之規定，對於未防守之城市、村莊、住宅或房屋，不得以任何方法襲擊之。

交戰國軍隊如對敵軍防守中的城市等目標加以襲擊，在襲擊前不必通知敵方，亦不必招降；但依上述法規第二十八條之規定，在襲擊成功以後，不得搶刼被攻陷之城市。城內的防禦工事則可於占領後加以破壞。（俞寬賜）

驗旗權（Droit d'Enquête）

各國軍艦爲了制裁海盜及維持公海的安全，有權命令公海上行跡可疑的商船停航，以便登船檢查，證實此商船是否有權懸掛該國旗幟，或有否在公海上從事非法活動的行爲。因此軍艦所享有「要求在公海上行跡可疑商船出示旗幟的權利」即稱爲驗旗權（Verification of Flag; Verification du pavillon也即：Droit d'Enquête）。但是此權不可濫用，如無充分理由而驗旗，結果使該商船遭受到損失，則軍艦本國要負賠償的責任。（請參閱 L. Oppenheim, H. Lauterpacht; International Law, Vol. I, 1955. P. 604）。

一九五八年日內瓦公海公約第二十二條即有類似的規定：

(一)、除干涉行爲出於條約授權之情形外，軍艦對於公海上相遇之外國商船非有適當理由認爲有下列嫌疑，不得登臨該船：

1. 該船從事海盜行爲；或
2. 該船從事販賣奴隸；或

3.該船懸掛外國國旗或拒不舉示其國旗，而事實上與該軍艦屬同一國籍。

㈡、遇有前三類所稱之情形，軍艦得對該船之懸旗權利進行查核。為此目的，軍艦得派由軍官指揮之小艇前往嫌疑船舶。船舶文書經檢驗後，倘仍有嫌疑，軍艦得在船上進一步施行檢查，但須儘量審慎為之。

㈢、倘嫌疑查無實據，被登臨之船舶並無任何行為足以啓疑，其所受的任何損失或損害應予賠償。（李鍾桂）

V

W

Y

Z

雲五社會科學大辭典（第四冊）

國際關係索引

一畫

二畫

三畫

四畫

五畫

六畫

七畫

八畫

九畫

十畫

十一畫

十二畫

十三畫

十四畫

十五畫

十六畫

十七畫

十八畫

十九畫

二十畫

二十一畫

二十二畫

二十三畫

Index

A

B

D

G

H

I

J

K

L

O

P

Q

R

T

U

國立中央圖書館出版品預行編目資料

國際關係 / 張彝鼎主編. -- 增訂版. -- 臺北市
: 臺灣商務, 民65
面 ; 公分. -- (雲五社會科學大辭典普及本 ; 第4冊)
含索引
ISBN 957-05-0557-5(平裝)

1. 國際關係 - 字典,辭典

578.04 81004546

雲五社會科學大辭典普及本第四冊

國際關係

基本定價八元

名譽總編輯 王雲五
編輯委員會召集人 楊亮功／陳雪屏／羅志淵
本冊主編 張彝鼎
出版委員會主任委員 劉季洪
發行人 張連生
出版者印刷所 臺灣商務印書館股份有限公司
登記證：局版臺業字第〇八三六號
臺北市10036重慶南路一段三十七號
郵政劃撥：〇〇〇〇一六五－一號
電話：（〇二）三一一六一一八
傳真：（〇二）三七一〇二七四

• 中華民國六十年十二月初版第一次印刷
• 中華民國六十五年九月增訂第一次印刷
• 中華民國八十一年十月增訂第四次印刷

ISBN 957-05-0557-5（平裝） 67722

ISBN 957-05-0557-5 (578)
00360
9 789570 505573

雲五社會科學大辭典

名譽總編輯：王雲五
出版委員會主任委員：劉季洪

每部十二冊

			精裝本	普及本
第一冊	社 會 學	龍冠海主編	360元	180元
第二冊	統 計 學	張果爲主編	405元	225元
第三冊	政 治 學	羅志淵主編	495元	405元
第四冊	國際關係（增訂本）	張彝鼎主編	450元	360元
第五冊	經 濟 學	施建生主編	495元	315元
第六冊	法 律 學	何孝元主編	585元	450元
第七冊	行 政 學	張金鑑主編	405元	225元
第八冊	教 育 學	楊亮功主編	450元	225元
第九冊	心 理 學	陳雪屏主編	405元	225元
第十冊	人 類 學	芮逸夫主編	405元	225元
第十一冊	地 理 學	沙學浚主編	450元	225元
第十二冊	歷 史 學（增訂本）	方　豪主編	495元	315元

精裝本 總價 5,400元 / 普及本 總價 3,375元